中国包装发展蓝皮书

（2021）

Blue Book of China's Packaging Development (2021)

中国包装发展蓝皮书（2021）编委会 / 编

湖南大学出版社

·长沙·

图书在版编目（CIP）数据

中国包装发展蓝皮书.2021/ 中国包装发展蓝皮书（2021）编委会编. —长沙：湖南大学出版社，2024.8

ISBN 978-7-5667-3279-8

I.①中⋯　Ⅱ.①中⋯　Ⅲ.①包装工业—工业发展—研究报告—中国—2021　Ⅳ.①F426.84

中国国家版本馆CIP数据核字（2023）第237302号

中国包装发展蓝皮书（2021）
ZHONGGUO BAOZHUANG FAZHAN LANPISHU（2021）

编　　者：中国包装发展蓝皮书（2021）编委会
责任编辑：蔡京声　汪斯为　　　　责任校对：丁晖敏
印　　装：长沙超峰印刷有限公司
开　　本：889 mm×1194 mm　1/16　　印　张：32.75　字　数：920千字
版　　次：2024年8月第1版　　　　印　次：2024年8月第1次印刷
书　　号：ISBN 978-7-5667-3279-8
定　　价：298.00 元

出 版 人：李文邦
出版发行：湖南大学出版社
社　　址：湖南·长沙·岳麓山　　邮　编：410082
电　　话：0731-88822559（营销部）　88821174（编辑部）　88821006（出版部）
传　　真：0731-88822264（总编室）
网　　址：http://press.hnu.edu.cn

中国包装发展蓝皮书（2021）

编委会

前 言

Preface

　　包装作为商品的外衣、附属物，与社会经济发展和人民生产生活密切相关。包装伴随着人类诞生，在科学技术的推动下，不断迭代变迁。现代包装与传统包装相比，无论是在功能、形式上，还是在作用与价值上，几乎不可同日而语。正因为如此，包装在现代社会经济发展中的地位日益提升，包装业的发展在一定程度上成为社会发展的"晴雨表"。

　　改革开放四十多年来，我国包装产业一直处于高速发展的阶段，成为国民经济支柱型产业之一，我国不仅建立了完整的现代包装产业体系，而且成为世界包装大国。然而，我们必须清醒地认识到：我国包装产业在持续高速发展的过程中，滋生了一系列严峻问题，突出地表现在资源浪费、环境污染和安全隐患方面。对问题的严峻性，已有不少有识之士认识到。与此同时，包装问题治理刻不容缓，也日益成为社会大众的共识。出于经济持续高速增长的惯性需要、国际经济竞争的激烈等多重因素，不少学者针对包装问题治理和包装未来的发展，开展了一系列探讨和研究，取得了众多的研究成果。但是，囿于包装业有一个庞杂的产业链，涉及包装材料制备、制品设计、生产加工、储藏运输、销售使用和包装废弃物回收处理等环节，既存在各环节相互配套服务、利益分配情况，又存在经济成本、工艺技术差异和责任归属难分等情形，所以，如何做到标本兼治，尚未有闭环治理的完整方略和可操作的具体办法。正因如此，我国包装产业陷入了问题边治理、边恶化的泥淖。

　　事实上，就整个包装产业链而言，对其问题的治理必须具有系统思维。在盱衡全链生产者和使用者的基础上，通过政策约束、社会责任监督和行为自律多管齐下，建立起科学合理的集供需链、利益链、责任链于一体的完整体系与机制，才能解决上游包装材料隐患波及全链、中游生产企业遭受双重挤压、下游内外交困状况等错综复杂的问题，实现标本兼治。为此，必须廓清"源流"关系，利用杠杆原理，辩证统一责任关系；弄清闭环治理的构成要素及重点难点，通过保障举措，实现标本兼治的治理路径。

　　上述治理路径的实现，毫无疑问，是建立在对我国包装产业发展现状和发展动向充分了解的基础之上的。应掌握全面系统、客观真实的数据和情况，使其成为探索和解决问题的逻辑起点。而我国包装行业中不仅规模以上企业数量庞大，有三十余万家，而且企业产业构成异常复杂，区分难度大，对于研究者而言，凭一己之力，想要整体把握、准确了解，实非易事！湖南工业大学作为我国以包装教育为特色的本科院校，在长期的办学中始终围绕包装产业的转型升级和由包装大国向包装强国转变的目标，在不断优化人才培养方案、提高人才培养质量的同时，致力于解决行业、产业发展中产生的问题，取得了令人瞩目的成就。特别是以跨界融合的包装学科群的形成，为包装整体性的研究提供了可能。为帮助社会大众了解我国包装发展现状，特别是为包装从业者和研究者提供翔实资讯，我们特此编纂中国包装发展年度蓝皮书。

需要指出的是：编纂中国包装发展蓝皮书并非易事，从框架结构的确定到数据资料的收集都十分艰难，我们虽然举湖南工业大学包装设计艺术学院全院之力，多方努力，力图对一年间我国包装发展的全貌进行全面梳理和准确揭示，但限于水平和问题的复杂性，仍遗留有诸多方面的难题未解决。我们期待本书出版以后，一方面，为包装行业和产业的发展，特别是包装问题的治理，提供某些启迪；另一方面，能得到包装行业界的重视并积极参与解决难题。

本书由朱和平、雷永振共同确立大纲，雷永振、姚进、丁茜、王程昱、胡诗诺等组织编写，最后由雷永振负责统稿。还需要指出的是中国包装设计研究中心的全体研究生和包装设计艺术学院 2022 级部分研究生参与了资讯的收集和核查工作。

朱和平

2022 年 12 月 1 日

目 录

Contents

第3章　包装产业链中游行业分析

第4章　包装产业链下游行业分析

第 5 章　企业案例

第 1 章

包装行业综合分析

BAOZHUANG HANGYE
ZONGHE FENXI

包装产业是与国计民生密切相关的服务型制造业，也是我国国民经济重要的基础性、战略性支柱产业。包装作为商品的重要组成部分，其基本功能主要体现在对内装物的外观美化、安全保护、仓运便利以及价格增值等方面。在人们的日常生活与生产中，无论是日用品、消费品，还是工业品、军需品，只要有产品就会有包装。因此，作为一种配套性服务产业，包装产业是我国经济发展引擎的重要动力组件，其发展状态在较大程度上能集中反映出上下游产业的发展动态，包装工业增速指标也在一定程度上成为国民经济增速的动态"晴雨表"。

当前，以互联网、云计算和大数据为代表的新一轮技术革命带来了深刻变化，我国传统制造业正在力推转型升级，特别是《中国制造2025》计划的深入实施，更对制造业的转型发展提出了重大任务、带来了全新机遇、形成了巨大动力。包装产业是一种服务型制造业，是中国制造体系的重要组成部分，如何突破发展瓶颈，如何实现转型升级，如何提升产品品质，如何增强在国民经济与社会发展中的支撑度和贡献度，是目前包装产业亟须考虑的问题。

1.1　经济环境影响分析

1.1.1 国际宏观经济分析

2019年以来，全球经济整体下滑，但各个经济体之间有较大差异。其差异来源于两个方面：一是新冠疫情以来各国货币政策之间的差异，导致通胀节奏有显著不同；二是各国因资源禀赋和经济结构的差异，受环境影响的情况有所不同。比如对能源依赖程度较高的国家受损比较严重，资源型国家则相对受益；新兴经济体和发展中国家承受着巨大压力。

如今我国已经成为世界第二大经济体，国家统计局数据显示，2013—2021年，我国对世界经济增长的平均贡献率达38.6%，超过G7国家贡献率的总和，是推动世界经济增长的第一动力。[1] 随着我国在全球经济格局中地位和作用的日益凸显以及我国宏观经济的持续稳定增长，我国包装行业将加快发展步伐。

（1）全球制造业发展情况

在新冠疫情的持续影响下，全球经济增长下行压力仍然较大，体现在全球制造业复苏缓慢、全球直接投资持续下滑以及贸易不确定性可能进一步加大等方面。主要经济体工业复苏前景差异较大：主要区域性经济组织中，欧盟和拉美地区工业发展前景较不乐观；金砖国家、东盟和非盟复苏势头较好，但也存在不确定性。需要关注的几个问题：疫情防控情况将强烈影响全球经济和工业复苏；疫情常态化将引发全球工业产业链变革；发达国家再工业化和贸易保护主义的影响可能继续扩大；区域性经贸合作深化将改变全球工业格局；等等。为应对世界工业发展的复杂形势，应做到加快建设"双循环"发展新格局，强

1　中国发展网.GDP稳居第二位 我国成世界经济增长第一动力[EB/OL].（2022-10-02）[2022-10-30].https：//baijiahao.baidu.com/s?id=1745564586859071521&wfr=spider&for=pc.

化战略科技力量，实施产业基础再造工程，加强国际产业安全合作。

①全球经济增长缓慢恢复。

2020年10月，国际货币基金组织（IMF）发布了新一期《世界经济展望报告》，预测2020年全球经济将萎缩4.4%，较2020年6月的预测上调了0.8个百分点。同时，国际货币基金组织预计2021年全球经济有望增长5.2%。[1] 随着全球新冠疫情的进一步好转，全球消费需求逐渐增加，再加上贸易紧张的缓解以及全球投资的逐步恢复等，2021年全球经济将逐步复苏，甚至有望实现V形或U形发展，从而带动全球工业进一步复苏发展。

②全球制造业将保持增长态势。

中国物流与采购联合会发布的数据显示，2020年12月全球制造业PMI（Purchasing Managers' Index，采购经理指数）值为55.2%，较11月份增加了1.3个百分点，已经连续6个月保持在50%以上，这表明全球制造业延续了之前的复苏增长趋势，且呈现出加快复苏的节奏。[2] 在后新冠疫情期间，全球疫情进一步得到控制，特别是欧美等发达国家疫情好转，全球经济复苏以及各国仍将保持较强的刺激政策，2021年全球制造业有望保持缓慢复苏增长态势。

③全球直接投资仍将持续下滑。

根据2020年6月联合国贸易和发展会议发布的《2020年世界投资报告》，预计2020年全球外国直接投资较2019年的1.54万亿美元下降40%，这也是2005年以来全球外国直接投资首次降到1万亿美元以内；同时，报告预计2021年全球外国直接投资在2020年的基础上再减少5%~10%。考虑到新冠疫情的持续时间及各国刺激政策发挥作用的时间成本等，2021年全球直接投资仍将保持持续下滑态势，在一定程度上削弱了全球工业复苏发展的动力。

④全球贸易将反弹，但仍有较大不确定性。

2020年10月世界贸易组织（WTO）发布《贸易统计及展望》，预计2020年世界商品贸易量下降9.2%，2021年全球商品贸易量增长7.2%。2021年10月，世界贸易组织发布新一期《贸易统计及展望》，分别上调2021年和2022年货物贸易增速预期至10.8%和4.7%，均高于2021年3月的预测值。世界贸易组织表示，芯片短缺和海运不畅等问题可能会给供应链带来压力并影响特定领域的贸易，但对全球货物贸易总量产生重大影响的可能较小，疫情仍是最大的不确定性因素。2020年二季度全球货物贸易同比增长22%，由于2019年后两个季度基数较高，预计全球货物贸易增速在2020年三、四季度逐步降至10.9%和6.6%。此外，各国贸易增长存在显著差异，一些发展中国家增速远低于全球平均水平。[3] 同时，世界贸易组织向下修正了2020年4月和6月的全球贸易预测，缩小了此前预测的2020年全球贸易下降幅度，而国际货币基金组织预测，2021年全球贸易反弹8.3%，比之前的预测提高了0.3个百分点，这表明全球贸易的复苏呈加快趋势。受疫情影响，全球贸易将进一步反弹，但仍比较脆弱，为全球工业生产与需求带来反复性与不确定性。

近些年，在贸易保护主义抬头的背景下，出现了各国经贸和工业合作的全球化属性减弱但区域化属性不断加强的态势。《麦肯锡2019中国报告》显示，2013—2017年，区域间贸易在全球商品贸易总额中的占比增加了2.7%。2020年11月15日签订的《区域全面经济伙伴关系协定》

1　人民日报.IMF发布最新一期《世界经济展望报告》，呼吁：加强合作，推动世界经济可持续性复苏[EB/OL].[2020-10-15]. https://www.gov.cn/xinwen/2020-10/15/content_5551399.htm.

2　中国物流与采购联合会.指数回升，四季度全球经济恢复态势有所增强：2020年12月份CFLP-GPMI分析[EB/OL].[2021-01-06]. http://www.chinawuliu.com.cn/lhhzq/202101/06/538725.shtml.

3　中华人民共和国国家发展和改革委员会.世界贸易组织发布《贸易统计与展望》：今年全球商品贸易量将增长10.8%[EB/OL].[2021-10-29].https://www.ndrc.gov.cn/fggz/fgzh/gjzzyhjdt/gjzzyc/202110/t20211029_1327934.html?code=&state=123.

（RCEP），标志着当前世界人口最多、经贸规模最大、最具发展潜力的自由贸易区正式启航。这一协议的签署将促使在东亚及南太平洋的广大地域范围内形成一个涵盖发达国家和发展中国家的统一大市场，必定会给相关国家带来更加紧密的工业合作和贸易往来，引发全球工业和经贸格局重心的转变。此外在疫情常态化情况下，区域性产业链供应链的安全性优势将更加突出，区域性经贸组织可能成为未来国际合作的主要形式。

（2）国际宏观经济下制造业战略分析

① 加快建设"双循环"发展新格局。

一是加强内循环。扩大内需，优化供给，实现消费总量扩容，打造结构上能实现替代进口、促进海外消费回流的高端消费品民族品牌，形成拉动消费的新兴业态。二是加强外循环。在高端制造业领域持续推动扩大开放，加快相关产业链发展，支持外资更多投向高端制造、智能制造、绿色制造等领域。三是加大"新基建"投资。围绕 5G 基建、特高压、城际高速铁路和城市轨道交通、新能源汽车充电桩、大数据中心、人工智能、工业互联网领域，加快制造业数字转型。

② 强化战略科技力量。

一是推进国家实验室建设。通过创新组织机制，推动国家实验室建设，支撑重要领域前沿突破。对现有国家重点实验室体系进行重组，形成专业化分工格局。二是加强国家技术创新基地建设。通过强化产学研合作，建设国家技术创新中心、国家工程研究中心、国家制造业创新中心。三是推进科研院所、高校和企业科研力量优化配置与资源共享。四是持续增强科技创新能力。加强基础创新和原始创新，集中力量打好关键核心技术攻坚战，聚焦战略前沿领域实施一批国家重大科技项目。

③ 实施产业基础再造工程。

一是加强提升产业基础能力的协同创新。分行业查找"四基"[即关键基础材料、核心基础零部件（元器件）、先进基础工艺、产业技术基础] 问题的重点和痛点，加强产业链、创新链、资金链和人才链的衔接，构筑有助于产业基础能力尽快提升的产业生态体系。二是着力培育"专精特新"隐形冠军企业。发挥国有企业的引领作用，加强同民营企业在产业链、供应链、创新链上的深度合作。培育一批具有独特专长的中小企业。三是整合重构一批共性技术平台。建设一批产业技术基础公共服务平台、试验检测类公共服务平台、产业大数据公共服务平台。四是出台支持政策。设立"产业基础再造工程"专项资金，采用"揭榜挂帅"新机制，降低"四基"产业税率，设立"四基"金融服务。

④ 加强国际产业安全合作。

一是优化外商投资营商环境。通过进一步扩大我国制造业领域对外开放，切实加强包括知识产权在内的产权保护，推动规则、规制、管理、标准等制度型开放，把关键产业链、供应链、创新链打造成为吸引海外高端制造业的外商投资高地。二是坚持将国际产业安全合作同高质量推进"一带一路"建设有机结合，以产业衔接、产能互补、互利共赢为导向，构建以"一带一路"为核心的区域产业链、供应链。三是建立多渠道、多层次供应链安全体系，共建跨区域的富有弹性的供应链，协作处理潜在供应链中断风险。四是开展技术、标准、知识产权、检验检测、认证认可等国际交流与合作，提升参与和塑造国际标准的能力和水平。

1.1.2 国内宏观经济分析

2019—2021 年，中国宏观经济在多个维度上发生了一系列变化。2019 年，中国经济增速小幅回落，GDP 增速为 6.1%，为 1990 年以来最低水平。这主要是由于持续的中美贸易争端、全球需求下降和国内需求放缓。2020 年，中国经济受到新冠疫情的严重影响，GDP 增速降至 2.3%。[1]

1　中研网 . 2020 年 GDP 增长 2.3% 2021 我国经济发展的趋势分析 [EB/OL]. [2021-03-05].https：//finance.chinairn.com/news/2021/03/05/174159624.html.

在这种情况下，政府迅速作出反应，实施了一系列财政和货币政策，从多角度入手稳定经济。在财政政策方面，重点是减税降费，增加基础设施和公共福利方面的财政支出。与此相辅相成的是稳健的货币政策，保持货币供给合理稳定，保持金融市场总体流动性在合理水平上。与此同时，结构性改革一直是政府宏观经济政策的核心。这些改革涵盖了一系列领域，包括进一步优化金融部门管理，加大对创新和创业的支持，以及加大减贫力度。政府还果断采取行动，治理环境污染，以此推动绿色发展。

从经济发展增长看，中国经济保持了平稳健康的增长态势，符合 G20 峰会提出的 2019 年和 2020 年国内生产总值增长 6%~6.5% 的预期目标。这主要得益于强劲的国内需求和投资，以及政府积极的财政和货币政策支持；也得益于强劲的外部环境，全球需求不断上升，外国直接投资持续流入。与此同时，"一带一路"建设不断推进，促进了中国与贸易伙伴之间的经贸合作。2021 年，中国经济全年 GDP 增长目标为 6%~6.5%，实际增长为 8.1%，这一增长受到全球需求复苏、国内需求反弹以及进一步的财政和货币政策的推动。

总体来看，近年来中国宏观经济发生了一系列变化，2022 年的前景总体向好。中国将继续关注结构性改革与积极的财政和货币政策，预计外部环境保持有利。这将确保中国经济在新的一年保持健康稳定发展。

（1）中国 2019—2021 年 GDP 情况

2019 年，中国 GDP 增长 6.1%，低于 2018 年的 6.6%。2020 年，中国 GDP 增速进一步放缓至 2.3%，为 1976 年以来最低水平。下降的主要原因是 COVID-19 大流行的影响以及疫情导致相关的经济中断。2021 年，中国 GDP 增长 8.1%[1]，为 2010 年以来的最高增速。这一增长在很大程度上是由政府的扩张性财政政策和全球经济逐步复苏推动的。我国政府实施了一系列刺激经济增长的政策，包括减税、增加基础设施投资和 1.9 万亿美元的经济刺激计划。消费是中国 GDP 的另一个重要组成部分。2019 年，消费占 GDP 的比重为 57.8%[2]，而到 2020 年，这一比例降至 54.3%[3]。这一下降是由于国内需求减少和新冠疫情的影响。2021 年，随着经济从疫情中复苏和消费者信心增强，消费占 GDP 的比重增长至 65.4%[4]。出口是中国经济增长的重要来源。2019 年，出口占 GDP 的 19.4%，而到 2020 年，这一比例降至 17.7%。这一下降是由于中美贸易战和 COVID-19 大流行的破坏。2021 年，随着全球经济复苏和贸易紧张局势缓解，出口占 GDP 的比例回升至 19.11%[5]。

总体而言，随着经济复苏，贸易紧张局势缓解，预计 2022 年投资、消费和出口都会增加。这将有助于在未来几年进一步推动中国经济增长。

（2）中国 2019—2021 年进出口情况

中国是世界主要经济体之一，也是国际贸易的重要参与者，在过去 20 年一直是全球经济增长的动力源。中国目前是世界第一大出口国和第二大进口国，过去 5 年，平均每年进出口总额约 30 万亿人民币。2017 年，中国货物出口总额为 15.33 万亿元，占世界出口总额的 12.6%；

1　国家统计局. 中华人民共和国 2021 年国民经济和社会发展统计公报 [EB/OL].[2022-02-28].http：//www.stats.gov.cn/xxgk/sjfb/zxfb2020/202202/t20220228_1827971.html.

2　证券时报网. 国家统计局：2019 年消费支出对 GDP 增长贡献率为 57.8%[EB/OL].[2020-01-17].https：//finance.sina.com.cn/roll/2020-01-17/doc-iihnzhha3016004.shtml.

3　中新网. 国家统计局：2020 年最终消费支出占 GDP 比重达 54.3%[EB/OL]. [2021-01-18].https：//www.360kuai.com/pc/9d736b2a7fd3dd811?cota=3&kuai_so=1&tj_url=so_vip&sign=360_57c3bbd1&refer_scene=so_1.

4　央广网. 国家统计局：2021 年中国经济总量占全球经济比重预计超过 18%[EB/OL]. [2022-01-17].http：//finance.cnr.cn/2014jingji/djbd/20220117/t20220117_525717508.shtml.

5　华经情报网. 2021 年中华人民共和国进口额、出口额、进出口差额及占 GDP 的比重统计 [EB/OL]. [2022-12-18].https：//www.huaon.com/channel/tradedata/858200.html.

同年，进口总额为 12.48 万亿元，占国际贸易的 9.7%。2018 年，中国出口总额为 16.41 万亿元，增长 7.1%，继续占世界出口总额的 12.6%；同年，进口总额为 14.09 万亿元，增长 13.0%，占全球进口总额的 10.4%，贸易顺差 2.32 万亿元，收窄 18.5%。2019 年，中国出口总额为 17.24 万亿元，同比下降 1.7%，占世界出口总额的 12.4%；同年，进口总额为 14.33 万亿元，同比下降 0.4%，占全球进口总额的 10.4%。2020 年，中国出口总额 17.93 万亿元，同比下降 3.8%，占世界出口总额的 11.9%；同年，进口总额为 14.29 万亿元，同比下降 1.7%，占世界进口总额的 10.3%。2021 年，中国出口总额 21.73 万亿元，同比增长 8.0%，占世界出口总额的 12.2%；同年，进口总额 17.37 万亿元，同比增长 6.7%，占全球进口总额的 10.5%[1]。

1.1.3 全球包装行业进出口贸易情况分析

①全球包装行业进口贸易国分布及增速情况。

从全球包装行业来看，在 2020 年 1 至 12 月，全球包装行业完成累计进口额 142.95 亿美元，同比增长 1.82%。进口额排在前五位的国家和地区依次是日本、韩国、美国、中国台湾、德国。其中：日本完成累计进口额 51.66 亿美元（占 36.14%），同比增长 7.51；韩国完成累计进口额 26.82 亿美元（占 18.76%），同比下降 1.92%；美国完成累计进口额 15.76 亿美元（占 11.02%），同比下降 4.21%；中国台湾完成累计进口额 13.28 亿美元（占 9.29%），同比增长 5.64%；德国完成累计进口额 8.36 亿美元（占 5.85%），同比下降 1.82%。

在 2021 年 1 至 12 月，全球包装行业完成累计进口额 166.04 亿美元，同比增长 16.15%。进口额排在前五位的国家和地区依次是日本、韩国、美国、中国台湾、德国。其中：日本完成累计进口额 61.08 亿美元（占 36.79%），同比增长 18.23%；韩国完成累计进口额 29.73 亿美元（占 17.91%），同比增长 10.85%；美国完成累计进口额 19.23 亿美元（占 11.58%），同比增长 22.02%；中国台湾完成累计进口额 15.55 亿美元（占 9.36%），同比增长 17.09%；德国完成累计进口额 9.83 亿美元（占 5.92%），同比增长 17.6%。

②全球包装行业出口贸易国分布及增速情况。

从全球包装行业来看，在 2020 年 1 至 12 月，全球包装行业完成累计出口额 385.42 亿美元，同比增长 10.04%。出口额排在前五位的国家依次是美国、越南、日本、韩国、马来西亚。其中：美国完成累计出口额 62.77 亿美元（占 16.29%），同比增长 13.6%；越南完成累计出口额 30.41 亿美元（占 7.89%），同比增长 29.59%；日本完成累计出口额 19.96 亿美元（占 5.18%），同比下降 0.2%；韩国完成累计出口额 15.46 亿美元（占 4.01%），同比增长 35.9%；马来西亚完成累计出口额 13.89 亿美元（占 3.6%），同比增长 11.35%。

在 2021 年 1 至 12 月，全球包装行业完成累计出口额 490.76 亿美元，同比增长 27.33%。出口额排在前五位的国家依次是美国、越南、日本、韩国、马来西亚。其中：美国完成累计出口额 83.66 亿美元（占 17.05%），同比增长 33.28%；越南完成累计出口额 35.57 亿美元（占 7.25%），同比增长 16.97%；日本完成累计出口额 23.29 亿美元（占 4.75%），同比增长 16.68%；韩国完成累计出口额 20.45 亿美元（占 4.17%），同比增长 32.28%；马来西亚完成累计出口额 18.18 亿美元（占 3.7%），同比增长 30.89%。

---

1 观研报告网 . 2017—2021 年我国货物进出口金额统计情况 [EB/OL]. [2022-03-11].https：//www.chinabaogao.com/data/202203/579807.html.

1.2　包装行业政策环境分析

1.2.1 全面深化改革以来包装行业的发展政策分析

（1）国家层面的发展政策

2012 年全面深化改革以来，中国逐渐成为世界重要的包装产品生产国、消费国以及出口国之一，已经形成了较为成熟的产业链。从包装的产业政策历程来看，绿色和环保一直是中国包装行业政策的主要内容。"十二五"规划（2011—2015）强调进一步推动绿色、节能、环保的包装设计；"十三五"规划（2016—2020）强调推动绿色包装持续发展，大力发展绿色包装材料；"十四五"规划（2021—2025）对于包装行业的要求是到 2025 年基本建立资源循环型产业体系。

在国家标准 GB/T 4122.1—2008 中，包装的定义是"为在流通过程中保护产品，方便储运，促进销售，按一定技术方法而采用的容器、材料及辅助物等的总体名称。也指为了达到上述目的而采用容器、材料和辅助物的过程中施加一定技术方法等的操作活动"。

我国的包装行业政策主要由国务院、国家发展改革委办公厅、国家市场监督管理总局（简称市场监管总局）等以及行业相关政府部门制定。近年来，随着国家对于包装行业的重视，相关部门也发布了一系列的包装政策，促使我国包装政策与体制不断完善与发展，如表 1-2-1 所示。

针对随着时代和市场发展过程中不断出现的问题，国家对于包装行业的政策也进行了及时调整，能够有效引导国家产业发展方向、推动产业结构升级、优化产业结构，从而促使国民经济健康可持续发展。

表 1-2-1　国家层面包装行业部分政策

发布时间	发布部门	政策文件名称	主要内容
2021 年 12 月	国家发展改革委办公厅、商务部办公厅、国家邮政局办公室	《关于组织开展可循环快递包装规模化应用试点的通知》	通过开展可循环快递包装规模化应用试点，探索解决制约可循环快递包装规模化应用的难点堵点，培育循环模式，提升应用规模，降低使用成本，加快促进快递包装绿色转型
2021 年 8 月	国家市场监督管理总局	《限制商品过度包装要求 食品和化妆品》	新标准规范了 31 类食品、16 类化妆品的包装要求，同时严格限定了包装层数，食品中的粮食及其加工品不应超过三层包装，其他食品和化妆品不应超过四层。此外，新标准中包装空隙率计算方法解决了将初始包装体积做大、增加其他商品等逃避监管的问题，还增加了外包装体积检测、判定规则和不同商品的必要空间系数，有利于引导绿色生产和消费，也有利于实现有效监管
2021 年 7 月	国家发展改革委	《"十四五"循环经济发展规划》	明确了快递包装绿色转型推进行动。强化快递包装绿色治理，推动电商与生产商合作，实现重点品类的快件原装直发。鼓励包装生产、电商、快递等上下游企业建立产业联盟，支持建立快递包装产品合格供应商制度，推动生产企业自觉开展包装减量化

续表

发布时间	发布部门	政策文件名称	主要内容
2021年2月	交通运输部	《邮件快件包装管理办法》	国内首部关于快递包装治理的专项部门规章，围绕邮件快件用什么包、怎么包、怎么管三个关键问题，明确了制度设计和条款内容，必将对加快推进快递包装绿色转型和邮政快递业绿色高质量发展起到有力的推动作用
2020年7月	国家市场监督管理总局等八部门	《关于加强快递绿色包装标准化工作的指导意见》	该指导意见紧扣快递包装治理"绿色化、减量化、可循环"的要求，提出了未来三年我国快递绿色包装标准化工作的总体目标，列出了标准体系优化、重点标准研制、标准实施监督、标准国际化等4个方面8项重点任务。该指导意见的出台，将加速快递包装新材料、新技术、新产品相关成果转化为标准，不断完善标准与法律政策协调配套的快递绿色包装治理体系
2020年1月	农业农村部办公厅	《农业农村部办公厅关于肥料包装废弃物回收处理的指导意见》	根据肥料包装物的功能、材质和再利用价值，采取适宜回收方式。对于有再利用价值的，由使用者收集利用或发挥市场机制，由市场主体回收后二次利用。对于无再利用价值的，由使用者收集并作为农村垃圾进行处理

（2）地方层面的发展政策

改革开放以来，中国包装工业发展迅猛，已形成珠三角、长三角以及环渤海三大包装产业带。这三大包装产业带飞速发展，同时带动了周边地区的行业发展，包括河南、山西、安徽、江西、湖北、湖南6省的中部地区包装业也在经济浪潮中迅速崛起。

由于国家区域发展战略差异，各个地区的包装政策也有了不同的发展。推动西部大开发形成新格局，推动东北振兴取得新突破，促进中部地区加快崛起，鼓励东部地区加快推进现代化，是"十四五"规划中我国区域协调发展布局的战略目标。为此，国家正在深入推进京津冀协同发展、长江经济带发展、粤港澳大湾区建设、长三角一体化发展等重大区域发展战略。这些重大战略将为包装产业结构调整和区域布局优化提供深厚土壤，为发达地区包装产业转移形成巨大空间，为中部、西部、东北地区包装产业链建设和包装产业集聚发展创造有利条件。[1] 各省紧紧跟随国家发布的政策，根据本省的具体情况制定相关的包装政策，政策以习近平新时代中国特色社会主义思想为指导，深入贯彻习近平生态文明思想，认真落实党中央、国务院决策部署，立足新发展阶段，完整、准确、全面贯彻新发展理念，构建新发展格局，推动高质量发展，充分认识进一步制定适合市场的包装政策的重要性和紧迫性，为促进生产生活方式绿色转型、加强生态文明建设提供有力支撑。这里分别选取了东部、中部、西部代表省份的相关政策，如表1-2-2所示。

（3）重点行业包装发展政策

①塑料包装行业相关发展政策。

国家出台的塑料包装行业政策的扶持与引导政策是塑料包装发展的重要驱动因素。近年来，政府及相关主管部门相继出台了《绿色包装评价方法与准则》《完善促进消费体制机制实施方案（2018—2020年）》《国务院办公厅关于积极推进供应链创新与应用的指导意见》等政策，进一步引导塑料包装行业向高端智能、绿色环保、可循环方向转型发展，鼓励绿色包装产品及服务成为行业发展的重点。

中国塑料加工工业协会发布的《塑料加工工业"十四五"发展规划指导意见》提出，"十四五"期间，塑料加工行业要贯彻创新、协

---

1 中国包装联合会.中国包装工业发展规划（2021—2025年）[EB/OL].（2022-09-13）[2022-09-14].http：//www.cpf.org.cn/news/378.html.

表 1-2-2　部分省市相关包装政策

省份	发布时间	发布部门	政策文件名称	主要内容
浙江省	2021 年 12 月	浙江省人民政府	《浙江省人民政府关于加快建立健全绿色低碳循环发展经济体系的实施意见》	推动快递包装绿色转型，推广应用绿色包装。推进绿色饭店建设，提供绿色客房和绿色餐饮服务，不主动提供一次性用品、一次性餐具。加快信息服务业绿色转型，推进数据中心等新型基础设施建设和改造，建立绿色运营维护体系
陕西省	2021 年 12 月	陕西省人民政府办公厅	《陕西省人民政府办公厅关于印发妇女发展规划和儿童发展规划的通知》	推广使用儿童安全包装，提升儿童看护人对农药、药物、日用化学品等常见毒物的识别及保管能力
山西省	2021 年 12 月	山西省人民政府	《山西省人民政府关于印发山西省"十四五"高品质生活建设规划的通知》	引导城乡居民履行环境保护社会责任和公民义务，积极开展"限塑减塑"工作，全面实施生活垃圾强制分类，倡导光盘行动，抵制过度包装
陕西省	2021 年 12 月	陕西省人民政府	《陕西省人民政府关于深入开展爱国卫生运动的实施意见》	积极鼓励使用环保用品，限制使用不可降解塑料袋、一次性餐具等，推广塑料替代产品，减少包装材料使用，解决过度包装问题
山西省	2021 年 9 月	山西省人民政府	《山西省人民政府关于印发山西省"十四五"现代综合交通运输体系发展规划的通知》	推进快递包装绿色化、减量化、可循环发展，加快推广环保胶带等捆扎新材料
陕西省	2021 年 9 月	陕西省人民政府	《陕西省人民政府关于印发加快建立健全绿色低碳循环发展经济体系若干措施的通知》	鼓励企业开展绿色设计、选择绿色材料、实施绿色采购、打造绿色制造工艺、推行绿色包装、开展绿色运输、做好废弃产品回收处理，实现产品全周期的绿色环保

调、绿色、开放、共享的新发展理念，围绕"五化"（功能化、轻量化、精密化、生态化、智能化）方面发力，为塑料加工业实现高质量发展提供支撑，为构建新发展格局做贡献。同时，《塑料加工业"十四五"发展规划指导意见》还提出，将强化创新体系建设、推动产业链协同发展、推进行业优化结构和提质增效、坚持"五化"技术进步方向、促进集约化发展、完善标准体系建设、建立多层次人才培养体系、提高国际化发展水平作为"十四五"期间的重点任务。

国家发展改革委、生态环境部 2020 年初印发《关于进一步加强塑料污染治理的意见》，明确提出了进一步加强塑料污染治理的时间表：2020 年率先在部分地区、领域禁限生产、销售和使用部分塑料制品；2022 年一次性塑料制品消费量明显减少，替代产品得到推广；2025 年塑料制品全环节管理制度建立，塑料污染得到有效控制。全国各省要做好塑料污染治理，陆续推

出限塑禁塑时间表。

生物降解塑料替代是实现塑料污染源头减量的重要途径。2020 年 7 月，国家发展改革委、生态环境部等九部门联合印发《关于扎实推进塑料污染治理工作的通知》，提出自 2021 年 1 月 1 日起，部分城市率先禁止使用不可降解塑料购物袋等措施，"禁塑令"进一步升级。从"限塑令"到"禁塑令"，在政策层面都为生物降解塑料提供了发展契机。各省市也都积极响应政策，根据本省情况推行相关政策。

虽然目前生物可降解塑料的市场渗透率较低，但在"禁塑令"的推行下，"十四五"期间，生物可降解塑料的替代规模有望快速增长。根据中科院理化所工程塑料国家工程研究中心的预测数据，在 2022 年底国家"限塑令"禁止的约 200 万吨产品中，PBAT ／ PBS 的需求量达100 万吨以上，限塑令最终（2025 年底）涉及产品将超过 800 万吨／年，预计生物降解塑料的需

求量将突破 500 万吨。[1] 这将意味着我国包装行业的绿色环保理念推进了一大步。

②纸制品包装行业相关发展政策。

纸制品包装是我国包装行业的重要分支，为国家产业政策所支持。纸制品包装产业受到上游造纸业等影响，因此产业链上游相关政策对纸制品包装行业也会产生相应影响。从当前政策引导方向来看，国家对于以塑料袋为代表的塑料包装的管控力度将更加严格，这也为纸制品包装材料提供了发展空间。

2021 年 12 月 24 日，中国造纸协会发布《造纸行业"十四五"及中长期高质量发展纲要》（以下简称《纲要》）。《纲要》主张坚持以供给侧结构性改革为主线，避免盲目扩张，丰富发展内涵，自觉从生产型向生产、技术、服务型转变，提高发展质量和经济效益。加快调整步伐，着力解决行业发展不平衡、不充分的问题，重点解决资源、环境、结构三大瓶颈问题，维护产业链安全，转换增长动力，以创新引领高质量发展，实现更高水平、更优结构、更高效率、更加公平、更可持续的发展。

根据国家"双循环"战略和到 2035 年人均国内生产总值达到中等发达国家水平的目标，以及发达国家的发展经验，我国未来纸张市场需求量仍然较大。因此，《纲要》还将"十四五"及以后的发展总体目标升级为锚定 2035 年远景目标和 2060 年碳中和目标，定位自身竞争优势，科学制定行业的路线、方针、政策和战略，做好中长期规划，打造低碳环保、可持续发展的绿色纸业。

纸包装容器具有成本低、省资源、性能好、能适应机械化大生产、易于印刷、使用时无毒无害、便于回收等优势，因此，在商品流通领域里，不论是用于运输包装的瓦楞纸箱，还是用于销售包装的纸盒、纸袋或是以纸板为基材的复合包装材料，都是各种包装材料之首选。因此，各省也陆续发布相关政策，支持纸制品包装行业的发展。根据国家"十四五"规划，我国将扩大轻工、纺织等优质产品供给，加快化工、造纸等重点行业企业改造升级，完善绿色制造体系。围绕国家"十四五"规划，各省均在本地"十四五"规划中提出了推动纸制品包装行业绿色化建设的目标。

③印刷包装行业相关发展政策。

印刷包装行业已形成市场化竞争格局，企业面向市场自主经营，政府职能部门依法管理。我国印刷包装行业采取行政管理与行业自律相结合的监管体制，国家发展改革委、中央宣传部是我国印刷技术包装行业的行政主管部门，中国印刷协会、中国印刷及设备器材工业协会和中国包装联合会是我国包装印刷行业的自律性组织。国家发展改革委负责研究拟订整个包装行业的规划、行业法规以及经济技术政策，组织制定行业规章、规范和技术标准，实施行业管理和监督。

中央宣传部是中共中央主管意识形态方面工作的综合职能部门。2018 年 3 月，十三届全国人大一次会议表决通过《深化党和国家机构改革方案》，将国家广播电视总局的新闻出版管理职责划入中央宣传部。调整后中央宣传部关于新闻出版管理方面的主要职责是，贯彻落实党的宣传工作方针，拟订新闻出版业的管理政策并督促落实，管理新闻出版行政事务，统筹规划和指导协调新闻出版事业、产业发展，监督管理出版物内容和质量，监督管理印刷业，管理著作权，管理出版物进口等。

当前，我国印刷包装产业处于提质增效、转型升级的重要阶段，处于从印刷大国向印刷强国迈进的关键时期，印刷包装作业作为提升商品品质的服务业，是全面建设小康社会的基础。[2] 近年来，国家发展改革委等部门陆续出台一系列政

1　前瞻网 .2021 年中国生物降解塑料产业全景图谱 [EB/OL].（2021-04-27）[2021-08-19].https：//www.ofweek.com/medical/2021-08/ART-12001-1111-30519409.html.

2　文争 . 印刷包装行业主管部门、监管体制及主要法律法规政策分析（2022 年）[EB/OL].（2022-01-26）[2022-01-26].https://www.chyxx.com/zhengce/202201/994006.html.

表 1-2-3　印刷包装行业部分相关法律法规

发布时间	发布部门	政策文件名称	主要内容
2011 年 1 月	国家新闻出版广电总局	《数字印刷管理办法》	国家对数字印刷经营活动实行许可制度；未经许可，任何单位和个人不得从事数字印刷经营活动
2012 年 2 月（修订）	第九届全国人大常务委员会	《中华人民共和国清洁生产促进法》	产品和包装物的设计，应当考虑其在生命周期中对人类健康和环境的影响，优先选择无毒、无害、易于降解或者便于回收利用的方案
2017 年 4 月	国家新闻出版广电总局	《印刷业"十三五"时期发展规划》	加快实现创新驱动，打造发展新引擎；坚持绿色发展道路，增强绿色印刷实效；推动数字网络化发展，提升智能化水平；引导扩大产业生态圈，延伸跨界融合领域；提升示范特色影响力，促进辐射引领发展；提升产业国际竞争力，加快走出去步伐；加强产业标准化建设，完善质量管理机制；完善监管服务机制，维护有序竞争环境
2020 年 11 月（修订）	国务院	《印刷业管理条例》（国务院令第 732 号）	国家对包装装潢印刷品和其他印刷品印刷经营活动实行许可制度，未依照规定取得印刷经营许可证的，任何单位和个人不得从事印刷经营活动

策性文件，大力支持我国印刷包装行业的发展，主要法律法规及产业政策情况如表 1-2-3 所示。

由于纸制印刷包装业吸纳劳动力的能力相对较强，且环境污染程度较低，国家及各地政府均大力支持。近年来我国纸制印刷包装行业其他相关政策及具体内容如下。

2019 年 6 月，生态环境部发布《重点行业挥发性有机物综合治理方案》，重点推进塑料软包装印刷、印铁制罐等 VOCs 治理，积极推进使用低（无）VOCs 含量原辅材料和环境友好型技术替代，全面加强无组织排放控制，建设高效末端净化设施。同年 6 月，国家发展改革委、商务部发布《鼓励外商投资产业目录（2019 版）》，对鼓励外商投资的包装印刷专用设备前去中西部地区投资的省市有了明确规定。

④快递邮件包装行业相关发展政策。

党的十八大以来，邮政快递业持续快速发展。行业在高速发展的同时，也给环境保护带来较大压力，尤其是快递包装问题引起党中央、国务院和社会各界的广泛关注。

2020 年 11 月 30 日，国家发展改革委、国家邮政局、工业和信息化部、司法部、生态环境部、住房和城乡建设部、商务部、市场监管总局发布《关于加快推进快递包装绿色转型的意见》。该意见立足我国快递包装工作实际情况，坚持问题导向和目标导向，强化快递包装绿色治理，加强电商快递规范管理，增加绿色产品供给，培育循环包装新型模式，统筹谋划、综合施策，推进快递包装"绿色革命"。

2021 年 2 月 8 日，交通运输部发布《邮件快件包装管理办法》，自 2021 年 3 月 12 日起施行。该办法明确了寄递企业总部的统一管理责任，规定寄递企业应当建立健全包装管理制度，使用统一的商标、字号或者寄递详情单经营寄递业务的，商标、字号或者寄递详情单所属企业应当对邮件快件包装实行统一管理。该办法强化了邮件快件包装源头治理，针对"包装选用"单设一章，明确了包装选用要求和原则，规定寄递企业应当严格执行包装物管理制度，采购使用符合国家规定的包装物，优先采用可重复使用、易回收利用的包装物，优化邮件快件包装，减少包装物的使用；同时，加强对协议用户的引导和管理，推动共同落实绿色包装要求。该办法还突出了包装操作标准化和规范化建设，明确要求寄递企业规范操作和文明作业，避免抛扔、踩踏、着地摆放邮件快件等行为，防止包装物破损；同时，按照环保、节约的原则，合理进行包装操作，不得过多缠绕胶带，尽量减少包装层数、空隙率和填充物；鼓励寄递企业建立健全工作机制和业务流程，对包装物进行回收再利用。

各省市也出台了一些关于快递邮件行业的政策。

2017年10月，黑龙江省人民政府办公厅发布《黑龙江省人民政府办公厅关于加快全省包装印刷业发展的指导意见》，指出新一代信息技术的广泛应用，带动传统包装印刷业向数字化、智能化方向发展，环保包装、智能包装技术不断涌现，并提出推动生产方式由被动适应向主动服务、由要素驱动向创新驱动、由传统业态生产向新兴业态生产转变，实现"绿色化、数字化、智能化、融合化"发展，全面提升黑龙江省包装印刷业供给质量和水平。

2021年7月，云南省人民政府办公厅发布《云南省人民政府办公厅转发省发展改革委等部门关于加快推进快递包装绿色转型20条措施的通知》，指出推进快递包装绿色转型，防治快递包装污染，促进快递行业绿色发展。同时，提出快递包装治理力度进一步加大，重金属和特定物质超标包装袋与过度包装两个专项治理深入开展；循环中转袋使用、城区快递网点包装废弃物回收再利用装置基本实现全覆盖。

2021年12月，北京市七部门联合印发《北京市关于加快推进快递包装绿色转型的若干措施》，指出强化快递包装绿色治理，加强电商和快递规范管理，增加绿色产品供给，培育循环包装新型模式。

目前循环型经济是全球经济发展转型的核心，绿色包装体现了保护环境、节约资源的思想，符合可持续发展、循环型经济的核心内涵。[1] 我国是制造业大国，也是包装大国，强调生态文明建设，加快发展方式绿色转型，实现绿色化、低碳化发展才是高质量发展的核心。那么要做到绿色包装，加快绿色转型，行业就必须遵循国家政策，学习优秀成熟的绿色包装方法，结合实际，以应对时代发展对包装行业的新要求。

1.2.2 包装行业现行标准分析

包装业是与国计民生息息相关的服务型制造业，各行各业的产品都离不开包装，因此包装业一直被誉为朝阳产业。包装标准是为了取得物品包装的最佳效果，根据包装科学技术、实际经验，以物品的种类、性质、质量为基础，在有利于物品生产、流通安全和厉行节约的原则上，经有关部门充分协商并经一定审批程序，而对包装的用料、结构造型、容量、规格尺寸、标志以及盛装、衬垫、封贴和捆扎方法等方面所作的技术规定，从而使同种、同类物品所用的包装逐渐趋于一致和优化。

（1）国家包装标准

包装标准是指为了满足保障物品在贮存、运输和销售中的安全和科学管理的需要，以包装的有关事项为对象所制定的标准。包装标准，又是国家的技术法规，具有权威性和法制性。因此，经批准颁发的包装标准，无论是生产、使用和管理部门还是企业单位都必须严格执行，不得更改。大量标准的制定是从20世纪80年代开始的，经过多年的努力，取得了可喜的成绩，基本形成了国家标准、行业标准、地方标准这一标准体系。国家标准由国家标准化管理委员发布，行业标准由国务院相关行政主管部门发布，地方标准由地方政府行政主管部门发布。截至2021年12月，在全国标准信息公共服务平台上，以"包装"为关键词检索涉及包装行业的相关标准，其中，国家标准有687条，行业标准有756项，地方标准有251项。

但是，我国的包装标准化还存在一些问题。首先，有些标准老旧，内容没有及时修订。国家标准的修订年限是五年，但是有些标准并未按照要求的时间进行修订，一些行业标准和地方标准也是如此。这导致有些标准的技术先进性不能够适应生产的实际需要。其次，标准的内容存在交

---

1 印莲华 . 绿色包装政策国际经验及对我国的启示 [J]. 中国包装，2022，42（9）：18-21.

又重复的现象。最后，包装标准体系不完善。我国包装标准体系已经基本建立，但是从标准的协调性、统一性和可操作性等角度分析，仍然不够完善。现有的包装标准大多是以政府为主体制定的，而以企业为主体制定的团体标准和企业标准受制于企业技术与管理水平的不同，质量水平参差不齐。

（2）地方包装标准

包装业的发展与区域经济的发展密不可分，这是产业特点决定的。值得关注的是，国民经济的地区发展不平衡，也直接导致了我国包装行业的分布不均衡。如我国东部沿海地区，经济发展较快，包装业呈繁荣之势，而西部地区的经济发展相对落后，其包装业也比较低迷。

以包装印刷行业为例。中国印刷及设备器材工业协会的统计数据显示：广东、福建、浙江、上海、江苏四省一市的包装印刷总产值约占全国包装印刷总产值的一半以上；而西北地区的陕西、甘肃、宁夏、青海、内蒙古、新疆等省（自治区）包装印刷总产值仅占全国的5%左右。从这组数据也可以看出，包装行业在各地区发展不均衡，水平参差不齐。这样的发展格局，一是造成了印刷资源浪费，二是企业没有足够的竞争力，三是阻碍了包装印刷企业自身的发展。

改革开放以来，不仅是经济水平，从整个包装行业标准来看，东部地区始终保持"领头羊"的地位，以环渤海、长三角、珠三角三大经济圈为支撑发展形成的城市群，成为我国吸引外来人口最多、创新能力最强、对外开放程度最高、经济发展速度最快的区域。从我国食品包装行业产业链企业的区域分布来看，行业企业在全国绝大多数省份均有分布，其中东部沿海地区的山东省食品包装企业数量分布最多，为34921家，占比9.9%；同时广东、安徽等省份企业数量相对较多，占比分别为8.5%和8%。因此，包装行业在东部沿海地区表现出更良好的发展，地方包装标准制定得更加详尽，包含范围更广，更新速度更快。

中部地区是全国经济版图的重要组成部分，在国家发展全局中占有重要地位。近十年，在习近平新时代中国特色社会主义思想的指导下，中部地区高质量发展取得了明显的成效，经济总量占全国的比例不断上升。中部地区因地处内陆，进出口商品相对沿海地区较少，为我国生产农作物的集中地，其包装行业标准主要围绕食品包装行业展开。包装行业标准在中部地区有较大的发展提升空间，应着力解决更新不够及时、内容不够详尽等问题。

西部地区地形地貌复杂，生态承载能力比较弱，交通基础设施相对而言比较落后，经济基础薄弱，发展水平偏低。但是西部地区资源丰富，各类金属矿产、能源矿产以及风光电等资源丰富，未来发展潜力巨大。西部经济对矿产资源依赖性很强，新能源的开发成为许多省份的支柱产业。所以在该地区能源的安全运输问题必须得到重视，包装行业标准规范有待进一步地制定，比如建立科技、绿色、智能、安全的行业标准新规。受到独特地形、气候影响，当地一些特产水果、农作物的储存与运输包装行业标准制定也有良好的发展。但是，也有一些问题出现，比如宁夏的一些包装生产企业生产设备简陋，生产过程中缺乏质量控制手段，而且原材料进厂不验收、产品出厂不检验、无标生产时有发生，包装行业整体质量控制水平不高，产品质量得不到保障，进而严重影响包装产品质量安全。总体来看，西部边远地区的农产品包装水平落后，包装行业标准规范需要进一步完善。

1.3　行业发展与环境保护影响分析

1.3.1 包装行业发展与环境保护现状分析

（1）纸制品包装行业

调研我国纸制品包装行业与环境保护的概况，首先需要了解我国造纸行业。造纸行业处于纸制品包装产业链上游，是我国目前重要的工业产业之一，同时也是保障我国国民经济发展的重要行业。

近几年，造纸行业一直坚持以苇代木、绿色发展的理念，在提供优质产品的同时确保减少污染。但目前我国造纸行业在实际生产阶段仍然会产生大量的能耗，其绿色发展尚有提升空间。国家先后修订《中华人民共和国清洁生产促进法》《中华人民共和国环境保护法》《商务领域一次性塑料制品使用、回收报告办法（试行）》等法律法规，进一步明确纸制品印刷包装在环境保护中的强制性要求。[1] 现阶段，造纸行业已成为我国环境监管监督的主要产业。造纸行业在实际生产阶段所使用的工艺可分为两种，分别为制浆与造纸。制浆环节的污染占整个行业污染的80%，特别是一些化工材料的融合过程。所以造纸行业应顺应国家发展的要求，采取更为合适的污染处理方式，确保绿色转型发展。

造纸行业的主要污染源及环境问题有以下几种。一是废水污染。造纸行业产生的水污染问题较为严重，排出的废水中通常含有大量的生物化学品，如果不能及时妥善处理，可能导致地下水生态环境遭到破坏。二是废气污染。在制浆、造纸过程中，氮氧化物、二氧化硫等是在液体蒸发过程中产生的，氮氧化合物与二氧化硫通常出现在碱回收阶段。此外，备料环节粉尘的大量产生会造成雾霾情况，且容易出现酸雨现象，对生态环境造成极大的危害。三是噪声污染。在造纸生产设备运行过程中，剥皮机、风机等一些大型机器在运行时会产生较大的震动噪声。

（2）塑料包装行业

我国塑料包装行业经过多年的发展，目前已进入高速发展期。我国作为全球第二大包装大国及塑料包装需求最大的亚太国家，全年塑料包装消费量占亚太地区的60%左右。但是，我国塑料包装行业市场集中度较低，龙头企业较少，高端产品多依赖进口且难以满足市场需求。

塑料包装材料由于具有可视化、轻量化等优点，逐渐代替了纸、金属等包装材料，在很多领域得到广泛应用。特别是在电子技术、物流行业的快速发展助推下，塑料包装产业得到快速升级。

根据智研咨询发布的数据，2019—2021年，全球塑料包装市场规模年增幅在3.85%左右，预计未来三年，将保持持续增长势头；我国塑料包装市场规模年增幅在4.3%以上，预计未来三年，增长幅度仍将高于全球水平，如表1-3-1所示。

经济的发展和人民生活水平的提高，对包装及包装产业提出了新要求。特别是在医疗、卫生、食品等领域，以及快递、运输等与塑料包装密切相关的流通环节，消费者个性化需求多样化，需求量也越来越大。同时，可降解、可替代、易回收、易再生等技术，将推动塑料包装行业进行产业结构调整、产品质量升级，尤其是在包装细分市场，塑料包装呈现出多样化的发展格局，其关键核心技术将引领产业形成快速增长势

1　纸包装的市场前景分析 [J]. 中国包装，2021，41（8）：23.

表 1-3-1　中国塑料包装市场规模发展趋势

时间	2019	2020	2021
全球市场规模 / 亿美元	2146.8	2229.4	2315.2
增幅 / %	3.851	3.848	3.849
中国市场规模 / 亿美元	540.8	564.1	588.6
增幅 / %	4.321	4.308	4.343

头。绿色包装、绿色标准已经成为企业自我创新发展的动力。

塑料包装因易加工、易成型、易运输等特点，给人们的生活带来了极大的方便。与此同时，大量塑料包装物的废弃、焚烧或填埋处理，导致环境污染问题日益突显。

2020 年 1 月 16 日，国家发展改革委和生态环境部联合印发《关于进一步加强塑料污染治理的意见》，提出禁限一批、替代循环一批、规范一批的原则，对塑料包装制品及包装领域的生产、销售、使用提出了具体的刚性要求。包装行业的生态环境已经发生很大的变化，塑料产业绿色化发展的大格局业已形成。

（3）金属包装行业

金属包装具有资本密集、技术密集，内需为主、出口为辅，产品替代性高，市场季节性变化大，市场集中度高等产业特点，是中国包装工业的重要组成部分。金属包装容器企业主要为食品、饮料、油脂、化工、药品及化妆品等行业提供包装服务。近年来，随着居民生活水平的提高及国民经济的增长，食品、饮料、医药等行业的消费需求呈增长态势，中国金属包装容器制造行业发展迅速。[1]

金属包装约 70% 的需求来自食品饮料行业。2018 年后金属包装行业产能建设成本高，再加上环保要求趋严，提高了中小产能企业进入门槛，部分中小制罐企业长期亏损，逐步退出市场。

金属行业作为金属包装的产业链上游，目前

仍存在着资源能源消耗高、污染物产排强度大等问题。造成这些问题的原因可归结为三个方面：一是技术不够先进、生产粗放等导致的资源能源消耗过高，主要指标远高于发达国家先进水平。二是单位产量的污染物产生强度大，增加了末端治理达标排放的技术难度和经济成本，部分企业无法做到污染物稳定达标排放。三是大多数中小企业技术装备落后，生产流程集中程度较低，在造成资源严重浪费的同时，往往也严重污染了环境；由于地方保护主义和历史原因，导致不成规模的小企业散乱、众多且难以管控，无形中增加了环境风险隐患[2]。

（4）玻璃包装行业

玻璃包装容器是以石英砂（主要成分 SiO_2）、纯碱（主要成分 Na_2CO_3）、碎玻璃等主要原材料以及方解石、长石粉等辅助材料，经高温窑炉熔融、吹压成型、冷却、喷涂而成的固态容器。玻璃包装容器的生产与使用至今已有几百年的历史，凭借其在成本、化学稳定性等方面具有的优势，玻璃包装容器在全球范围内均有较广泛的用途。

玻璃产业的主要污染物有以下几种。一是大气污染。主要为玻璃窑烟囱、燃烧锅炉烟囱排放的燃烧废气，原料车间的粉尘，碎玻璃产生的粉尘，其主要污染物为二氧化硫、氮氧化物及粉尘。二是废水污染。玻璃产业废水污染为平板玻璃生产企业的生产过程中所产生的污水，如原料车间的地面冲洗废水，油罐区产生的含油废水，

1　我国金属包装市场现状及行业进出口情况 [J]. 中国包装，2020，40（7）：4.

2　董晓东，张立民，杨俊峰，等 . 浅谈有色金属工业环境保护新形势及对策 [J]. 有色金属工程，2015，5（2）：93-96.

部分循环水及洗涤原料废水，还有生活污水等。主要污染物为浮油、无机悬浮物，以及少量无机物如 Cr、Sn、Pb 等。三是固废污染。玻璃厂固废主要来源于原料车间的废弃物、碎玻璃倒运过程中的散落物以及维修过程中的废弃材料等。[1]

（5）陶瓷包装行业

中国是世界陶瓷制造中心和陶瓷生产大国，中国的陶瓷文化历史源远流长，年产量和出口量居世界首位，陶瓷制品是中国出口创汇的主要产品之一。全国规模以上陶瓷制品制造行业企业有 2000 余家，陶瓷制品制造行业整体从业人员约 60 万人。在包装领域里，陶瓷包装具有一些得天独厚的优势：第一，具有良好的耐磨性和极高的耐腐蚀性，使内部的产品不易受到侵蚀；第二，具有良好的热稳定性，可以防止气温过高时造成的产品损坏；第三，具有高度的环保性，污染性低。陶瓷包装容器行业在我国包装产业链中占据着不可取代的重要地位。

陶瓷行业作为陶瓷包装的产业链上游，主要存在企业数量多、规模小、能耗高、污染严重等问题，导致陶瓷生产过程中所造成的环境污染问题较为明显。再加上企业工艺技术以及其他原因，导致陶瓷生产作业过程中所产生的废气等不符合环保要求，对大气环境的污染越来越严重。

陶瓷行业主要污染物包括以下几种。一是粉尘。工业微细粉尘是造成大气污染的重要因子，当微细粉尘在大气环境中达到一定浓度之后，会引起灰霾天气等环境污染问题，还会导致有毒颗粒物聚集。二是二氧化硫。二氧化硫与大气中的烟尘有协同作用，可使呼吸道疾病发病率增高，还会使大气酸化，形成酸雨，导致金属材料腐蚀、建筑材料出现斑痕、农作物减产。三是氮氧化物。氮氧化物与烃类化合物在阳光的催化下会发生化学反应，生成毒性很

大的物质，这些有毒物质还会引发一系列连锁反应，并与空气中其他有害物质反应生成光化学烟雾。四是氟化物。氟化物可在环境中积蓄，通过食物影响人体。此外，氢氟酸有助于酸雨的形成。[2]

（6）竹木包装行业

竹木包装的上游行业为竹制品行业。我国经过改革开放 40 多年的建设发展，已成为竹制品制造市场增长极快的国家之一，大量制造竹制品的企业兴起，竹制品制造行业已迅速形成一个充满生机和活力的市场。竹制品在工业中的应用更为广泛；相应地，在其生产过程中会产生大量废水，这在一定程度上给生态环境带来负面影响。

在竹制品制造过程中所产生的大量废水不仅会严重污染当地环境，还会给人们的生活用水带来一定的危害。由于竹制品企业分布比较散乱、规模较小，目前并没有很多针对竹产业废水的报道。不同的竹类制品所产生的废水的种类也不同，一般情况下，竹制品所产生的废水主要有蒸煮废水、碱浸废水、竹浆废水和染色废水。这些废水中所含的污染物和成分比较复杂，因此处理技术也各不相同。由于缺乏非常成熟的废水处理技术，对于治理竹制品行业产生的废水等问题，我们还需要较长的时间进行进一步的探索研究。[3]

1.3.2 包装行业发展与环境保护存在的突出问题

（1）包装废弃物污染

纸、塑料、金属、玻璃、陶瓷、竹木以及复合材料是中国包装行业常用的材料，其中纸包装材料和塑料包装材料运用较为广泛。

1 王世平, 孙正球, 谈国强. 玻璃生产与环境保护的几点建议 [C]// 中国硅酸盐学会玻璃分会窑炉专业委员会, 中国日用玻璃协会技术咨询委员会. 庆祝中国硅酸盐学会成立六十周年全国玻璃窑炉技术研讨交流会论文集汇编.[出版地不详], [出版者不详], 2005：223.

2 冯吉燕. 建筑陶瓷行业废气污染治理现状及环境管理建议 [J]. 海峡科学, 2019（2）：49-52.

3 孙允森, 金和训, 高伟. 高浓度竹制品废水资源化利用技术研究 [J]. 资源节约与环保, 2016（9）：86.

塑料包装材料由于易制作、耐腐蚀等特点被广泛使用,但也正是因为这些特点极易产生包装废弃物污染问题。塑料包装具有不腐烂、不易降解的特点,降解周期较长,被大自然完全降解至少需要 200 年时间,而且在降解过程中会对周围的土壤环境造成持续的污染和伤害。因此,塑料包装废弃物所导致的"白色污染"对我国生态环境的危害是有目共睹的。[1] 当前,塑料包装废物不适应绿色低碳发展的问题主要表现在:新业态高速增长,塑料包装废物回收率有所下降;一些塑料包装中助剂的风险评估不够充分;塑料制品废物焚烧虽然减量,仍高于回收产生的碳排放。[2]

纸包装材料是包装的主要材料,相对于塑料包装而言,纸制品包装的污染相对较小。但在纸制品包装工业生产中,由于受生产技术、纸制品包装质量检测不当等因素的影响,这类包装仍然存在一定的污染风险,部分纸制品包装中残留有一定的荧光增白剂、有机氯化物、增塑剂以及防油剂等成分,采用含上述残留污染物的纸制品包装食品,污染物由纸制品包装向食物迁移,引发食品污染。同时纸质包装对树木的消耗量较大,使得我国的森林资源压力进一步增加。绝大部分包装在完成使命后,就被作为废弃物堆积掩埋在城市垃圾填埋场,不仅浪费土地资源,还会腐蚀分解进入水资源领域,对水资源产生破坏。

此外,其他一些固体包装废弃物在焚烧处理时产生的气体对大气造成污染,这些包装废弃物对土地资源、森林资源、水资源和大气资源的多重伤害是不可逆转的。

(2)过度包装问题严重

包装具有保护、展示、储存、运输商品等功能,但过度包装超出了包装的正常功能要求,表现为包装层数过多、包装空隙过大、包装成本过高、选材用料不当等。商品过度包装既造成资源浪费,又增加了消费者负担,而且废弃包装也会造成环境污染。

过度包装的表现形式主要包括以下几个方面:一是保护功能不恰当,如包装选材不当、用材过度、层数过多等。在选材上,很多商家盲目增加包装材料的种类和等级,为了提高商品的价格和档次,专门使用独立分装的小包装进行过度保护,导致包装层次过多,增加了成本和耗材。二是储运功能不恰当,如包装体积过大、空隙率过高、内部衬垫物过多等。过大的体积和过高的空隙率将导致商品在储存和运输时消耗更多的空间、物力和成本,同时给分拣、装卸、堆码等过程带来诸多不便,这不符合包装方便运输的功能。三是促销功能不恰当,如包装外形设计和图文装饰采用过于复杂或高档的工艺,造成的视觉冲击力与包装本身属性不符。商家为了吸引消费者,实现促销的目的,往往将包装设计得过于夸张和奢华,导致包装整体观感和产品实际内容严重不符,不能如实传达商品的真实信息。[3]

商品的过度包装必然导致损耗更多的能源和原材料,若不能及时有效地回收和处理,产生的包装废弃物会造成严重的环境污染。据统计,我国每年城市固体废弃物约三分之一为包装废弃物,其中约一半是由于过度包装产生的。过度包装是快递包装垃圾狂增的主要因素之一,为了减少运输过程中的各种破坏,商家不惜浪费材料也要保证商品严密无损。铝、铁等金属常采用焚烧法和填埋法处理,而塑料不易回收和降解,这些包装废弃物给环境带来了很大压力。

针对过度包装的问题,国务院办公厅印发《国务院办公厅关于进一步加强商品过度包装治理的通知》,对进一步加强商品过度包装治理作出部署。该通知要求,包装领域要加强技术创新,包装企业要积极提供设计合理、用材节约、回收便利、经济适用的包装整体解决方案,自主

1 刘靓,丁茜.绿色生态理念视阈下的包装设计探析 [J].湖南包装,2022,37(4):164.

2 韦洪莲.加快塑料包装废物减量化,推进绿色低碳循环发展 [J].资源再生,2021(7):13-15.

3 周梦文,黎厚斌.商品过度包装现状及消解策略探究 [J].包装学报,2020,12(2):47-56.

研发低克重、高强度、功能化包装材料及其生产设备，创新研发商品和快递一体化包装产品。包装企业要充分发挥在推广简约包装、倡导理性消费中的桥梁纽带作用，推动包装设计、商品生产等上下游各环节践行简约适度理念。

（3）包装回收率低

包装的生命周期是指设计决策阶段、生产制造阶段、运输阶段、使用阶段以及重复再利用阶段或者是废弃阶段。显然，我国大多数的包装在完成前四大阶段的使命后就进入了废弃阶段，企业没有通过适当的包装结构处理或其他方式使其进入重复再利用阶段，延长包装的生命周期。

如快递行业，目前快递包装并没有统一的行业标准，以至于大至快递公司，小至个体商户皆采用各自的快递包装，使得快递包装在回收时要进行筛选和分类。这无疑加大了包装回收的难度，降低了回收期望。各快递公司宁愿斥资购入新包装材料，也不愿耗时费力从废旧快递包装中筛选出可使用的快递包装。无健全的回收机制以及回收体系，使得快递包装回收率极低，严重加剧了资源浪费。

不仅快递包装的可重复利用率低，其他商品包装亦是如此。在将商品安全且完好地运输给消费者后，部分包装开始走向重生或价值延伸，但企业并未全面从绿色生态理念出发给予所有包装后续的重生或价值延伸。

尽管中国正在积极提倡绿色生态理念下包装的重复利用，但市面上现有的可重复利用包装存在缺乏美观度和功能性不足的情况，消费者可能并不会真正地对其进行重复使用。长此以往，不但没有起到包装重复利用的作用，反而增加了包装生产技术的成本。即使是通过对包装废弃物进行材料回收等方式来提高可重复利用率，其技术成本、人力资源等消耗都是难以估量的。同时，这种形式在我国实施以来，回报与付出明显未成

正比，也没有显著成效。由此可见，包装的重复利用率低下是包装造型结构的一次性、材料选择欠考虑、生命周期延长使用的可落实性不强等多方面因素导致的。[1]

1.3.3 包装行业与环境保护协调发展对策

（1）行业发展态势

随着我国石化产业基地、化工产业园区、区域制造业集群的快速、高起点发展，包装产业的龙头企业、单项冠军企业、高新技术企业在行业的细分市场形成多元化新格局：从区域经济看，本地企业依托区域优势，加强企业与企业之间的融合、企业与区域之间的融合、企业与产业之间的融合，双向互动，积极参与国际化协同发展，已经形成创新发展新趋势。[2] 包装行业的转型涉及技术革新、应用方式、法规制定、用户体验等。

包装行业近年来在智慧物流、高端智能等数字化技术、智能化技术的更新促进下也开始走向智能化。以快递包装为例，智能化包装投入生产实践的初期表现为生产成本绿色化、包装结构模组化，包装智能锁键防盗密封升级，包裹实施云端监控可追踪；在进入物流分拣配送环节，其智能化的操作表现为采用大数据计算的智能打包算法，使用基于人工智能的可自动分拣、识别并远程控制配送包裹的机器人和无人机、无人车系统；到最后的回收循环环节，智能化表现为利用智能传感、探测等技术及装备进行包装物的有序分拣回收。智能化已成为当前快递包装技术改革创新的主要方式之一，并且适合运用到快递包装的低碳、绿色发展方向。无论是对包装材料的创新研发，还是对适用于粮食等农产品储存的可控气调包装，抑或是为保护隐私和内部电子产品稳定的抗电磁干扰的复合薄膜等的应用，都是在包装智能

1　刘靓，丁茜.绿色生态理念视阈下的包装设计探析 [J].湖南包装，2022，37（4）：163-165.

2　孟鸿诚.关于塑料包装产业链绿色化发展路径的研究 [J].塑料包装，2021，31（2）：14-19.

表 1-3-2　国家层面包装行业与环境协调政策

发布时间	发布部门	政策文件名称	主要内容
2021 年 2 月	交通运输部	《邮件快件包装管理办法》	加强邮件快件绿色包装管理，保证邮件快件包装质量，规范邮件快件包装行为，保障用户合法权益和寄递安全，节约资源、保护环境
2020 年 11 月	国家发展改革委、国家邮政局等	《关于加快推进快递包装绿色转型的意见》	主要目标：到 2025 年，快递包装领域全面建立与绿色理念相适应的法律、标准和政策体系，形成贯穿快递包装生产、使用、回收、处置全链条的治理长效机制；电商快件基本实现不再二次包装，可循环快递包装应用规模达 1000 万个，包装减量和绿色循环的新模式、新业态发展取得重大进展，快递包装基本实现绿色转型
2020 年 10 月	市场监管总局、国家邮政局	《快递包装绿色产品认证目录（第一批）》《快递包装绿色产品认证规则》	主要涉及封套、包装箱、包装袋、集装袋、电子运单、植物类填充物、塑料填充物、悬空紧固包装、胶带、可重复使用型快递包装等种类
2020 年 8 月	农业农村部、生态环境部	《农药包装废弃物回收处理管理办法》	县级以上地方人民政府农业农村主管部门应当调查监测本行政区域内农药包装废弃物产生情况，指导建立农药包装废弃物回收体系，合理布设县、乡、村农药包装废弃物回收站（点），明确管理责任。农药生产者、经营者应当按照"谁生产、经营，谁回收"的原则，履行相应的农药包装废弃物回收义务。农药生产者、经营者可以协商确定农药包装废弃物回收义务的具体履行方式；农药经营者应当在其经营场所设立农药包装废弃物回收装置，不得拒收其销售农药的包装废弃物
2020 年 3 月	国家发展改革委、司法部	《关于加快建立绿色生产和消费法规政策体系的意见》	主要目标：到 2025 年，绿色生产和消费相关的法规、标准、政策进一步健全，激励约束到位的制度框架基本建立，绿色生产和消费方式在重点领域、重点行业、重点环节全面推行，我国绿色发展水平实现总体提升
2020 年 1 月	国家发展改革委、生态环境部	《国家发展改革委、生态环境部关于进一步加强塑料污染治理的意见》	有序禁止、限制部分塑料制品的生产、销售和使用，积极推广替代产品，规范塑料废弃物回收利用，建立健全塑料制品生产、流通、使用、回收处置等环节的管理制度，有力有序有效治理塑料污染，努力建设美丽中国
2019 年 6 月	生态环境部	《重点行业挥发性有机物综合治理方案》	重点推进塑料软包装印刷、印铁制罐等 VOCs 治理，积极推进使用低（无）VOCs 含量原辅材料和环境友好型技术替代，全面加强无组织排放控制，建设高效末端净化设施
2019 年 5 月	国家市场监督管理总局、国家标准化管理委员会	《绿色包装评价方法与准则》	针对绿色包装产品低碳、节能、环保、安全的要求规定了绿色包装评价准则、评价方法、评价报告内容和格式，并定义了"绿色包装"的内涵
2018 年 9 月	国务院办公厅	《完善促进消费体制机制实施方案（2018—2020年）》	要求发展壮大绿色消费，推动绿色流通发展，倡导流通环节减量包装、使用可降解包装

化方向上拓展出的新型绿色的发展道路。[1]

（2）环境保护协调政策

仅仅依靠推荐性标准和文件来指引生产商、设计师、消费者自觉保护生态环境是不现实的。

我国对生态环境保护意识的督促以及"绿色包装"的实施相对较弱，在专门的包装管理法律的制定和实施方面存在较大空缺，导致人们的自我约束意识较为薄弱。虽然施行的《中华人民共和

1　赵靓 . 新限塑令下快递包装塑料减量化设计研究 [D]. 株洲：湖南工业大学，2022.

表 1-3-3 国家关于限塑、禁塑的政策

日期	发文单位	政策文件名称
2020 年 7 月	国家发展改革委、生态环境部等九部门	《关于扎实推进塑料污染治理工作的通知》
2020 年 1 月	国家发展改革委、生态环境部	《国家发展改革委、生态环境部关于进一步加强塑料污染治理的意见》
2019 年 5 月	国家市场监督管理总局、国家标准化管理委员会	《绿色包装评价方法与准则》（GB/T 37422—2019）
2017 年 5 月	国家质量监督检验检疫总局	《绿色产品评价通则》（GB/T 33761—2017）

国固体废物污染环境防治法》在随后的修订中已经明确提出"避免过度包装"，但我国仍然未从生态环境保护工作角度对过度包装行为及可重复利用合理实施作全面的规范，这就造成了针对这些行为的执法困难。因此，我国应加强对"绿色包装"法律问题的研究，以立法的形式规定包装明确禁止使用的材料，利用法律条例建立起完善且具有实质成效的包装可回收循环系统，实行"谁污染，谁付费"和"谁治理，谁收益"的环境污染治理方针，让人们意识到不恰当的包装设计对生态环境的不良影响，潜移默化地改变中国因绿色壁垒而在国际贸易中的被动处境，齐心协力建设绿色生态理念下健康的包装行业，建设全民受益的可持续发展型社会。[1]

包装行业与环境相协调越来越引起国家及各地区的重视，我国在国家层面制定了许多法律政策，以实现包装行业与环境的协调，如表 1-3-2 所示。

（3）包装行业绿色转型

绿色发展已经成为当今社会的一抹亮丽色，关于"绿包包装"，《绿色包装评价方法与准则》（GB/T 37422—2019）明确了定义，是指"在包装产品全生命周期中，在满足包装功能要求的前提下，对人体健康和生态环境危害小、资源能源消耗少的包装"。

2017 年以来，国家、地方政府密集出台相关"限塑令""禁塑令"政策，对包装材料回收、再生、循环利用的管控越来越严（表 1-3-3）。

2020 年 1 月，史上最严新版禁塑政策发布后，全国各省、市陆续出台了本地的"禁塑令"。新版"禁塑令"是指禁止、限制部分塑料制品的生产、销售与使用，重点是整治不可降解塑料、一次性塑料用品等，重点支持推广、应用替代产品和模式，建立健全法规制度和标准。[2]

近年来，随着我国快递业发展突飞猛进，快递包装污染问题引起社会高度关注，实施快递绿色包装迫在眉睫。为了推广绿色快递包装，解决快递包装污染问题，我国先后制定并发布了相关的政策法规和标准，如表 1-3-4 所示。

包装绿色化转型是治理包装污染的重要举措，在治理包装污染方面，政府、企业和消费者责无旁贷。通过调研分析，我们基本厘清了当前我国包装绿色化治理的现状与存在的主要问题。虽然我国包装的绿色化治理具备了一定基础，但相关政策法规还比较欠缺，执行的效果也不理想，包装企业自觉履行包装绿色化的社会责任十分欠缺，而消费者也亟待进行约束和指导。为了节约资源、保护环境，从根本上解决包装所面临的包装过度、材料不环保、回收难三大问题，从政府、企业和消费者三维视角构建包装行业的绿色化治理体系已成为一项刻不容缓的工作。

发展绿色包装材料主要包含以下几个方面。

第一，纸包装材料。重点研发再生纸包装材料性能提升关键技术，增强其广泛适用性与

1　刘靓，丁茜.绿色生态理念视阈下的包装设计探析 [J].湖南包装，2022，37（4）：163-165.

2　孟鸿诚.关于塑料包装产业链绿色化发展路径的研究 [J].塑料包装，2021，31（2）：14-19.

表 1-3-4　快递包装绿色化发展相关政策文件

发布时间	发布部门及政策文件名称	主要内容
2020 年 1 月	交通运输部《邮政业寄递安全监督管理办法》	鼓励回收再利用包装材料，鼓励减量化使用环保材料，塑料袋、胶带等材料应符合国家规定，防止过度包装，减少包装废弃物
2018 年 3 月	国务院《快递暂行条例》	鼓励使用环保型包装材料，鼓励回收快递包装废弃物
2018 年 2 月	国家质量监督检验检疫总局、国家标准化管理委员会《快递封装用品》系列国家标准	将绿色化纳入新标准，提倡使用可降解的快递包装
2018 年 1 月	国务院办公厅《国务院办公厅关于推进电子商务与快递物流协同发展的意见》	推广绿色包装
2017 年 11 月	国家邮政局等十部门《关于协同推进快递业绿色包装工作的指导意见》	淘汰重金属等含量超标的包装物料，提升可降解的绿色环保材料使用率，建立快递包装废弃物回收体系
2016 年 12 月	工业和信息化部、商务部《工业和信息化部、商务部关于加快我国包装产业转型发展的指导意见》	以包装标准化推动包装的减量化和循环利用
2016 年 8 月	国家邮政局《推进快递业绿色包装工作实施方案》	提升快递包装回收再利用率，实现快递包装材料减量化

循环复用性，强化再生纸包装制品品质保障。持续推动环保型多功能纸包装用黏合剂和涂料的技术攻关和产业化应用，提升纸包装制品的耐油、防水、抗菌、保鲜等功能，逐步延伸纸包装材料应用领域。鼓励并支持蜂窝制品、纸浆模塑制品等轻质高强纸质复合材料的设计与工艺革新，促进重型包装以及特殊领域实现以纸代塑、以纸代木。

第二，塑料包装材料。研发推广塑料包装材料可回收、可复用、可堆肥关键技术，协同塑料包装制品生命周期管理的环境、经济与社会效益。淘汰与限制不必要的一次性塑料包装制品。制定易回收、易再生的设计标准，明确塑料包装再生成分含量最低比例标准。重点推进高性能单一材质包装的研发、合成、加工、成型等工艺与技术的创新。针对不易回收包装等应用场景，开发与应用可食用、可生物降解、可堆肥塑料包装材料，从源头杜绝污染与浪费。

第三，金属包装材料。重点支持超薄铝合金、铝箔、马口铁等金属包装材料轻量化应用技术的开发，鼓励开展覆膜金属板成型与制罐工艺创新。加强环保涂层、可降解膜等表面处理技术

的应用开发，增强轻量化金属包装制品表面防护性能。加快发展金属包装回收与再生利用技术，推进金属包装可持续发展。

第四，玻璃包装材料。重点支持耐冲击、自清洁、柔性化、防辐射、自发光等高性能玻璃基材包装材料的研发、制备与产业化，鼓励发展功能型、智能型玻璃包装新材料。

第五，新型包装材料。优先发展利用废弃竹、木、秸秆等纤维原料和谷壳、豆渣等开展新型生物质、可食用性包装材料研发与规模化产业应用示范，提升商品包装绿色触感。鼓励运用石墨烯、纳米、印刷电子等相关颠覆性技术开发新型包装信息记录材料和感知元件，为智能包装的发展提供基础支撑。

贯彻落实中央的战略部署，实现绿色低碳发展，建议采取以下几项措施。一是倡导绿色消费，从源头促进塑料包装废物减量化。减少塑料包装的使用，一方面可减少石油消耗，另一方面可减少塑料包装废物的产生，进而减轻对环境的污染，减少二氧化碳排放。在生产、流通领域，推广可重复使用的包装袋、包装箱，替代部分一次性塑料包装。在快递行业推广智能开锁、可重

复使用的包装箱，减少一次性塑料包装和塑料胶带的使用。在外卖行业，引导用户减少一次性塑料餐具的使用和浪费。二是重视塑料助剂的环境风险，促进塑料包装行业绿色发展。研究塑料中的各种助剂，以及印刷包装使用的油墨和颜料的危害性，完善环境友好型包装材料标准，制定塑料包装材料禁止、限制使用助剂、颜料清单，引导、规范塑料包装材料及整个行业的绿色发展。三是重视塑料包装可回收性设计，促进塑料废物物理回收。目前，塑料包装没有进行可回收性设计，使用成本低，废弃成本低、回收成本高，影响了塑料废物物理回收。应推广塑料包装废物的可回收性设计，实现同场景下的同材化、单材化，降低物理回收的难度和成本。四是重视塑料废物化学循环，促进塑料行业降碳增效。不能物理回收的质量差、成分杂、难清洗的废塑料，以前大多混入生活垃圾填埋或焚烧回收热能。随着化学回收技术的发展，这些不能物理回收的废塑料，可以分解为烯烃等化工原料、再制造塑料等化学品（也称化学循环）。化学循环的环境效益、资源效率更高，将原来进入生活垃圾的部分低值、难物理回收的塑料包装废物改为化学循环制造新塑料，有助于全行业降碳增效，减轻碳中和的压力。[1]

推进绿色转型进程，突出绿色低碳循环转型在产业深度转型和可持续发展中的引领性作用，加快构建覆盖包装全生命周期的绿色发展体系，显著提升绿色发展水平，有效形成包装产业循环经济发展模式。国家在生态发展战略上发布的政策如表 1-3-5 所示。

"十三五"时期，我国包装行业爆发式增长的同时，也暴露出存在的诸多问题，我国包装行业健康绿色可持续发展之路仍旧任重而道远。解决包装污染问题是一项涉及节约型社会建设、环境可持续发展、消费者服务质量与个人隐私保护的巨大工程。建立统一的包装标准、转变包装方式、建立健全包装回收体系、促进快递包装绿色化等需要政府部门、包装企业以及消费者三方积极努力、相互配合。应基于多方合作，促进高效、循环、环保型快递服务系统的建立和发展，推动我国包装行业向低污染、低消耗、低排放、高效能、高效率、高效益转型。[2]

我国包装行业总体发展情况良好，速度较快，但仍存在产业集中度低、产业结构失衡、产能过剩和环境污染严重等制约行业发展的问题。我国一直以来都十分重视环境污染治理工作，频频出台各项政策和措施用以改善生态环境状况，生态环境状况整体好转，环境保护措施也在不断完善。此外，包装行业与环境保护耦合协调状况不断好转。我国包装行业与环境保护两大系统不仅相互作用、相互影响的程度不断变大，而且系统之间以及系统内部要素之间的和谐一致程度也不断加大，复合系统耦合协调发展情况渐趋良好。综合分析我国包装行业和环境保护系统发展水平和协调状况，我们提出了编制行业发展合理方案、完善环境保护法律法规、加快转变经济增长方式、促进包装行业绿色转型和广泛开展多元主体合作的对策。

1 韦洪莲.加快塑料包装废物减量化，推进绿色低碳循环发展 [J].资源再生，2021（7）：13-15.

2 周婉婷，舒超，彭亚婷，等.可持续发展战略下快递包装现状及对策研究 [J].中国经贸导刊，2017（26）：78-80.

1-3-5　国家生态发展战略

发布时间	发布部门	政策文件名称	主要内容
2021 年 12 月	工业和信息化部	《"十四五"工业绿色发展规划》	立足新发展阶段,完整、准确、全面贯彻新发展理念,构建新发展格局,落实制造强国、网络强国战略,以推动高质量发展为主题,以供给侧结构性改革为主线,以碳达峰碳中和目标为引领,以减污降碳协同增效为总抓手,统筹发展与绿色低碳转型,深入实施绿色制造,加快产业结构优化升级,大力推进工业节能降碳,全面提高资源利用效率,积极推行清洁生产改造,提升绿色低碳技术、绿色产品、服务供给能力,构建工业绿色低碳转型与工业赋能绿色发展相互促进、深度融合的现代化产业格局,支撑碳达峰碳中和目标任务如期实现
2021 年 11 月	国务院国有资产监督管理委员会	《关于推进中央企业高质量发展做好碳达峰碳中和工作的指导意见》	推动绿色低碳转型发展:(一)强化国有资本绿色低碳布局;(二)强化绿色低碳发展规划引领;(三)加快形成绿色低碳生产方式;(四)发挥绿色低碳消费引领作用;(五)积极开展绿色低碳国际交流合作
2021 年 11 月	工业和信息化部等四部门	《关于加强产融合作推动工业绿色发展的指导意见》	到 2025 年,推动工业绿色发展的产融合作机制基本成熟,符合工业特色和需求的绿色金融标准体系更加完善,工业企业绿色信息披露机制更加健全,产融合作平台服务进一步优化,支持工业绿色发展的金融产品和服务更加丰富,各类要素资源向绿色低碳领域不断聚集,力争金融重点支持的工业企业成为碳减排标杆,有力支撑实现碳达峰、碳中和目标,保障产业与金融共享绿色发展成果、人民共享工业文明与生态文明和谐共生的美好生活
2021 年 10 月	国家发展改革委等部门	《"十四五"全国清洁生产推行方案》	到 2025 年,清洁生产推行制度体系基本建立,工业领域清洁生产全面推行,农业、服务业、建筑业、交通运输业等领域清洁生产进一步深化,清洁生产整体水平大幅提升,能源资源利用效率显著提高,重点行业主要污染物和二氧化碳排放强度明显降低,清洁生产事业不断壮大
2021 年 10 月	国家发展改革委等部门	《"十四五"节水型社会建设规划》	提出了"十四五"节水型社会建设主要量化目标和 2035 年中长期目标,明确围绕"提意识、严约束、补短板、强科技、健机制"五个方面部署节水型社会建设的重点任务
2021 年 10 月	国务院	《2030 年前碳达峰行动方案》	深入贯彻习近平生态文明思想,立足新发展阶段,完整、准确、全面贯彻新发展理念,构建新发展格局,坚持系统观念,处理好发展和减排、整体和局部、短期和中长期的关系,统筹稳增长和调结构,把碳达峰、碳中和纳入经济社会发展全局,坚持"全国统筹、节约优先、双轮驱动、内外畅通、防范风险"的总方针,有力有序有效做好碳达峰工作,明确各地区、各领域、各行业目标任务,加快实现生产生活方式绿色变革,推动经济社会发展建立在资源高效利用和绿色低碳发展的基础之上,确保如期实现 2030 年前碳达峰目标
2021 年 10 月	中共中央办公厅、国务院办公厅	《关于推动城乡建设绿色发展的意见》	要求推进城乡建设方式绿色转型,整体改善城乡生态环境质量,提升城乡发展质量和资源环境承载能力,提升城市和乡村品质,使人居环境更加美好
2021 年 10 月	国家发展改革委等部门	《关于严格能效约束推动重点领域节能降碳的若干意见》	到 2025 年,通过实施节能降碳行动,钢铁、电解铝、水泥、平板玻璃、炼油、乙烯、合成氨、电石等重点行业和数据中心达到标杆水平的产能比例超过 30%,行业整体能效水平明显提升,碳排放强度明显下降,绿色低碳发展能力显著增强。 到 2030 年,重点行业能效基准水平和标杆水平进一步提高,达到标杆水平企业比例大幅提升,行业整体能效水平和碳排放强度达到国际先进水平,为如期实现碳达峰目标提供有力支撑

发布时间	发布部门	政策文件名称	主要内容
2021年9月	中共中央、国务院	《关于完整准确全面贯彻新发展理念做好碳达峰碳中和工作的意见》	到2025年，绿色低碳循环发展的经济体系初步形成，重点行业能源利用效率大幅提升。单位国内生产总值能耗比2020年下降13.5%；单位国内生产总值二氧化碳排放比2020年下降18%；非化石能源消费比重达到20%左右，森林覆盖率达到24.1%，森林蓄积量达到180亿立方米，为实现碳达峰、碳中和奠定坚实基础
2021年7月	国家发展改革委	《"十四五"循环经济发展规划》	提出了"农作物秸秆综合利用率保持在86%以上，大宗固废综合利用率达到60%，建筑垃圾综合利用率达到60%，废纸利用量达到6000万吨，废钢利用量达到3.2亿吨，再生有色金属产量达到2000万吨，其中再生铜、再生铝和再生铅产量分别达到400万吨、1150万吨、290万吨，资源循环利用产业产值达到5万亿元"等各重点领域具体目标和重点任务
2021年5月	国家发展改革委	《关于开展大宗固体废弃物综合利用示范的通知》	到2025年，建设50个大宗固废综合利用示范基地（以下简称"示范基地"），示范基地大宗固废综合利用率达到75%以上，对区域降碳支撑能力显著增强；培育50家综合利用骨干企业（以下简称"骨干企业"），实施示范引领行动，形成较强的创新引领、产业带动和降碳示范效应
2021年3月	国家发展改革委等部门	《关于"十四五"大宗固体废弃物综合利用的指导意见》	到2025年，煤矸石、粉煤灰、尾矿（共伴生矿）、冶炼渣、工业副产石膏、建筑垃圾、农作物秸秆等大宗固废的综合利用能力显著提升，利用规模不断扩大，新增大宗固废综合利用率达到60%，存量大宗固废有序减少。大宗固废综合利用水平不断提高，综合利用产业体系不断完善；关键瓶颈技术取得突破，大宗固废综合利用技术创新体系逐步建立；政策法规、标准和统计体系逐步健全，大宗固废综合利用制度基本完善；产业间融合共生、区域间协同发展模式不断创新；集约高效的产业基地和骨干企业示范引领作用显著增强，大宗固废综合利用产业高质量发展新格局基本形成
2021年2月	生态环境部、中宣部、中央文明办、教育部、共青团中央、全国妇联	《"美丽中国，我是行动者"提升公民生态文明意识行动计划（2021—2025年）》	对提升公众生态文明意识、促进生产生活方式绿色转型提出了具体要求
2021年2月	国务院	《国务院关于加快建立健全绿色低碳循环发展经济体系的指导意见》	以习近平总书记"建立健全绿色低碳循环发展经济体系是解决我国资源环境生态问题的基础之策"的重要论断为基础，对加快建立健全绿色低碳循环发展的经济体系作了顶层设计和总体部署
2020年12月	生态环境部	《碳排放权交易管理办法（试行）》	明确了温室气体重点排放单位确定的标准，以及这些单位碳排放配额的分配、交易、核查、清缴及处罚规则
2019年9月	生态环境部	《国家生态文明建设示范市县建设指标》《国家生态文明建设示范市县管理规程》《"绿水青山就是金山银山"实践创新基地建设管理规程（试行）》	加快推进生态文明建设有关决策部署和全国生态环境保护大会有关要求，充分发挥生态文明建设示范市县和"绿水青山就是金山银山"实践创新基地的平台载体和典型引领作用

发布时间	发布部门	政策文件名称	主要内容
2019 年 9 月	生态环境部	《关于进一步深化生态环境监管服务推动经济高质量发展的意见》	深化"放管服"改革，进一步优化营商环境，主动服务企业绿色发展，协同推进经济高质量发展和生态环境高水平保护，现就进一步深化生态环境监管服务推动经济高质量发展，提出以下意见。 一、加大"放"的力度，激发市场主体活力 二、优化"管"的方式，营造公平市场环境 三、提升"服"的实效，增强企业绿色发展能力 四、精准"治"的举措，提升生态环境管理水平 五、强化责任担当，健全保障机制
2019 年 1 月	生态环境部、全国工商联	《生态环境部 全国工商联关于支持服务民营企业绿色发展的意见》	综合运用法治、市场、科技、行政等多种手段，严格监管与优化服务并重，引导激励与约束惩戒并举，鼓励民营企业积极参与污染防治攻坚战，帮助民营企业解决环境治理困难，提高绿色发展能力，营造公平竞争市场环境，提升服务保障水平，完善经济政策措施，形成支持服务民营企业绿色发展长效机制

1.4 包装行业未来发展态势分析

基于社会发展的基本情况，发展包装行业就是要坚持以习近平新时代中国特色社会主义思想为指导，立足新发展阶段，贯彻新发展理念，融入新发展格局，围绕国家重大战略部署和经济发展大局，坚持系统观念和稳中求进，以推动高质量发展为主题，以深化供给侧结构性改革为主线，以服务制造强国建设和满足人民美好生活需求为目标，以促进产业基础高级化和产业链现代化为重点，立足包装产品的应用广泛性和功能综合性，聚焦制造业与服务业深度融合与协同发展，大力实施"可持续包装战略"，健全服务型制造发展生态，有效推动包装工业更高质量、更有效率、更可持续、更为安全、更加开放发展，持续增强对国民经济和社会发展的支撑力与贡献度，加速形成在国际包装产业舞台的主导力和引领性，跻身世界"包装强国"阵列。

坚持"问题导向、需求引领、创新驱动、绿色发展"的基本原则，围绕高质量发展主题，着力实施"可持续包装战略"，全面推动包装产业的动力变革、效率变革和质量变革，促进包装产业深度转型和提质发展。

1.4.1 产业结构分析

在未来我国包装行业发展中，绿色、低碳、环保成为发展主轴。

（1）地区格局将会慢慢改变

以长三角、珠三角、环渤海为重点区域的包装产业格局在相当长一个时期内不会改变，仍将与区域经济同步发展。但随着西部地区大开发和东北老工业基地振兴，包装行业发展整体不平衡

的状况将会有明显的改变。这对"三大板块"的优秀包装企业来说是一次扩张和发展的机遇。

（2）向整体性、系统性方向发展

随着市场的成熟，不能提供完整解决方案的供应商由于不能系统性降低包装成本，与客户议价的能力将会被削弱，包装企业需要整体性、系统性的包装发展方法。

（3）结构调整将会加快

随着国内外发展环境变化和整个经济结构性、素质性矛盾叠加的影响，我国包装行业将进入一个关键发展时期，即从黄金发展期到问题多发期阶段。长期存在的产能过剩、过度依赖能源资源消耗、自主创新能力弱、企业竞争能力不强、产业规模与经济效益不相称等结构性和素质性等缺陷将会越发明显，这导致近几年区域性的产业结构调整不可避免。结构调整是个大浪淘沙的过程，也是优化、重组的过程，更是优势企业腾飞的时机。

（4）"绿色、低碳、环保"是未来包装行业发展的主轴

《推进快递业绿色包装工作实施方案》出台后，相关部门在电商、快递、外卖等行业率先推出限制一系列不可降解塑料包装使用的相关实施方案，并且督促地方特别是城市加大落实的力度。对包装业来说，贯彻绿色理念，就是要落实好"坚决反对过度包装"的总体要求以及《工业和信息化部 商务部关于加快我国包装产业转型发展的指导意见》中实现"传统生产向绿色生产转变"的具体目标，"绿色、低碳、环保"是未来包装行业发展的主轴。

1.4.2 科技环境分析

（1）包装设计创新性和新颖性

高端消费品的包装不仅具有强大的广告宣传效果，更能展示企业的品牌形象。品牌包装的造型、内容、个性化的标识以及色彩的搭配，越来越受到消费者的关注。在竞争日趋激烈的市场环境下，产品包装之间的同质化现象较为严重，因此设计出迎合消费者个性化的心理需求，凸现创新化、个性化的包装成为产品获得成功的关键要素。

（2）自动化与和智能化技术

深入分析《工业和信息化部　商务部关于加快我国包装产业转型发展的指导意见》和《中国包装工业发展规划（2016—2020 年）》等文件，我们可得出，"提升智能包装的发展水平，提高产业的信息化、自动化和智能化水平"的产业发展目标。随着印刷机械信息化、自动化和智能化程度的提升，自动化仓库、自动机械人、自动检验机等自动化、智能化技术和设备正逐步应用于行业产品生产和质量管理各环节。

（3）一体化包装印刷技术

性能优良和节能环保的高端设备正在逐步取代性能差、耗能大的生产设备。技术先进、用途多样的一体化包装生产设备正在逐步淘汰技术落后、功能单一的包装设备。一体化包装生产设备可实现上光、烫印、凹凸压印、模切、压痕和糊盒等加工工艺的自动化和连续化。一体化自动生产设备和技术的普及极大地缩短了印刷包装生产周期，提升了生产效率，从而实现了效益最大化的目标。一体化包装印刷可适应市场多品种、多元化和高质量的要求，正成为行业未来发展的趋势。

（4）包装原材料的绿色环保化

随着环保意识的不断普及和深入，传统的印刷包装材料和生产工艺已经无法满足市场要求，

纸制印刷包装企业不仅要关注包装产品的质量、性能和成本，更要关注包装产品对环境的影响和能源的消耗，绿色纸包装成为纸制印刷包装企业可持续发展的必然选择。为更好地适应市场对环保产品的需求，国内具备技术实力的纸制印刷包装企业已着手就环保新材料和新工艺进行研发。纸制品印刷包装行业整体向低克重、高强度、减量化低碳经济方向发展，可节省大量包装用纸，为国家节省大量森林资源并实现资源循环利用。同时，实现减量化还可降低生产成本、运输费用，达到经济效益和社会效益双赢。

（5）纳米技术

从包装材料、产品安全、认证到追踪，纳米技术在包装供应链的各个环节都有应用。将纳米技术应用到包装原材料中，不仅可以提高包装产品的阻隔性能和拉伸强度，而且为品牌商和包装公司的追踪防伪提供了更多支持，并在解决食品安全问题方面产生了巨大影响。此外，将纳米涂层应用于包装表面，还可以确保包装产品免受污垢、灰尘的影响，在监测食品新鲜度和检测化学变化方面也能发挥重要作用。

（6）活性包装

数据显示，全球生产并用于消费的粮食，存在严重的浪费现象，这使得活性包装成为包装行业的一大发展趋势。活性包装的目的在于延长产品的保质期，并已经在食品、饮料、化妆品和制药行业中得到广泛应用。例如，一些活性包装产品可通过乙烯吸收剂和湿度调节器保持食品新鲜。有的活性包装还可以通过抗菌剂的释放，抑制产品中的细菌生长。[1]

（7）虚拟包装

应用 3D 包装造型、有限元仿真和 LCA（生命周期评价）等建模技术，开发涵盖设计、优化与评价的虚拟包装设计系统。依托"5G+ 微波 + 物联网"移动通信网络，发展智能手机虚拟包装 APP 生态群，推动适应新零售模式的虚拟包装

1　张勇 . 影响未来包装行业发展的十大创新趋势 [J]. 印刷经理人，2022（2）：29-30.

件、虚拟超市、数字虚拟货架和数字孪生世界入口服务等新型业态发展，构筑虚拟包装产业链。利用现代生物信息感知技术，发展融合听觉、触觉、味觉的多感觉虚拟包装系统，增强线上线下融通的产品包装消费者体验。

（8）智能包装

依托包装大数据平台、区块链、物联网等数字技术支撑，催生"互联网＋数字智能＋包装"的产业新业态。开发面向快消品、生鲜食品以及快递物流、电子商务等特定应用场景的智慧包装网络互联系统终端。发展基于导电油墨／纤维、印刷电子、RFID（射频识别技术）等的智能材料与工艺。开发诸如时间－温度指示器（TTI）、新鲜度指示器、完整性指示器、回收分类指示器等信息型智能标签。通过智能元件与包装制品的有机集成，发展具有动态存储、实时追踪、信息反馈等功能的智能包装产品。

我国的包装行业大而不强，包装企业多为中小企业，发展空间有限。在自动化装填、灌装生产线设备等包装行业的高精尖领域，我国与发达国家存在一定的差距。中小企业在产品研发、科技创新方面先天不足，无法投入足够的资金。从事包装行业的人员素质较低，高等职业教育和本科教育所培养的包装行业人才与市场需求脱节。包装行业存在这些挑战，但同样也存在着机遇。

①未来城镇化的建设为包装行业带来发展机遇。农村经济的特点决定了农村绝不是包装行业的主要市场，城镇化的建设将带来我国包装工业的迅速发展。随着我国城镇化建设的不断发展，人们对饮料、休闲零食等的需求不断增加，带动对先进的无菌灌装技术、真空包装技术的需求，从而增大了相关材料、设备的研发，为包装行业的发展带来了机遇。

②电子商务的蓬勃发展为包装行业提供广阔市场。近年来，支付宝、网银等先进、高效、快捷的支付手段的普及，物流和快递公司的网点建设，使得地理距离不再是障碍，这对包装行业来说是一个极大的机遇。

③智能化和自动化生产的实现为包装行业的创新提供技术支持。包装机械的更新速度不断加快，既能满足大规模用户的一般要求，也能满足少数用户的个性需求。包装行业正进入一个崭新的时代。

④绿色包装的不断发展，为我国包装行业注入新活力。伴随我国经济的发展，资源、环境与经济发展的矛盾突显，低碳经济、可持续发展等理念日益受到重视。绿色包装遵循可持续发展理念，是低能耗、低排放、无污染的适度包装。为了提高食品安全，减少环境污染，人们越来越倾向于在生活中利用天然高分子材料作为原材料制备可生物降解的新型包装材料。用于食品包装的专用设备也在向动态精度好、自动化程度高等方向发展，以适应不断提升的生产需求。未来包装产品材料将会绿色化、可降解化。减少环境污染，提倡健康绿色生活，将是市场发展的趋势和目标。

第 2 章

包装产业链上游行业分析

BAOZHUANG CHANYELIAN SHANGYOU
HANGYE FENXI

2.1 包装产业链上游——造纸行业分析

2.1.1 造纸行业市场规模

我国是传统的造纸大国，也是目前全球最大的纸及纸板生产国和消费国。造纸属于基础原材料工业行业，与国民经济及社会发展紧密相关，具有规模效益强、周期性显著等特征。造纸工业涉及林业、农业、机械制造、化工、电气自动化、交通运输、环保等多个产业。同时，造纸工业又是一个技术密集、工艺复杂、资源消耗量大、产生污染物多的工业。以产品类别划分，造纸行业产品可划分为纸产品与纸板产品。其中，纸产品涵盖新闻纸、未涂布印刷书写用纸、涂布印刷纸、生活用纸、包装用纸及瓦楞原纸等；纸板产品涵盖白纸板以及箱纸板等。

（1）造纸行业资产

改革开放以来，伴随着国民经济的持续快速发展，我国造纸行业逐步经历从早期的产能分散、工艺粗放式生产向集约型发展模式的过渡。与此同时，中国造纸和纸制品行业企业数量也逐年增加（图 2-1-1），行业总资产也随之增长（图 2-1-2）。截至 2021 年末，中国造纸和纸制品行业共有 6747 家企业，与 2020 年相比增长 107 家，同比增长 1.61%。2020 年中国造纸和纸制品行业总资产达 15128.4 亿元，较 2019 年增加了 193.3 亿元，同比增长 1.3%；2021 年中国造纸和纸制品行业总资产达 15791.2 亿元，较 2020 年增加了 662.8 亿元，其中流动资产 8223.1 亿元。

（2）造纸行业营业收入

2020 年，新冠疫情的暴发给造纸行业的生产与需求带来了巨大挑战，国内经济受到冲击叠加国内外物流不畅致使消费意愿出现一定程度下降，造纸行业整体承压。据统计，造纸和纸制品全行业 2020 年完成纸浆、纸及纸板和纸制品合计 25498 万吨，同比增长 1.22%。其中，纸及纸板产量为 11260 万吨，较上年增长 4.60%；纸浆产量为 7378 万吨，较上年增长 2.37%；纸制品产量为 6860 万吨，较上年增长 -4.97%。从营收情况来看（图 2-1-3），2020 年我国造纸和纸制品行业的营业收入为 1.30 万亿元，同比增长 -2.24%；实现利润总额 827 亿元，同比增长 21.24%。

据国家统计局统计的 2409 家规模以上造纸企业数据，2020 年 1 至 12 月营业收入为 7186 亿元；工业增加值增速 3.20%；产成品存货为 308 亿元，同比增长 2.85%；利润总额为 458 亿元，同比增长 27.65%；资产总计 10289 亿元，同比下降 0.73%；资产负债率为 58.76%；负债总额为 6046 亿元，同比下降 0.74%；在统计的 2409 家规模以上造纸企业中，亏损企业有 527 家，占 21.88%。

进入 2021 年以来，中国疫情态势有所缓和，造纸行业也开始步入复工复产的轨道，造纸行业景气度逐步回升，库存缓慢消化。2021 年中国造纸和纸制品行业营业收入恢复增长，达 15006.2 亿元，较 2020 年增加了 1993.50 亿元，同比增长 15.32%。其中，据国家统计局数据（图 2-1-4），2021 年中国规模以上造纸企业实现营业收入 8551 亿元，同比增速实现由负转正，同比增长 19%；实现利润总额 541 亿元，同比增长 18.12%。随着营业收入的增加，利润总额也随之增长，2021 年中国造纸和纸制品行业利润总额达 884.8 亿元，较 2020 年增加了 58.10 亿元，同比增长 7.03%。

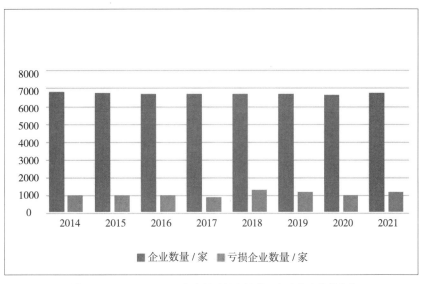

图 2-1-1　2014—2021 年中国造纸和纸制品行业企业数量统计

资料来源：华经情报网整理

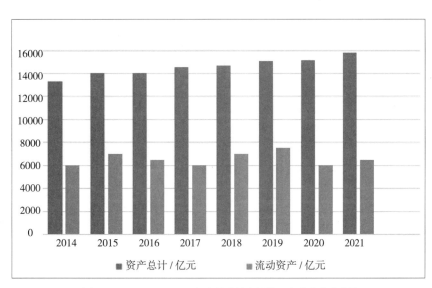

图 2-1-2　2014—2021 年中国造纸和纸制品行业总资产统计

资料来源：国家统计局、智研咨询整理

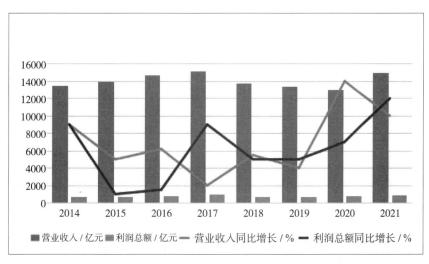

图 2-1-3　2014—2021 年中国造纸和纸制品行业营业收入及利润总额统计

资料来源：国家统计局、智研咨询整理

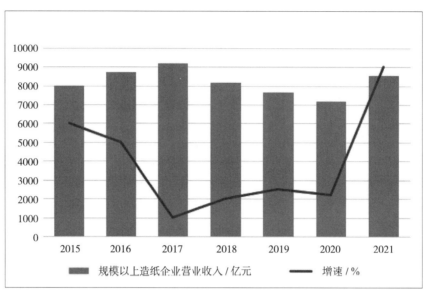

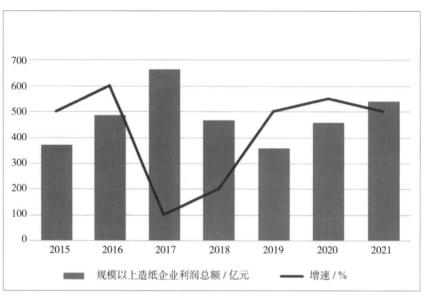

图 2-1-4 2015—2021 年中国规模以上造纸企业营业收入及增速、利润总额及增速

资料来源：国家统计局、华经产业研究院整理

2.1.2 造纸行业供需现状

（1）造纸行业生产量

2020 年全球纸及纸板总生产量为 3.9854 亿吨，比 2019 年的 4.1246 亿吨下降 3.4%。当年中国纸及纸板生产量在全球名列首位，美国居第二位，日本居第三位，生产量分别为 1.1260 亿吨、6795 万吨和 2289 万吨；与 2019 年相比中国增长 4.6%。这三个国家的纸及纸板生产量分别占全球纸及纸板总生产量的 28.3%、17.0% 和 5.7%，生产总量约占全球纸及纸板总生产量的 51.0%。2021 年中国纸及纸板生产量同比增长 7.5%，达

1.2105 亿吨；美国的纸及纸板生产量同比下降 0.4%；欧洲纸和纸板生产量同比增长 5.8%，达 9020 万吨。

2012—2021 年，我国纸及纸板生产量年均增长率 1.87%，消费量年均增长率 2.59%。中国造纸协会调查资料显示，2021 年我国纸及纸板生产企业约 2500 家，全国纸及纸板生产量为 12105 万吨，较 2020 年增长 7.50%；消费量为 12648 万吨，较 2020 年增长 6.94%，人均年消费量为 89.51 千克（按 14.13 亿人计）（图 2-1-5）。

① 新闻纸。

如图 2-1-6 所示，2012—2021 年新闻纸的

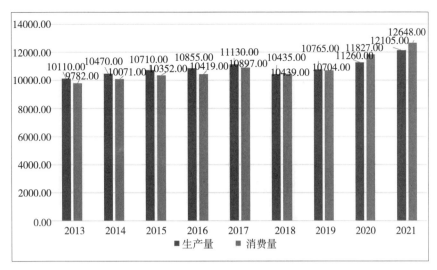

图 2-1-5　2012—2021 年我国纸与纸板生产消费情况
资料来源：个人图书馆

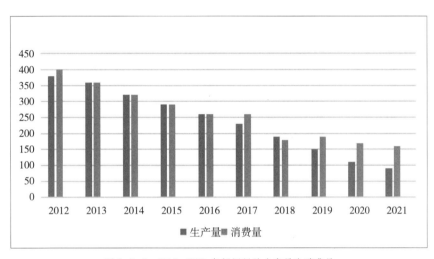

图 2-1-6　2012-2021 年新闻纸的生产量和消费量
资料来源：中国包装网

生产量年均增长率为 –14.79%，消费量年均增长率为 –9.50%。其中 2020 年新闻纸生产量为 110 万吨，较 2019 年下降 26.67%；消费量为 175 万吨，较 2019 年下降 10.26%。2021 年新闻纸生产量为 90 万吨，较上年下降 18.18%；消费量为 160 万吨，较上年下降 8.57%。

② 未涂布印刷书写纸。

如图 2-1-7 所示，2012—2021 年未涂布印刷书写纸的生产量年均增长率为 –0.19%，消费量年均增长率为 0.70%。2020 年未涂布印刷书写纸生产量为 1730 万吨，较上年下降 2.81%；消费量为 1783 万吨，较上年增长 1.94%。2021 年未涂布印刷书写纸生产量为 1720 万吨，较上年下降 0.58%；消费量为 1793 万吨，较上年增长 0.56%。

③ 涂布印刷纸。

如图 2-1-8 所示，2012—2021 年涂布印刷纸的生产量年均增长率为 –2.26%，消费量年均增长率为 –1.00%。2020 年涂布印刷纸生产量为 640 万吨，较上年下降 5.88%；消费量为 571 万吨，较上年增 5.35%。2021 年涂布印刷纸生产量为 635 万吨，较上年下降 0.78%；消费量为 583 万吨，较上年增长 2.10%。其中，2012—2021 年铜版纸的生产量年均增长率为 –1.53%，消费量年均增长率为 –0.04%（图 2-1-9）。2020 年铜版纸生产量为 600 万吨，较上年下降 4.76%；消

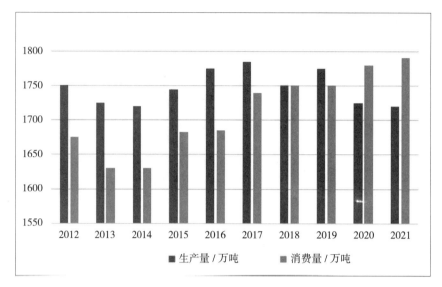

图 2-1-7　2012—2021 年未涂布印刷书写纸的生产量和消费量
资料来源：搜狐网

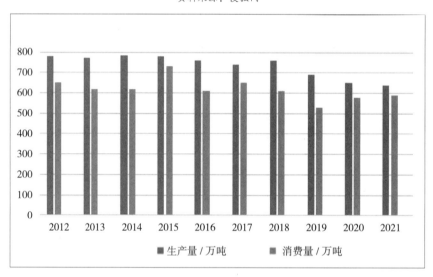

图 2-1-8　2012—2021 年涂布印刷纸的生产量和消费量
资料来源：华经情报网

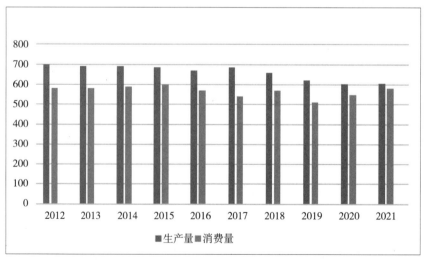

图 2-1-9　2012-2021 年铜版纸的生产量和消费量
资料来源：观研报告网

费量为 556 万吨，较上年增长 3.93%。2021 年铜版纸生产量为 605 万吨，较上年增长 0.83%；消费量为 579 万吨，较上年增长 4.14%。

④生活用纸。

如图 2-1-10 所示，2012—2021 年生活用纸的生产量年均增长率为 3.95%，消费量年均增长率为 4.06%。2020 年生活用纸生产量为 1080 万吨，较上年增长 7.46%；消费量为 996 万吨，较上年增长 7.10%。2021 年生活用纸生产量为 1105 万吨，较上年增长 2.31%；消费量为 1046 万吨，较上年增长 5.02%。

⑤包装用纸。

如图 2-1-11 所示，2012—2021 年包装用纸的生产量年均增长率为 1.24%，消费量年均增长率为 1.09%。2020 年包装用纸生产量为 705 万吨，较上年增长 1.44%；消费量为 718 万吨，较上年增长 2.72%。2021 年包装用纸生产量为 715 万吨，较上年增长 1.42%；消费量为 722 万吨，较上年增长 0.56%。

⑥白纸板。

2012—2021 年白纸板的生产量年均增长率为 1.04%，消费量年均增长率为 0.38%。如图 2-1-12 所示，2020 年白纸板生产量 1490 万吨，较上年增长 5.67%；消费量 1373 万吨，较上年增长

7.52%。2021 年白纸板生产量为 1525 万吨，较上年增长 2.35%；消费量为 1427 万吨，较上年增长 3.93%。其中，2012—2021 年涂布白纸板的生产量年均增长率为 0.84%，消费量年均增长率为 0.14%。如图 2-1-13 所示，2020 年涂布白纸板生产量为 1410 万吨，较上年增长 4.44%；消费量为 1292 万吨，较上年增长 6.25%。2021 年涂布白纸板生产量为 1445 万吨，较上年增长 2.48%；消费量为 1346 万吨，较上年增长 4.18%。

⑦箱纸板。

2012—2021 年箱纸板的生产量年均增长率为 3.38%，消费量年均增长率为 4.47%。如图 2-1-14 所示，2020 年箱纸板生产量为 2440 万吨，较上年增长 11.42%；消费量为 2837 万吨，较上年增长 18.06%。2021 年箱纸板生产量为 2805 万吨，较上年增长 14.96%；消费量为 3196 万吨，较上年增长 12.65%。

⑧瓦楞原纸。

2012—2021 年瓦楞原纸的生产量年均增长率为 3.21%，消费量年均增长率为 4.36%。如图 2-1-15 所示，2020 年瓦楞原纸生产量为 2390 万吨，较上年增长 7.66%；消费量为 2776 万吨，较上年增长 16.93%。2021 年瓦楞原纸生产量为 2685 万吨，较上年增长 12.34%；消费量为 2977

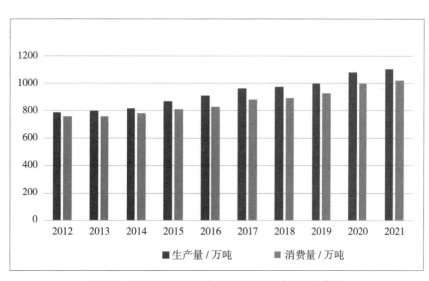

图 2-1-10　2012—2021 年生活用纸的生产量和消费量
资料来源：网易

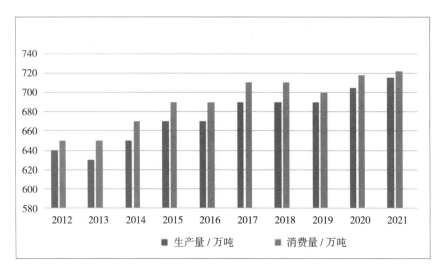

图 2-1-11　2012—2021 年包装用纸的生产量和消费量

资料来源：华经产业研究院

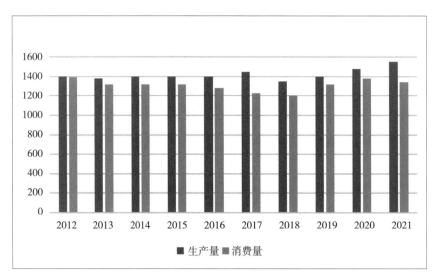

图 2-1-12　2012-2021 年白纸板的生产量和消费量

资料来源：华经情报网

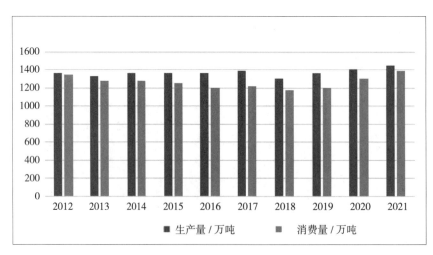

图 2-1-13　2012—2021 年涂布白纸板的生产量和消费量

资料来源：中国包装网

万吨，较上年增长 7.24%。

⑨ 特种纸及纸板。

2012—2021 年特种纸及纸板的生产量年均增长率为 6.72%，消费量年均增长率为 6.11%。如图 2-1-16 所示，2020 年特种纸及纸板生产量为 405 万吨，较上年增长 6.58%；消费量为 330 万吨，较上年增长 6.80%。2021 年特种纸及纸板生产量为 395 万吨，较上年下降 2.47%；消费量为 312 万吨，较上年下降 5.45%。

从各细分产品的占比来看，瓦楞原纸和箱纸板仍是我国纸及纸板行业中产量最大的产品。瓦楞纸板是传统包装材料，其应用历史悠久且广泛。瓦楞原纸是生产瓦楞纸板的重要材料之一，在我国纸及纸板生产中一直位于前列，2020 年和 2021 年瓦楞原纸产量分别占全部纸及纸板产量的 21.23% 和 22.18%。箱纸板也是瓦楞纸箱的重要材料之一，是我国重要的包装用纸材料，2020 年和 2021 年箱纸板产量分别占全部产量的 21.67% 和 23.17%（图 2-1-17、图 2-1-18、表 2-1-1）。

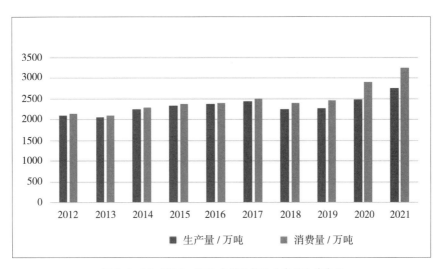

图 2-1-14　2012—2021 年箱纸板的生产量和消费量

资料来源：国家统计局数据整理

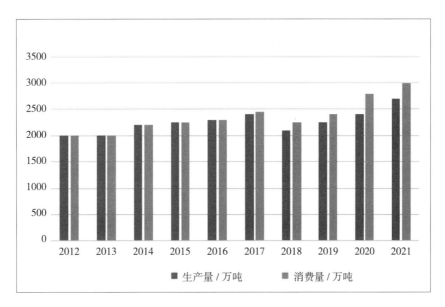

图 2-1-15　2012—2021 年瓦楞原纸的生产量和消费量

资料来源：观研报告网

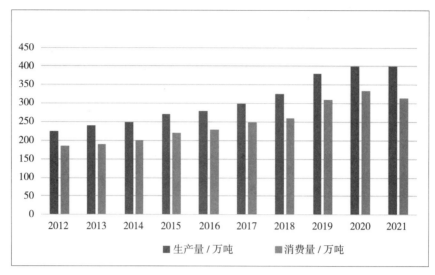

图 2-1-16 2012—2021 年特种纸及纸板的生产量和消费量

资料来源：国家统计局、华经情报网整理

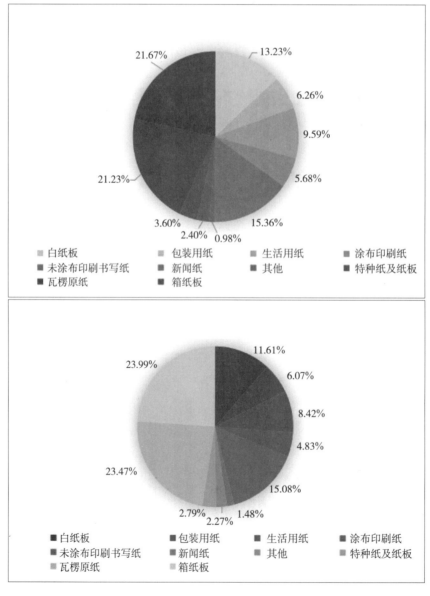

图 2-1-17 2020 年纸及纸板各品种生产量和消费量占总生产量和总消费量的比例

资料来源：国家统计局、华经情报网整理

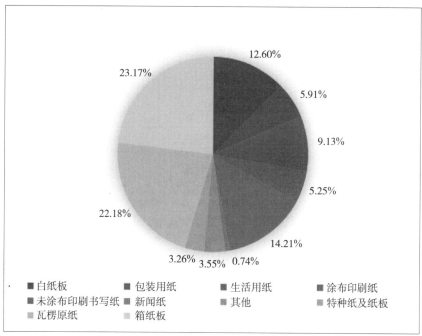

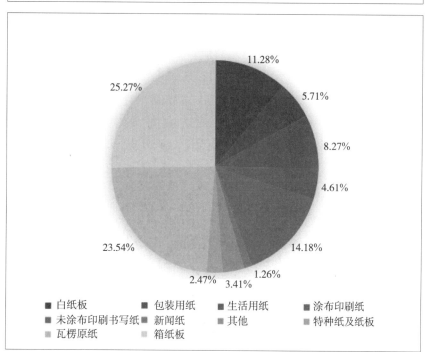

图 2-1-18 2021 年纸及纸板各品种生产量和消费量占总生产量和总消费量的比例

资料来源：国家统计局、华经情报网整理

表 2-1-1 2020 年和 2021 年纸及纸板生产和消费情况

单位：万吨

品种	生产量			消费量		
	2020 年	2021 年	同比增长 / %	2020 年	2021 年	同比增长 / %
总量	11260	12105	7.50	11827	12648	6.94
1. 新闻纸	110	90	-18.18	175	160	-8.57
2. 未涂布印刷书写纸	1730	1720	-0.58	1783	1793	0.56
3. 涂布印刷纸	640	635	-0.78	571	583	2.10

续表

品种	生产量			消费量		
	2020 年	2021 年	同比增长 / %	2020 年	2021 年	同比增长 / %
其中：铜版纸	600	605	0.83	556	579	4.14
4. 生活用纸	1080	1105	2.31	996	1046	5.02
5. 包装用纸	705	715	1.42	718	722	0.56
6. 白纸板	1490	1525	2.35	1373	1427	3.93
其中：涂布白纸板	1410	1445	2.48	1292	1346	4.18
7. 箱纸板	2440	2805	14.96	2837	3196	12.65
8. 瓦楞原纸	2390	2685	12.34	2776	2977	7.24
9. 特种纸及纸板	405	395	-2.47	330	312	-5.45
10. 其他纸及纸板	270	430	59.26	268	432	61.19

资料来源：国家统计局、华经情报网整理

2.1.3 造纸行业进出口情况

（1）纸及纸板、纸浆、废纸及纸制品进口情况

如表 2-1-2 所示，2020 年我国纸及纸板进口 1154 万吨，较 2019 年增长 84.64%；纸浆进口 3135 万吨，较 2019 年增长 15.26%；废纸进口 689 万吨，较 2019 年下降 33.49%；纸制品进口 16 万吨，较 2019 年增长 33.33%。2020 年进口纸及纸板、纸浆、废纸、纸制品合计 4994 万吨，较上年增长 13.68%；用汇 241.95 亿美元，较 2019 年下降 0.55%。2020 年进口纸及纸板平均价格为 547.93 美元 / 吨，较 2019 年平均价格下降 26.99%；进口纸浆平均价格为 512.58 美元 / 吨，较上年平均价格下降 18.57%；进口废纸平均价格为 175.26 美元 / 吨，较 2019 年平均价格下降 6.53%。

如表 2-1-3 所示，2021 年纸及纸板进口 1090 万吨，较 2020 年下降 5.55%；纸浆进口 3052 万吨，较 2020 年下降 2.65%；废纸进口 54 万吨，较 2020 年下降 92.16%；纸制品进口 19 万吨，较 2020 年增长 18.75%。2021 年进口纸及纸板、纸浆、废纸、纸制品合计 4215 万吨，较上年下降 15.60%；用汇 290.17 亿美元，较 2020 年增长 19.93%。2021 年进口纸及纸板平均价格为 695.54 美元 / 吨，较 2020 年平均价格增长 26.94%；进口纸浆平均价格为 675.49 美元 / 吨，

较上年平均价格增长 31.78%；进口废纸平均价格为 246.26 美元 / 吨，较 2020 年平均价格增长 40.51%。

（2）纸及纸板、纸浆、废纸及纸制品出口情况

如表 2-1-4 所示，我国 2020 年纸及纸板出口 587 万吨，较 2019 年下降 14.43%；纸浆出口 10.55 万吨，较 2019 年下降 9.05%；废纸出口 0.12 万吨，较 2019 年增长 50.00%；纸制品出口 324 万吨，较 2019 年下降 6.09%。2020 年出口纸及纸板、纸浆、废纸、纸制品合计 921.67 万吨，较 2019 年下降 11.61%；创汇 211.88 亿美元，较 2019 年下降 3.70%。2020 年出口纸及纸板平均价格为 1584.78 美元 / 吨，较 2019 年平均价格增长 5.86%；出口纸浆平均价格为 1085.38 美元 / 吨，较 2019 年平均价格下降 5.72%。

如表 2-1-5 所示，我国 2021 年纸及纸板出口 547 万吨，较 2020 年下降 6.81%；纸浆出口 15.42 万吨，较 2020 年增长 46.16%；废纸出口 0.12 万吨，与上年持平；纸制品出口 375 万吨，较 2020 年增长 15.74%。2021 年出口纸及纸板、纸浆、废纸、纸制品合计 937.54 万吨，较 2020 年增长 1.72%；创汇 243.59 亿美元，较 2020 年增长 14.97%。2021 年出口纸及纸板平均价格为 1647.32 美元 / 吨，较 2020 年平均价格增长 3.95%；出口纸浆平均价格为 1224.51 美元 / 吨，较 2020 年平均价格增长 12.82%。

表 2-1-2　2020 年中国纸浆、废纸、纸及纸板、纸制品进口情况

单位：万吨

品种	2019 年进口量	2020 年进口量	同比增长 / %
一、纸浆	2720	3135*1	15.26
二、废纸	1036	689	-33.49
三、纸及纸板	625	1154	84.64
1. 新闻纸	46	65	41.30
2. 未涂布印刷书写纸	63	119	88.89
3. 涂布印刷纸	32	36	12.50
其中：铜版纸	22	25	13.64
4. 包装用纸	20	31	55.00
5. 箱纸板	220	404	83.64
6. 白纸板	52	53	1.92
其中：涂布白纸板	51	52	1.96
7. 生活用纸	3	3	0.00
8. 瓦楞原纸	156	389	149.36
9. 特种纸及纸板	24	22	-8.33
10. 其他纸及纸板	9	32*2	255.56
四、纸制品	12	16	33.33
总计	4393	4994	13.68

注：

*1　2020 年进口纸浆 3063 万吨，另有 72 万吨"进口废纸浆"计入"其他纸及纸板"相关税号，实际进口纸浆 3135 万吨

*2　2020 年进口"其他纸及纸板"104 万吨，其中有 72 万吨为"进口废纸浆"，实际进口"其他纸及纸板"32 万吨

数据来源：海关总署

表 2-1-3　2021 年中国纸浆、废纸、纸及纸板、纸制品进口情况

单位：万吨

品种	2020 年进口量	2021 年进口量	同比增长 / %
一、纸浆	3135*1	3052*3	-2.65
二、废纸	689	54	-92.16
三、纸及纸板	1154	1090	-5.55
1. 新闻纸	65	71	9.23
2. 未涂布印刷书写纸	119	133	11.76
3. 涂布印刷纸	36	44	22.22
其中：铜版纸	25	30	20.00
4. 包装用纸	31	24	-22.58
5. 箱纸板	404	399	-1.24
6. 白纸板	53	58	9.43
其中：涂布白纸板	52	57	9.62

续表

品种	2020年进口量	2021年进口量	同比增长 / %
7. 生活用纸	3	5	66.67
8. 瓦楞原纸	389	294	-24.42
9. 特种纸及纸板	22	23	4.55
10. 其他纸及纸板	32*2	39*4	21.88
四、纸制品	16	19	18.75
总计	4994	4215	-15.60

注：

*1 2020年进口纸浆 3063 万吨，另有 72 万吨"进口废纸浆"计入"其他纸及纸板"相关税号，实际进口纸浆 3135 万吨

*2 2020年进口"其他纸及纸板"104 万吨，其中有 72 万吨为"进口废纸浆"，实际进口"其他纸及纸板" 32 万吨

*3 2021年进口纸浆 2969 万吨，另有 83 万吨"进口废纸浆"计入"其他纸及纸板"相关税号，实际进口纸浆 3052 万吨

*4 2021年进口"其他纸及纸板"122 万吨，其中有 83 万吨为"进口废纸浆"，实际进口"其他纸及纸板" 39 万吨

数据来源：海关总署

表 2-1-4 2020 年中国纸浆、废纸、纸及纸板、纸制品出口情况

单位：万吨

品种	2019年出口量	2020年出口量	同比增长 / %
一、纸浆	11.60	10.55	-9.05
二、废纸	0.08	0.12	50.00
三、纸及纸板	686	587	-14.43
1. 新闻纸	1	0	-100.00
2. 未涂布印刷书写纸	94	66	-29.79
3. 涂布印刷纸	170	105	-38.24
其中：铜版纸	117	69	-41.03
4. 包装用纸	16	18	12.50
5. 箱纸板	7	7	0.00
6. 白纸板	185	170	-8.11
其中：涂布白纸板	185	170	-8.11
7. 生活用纸	78	87	11.54
8. 瓦楞原纸	2	3	50.00
9. 特种纸及纸板	95	97	2.11
10. 其他纸及纸板	38	34	-10.53
四、纸制品	345	324	-6.09
总计	1042.68	921.67	-11.61

资料来源：贤集网

表 2-1-5 2021 年中国纸浆、废纸、纸及纸板、纸制品出口情况

单位：万吨

品种	2020 年出口量	2021 年出口量	同比增长 / %
一、纸浆	10.55	15.42	46.16
二、废纸	0.12	0.12	0.00
三、纸及纸板	587	547	-6.81
1. 新闻纸	0	1	
2. 未涂布印刷书写纸	66	60	-9.09
3. 涂布印刷纸	105	96	-8.57
其中：铜版纸	69	56	-18.84
4. 包装用纸	18	17	-5.56
5. 箱纸板	7	8	14.29
6. 白纸板	170	156	-8.24
其中：涂布白纸板	170	156	-8.24
7. 生活用纸	87	64	-26.44
8. 瓦楞原纸	3	2	-33.33
9. 特种纸及纸板	97	106	9.28
10. 其他纸及纸板	34	37	8.82
四、纸制品	324	375	15.74
总计	921.67	937.54	1.72

资料来源：贤集网

（3）纸及纸板主要产品进出口情况

从图 2-1-19 可见，2020 年瓦楞原纸和箱纸板是我国纸及纸板各品种中进口量最大的产品，分别占进口总量的 33.7% 和 35.0%，而白纸板是出口量最大的产品，占出口总量的 29.0%。从图 2-1-20 可见，2021 年箱纸板是我国纸及纸板各品种中进口量最大的产品，占进口总量的 36.6%，白纸板仍是出口量最大的产品，占出口总量的 28.5%。

纸及纸板主要产品的进出口情况如下。

① 新闻纸：2020 年和 2021 年的进口量均大于出口量，净进口量分别为 65 万吨和 70 万吨（图 2-1-21）。

② 未涂布印刷书写纸：2020 年和 2021 年的进口量均大于出口量，净进口量分别为 53 万吨

和 73 万吨（图 2-1-22）。

③ 涂布印刷纸：如图 2-1-23 所示，2020 年和 2021 年的进口量均小于出口量，净出口量分别为 69 万吨和 52 万吨。其中，铜版纸 2020 年和 2021 年的进口量均小于出口量，净出口量分别为 44 万吨和 26 万吨。

④ 生活用纸：如图 2-1-24 所示，2020 年和 2021 年的进口量均小于出口量，净出口量分别为 84 万吨和 59 万吨。

⑤ 白纸板：如图 2-1-25 所示，2020 年和 2021 年的进口量均小于出口量，净出口量分别为 117 万吨和 98 万吨。其中，涂布白纸板 2020 年和 2021 年进口量小于出口量，净出口量分别为 118 万吨和 99 万吨。

⑥ 包装用纸：如图 2-1-26 所示，2020 年和 2021 年的进口量均大于出口量，净进口量分别

为 13 万吨和 7 万吨。

⑦ 箱纸板：如图 2-1-27 所示，2020 年和 2021 年的进口量均大于出口量，净进口量分别为 397 万吨和 391 万吨。

⑧ 瓦楞原纸：如图 2-1-28 所示，2020 年和

2021 年的进口量均大于出口量，净进口量分别为 386 万吨和 292 万吨。

⑨ 特种纸及纸板：如图 2-1-29 所示，2020 年和 2021 年的进口量均小于出口量，净出口量分别为 75 万吨和 83 万吨。

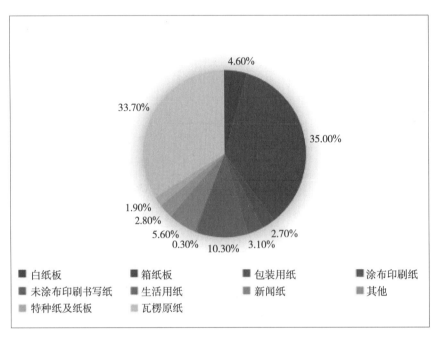

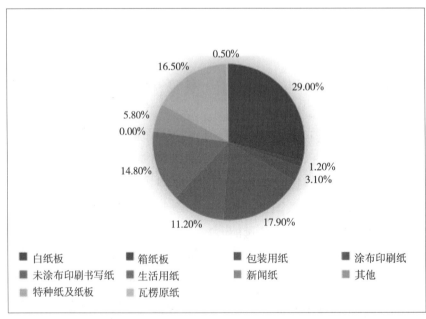

图 2-1-19　2020 年纸及纸板各品种进出口比重
资料来源：个人图书馆

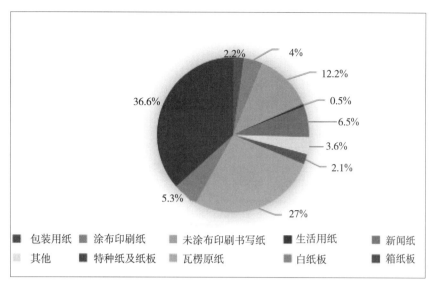

包装用纸　涂布印刷纸　未涂布印刷书写纸　生活用纸　新闻纸
其他　特种纸及纸板　瓦楞原纸　白纸板　箱纸板

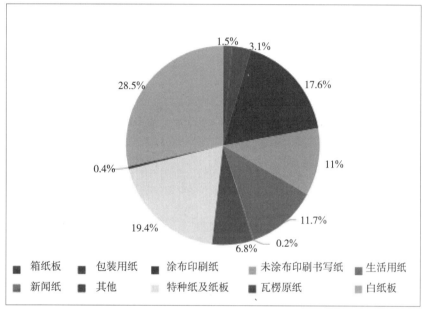

箱纸板　包装用纸　涂布印刷纸　未涂布印刷书写纸　生活用纸
新闻纸　其他　特种纸及纸板　瓦楞原纸　白纸板

图 2-1-20　2021 年纸及纸板各品种进出口比重
资料来源：个人图书馆

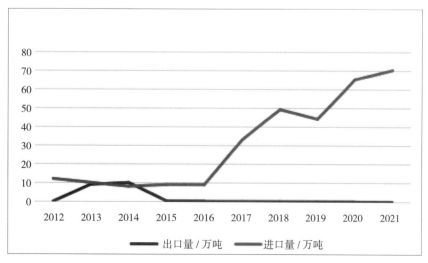

出口量 / 万吨　进口量 / 万吨

图 2-1-21　2012—2021 年新闻纸进口量及出口量
资料来源：国家统计局、华经情报网

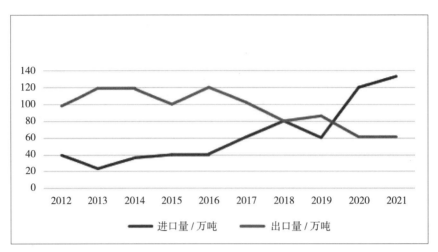

图 2-1-22 2012—2021 年未涂布印刷书写纸的进口量及出口量

资料来源：国家统计局、华经情报网

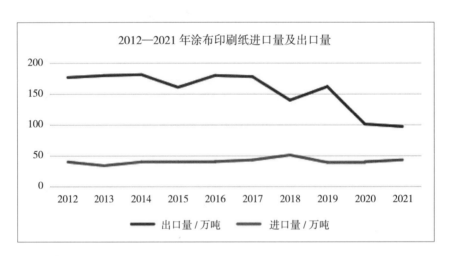

图 2-1-23 2012—2021 年涂布印刷纸和铜版纸的进口量及出口量

资料来源：国家统计局、华经情报网

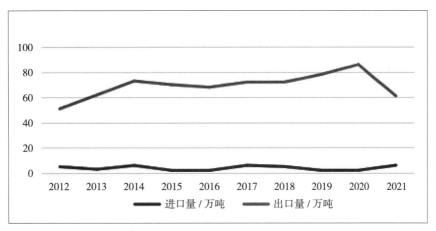

图 2-1-24 2012—2021 年生活用纸的进口量及出口量
资料来源：国家统计局、华经情报网

图 2-1-25 2012—2021 年白纸板和涂布白纸板的进口量及出口量
资料来源：华经情报网

图 2-1-26 2012—2021 年包装用纸的进口量及出口量
资料来源：华经产业研究院

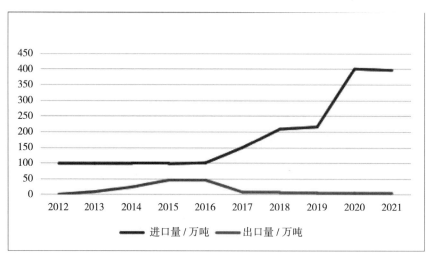

图 2-1-27 2012—2021 年箱纸板的进口量及出口量
资料来源：前瞻经济学人

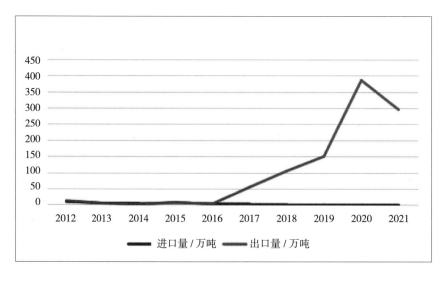

图 2-1-28 2012—2021 年瓦楞原纸的进口量及出口量
资料来源：前瞻经济学人

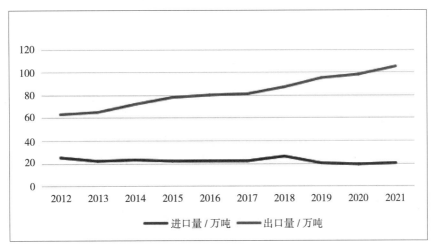

图 2-1-29   2012—2021 年特种纸及纸板的进口量及出口量
资料来源：前瞻经济学人

（4）纸制品进出口情况

从图 2-1-30 可知，2020 年纸制品进口量为 16 万吨，较 2019 年增加 4 万吨，同比增长 33.33%；2020 年纸制品出口量为 324 万吨，较 2019 年减少 21 万吨，同比下降 6.09%。2021 年纸制品进口量为 19 万吨，较上年增加 3 万吨，同比增长 18.75%；2021 年纸制品出口量为 375 万吨，较上年增加 51 万吨，同比增长 15.74%。

2022 年上半年我国纸浆进口总量为 1471.17 万吨，同比下降 6.97%；进口总金额为 653.19 亿元，同比增长 3.39%；我国纸浆出口总量为 8.82 万吨，同比增长 55.6%；出口金额 10.22 亿元，同比增长 143.91%。2022 年上半年我国纸及纸制品进口总量为 433 万吨，同比下降 21.06%；进口总金额为 247.09 亿元，同比减少 22.38%；我国纸及纸制品出口总量为 535 万吨，同比增长 46.93%；出口总金额为 820.72 亿元，同比增长 40.18%。从图 2-1-31 可知，2022 年上半年按照各类纸种划分进口量前二的分别是瓦楞原纸、牛皮纸，分别占比 26.06%、21.29%。2022 年上半年按照各类纸种划分出口量，其中特种纸、纸制品占比较大，分别占比 36.50%、32.15%。

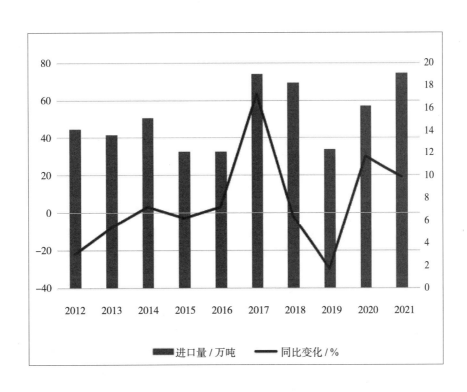

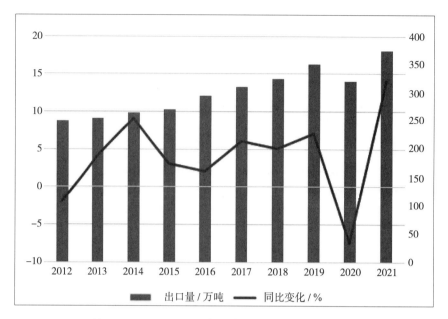

图 2-1-30　2012—2021 年纸制品的进口情况及出口情况

资料来源：海关总署公布数据、观研报告网统计

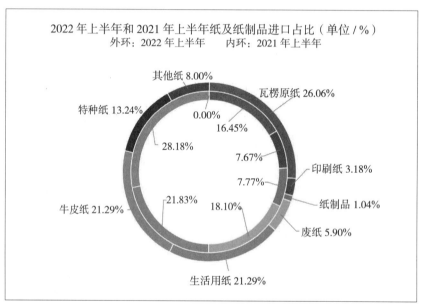

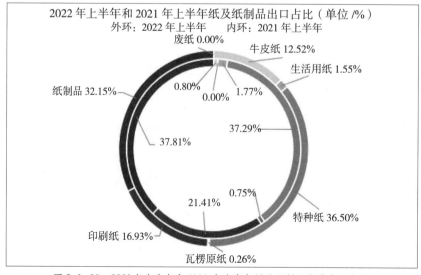

图 2-1-31　2022 年上半年和 2021 年上半年纸及纸制品的进出口占比

资料来源：中国纸业网

2.1.4 造纸行业生产区域分布

（1）生产区域分布

根据中国造纸协会调查资料，2020 年我国东部地区 11 个省（区、市），纸及纸板产量占全国纸及纸板产量的比例为 73.2%；中部地区 8 个省（区）占比 16.8%；西部地区 12 个省（区、市）占比 10.0%（表 2-1-6、图 2-1-32）。

2020 年广东省、山东省、江苏省、浙江省、福建省、河南省、湖北省、重庆市、安徽省、河北省、四川省、天津市、广西壮族自治区、江西省、湖南省、辽宁省和海南省 17 个省（区、市）纸及纸板产量超过 100 万吨，产量合计 10859 万吨，占全国纸及纸板总产量的 96.44%（图 2-1-33、表 2-1-7）。

表 2-1-6　2019 年和 2020 年纸及纸板生产量区域布局变化

	2019 年		2020 年	
	产量 / 万吨	比例 / %	产量 / 万吨	比例 / %
纸及纸板产量	10765	100	11260	100
其中：东部地区	7997	74.3	8243	73.2
其中：中部地区	1756	16.3	1889	16.8
其中：西部地区	1012	9.4	1128	10.0

资料来源：中国纸业网

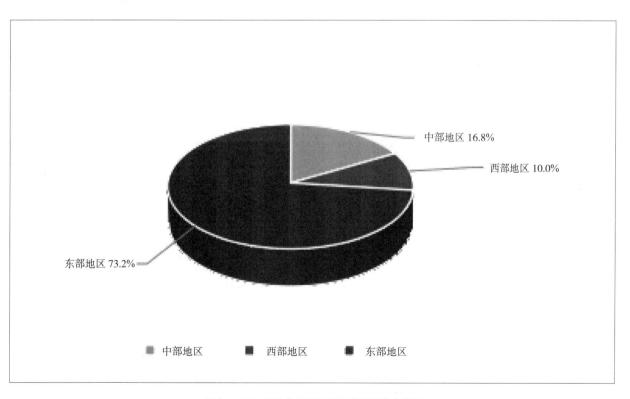

图 2-1-32　2020 年纸及纸板生产量区域布局图
资料来源：中国纸业网

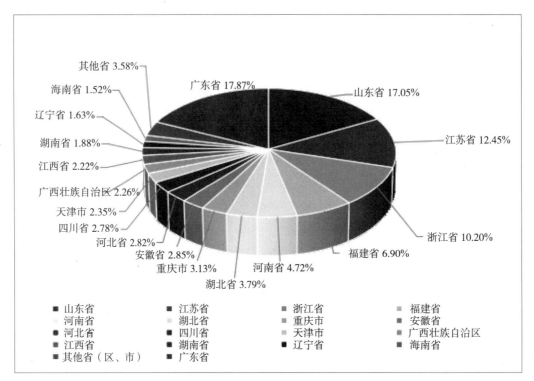

图 2-1-33 2020 年主要省（区、市）纸及纸板产量对比图

资料来源：中商情报网

表 2-1-7 2019 年和 2020 年纸及纸板产量 100 万吨以上的省（区、市）

省（区、市）	2019 年产量 / 万吨	2020 年产量 / 万吨	较上年增长 / %
广东省	1864	2012	7.94
山东省	1830	1920	4.92
江苏省	1312	1402	6.86
浙江省	1429	1149	-19.59
福建省	784	777	-0.89
河南省	498	532	6.83
湖北省	355	427	20.28
重庆市	301	352	16.94
安徽省	325	321	-1.23
河北省	240	317	32.08
四川省	260	313	20.38
天津市	210	265	26.19
广西壮族自治区	245	255	4.08
江西省	235	250	6.38
湖南省	217	212	-2.30
辽宁省	132	184	39.39
海南省	175	171	-2.29
合计	10412	10859	4.29

资料来源：国家统计局、搜狐网整理

根据中国造纸协会调查资料，2021 年我国东部地区 11 个省（区、市），纸及纸板产量占全国纸及纸板产量的比例为 69.6%；中部地区 8 个省（区）占比 18.5%；西部地区 12 个省（区、市）占比 11.9%（表 2-1-8、图 2-1-34）。

2021 年山东省、广东省、江苏省、浙江省、福建省、河南省、湖北省、重庆市、河北省、四川省、广西壮族自治区、安徽省、天津市、江西省、湖南省、辽宁省和海南省 17 个省（区、市）纸及纸板产量超过 100 万吨，产量合计 11606 万吨，占全国纸及纸板总产量的 95.88%（图 2-1-35、表 2-1-9）。

（2）造纸行业龙头企业

从中国造纸协会公布的数据来看，中国重点造纸企业大致可以分为四个梯队：其中玖龙纸业年造纸产量最大，超过 1600 万吨，年产量较其他重点造纸企业遥遥领先；第二梯队以理文造纸、山鹰国际、太阳纸业等造纸企业为代表，年造纸产量在 200—600 万吨，企业数量约为 10 家；第三梯队以金东、联盛等中型造纸企业为代表，年造纸产量超过 100 万吨，企业数量约为 13 家；第四梯队则为造纸业的中小型企业，年造纸产量在 100 万吨以下，第四梯队企业数量最多。

中国造纸行业市场竞争格局较为集中，2020 年行业排名靠前的有玖龙纸业、理文造纸、太阳纸业、山鹰国际、晨鸣纸业、博汇纸业（表 2-1-10）。从图 2-1-36 至图 2-1-38 可知，2021 年玖龙纸业、太阳纸业、理文造纸、山鹰国际、晨鸣纸业和博汇纸业六家企业纸及纸板产量总和占全国纸及纸板总产量的比重较大。另外，从市场

表 2-1-8　2019—2021 年我国各地区纸及纸板产量占全国纸及纸板产量比例

	2019 年		2020 年		2021 年	
	产量 / 万吨	比例 / %	产量 / 万吨	比例 / %	产量 / 万吨	比例 / %
纸及纸板产量	10765	100	11260	100	12105	100
其中：东部地区	7997	74.3	8243	73.2	8424	69.6
其中：中部地区	1756	16.3	1889	16.8	2238	18.5
其中：西部地区	1012	9.4	1128	10.0	1443	11.9

资料来源：国家林业和草原局、国家公园管理局

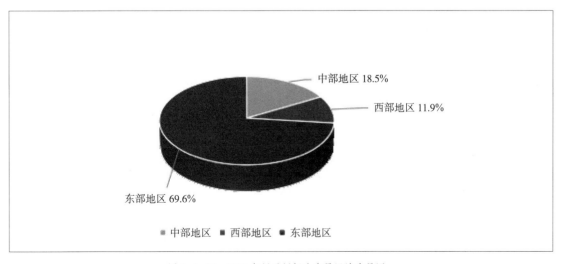

图 2-1-34　2021 年纸及纸板生产量区域布局图
资料来源：智研咨询网

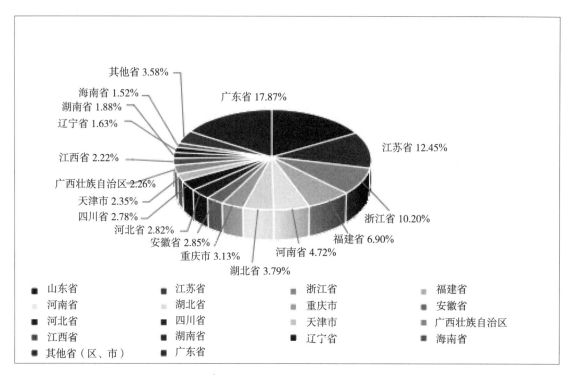

图 2-1-35 2021 年主要省（区、市）纸及纸板产量对比图

资料来源：中国纸业网

表 2-1-9 2020 年和 2021 年纸及纸板产量 100 万吨以上的省（区、市）

省（区、市）	2020 年产量 / 万吨	2021 年产量 / 万吨	较上年增长 / %
山东省	1920	2035	5.99
广东省	2012	1970	-2.09
江苏省	1402	1415	0.93
浙江省	1149	1050	-8.62
福建省	777	845	8.75
河南省	532	672	26.32
湖北省	427	570	33.49
重庆市	352	423	20.17
河北省	317	408	28.71
四川省	313	389	24.28
广西壮族自治区	255	337	32.16
安徽省	321	335	4.36
天津市	265	280	5.66
江西省	250	269	7.60
湖南省	212	230	8.49
辽宁省	184	200	8.70
海南省	171	178	4.09
合计	10859	11606	6.88

资料来源：国家统计局、搜狐网整理

表 2-1-10　2020 年中国造纸行业龙头企业

企业	玖龙纸业	太阳纸业	理文造纸	山鹰国际	晨鸣纸业	博汇纸业
成立日期	1995 年	1982 年	1994 年	1999 年	1993 年	1994 年
总部	广东	山东	广东	安徽	山东	山东
简介	玖龙纸业（控股）有限公司成立于 1995 年，主要生产卡纸、高强瓦楞芯纸以及涂布灰底白板纸	山东太阳纸业股份有限公司主营纸制品、木浆、纸板的生产和销售。公司目前的业务范围主要覆盖产业用纸、生物质新材料、快速消费品三部分	理文造纸有限公司于 1994 年成立，由一家小型公司发展成为全球具有领导地位的箱板原纸及纸浆生产商之一。主要生产不同级别及规格的包装用牛皮箱纸板及瓦楞芯纸，以迎合不同工业的包装需求	山鹰国际控股股份公司是以产业互联网、绿色资源综合利用、工业及特种纸制造、包装产品定制等为一体的国际化企业	山东晨鸣纸业集团股份有限公司是中国造纸龙头企业，中国企业 500 强，是以制浆、造纸为主的现代化大型综合企业集团，在全国拥有多个生产基地，企业经济效益主要指标连续 20 多年在全国同行业保持领先地位	山东博汇纸业股份有限公司成立于 1994 年，总部位于山东淄博。主导产品为文化纸、白卡纸、石膏护面纸、造纸本浆的生产销售

资料来源：中研网

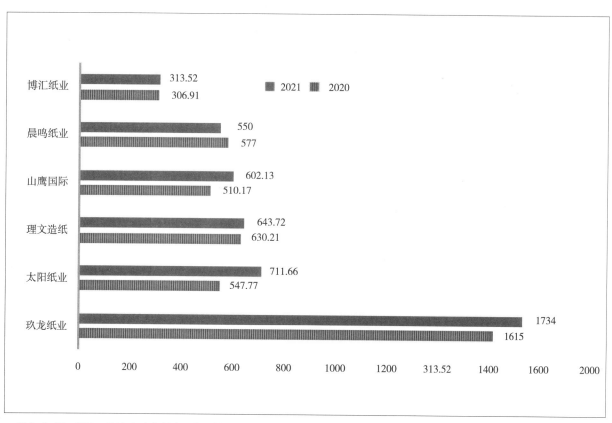

图 2-1-36　2020—2021 年玖龙纸业、太阳纸业、理文造纸、山鹰国际、晨鸣纸业、博汇纸业纸及纸板产量对比（单位：万吨）

资料来源：知乎、搜狐网整理

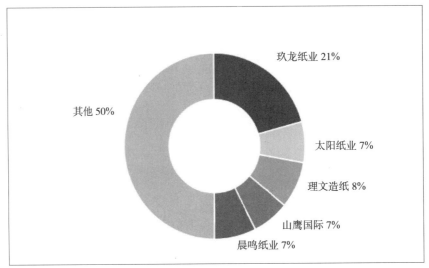

图 2-1-37　2021 年中国造纸行业市场竞争格局
资料来源：中国纸业网

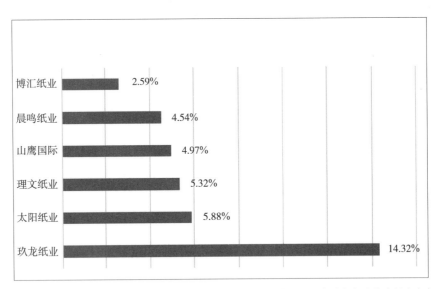

图 2-1-38　2021 年玖龙纸业、太阳纸业、理文造纸、山鹰国际、晨鸣纸业、博汇纸业在造纸行业的市场占有率对比（按产量）
资料来源：国家统计局、智研咨询整理

占有率来看，行业前六名中玖龙纸业 2021 年的纸及纸板产量占全国纸及纸板总产量的 14.32%；太阳纸业纸及纸板产量占全国纸及纸板总产量的 5.88%；理文造纸纸及纸板产量占全国纸及纸板总产量的 5.32%；山鹰国际纸及纸板产量占全国纸及纸板总产量的 4.97%；晨鸣纸业纸及纸板产量占全国纸及纸板总产量的 4.54%；博汇纸业纸及纸板产量占全国纸及纸板产量的 2.59%。

2.1.5 造纸行业新技术

近年来，通过引进国外先进技术装备，不断加强国内自主创新，我国纸及纸板制造技术逐渐成熟，纸制品市场已从过去紧缺型变成基本平衡型，绝大多数产品已基本满足国内市场需求。现阶段，我国造纸行业正在不断调整产业结构，大力推进技术进步和科技创新，逐步淘汰规模小、污染大、能耗高的小型设备，同时积极投入新型节能减排造纸设备。

本节汇总整理了 2020—2021 年我国造纸行业获得的多项国家级和省部级技术奖励（表 2-1-11、表 2-1-12），并从中挑选出五项代表性技术进行介绍。

表 2-1-11 造纸行业科学技术奖获奖项目

序号	获奖类别	项目名称	获奖单位
1	2019 年度国家科技进步奖一等奖	制浆造纸清洁生产与水污染全过程控制关键技术及产业化	华南理工大学、山东太阳纸业股份有限公司、山东华泰纸业股份有限公司、齐鲁工业大学
2	2020 年度国家科技进步奖二等奖	高性能木材化学浆绿色制备与高值利用关键技术及产业化	齐鲁工业大学、山东晨鸣纸业集团股份有限公司、山东太阳纸业股份有限公司、山东华泰纸业股份有限公司、山东恒联投资集团有限公司
3	2020 年度包装行业科学技术奖二等奖	高性能纸质代塑制品绿色智能制造关键技术与产业化	东莞市汇林包装有限公司、湖南工业大学
4	2020 年度包装行业科学技术奖三等奖	提升抗水性及湿度稳定性的纸制品制备关键技术及产业化	浙江大胜达包装股份有限公司、浙江理工大学、浙江科技学院
5	2020 年度中国轻工业联合会科技进步奖二等奖	木质纤维素高效分离与制备关键技术	天津科技大学、南京林业大学、吉林晨鸣纸业有限责任公司、山东银鹰股份有限公司
6	2020 年度中国轻工业联合会科技进步奖二等奖	帘式涂布关键技术开发及其在特种纸上的产业化应用	中国制浆造纸研究院有限公司、沧州意达花纸印刷材料有限公司
7	2020 年度中国轻工业联合会科技进步奖三等奖	高强抗水防油砂纸原纸关键技术及产业化	浙江金昌特种纸股份有限公司、陕西科技大学、浙江理工大学
8	2020 年度中国轻工业联合会科技进步奖三等奖	全棉浆水彩画纸	中国制浆造纸研究院有限公司、保定市华融纸厂
9	2020 年度中国轻工业联合会科技进步奖三等奖	造纸厂水池检测智能装备关键技术及应用	南京工程学院、东南大学、博雅工道（北京）机器人科技有限公司、中科探海（苏州）海洋科技有限责任公司
10	2021 年度包装行业科学技术奖二等奖	纸质包装品卷筒印刷绿色智能生产关键技术及应用	常德金鹏印务有限公司、湖南工业大学、常德市芙蓉实业发展有限责任公司
11	2021 年度包装行业科学技术奖二等奖	高端纸浆模塑关键技术研发及产业化	永发（河南）模塑科技发展有限公司、永发（江苏）模塑包装科技有限公司、青岛永发模塑有限公司、永发（上海）模塑科技发展有限公司
12	2021 年度包装行业科学技术奖三等奖	纸包装行业工业互联网平台构建关键技术	浙江大胜达包装股份有限公司、浙江理工大学
13	2021 年度包装行业科学技术奖三等奖	高性能农林废弃植物纤维材料功能化制备关键技术与应用	东莞铭丰包装股份有限公司、东莞铭丰生物质科技有限公司、湖南工业大学
14	2021 年度中国轻工业联合会科技进步奖一等奖	造纸黑液清洁燃烧技术及高效碱回收锅炉系统	武汉武锅能源工程有限公司、中国制浆造纸研究院有限公司、山东省特种设备检验研究院有限公司等
15	2021 年度中国轻工业联合会科技进步奖一等奖	磁悬浮综合节能关键技术装备在造纸工业中的创新应用	山东天瑞重工有限公司、天瑞磁悬浮智能科技（山东）有限公司、山东磁悬浮产业技术研究院有限公司、潍坊学院
16	2021 年度中国轻工业联合会科技进步奖二等奖	全生物降解植物纤维包装材料和制品关键技术研究及成套生产线的开发应用	台州学院、浙江金晟环保股份有限公司、南京师范大学、江苏大学
17	2021 年度中国轻工业联合会科技进步奖三等奖	高端印刷纸关键技术研发及产业化	岳阳林纸股份有限公司、长沙理工大学
18	2021 年度中国轻工业联合会科技进步奖三等奖	百万吨浆线阔叶木漂白浆提高白度稳定性研究	亚太森博（山东）浆纸有限公司
19	2021 年度中国轻工业联合会科技进步奖三等奖	全自动造纸表面施胶淀粉连续制备系统	中国轻工业武汉设计工程有限责任公司

资料来源：中国包装联合会、国家统计局数据整理

表 2-1-12　造纸行业中国专利奖

序号	获奖等级	专利号	专利名称	专利权人
1	第二十一届中国专利优秀奖	ZL201110457570.X	一种抗干扰型再生纸增强剂的制造方法	杭州纸友科技有限公司
2	第二十一届中国专利优秀奖	ZL201110458143.3	一种具有多重防伪图案的防伪纸的制作方法	广东侨盛防伪材料有限公司
3	第二十二届中国专利优秀奖	ZL201210088433.8	一种桉木溶解浆的制备工艺	山东太阳纸业股份有限公司、山东太阳宏河纸业有限公司
4	第二十二届中国专利优秀奖	ZL201210168662.0	一种利用全回收浆制备文化纸的工艺	玖龙纸业（东莞）有限公司
5	第二十二届中国专利优秀奖	ZL201811201200.8	一种牛皮箱纸板及其制造方法	山鹰国际控股股份公司
6	第二十二届中国专利优秀奖	ZL201811212410.7	瓦楞纸箱印刷机用的多规格纸板传动送纸装置及送纸方法	广州科盛隆纸箱包装机械有限公司

代表性技术介绍如下：

（1）"制浆造纸清洁生产与水污染全过程控制关键技术及产业化"项目荣获国家科技进步奖一等奖

以华南理工大学为第一完成单位，制浆造纸工程国家重点实验室陈克复院士为第一完成人的项目——"制浆造纸清洁生产与水污染全过程控制关键技术及产业化"，获得了 2019 年度国家科技进步奖一等奖。该项目以产学研用创新平台联合攻关突破覆盖造纸行业化学机械法制浆、化学法制浆、废纸制浆及造纸等主要工艺流程的清洁生产技术，取得了化学法制浆清洁生产节水减排集成技术及装备、化学机械法制浆废水蒸发燃烧资源化技术、废纸近中性脱墨制浆及造纸废水梯级循环回用集成技术等成果，实现了造纸行业水污染全过程控制，解决了造纸行业面临的环境与资源约束难题。该项目所研发的技术是国家发展改革委及生态环境部等部委鼓励推荐的先进技术，为造纸行业新旧动能转换和绿色制造提供了示范。

经第三方评估和鉴定，该项目技术先进，成熟可靠，清洁生产技术水平达到国际领先水平，部分关键技术填补国内外空白，已获授权发明专利 30 件，发表 SCI 论文 36 篇，出版专著 3 部。如今，项目组研发的集成技术已经在山东太阳纸业股份有限公司、山东华泰纸业股份有限公司等 10 多家大中型造纸企业的制浆造纸生产线上及末端废水处理中得到应用。

（2）高性能木材化学浆绿色制备与高值利用关键技术及产业化

该项目系统阐释了生物 – 化学协同漂白与纯化纤维的作用机制，提出了木素增效溶出新理论，创新了无元素氯漂白（ECF）技术，构建了含 O_3 漂白的年产 100 万吨超大规模短流程漂白技术体系，大幅度减少了 ClO_2 的用量，大大改善了漂白废水的可生化性能，并制备出了高性能纸浆纤维，实现了木材化学浆漂白过程的绿色环保和节能减排；创新了纸基材料绿色制备新技术，研发了纸浆的梯度打浆技术和自添加技术，进一步提升了传统纸和纸基材料的品质，实现了传统纸产品的升级；创新了纸浆的纯化精制技术和纤维修饰技术，并研发出转移印花纸、纸基透明膜材料等系列新产品，实现了纸浆纤维的高附加值利用。

项目核心技术处于国际领先水平，已获授权国家发明专利 30 余项，制定国家标准 4 项，获教育部科技进步奖一等奖 1 项、山东省专利一等奖 2 项、国家专利优秀奖 2 项。相关技术先后在晨鸣集团、太阳纸业、华泰纸业、恒联集团等多家企业推广应用，并产生了重大经济和社会效益。

（3）全生物降解植物纤维包装材料和制品关键技术研究及成套生产线的开发应用

台州学院联合浙江金晟环保股份有限公司、南京师范大学等完成的"全生物降解植物纤维包装材料和制品关键技术研究及成套生产线的开发应用"成果，是攻克全生物降解植物纤维食品包装材料和制品关键技术的科技创新成果。该技术开发了一套植物纤维绿色提取关键技术与食品包装产品集成的理论、方法和支持技术以及植物纤维提取过程副产物为原料的高值化炼制关键技术，发明了从植物纤维材料提取及高附加值利用、食品包装产品性能提升到产品多元化开发的成套绿色工业化生产工艺，帮助企业实现了植物纤维食品包装材料及制品的工业化生产。

该项目的研究成果促进了全生物降解食品包装制品生产技术的进步，极大地降低了传统食品包装制品生产过程中的碳排放，推动了植物纤维材料在食品包装行业的应用，引领了食品包装行业的技术革新，提升了产业竞争力，带动了食品包装产业的健康发展，产生了良好的经济效益和社会效益。

（4）百万吨浆线阔叶木漂白浆提高白度稳定性研究

该成果由亚太森博自主研发，通过研究提高漂白木浆白度稳定性，节约木材纤维资源和漂白化学品，符合当前制浆造纸行业节能减排、清洁生产发展趋势，具有显著的经济效益、环保效益和社会效益。该成果目前已获得国家授权发明专利6项，形成国家行业标准3项。经专家委员会验收，项目整体技术达到国际先进水平，并成功应用于亚太森博年产百万吨级漂白木浆生产线。利用该技术所生产的漂白阔叶木硫酸盐浆产品质量稳定，满足了客户的特定需求，市场应用前景广阔。

（5）全自动造纸表面施胶淀粉连续制备系统

过去，国内尚未有企业能提供成熟可靠的全自动表面施胶淀粉制备系统，主要依靠从国外进口，投资较高。国内大多数中小型造纸项目从节省投资的角度考虑，基本上只能选择间歇制备工艺及设备。而该项目的全自动造纸表面施胶淀粉连续制备系统以原生玉米淀粉或木薯淀粉为原料，使用α-淀粉酶对长分子链天然淀粉进行降解，经降解后的淀粉胶适用于造纸表面施胶。与传统的间歇制备工艺相比，全自动造纸表面施胶淀粉连续制备系统具有自动化程度高、生产效率高、生产能耗低、生产的胶液质量稳定等优点，越来越被造纸行业所认可。

该项目的研究成果自动化程度、工艺装备达到国际先进水平，可以替代进口产品，减轻企业投资负担。因此，全自动造纸表面施胶淀粉连续制备系统市场前景广阔。

2.1.6 造纸行业发展趋势

目前，我国造纸行业处在一个较为复杂的发展环境中，受贸易限制和环保政策等方面的影响，在发展的同时也存在一些问题。原材料方面，随着环保政策的日渐趋严，如"禁废令""能耗双控"等政策的实施，环保压力和激烈的市场竞争使得行业门槛进一步提高，行业进入壁垒也逐渐从废纸进口配额转向海外废纸浆生产线建设。纸制品方面，生活用纸和包装用纸的需求持续增长，教育、出版等文化用纸受"双减""无纸化办公"等因素影响，需求量出现下降，价格存在一定上涨阻力。产业结构方面，中小型造纸企业数量大，中低档纸产品产能过剩，主要纸制品的国际竞争力不强。针对上述问题，我国造纸行业将采取以下优化策略。

（1）造纸产业结构低碳转型升级，践行绿色发展理念

《中国造纸工业可持续发展白皮书》对造纸行业绿色发展作出循环经济、绿色原料、生态环境等方面的要求，其中产业结构低碳转型升级是造纸工业实现"双碳"目标的重要措施。不断优化企业布局和规模，提高产业集中度，发展低碳

绿色产品，推进新工艺及技术创新，应用节能低碳技术和绿色能源，完善废纸回收机制，实现造纸行业绿色低碳循环发展。同时，加快淘汰能效利用率低、经济效益差的落后和过剩产能，促进造纸工业绿色低碳可持续发展。

（2）加强"5G+工业互联网"融合发展，推动造纸行业智能化建设

造纸行业智能化建设主要包括两个阶段：第一阶段为实现企业数据化运营，核心是实现企业数字化、网络化及工业数据的价值化；第二阶段为实现企业智能化生产，核心是实现企业的"三个闭环优化"。

大力推动工业互联网，充分利用网络大数据，提高造纸企业自动化配置水平，科学预测设备运行情况，提高设备的运行效率。开展智能工厂建设，逐步构建"数据为核，AI驱动"的技术体系，打造物流仓储、批次完善和生产运营一体化管控平台，以技术创新和场景化落地为手段持续推进智能化应用，形成用数据驱动和管理企业的"人机料法环"，最终实现生产主要流程无人化、智能化作业。

（3）优化企业结构，坚持创新驱动，提升国内企业核心竞争力

我国造纸产业大规模扩张的阶段基本结束，现阶段需从规模扩张转向结构升级；高质量发展需要高质量的人才队伍，以往依靠生产要素的大规模、高强度投入已难以为继，需转向科技创新、技术服务和人才竞争。

优化区域产业链布局，鼓励企业兼并重组，形成具有国际竞争力的综合性制浆造纸企业集团；加强与上下游产业的沟通、交流和延伸协作，帮助造纸企业高效地控制投入与产出，减少原材料供应和产品销售的不确定性；紧跟市场需求，积极研发先进技术装备、特种纸、纸基功能材料等新产品，升级提质传统产品，以技术优势推动产业发展；注重传统制浆造纸生产技术的创新，积极使用新材料、新技术和新设备，提高纸浆及纸制品的品质，优化内部生产流程和工艺，进一步降低生产和废物处理成本，提高利润率，从而提高造纸企业在国内外市场的竞争力。

参考文献：

郭寿豪.新时代背景下造纸行业的高质量发展策略[J].造纸装备及材料，2021，50（3）：8–10，39.

2.2　包装产业链上游——塑料行业分析

塑料广泛应用于国民经济的各个行业，在我国工业、农业、国防、交通运输、建筑、包装、电子电气、信息网络和生物医疗等多个领域发挥着不可替代的作用。经过多年的发展，我国已建立起一个门类齐全、独立完整的塑料工业制造体系，在国民经济中发挥着重要作用。目前，我国已成为全球塑料生产和消费的第一大国，并拥有全球最大的市场。

塑料制品是以合成树脂为主要原料，采用挤塑、注塑、吹塑、压延、层压、二次成型等工艺制造而成的生活、工业等用品的统称，也包括利用回收的废旧塑料加工再生产的制品；不包括塑料鞋制造。按照国民经济行业分类，塑料制品行业包括塑料薄膜制造，塑料板、管、型材制造，塑料丝、绳及编织品制造，泡沫塑料制造，塑料人造革和合成革制造，塑料包装箱及容器制造，日用塑料制品制造，人造草坪制造，塑料零件及其他塑料制品制造（九类），其中塑料零件及其他塑料制品是最大的产品类别。

2.2.1 塑料行业市场规模

（1）合成树脂行业市场规模

我国合成树脂行业发展起步于20世纪50年代，在经历了20世纪60年代至70年代的缓慢发展、20世纪80年代至20世纪末的飞速增长等阶段后，21世纪以来，合成树脂行业进一步调整、完善和提高，现已形成包括配方改性、树脂合成、助剂配套、加工应用等在内的完整产业体系。目前，我国已是全球最大的合成树脂生产国，2020年我国合成树脂产量10355.3万吨，同比增长6.28%；2021年合成树脂产量达10765.4万吨，同比增长3.96%。

如图2-2-1所示，2019年我国合成树脂行业市场规模为2767.5亿元，2020年受新冠疫情影响市场规模下滑为2379.8亿元，2021年在疫后经济快速复苏的背景下市场规模达到了2754.3亿元，同比增长15.74%。

从图2-2-2可知，2020年我国合成树脂行业

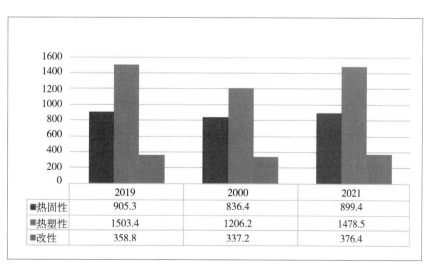

	2019	2000	2021
■热固性	905.3	836.4	899.4
■热塑性	1503.4	1206.2	1478.5
□改性	358.8	337.2	376.4

图2-2-1　2019—2021年中国合成树脂行业市场规模情况（单位：亿元）

数据来源：中研普华产业研究院整理

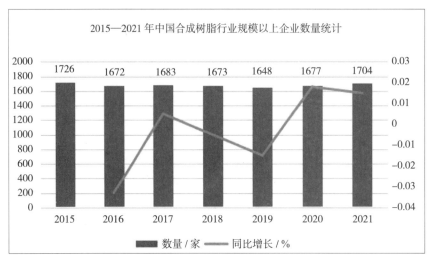

图 2-2-2　2015—2021 年中国合成树脂行业规模以上企业数量和销售收入统计

资料来源：共研网整理

规模以上企业数量为 1677 家，合成树脂销售收入达 9054.1 亿元；2021 年中国合成树脂行业规模以上企业共计 1704 家，表现为增长趋势，合成树脂销售收入为 9845.2 亿元，表现为增长趋势。

（2）塑料制品行业市场规模

在 2020 年的前几个月，大部分塑料加工企业因突发疫情而处于停滞状态，到 6 月末运行情况回稳转好，生产逐步恢复，市场逐渐回暖，下半年呈现恢复性增长。据国家统计局公布的统计数据（图 2-2-3、图 2-2-4），2020 年 1 至 12 月，全国塑料制品行业汇总统计企业塑料制品产量为 7603.22 万吨，同比下降 6.45 %；规模以上企业有 16592 家，比上年增加 757 家；规模以上企业营业收入为 18890.13 亿元，同比下降 1.4 %，

高于全国轻工行业 –1.65 % 的平均水平，低于全国工业同比增长 0.8 % 的平均水平。其中营业收入占全国轻工行业总营业收入的 9.70 %，占全国规模以上工业企业总营业收入的 1.78 %。2020 年，全国塑料制品行业规模以上企业利润总额为 1215.15 亿元，同比增长 18.39 %，大幅高于轻工行业 3.58 % 和全国工业 4.1 % 的平均水平，利润总额占轻工行业总利润的 9.11 %，占全国规模以上工业企业总利润的 1.88 %。

2021 年以来，在疫情有效控制的情况下，塑料加工业克服原材料涨价、部分区域限电、海运阻塞等不利因素，基本面尚好，开工率较高，总体呈现出新态势，展现出新特征。在上游原材料成本上涨和终端需求增速放缓的双重压力下，下游中小微企业利润下滑，债务负担加重。据

图 2-2-3 2014—2021 年中国塑料制品行业市场规模

资料来源：共研网整理

图 2-2-4 2015—2021 年中国塑料制品生产企业营业收入及增速

资料来源：搜狐网整理

国家统计局数据（见表 2-2-1），2021 年 1 至 12 月，全国塑料制品行业汇总统计企业塑料制品产量为 8003.98 万吨，同比增长 5.27%；规模以上企业有 18056 家，同比增长 8.82%；规模以上企业营业收入为 22264.46 亿元，同比增长 17.86%，其中营业收入占全国轻工行业总营业收入的 9.94%，占全国规模以上企业总营业收入的 1.74%。2021 年全国塑料制品行业规模以上企业利润总额为 1295.83 亿元，同比增长 6.64%，实现利润总额占全国轻工行业总利润的 9.19%，占全国规模以上企业总利润的 1.49%。

① 2020 年效益情况。

2020 年，全国塑料制品行业规模以上企业

16592 家，比上年增加 757 家；累计完成营业收入 18890.13 亿元。其中，营业收入最高的是塑料零件及其他塑料制品，为 5987.38 亿元，占 31.7%；其次是塑料板、管、型材，为 3617.90 亿元，占 19.15%。增长率最高的是塑料零件及其他塑料制品，为 0.72%，也是唯一一个呈正增长的子行业；之后是日用塑料制品、塑料薄膜和泡沫塑料，同比增长率分别为 -0.35%、-0.55% 和 -0.68%；增长率最低的是塑料人造革、合成革，同比增长 -17.02%（表 2-2-2）。

2020 年，全国塑料制品行业规模以上企业利润总额为 1215.15 亿元，利润总额占全国轻工行业利润总额的 9.11%，占全国规模以上工业

表 2-2-1 2021 年塑料制品行业规模拟上企业数量及增长情况

行业类别	规模拟上企业数量 / 家	去年规模拟上企业数量 / 家	增长率 / %
塑料零件及其他塑料制品	5652	5104	10.74
塑料板、管、型材	3140	2939	6.84
塑料薄膜	2434	2110	15.36
日用塑料制品	1945	1811	7.40
塑料包装箱及容器	1797	1624	10.65
塑料丝、绳及编织品	1606	1556	3.21
泡沫塑料	976	917	6.43
塑料人造革、合成革	425	441	-3.63
人造草坪	81	90	-10.00
合计	18056	16592	8.82

资料来源：华经产业研究整理

表 2-2-2 2020 年塑料制品行业营业收入及同比增长情况

类别	营业收入 / 亿元	同比增长 / %	占比 / %
塑料零件及其他塑料制品	5987.38	0.72	31.70
塑料板、管、型材	3617.90	-1.36	19.15
塑料薄膜	2754.35	-0.55	14.58
日用塑料制品	1804.44	-0.35	9.55
塑料包装箱及容器	1584.63	-2.49	8.39
塑料丝、绳及编织品	1548.29	-2.49	8.20
泡沫塑料	771.83	-0.68	4.09
塑料人造革、合成革	724.13	-17.02	3.83
人造草坪	97.18	- 6.44	0.51
合计	18890.13	-1.40	100.00

资料来源：华经产业研究整理

企业利润总额的 1.88 %。其中，利润总额最高的是塑料零件及其他塑料制品，为 398.27 亿元，占 32.78 %，其次是塑料板、管、型材，为 263.44 亿元，占 21.68 %。其中，增长率最高的是塑料薄膜，利润总额为 174.51 亿元，同比增长 78.17 %；其次是日用塑料制品，利润总额为 123.00 亿元，同比增长 22.23 %；增长率最低的是塑料人造革、合成革，利润总额为 22.91 亿元，同比下降 18.43 %（表 2-2-3）。

②2021 年效益情况。

2021 年 1 至 12 月，全国塑料制品行业规模以上企业营业收入为 22264.46 亿元。其中，营业收入最高的是塑料零件及其他塑料制品，为 7310.65 亿元，占比 32.84 %，同比增长 22.10 %；

表 2-2-3　2020 年塑料制品行业利润总额、增长及占比情况

类别	利润总额 / 亿元	同比增长 / %	占比 / %
塑料零件及其他塑料制品	398.27	18.93	32.78
塑料板、管、型材	263.44	9.10	21.68
塑料薄膜	174.51	78.17	14.36
日用塑料制品	123.00	22.23	10.12
塑料包装箱及容器	98.85	2.41	8.14
塑料丝、绳及编织品	84.69	1.69	6.97
泡沫塑料	45.99	14.98	3.79
塑料人造革、合成革	22.91	-18.43	1.89
人造草坪	3.49	-2.10	0.29
合计	1215.15	18.39	100.00

资料来源：华经产业研究整理

表 2-2-4　2021 年塑料制品行业营业收入及同比增长情况

类别	营收 / 亿元	同比增长 / %	占比 / %
塑料零件及其他塑料制品	7310.65	22.10	32.84
塑料板、管、型材	4014.73	10.97	18.03
塑料薄膜	3514.68	27.60	15.79
日用塑料制品	2064.33	14.40	9.27
塑料包装箱及容器	1858.34	17.27	8.35
塑料丝、绳及编织品	1638.13	5.80	7.36
泡沫塑料	930.83	20.60	4.18
塑料人造革、合成革	824.90	13.92	3.71
人造草坪	107.87	11.00	0.48
合计	22264.46	17.86	100.00

资料来源：华经产业研究整理

其次是塑料板、管、型材，为 4014.73 亿元，占 18.03 %，同比增长 10.97 %；人造草坪，塑料丝、绳及编织品等子行业同比增长较慢（表 2-2-4）。

2021 年 1 至 12 月，全国塑料制品行业规模以上企业实现利润 1295.83 亿元。其中，利润总额最高的是塑料零件及其他塑料制品，为 425.69 亿元，占 32.85 %；其次是塑料板、管、型材，为 249.47 亿元，占 19.25 %；塑料板、管、型材，日用塑料制品，泡沫塑料等子行业利润同比下降（表 2-2-5）。

表 2-2-5 2021 年塑料制品行业利润总额、增长及占比情况

类别	利润 / 亿元	同比增长 / %	占比 / %
塑料零件及其他塑料制品	425.69	6.88	32.85
塑料板、管、型材	249.47	-5.30	19.25
塑料薄膜	236.09	35.29	18.22
日用塑料制品	112.45	-8.58	8.68
塑料包装箱及容器	111.16	12.45	8.58
塑料丝、绳及编织品的	88.55	4.56	6.83
泡沫塑料	44.52	-3.20	3.44
塑料人造革、合成革	24.57	7.25	1.90
人造草坪	3.34	-4.30	0.26
合计	1295.84	6.64	100.00

资料来源：华经产业研究整理

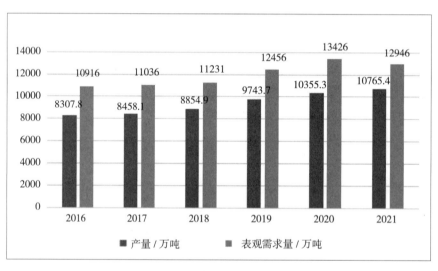

图 2-2-5 2016—2021 年中国合成树脂产量及表观需求量

资料来源：前瞻产业研究院

2.2.2 塑料行业供需现状

（1）合成树脂行业供需现状

合成树脂应用领域广泛，主要需求领域包括家电、汽车、建筑、包装等。21 世纪以来，我国合成树脂行业取得了令人瞩目的成就，实现了历史性的跨越，尤其是近几年，国内新建乙烯装置陆续投产，配套新增了聚烯烃装置，合成树脂生产已达到相当规模。目前，我国已是全球最大的合成树脂生产国，也是全球最大的合成树脂消费国。

如图 2-2-5 所示，2020 年我国合成树脂产量为 10355.3 万吨，同比增长 6.28 %；2020 年我国合成树脂表观需求量为 13426 万吨，在全球疫情影响下依然增长 7.79 %。2021 年我国合成树脂产量为 10765.4 万吨，同比增长 3.96 %；合成树脂表观需求量为 12946 万吨，同比下降 3.58%。

（2）塑料制品行业供需现状

根据国家统计局公布的产销率数据来看（图 2-2-6），2016—2019 年我国塑料制品行业产

销率总体保持在 97%~98%，2019 年产销率为 97.2%，2020 年产销率为 95.2%。总体来看，我国塑料制品行业产销率均在 100% 以下，行业呈现产能过剩情况。同时，塑料制品出口高速增长，国内销售量下滑，反映了国内塑料市场内需不足。

据国家统计局数据（表 2-2-6），2020 年汇总统计企业塑料制品产量为 7603.22 万吨，同比下降 6.45 %，为 40 年来历史新低。从细分市场来看，2020 年我国塑料薄膜产量为 1502.95 万吨，占比 19.77 %，同比下降 6.37%；日用塑料产量为 651.09 万吨，占比 8.56%，同比下降 2.74%；人造革、合成革产量为 323.07 万吨，占比 4.25 %，同比下降 3.03 %；同比增长率最高的泡沫塑料制品，产量为 256.57 万吨，增长率为

0.54 %，也是唯一一类正增长的塑料制品；其他塑料制品仍是产量最高品类，为 4869.53 万吨，占比 64.05 %。

据国家统计局数据（表 2-2-7），2021 年 1 至 12 月，全国塑料制品行业汇总统计企业累计完成产量 8003.98 万吨，同比增长 5.94 %，显示出我国塑料加工业的韧性。从细分市场来看，2021 年我国塑料薄膜产量为 1608.71 万吨，占比 20.1 %，同比增长 6.34 %；同比增长率最高的是日用塑料，产量为 701.53 万吨，占比 8.76%；人造革、合成革为负增长，产量为 287.61 万吨，占比 3.59%；泡沫塑料制品产量为 262.98 万吨，占比 3.29%，增长率为 1.36 %；其他塑料制品仍是产量最高品类，为 5143.15 万吨，占比 64.26 %。

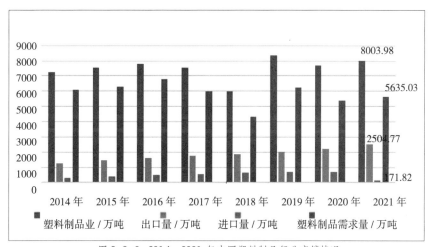

图 2-2-6　2014—2021 年中国塑料制品行业产销情况

资料来源：国家统计局、中国海关总署、智研咨询整理

表 2-2-6　2020 年塑料制品行业产量、增长率、占比情况

塑料制品类别	产量 / 万吨	占比 / %	同比增长 / %
塑料薄膜	1502.95	19.77	-6.37
农用薄膜	77.39	1.02	-3.59
泡沫塑料制品	256.57	3.37	0.54
人造革、合成革	323.07	4.25	-3.03
日用塑料	651.09	8.56	-2.74
其他塑料制品	4869.53	64.05	-7.49
合计	7603.22	100.00	-6.45

资料来源：华经情报网整理

表 2-2-7 2021 年塑料制品行业产量、增长率、占比情况

塑料制品类别	产量 / 万吨	占比 / %	同比增长 / %
其他塑料制品	5143.15	64.26	6.38
塑料薄膜	1608.71	20.10	6.34
农用薄膜	79.89	1.00	0.89
日用塑料	701.53	8.76	6.55
人造革、合成革	287.61	3.59	-0.90
泡沫塑料制品	262.98	3.29	1.36
合计	8003.98	100.00	5.94

资料来源：华经情报网整理

2.2.3 塑料行业进出口情况

（1）合成树脂行业进出口情况

虽然我国合成树脂自给率高，但是仍有部分从海外进口。近几年来，进口依存度不断下降，2020 年上半年约为 21.09 %。中国石油和化学工业联合会数据显示（图 2-2-7）：2020 年 1 至 12 月中国合成树脂进口数量为 3743.6 万吨，进口金额为 4907264 万美元；2020 年 1 至 12 月合成树脂出口数量为 672.5 万吨，出口金额为 1231770 万美元。2020 年中国合成树脂进口平均单价为 1310.84 美元 / 吨；合成树脂出口平均单价为 1831.63 美元 / 吨。

2021 年中国合成树脂进口数量为 3277.4 万吨，同比下降 12.45%；出口数量为 1096.4 万吨，同比增长 63.03%。2021 年中国合成树脂进口金额为 5796776 万美元，同比增长 18.12%；合成树脂出口金额为 2416535 万美元，同比增长 96.18%。2021 年中国合成树脂进口平均单价为 1768.71 美元 / 吨；合成树脂出口平均单价为 2204.06 美元 / 吨（图 2-2-8）。

进口依存度是指进口贸易额与国内生产总值的比例。近几年来，我国合成树脂自给能力不断上升，自给率较高（图 2-2-9、图 2-2-10）。目前，我国仍有部分品种的合成树脂需要大量进口，但随着国家对化工环保政策的严格实施，市场对合成树脂产品提出了绿色、功能化、差异化的要求，要进一步提高自给率，未来合成树脂的生产势必要朝着这一方向发展。但是，我国目前还存在一些短板，如新建的合成树脂特大型装置的某些环节还要依靠引进技术；为生产高端产品，一些装置还必须购买国外的催化剂；国内一些高端产品的数量不能满足市场需求。

（2）塑料制品行业进出口情况

初级形状的塑料是塑料原料的统称，包括初级形状的聚乙烯。这种叫法一般会出现在海关的一些文件上，这些塑料原料可以通过压延机、挤出机、注射机等加工成塑料制品。

中商产业研究院数据显示（图 2-2-11、图 2-2-12），近年来，我国初级形状的塑料进口量不断增长，由 2016 年的 2570 万吨逐渐增至 2020 年的 4063 万吨，此后有所减少；进口金额总体呈上升趋势，并在 2021 年达到最大值。2021 年，我国初级形状的塑料进口量累计达 3397 万吨，同比下降 16.40%，进口金额为 611.36 亿美元。

智研咨询发布的《2021—2027 年中国塑料制品行业市场行情动态及发展前景展望报告》显示：近年来，中国塑料制品功能都得到有效提升，塑料制品出口量稳步增加，出口形势持续乐观。据海关数据，2020 年全国塑料制品出口额为 852.7 亿美元，同比增长 19.6%。据国家统计局数

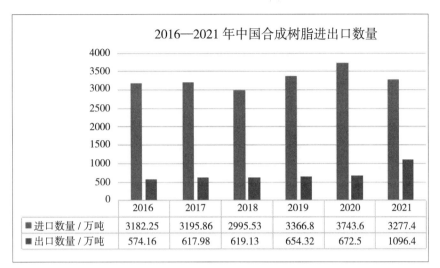

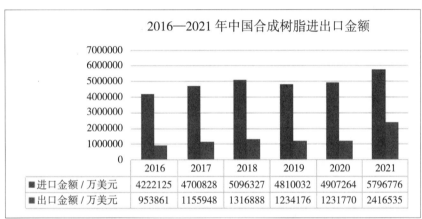

图 2-2-7 2016—2021 年中国合成树脂进出口数量及金额

资料来源：智研网

图 2-2-8 2016—2021 年中国合成树脂进出口均价走势

资料来源：中国海关总署、智研咨询整理

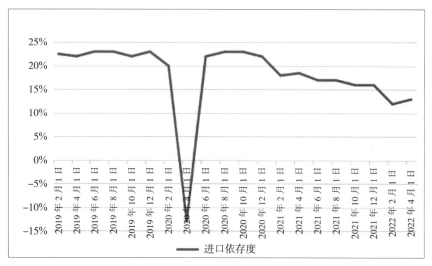

图 2-2-9　2019—2022 年中国合成树脂进口依存走势
资料来源：中商情报网

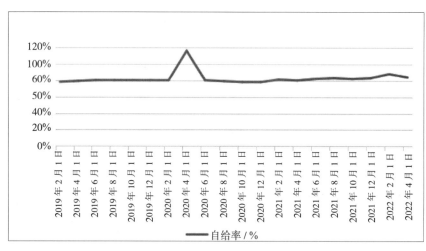

图 2-2-10　2019—2022 年中国合成树脂自给率走势
资料来源：智研网

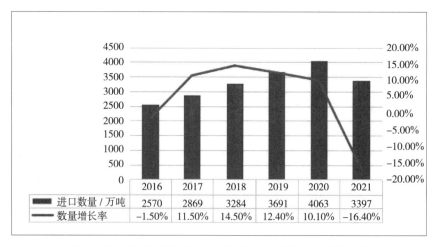

图 2-2-11　2016—2021 年中国初级形状的塑料进口量及增长情况
资料来源：中商情报网

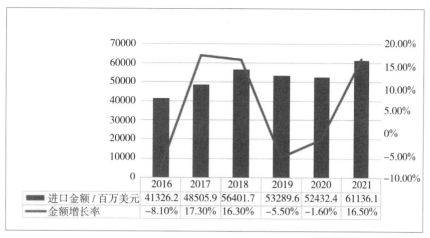

图 2-2-12　2016—2021 年中国初级形状的塑料进口金额及增长情况

资料来源：中商情报网

年份	2016	2017	2018	2019	2020	2021
进口金额/百万美元	41326.2	48505.9	56401.7	53289.6	52432.4	61136.1
金额增长率	−8.10%	17.30%	16.30%	−5.50%	−1.60%	16.50%

表 2-2-8　2020 年全国塑料制品行业出口交货值情况

类别	累计 / 亿元	同比增长 / %	占比 / %
塑料薄膜	297.92	-1.14	12.31
塑料板、管、型材	258.12	10.88	10.67
塑料丝、绳及编织品	78.03	-11.07	3.22
泡沫塑料	36.53	-2.58	1.51
塑料人造革、合成革	45.42	-22.11	1.88
塑料包装箱及容器	142.38	2.85	5.88
日用塑料制品	527.31	2.92	21.79
人造草坪	28.74	5.70	1.19
塑料零件及其他塑料制品	1005.33	0.34	41.55
合计	2419.78	-0.35	100.00

资料来源：智研网

据，2020 年，塑料制品出口交货值为 2419.78 亿元，同比下降 0.35 %。从子行业看，出口交货值最高的是塑料零件及其他塑料制品，为 1005.33 亿元，占 41.55 %；其次是日用塑料制品，出口交货值为 527.31 亿元，占 21.79 %。增长率最高的是塑料板、管、型材，同比增长 10.88 %；增长率最低的是塑料人造革、合成革，同比下降 22.11 %（表 2-2-8）。

据海关数据，2021 年 1 至 12 月，全国塑料制品出口额为 989.9 亿美元，进口额为 224.0 亿美元。面对尚未消散的全球疫情冲击，我国塑料制品外贸进出口业务展现出了强劲韧性并呈现出显著的增长。

2.2.4 塑料行业生产区域分布

（1）合成树脂生产区域

从图 2-2-13~图 2-2-15 可见，2020 年中国合成树脂产量前三为华东地区、西北地区及华北地区。其中，华东地区产量最多，约占同期中国合成树脂总产量的 41.58 %；西北地区产量占比达 19.04 %；华北地区占比达 15.39 %。2021 年中国合成树脂产量前三为华东地区、西北地区、华北地区，占比分别为 41.60%、19.00%、15.40%。

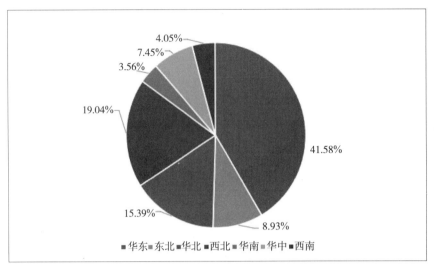

图 2-2-13　2020 年中国合成树脂产量区域集中度
资料来源：智研网

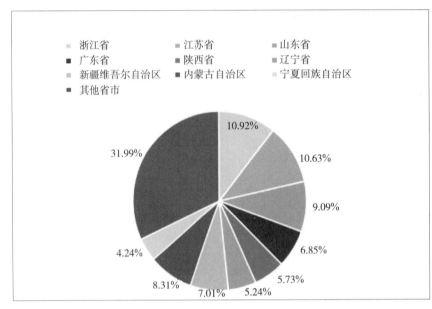

图 2-2-14　2020 年中国合成树脂产量省（区、市）集中度
资料来源：智研网

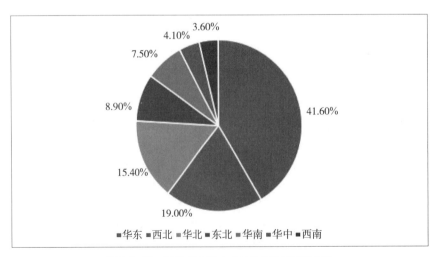

图 2-2-15　2021 年中国合成树脂产量区域集中度
资料来源：智研网

就省（自治区、地级市）而言，2020 年我国江苏、浙江、山东、内蒙古、辽宁、陕西、新疆、广东、宁夏的合成树脂产量均超过 400 万吨。其中浙江合成树脂产量为 1130.38 万吨，占同期国内总产量的 10.92 %；江苏合成树脂产量为 1100.30 万吨，占同期国内总产量的 10.63 %；山东合成树脂产量为 941.09 万吨，占同期国内总产量的 9.09 %。

（2）塑料制品生产区域

2020 年塑料制品生产主要集中在浙江、广东、江苏、福建、安徽、四川、湖北、湖南、山东、重庆等地区。其中，浙江产量最高，为 1280.17 万吨，占 16.84 %；其次是广东，为 1274.91 万吨，占 16.77 %。增长率最高的是山东，完成累计产量 329.72 万吨，同比增长 3.44%；其次是重庆，完成累计产量 250.40 万吨，占 3.29 %，同比增长 3.03 %；同比增长率最低的是湖北，完成累计产量 431.01 万吨，同比下降 16. 56 %。全国前十大省市塑料制品总产量为 6068.35 万吨，占全国总产量的 79.81%，比上年下降 1.74 %（表 2-2-9）。

2020 年，东部十省市塑料制品产量为 4610.71 万吨，同比下降 0.19 %，占比 60.64%，比 2019 年提高了 3.06 个百分点。中部六省由于湖北省受疫情严重影响，产量有较大幅度下降，塑料制品产量为 1641.49 万吨，同比下降 22.54%，占比 21.59 %，比 2019 年降低 5.35 个百分点。西部十二省（自治区、市）塑料制品产量为 1218.67 万吨，同比增长 5.47 %，占比 16.03%，比 2019 年提高 2.37 个百分点。东北三省塑料制品产量为 132.33 万吨，同比下降 14.03%，占比 1.74%（表 2-2-10~ 表 2-2-13）。

2020 年我国塑料薄膜主要产区在东部地区，占比前六位的东部地区占总量的 74.69 %，安徽、四川、重庆增长较快。广东是我国泡沫塑料产量最大省份，山东、四川、江苏、湖南的泡沫塑料产量增长较快，陕西泡沫塑料

产量降幅较大。人造革、合成革生产较为集中，安徽、福建、浙江是生产大省，合计占比为 67.83%，安徽和江西增长较快，安徽产量跃居全国第一，江西进入前十。广东是日用塑料产量最大省份，河北、河南的日用塑料产量增长较快，湖北产量大幅下降。其他塑料制品的最大产区是浙江、广东，安徽、湖南降幅较大（表 2-2-14~ 表 2-2-18）。

2021 年，东部十省市塑料制品产量为 4969.01 万吨，同比增长 7.77 %，占比 62.08%，比 2020 年提高 1.44 个百分点；中部六省塑料制品产量为 1644.96 万吨，同比增长 0.21 %，占比 20.55%，比 2020 年下降 1.05 个百分点；西部十二省（自治区、市）塑料制品产量为 1232.58 万吨，同比增长 1.14 %，占比 15.40 %，比 2020 年下降 0.64 个百分点。综上可见，东部省市依赖良好的政商环境、完善的产业配套、便捷的交通物流和较大的出口优势，塑料制品产量占比近两年连续提升，产业区位聚集优势越发明显。

从地区生产情况看，塑料制品生产主要集中在广东、浙江、福建、江苏、湖北、安徽、四川、山东、湖南、重庆等东部沿海、中西部发达地区。其中，广东塑料制品产量为 1510.14 万吨，占比 18.87 %；其次是浙江，塑料制品产量为 1212.17 万吨，占比 15.14 %；同比增长率最高的是重庆，完成累计产量 313.91 万吨，同比增长 15.44 %。全国十大省市塑料制品总产量为 6369.19 万吨，占比 79.57 %，占比比上年下降 0.24 %（表 2-2-19）。

2021 年 1 至 12 月，全国塑料薄膜行业完成累计产量 1608.71 万吨，同比增长 6.34 %。产地主要集中在浙江、广东、江苏、福建、山东、上海、安徽、四川、湖北、重庆等地区。湖北、上海、浙江增幅居前（表 2-2-20）。

2021 年 1 至 12 月，全国泡沫塑料行业完成累计产量 2629.8 万吨，同比增长 1.36 %。产地主要集中在广东、浙江、江苏、四川、河南、福建、山东、重庆、安徽、陕西等地区。浙江、福

建、江苏、安徽产量增幅居前（表 2-2-21）。

2021 年 1 至 12 月，全国人造革、合成革行业完成累计产量 2876.1 万吨，同比下降 0.90%。产地主要集中在浙江、福建、安徽、江苏、广东、河北、湖北、湖南、上海、江西等地区。浙江、广东、河北、湖北、上海产量增幅居前

（表 2-2-22）。

2021 年 1 至 12 月，全国日用塑料行业完成累计产量 7015.3 万吨，同比增长 6.55%。产地主要集中在广东、浙江、福建、四川、湖北、江苏、河南、山东、湖南、河北等地区。福建、四川、河南产量增幅居前（表 2-2-23）。

表 2-2-9 2020 年主要地区塑料制品产量、增速及占比情况

地区	累计产量 / 万吨	同比增长 / %	占比 / %
浙江	1280.17	0.88	16.84
广东	1274.91	-7.52	16.77
江苏	638.66	-1.05	8.40
福建	546.92	-0.59	7.19
安徽	520.99	-0.05	6.85
四川	446.82	1.23	5.88
湖北	431.01	-16.56	5.67
湖南	348.75	-14.37	4.59
山东	329.72	3.44	4.34
重庆	250.40	3.03	3.29
其他	1534.87	-9.13	20.19
合计	7603.22	-6.45	100.00

资料来源：智研网

表 2-2-10 2020 年东部地区塑料制品产量和占比情况

地区	累计产量 / 万吨	同比增长 / %	占比 / %
北京	20.59	-12.56	0.27
天津	101.87	-3.53	1.34
河北	216.06	12.59	2.84
上海	199.64	-6.31	2.63
江苏	638.66	-1.05	8.40
浙江	1280.17	0.88	16.84
福建	546.92	-0.59	7.19
山东	329.72	3.44	4.34
广东	1274.91	-7.52	16.77
海南	2.19	-8.66	0.03
合计	4610.71	-0.19	60.64

资料来源：智研网

表 2-2-11　2020 年中部地区塑料制品产量和占比情况

地区	累计产量 / 万吨	同比增长 / %	占比 / %
山西	22.38	14.46	0.29
安徽	520.99	-0.05	6.85
江西	115.47	-15.65	1.52
河南	202.89	-45.34	2.67
湖北	431.01	-16.56	5.67
湖南	348.75	-14.37	4.59
合计	1641.49	-22.54	21.59

资料来源：华经产业研究

表 2-2-12　2020 年西部地区塑料制品产量和占比情况

地区	累计产量 / 万吨	同比增长 / %	占比 / %
内蒙古	5.08	1.20	0.07
广西	172.64	79.44	2.27
重庆	250.40	3.03	3.29
四川	446.82	1.23	5.88
贵州	76.40	-11.32	1.00
云南	62.79	3.55	0.83
西藏	2.12	30.95	0.03
陕西	87.26	-22.24	1.15
甘肃	19.18	16.03	0.25
青海	0.85	-11.63	0.01
宁夏	11.28	-7.08	0.15
新疆	83.85	5.57	1.10
合计	1218.67	5.47	16.03

资料来源：《中国塑料》编辑部

表 2-2-13　2020 年东北地区塑料制品产量和占比情况

地区	累计产量 / 万吨	同比增长 / %	占比 / %
辽宁	78.06	-25.11	1.03
吉林	32.37	4.50	0.43
黑龙江	21.89	17.02	0.29
合计	132.33	-14.03	1.74

资料来源：《中国塑料》编辑部

表 2-2-14　2020 年塑料薄膜十大生产地区

地区	产量 / 万吨	同比增长 / %	占比 / %
浙江	326.62	1.77	21.73
广东	242.34	-2.27	16.12
江苏	239.00	4.04	15.90
福建	166.93	6.36	11.11
山东	85.25	3.75	5.67
上海	62.46	-3.75	4.16
四川	60.00	15.76	3.99
安徽	58.43	22.64	3.89
重庆	44.01	15.20	2.93
湖北	42.56	-7.06	2.83
全国	1502.95	-6.37	100.00

资料来源：智研网

表 2-2-15　2020 年泡沫塑料十大生产地区

地区	产量 / 万吨	同比增长 / %	占比 / %
广东	64.31	-1.18	25.07
浙江	32.56	1.41	12.69
江苏	20.50	18.66	7.99
四川	16.81	21.19	6.55
山东	13.98	52.95	5.45
安徽	10.66	3.94	4.15
重庆	10.33	-1.56	4.03
湖南	10.30	16.66	4.01
天津	10.05	8.77	3.92
陕西	9.40	-42.59	3.66
全国	256.57	0.54	100.00

资料来源：智研网

表 2-2-16　2020 年人造革、合成革十大生产地区

地区	产量 / 万吨	同比增长 / %	占比 / %
安徽	97.05	51.08	30.04
福建	70.48	-20.05	21.82
浙江	51.60	-15.89	15.97
广东	25.49	-16.31	7.89
湖南	22.28	12.46	6.90
河北	9.49	-41.57	2.94
上海	4.74	-20.45	1.47
江西	4.24	39.52	1.31
山东	2.10	-4.64	0.65
河南	1.83	-2.73	0.57
全国	323.07	-3.03	100.00

资料来源：智研网

表 2-2-17　2020 年日用塑料十大生产地区

地区	产量 / 万吨	同比增长 / %	占比 / %
广东	215.02	-4.84	33.02
浙江	111.67	0.06	17.15
湖北	54.93	-21.49	8.44
福建	50.58	7.97	7.77
江苏	37.86	-8.45	5.81
四川	36.63	11.48	5.63
山东	17.47	13.46	2.68
河北	17.36	45.72	2.67
湖南	17.29	2.38	2.66
河南	16.71	23.51	2.57
全国	651.09	-2.74	100

资料来源：智研网

表 2-2-18 2020 年其他塑料制品十大生产地区

地区	产量 / 万吨	同比增长 / %	占比 / %
浙江	757.72	1.99	15.56
广东	727.75	-10.06	14.94
安徽	339.60	-36.02	6.97
四川	332.41	-2.9	6.83
湖北	326.53	-16.03	6.71
江苏	312.21	-3.02	6.41
湖南	291.35	-17.25	5.98
福建	247.62	0.6	5.09
山东	210.92	0.51	4.33
重庆	190.82	0.76	3.92
全国	4869.53	-7.49	100.00

资料来源：智研网

表 2-2-19 2021 年主要地区塑料制品产量、增速及占比情况

地区	产量 / 万吨	同比增长 / %	占比 / %
广东	1510.14	14.78	18.87
浙江	1212.17	10.75	15.14
福建	662.07	13.16	8.27
江苏	633.09	-1.39	7.91
湖北	478.92	11.92	5.98
安徽	463.79	-5.56	5.79
四川	415.35	-5.63	5.19
山东	360.65	1.30	4.51
湖南	319.10	7.66	3.99
重庆	313.91	15.44	3.92
其他	1634.78	0	20.42
合计	8003.98	5.94	100.00

资料来源：智研网

表 2-2-20　2021 年塑料薄膜行业产量和地区占比情况

地区	产量 / 万吨	同比增长 / %	占比 / %
浙江	353.80	9.55	21.99
广东	279.22	7.69	17.36
江苏	252.28	6.16	15.68
福建	166.44	1.56	10.35
山东	84.30	-2.38	5.24
上海	69.75	11.94	4.34
安徽	62.11	6.05	3.86
四川	59.04	-4.00	3.67
湖北	49.53	13.04	3.08
重庆	45.05	1.97	2.80
十强合计	1421.51	6.04	88.36
全国	1608.71	6.34	100.00

资料来源：智研网

表 2-2-21　2021 年泡沫塑料行业产量和地区占比情况

地区	产量 / 万吨	同比增长 / %	占比 / %
广东	666.30	-0.62	25.34
浙江	388.30	19.61	14.77
江苏	255.10	13.51	9.70
四川	126.80	-4.20	4.82
河南	125.30	6.53	4.76
福建	121.20	16.17	4.61
山东	118.80	6.25	4.52
重庆	112.40	8.34	4.27
安徽	103.10	13.30	3.92
陕西	97.00	5.40	3.69
十强合计	2114.30	7.18	80.40
全国	2629.80	1.36	100.00

资料来源：智研网

表 2-2-22 2021 年人造革、合成革行业产量和地区占比情况

地区	产量 / 万吨	同比增长 / %	占比 / %
浙江	667.40	21.33	23.21
福建	619.70	-12.47	21.55
安徽	408.80	-44.90	14.21
江苏	299.90	4.09	10.43
广东	299.50	18.15	10.41
河北	175.00	76.40	6.09
湖北	112.60	1914.13	3.92
湖南	85.20	1.62	2.96
上海	66.80	40.95	2.32
江西	42.20	-6.47	1.47
十强合计	2777.10	-1.25	96.56
全国	2876.10	-0.90	100.00

资料来源：智研网

表 2-2-23 2021 年日用塑料行业产量和地区占比情况

地区	产量 / 万吨	同比增长 / %	占比 / %
广东	2286.30	7.93	32.59
浙江	1265.30	9.56	18.04
福建	759.60	44.56	10.83
四川	426.90	22.12	6.09
湖北	418.40	-18.87	5.96
江苏	361.80	-4.65	5.16
河南	303.40	18.15	4.32
山东	226.50	8.77	3.23
湖南	135.50	8.37	1.93
河北	135.00	-30.52	1.92
十强合计	6318.70	8.41	90.07
全国	7015.30	6.55	100.00

资料来源：智研网

2.2.5 塑料行业新技术

改革开放以来，我国塑料年产量高速增长，塑料产品的进口依存度不断下降，塑料行业的技术和产品质量明显提升，先后涌现出了诸多新型材料和新技术。例如，塑料改性材料、工程塑料、生物降解塑料、塑料合金与塑料复合材料，在汽车、高铁、医疗、包装及农业等领域的应用范围持续扩大；电磁加热节能技术、塑料动态成型技术、同向锥形双螺杆技术、三螺杆挤出机技术、超剪切塑化技术、功率超声塑化技术、伺服驱动与控制技术极大提高了塑料加工业的节能效率和生产技术水平。本节汇总整理了2020—2021年我国塑料行业的新技术（表2-2-24、表2-2-25），并从中挑选出12项代表性技术进行介绍。

表 2-2-24 塑料行业科学技术奖获奖项目

序号	获奖类别	项目名称	获奖单位
1	2020 中国塑料加工行业优秀科技成果	生物质塑料合金制备关键技术产业化	宁波家联科技股份有限公司
2	2020 年度中国循环经济协会科学技术奖二等奖	废塑料高值化利用关键技术与管理体系研究	中国环境科学研究院、生态环境部固体废物与化学品管理技术中心、山东鹏洲塑业有限公司、湖北省环境科学研究院
3	2020 年度中国轻工业联合会技术发明奖一等奖	新型生物基材料聚丁内酰胺的创制与应用	华东理工大学、恒天纤维集团有限公司、恒天生物基材料工程技术（宁波）有限公司、福建安溪茶叶生物科技有限公司
4	2020 年度中国循环经济协会科学技术奖三等奖	可生物降解聚乳酸功能材料与循环技术体系的关键技术开发与应用	贵州民族大学、贵州医科大学附属白云医院、贵州富斯特化工材料科技有限公司
5	2020 年度中国轻工业联合会科技进步奖二等奖	热塑性聚合物发泡材料成型关键技术与产业化应用	北京工商大学、无锡会通轻质材料股份有限公司、江南大学、北京首融汇科技发展有限公司
6	2020 年度中国轻工业联合会科技进步奖三等奖	高性能超细纤维合成革的开发研究	陕西科技大学、江苏科美新材料有限公司、洛阳硕皓环保新材料有限公司
7	2020 年度中国轻工业联合会科技进步奖三等奖	高性能聚酰亚胺膜材料的设计制备与应用	常州大学
8	2020 年度中国轻工业联合会科技进步奖三等奖	沙发用绿色生态无溶剂聚氨酯合成革	浙江禾欣新材料有限公司
9	2020 年度中国轻工业联合会科技进步奖三等奖	连续玻纤带增强聚乙烯复合管制造关键技术及产业化	广东联塑科技实业有限公司、上海邦中高分子材料股份有限公司、上海邦临机械设备有限公司、广州质量监督检测研究院、联塑市政管道邢台有限公司
10	2020 年度中国轻工业联合会技术发明奖三等奖	一种水稻种植用全生物降解地膜及其生产方法	白山市喜丰塑业有限公司
11	2021 年度中国轻工业联合会技术发明奖一等奖	高性能间位芳纶蜂窝纸关键技术及其应用	株洲时代新材料科技股份有限公司、华南理工大学、中航复合材料有限责任公司、航天材料及工艺研究所、株洲时代华先材料科技有限公司
12	2021 年度中国轻工业联合会技术发明奖一等奖	中性圆珠笔新型环保材料开发与产业化应用	上海晨光文具股份有限公司、太原钢铁（集团）有限公司
13	2021 年度中国轻工业联合会技术发明奖一等奖	旋转挤出加工新技术及其在高性能塑料管制备中的应用	四川大学、四川森普管材股份有限公司、日丰企业集团公司

续表

序号	获奖类别	项目名称	获奖单位
14	2021 年度中国轻工业联合会技术发明奖二等奖	环境友好系列含氟聚合物材料的制备关键技术及应用	陕西科技大学、江门市弘创新材料有限公司、浙江工业职业技术学院
15	2021 年度中国轻工业联合会技术发明奖二等奖	3D 打印树脂镜片原料开发及其产品制造技术产业化	浙江伟星光学有限公司、东华大学、上海应用技术大学、上海伟星光学有限公司
16	2021 年度中国轻工业联合会技术发明奖二等奖	难燃低氯石墨改性聚氨酯硬质泡沫新材料	万华节能科技集团股份有限公司
17	2021 年度中国轻工业联合会技术发明奖二等奖	聚苯乙烯泡沫材料环保无卤阻燃改性成型技术	北京化工大学、北京华夏鑫荣保温工程有限公司
18	2021 年度中国轻工业联合会技术发明奖三等奖	一种具有抗菌抑菌功能的环保 TPR 及其制备方法	丽水卓越文具制造有限公司
19	2021 年度中国轻工业联合会科技进步奖一等奖	功能性单材化可高质循环利用的塑料软包装关键材料创制与应用	昆山加浦包装材料有限公司、北京华腾新材料股份有限公司、江苏彩华包装集团有限公司、江苏彩华包装集团整体包装科技有限公司、广东国望精细化学品有限公司
20	2021 年度中国轻工业联合会科技进步奖一等奖	绿色设计合成革系列树脂及关键应用技术	上海华峰新材料研发科技有限公司、浙江华峰合成树脂有限公司、北京工商大学
21	2021 年度中国轻工业联合会科技进步奖一等奖	高耐热高强度交联聚氯乙烯结构泡沫的研制及其产业化	保定维赛新材料科技股份有限公司、西北工业大学、北京工商大学
22	2021 年度中国轻工业联合会科技进步奖一等奖	低成本全生物降解复合材料及其制品的研发与产业化	北京工商大学、宁波家联科技股份有限公司、北京永华晴天科技发展有限公司、深圳万达杰环保新材料股份有限公司、深圳市虹彩新材料科技有限公司
23	2021 年度中国轻工业联合会科技进步奖二等奖	高性能黄牛鞋面革绿色设计与制造的关键核心技术的研发	兴业皮革科技股份有限公司、四川大学
24	2021 年度中国轻工业联合会科技进步奖二等奖	应急防疫用高性能聚烯烃材料研发与应用	金发科技股份有限公司
25	2021 年度中国轻工业联合会科技进步奖三等奖	低温速溶水溶膜的研制及其在单剂量洗涤剂中的应用	广州立白企业集团有限公司、佛山市博维环保材料有限公司
26	2021 年度中国轻工业联合会科技进步奖三等奖	超薄增韧全生物降解地膜技术和装备创新与应用	山东农业大学、山东莱芜新甫冠龙塑料机械有限公司、山东清田塑工有限公司、华中科技大学、黑龙江省农业科学院耕作栽培研究所
27	2021 年度中国轻工业联合会科技进步奖三等奖	海洋抗风浪养殖网箱系统用管材及配件的研发及应用	广东联塑科技实业有限公司
28	2021 年度中国轻工业联合会科技进步奖三等奖	航空航天线缆用辐照交联乙烯 - 四氟乙烯共聚物材料技术研究及产业化应用	中广核高新核材料科技（苏州）有限公司、中广核三角洲（江苏）塑化有限公司
29	2021 年度中国轻工业联合会科技进步奖三等奖	高纯水输送专用自清洁阻氧耐高温 PVDF/ 聚烯烃复合管道	杭州鸿雁管道系统科技有限公司

资料来源：前瞻网

表 2-2-25 塑料行业中国专利奖

序号	获奖等级	专利号	专利名称	专利权人
1	第二十一届中国专利银奖	ZL201180010274.3	一种具有高熔体强度的丙烯均聚物及其制备方法	中国石油化工股份有限公司、中国石油化工股份有限公司、北京化工研究院
2	第二十一届中国专利优秀奖	ZL200710181730.6	一种纸塑无胶复合用在线淋复双向拉伸聚丙烯薄膜	广东德冠包装材料有限公司、广东德冠薄膜新材料股份有限公司
3	第二十一届中国专利优秀奖	ZL200910027492.2	高灼热丝起燃温度阻燃聚对苯二甲酸丁二醇酯树脂组合物	南通中蓝工程塑胶有限公司、南通星辰合成材料有限公司
4	第二十一届中国专利优秀奖	ZL200910096640.6	聚酯熔体粘度控制系统及其控制方法	新凤鸣集团湖州中石科技有限公司
5	第二十一届中国专利优秀奖	ZL200910259778.3	高强高模间位芳纶超短纤维的生产方法	烟台泰和新材料股份有限公司
6	第二十一届中国专利优秀奖	ZL201010149976.7	白色半透光聚酯薄膜及其生产方法	佛山杜邦鸿基薄膜有限公司
7	第二十一届中国专利优秀奖	ZL201410654942.1	一种挤管用聚四氟乙烯分散树脂的制备方法及所得产物	中昊晨光化工研究院有限公司
8	第二十一届中国专利优秀奖项目	ZL201510022979.7	一种白色反射用聚酯薄膜及其制备方法	宁波长阳科技股份有限公司
9	第二十一届中国专利优秀奖	ZL201510694401.6	阻燃、耐黄变、低雾化牛皮汽车坐垫革制造工艺	烟台大学、海宁森德皮革有限公司
10	第二十一届中国专利优秀奖	ZL201610108083.5	一种光固化树脂及亲水润滑涂层与制备方法	清远市美佳乐环保新材股份有限公司
11	第二十二届中国专利银奖	ZL201410124379.7	一种高性能聚氨酯弹性体及其制备方法	黎明化工研究设计院有限责任公司
12	第二十二届中国专利优秀奖	ZL200810220512.3	一种制备热塑性树脂薄膜的方法	佛山金万达科技股份有限公司
13	第二十二届中国专利优秀奖	ZL200980121038.1	一种可注射发泡的苯乙烯属单体-二烯烃共聚物及其制备方法和用途	中国石油化工集团公司
14	第二十二届中国专利优秀奖	ZL201110330602.X	一种抗菌热塑性塑料组合物及其制备方法	中国石油化工股份有限公司、中国石油化工股份有限公司北京化工研究院
15	第二十二届中国专利优秀奖	ZL201110449955.1	一种酯交换法连续生产聚碳酸酯的工艺	中蓝晨光化工研究设计院有限公司
16	第二十二届中国专利优秀奖	ZL201410196699.3	彩色TPU发泡材料制备方法、用途以及利用该材料制备成型体、薄片、鞋材的方法	晋江国盛新材料科技有限公司
17	第二十二届中国专利优秀奖	ZL201510290016.5	一种环保耐寒聚氯乙烯弹性体组合物的制备方法	江苏兴华胶带股份有限公司
18	第二十二届中国专利优秀奖	ZL201610124528.9	环氧树脂复合膜的制备方法及其应用	云南电网有限责任公司电力科学研究院
19	第二十二届中国专利优秀奖	ZL201610333760.3	三层共挤生物降解地膜的制备方法及三层共挤生物降解地膜	深圳市虹彩新材料科技有限公司
20	第二十二届中国专利优秀奖	ZL201711477281.X	一种聚氨酯泡沫敷料及其制备方法	广州润虹医药科技股份有限公司

资料来源：国家知识产权局

代表性技术介绍如下：

（1）生物质塑料合金制备关键技术产业化

该项目对于淀粉的表面改性处理主要包括两个部分：首先，采用的表面改性剂为生物基全降解改性剂；其次，直接采取了原料物理混合、反应挤出工艺替代传统淀粉糊化工艺，解决了聚乳酸（PLA）在较高温度和物料含较多水分情况下容易分解失去性能的难题。

具体工艺如下：首先向高速热混机中加入淀粉及表面改性剂，于110 ℃混合35分钟，脱水至1.0 %以下，加入PLA、聚丁二酸丁二醇酯（PBS）、抗氧剂等，继续高速混合15分钟，然后加入反应性植物油改性助剂，再混合3分钟，直接出料进入挤出机加料桶，最终的产品成型可以直接通过一步法进行直接注射成型或吸塑成型。

该工艺无须进行退火处理，在模具内注塑成型以及直接片材吸塑成型而达到耐热效果，突破了对PLA等降解材料的退火处理方法成型的传统工艺，大大提高了制品的成型效率与成品率。

该项目已于2018年7月底顺利完成，并搭建一条年产1000吨淀粉基降解塑料示范线，实现生产过程无"三废"排放。此生产线主要由高速混合设备、双螺杆挤出机、片材生产线、注塑成型机和吸塑成型机等组成，已调试成功，并已经进入正常大规模生产。

（2）新型生物基材料聚丁内酰胺的创制与应用

该项目主要立足于利用生物基原料谷氨酸经生物转化生产丁内酰胺，再进一步合成可降解的"绿色"尼龙品种聚丁内酰胺（尼龙4，PA4）。PA4是一种新型可降解尼龙产品，应用范围十分广泛，可以用作丝、棉、皮革的替代品，也可用于医药、食品、服装等多个行业。

该项目通过技术攻关，将解决制约PA4大规模生产的原料问题；同时，利用生物转化工艺取代化学高温高压过程，也将大大降低PA4的生产成本，使其大规模应用成为可能。

（3）高性能超细纤维合成革的开发研究

该项目团队融合天然皮革的加工方法和先进的合成革生产工艺，并进行了系统的优化改造，研究出外观类似天然皮革但性能优于天然皮革的沙发革和汽车坐垫革，并形成了一套独特的超细纤维合成革的生产系统。

从市场调查来看，国内外目前没有同类产品，其生产技术在国内及国外亦属空白。超细纤维沙发革和汽车坐垫革替代天然皮革，具有广阔的市场前景和良好的经济与社会效益，可以为企业和市场带来新的经济增长点。因此该项新技术的推广应用可以大幅度提升合成革的附加值和市场竞争力。

（4）连续玻纤带增强聚乙烯复合管制造关键技术及产业化

该项目团队深入研究了预浸渍玻纤带制备技术、封闭式旋流混合无焰控温技术及管材多工序复合成型工艺，解决了玻纤磨损、分散及浸渍不均匀，管道成型尺寸难控制，玻纤带增强层熔接不良等一系列问题，开发了由聚乙烯内外层和预浸渍玻纤带增强层复合成型的连续玻纤带增强聚乙烯复合管，该复合管各层间形成稳定可靠的热熔熔接结构；研发出玻纤带同心大盘缠绕技术及整线协同控制技术，解决了玻纤带增强聚乙烯复合管无法一步成型的关键技术难题，国际上首次实现了一步法连续规模生产DN50~630 mm规格系列管材；自主创新开发出在线挤出封口技术，增强了管道系统的连接可靠性。

（5）一种水稻种植用全生物降解地膜及其生产方法

该项目所述水稻种植用全生物降解地膜包括内层、中层和外层，包括聚己二酸/对苯二甲酸丁二醇酯（PBAT）、PLA、聚羟基烷酸酯（PHA）、聚甲基乙撑碳酸酯（PPC）等成分，全生物降解地膜的内层、中层和外层由三层共挤出技术制备。这种水稻种植用的全生物降解地膜及其制备方法有以下优点：水稻生长期缩短，出米率增加，水稻品质提高；节省了人工除草费用，减少了农药用量，减少了农药残留；通过厚度减薄来降低用户的使用成本，同时通过三层共挤工艺添加功能助剂，解决了先前全生物降解地膜耐水解性能差、不适合水稻种植条件的问题；降解性能可控性好，满足作物的生长要求；价格较国外同类产品低 5% 左右。

（6）高性能间位芳纶蜂窝纸关键技术及其应用

间位芳纶蜂窝是采用芳纶蜂窝纸制备的蜂窝复合材料。芳纶纸可以实现轻量化，采用芳纶纸制成蜂窝后，与金属材料对比，可减重 20 % 以上，其强度是钢丝的 6 倍，韧性是钢丝的 2 倍，可抵抗 800℃高温，承受 20 万伏电压，因此被广泛运用于航空航天、轨道交通等领域。例如，在飞机机翼、尾翼、驾驶室操作台，以及高铁行李架、隔板、顶板、地板等部位，都有芳纶纸的应用。

我国高端芳纶材料市场一直被美国企业垄断。2011 年，株洲时代新材料科技股份有限公司（简称"时代新材"）开始自主研发高性能芳纶材料。直到 2019 年，第一批由时代新材制造的芳纶纸才正式投产，这也意味着该公司依靠自主创新终于解决了公认的技术难题。该项目突破了水力式流浆箱成型技术和高温辊压的"卡脖子"技术，并在航空航天和轨道交通等多个领域应用，实现了国产化替代。目前，该项目已通过中国轻工联合会科技成果鉴定，项目成果、技术水平均达到国际领先水平。

（7）旋转挤出加工新技术及其在高性能塑料管制备中的应用

该技术就是以塑料加工为特色，从竹子"势如破竹"的结构特征（即天然竹子因竹纤维轴向排列使其轴向破裂易、横向破裂难）中获得灵感，通过旋转挤出加工，改变常规材料的内部结构，使其环向强度提高了 78%，裂纹引发时间延长了 5 倍，实现产业化应用，用于给排水等工程。

（8）3D 打印树脂镜片原料开发及其产品制造技术产业化

该项目团队开发了 3D 打印树脂镜片原料，攻克了原料光固化技术难题，降低了固化生产过程中的环境能源成本，推动了 3D 打印树脂镜片制造技术的产业化创新。该项目所研制的光固化 3D 打印树脂镜片的主要性能达到了国际先进水平，同时实现了 3D 打印树脂镜片的国产化，在一定程度上打破了国外的技术封锁，树立了 3D 打印树脂镜片技术国产化、产业化的信心，推动了我国镜片行业的技术进步。

（9）功能性单材化可高质循环利用的塑料软包装关键材料创制与应用

该项目团队以绿色、可回收、减量设计为理念，通过共挤出－拉伸短流程制膜技术，借助聚合物界面极性调控技术、聚氨酯分子结构功能设计技术获得集高阻隔、可热封、可回收、可循环利用等功能于一体的高阻隔软包装塑料薄膜单材化关键材料。这种材料可替代现有市场上销售的 80 % 的非单材化复合软包装结构，实现 2000 万吨软包装废弃物的回收和循环再利用。该项目科技成果水平经中国轻工业联合会鉴定达到国际领先水平。

该项目技术的全面应用，将有力推动复合软包装行业产品结构调整，促进塑料包装易回收高质循环利用，推进我国复合软包装行业可持续发展。

（10）低成本全生物降解复合材料及其制品的研发与产业化

该项目研究以"需求牵引"为导向，以环境友好高分子材料解决环境、能源问题为出发点，主要研究生物基及生物降解高分子材料的制备及应用，研究塑料低碳绿色成型加工共性技术。团队依托低成本生物降解塑料袋制备技术与应用等重点项目，攻克了高填充共混体系分散性差的难题，实现了生物降解材料降解性能的调控，设计制备了低成本、高强度、降解性能可控的生物降解新产品，实现了吹膜、注塑等高效加工，产品已广泛应用于快递包装膜袋、购物袋及一次性餐饮具等领域。

该项目不仅形成了生物降解材料评价标准体系等标志性成果，也实现了卓有成效的成果转化并取得了显著的经济、社会效益。团队研究成果取得授权发明专利16项、实用新型专利9项，成果转化直接经费超过500万元，产生直接经济效益超过50亿元。

（11）低温速溶水溶膜的研制及其在单剂量洗涤剂中的应用

这一技术，让立白凝珠的水溶膜实现机洗遇水25秒速溶，其溶解速度比市面上常规产品快一倍，立白成为目前市场上唯一实现该技术的品牌。这一技术解决了传统凝珠在洗衣机快洗模式下不溶解这一大难题，补齐洗衣凝珠对比洗衣液的最后一块短板。

（12）超薄增韧全生物降解地膜技术和装备创新与应用

该项目团队研发了纳米增强增韧技术和生物降解专用料配方，创制了超薄全生物降解薄膜专用增强增韧增透母料、吹塑级专用料，成功制备了厚度0.005~0.006 mm的超薄机铺地膜；探明了加工条件对PBAT、PLA等生物降解聚酯地膜强度、韧性、耐候性的影响规律，研发了专用螺杆、成型模具、保温稳泡装置，成功研制年产能超过千吨的三层共挤生物降解地膜专用吹塑机组，制品厚度可调，加工效率显著提高，节能15%；引入耐候技术，研制出功能期可调、可堆肥降解的多功能地膜，满足了农业生产需求，为治理"白色污染"提供了有效路径。

2.2.6 塑料行业发展趋势

现阶段，国家为推动形成强大国内市场，将促进大宗商品和服务消费的持续增长，合成树脂产业下游家电、汽车和包装等行业迎复苏良机，

未来国内市场对合成树脂的需求趋于旺盛。不过，随着国家对化工环保政策的严格实施和"限塑令""禁塑令"的出台，国内市场对塑料及其产品提出了绿色化和功能化的要求。目前，我国尚且无法借助国内生产完全满足内需，部分高性能合成树脂和中高端塑料产品仍需大量进口。《塑料加工业"十四五"发展规划指导意见》明确指出，"十四五"期间，坚持"功能化、轻量化、精密化、生态化、智能化"技术进步方向。面对国内国际双循环的发展新格局，我国塑料行业未来几年的发展趋势如下。

（1）生物降解塑料和再生塑料的市场前景巨大

随着国家对塑料污染治理工作的重视及有效推进，生物降解塑料开始在医疗、外卖、快递、电商等一次性包装领域广泛应用。不过，现阶段生物降解塑料产品生产成本高，推广难度大，相关的标准体系亟须完善，认证体系也亟须实施。相比于生物降解塑料，再生塑料更具成本优势，经过适当改性后能够应用于生活用品、建筑材料、电器等使用时间长、易于分类回收的领域。

（2）高性能树脂与改性塑料受到关注

高性能树脂与改性塑料产业是新材料领域中的一个重要分支，是制造强国战略和创新驱动发展战略的重要组成部分。国内塑料行业将大力开发用于航空航天、国防军工及汽车、高铁、家电、通信、现代农业、日常生活、节能环保、新能源、高端装备制造业等领域所需要的具有高强、高韧、高阻隔、高透明、耐高温、阻燃、耐磨、耐腐蚀、导电、绝缘、导热等性能的高性能树脂与改性塑料。此外，受全球新冠疫情影响，口罩、护目镜、防护服、医用材料等各种塑料抗疫物资需求增长迅速，高性能聚丙烯、聚碳酸酯等的研发也受到关注。

（3）塑料加工行业的快速转型发展

科技革命和产业变革将推动塑料加工业加快转型发展，5G通信技术、物联网、大数据、高

档数控机床、工业机器人、智能仪器仪表等新一代技术装备的应用，将推动塑料加工业制造技术快速、跨越式发展。例如，将智能装备引入塑料生产中，将会明显增强塑料机械的运行稳定性和可靠性，进一步提高塑料机械的生产功能，保障生产安全性和产品质量控制，为实现无人车间、无人工厂提供坚实的技术基础。同时，网络协同制造、个性化定制、共享制造等新业态、新模式会不断涌现，也将为行业进一步跨界融合生态化、人工智能、网络化信息技术创新发展带来新机遇。

参考资料：

李建军 . 塑料工业：绿色低碳循环 [J]. 塑料工业，2022，50（6）：1-17.

许帆婷 . 疫情后塑料行业如何塑造新格局：行业专家热议塑料产业发展 [J]. 中国石化，2020（11）：38-41.

2.3 包装产业链上游——玻璃行业分析

改革开放以来，我国玻璃工业快速发展，产量从 90 万重量箱增长到 10 多亿重量箱，我国已成为全球玻璃制造和应用第一大国。玻璃行业是国民经济的重要组成部分，玻璃及其制品广泛应用于建筑、航空航天、光伏新能源、交通运输、电子信息、现代农业、包装等领域，基本满足了我国经济、社会、技术、市场、人文等消费需求。基于我国玻璃及其制品的生产和消费情况，本节选取平板玻璃、日用玻璃制品和玻璃纤维为主要研究对象，对其市场规模、供需现状等进行深入分析。

2.3.1 玻璃行业市场规模

（1）平板玻璃行业市场规模

根据国家统计局等的数据（图 2-3-1），2020 年中国平板玻璃行业营业收入为 926 亿元，

同比增长 9.85%；利润总额为 130 亿元，同比增长 32.65%。2021 年中国平板玻璃行业营业收入为 1184 亿元，同比增长 27.86%；利润总额为 247 亿元，同比增长 90.00%。

（2）日用玻璃制品行业市场规模

日用玻璃制品就是人们日常生活中使用的玻璃制品，包括输液瓶、储物罐、罐头瓶、啤酒瓶、白酒瓶、红酒瓶、保温瓶等瓶瓶罐罐，还有玻璃器皿、琉璃艺术品、玻璃工艺品、水晶玻璃首饰、玻璃装饰挂件等。日用玻璃制品行业是消费品领域中重要的民生产业，也是消费品产业链、供应链的重要环节，肩负满足消费、保障和改善民生的重任。

从图 2-3-2 和图 2-3-3 可知，2020 年我国日用玻璃制品行业营业收入为 1058.2 亿元，累计同比下降 6.84 %，与上年同期相比，增幅下滑

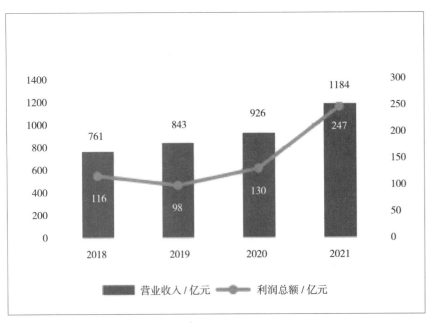

图 2-3-1 2018—2021 年中国平板玻璃营业收入及利润总额统计情况

资料来源：国家统计局、高瞻智库等

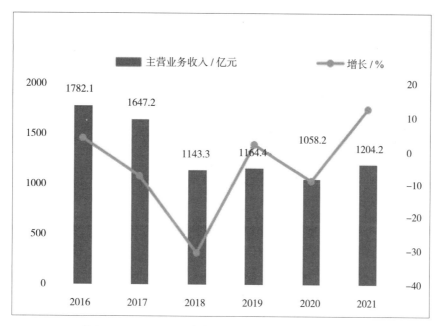

图 2-3-2　2016—2021 年中国日用玻璃制品营业收入及增长

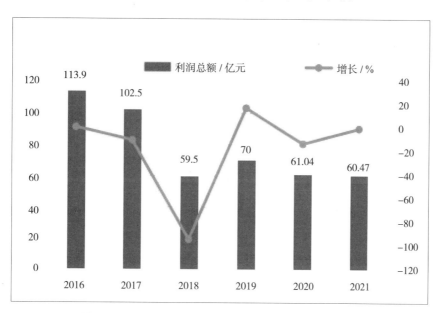

图 2-3-3　2016—2021 年中国日用玻璃制品利润总额及增长

资料来源：国家统计局、高瞻智库等

11.72 个百分点；实现利润 61.04 亿元，累计同比下降 5.56 %，比上年同期增幅下滑 24.71 个百分点；营业收入利润率为 5.77 %，与上年绝对值相比下降了 0.24 个百分点。2021 年我国日用玻璃制品行业营业收入为 1204.20 亿元，累计同比增长 12.04 %，与上年同期相比，增幅回升 18.88 个百分点；实现利润 60.47 亿元，累计同比增长 0.19 %，比上年同期增幅回升 5.76 个百分点；营业收入利润率为 5.02 %，与上年绝对值相比下降了 0.75 个百分点。

（3）玻璃纤维

玻璃纤维是现代无机非金属材料中具有独特功能的材料，其来源丰富，价格便宜，具有强度高、耐高温、耐腐蚀等一系列优异性能，在热防护领域发挥着重要的作用。据国家统计局等的数据（图 2-3-4），2020 年中国玻璃纤维行业营业收入（不含玻纤增强复合材料部分）同比增长 9.90%，利润总额同比增长 56.00%，全年利润累计超过 117 亿元。2021 年中国玻璃纤维行业实现营业收入达到 1244.00 亿元，同比增长 21.40%，

图 2-3-4　2015—2021 年中国玻璃纤维行业营业收入及利润总额同比增长
资料来源：国家统计局、中国玻璃纤维工业协会、智研咨询整理

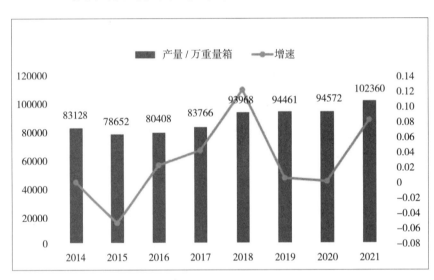

图 2-3-5　2014—2021 年中国平板玻璃产量及增速
资料来源：国家统计局、智研咨询整理

利润总额同比增长 95.53%，全年利润累计达到创纪录的 231.40 亿元。不仅如此，2021 年我国规模以上玻璃纤维企业整体工业销售利润率为 18.6%，创历史之最。

2.3.2　玻璃行业供需现状

（1）平板玻璃行业供需现状

中国玻璃工业产能已经高居世界首位，由于下游需求向好，近年来我国玻璃产量整体呈现稳步增长。如图 2-3-5 和表 2-3-1 所示，2020 年全国平板玻璃产量将近 9.46 亿重量箱，同比增长 0.12%；2021 年全国平板玻璃产量突破 10 亿重量箱，达到 10.24 亿重量箱，同比增长 8.23%。其中，2021 年钢化玻璃产量达 6.20 亿平方米，较 2020 年增加了 0.87 亿平方米；夹层玻璃产量达 1.32 亿平方米，较 2020 年增加了 0.17 亿平方米；中空玻璃产量达 1.59 亿平方米，较 2020 年增加了 0.13 亿平方米。

从平板玻璃行业的产销率来看，我国平板玻璃行业的供需较为平衡，产量小幅过剩，在行业严格推进供给侧改革的目标下，严格产能置换，严禁新增产能，产能增长得到了控制（图 2-3-6）。

表 2-3-1 中国平板玻璃产量

	平板玻璃产量 / 亿重量箱	钢化玻璃产量 / 亿平方米	夹层玻璃产量 / 亿平方米	中空玻璃产量 / 亿平方米
2016	7.74	5.30	0.90	1.01
2017	7.90	5.36	0.97	1.15
2018	8.69	4.71	0.86	0.99
2019	9.27	5.26	0.94	1.39
2020	9.46	5.33	1.14	1.46
2021	10.24	6.20	1.32	1.59

资料来源：国家统计局、智研咨询整理

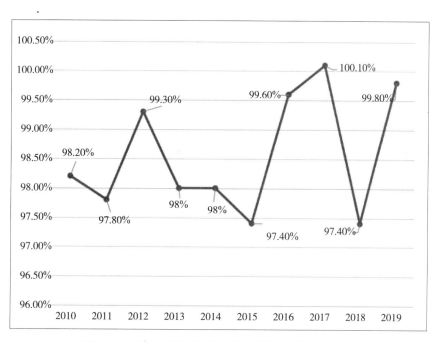

图 2-3-6　2010—2019 年中国平板玻璃行业产销率变化情况
资料来源：工信部、前瞻产业研究院整理

（2）日用玻璃制品行业供需现状

国家统计局公布的数据显示（图 2-3-7），2020 年我国日用玻璃制品及玻璃包装容器产量为 2494.80 万吨，较 2019 年减少 163.10 万吨，降幅达 6.14 %。2021 年日用玻璃制品及玻璃包装容器产量为 2794.69 万吨，累计同比增长 12.02 %，增幅回升 18.16 个百分点，同比增速回升强劲。

其中，2015—2021 年，中国日用玻璃制品产量在 2018 年跌至最低，此后总体呈现上升趋势（图 2-3-8）。2020 年我国日用玻璃制品产量为 733.01 万吨，2021 年我国日用玻璃制品产量为 819.08 万吨，同比增长 10.67%。

（3）玻璃纤维行业供需现状

如图 2-3-9 所示，2020 年实现玻璃纤维纱总产量 541 万吨，同比增长 2.64%，增速与 2019 年相比出现明显回落。玻璃纤维制品中，2020 年玻纤增强热固性复合材料制品产量为 301 万吨，同比增长 30.9%；玻纤增强热塑性复合材料制品产量为 209 万吨，同比下降 2.8%；电子用毡布制品产量为 71.4 万吨，同比增长 4.5%；工业用毡布制品产量为 65.3 万吨，同比增长 11.8%。

2021 年，我国玻璃纤维纱总产量达到 624 万吨，同比增长 15.34%。受 2020 年以来各品种玻璃纤维纱价格持续上涨的影响，国内玻璃纤维产能扩张意愿强烈，玻璃纤维池窑纱产量持续上涨。2021年，我国池窑纱总产量达到580万吨，同比增长15.54%，占玻璃纤维纱总产量的92.95%（图2-3-10）。

从图2-3-11可知，近十年来我国玻璃纤维的表观消费量持续增长，2020年玻璃纤维表观消费量为427万吨，较2019年增加了38万吨，同比增长9.77%；2021年中国玻璃纤维表观消费量达471万吨，较2020年增加了44万吨，同比增长10.30%。

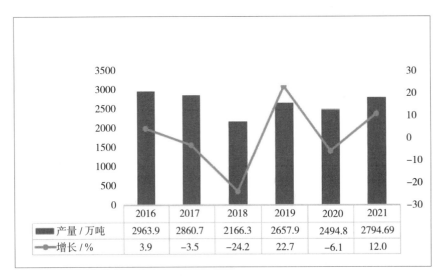

	2016	2017	2018	2019	2020	2021
产量 / 万吨	2963.9	2860.7	2166.3	2657.9	2494.8	2794.69
增长 / %	3.9	−3.5	−24.2	22.7	−6.1	12.0

图 2-3-7 2016—2021 年日用玻璃制品及玻璃包装容器产量及增长
资料来源：国家统计局

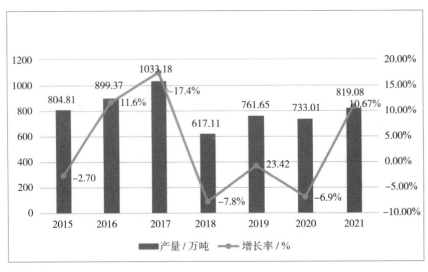

图 2-3-8 2015—2021 年中国日用玻璃制品产量及增长率统计
资料来源：国家统计局

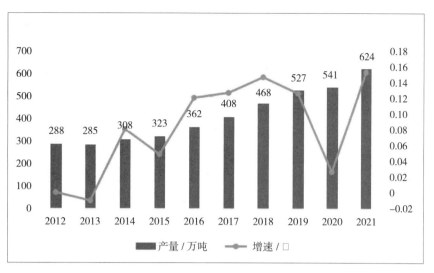

图 2-3-9　2012—2021 年中国玻璃纤维纱产量及增速
资料来源：中国玻璃纤维工业协会、智研咨询整理

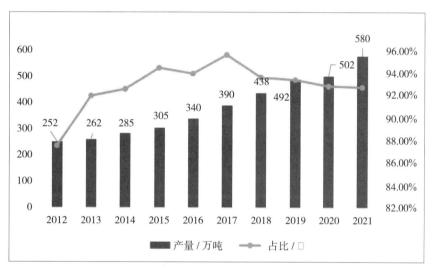

图 2-3-10　2012—2021 年中国玻璃纤维池窑纱产量及占比
资料来源：中国玻璃纤维工业协会、智研咨询整理

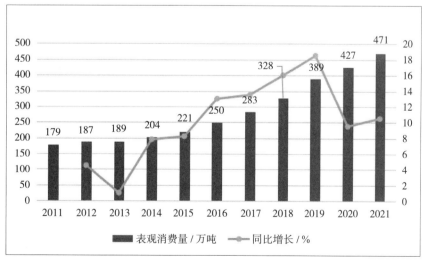

图 2-3-11　2011—2021 年中国玻璃纤维表观消费量
资料来源：中国玻璃纤维工业协会、智研咨询整理

2.3.3 玻璃行业进出口情况

海关总署公布的数据显示，2021 年 1 至 12 月我国玻璃及其制品进口额为 554.80 亿元，同比增长 1.8%；我国玻璃及其制品出口额为 1576.42 亿元，同比增长 20.9%。

（1）平板玻璃行业进出口情况

2020 年我国平板玻璃出口 16262.5 万平方米，同比减少 13.6%；出口金额为 157870.2 万美元，同比增长 4.6%。2020 年我国平板玻璃进口 27207.2 万平方米，同比增长 8.6%；进口金额 380502.8 万美元，同比增长 8.3%。由表 2-3-2 和表 2-3-3 可以看出，我国平板玻璃无论出口、进口，均集中于铸制或轧制玻璃板、片及浮法玻璃和表面研磨或抛光的玻璃片两大类商品，两者合计分别占出口和进口总量的 97.2% 和 99.8%。

2020 年，面对国内外严峻复杂的形势和新冠疫情的严重冲击，我国平板玻璃出口贸易顺延了下降的态势，下降幅度有所增大，说明疫情对国际平板玻璃市场影响较大；进口贸易仍然保持了增长态势，但增长幅度所下降，说明疫情变化对我国平板玻璃市场有一定的影响，但影响不大。

2021 年我国平板玻璃出口量为 108.01 万吨，同比减少 22.3%；出口额为 125.53 亿元，同比增长 14.9%。从出口产品结构来看，我国平板玻璃出口以浮法平板玻璃为主。2021 年我国共出口浮法平板玻璃 92.76 万吨，同比减少 22%，占平板玻璃出口总量的 85.9%。

2021 年我国平板玻璃进口量为 84.49 万吨，同比增长 0.2%；进口额为 241.7 亿元，同比减少 8.2%。从进口产品结构来看，我国平板玻璃进口以浮法平板玻璃为主。2021 年我国共进口浮法平板玻璃 55.32 万吨，同比减少 4.5%，占平板玻璃进口量的 65.47%。

表 2-3-2 2020 年中国平板玻璃出口情况

商品品种	出口量			出口额		
	数量 / 万平方米	同比 /%	占比 /%	金额 / 万美元	同比 /%	占比 /%
平板玻璃总量	16262.5	-13.6	100.0	157870.2	4.6	100.0
铸制或轧制玻璃板、片	5240.9	17.8	32.2	90531.0	3.7	57.3
拉制或吹制玻璃板、片	450.7	-47.1	2.8	2508.5	-12.9	1.6
浮法玻璃和表面研磨或抛光的玻璃片	10570.9	-21.8	65.0	64830.7	6.7	41.1

表 2-3-3 2020 年中国平板玻璃进口情况

商品品种	进口量			进口额		
	数量 / 万平方米	同比 /%	占比 /%	金额 / 万美元	同比 /%	占比 /%
平板玻璃总量	27207.2	8.6	100.0	380502.8	8.3	100.0
铸制或轧制玻璃板、片	15352.0	6.2	56.4	307753.6	11.0	80.9
拉制或吹制玻璃板、片	49.7	-48.2	0.2	2813.1	-3.4	0.7
浮法玻璃和表面研磨或抛光的玻璃片	11805.5	12.5	43.4	69936.0	0.4	18.4

资料来源：https://d.wanfangdata.com.cn/periodical/bol202207004

（2）日用玻璃制品行业进出口情况

"十三五"期间，面对世界经济持续走低、全球市场萎缩、保护主义抬头、贸易争端加剧等不利因素，日用玻璃制品行业主要商品出口保持持续增长，部分出口商品单价提升，国际市场份额稳中有升，竞争力进一步提高。

根据海关总署进出口统计数据（图 2-3-12），2020 年日用玻璃制品行业 22 类主要产品累计出口总额为 57.6 亿美元，出口额同比下降 1.2 %，增长率同比下滑 13.5 个百分点。

如表 2-3-4 所示，2021 年前三季度我国日用玻璃主要产品累计出口总额约为 54.98 亿美元，出口额与 2020 年同期相比增长 41.68%，增长率同比提升 48.61 个百分点。其中玻璃器皿行业出口额增速较高，与 2020 年同期相比增长

了 52.09%，出口平均价格同比增长了 19.48%；玻璃瓶罐行业出口额与 2020 年同期相比增长了 32.12%，出口平均价格同比增长了 21.56%。日用玻璃行业出口取得了历史上少有的量价高速增长且出口平均单价也是大幅度提高的局面。

（3）玻璃纤维行业进出口情况

由于新冠疫情以及欧美对华贸易政策限制，2020 年全行业实现玻璃纤维及制品出口 133 万吨，同比下降 13.58%；出口金额为 20.5 亿美元，同比下降 10.14%（图 2-3-13）。其中，玻璃纤维原料球、玻璃纤维粗纱、其他玻璃纤维、短切玻璃纤维、粗纱机织物、玻璃纤维席等产品出口量降幅在 15% 以上，其他部分深加工制品则相对稳定或有小幅上涨。2020 年我国玻璃纤维及制品累

图 2-3-12　2016—2020 年日用玻璃制品出口额及增长
资料来源：海关总署当期统计数

表 2-3-4　2021 年前三季度我国日用玻璃出口情况

项目	出口量	同比增长	出口额 / 万美元	同比增长
日用玻璃			549790.34	41.68%
其中：玻璃瓶罐	125.08（万吨）	8.69%	182771.45	32.12%
玻璃器皿	117（万吨）	27.29%	32590.27	52.09%
玻璃保温瓶胆	2371（万个）	-10.5%	1795.76	-7.60%
玻璃内胆制的保温瓶	7145（万个）	5.56%	24061.31	14.58%
玻璃仪器	5.89（万吨）	6.29%	15221.55	22.18%

资料来源：中国海关总署、华经产业研究院整理

计进口 18.8 万吨，同比增长 18.24%；进口金额为 9.4 亿美元，同比增长 2.19%。其中，玻璃纤维粗纱、其他玻璃纤维、窄幅机织物、玻璃纤维薄片（巴厘纱）等产品进口增速超过 50%。

2021 年我国玻璃纤维及制品出口总量达到 168.3 万吨，同比增长高达 26.54%；出口金额为 30.58 亿美元，同比增长 49.17%。我国玻璃纤维及制品进口总量达到 18.2 万吨，同比下降 3.19%；进口金额为 10.53 亿美元，同比增长 12.02%。因疫情影响，海外玻璃纤维及制品消费市场需求强劲，下游用户纷纷转向中国玻璃纤维及制品企业寻求产能供应。从进出口产品结构占比情况（按数量）（图 2-3-14、图 2-3-15）来看，进口占比最高的为短切玻璃纤维，2021 年进口量达到 7.2 万吨，同比增长 3%，进口占比达到 40%；出口占比最高的为玻璃纤维纱，2021 年出口总量达到 74.3 万吨，同比增长 32.9%，出口占比达到 44%。

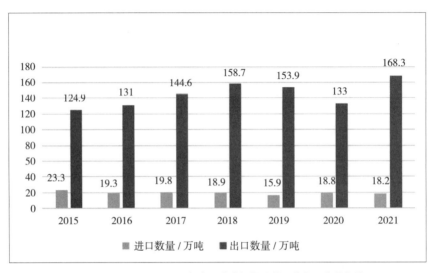

图 2-3-13　2015—2021 年中国玻璃纤维及制品进出口数量统计
资料来源：中国海关总署、中国玻璃纤维工业协会、智研咨询整理

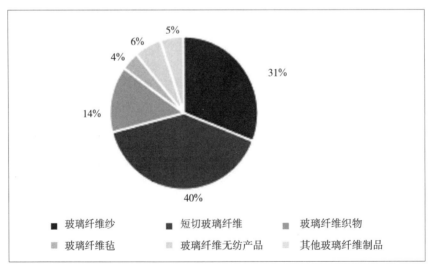

图 2-3-14　2021 年中国玻璃纤维及制品进口产品结构
资料来源：中国海关总署、中国玻璃纤维工业协会、智研咨询整理

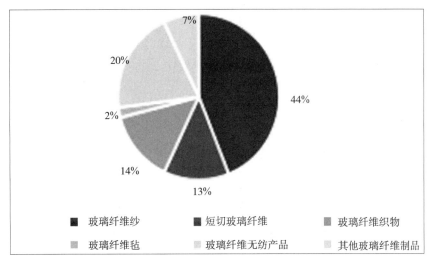

图 2-3-15　2021 年中国玻璃纤维及制品出口产品结构

资料来源：中国海关总署、中国玻璃纤维工业协会、智研咨询整理

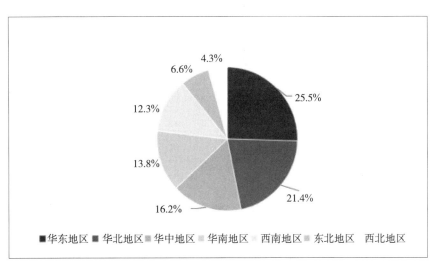

图 2-3-16　2020 年中国平板玻璃产量区域占比统计情况

数据来源：中商产业研究院大数据库

2.3.4 玻璃行业生产区域分布

（1）平板玻璃行业生产区域

2020 年中国平板玻璃产量为 9.46 亿重量箱，同比增长 0.12%。从区域占比来看（图 2-3-16），2020 年华东地区平板玻璃产量最高，占比达 25.5%，其次为华北地区，平板玻璃产量占比为 21.4%。华中地区、华南地区、西南地区平板玻璃产量占比均超 10%，分别为 16.2%、13.8%、12.3%。

2020 年中国平板玻璃产量前十的省份分别为河北、广东、湖北、山东、四川、福建、辽宁、安徽、浙江、湖南。其中，河北平板玻璃产量排名第一。

国家统计局数据显示（图 2-3-17），2020 年中国平板玻璃产量居首位的为河北，产量为 13728.37 万重量箱；其次是广东，平板玻璃产量为 9963.69 万重量箱；再次是湖北，平板玻璃产量为 9584.53 万重量箱。

国家统计局数据显示（图 2-3-18），2021 年中国平板玻璃产量居首位的为河北，产量为 13486.63 万重量箱；其次是广东，平板玻璃产量为 11083.79 万重量箱；再次是湖北，平板玻璃产量为 10377.02 万重量箱。前三省产量均破 1 亿重量箱。

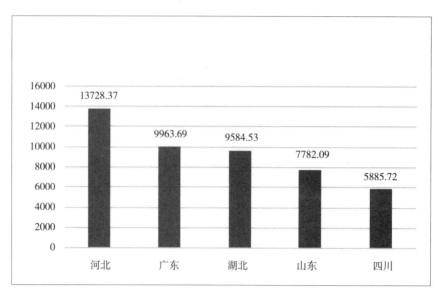

图 2-3-17　2020 年中国平板玻璃产量前五地区（单位：万重量箱）
资料来源：国家统计局、智研咨询整理

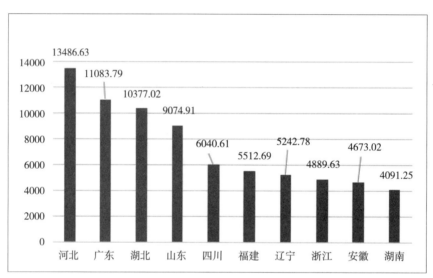

图 2-3-18　2021 年全国平板玻璃排行榜 TOP10（单位：万重量箱）
资料来源：国家统计局、智研咨询整理

（2）日用玻璃制品行业生产区域

玻璃属于易碎品，运输成本较高，因此，玻璃生产线常布局在原材料产地或消费需求旺盛地区，我国玻璃生产线主要集中于华北、华南及华东等地区，包括河北、山东、江苏、浙江、广东及福建等地。

从产业格局来看（图 2-3-19、图 2-3-20），2020 年中国日用玻璃制品主要集中在华东、西南、华南地区生产；2020 年中国日用玻璃制品产量大区分布不均衡，其中华东地区产量最高，占比 38.90%。2020 年 1 至 12 月中国日用玻璃制品各省市产量呈现梯队式分布，生产企业主

要集中在广东、山东、重庆、安徽以及江苏，占全国产量的 61.37%。

国家统计局数据显示（图 2-3-21~ 图 2-3-23），2021 年各季度中国日用玻璃制品主要集中在华东、西南、华南地区生产；2021 年 1 至 12 月中国日用玻璃制品产量大区分布不均衡，其中华东地区产量最高。

（3）玻璃纤维行业生产区域

我国玻璃纤维生产企业主要集中在浙江、山东、四川、重庆等地，具有较强的集群效应（图 2-3-24）。其中，中国巨石占比最大，为

34 %；其次为泰山玻纤及重庆国际，占比都是 17 %；山东玻纤、四川威海、江苏长海、重庆三磊、河南光远、邢台金牛占比较小，分别为 9%、4 %、3 %、2 %、2 %、1 %。

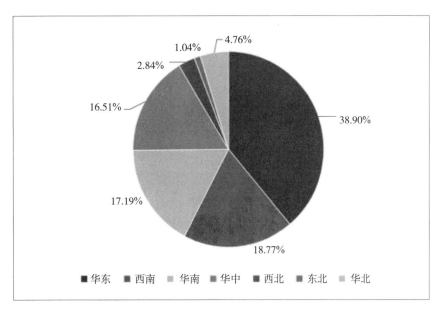

图 2-3-19　2020 年中国日用玻璃制品各区域产量分布

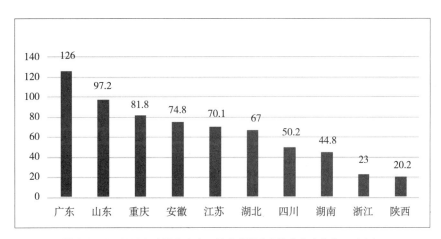

图 2-3-20　2020 年我国各省市日用玻璃制品产量前十（单位：万吨）

资料来源：国家统计局、华经产业研究院整理

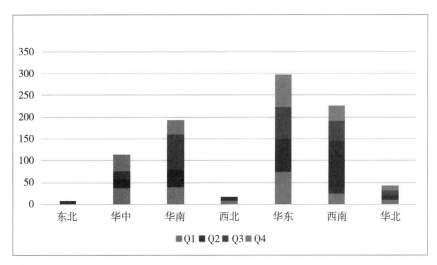

图 2-3-21　2021 年各季度中国日用玻璃制品七大产区产量（单位：万吨）

数据来源：华经情报网

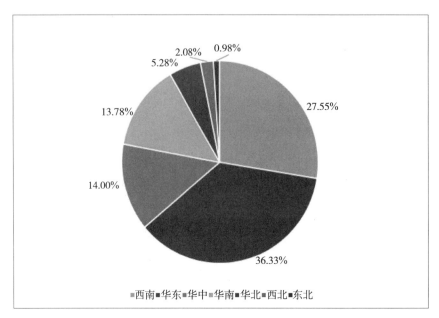

图 2-3-22　2021 年 1 至 12 月中国日用玻璃制品产量大区占比
数据来源：华经情报网

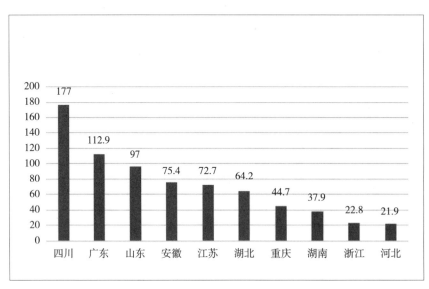

图 2-3-23　2021 年 1 至 12 月中国日用玻璃制品各省市产量排行榜（单位：万吨）
数据来源：华经情报网

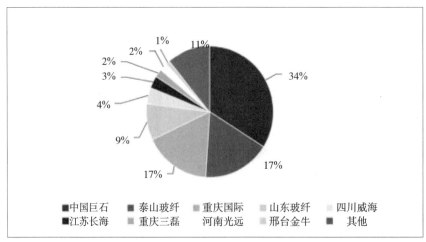

图 2-3-24　中国玻璃纤维企业产能竞争格局
数据来源：中商产业研究院整理

2.3.5 玻璃行业新技术

玻璃工业作为国民经济重要的基础原材料工业，与国民经济发展有着极为密切的联系。改革开放以来，我国的玻璃产业快速发展，工艺水平、装备水平取得显著突破，玻璃产品品种进一步丰富，产品结构优化升级，一大批科技研发项目和技改项目取得成功。例如，轻量化玻璃瓶罐生产技术、多组多滴料行列式制瓶机、高精度玻璃模具等在企业生产实践中获得较好效果。本节汇总整理了 2020—2021 年我国玻璃行业中具有先进性并在产业化过程中具有显著经济效益的新技术和新设备，详见表 2-3-5 和表 2-3-6，并从中挑选出 5 项代表性技术进行介绍。

表 2-3-5　玻璃行业科学技术奖获奖项目

序号	获奖类别	项目名称	获奖单位
1	2020 年度国家技术发明奖二等奖	浮法在线氧化物系列功能薄膜高效制备成套技术及应用	威海中玻新材料技术研发公司、浙江大学
2	2020 年度中国轻工业联合会科技进步奖一等奖	低耗能轻量化瓶用精密玻璃模具关键技术	常熟建华模具科技股份有限公司、常熟理工学院
3	2020 年度中国轻工业联合会科技进步奖二等奖	全氧燃烧窑炉生产药用玻璃管项目	山东力诺特种玻璃股份有限公司
4	2020 年度中国轻工业联合会科技进步奖三等奖	玻璃窑炉燃气低氮燃烧技术	广东华兴玻璃股份有限公司
5	2021 年度中国建筑材料流通协会科学技术奖技术转化类三等奖	复合隔热型纳米硅防火玻璃	河北福威钢化玻璃有限公司
6	2021 年度中国轻工业联合会科技进步奖二等奖	高效节能型自动化玻璃模具激光焊关键技术研发	常熟理工学院、常熟建华模具科技股份有限公司
7	2021 年度中国轻工业联合会科技进步奖二等奖	合成蓝宝石手表玻璃	深圳市飞亚达科技发展有限公司
8	2021 年度中国轻工业联合会科技进步奖三等奖	高硼硅茶色玻璃器皿研发	山东乐和家日用品有限公司
9	2020 年福建省技术发明奖一等奖	复合功能化车载玻璃关键技术研发及产业化	福耀集团、厦门大学、福建工程学院
10	2021 年安徽省科技进步奖一等奖	超轻高强空心玻璃微珠制备技术及产业化	中建材蚌埠玻璃工业设计研究院有限公司、安徽凯盛基础材料科技有限公司、中国建材国际工程集团有限公司
11	2020 年安徽省科技进步奖二等奖	防电势诱导衰减、超白高透太阳能玻璃产业化关键技术研发及应用	中国建材桐城新能源材料有限公司
12	2020 年度中国建筑材料联合会·中国硅酸盐学会建筑材料科技进步类二等奖	大飞机风挡玻璃原片制备成套技术开发及应用	耀皮玻璃集团

资料来源：国家知识产权局

表 2-3-6 玻璃行业中国专利奖

序号	获奖等级	专利号	专利名称	专利权人
1	第二十一届中国专利金奖项目（2020 年）	ZL201610390360.6	一种液晶玻璃基板的生产方法	郑州旭飞光电科技有限公司、东旭光电科技股份有限公司
2	第二十一届中国专利优秀奖项目（2020 年）	ZL201110301859.2	光学玻璃及其制造方法、光学元件	成都光明光电股份有限公司
3	第二十一届中国专利优秀奖项目（2020 年）	ZL201410550990.6	一种玻璃熔窑定量脉冲鼓泡装置	广东华兴玻璃股份有限公司

资料来源：国家知识产权局

代表性技术介绍如下：

（1）浮法在线氧化物系列功能薄膜高效制备成套技术及应用

该项目团队主要发明了薄流层爆发形核快速沉积方法，实现微纳结构氧化物功能薄膜的高效制备；发明了浮法在线原位掺杂和异质多层复合调控技术，开发出高透低辐射、遮阳低辐射等系列节能玻璃新产品；发明了晶面择优取向、雾度调控和夹层复合技术，开发出高稳定氟掺杂氧化锡（FTO）透明导电玻璃新产品；发明了浮法玻璃在线镀膜装置和镀膜环境成套调节装置，形成成套技术和装备。

该项目相关技术在中国玻璃控股有限公司旗下多个基地实施，这些基地先后研发出在线 Low-E 镀膜玻璃、在线 Sun-E 节能镀膜玻璃（水晶灰 VP70 系列 /VP60 系列）、在线 Sun-E 节能镀膜玻璃（水晶蓝）、在线 Sun-R 节能镀膜玻璃等特色产品，累计生产功能镀膜玻璃超过 2 亿平方米，累计新增销售额 30 亿元，国内同类镀膜玻璃产品市场占有率超 60%。节能镀膜玻璃产品在上百个重点工程、上万项建筑中得到应用，为建筑节能政策的实施提供了重要材料支撑。以镀膜玻璃平均节能 30% 进行计算，产品应用可节约标煤约 320 万吨 / 年，减排 CO_2 约 880 万吨 / 年，这一项目相关技术促进了我国建筑节能重大战略的实施，对低碳经济作出了重要贡献。

（2）复合隔热型纳米硅防火玻璃

由河北福威钢化玻璃有限公司研发生产的复合隔热型纳米硅防火玻璃解决了传统单片防火玻璃防火非隔热的缺陷以及灌浆防火玻璃耐候性差、易产生气泡、发污发黄等缺陷，并且性能上的优越性更加明显。当火灾发生时，受火面复合玻璃遇高温后很快炸裂，纳米硅防火玻璃夹层开始发泡膨胀（发泡膨胀倍数高达 10 倍），吸收火焰燃烧所带来的高热量，形成不透明防火胶板，这种防火胶板具有较强的坚硬度，可有效地隔绝火焰、烟雾及有毒气体的传播，又可吸收火焰燃烧带来的热量，起降温作用。

该产品的研发，进一步推进了纳米硅防火玻璃事业的发展，为空间设计提供更多可能性。更重要的是，当建筑发生火灾的时候，能为生命及财产救援争取更多时间，降低火灾带来的损害。目前，这种复合隔热型纳米硅防火玻璃已经顺利通过权威检测机构的烧检测试，取得了相应的检验报告，并被实际应用于多个建筑工程项目当中，为保证建筑安全起到了重要的推动作用。

（3）复合功能化车载玻璃关键技术研发及产业化

该项目团队通过开展隔紫外隔热汽车玻璃及其关键材料的研发，突破国外专利壁垒，发明了紫外隔绝溶胶新材料，开拓了一条全新的紫外隔绝新道路，使新材料技术大幅领先。该项目整体技术在国内汽车玻璃龙头企业福耀集团中应用推广，配套国际一线汽车品牌多款车型。该成果获授权发明专利 8 件，构筑了以紫外隔绝溶胶材料为核心，以红外吸收材料、溶胶自动喷涂工艺、产线集成为外围保护的有效专利池。

该项目团队在汽车玻璃的紫外隔绝溶胶新材料及其复合功能化上，突破核心技术，打破国外技术垄断，并实现产业化应用。

（4）超轻高强空心玻璃微珠制备技术及产业化

空心玻璃微珠开发于 20 世纪 60 年代，是一种人工合成单腔中空的圆球粉末状超轻质无机非金属材料。作为一种新型填充材料，超轻高强空心玻璃微珠是制备航天烧蚀材料、深海探测固体浮力材料、高频高速电子通信低介电材料的关键基础材料，被誉为"空间时代新材料"，长期被国外控制核心生产技术和高端市场，成为我国的"卡脖子"材料之一。为突破技术壁垒和市场垄断，聚焦国家重大需求，于 2006 年着手攻关玻璃粉末法制备高性能空心玻璃微珠技术，在国家"863"项目、国家重点研发计划、安徽省科技重大专项等支撑下，潜心研究、持续突破，成功开发出国内唯一具有自主知识产权的玻璃粉末法制备空心玻璃微珠工业化生产核心技术及关键装备，制定发布我国首部空心玻璃微珠行业标准，并于 2016 年实现超轻高强空心玻璃微珠的工业化量产。

目前，相关产品被成功应用于 4500 米级深海潜水器"海马号"，航天发动机、返回舱烧蚀材料，5G 高频通信覆铜板等领域，实现了深海探测固体浮力材料、航天烧蚀材料、高频高速电子通信低介电材料的关键原材料国产化，突破了超轻高强空心玻璃微珠在国内高端领域应用的"卡脖子"环节，实现了创新链、产业链、资本链、人才链"四链融合"，推动了相关产业上下游的快速发展，彻底解决了超轻高强空心玻璃微珠完全依赖进口的国家级难题，为建设科技强国、材料强国不断贡献力量。

（5）大飞机风挡玻璃原片制备成套技术开发及应用

大飞机是大型战略性高技术装备，其制造是现代高新技术、高新材料的高度集成。航空玻璃原片作为大飞机风挡玻璃的关键原材料之一，对结构强度、光学性能、微观质量等性能要求极高，其规模化、商业化制造难度极大。中国自主研制航空玻璃原片长期处于市场空白，成为制约我国航空玻璃发展的"卡脖子"关键材料。耀皮玻璃集团长期关注航空玻璃发展动向，并着手相关技术研发，从初期的玻璃本体光学性能系列研究到工艺技术研究，建立了从料方、原料、产线、工艺、生产、分析测试、质量评价等一整套完备的生产体系和从应用基础研究到产业化的技术体系，填补了国内航空玻璃原片制备技术和产品空白。该项目取得建材领域专家鉴定组的一致认可，已达到国际先进水平，对推动我国玻璃行业的高质量发展具有示范作用。

2.3.6 玻璃行业发展趋势

现阶段，我国玻璃行业正经历由高速增长向高质量发展的转变。不过，我国矿产的综合利用率相对不高，工艺水平落后于西方国家，导致玻璃制造过程能耗普遍偏高。此外，我国废弃的玻璃产品数量逐年增加，但玻璃废弃物的回收率远低于发达国家。为促进玻璃行业的绿色转型升级，我国玻璃行业未来几年的发展趋势如下。

（1）产业政策大力支持玻璃行业发展

国家高度重视玻璃行业的发展，坚持推动玻璃行业向高端、节能、环保、轻量化方向发展。我国具有玻璃行业产业优势的省份发布了相关引导政策，利用未来国产化替代的良好发展机遇，发展自身。国家产业政策的支持，对玻璃行业的企业技术水平的提升起到了积极鼓励作用，有助于行业内细分龙头企业不断发展壮大。

（2）大力发展节能技术，推动高效化生产

玻璃产业是高能耗、高污染排放的产业，应通过对耗能、原料的优化，以及熔窑保温技术、余热回收技术、烟气脱硫脱硝技术等的深入研究与推广，使产品的能耗和污染物排放降低。此外，国内的玻璃制品生产商需及时更换高效先进的成型设备，通过计算机系统的精确计算，对玻璃制品的熔炼时间、温度、成型的工序进行连续、有效的控制，并对产品的质量进行在线检测，最大限度地避免人为因素对产品产生的负面影响，促使其达到高效化的生产，从而更加契合节能减排的理念，降低产品的成本。

（3）实现先进玻璃材料的产业化

应通过应用计算机信息技术、激光技术、原子能技术和红外技术等高新技术，推进特种玻璃熔化成型技术的发展，推动特种坡璃纤维、玄武岩纤维等高性能纤维智能化池窑连续拉丝等材料深加工技术的产业化应用，逐步攻克高性能功能玻璃等一批关键材料的制备，并建设一批先进玻璃制造业创新中心，大力推动传统玻璃深加工行业向环保、高技术含量的新能源产业转型。

（4）回收利用体系的完善

我国是玻璃制品的消费大国，通过对废弃玻璃制品的合理回收再利用能够实现能源和资源的节约。首先，要遵循"生产者责任原则"，同时在多个地方建立碎玻璃回收站，引导和方便消费者对废弃的碎玻璃按照类别进行分类放置。其次，需要成立专门的玻璃回收公司和碎玻璃再加工中心，对碎玻璃的再加工生产过程进行监督、调整和完善，从而为玻璃制品的重新熔化再制造提供充足的原料。

参考资料：

姚振华.玻璃包装行业的问题与发展趋势 [J].轻工科技，2018，34（5）：60-61.

邓力.国内外特种玻璃研发与应用新动态 [J].玻璃与搪瓷，2018，46（1）：38-48.

邓力.国内外特种玻璃研发与应用新动态：续 [J].玻璃与搪瓷，2018，46（2）：36-52.

2.4　包装产业链上游——金属行业分析

金属制品是钢铁等金属线材的深加工产品，目前广泛应用于煤炭、冶金、矿山、机械、建筑、石油、化工和航空等国民经济及国防军工的各个领域。近年来，随着国民经济的持续快速发展，我国金属制品行业取得了长足进步，目前已成为世界最大金属生产国及消费国。金属材料种类繁多，人们习惯将其分成黑色金属材料和有色金属材料两大类。黑色金属主要指铁及其合金，如钢、生铁、铸铁等。黑色金属以外的金属称为有色金属，其中生产量大、应用比较广的十种有色金属有铝（Al）、镁（Mg）、铜（Cu）、铅（Pb）、锌（Zn）、镍（Ni）、钴（Co）、锡（Sn）、锑（Sb）和汞（Hg）。鉴于我国金属制品的生产和消费情况复杂，本节仅选取钢铁和有色金属作为主要研究对象，对其市场规模、供需现状等进行深入分析。

2.4.1 金属行业市场规模

（1）钢铁行业

经过多年发展，中国已经成为全球最大的钢铁生产国和消费国。自 2018 年起，中国粗钢产量占全球粗钢总产量的比例一直在五成以上。2021 年中国粗钢产量占全球粗钢总产量的 52.96%，较 2015 年的 49.53% 增长了 3.43 个百分点。

从图 2-4-1、图 2-4-2 可知，2020 年 1—12 月中国钢铁工业协会（简称"中钢协"）重点统计钢铁企业实现营业收入 4.7 万亿元，同比增长 10.07%；实现利润 2074 亿元，同比增长 6.6%。受国民经济整体向好、全球大宗商品价格上涨等因素影响，2021 年钢铁行业效益呈前高后低走势，钢铁行业效益创历史最高。尽管 2021 年钢铁产量下降，但由于钢材价格大幅上涨和吨钢盈利明显提升，行业整体盈利显著增长，超越 2018 年再创历史新高。中国钢铁工业协会数据显示，2021 年中钢协会员钢铁企业营业收入 69308 亿元（约 6.93 万亿元），比上年增长 47.5%，为历史最高年份；营业成本 61807 亿元，增长 31.5%；实现利润总额 3524 亿元，同比增长 69.9%，创历史最高年份；销售利润率为 5.08%，比上年提高 0.85 个百分点，属历史较好年份；年末资产负债率为 60.8%，创供给侧结构性改革以来最优值。

2022 年 6 月，世界钢铁协会发布《世界钢铁统计数据 2022》，共有 28 家中国钢企入围榜单前 50 强。其中，中国宝武钢铁集团（下称中国宝武）以 1.2 亿吨的粗钢产量蝉联全球第一。卢森堡钢企安赛乐米塔尔以 0.79 亿吨的产量位居第二，中国鞍钢集团则以 0.56 亿吨的产量新晋前三。此外，中国的沙钢集团、河钢集团、建龙集团和首钢集团也进入了榜单前十。

（2）有色金属行业

根据国家统计局统计，2020 年 8607 家规上有色金属工业企业（包括独立黄金企业）实现营业收入 58266.5 亿元，同比增长 3.9%；实现利润总额 1833.2 亿元，同比增长 19.2%。其中，一季度实现利润 153.3 亿元，同比下降 31.4%；二季度实现利润 340.0 亿元，环比增长 121.8%，同比下降 23.0%，上半年实现利润下降 25.8%；三季度实现利润 607.4 亿元，环比增长 78.6%，同比增长 50.2%，前三个季度实现利润增长 2.9%；四季度实现利润 732.5 亿元，环比增长 20.6%，同比增长 56.2%。2020 年，8263 家规上有色金属工业企

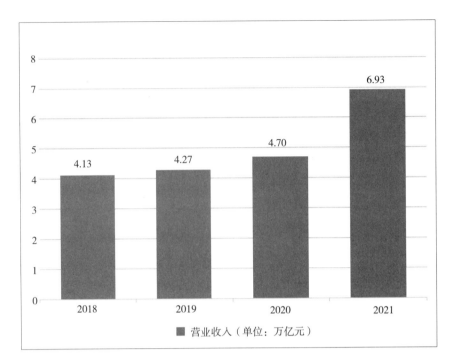

图 2-4-1 2018—2021 年中国重点大中型钢铁企业营业收入统计
资料来源：智研咨询

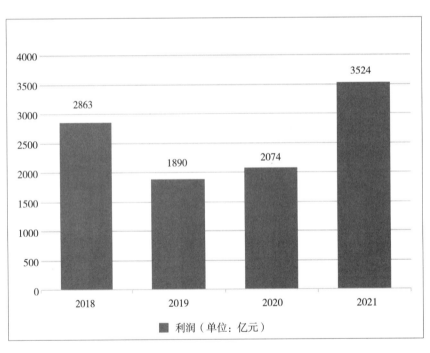

图 2-4-2 2018—2021 年中国重点大中型钢铁企业利润统计
资料来源：智研咨询

业（不包括独立黄金企业）中亏损企业 1797 家，亏损户数较上年增加 53 家；亏损面为 21.7%，比上年扩大 0.6 个百分点。2020 年亏损企业亏损额 377.8 亿元，同比减亏 13.0%。

2021 年，9031 家规上有色金属工业企业（包括独立黄金企业）实现利润总额 3644.8 亿元，比上年增长 98.8%，创历史新高。其中，独立矿山企业实现利润 513.7 亿元，增长 44.5%；冶炼企业实现利润 2082.4 亿元，增长 154.6%；加工企业实现利润 1048.8 亿元，增长 65.9%。

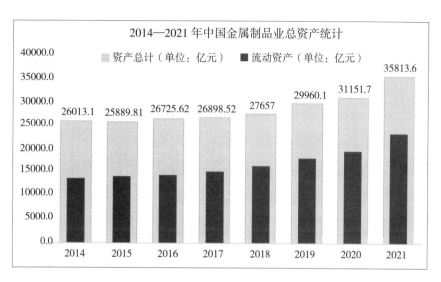

图 2-4-3 2014—2021 年中国金属制品业总资产统计

资料来源：智研咨询

2021 年，规上有色金属工业企业（包括独立黄金企业，下同）实现营业收入比上年增长 34.4%。实现利润总额比上年增长 98.8%，两年平均增长 58.2%。2021 年，规上有色金属工业企业亏损面比 2020 年缩小 3.4 个百分点，亏损企业亏损额比上年下降 31.6%。

（3）金属制品行业

近年来中国金属制品业企业数量逐年增加，2020 年中国金属制品业企业数量达 25078 个，较 2019 年增加了 391 个，同比增长 1.58%。2021 年中国金属制品业企业数量达 27722 个，较 2020 年增加了 2644 个，同比增长 10.54%。随着中国金属制品业企业数量的增加，总资产也随之增长（图 2-4-3），2020 年中国金属制品业总资产达 31151.7 亿元，较 2019 年增加了 1191.6 亿元，同比增长 3.98%。2021 年中国金属制品业总资产达 35813.6 亿元，较 2020 年增加了 4661.90 亿元，同比增长 14.97%，其中流动资产为 23576.8 亿元。

从营收情况来看（图 2-4-4），2021 年中国金属制品业营业收入达 46835.4 亿元，较 2020 年增加了 10021.30 亿元，同比增长 27.22%。在营业收入增加的同时，营业成本也在增加，2021 年中国金属制品业营业成本达 40977.1 亿元，较 2020 年增加了 8858.40 亿元，同比增长 27.58%。随着中国金属制品业营业收入的增加，利润总额

也随之增长，2021 年中国金属制品业利润总额达 2256.7 亿元，较 2020 年增加了 569.60 亿元，同比增长 33.76%（图 2-4-5）。

2.4.2 金属行业供需现状

（1）钢铁行业

据国家统计局数据（图 2-4-6 和图 2-4-7），2020 年 1—12 月全国生铁、粗钢和钢材产量分别为 8.88 亿吨、10.53 亿吨和 13.25 亿吨，同比分别增长 4.3%、5.2% 和 7.7%。2020 年我国累计生产铁矿石 86671.7 万吨（约 8.67 亿吨），同比增长 3.7%。据测算，2020 年累计折合粗钢表观消费量 10.5 亿吨，同比增长 10.9%；全年累计日均消费量 286.4 万吨，比 2019 年累计日均消费量增加 26.4 万吨，增长 10.1%。2020 年我国钢材消费保持较高水平，中国钢铁工业协会数据显示，2020 年钢材直供销售量为 32338.12 万吨（约 3.23 亿吨），钢材出口销售量为 2083.23 万吨，钢材零售销售量为 4378.78 万吨，钢材分销销售量为 27960.58 万吨（约 2.8 亿吨）。

2021 年，我国粗钢产量约为 10.35 亿吨；生铁产量 86857 万吨（约 8.69 亿吨）。2021 年，进口铁矿石 112431.5 万吨；国产铁矿石原矿产量 98052.8 万吨。2021 年，重点统计企业转炉炼钢

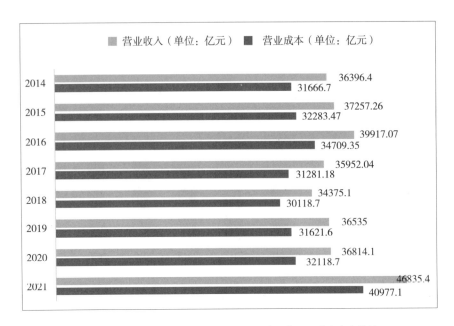

图 2-4-4 2014—2021 年中国金属制品业营业收入及营业成本统计
资料来源：智研咨询

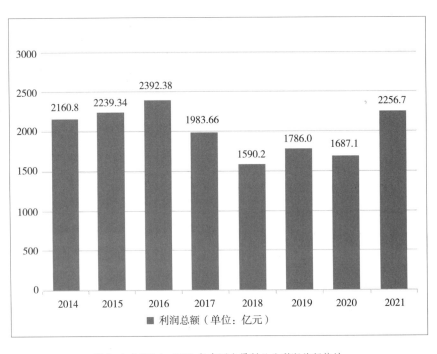

图 2-4-5 2014—2021 年中国金属制品业利润总额统计
资料来源：智研咨询

废钢铁消耗量 158.75 千克 / 吨，比上年增加 23.95 千克 / 吨；电炉炼钢废钢铁消耗量为 477.15 千克 / 吨，比上年约减少 30.11 千克 / 吨。

受经济快速恢复增长、外部需求增加等因素影响，2021 年上半年国内钢铁需求折合粗钢表观消费量达到 5.37 亿吨，同比增加 5552 万吨，增长 10.3 %。其中，第一季度折合粗钢表观消费量

2.59 亿吨，同比增加 3424 万吨，增长 15.2%；第二季度折合粗钢表观消费量 2.79 亿吨，同比增加 2128 万吨，增长 8.3 %。下半年，折合粗钢表观消费量 4.55 亿吨，同比减少约 1 亿吨，下降 18.9 %；下半年折合粗钢表观消费量比上半年减少 8246 万吨，下降 15.3 %。其中，第三季度，折合粗钢表观消费量 2.33 亿吨，同比减少

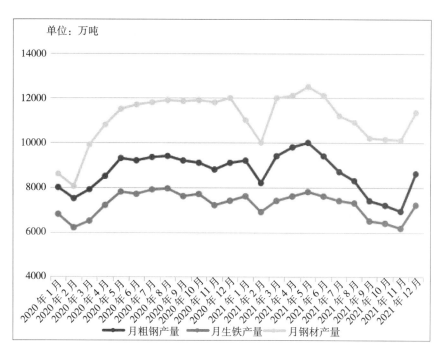

图 2-4-6 2020 年以来全国主要钢铁产品月产量
资料来源：智研咨询

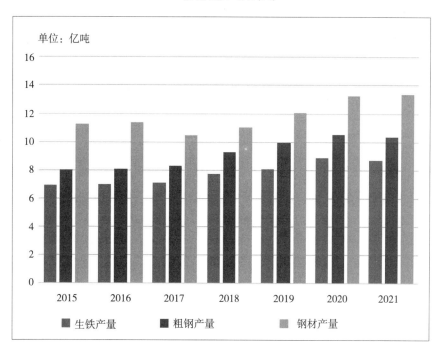

图 2-4-7 2015—2021 年中国钢铁产量统计
资料来源：智研咨询

5367 万吨，下降 18.7 %；第四季度，折合粗钢表观消费量 2.21 亿吨，同比减少 4587 万吨，下降 17.2 %。

（2）有色金属行业

2016 年以来，我国有色金属产量呈现平稳增长趋势。根据国家统计局统计（图 2-4-8，图中数据已取整），2020 年我国十种有色金属产量首次超过 6000 万吨大关，达到 6168 万吨，较上年增加 326 万吨。其中，精炼铜产量 1002.5 万吨；原铝产量 3708.0 万吨；氧化铝产量 7313.2 万吨；铜材产量 2045.5 万吨（尚未扣除企业间重复计算统计约 200 万吨）；铝材产量 5779.3

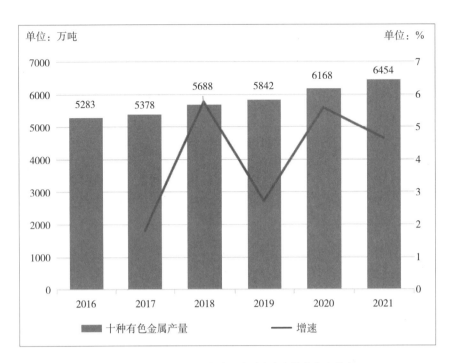

图 2-4-8 2016—2021 年中国十种有色金属产量及增速
数据来源：财联社

万吨（尚未扣除企业间重复计算统计约 1300 万吨）。2020 年我国精炼铜消费量为 1290 万吨；原铝消费量为 3780 吨。2020 年，我国全铜人均年消费量 10.4 千克/人；全铝人均年消费量 29.1 千克/人。

根据国家统计局数据（其中，十种常用有色金属、精炼铜、原铝产量为统计公报数），2021 年十种常用有色金属产量为 6454 万吨，比上年增长 4.7 %，两年平均增长 5.1 %。其中，精炼铜产量 1048.7 万吨，同比增长 4.6 %，两年平均增长 3.5 %；原铝产量 3850.3 万吨，同比增长 3.8%，两年平均增长 4.7 %；氧化铝产量 7745.5 万吨，比上年增长 5.9%；铜材产量 2123.5 万吨，比上年下降 0.9 %；铝材产量 6105.2 万吨，比上年增长 7.4 %。2021 年我国精炼铜、原铝消费保持增长。初步测算，精炼铜消费量为 1350 万吨，比上年增长 4.7 %；原铝消费量为 3965 万吨，比上年增长 4.9 %。

2.4.3 金属行业进出口情况

（1）钢铁行业

据海关总署数据 [图 2-4-9 和图 2-4-10（图中部分数据已取整）]，2020 年 1—12 月全国累计进口钢材 2023 万吨，同比增长 64.4 %，均价 831.6 美元/吨；而同期全国累计出口钢材 5367 万吨，同比下降 16.5 %，均价 847.2 美元/吨。2020 年中国钢材出口金额为 3151.1 亿美元，钢材进口金额为 1165.2 亿美元。此外，2020 年 1—12 月全国累计进口铁矿石 11.7 亿吨，同比增长 9.5%；进口平均价格为 101.7 美元/吨，同比增长 7.3 %。

2021 年，我国出口钢材 6689.5 万吨，比上年增长 24.6 %；进口钢材 1426.8 万吨，比上年下降 29.5 %；净出口钢材 5262.7 万吨，增长 57.4 %。钢铁产品进出口量与 2019 年基本相当。2021 年我国钢材进口金额为 184.7 亿美元，比上年增长 9.9 %；出口金额为 818.8 亿美元，比上年增长 80.1 %。出口金额增长幅度远大于进口金额增长幅度，除了出口量大增，另一个重要原因是进出口价差的改变。

（2）有色金属行业

根据海关统计数据（图 2-4-11 和图 2-4-12），2020 年有色金属进出口贸易总额（含黄金贸易额）1542.4 亿美元，同比下降 11.3%。其

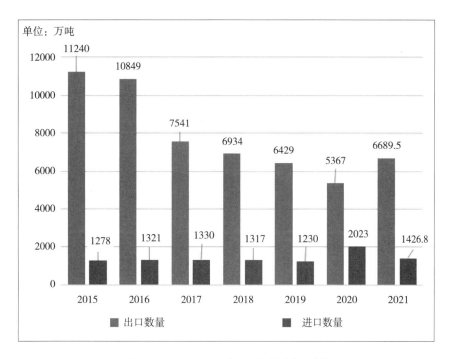

图 2-4-9 2015—2021 年中国钢材进出口数量
资料来源 智研咨询

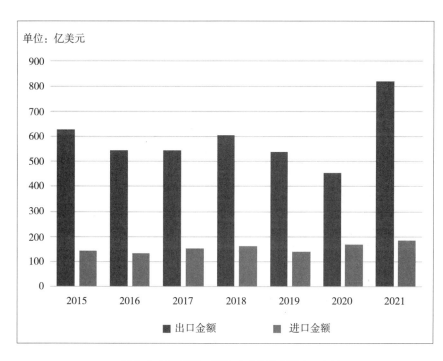

图 2-4-10 2015—2021 年中国钢材进出口金额
资料来源：华经情报网

中，进口额 1250.5 亿美元，下降 13.2%；出口额 291.9 亿美元，下降 2.2%。2020 年，有色金属进出口贸易总额（不含黄金贸易额）1329.8 亿美元，同比增长 7.7%。其中，进口额 1136.3 亿美元，同比增长 13.2%；出口额 256.5 亿美元，同比下降 11.6%。贸易逆差为 879.8 亿美元，同比

增长 23.4%。

根据海关统计数据整理，2021 年有色金属进出口贸易总额（含黄金贸易额）2616.2 亿美元，比上年增长 67.8 %。其中，进口额 2151.8 亿美元，增长 72.0 %；出口额 464.5 亿美元，增长 59.1 %。

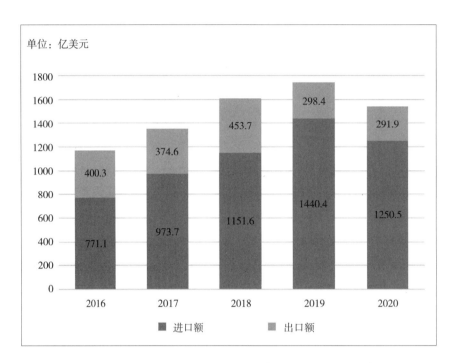

图 2-4-11 "十三五"期间有色金属（含黄金）进出口额增减趋势图
资料来源：海关总署

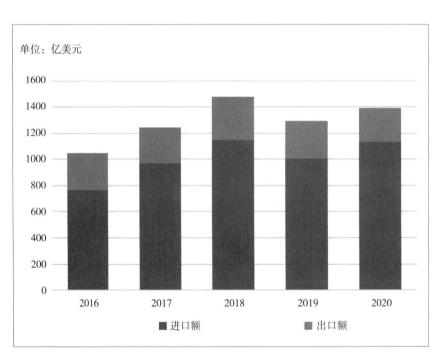

图 2-4-12 "十三五"期间有色金属（不含黄金）进出口额增减趋势图
资料来源：海关总署

① 铜产品。

2020 年，未锻轧铜进口量大幅增长，铜废碎料进口量下降。2020 年铜产品进口额为 823.2 亿美元，同比增长 18.9%，占有色金属产品（不含黄金贸易额）进口额的比重为 72.4%；出口额为 54.9 亿美元，同比下降 9.3%。铜产品贸易

逆差为 768.3 亿美元，占有色金属贸易逆差的 87.3%。2020 年，进口铜精矿实物量 2178.7 万吨，同比下降 0.9%；进口粗铜（阳极铜）103.0 万吨，同比增长 36.4%；进口未锻轧铜 501.6 万吨，同比增长 34.9%；进口铜材 61.6 万吨，同比增长 22.4%；进口铜废碎料实物量 94.4 万吨，同

比下降 36.5%。2020 年，出口未锻轧铜 21.2 万吨，同比下降 32.9%；出口铜材 53.8 万吨，同比增长 2.7%。2020 年，净进口未锻轧铜 480.4 万吨，同比增长 43.8%。

2021 年，未锻轧铜进口量下降，铜精矿进口量增长。2021 年，铜产品进口额为 1215.5 亿美元，比上年增长 47.7%，占有色金属产品（不含黄金贸易额）进口额的比重为 72.4%；出口额为 93.6 亿美元，比上年增长 70.5%。铜产品贸易逆差为 1121.9 亿美元，占有色金属贸易逆差的 90.0%。2021 年，进口铜精矿实物量 2340.4 万吨，比上年增长 7.6%；进口未锻轧铜 401.0 万吨，比上年下降 20.1%；进口铜材 56.5 万吨，比上年下降 8.3%。2021 年，出口未锻轧铜 26.7 万吨，比上年增长 25.6%；出口铜材 66.6 万吨，比上年增长 23.6%。2021 年，净进口未锻轧铜 374.3 万吨，比上年下降 22.1%。

② 铝产品。

2020 年，铝土矿进口量增加，铝材出口量下降。2020 年铝产品进口额为 136.6 亿美元，同比增长 28.2%；出口额为 135.1 亿美元，同比下降 13.6%，占有色金属产品（不含黄金贸易额）出口额的比重为 52.4%。2020 年，进口铝土矿 11155.8 万吨，同比增长 10.8%；进口氧化铝 380.6 万吨，同比增长 131.3%；进口未锻轧铝 229.8 万吨，同比增长 6.9 倍；进口铝材 40.7 万吨，同比增长 14.7%；进口铝废料实物量 82.5 万吨，同比下降 40.8%。2020 年，出口氧化铝 15.5 万吨，同比下降 43.8%；出口未锻轧铝 23.4 万吨，同比下降 61.2%；出口铝材 462.6 万吨，同比下降 9.9%。2020 年，净出口铝材 421.9 万吨，同比下降 15.3%。

2021 年，铝产品进口额为 181.4 亿美元，比上年增长 32.8%；出口额为 197.9 亿美元，比上年增长 46.6%，占有色金属产品（不含黄金贸易额）出口额的比重为 45.7%。2021 年，进口铝土矿 10737 万吨，比上年下降 3.8%；进口氧化铝 332.6 万吨，比上年下降 12.3%；进口未锻轧

铝 273.5 万吨，上年增长 19.0%；进口铝材 55.5 万吨，比上年增长 36.4%。2021 年，出口氧化铝 12.0 万吨；出口未锻轧铝 15.8 万吨；出口铝材 546.1 万吨，比上年增长 17.8%。2021 年，净出口铝材 490.6 万吨。

③ 铅产品和锌产品。

2020 年，未锻轧铅、锌及铅精矿进口量下降，锌精矿进口量增长。2020 年，铅产品进口额 18.3 亿美元，同比下降 25.2%；出口额为 0.3 亿美元，同比下降 61.6%。2020 年，进口铅精矿实物量 133.5 万吨，同比下降 17.2%；进口未锻轧铅 6.5 万吨，同比下降 64.5%。2020 年，锌产品进口额 44.2 亿美元，同比下降 3.8%；出口额为 1.5 亿美元，同比下降 35.3%。2020 年，进口未锻轧锌 61.5 万吨，同比下降 11.2%；进口锌精矿实物量 382.2 万吨，同比增长 20.4%。

2021 年，铅产品进口额 19.6 亿美元；出口额为 2.5 亿美元。2021 年，进口铅精矿实物量 120.2 万吨；进口未锻轧铅 5.2 万吨。2021 年，出口未锻轧铅 10.0 万吨。2021 年，锌产品进口额 54.7 亿美元；出口额为 1.0 亿美元。2021 年，进口未锻轧锌 52.0 万吨；进口锌精矿实物量 364.1 万吨。

2.4.4 金属行业生产区域分布

（1）钢铁行业

① 生铁。

从 2020 年我国生铁产量区域占比来看（图 2-4-13），华北地区生铁产量最高，占比达 37.7%；其次为华东地区，占比 29.1%；东北地区位居第三，占比 10.7%；华中、西南地区产量占比分别为 8.6%、5.7%；西北、华南地区产量占比分别为 4.1%、4.1%。

据国家统计局数据（图 2-4-14），2020 年中国生铁产量大区分布相对均衡，生铁产量排名前三的省（市、自治区）产量占总产量的 45%，前五省（市、自治区）生铁产量占总产量

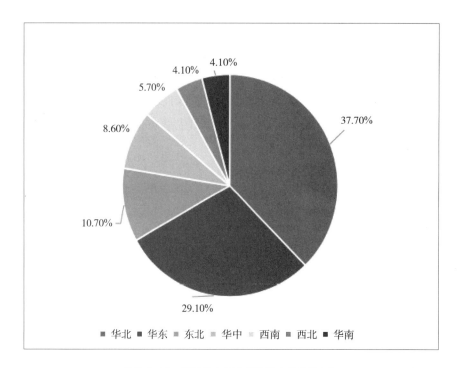

图 2-4-13　2020 年中国主要地区生铁产量占比

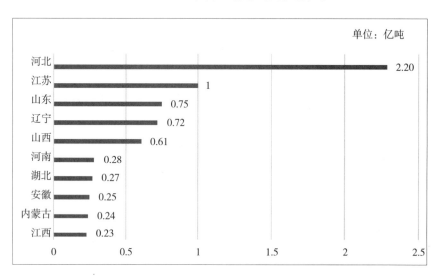

图 2-4-14　2020 年中国生铁产量前十省（市、自治区）

的 60%，前十省（市、自治区）生铁产量占总产量的 74%。华北地区产量最高，占总生铁产量的 37.7%，其中，河北省生铁产量最高（2.20 亿吨），占华北地区生铁产量的 25.8%；其次是江苏省，生铁产量为 1 亿吨；再次是山东省，生铁产量为 0.75 亿吨。

国家统计局数据显示（图 2-4-15 至图 2-4-17），2021 年 1—12 月中国生铁累计产量为 8.7 亿吨，各季度中国生铁主要集中在华北、华东、东北地区生产，其中华北地区产量最高，特别是河北省贡献了最多产量，全年产量为 20202.98

万吨（约 2.02 亿吨），位居全国榜首，遥遥领先于其他前十名省（市、自治区）。河北、江苏、山东三省产量居前三。

② 粗钢。

如图 2-4-18 所示，2020 年华北地区粗钢产量最高，占比达 35.0%，其次为华东地区，粗钢产量占比 30.4%。东北地区、华中地区产量占比超 5%，分别为 9.6%、9.2%。2020 年中国粗钢产量 10.53 亿吨，同比增长 5.2%。2020 年中国粗钢产量前十分别为河北省、江苏省、山东省、

114

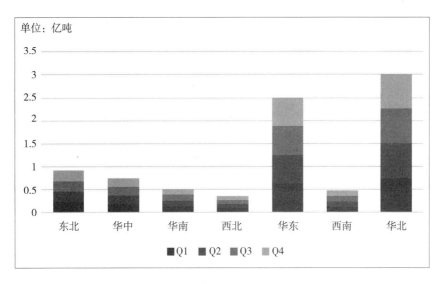

图 2-4-15　2021 年各季度中国生铁七大区产量统计图
资料来源：智研咨询

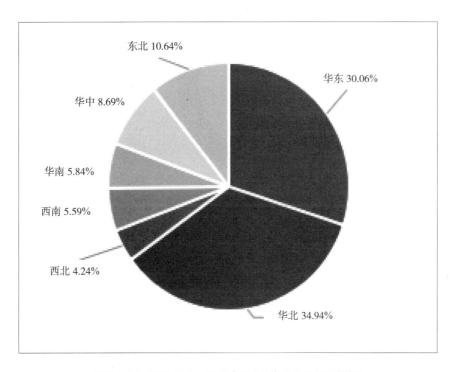

图 2-4-16　2021 年 1—12 月中国生铁产量大区占比统计图
资料来源：智研咨询

辽宁省、山西省、安徽省、湖北省、河南省、广东省、内蒙古自治区。其中，2020 年河北省粗钢产量排名第一，累计产量为 31320.12 万吨（约 3.1 亿吨）。

中商产业研究院数据库显示（表 2-4-1），2021 年全国粗钢产量约为 10.35 亿吨。2021 年 1—12 月全国粗钢产量排名前十分别是河北省、江苏省、山东省、辽宁省、山西省、广西壮族自治区、湖北省、安徽省、河南省、广东省。其中，河北省排名第一位，2021 年产量为 22496.45 万吨，位居全国榜首。2021 年粗钢产量超 10000 万吨的有两个省，分别是河北省、江苏省。从地区数据来看，2021 年四省市粗钢产量同比降幅超 5%。其中河北下降 9.93%、河南下降 6.06%，广东下降 6.03%，天津下降 15.96%。

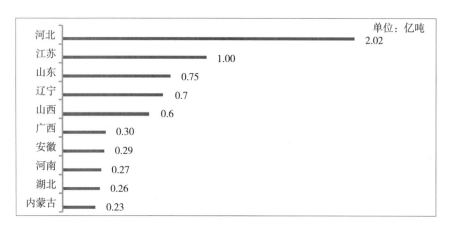

图 2-4-17　2021 年 1—12 月中国生铁各省（市、自治区）产量排行榜
资料来源：智研咨询

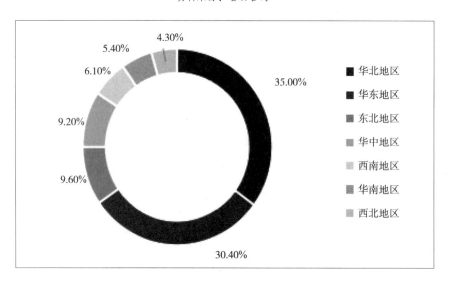

图 2-4-18　2020 年中国粗钢产量地区占比统计情况
资料来源：国家统计联网直报门户

表 2-4-1：2021 年 1—12 月全国粗钢产量排名前十的省（市、自治区）

排名	省份	产量 / 万吨	同比增长 / %
1	河北省	22496.45	-9.93
2	江苏省	11924.95	-1.51
3	山东省	7649.31	-4.31
4	辽宁省	7502.41	-1.41
5	山西省	6740.69	1.55
6	广西壮族自治区	3660.88	6.04
7	湖北省	3656.09	2.78
8	安徽省	3646.14	-1.37
9	河南省	3316.10	-6.06
10	广东省	3178.33	-6.03

数据来源：《中国冶金报》、中国钢铁新闻网

③ 钢材。

国家统计局数据显示（图 2-4-19 至图 2-4-21），2021 年各季度中国钢材主要集中在华北、华东、华中地区生产；2021 年 1—12 月中国钢材产量大区分布不均衡，其中华北地区产量最高，特别是河北省贡献了最多产量，遥遥领先于其他前十名省（市、自治区）河北、江苏、山东等省产量最多。

（2）有色金属行业

国家统计局数据显示（图 2-4-22 至图 2-4-23），2020 年各季度中国十种有色金属主要集中在华东、西北、西南地区生产；2020 年 1—12 月中国十种有色金属产量大区分布不均衡，其中华东地区产量最高，特别是山东省贡献了最多产量；2020 年 1—12 月中国十种有色金属各省市产量呈现梯队式分布，山东、内蒙古、新疆等省（自治区）产量最多。

国家统计局数据显示（图 2-4-24 至图 2-4-26），2021 年各季度中国十种有色金属主要集中在华东、西北、西南地区生产。2021 年 1—12 月中国十种有色金属产量大区分布不均衡（表 2-4-2），全国十种有色金属产量排名前十分别是山东省、内蒙古自治区、新疆维吾尔自治区、

云南省、广西壮族自治区、河南省、甘肃省、青海省、安徽省、湖南省。其中，山东省排名第一位，2021 年产量为 903.52 万吨。2021 年十种有色金属产量超 500 万吨的有四个省（市、自治区），分别是山东省、内蒙古自治区、新疆维吾尔自治区、云南省。

2.4.5 金属行业新技术

改革开放以来，我国金属行业获得快速发展，生产能力明显增强，产品产量和质量大幅度提升，装备状况显著改善，品种结构逐步优化，关联产业日趋完备。在国家创新驱动发展战略的引导下，我国金属相关企业对技术创新的投入力度加大，创新能力明显提升，金属产品的质量不断提高。以钢铁为例，当今我国 22 大类钢铁产品中有 19 类自给率超过 100 %，其他 3 类超过 98.8 %，中国钢铁技术装备已总体达到国际先进水平，跻身世界钢铁工业设计和设备制造、施工建设综合能力最强的国家行列。本小节汇总整理了 2020—2022 年我国金属行业中具有创新性，并在产业化过程中具有明显经济效益和生态效益的新技术和新装备（详见表 2-4-3 和表 2-4-4），并从中挑选出 9 项代表性技术进行介绍。

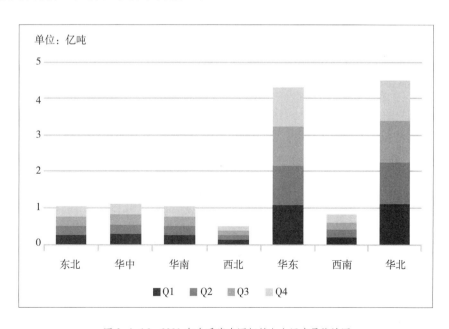

图 2-4-19　2021 年各季度中国钢材七大区产量统计图
资料来源：国家统计局

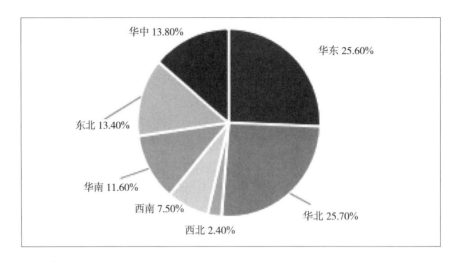

图 2-4-20　2021 年中国钢材产量大区占比统计图
资料来源：国家统计局

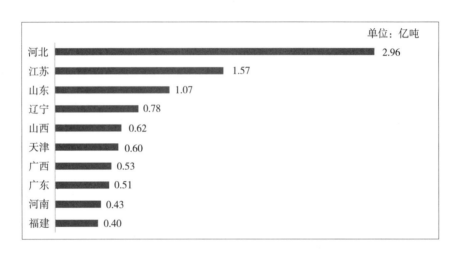

图 2-4-21　2021 年 1—12 月中国钢材各省（市、自治区）产量排行榜
资料来源：国家统计局

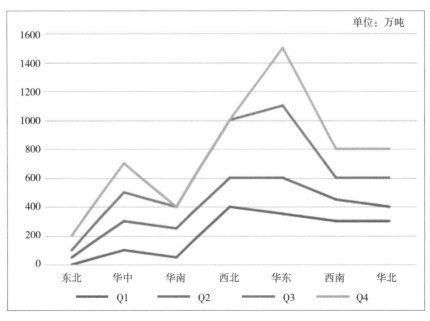

图 2-4-22　2020 年各季度中国十种有色金属七大产区产量统计图
资料来源：人民网

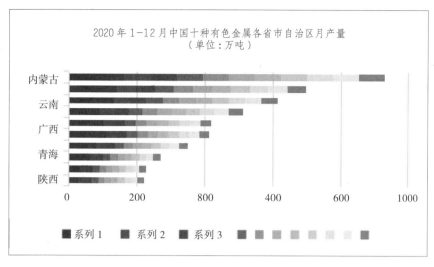

图 2-4-23　2020 年 1—12 月中国十种有色金属各省市自治区每月产量前十图
资料来源：人民网

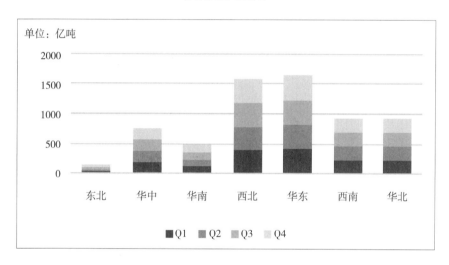

图 2-4-24　2021 年各季度中国十种有色金属七大区产量统计图
资料来源：国家统计局

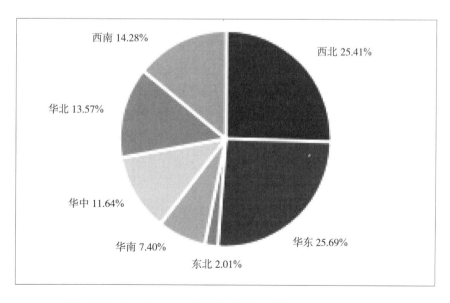

图 2-4-25　2021 年 1—12 月中国十种有色金属产量大区占比统计图
资料来源：国家统计局

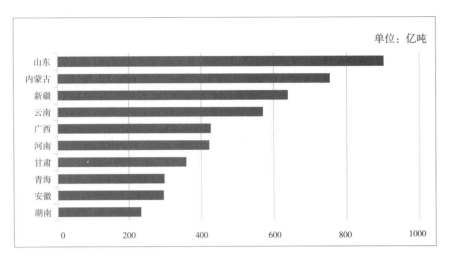

图 2-4-26 2021 年 1—12 月中国十种有色金属各省（市、自治区）总产量排行榜
资料来源：国家统计局

表 2-4-2：2021 年全国十种有色金属各省市自治区排行榜

排名	省份	累计产量 / 万吨
1	山东省	903.52
2	内蒙古自治区	745.79
3	新疆维吾尔自治区	640.13
4	云南省	571.55
5	广西壮族自治区	427.68
6	河南省	423.55
7	甘肃省	358.44
8	青海省	298.39
9	安徽省	297.49
10	湖南省	233.23

资料来源：中商产业研究院

表 2-4-3 金属行业科学技术奖获奖项目

序号	获奖类别	项目名称	获奖单位
1	2020 年度国家技术发明奖二等奖	锌冶炼过程智能控制与协同优化关键技术及应用	中南大学、株洲冶炼集团股份有限公司、长沙华时捷环保科技发展股份有限公司
2	2020 年度国家技术发明奖二等奖	超高纯铝钛铜钽金属溅射靶材制备技术及应用	宁波江丰电子材料股份有限公司、重庆大学
3	2020 年度国家科学技术奖进步二等奖	大型高质量铝合金铸件控压成型关键技术及应用	西北工业大学、成都飞机工业（集团）有限责任公司、成都耶华科技有限公司、天津航天长征技术装备技术设备有限公司、陕西法士特齿轮有限责任公司
4	2020 年冶金科学技术奖特等奖	大型转炉洁净钢高效绿色冶炼关键技术	钢铁研究总院、马鞍山钢铁股份有限公司、宝山钢铁股份有限公司、鞍钢股份有限公司

序号	获奖类别	项目名称	获奖单位
5	2021 年冶金科学技术奖特等奖	二氧化碳绿色洁净炼钢技术及应用	北京科技大学、首钢京唐钢铁联合有限责任公司、甘肃酒钢集团宏兴钢铁股份有限公司等
6	2021 年冶金科学技术奖特等奖	热轧无缝钢管在线组织性能调控关键技术、装备开发及应用	宝山钢铁股份有限公司、东北大学、烟台鲁宝钢管有限责任公司等
7	2021 年冶金科学技术奖特等奖	宽幅超薄铁基纳米晶带材工程化技术开发及应用	安泰科技股份有限公司、青岛云路先进材料技术股份有限公司、江苏集萃安泰创明先进能源材料研究院有限公司等
8	2022 年冶金科学技术奖特等奖	欧冶炉熔融还原炼铁工艺技术研究	宝钢集团新疆八一钢铁有限公司、宝山钢铁股份有限公司、宝钢工程技术集团有限公司、北京科技大学
9	2020 年中国循环经济协会科学技术奖一等奖	富氧底吹连续炼铜清洁冶金理论方法创新及工程应用	中南大学、中国恩菲工程技术有限公司、东营方圆有色金属有限公司、河南豫光金铅股份有限公司、山东恒邦冶炼股份有限公司、河南中原黄金冶炼厂有限责任公司
10	2020 年中国循环经济协会科学技术奖三等奖	硅铝质固废活性增强及建材资源化利用关键技术研究与应用	河北工程大学、北京建筑材料科学研究总院有限公司、天津天兴冠达科技有限公司、中国地震局地壳应力研究所、邯郸市建业建设工程质量检测有限公司、天津华北地质勘查总院、唐山卓能建材科技有限公司
11	2020 年中国循环经济协会科学技术奖三等奖	酸解钛液与还原钛铁矿耦合生成合成金红石新工艺的研发及产业化	龙蟒佰利联集团股份有限公司、河南佰利联新材料有限公司
12	2020 年中国循环经济协会科学技术奖三等奖	冶金、建筑用钢渣特种型砂技术研究	中冶宝钢技术服务有限公司、上海中冶环境工程科技有限公司
13	2020 年度中国有色金属工业科学技术奖一等奖	软破煤层顶板下复杂产状铝土矿安全高效开采技术研究及应用	长沙矿山研究院有限责任公司、中铝中州矿业有限公司、国家金属采矿工程技术研究中心
14	2020 年度中国有色金属工业科学技术奖一等奖	大型氧化铝气态悬浮焙烧炉的研发与应用	沈阳铝镁设计研究院有限公司、山西信发化工有限公司、中铝国际工程股份有限公司沈阳分公司
15	2020 年度中国有色金属工业科学技术奖一等奖	大型铝电解槽配套安全节能系列装备开发	郑州轻冶科技股份有限公司、郑州大学、重庆天泰铝业有限公司、郑州机械研究所有限公司
16	2020 年度中国有色金属工业科学技术奖一等奖	汽车轻量化用高性能铝合金材料与部件制造关键技术与应用	东北大学、辽宁忠旺集团有限公司
17	2020 年度中国有色金属工业科学技术奖一等奖	高性能铝基复合材料加工成型技术及工程化应用（发明）	中国科学院金属研究所
18	2020 年度中国有色金属工业科学技术奖一等奖	抗辐射加固铝基复合材料及应用	有研工程技术研究院有限公司、中国工程物理研究院电子工程研究所
19	2020 年度中国有色金属工业科学技术奖一等奖	绿色再生变形和铸造铝合金产业化技术（发明）	北京科技大学、中北大学、肇庆市大正铝业有限公司、山东南山铝业股份有限公司、帅翼驰新材料集团有限公司

续表

序号	获奖类别	项目名称	获奖单位
20	2020年度中国有色金属工业科学技术奖一等奖	高性能铝合金高固相半固态流变压铸技术（发明）	有研工程技术研究院有限公司、有研金属复材技术有限公司、南方科技大学
21	2020年度中国有色金属工业科学技术奖一等奖	大规格铝合金铸锭超声波协同铸造技术（发明）	中南大学
22	2021年度中国有色金属工业科学技术奖一等奖	高性能铝合金超大超薄件半固态制备成型关键技术及应用	北京科技大学、珠海市润星泰电器有限公司、广东省科学院新材料研究所
23	2021年度中国有色金属工业科学技术奖一等奖	高品质电解铝及高性能导体材料制造及低碳应用	中铝材料应用研究院有限公司、中南大学、远东电缆有限公司、国网辽宁省电力有限公司、全球能源互联网研究院有限公司、包头铝业有限公司
24	2022年度包装行业科学技术奖二等奖	耐爆炸冲击铝合金及薄壁筒制造关键技术与应用	湖南工业大学、安徽建业科技有限公司
25	2022年度包装行业科学技术奖三等奖	大容量耐高压一片式铝罐制备技术研究及产业化应用	广东欧亚包装有限公司
26	2022年度包装行业科学技术奖三等奖	热熔覆膜铁工艺及产品研发	粤海中粤（中山）马口铁工业有限公司

资料来源：国家知识产权局 https://www.cnipa.gov.cn/

表 2-4-4 金属行业中国专利奖

序号	获奖等级	专利号	专利名称	专利权人
1	第二十一届中国专利银奖	ZL201310018088.5	一种由废杂铝再生目标成分铝合金的方法	北京科技大学、肇庆市大正铝业有限公司
2	第二十一届中国专利优秀奖项目（2020年）	ZL201410377807.7	一种铝合金高筒薄壁环件的轧制成型方法	贵州航宇科技发展股份有限公司
3	第二十一届中国专利优秀奖项目（2020年）	ZL201410560878.0	一种用于钢铝复合板的热轧基板及生产方法	武汉钢铁有限公司
4	第二十一届中国专利优秀奖项目（2020年）	ZL201410644613.9	铝合金板材电阻焊接工艺及焊接设备	广州松兴电气股份有限公司
5	第二十一届中国专利优秀奖项目（2020年）	ZL201510021484.2	一种超粗硬质合金的制备方法和系统	江西江钨硬质合金有限公司
6	第二十一届中国专利优秀奖项目（2020年）	ZL201510034566.0	一种超大规格铝合金矩形环的锻造成型工艺	无锡派克新材料科技股份有限公司
7	第二十一届中国专利优秀奖项目（2020年）	ZL201610229109.1	一种热挤聚乙烯锌铝合金镀层钢丝拉索的制作方法	江苏法尔胜缆索有限公司
8	第二十一届中国专利优秀奖项目（2020年）	ZL201410208636.5	一种航空用铝合金预拉伸板材的制造方法	东北轻合金有限责任公司
9	第二十二届中国专利银奖	ZL201710161854.1	一种铝合金曲面加强筋板热压成型方法	北京航星机器制造有限公司

序号	获奖等级	专利号	专利名称	专利权人
10	第二十二届中国专利优秀奖	ZL200910272244.4	优特钢模铸保护浇铸工艺	大冶特殊钢有限公司
11	第二十二届中国专利优秀奖	ZL201010011456.X	中厚板双相不锈钢焊接工艺	中国石油大学（华东）
12	第二十二届中国专利优秀奖	ZL201010505574.6	一种Al_2O_3纳米颗粒增强铝基复合材料的制备方法	江苏大学
13	第二十二届中国专利优秀奖	ZL201410031009.9	抗扭转分层且疲劳性能优异的特高强度钢丝的制备方法	江苏兴达钢帘线股份有限公司
14	第二十二届中国专利优秀奖	ZL201410047755.7	一种高碳钢线材及其制备方法	江苏省沙钢钢铁研究院有限公司
15	第二十二届中国专利优秀奖	ZL201410836709.5	钎焊用铝箔材料及其制造方法	江苏鼎胜新能源材料股份有限公司
16	第二十二届中国专利优秀奖	ZL201610421916.3	一种低密度高熵合金材料及其制备方法	广东兴发铝业有限公司、华南理工大学
17	第二十二届中国专利优秀奖	ZL201710257265.3	一种用于易氧化金属的熔模精密铸造型壳的制备方法	沈阳铸造研究所有限公司
18	第二十二届中国专利优秀奖	ZL201810749266.4	一种大型高温合金高筒形锻件分段轧制方法	无锡派克新材料科技股份有限公司
19	第二十三届中国专利银奖	ZL201611033386.1	一种二硫化钼/铅钛合金纳米多层薄膜及其制备方法	中国科学院宁波材料技术与工程研究所
20	第二十三届中国专利优秀奖	ZL201310155256.5	一种轧制宽幅镁合金板带的工艺	中色科技股份有限公司
21	第二十三届中国专利优秀奖	ZL201610651932.1	一种高维形性硬质合金成型剂及其拌料工艺	厦门金鹭硬质合金有限公司
22	第二十三届中国专利优秀奖	ZL201710665747.2	一种提高低温韧性的厚壁大口径高钢级管线钢及其制造方法	南京钢铁股份有限公司
23	第二十三届中国专利优秀奖	ZL201910942493.3	一种利用化工废弃物制备高强度炼铁用焦炭的方法	鞍钢股份有限公司、东南大学

资料来源：国家知识产权局

代表性技术成果介绍：

（1）锌冶炼过程智能控制与协同优化关键技术及应用

https://kxyjb.csu.edu.cn/info/1762/10376.htm?urltype=tree.TreeTempUrl&wbtreeid=1501

阳春华教授团队历经十多年深入研究，突破了复杂资源条件下锌冶炼过程的稳定控制和全流程优化技术瓶颈，发明了锌冶炼过程智能控制与协同优化关键技术。相关成果成功应用于株洲冶炼集团股份有限公司、西部矿业股份有限公司等大型锌冶炼企业，大幅提高了相关企业对复杂资源处理的适应能力，有效解决了锌冶炼过程中动态工况下的稳定控制难题，使得锌品质量稳定达到99.996%，吨锌电耗和锌粉消耗分别降低4.1%和20%，优于国际先进指标。该技术已被推广应用于2019年新建锌冶炼生产线，实现了全球最大的焙烧、浸出和净化系统的智能优化控制，为建成"中国第一、世界一流"锌冶炼智能工厂提供了技术支撑，助推了我国有色金属工业转型升级与智能化发展。

（2）超高纯铝钛铜钽金属溅射靶材制备技术及应用

http://www.zaoce.com/newsdetail.php?id=11845

该项目攻克了芯片制造用超高纯金属材料的提纯及溅射靶材制备的核心技术，开发出用于芯片制造的超高纯金属溅射靶材的全套生产工艺，建立了拥有自主知识产权的研发、生产、品质管理等体系，设计并建设了年产五万枚靶材的生产基地，产生了显著的经济效益。同时，该项目填补了国内靶材产业发展领域的空白，对提升我国集成电路、平板显示工艺及材料技术的自主创新能力，推动和保障我国电子信息产品的技术进步和产业安全起到了重要作用。

（3）大型高质量铝合金铸件控压成型关键技术及应用

https://jxxy.xust.edu.cn/info/1057/6623.htm

大型高质量铝合金构件的铸造是军民两用重大装备实现整体化、轻量化、精密化制造的关键技术。如何实现复杂结构的整体精铸，同时精确控制铸件质量以提高结构的整体性能，并实现短流程、低成本制造，成为关键技术难点。该项目从复杂工业合金凝固组织形成与控制、铸造缺陷形成机理与控制方法、合金熔体结构调控等基本原理创新研究入手，开发出大型复杂薄壁轻合金结构件的真空充型与增压凝固精密铸造方法，实现了大型复杂薄壁结构件的精密成型和组织性能的精确控制，解决了大型复杂铸件尺寸精度控制难题，实现了3000 mm以上铸件尺寸精度优于CT7级。该技术已成功应用于航空航天领域大型

装备关键整体铸件的生产以及高铁枕梁、法士特重型卡车变速箱等民用大型复杂结构件的批量生产，近三年新增产值49.07亿元。

（4）锌电解典型重金属污染物源头削减关键共性技术与大型成套装备

https://news.aust.edu.cn/info/1011/10025.htm

有色金属行业是我国重金属污染防控的重中之重。该项目原创了世界首套阴极重金属废水源头削减装备，彻底取消了泡板槽，电解车间无需再进行外排废水处理，在年产2万吨电解锌的生产线，实现阴极重金属废水产生量减少80%；原创世界首套阳极铅腐蚀防控装备，破解阳极铅污染难题，在年产1.5万吨电解锌生产线，实现阳极泥危废产生量减少60%以上，出入槽期间，提高电流效率80%以上。

（5）大型转炉洁净钢高效绿色冶炼关键技术

参考文章：《大型转炉洁净钢高效绿色冶炼关键技术》。

如图2-4-27所示，针对高洁净钢冶炼过程效率低、耗散大、不稳定、有效复吹寿命低等世界难题，在原有技术积淀的基础上，钢铁研究总院多年来联合国内先进钢铁企业合作研发，实现了理论创新、关键装备研发和关键技术创新。首先针对限制大型转炉高效绿色冶炼的难题进行机理理论研究，从机理上准确制定高效率冶炼、绿色化控制的机理、方法和模型，在机理创新基础上构建了以定量化关键模型为核心的高效冶炼关键技术：高强度顶底复合吹炼技术、低耗高效脱磷工艺、有效复吹长寿命底吹维护技术、低能耗高效出钢技术、基于高效冶炼的自动化控制技术，并开发应用了绿色冶炼控制技术。经过系统的研发，打通工艺流程，进行全工艺贯通的生产实践，形成适合大型转炉洁净钢高效绿色化稳定生产的冶炼关键技术，建立了大型转炉洁净钢高效、绿色、稳定、低成本生产的多目标协同冶炼体系。

该项目在马钢、宝钢和鞍钢实施后，钢铁料消耗、辅料及渣量明显降低，转炉工序能耗达到-32.01 kg/t，节能减排效果显著，获得效益12.58亿元，经济效益和社会效益显著。该项目

经中国金属学会评价委员会评价，认为该项成果达到国际领先水平。

（6）二氧化碳绿色洁净炼钢技术及应用

http://www.csteelnews.com/xwzx/jrrd/202108/t20210813_53556.html

项目团队提出了"二氧化碳绿色洁净炼钢技术及应用"项目（图 2-4-28），从炼钢过程抑制烟尘、高效脱磷、稳定脱氮、强化控氧和底吹长寿等方面入手，实现了炼钢烟尘和炉渣固废源头减量，钢水磷、氮、氧洁净控制的诸多炼钢工艺难题，先后发明了 CO_2-O_2 混合喷吹炼钢降尘技术、CO_2 控温高效脱磷技术、CO_2 吸附深度稳定脱氮技术、CO_2 稀释强化控氧技术和 CO_2 强化底吹安全长寿成套技术，实现了炼钢过程节能减排、钢质洁净、降本增效的目标。

作为中国金属学会重点成果转化与推广项目，该项目已在多家钢铁企业成功应用，近三年实现钢产量 3879.2 万吨，实现工业 CO_2 利用 31.5 万吨，粉尘减少 10.3 万吨，炉渣减少 24.5 万吨，节约钢铁生产原料 7.0 万吨，减少脱氧合金用量 4500 吨。项目实现了炼钢固废污染物源头减量和冶金指标的综合提升，三年共计节能 20.5 万吨标准煤，实现 CO_2 减排 86.0 万吨；炼钢脱磷、脱氮、控氧效果明显改善，带来了显著的经济及社会效益，三年新增产值 4.24 亿元，增收节支 3.14 亿元。该项目技术可服务于我国 80% 以上炼钢企业，实现全行业大规模应用。

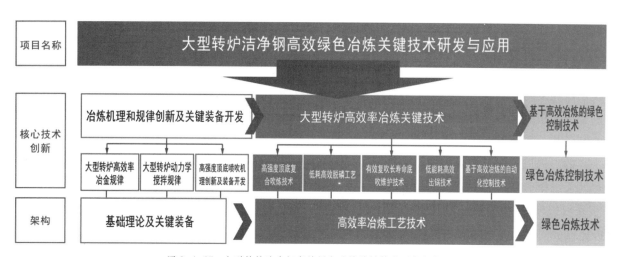

图 2-4-27　大型转炉洁净钢高效绿色冶炼关键技术研发与应用

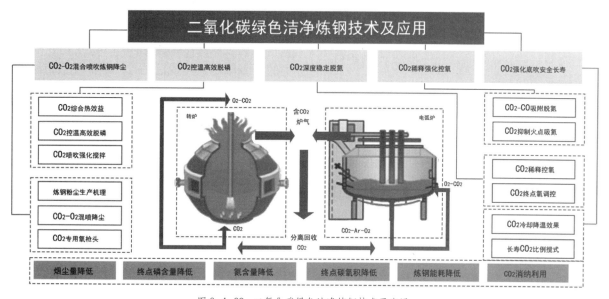

图 2-4-28　二氧化碳绿色洁净炼钢技术及应用

（7）热轧无缝钢管在线组织性能调控关键技术、装备开发及应用

http：//www.lninfo.com.cn：8088/ShowDetail.aspx?d=1020&id=CGWFWZ2022207050000637081

该项目从实现热轧无缝钢管在线组织性能调控技术目标出发，针对关键技术难题，提炼出环形断面均匀化冷却机制、约束断面温控—相变耦合与协调机制、高温形变细晶组织调控机制等三大科学问题，聚焦控冷技术装备与自动控制系统、在线组织调控工艺方法与技术、短流程系列无缝钢管产品等关键技术瓶颈，通过理论与实践相结合，形成了三个主要创新点，实现了理论、装备、工艺、产品的一体化创新，并取得了很好的应用效果。

该项目聚焦热轧无缝钢管领域关键共性工艺技术难题，历经基础研究、中试、技术开发与工程应用，实现热轧无缝钢管领域控制冷却工业化技术与装备的国际首创，引领了热轧无缝钢管工艺技术研究的跨越式发展，为热轧钢管产品开发提供了在线组织调控平台性技术。由于该项目涉及的装备和工艺技术属于国际首发，在降本、减排、高效、提质等四大方面均全面领先国内外先进热轧无缝钢管生产企业的技术指标水平。该项目获授权发明专利19项、软件著作权1项，企业技术秘密9项。"无缝油井管在线控冷技术用于套管生产"提案通过美国石油协会（API）纳标申请，实现了我国钢管制造企业牵头修订API标准零的突破。成果已成为宝钢平台性技术，吨钢成本降低约500元，近三年增收32308万元。该项目成果取得示范引领作用，促进了我国热轧无缝钢管技术的创新，引起了国内外无缝钢管领域相关企业的高度关注。该项目成果经中国钢铁工业协会组织专家评价为国际领先水平。

（8）宽幅超薄铁基纳米晶带材工程化技术开发及应用

http：//www.worldmetals.com.cn/viscms/bianjituijianxinwen1277/20210824/256037.html

该项目开发了具有自主知识产权的新型纳米晶合金成分体系，突破了日立金属的专利封锁，实现了纳米晶成分的自主可控。纳米晶带材运用平面流高速连铸工艺，以每秒106℃的冷却速率从钢液直接凝固形成厚度小于0.018毫米的薄带，铸带速度高达1500 m/min。与传统的硅钢材料相比，制造过程省去了轧制、再结晶退火、表面绝缘处理等诸多工序，成为了冶金领域最短的工艺流程，可以节省约80%的生产能耗。

通过宽幅超薄纳米晶带材工艺装备和连续化制造技术集成创新，该项目单位实现了高品质宽幅超薄纳米晶带材连续化生产，比传统的单包压力补偿非连续化生产方式效率提升8倍以上，单线产能提升至每年4000吨。纳米晶带材连续化生产技术优势显著，其高效节能、高自动化、高成品率等特点，可使纳米晶带材制造成本降低40%以上；同时，连续化生产的工艺特点使纳米晶带材的幅宽拓展至120毫米以上、厚度可以稳定控制在18微米以下、横向偏差小于±1微米，满足了高频大功率器件的应用需求，已经广泛应用在智能电网、新能源汽车、信息通信、电力电子等领域。本项目的成功实施，迫使进口纳米晶软磁合金带材价格降低约50%；推动纳米晶带材市场规模迅速攀升，2020年国产纳米晶带材市场规模达到2.1万吨，约占全球市场（2.5万吨）份额的84%。

（9）欧冶炉熔融还原炼铁工艺技术研究

http：//field.10jqka.com.cn/20220812/c641096738.shtml

COREX熔融还原炼铁技术是旨在减少焦煤资源依赖的非高炉炼铁技术。中国宝武于2007年引进并建成了COREX生产装置，但由于原工艺技术的诸多限制，建成后的COREX一直面临原燃料适应性差、燃料比高、竖炉黏结严重等问题的困扰。2015年，COREX迁至八钢。随后多年里，该项目开展了大量的基础研究、设计研究和工业应用研究，实施了一系列重大技术创新并取得了显著成效。该项目开发了适合欧冶炉冶炼特点的原料结构，拓展了原料的适应性；创造性地开发了气化炉拱顶喷煤造气的工艺，解决了非炼焦煤清洁高效使用问题；首次开发了冶金煤气循环利用技术，改善了欧冶炉炉顶煤气的利用率；研发了竖炉黏结抑制技术，提升了生产的稳定性。

自欧冶炉投产以来，产量、作业率、燃料消耗等关键指标逐年改善。2021 年作业率已达到了 93.4 %；焦比约 140 千克，燃料比约为 821 千克，而且铁水成本也在不断降低。2021 年同比八钢 2500 立方米高炉，吨铁成本低约 300 元。结合产量，欧冶炉全年相比八钢自有的高炉有 3.09 亿元的成本优势。与国外 COREX 和 FINEX（一种直接用粉矿和非炼焦煤粉冶炼铁水的新工艺）相比，欧冶炉的经济技术指标已处于领先地位，特别是动力煤比例已达到 60%，优势明显。

2.4.6 金属行业发展趋势

"十三五"时期，我国金属工业发展与改革均取得明显成效。"十四五"时期，随着国内外发展环境的改变，我国钢铁工业和有色金属行业发展面临着机遇与挑战。尤其是中国钢铁工业碳排放约占全国碳排放总量的 16%，是实现绿色低碳发展的重要领域，因此实现钢铁行业低碳发展意义重大。

（1）继续推进供给侧结构性改革，维护行业平稳运行

国务院明确提出要深化钢铁行业供给侧结构性改革，严格执行产能置换，严禁新增产能，推进存量优化，淘汰落后产能；推进钢铁企业跨地区、跨所有制兼并重组，提高行业集中度。优化生产力布局，以京津冀及周边地区为重点，继续压减钢铁产能；促进钢铁行业结构优化和清洁能源替代，大力推进非高炉炼铁技术示范，提升废钢资源回收利用水平，推行全废钢电炉工艺；推广先进适用技术，深挖节能降碳潜力，鼓励钢化联产，探索开展氢冶金、二氧化碳捕集利用一体化等试点示范，推动低品位余热供暖发展。通过继续推进供给侧结构性改革，能够加快结构调整和转型升级步伐，持续优化和改善产业结构、布局。

（2）坚持绿色、低碳发展，加大科技创新力度

现阶段，我国金属行业要抓住国家构建强大内需体系、推动形成双循环发展新格局所带来的机遇，主动适应下游需求变化，聚焦先进工艺技术、新材料研发、绿色低碳等领域，增强科技创新的发展后劲。同时，加强产业链上下游合作，推广绿色设计产品，推动绿色消费，共同谋划钢铁低碳转型。目前，国内各大钢铁、有色金属企业纷纷结合自身实际陆续发布双碳发展目标及低碳冶金路线图，通过实施主要的减碳路径力争实现 2050 年碳中和的目标。主要措施包括优化工艺制造流程，减少化石能源的消耗；提高能源利用效率，推广使用清洁能源；加大前沿技术创新应用，建立低碳循环产业链；制造绿色产品，深入推进绿色低碳发展；等等。

（3）加快数字化建设，推进行业智能制造发展

目前，金属企业生产呈现出个性化、定制化、多品种、小批量的发展趋势，生产方式逐渐从规模化生产向个性化定制转变，因此金属制造相关企业应充分利用 5G、工业互联网、物联网、云计算、大数据、人工智能、区块链等数字化、网络化、智能化技术在金属企业产品研发设计、计划排程、生产制造、质量监控、设备运维、能源管控、采购营销、物流配送、客户营销、成本核算、财务管理、人力资源、安全环保、企业经营等全流程和全产业链的综合集成应用优势。这不仅能够加快钢铁研发、制造、运营、管理和服务模式创新与智能化深度融合，还能突破一批智能制造关键共性技术，打造一批具有自感知、自学习、自决策、自执行能力的智能工厂，显著提高国内企业的竞争力。

参考资料：

[1] 常凤，王来信 . 近十年中国生铁产量数据统计分析 [J]. 天津冶金，2022（1）：74–78.

[2] 王新东，上官方钦，邢奕，等 . "双碳"目标下钢铁企业低碳发展的技术路径 [J]. 工程科学学报，2023，45（15）：853–862.

[3] 周维富 . 我国钢铁工业"十三五"发展成就和"十四五"发展机遇与挑战分析 [J]. 中国经贸导刊，2020（21）：47–50.

[4] 李新创 . 智能制造助力钢铁工业转型升级 [J]. 中国冶金，2017，27（2）：1–5.

2.5 包装产业链上游——竹木行业分析

中国有竹林地面积 701 万公顷，是世界上竹资源最丰富的国家之一，竹类资源、面积、蓄积量均居世界第一。中国有竹类植物 39 属 857 种，约占世界竹子种类 1642 种的 52%。竹子的传统用途达 1500 多种，被广泛地用于建筑、交通、家具、造纸、工艺品编织等诸多领域。近年来，我国不断加强森林资源保护，严格控制森林资源消耗，森林面积和森林储蓄不断增长。截至 2021 年，我国森林覆盖率达到 24.02%，森林蓄积量达到 194.93 亿立方米，森林面积和森林蓄积量连续保持"双增长"。

2.5.1 竹木行业市场规模

国家统计局数据显示，2017—2021 年，我国木材加工和木、竹、藤、草制品业企业数量呈波动递增变化趋势。截至 2021 年末，我国木材加工和木、竹、藤、草制品业企业数量达 10223 家，同比增加 336 家，企业总数创历史新高。在此期间，我国木材加工和木、竹、藤、草制品业销售收入呈有增有减波动趋势。截至 2021 年

末，中国木材加工和木、竹、藤、草制品业销售收入 9655.5 亿元，同比增长 12.51%（图 2-5-1）；营业成本 8633.3 亿元，同比增长 12.6%；利润总额 395 亿元，同比增长 13.1%。

2022 年 7 月 27 日，国家统计局发布 2022 年 1—6 月份全国规模以上工业企业利润数据的公告。公告显示，2022 年上半年木材加工和木、竹、藤、棕、草制品业营业收入 4746.4 亿元，同比增长 3.1%；营业成本 4299.2 亿元，同比增长 3.2%；利润总额 155.2 亿元，同比下降 4.9%。

（1）竹行业

截至 2020 年底，全国竹资源面积 791.42 万公顷，其中材用竹资源面积 340.70 万公顷，食用竹资源面积 67.92 万公顷，纸浆竹资源面积 70.07 万公顷，纺织用竹资源面积 1.75 万公顷，材笋两用竹资源面积 247.24 万公顷，景观竹资源面积 6.91 万公顷。毛竹资源面积 481.43 万公顷，占 60.83%。近年来，我国通过科技创新将竹资源利用最大化，竹子逐渐作为木材、塑料、钢筋等材料的替代品开发利用，形成了重组竹、竹编工艺

图 2-5-1 2017—2021 年中国木材加工和木、竹、藤、草制品业销售收入及增长率变化趋势图
资料来源：前瞻产业研究院

品、竹纤维制品、竹碳制品等 100 多个系列上万个品种，竹材在建筑、装饰、家居、水利、市政等多个领域得到广泛应用。目前，国内已有上万家竹加工企业，竹产业直接就业人员达千万人。

截至 2020 年底，中国现有竹子生产加工企业 19737 个，其中小微企业 18338 个、中型企业 1320 个、大型企业 79 个。全国竹产业从业人员总数 1582.33 万人，其中农民从业人数 1393.64 万人，占竹产业从业人数的比重为 88.08 %。截至 2020 年底，中国竹产业产值达 3198.99 亿元，其中第一产业 822.47 亿元、第二产业 1648.91 亿元、第三产业 681.47 亿元。

中国作为世界竹产品生产、贸易第一大国，2020 年全国的竹产业产值为 3217.98 亿元（见图 2-5-2），同比增加 11.27 %，竹产业正在由高速发展向高质量发展转变。根据国家林草局、国家发展改革委等 10 部门联合印发的《关于加快推进竹产业创新发展的意见》，到 2025 年，全国竹产业总产值突破 7000 亿元；到 2035 年，全国竹产业总产值超过 1 万亿元。

（2）木材行业

我国是世界上最大的木业加工、木制品生产基地和最主要的木制品加工出口国，同时也是国际上最大的木材采购商之一，人造板、家具、地板年产量已经位居世界前列。目前，我国木材加工行业企业数量较多，全国木材加工生产企业总数近 1.1 万家，但是主营业务收入在 2000 万元以上的企业数量较少，且数量基本保持稳定。由于市场供过于求，行业价格竞争越来越激烈，因此木材生产企业利润较低。2020 年亿元以上木材市场成交额为 295.12 亿元，同比 2019 年下降 17.26 %。

近年来中国木材市场的成交额呈现波动趋势。随着行业结构性改革步伐加快，中国木材市场增量需求明显放缓，市场下行压力巨大。在 2021 年，中国木材市场成交额下降至 252.2 亿元（图 2-5-3）。

2.5.2 竹木行业供需现状

（1）竹行业

目前，全国竹林总面积达 701 万公顷，约占全球的五分之一。从竹林品种看（图 2-5-4），毛竹林种植面积 511.45 万公顷，占竹林总面积的 72.96 %；其他竹林种植面积 189.55 万公顷，占竹林总面积的 27.04 %。

如图 2-5-5 所示，2016—2020 年我国竹林产量由 25.1 亿根增至 37.7 亿根，年均复合增长率约为 10.7 %。随着我国竹林面积的不断扩大，2021 年我国竹林产量可达 41.0 亿根，2022 年可达 44.2 亿根。

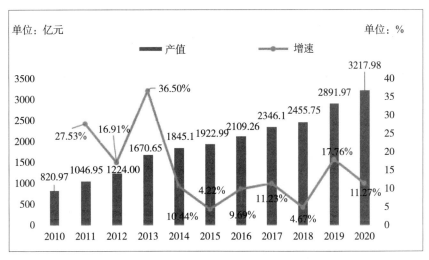

图 2-5-2：2010—2020 年中国竹产业产值统计情况
资料来源：中国竹产业协会

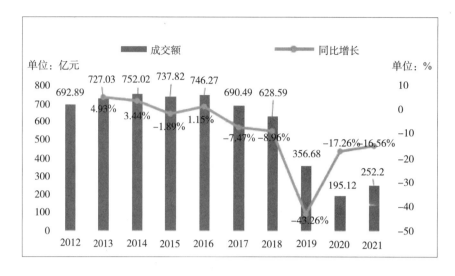

图 2-5-3　2012—2021 年中国木材市场成交额统计
资料来源：智研网

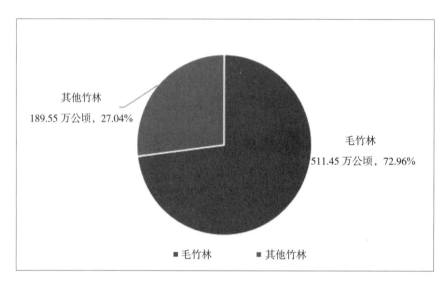

图 2-5-4　竹林品种种植面积占比情况
资料来源：中国竹产业协会、智研咨询

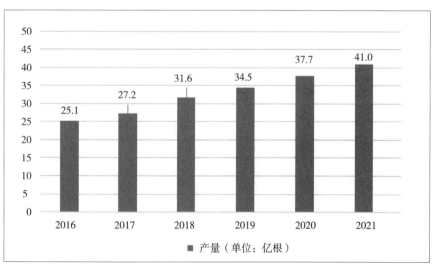

图 2-5-5　2016—2021 年中国竹林产量趋势图
资料来源：中商情报网

（2）木材行业

如图 2-5-6 所示，2020 年全国森林面积达 22044.62 万公顷，森林覆盖率达 23 %。近年来，我国木材产品市场总供给不断扩大，但其中有近半数木材来自进口，2011—2021 年，我国木材对外依存度整体保持在 50 % 左右的高水平。2021 年，我国木材对外依存度约为 49%。

如图 2-5-7 所示，2015—2021 年中国木材产量在 2020 年达到历史高位，为 10257 万立方米，较 2019 年同比增长 2.1 %。2021 年中国木材产量为 9888 万立方米，较 2020 年减少了 369 万立

方米，同比下降 3.60 %。

从木材供需的总趋势来看，我国国内的木材存在供不应求的现象。从国内供给方面来看，我国的木制品生产工艺水平有待提高，木材未得到充分的利用，木材浪费现象严重。同时，我国木材供给受国家政策管控的影响较大，国内木材的砍伐数量与砍伐时间严格地依照政策进行落实，这在一定程度上减弱了木材原材料产业的灵活性，造成了砍伐量低于实际应生产数量的现象，因此国内木材自给率偏低。

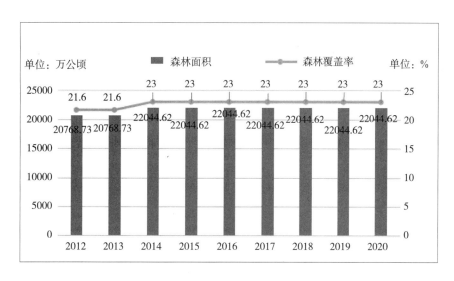

图 2-5-6　2012—2020 年中国森林面积及森林覆盖率统计

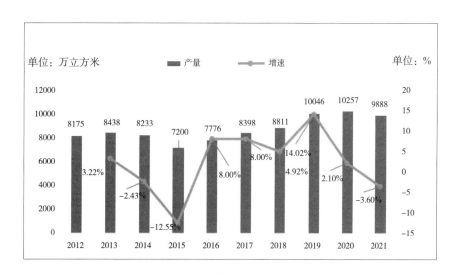

图 2-5-7　2012—2021 年中国木材产量统计情况
资料来源：国家统计局，华经产业研究院整理

2.5.3 竹木行业进出口情况

（1）竹行业

中国是世界上最主要的产竹国之一，竹材产量及出口量均处于世界前列。截至2020年底，中国竹产品进出口贸易总额超过22亿美元，占世界竹产品进出口贸易总额的六成以上，已形成由资源培育、加工利用、科技研发到国内外贸易的发展体系。从我国竹进出口数量来看，我国竹出口数量远大于进口数量。如图2-5-8所示，2020年中国竹出口数量为10.70万吨，较2019

年减少了0.68万吨；进口数量为2.70万吨，较2019年增加了0.24万吨。进出口金额方面（图2-5-9），据统计，2020年我国竹进口金额为184.6万美元，同比增长14.0%；出口金额为6692.2万美元，同比增长10.1%。

《2020中国竹藤商品国际贸易报告》显示，2020年中国竹产品进出口贸易总额为22.1亿美元，占世界竹产品贸易总额的60%以上，竹产品对外贸易量居世界首位。如图2-5-10所示，其中竹制餐具（包括竹筷、竹签和竹砧板）出口贸易总额约9.2亿美元，占中国竹产品出口贸易

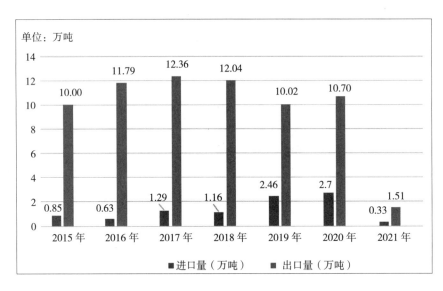

图 2-5-8 2015—2021 年 2 月我国竹进口数量统计
资料来源：中国海关总署，华经产业研究院整理

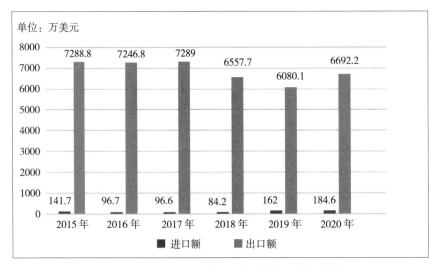

图 2-5-9 2015—2020 年 2 月我国竹进出口金额统计
资料来源：中国海关总署，华经产业研究院整理

总额的 41.5 %。如图 2-5-11 所示，欧盟、美国和日本是中国竹产品的主要出口贸易伙伴。据中国海关统计数据，2020 年中国对欧盟、美国和日本的竹产品出口贸易总额分别为 5.4 亿美元、4 亿美元和 3.1 亿美元，分别约占中国竹产品出口贸易总额的 24 %、18 % 和 14 %，三者合计比重近 60 %。如图 2-5-12 所示，2020 年中国大陆主要竹产品进口贸易，其中竹竿的进口总额为 170 万美元左右，占中国大陆竹产品进口贸易总额的 18 % 左右。2020 年中国大陆竹产品进口贸易的主要伙伴为越南和中国台湾地区，贸易额分别为 297 万美元和 270 万美元，分别占中国大陆竹产品进口贸易总额的 31 % 和 29 %。

（2）木材行业

我国是世界上木材资源相对短缺的国家，森林覆盖率只相当于世界平均水平的五分之三左右。近年来，随着我国生态环境保护力度的不断加强，森林面积在不断增加，但在森林消耗方面却严格控制。我国木材产量虽然有所增加，却无法满足国内需求。我国在 2017 年全面停止天然林的商业性采伐后，木材的主要来源为人造板及进口木材，因此我国木材的进口数量远大于出口数量。如图 2-5-13 所示，2020 年和 2021 年我国木材对外依存度均约 51.0 %。

2020 年我国木材（原木 + 锯材）进口量合计 10757.3 万立方米（原木材体积），同比下降 5.2%；进口金额 160.4 亿美元，同比下降 11.8%；平均单价 149 美元 / 立方米，下降 6.9 %。除欧洲、亚洲增长外，其他地区均呈下降或持平，进口欧洲木材增长是由于欧洲森林病虫害采伐的木材大量出口我国。如图 2-5-14 所示，2021 我国木材进口量连续两年下降，我国木材（原木 + 锯材）进口量合计 10452.1 万立方米（原木材体积），同比下降 2.8%。其中，进口原木 6357.6 万立方米，同比增长 6.9%；进口锯材 2882.8 万立方米，同比下降 14.9%，进口金额为 194.45 亿美元，同比增长 21.2%。2021 年我国木材及木制品进出口贸易额 695.88 亿美元，同比增加 27.18%；其中，进口额为 252.77 亿美元，同比增加 19.60%；出口额为 443.11 亿美元，同比增加 31.95%。

从我国木材主要进口货源地来看（图 2-5-15），我国进口木材主要货源地是俄罗斯（占 25.3 %）、欧洲（占 23.3 %）和新西兰（占 19.8 %），北美木材份额正逐年缩小，欧洲木材由于虫害原因，2018 年以来我国进口量直线上升。

此外，我国主要出口的木制品中的木家具、坐具出口占木制品出口金额的近 60 %，人造板约占 15 %，这两大品类占了出口金额的 75 % 以上，举足轻重。

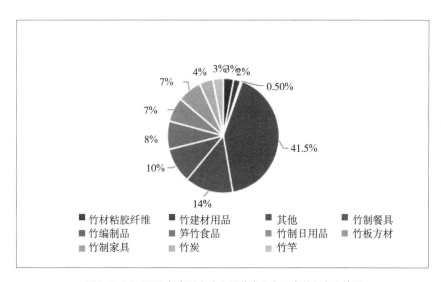

图 2-5-10　2020 年中国大陆主要竹产品出口贸易额占比情况

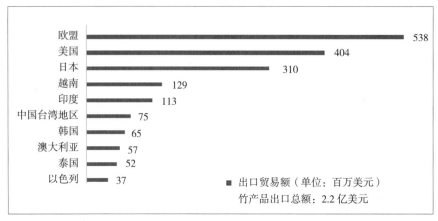

图 2-5-11　2020 年中国大陆竹产品的主要出口贸易伙伴
资料来源：广东省林业局

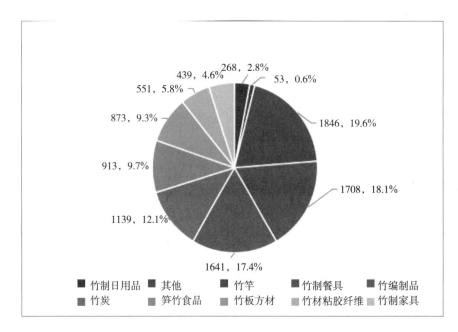

图 2-5-12　2020 年中国大陆主要竹产品的进口贸易（单位：千美元）

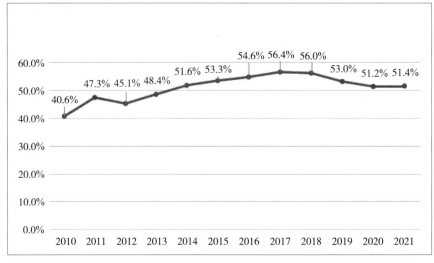

图 2-5-13　2010—2021 年我国木材对外依存度走势
注：对外依存度 = 木材进口量 /（木材进口量 + 木材产量）
资料来源：中国海关总署，华经产业研究院整理

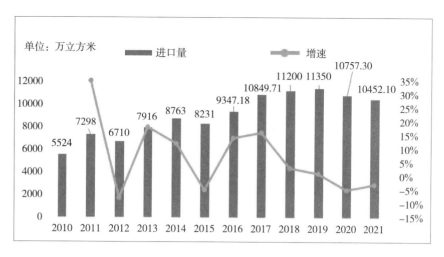

图 2-5-14　2010—2021 年我国木材（原木＋锯材）进口情况
资料来源：中国海关总署，华经产业研究院整理

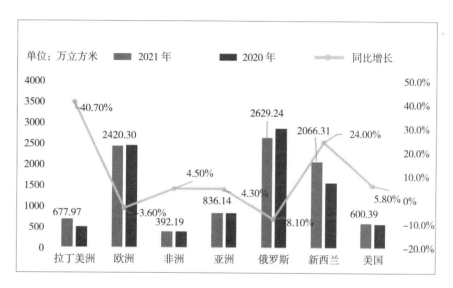

图 2-5-15　2020—2021 年我国木材主要进口货源地情况
资料来源：中国海关总署，华经产业研究院整理

2.5.4 竹木行业生产区域分布

（1）竹行业

我国竹林资源分布不均，以竹材中经济价值较高的毛竹为例，毛竹的生长需要温暖湿润的气候条件，因此其分布主要集中在我国的南部地区。从竹资源受益的农村人口来看，据统计，目前将近有 5000 万人口；跟竹产业后续加工、生产、流通领域相关的（人员）也大概有 3000 万人口，竹产区竹业收益占农民可支配收入的 20% 以上。

竹林主要分布在 17 个省（自治区），其中竹林面积 30 万公顷以上的有福建、江西、浙江、湖南、四川、广东、广西等省、自治区（图 2-5-16）。毛竹林主要分布在 13 个省，其中毛竹林面积 70 万公顷以上的有福建、江西、湖南、浙江，四省种植面积合计 370.62 万公顷，占全国毛竹林面积的 79.23 %。我国的竹制品产业已经具有相当规模，其中福建、江西、四川三省依靠原材料优势成为全国竹制品产业发展最大的地区。其中福建的顺昌、武夷山、永安、沙县、尤溪等地竹制品相关企业有上千家，福建一省集中了国内 15.48 % 的竹材资源，是国内最大的竹产品生产地。

如图 2-5-17 所示，2020 年福建省竹材产量位居第一，产量为 9.57 亿根；产量排第二的是广西壮族自治区，竹材产量为 6.88 亿根；其次是广东省，竹材产量为 2.57 亿根。如图 2-5-18 和图 2-5-19 所示，2021 年福建竹材产量完成 96260 万根，全国排名第一；广西竹材产量完成 60367 万根，全国排名第二；广东竹材产量完成 30907 万根，全国排名第三。

（2）木材行业

从产量分布看，广西木材产量长期占据全国木材总产量三成左右。如图 2-5-20 所示，2020 年广西木材产量为 3600 万立方米，占全国总产量的 36.40%，居全国首位；2020 年，广西林业产业产值达到 7662 亿元，连续多年保持较快速度增长，总产值全国排名从 2015年第五位跃升到 2020 年第二位。其中，木材加工和造纸产值达到 2915 亿元，人造板产量

5034 万立方米，均居全国前列。此外，广东木材产量为 1017 万立方米，占全国总产量的 10.29 %；云南木材产量为 846 万立方米，占全国总产量的 8.56 %。

2.5.5 竹木行业新技术

近两年来，竹类新产品不断涌现，据不完全统计，有"竹吸管""竹展平复合规格材""竹OSB（定向结构刨花板）型材构件""插接式竹OSB 家具"等 23 项竹产品完成新产品鉴定，为满足消费者多元化需求和市场推广提供了有力支撑。竹类新产品的开发，不断激发竹产业活力，增强竹产品的市场竞争力以促使竹企业获取更高的市场占有率，推进竹产业创新化、智能化、绿色化、规模化、高效化发展。本小节汇总整理了 2020—2022 年我国竹木行业中具有一定先进性，并在产业化过程中产生显著经济效益的新技术（表 2-5-1 和表 2-5-2），并从中挑选出一些代表性技术和其他新技术进行介绍。

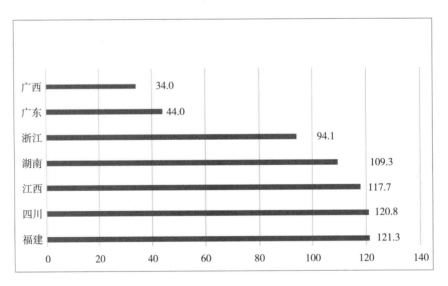

图 2-5-16　全国竹林种植面积主要省域分布情况（单位：万公顷）
资料来源：中国竹产业协会、智研咨询

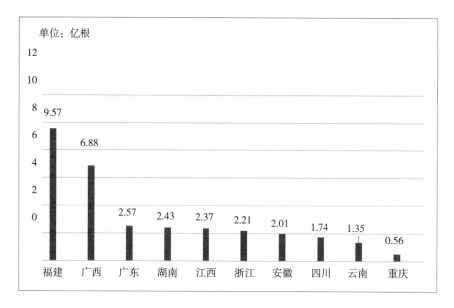

图 2-5-17　2020 年我国各省（市、自治区）竹材产量前十

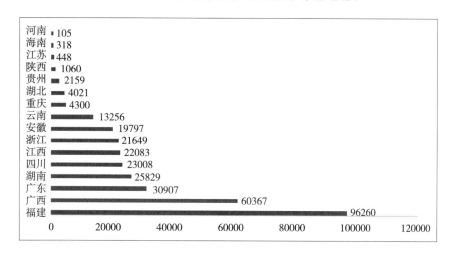

图 2-5-18　2021 年全国各省（市、自治区）竹材产量统计（单位：万根）

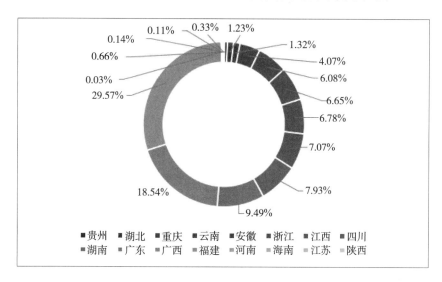

图 2-5-19　2021 年全国各省（市、自治区）竹材产量（占比）统计
资料来源：国家统计局，华经产业研究院

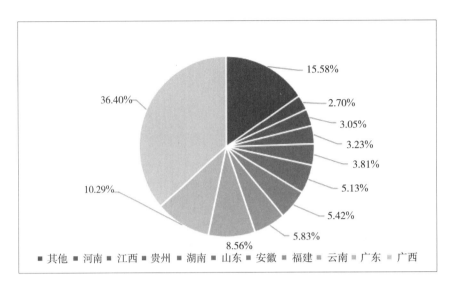

图 2-5-20　2020 年中国木材产量分布占比情况
资料来源：国家统计局、智研咨询

表 2-5-1　竹木行业科学技术奖获奖项目

序号	获奖类别	项目名称	获奖单位
1	2020 年度国家科技进步奖二等奖	竹资源高效培育关键技术	国际竹藤中心、中国林业科学研究院亚热带林业研究所、福建农林大学、南京林业大学、西南林业大学、浙江农林大学等
2	2020 年度高等学校科学研究优秀成果奖（科学技术）技术发明奖一等奖	木质素结构解译、清洁分离及产业化关键技术及应用	大连工业大学、广西大学、北京林业大学、济宁明升新材料有限公司、湖南绿达新材料有限公司、圣象（江苏）木业研究有限公司
3	2021 年四川省科学技术进步一等奖	现代木竹结构关键技术研究及规范体系构建和工程应用	中国建筑西南设计研究院有限公司、同济大学、上海建筑科学研究院有限公司、南京林业大学、苏州昆仑绿建木结构科技股份有限公司等
4	2021 年度中国木材与木制品流通协会科学技术奖特等奖	科技木和竹木皮制造	维德木业（苏州）有限公司
5	2021 年度中国木材与木制品流通协会科学技术奖特等奖	地暖实木地板及其铺装结构	天格地板有限公司、浙江菱格木业有限公司
6	2021 年度中国木材与木制品流通协会科学技术奖特等奖	可饰面定向结构板关键技术研发与产业化	寿光市鲁丽木业股份有限公司、山东鲁丽家居有限公司
7	2021 年度中国木材与木制品流通协会科学技术奖特等奖	超薄纤维板高效制造技术	济宁三联木业有限公司
8	2021 年度中国木材与木制品流通协会科学技术奖特等奖	功能性胶膜纸饰面单板类人造板制造关键技术及应用	德华兔宝宝装饰新材股份有限公司、北京林业大学
9	2021 年度中国木材与木制品流通协会科学技术奖特等奖	高防潮性能强化木地板	大自然家居（中国）有限公司、广西柏景地板有限公司
10	2021 年度中国木材与木制品流通协会科学技术奖特等奖	木质门复合材料面漆封边工艺	湖北千川门窗有限公司
11	2021 年度中国木材与木制品流通协会科学技术奖特等奖	速生材表面装饰关键技术研究与示范	浙江世友木业有限公司、中国林业科学研究院新技术研究所、巴洛克木业（中山）有限公司、江苏海田技术有限公司

序号	获奖类别	项目名称	获奖单位
12	2021 年度中国木材与木制品流通协会科学技术奖特等奖	现代木结构关键技术研究与工程应用	苏州昆仑绿建木结构科技股份有限公司
13	2021 年度中国木材与木制品流通协会科学技术奖特等奖	木门自动化生产线	尚品本色智能家居有限公司
14	2021 年度中国木材与木制品流通协会科学技术奖一等奖	新型环保阻燃木质型材关键技术研究	红木枋家居科技（湖州）有限公司
15	2021 年度中国木材与木制品流通协会科学技术奖一等奖	基于信息系统的拼花镶嵌实木复合地板智能化生产线的构建及其应用	浙江水墨江南新材料科技有限公司、美述家智能家居有限公司
16	2021 年度中国木材与木制品流通协会科学技术奖二等奖	板材智能识别、分级及自动打包关键技术	广西国旭林业发展集团股份有限公司、广西高峰五洲人造板公司、南宁华数轻量化电动汽车设计院有限公司（智能产线部）

表 2-5-2　竹木行业中国专利奖

序号	获奖等级	专利号	专利名称	专利权人
1	第二十二届中国专利优秀奖	ZL201510351590.7	一种复合有木质层的地板及其制造方法	张家港市盛港绿色防火建材有限公司
2	第二十二届中国专利优秀奖	ZL201610519287.8	一种以灌木为原料制造木基型材的自动生产设备及方法	鄂尔多斯市华林沙柳科技有限公司
3	第二十二届中国专利优秀奖	ZL201410448957.2	一种木质门扇双面雕刻机	南通跃通数控设备股份有限公司
4	第二十三届中国专利优秀奖	ZL201410594950.1	木材加工中心的机头结构	南兴装备股份有限公司
5	第二十四届中国专利奖（推荐项目）	ZL200910072237.X	阻燃性木塑复合材料及其制备方法	江苏肯帝亚木业有限公司
6	第二十四届中国专利奖（推荐项目）	ZL201410840347.7	家具包装封箱自动线	南兴装备股份有限公司、南兴装备（韶关）有限公司
7	第二十四届中国专利奖（推荐项目）	ZL200910154064.6	一种装饰贴面板的制作工艺	千年舟新材料科技集团股份有限公司

竹木行业代表性技术成果介绍：

（1）以竹代塑

https：//www.forestry.gov.cn/main/28/20220706/154439363877432.html

竹子是优质的可再生、可循环、可降解的环保材料，并且具备强度高、韧性好、硬度大、可塑性佳等特点。有数据表明，竹林的固碳能力远超普通林木，是杉木的 1.46 倍、热带雨林的 1.33 倍。我国竹林每年可实现减碳 1.97 亿吨、固碳 1.05 亿吨，减碳固碳总量达到 3.02 亿吨。如果全球每年使用 6 亿吨竹子替代 PVC（聚氯乙烯）产品，预计将减少 40 亿吨二氧化碳排放。可见，"以竹代塑"能够起到美化环境、减碳固碳、发展经济、增收致富的作用，还能够满足人民群众对生态产品的需求，提升人民群众的幸福感和获得感。从一次性竹餐具、汽车内饰、电子产品外壳、体育器材到产品包装和防护用品等，竹子产品的应用范围十分广泛。

（2）竹资源高效培育关键技术

http：//www.lcjzwl.com/kejixinsheng/5551.html

该项目研究了我国主要经济竹种和生态竹种20余个，构建了以竹资源精准培育、生态培育、健康保护和资源监测技术为核心内容的竹资源高效培育关键技术体系，在福建、浙江、云南、四川等竹资源丰富的省份进行了大面积的示范推广，取得了显著的经济、生态和社会效益。同时，项目成果积极服务国家"一带一路"倡议，完成国内外培训班143期，覆盖70多个国家和地区，产生良好的国际影响。

该成果解决了我国主要经济和生态竹种资源的高效培育技术难题，无偿在全国主要竹产区进行了广泛推广，有力地支撑了竹资源的高效、可持续利用和竹产业的高质量发展，部分竹产区竹业收益占农民可支配收入的20%以上，在促进农民增收、精准扶贫、助力乡村振兴过程中发挥了重要作用。同时，该项目成果契合森林质量精准提升、乡村振兴、双碳战略、美丽中国建设等国家重大战略，将在推动生态文明建设方面继续发挥积极作用。

（3）竹材高值化加工关键技术创新研究

https：//new.qq.com/rain/a/20230117A047HO00

该项目针对竹质工程材料及产品的连续化自动化技术提升与防护、竹质特异化新产品开发与应用领域拓展、低质竹材及竹采伐加工剩余物高效增值利用三个方面存在的技术瓶颈，经过5年的持续攻关，高质量完成了预期目标和考核指标。该项目在突破竹材传统加工方式、拓展竹材应用领域、竹材功能化增值利用三个方面取得了重大进展，大幅提升竹材加工产业的机械化、自动化水平，劳动生产率提高30%以上，促进竹材加工产业结构调整和转型升级，开辟了低质竹材及加工剩余物资源高值化利用新途径。创新研发的20项新技术、9件新产品和5套新装备，整体居于世界领先地位，成果总体达到国际领先水平，具有良好的产业化前景和生态社会效益。项目瞄准林业专

项中关于木材安全、"两山"理论、"两碳"目标、服务"三农"和"乡村振兴"战略的重大需求，实现了不同尺度竹材单元加工的高效化、目标产品的高值化和防护效益的广谱化，对于提高竹材生产效率、提升竹产品的附加值具有重要意义。

（4）木质素结构解译、清洁分离及产业化关键技术及应用

http：//www.chinapaper.net/news/show-59932.html

该项目在国家基金委重大国际合作等项目资助下，历时十多年攻关，在国内外率先进行了木质素清洁高效分离及高值产业化利用的技术研发与应用，形成了具有自主知识产权的木质素高值产业化利用关键技术体系，发明了二次球磨及预润胀酶解技术，研发出木质素基环保胶黏剂及系列无醛人造板产品，实现了大规模生产；发明了溶解浆生产过程中水热预处理木质素清洁高效分离新技术，研发出木质素高取代PBAT（热塑性生物降解塑料）可降解垃圾袋、农用地膜及垃圾填埋膜，实现了产业化生产及应用，有力推动了工业木质素的高值产业化利用。

（5）现代木竹结构关键技术研究及规范体系构建和工程应用

http：//www.sc.chinanews.com.cn/bwbd/2022-03-25/164550.html

该项目旨在解决现代木竹结构发展，却面临三大关键难题：木竹材料强度指标确定难、构件节点设计理论不足，材料防火性能差，木竹结构抗震韧性弱。该项目依托15项国家级课题，历经近二十年产学研攻关，通过大量的试验和实践证明，可使原本易燃的木竹材料变为难燃，将木竹材料的耐火极限提高了30分钟以上。在抗震关键技术方面，相关研究成果使木竹结构残余变形较传统木竹结构减少了80%以上，显著提升了木竹结构的抗震韧性。

该项目创建了现代木竹构件和节点力学性能分析理论，研发了现代木竹结构防火和抗震

关键技术，构建了我国现代木竹结构标准体系。项目研究人员主编《木结构设计标准》等5部国家标准、1部行业标准。该项目推动了我国现代木竹结构全产业链发展，建成工程木竹材料生产线4条，成果在成都天府国际机场川航活动中心、龙泉山丹景台公园、天府国际会议中心天府之檐等500余项代表性工程中成功应用。近三年新增产值26.1亿元，新增利润2.9亿元。该项目为四川竹产业高质量发展提供强有力的技术支撑，为国家"双碳"战略和建筑业减碳提供了新途径。

2.5.6 竹木行业发展趋势

近年来，在倡导绿色消费的背景下，减少塑料消费，推广绿色环保的塑料材料替代品一直是研究热点。相比于不可降解合成塑料，竹、木是可再生、可循环、可降解的生物质材料。随着科学技术的不断发展，部分竹制材料和木质材料的性能得到显著提升，具有优良的强度、韧性和可塑性，具有广阔的应用空间。我国竹木行业未来几年的发展重点和趋势如下。

（1）重点培育新品种的竹木种业

应充分发挥我国在林木种质资源上的优势，建立竹木种质资源保护、种质创新、良种繁育、新品种推广、品种权保护于一体的现代竹木种业创新体系。大力开发新品种，重点突破种业创新关键技术，实行定向育种、定向培育，实现中国竹木业科技强、企业强、产业强的自主创新目标。此外，加强对重点生态功能区的竹木培育与保护，采取封禁恢复、人工造林、补植修复等措施对退化林实施生态修复。

（2）大力发展竹木先进加工技术与装备研发

通过完善竹木资源装备创新体系，加快推进竹木装备技术创新，鼓励企业、高校、科研院所进行产学研深度融合，协同发展，建立专业化的竹木装备研发平台；通过引进现代装备和智能技术人才，开展竹木装备关键技术攻关，加快竹木采伐运输、前序工段、连续成型等关键技术装备产业化。例如，将数控技术与"云控制""大数据"相结合，能够实现生产线柔性加工，提高生产效率，使数控机床的组合与传送装置更加灵活多变，从而适应对多种原料的精加工，满足多种木工产品的市场需求。

（3）积极发展循环经济，推动竹木加工业绿色转型

鼓励企业实施环保设施和技术改造升级，鼓励新型环保胶黏剂的开发、应用和推广，逐步提高低醛、无醛竹木加工产品的比例；推广竹材、木材加工残留物的综合利用，采用物理利用、化学利用、生物利用和燃料利用等方法，分别制备复合人造板、绿色复合材料、生物制品和燃料；探索废旧家具、木质包装等废弃竹木质材料的回收利用体系，通过开展复用、循环利用、再生利用、能源利用以及特殊利用等途径，提高废弃竹木资源的回收再生率。

参考资料：

[1] 李秀英. 基于影响因素相关性分析的中国竹产业发展对策与布局 [J]. 世界竹藤通讯，2022，20（3）：56-60，84.

[2] 郭辰星，朱震锋，刘嘉琦. 新时期中国木材资源供需：现状、问题及方略 [J]. 中国林业经济，2019（5）：66-69.

2.6 包装机械行业分析

包装专用设备是指能完成全部或部分产品和商品包装过程的设备。包装过程包括充填、裹包、封口等主要工序，以及与其相关的前后工序，如清洗、堆码和拆卸等。此外，包装还包括计量或在包装件上盖印等工序。包装专用设备的分类多种多样，其中按功能可分为单功能包装机和多功能包装机；按使用目的可分为内包装机和外包装机；按包装品种又可分为专用包装机和通用包装机；按自动化水平可分为半自动包装机和全自动包装机；等等。

2.6.1 包装机械行业市场规模

（1）包装专用设备

虽然我国的包装机械工业起步较晚，但是随着近年来国民经济的日益发展，国内工业市场对包装机械的需求不断增加，加上政府的重视与政策扶持，中国包装机械行业得以迅速发展，目前已成为中国机械工业十大支柱产业之一。

2020年，我国包装专用设备制造行业规模以上企业（年营业收入2000万元及以上全部工业法人企业）488家，比2019年增加32家，当年累计完成营业收入810.56亿元，同比增长21.05%（图2-6-1）。全国包装专用设备制造行业累计完成利润总额85.72亿元，同比增长47.40%（图2-6-2）。

2021年，我国包装专用设备制造行业规模以上企业568家，比2020年增加80家，当年累计完成营业收入950.28亿元。全国包装专用设备制造行业累计完成利润总额94.76亿元。

（2）塑料加工专用设备

受益于国内塑料制品市场需求的不断增长，近年来我国塑料加工专用设备行业营收整体呈上升趋势。2020年，中国塑料机械行业规模以上企业实现营业收入810.56亿元，较2019年增加160亿元。2021年，全国塑料加工专用设备制造行业累计完成营业收入950.28亿元，同比增长17.2%（图2-6-3、图2-6-4）。2021年，全国塑料加工专用设备制造行业累计完成利润总额94.76亿元，同比增长14.83%（图2-6-5）。

2.6.2 包装机械行业产量及区域分布

（1）包装专用设备

国家统计局数据显示（图2-6-6至图2-6-8）：2016—2021年中国包装专用设备产量总体呈现上升趋势，2021年达近年来产量最高值。其中，2020年1—12月全国包装专用设备行业累计完成产量26.34万台，同比增长5.8%。2021年1—12月中国包装专用设备行业累计产量为75.43万台，累计增长57.1%。

从包装专用设备产量区域分布来看（图2-6-9和图2-6-10），2020年我国包装专用设备产量排在前五位的地区依次是广东省、江苏省、福建省、浙江省、上海市。其中：广东省完成累计产量9.09万台，占比34.52%，同比增长10.55%；江苏省完成累计产量3.9万台，占比14.8%，同比增长28.89%；福建省完成累计产量2.61万台，占比9.91%，同比下降16.84%；浙江省完成累计产量2.36万台，占比8.97%，同比下降5.95%；上海市完成累计产量2.11万台，占比8.02%，同比下降6.49%。

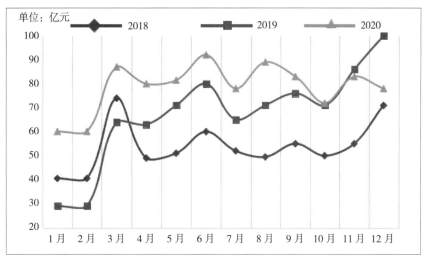

图 2-6-1 2018—2020 年全国包装机械制造行业连续三年月度营业收入对比

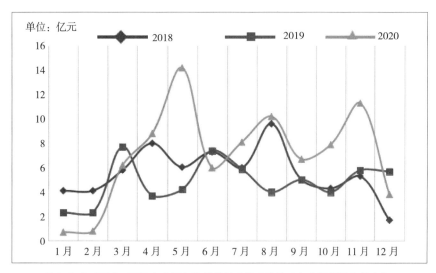

图 2-6-2 2018—2020 年全国包装机械制造行业连续三年月度利润总额对比
资料来源：中国包装联合会，华经产业研究院

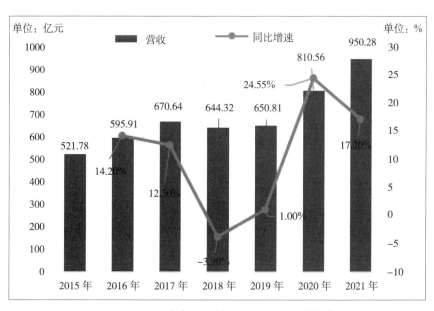

图 2-6-3 2015—2021 年中国塑料加工专用设备行业营收情况
资料来源：中国包装联合会，华经产业研究院

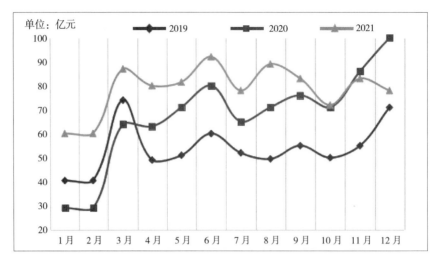

图 2-6-4　2019—2021 年全国塑料加工专用设备制造行业连续三年月度营业收入对比

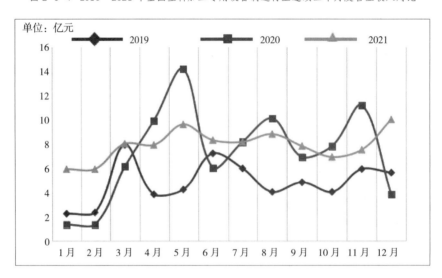

图 2-6-5　2019—2021 年全国塑料加工专用设备制造行业连续三年月度利润总额对比
资料来源：中国包装联合会，华经产业研究院

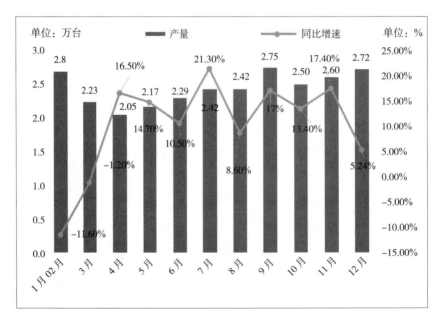

图 2-6-6　2020 年全国包装专用设备行业月度产量及同比增速

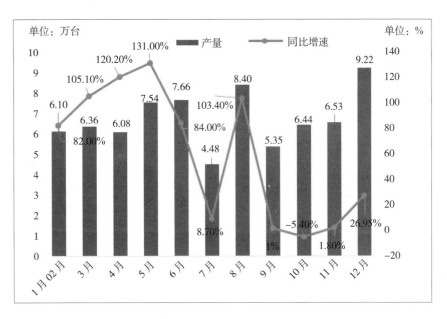

图 2-6-7　2021 年全国包装专用设备行业月度产量及同比增速

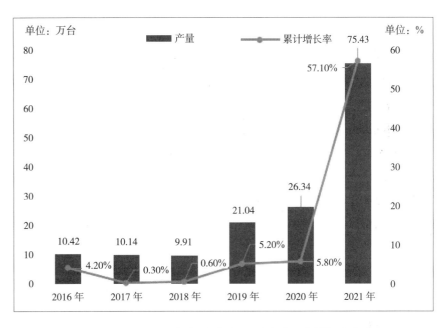

图 2-6-8　2016—2021 年中国包装专用设备产量及累计增长率统计图
数据来源：中国包装联合会年度数据

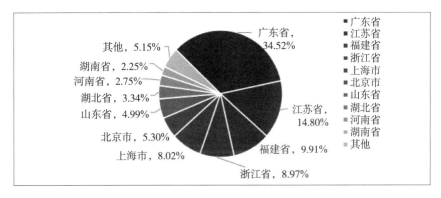

图 2-6-9　2020 年 1—12 月全国包装专用设备行业累计产量地区占比情况

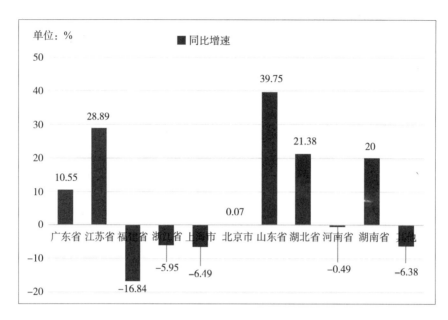

图 2-6-10　2020 年 1—12 月全国包装专用设备行业累计产量主要地区同比增长情况
数据来源：国家统计局，智研咨询整理

国家统计局数据显示（图 2-6-11 至图 2-6-14），2021 年 1—12 月，全国包装专用设备行业累计产量 75.43 万台，各季度全国包装专用设备主要集中在华南、华东、华北地区生产。产量排在前五位的地区依次是广东省、江西省、江苏省、浙江省、福建省。其中：广东省完成累计产量 45.75 万台，占比 60.64 %，同比增长 68.79 %；江西省完成累计产量 9.01 万台，占比 11.95 %，同比增长 238.21 %；江苏省完成累计产量 5.75 万台，占比 7.62 %，同比增长 46.96 %；浙江省完成累计产量 3.95 万台，占比 5.23 %，同比增长 24.3 %；福建省完成累计产量 2.59 万台，占比 3.43 %，同比下降 2.15 %。

（2）塑料加工专用设备

近年来，随着我国塑料终端应用市场的不断扩大，国内市场对塑料制品的需求量逐步增加，使得塑料生产制造行业对塑料加工设备的需求上升，进而推动了中国塑料加工专用设备行业的发展。如图 2-6-15 和图 2-6-16 所示，2020 年 1—12 月，全国塑料加工专用设备行业累计完成产量 32.84 万台，同比下降 14.81%。

从塑料加工专用设备产量区域分布来看（图

2-6-17），2020 年我国塑料加工设备产量排在前五位的地区依次是浙江省、广东省、河北省、江苏省和重庆市。其中，浙江省完成累计产量 12.85 万台，占比 39.13 %，同比增长 32.18 %；广东省完成累计产量 12.15 万台，占比 36.99%，同比增长 19.52 %；河北省完成累计产量 2.02 万台，占比 6.14 %，同比增长 3.56 %；江苏省完成累计产量 1.82 万台，占比 5.55 %，同比增长 6.52 %；重庆市完成累计产量 1.54 万台，占比 4.68 %，同比下降 89.37 %。

从图 2-6-18 可知，2021 年 1—12 月，我国塑料加工专用设备产量为 35.23 万台，同比增长 7.3 %。从产量分布来看（图 2-6-19），2021 年 1—12 月我国塑料加工专用设备产量排在前五位的地区依次是浙江、广东、江苏、河北和上海。其中，浙江省完成累计产量 14.12 万台，占比 40.07%，同比增长 7.41 %；广东省完成累计产量 12.27 万台，占比 34.83 %，同比增长 0.18 %；江苏省完成累计产量 2.39 万台，占比 6.79 %，同比增长 25.48 %；河北省完成累计产量 1.83 万台，占比 5.2 %，同比下降 9.35 %；上海市完成累计产量 1.8 万台，占比 5.12 %，同比增长 45.8 %。

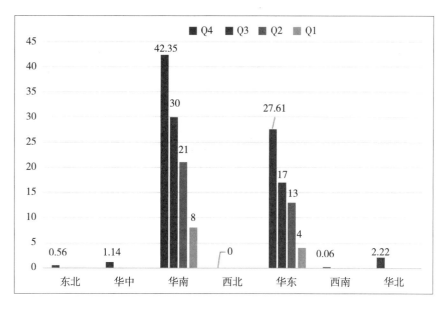

图 2-6-11：2021 年中国包装专用设备七大区产量统计图

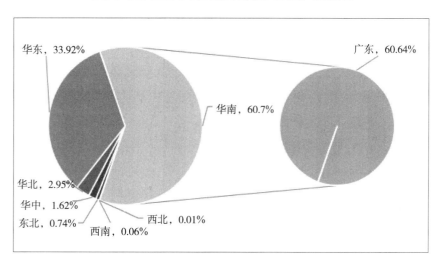

图 2-6-12　2021 年 1—12 月中国包装专用设备七大区产量占比统计图

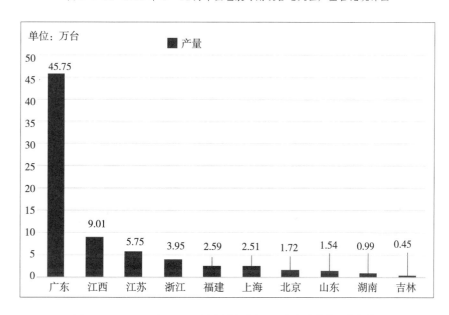

图 2-6-13　2021 年 1—12 月中国包装专用设备各省市产量排行榜

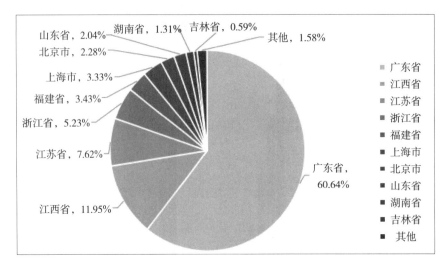

图 2-6-14　2021 年 1—12 月全国包装专用设备行业累计产量地区占比情况
数据来源：国家统计局，智研咨询整理

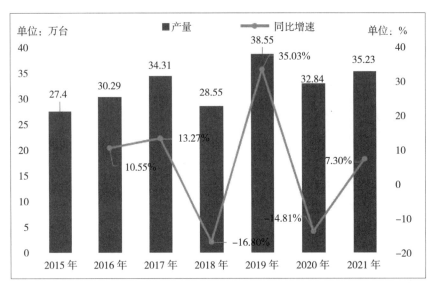

图 2-6-15　2015—2021 年全国塑料加工专用设备产量及增速情况
资料来源：国家统计局，中国包装联合会，华经产业研究院

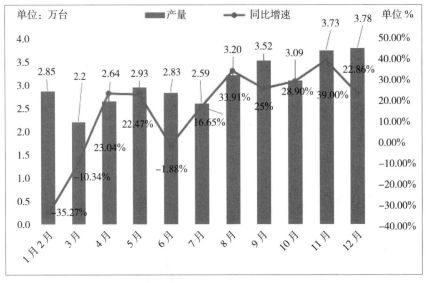

图 2-6-16　2020 年全国塑料加工专用设备行业月度产量及同比增速

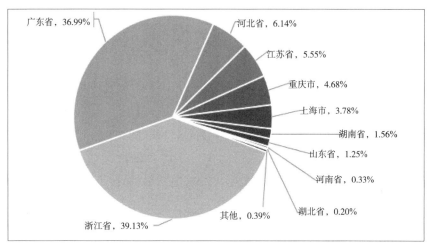

图 2-6-17　2020 年全国塑料加工专用设备产量分布
数据来源：国家统计局，智研咨询

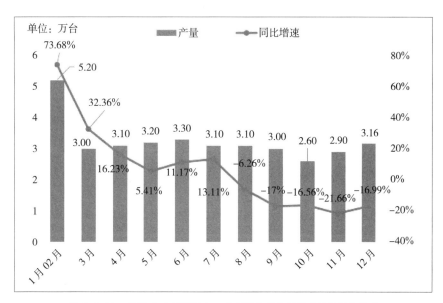

图 2-6-18　2021 年全国塑料加工专用设备行业月度产量及同比增速

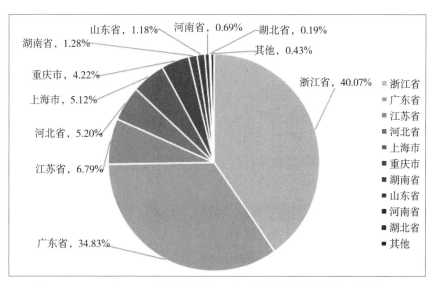

图 2-6-19　2021 年 1—12 月全国塑料加工专用设备行业累计产量地区占比情况
资料来源：中国包装联合会，华经产业研究院

2.6.3 包装机械行业进出口情况

（1）全国包装机械制造行业进出口情况分析

从行业进出口数据分析，2020 年 1—12 月全国包装专用设备行业累计完成进出口总额 26.71 亿美元，同比下降 3.88 %。其中，累计完成出口额 16.69 亿美元，同比增长 0.80 %。其中，一般贸易完成累计出口额 15.32 亿美元，占比 91.82 %，同比增长 3.2 %；进料加工贸易完成累计出口额 0.66 亿美元，占比 3.95 %，同比下降 32.0%；其他完成累计出口额 0.42 亿美元，占比 2.52 %，同比增长 29.07 %；保税区仓储转口货物完成累计出口额 0.15 亿美元，占比 0.9 %，同比增长 17.11 %；边境小额贸易完成累计出口额 0.09 亿美元，占比 0.54 %，同比下降 64.46 %；保税仓库进出境货物完成累计出口额 0.04 亿美元，占比 0.26 %，同比增长 60.46 %。

如图 2-6-20 所示，出口额排在前五的地区依次是浙江、广东、江苏、上海、福建。其中，浙江完成累计出口额 8.33 亿美元，占比 49.92%，同比增长 3.03%；广东完成累计出口额 4.37 亿美元，占比 26.20%，同比增长 5.72%；江苏完成累计出口额 2.06 亿美元，占比 12.30%，同比下降 8.93%。从图 2-6-21 可知，出口额排在前五位的国家依次是越南、土耳其、印度尼西亚、马来西亚、墨西哥。其中，越南完成累计出口额 2 亿美元，占比 11.96 %；土耳其完成累计出口额 1.2 亿美元，占比 7.18%；印度尼西亚完成累计出口额 0.86 亿美元，占比 5.14%。

2020 年 1—12 月，全国包装机械制造行业累计完成进口额 10.02 亿美元，同比下降 10.76%。其中，一般贸易完成累计进口额 8.93 亿美元，占比 89.07 %，同比下降 15.49 %；保税区仓储转口货物完成累计进口额 0.78 亿美元，占比 7.79%，同比增长 161.53 %；出口加工区进口设备完成累计进口额 0.13 亿美元，占比 1.34 %，同比增长 92.24%；保税仓库进出境货物完成累计进口额 0.11 亿美元，占比 1.07 %，同比增长 84.55 %；

外商投资企业作为投资进口的设备、物品完成累计进口额 0.04 亿美元，占比 0.44 %，同比下降 75.86 %；其他完成累计进口额 0.02 亿美元，占比 0.19 %，同比下降 55.21 %；加工贸易进口设备完成累计进口额 0.01 亿美元，占比 0.09 %，同比下降 38.6 %。

进口额排在前五位的国家或地区是日本、德国、奥地利、中国台湾、意大利（图 2-6-22）。其中，日本完成累计进口额 5.72 亿美元，占比 57.03%，同比增长 1.97 %；德国完成累计进口额 2.13 亿美元，占比 21.25 %，同比下降 16.77%；奥地利完成累计进口额 0.51 亿美元，占比 5.12%，同比增长 85.52 %。从图 2-6-23 可知，进口额排在前五位的地区依次是广东、江苏、浙江、上海、福建。其中，广东完成累计进口额 2.45 亿美元，占比 24.46 %，同比下降 18.77 %；江苏完成累计进口额 1.45 亿美元，占比 14.49%，同比下降 15.82 %；浙江完成累计进口额 1.26 亿美元，占比 12.57%，同比下降 3.33 %；上海完成累计进口额 1.13 亿美元，占比 11.31 %，同比下降 8.29 %；福建完成累计进口额 0.64 亿美元，占比 6.43 %，同比增长 27.99%。

从行业进出口数据分析，2021 年，全国包装专用设备行业累计完成进出口总额 34.75 亿美元，同比增长 30.10 %。其中，累计出口额 22.52 亿美元，同比增长 34.95 %；进口额 12.23 亿美元，同比增长 22.04 %。

（2）塑料加工专用设备

从行业进出口贸易情况来看（图 2-6-24），随着我国塑料加工专用设备行业的不断发展，行业进出口规模也随之不断增长。2021 年我国塑料加工专用设备进口金额为 12.23 亿美元，同比增长 22.04%；出口金额为 22.52 亿美元，同比增长 34.95%。

①全国塑料加工专用设备行业出口情况分析。

如图 2-6-25 所示，2021 年 1—12 月，全国塑料加工专用设备行业完成累计出口额 22.52 亿美元，其中一般贸易完成累计出口额 20.64 亿美

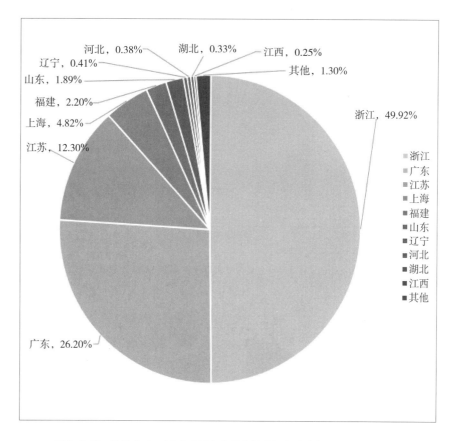

图 2-6-20 2020 年 1—12 月全国包装机械制造行业累计出口额地区占比情况

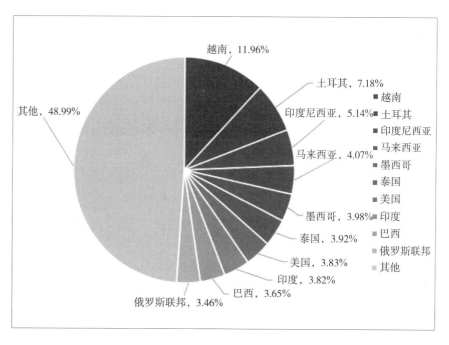

图 2-6-21 2020 年 1—12 月全国包装机械制造行业累计出口额贸易国占比情况
资料来源：中国包装联合会，华经产业研究院

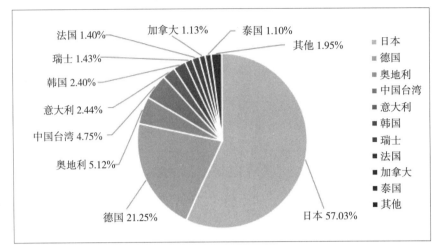

图 2-6-22 2020 年 1—12 月中国大陆包装机械制造行业累计进口额贸易国（地区）占比情况

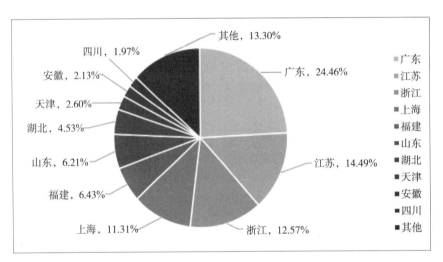

图 2-6-23 2020 年 1—12 月全国包装机械制造行业累计进口额地区占比情况
数据来源：国家统计局，中国包装联合会

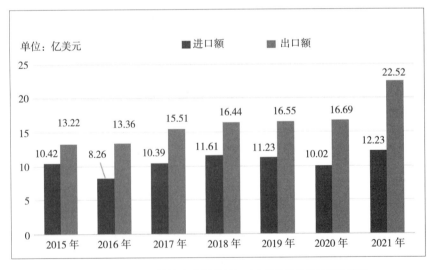

图 2-6-24：2015—2021 年中国塑料加工专用设备进出口贸易情况
资料来源：中国包装联合会，华经产业研究院

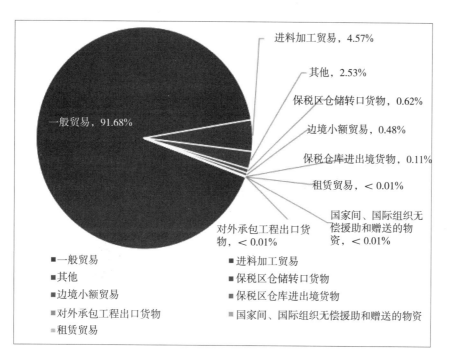

一般贸易，91.68%

进料加工贸易，4.57%

其他，2.53%

保税区仓储转口货物，0.62%

边境小额贸易，0.48%

保税仓库进出境货物，0.11%

租赁贸易，<0.01%

国家间、国际组织无偿援助和赠送的物资，<0.01%

对外承包工程出口货物，<0.01%

- 一般贸易
- 进料加工贸易
- 其他
- 保税区仓储转口货物
- 边境小额贸易
- 保税区仓库进出境货物
- 对外承包工程出口货物
- 国家间、国际组织无偿援助和赠送的物资
- 租赁贸易

图 2-6-25　2021 年 1—12 月全国塑料加工专用设备行业累计出口额贸易方式占比情况
资料来源：中国包装联合会，华经产业研究院整理

元，占比 91.68 %，同比增长 34.75 %；进料加工贸易完成累计出口额 1.03 亿美元，占比 4.57%，同比增长 56.12 %；其他完成累计出口额 0.57 亿美元，占比 2.53 %，同比增长 35.62 %；保税区仓储转口货物完成累计出口额 0.14 亿美元，占比 0.62 %，同比下降 7 %；边境小额贸易完成累计出口额 0.11 亿美元，占比 0.48 %，同比增长 19.83 %；保税仓库进出境货物完成累计出口额 0.02 亿美元，占比 0.11 %，同比下降 44.3 %。

如图 2-6-26 所示，出口额排在前五位的国家依次是越南、土耳其、墨西哥、印度尼西亚、泰国。其中，越南完成累计出口额 2.15 亿美元，占比 9.56 %，同比增长 7.84 %；土耳其完成累计出口额 1.44 亿美元，占比 6.39 %，同比增长 20.06 %；墨西哥完成累计出口额 1.14 亿美元，占比 5.04 %，同比增长 71.17 %；印度尼西亚完成累计出口额 1.09 亿美元，占比 4.82 %，同比增长 26.55 %；泰国完成累计出口额 1.04 亿美元，占比 4.60 %，同比增长 58.34 %。

如图 2-6-27 所示，按收发货人注册地出口额排在前五位的地区依次是浙江、广东、江苏、上海、山东。其中，浙江完成累计出口额 11.2

亿美元，占比 49.73 %；广东完成累计出口额 4.22 亿美元，占比 18.76 %；江苏完成累计出口额 2.98 亿美元，占比 13.24 %；上海完成累计出口额 1.36 亿美元，占比 6.04 %；山东完成累计出口额 0.8 亿美元，占比 3.54 %。

② 全国塑料加工专用设备行业进口情况分析。

如图 2-6-28 所示，2021 年 1—12 月，全国塑料加工专用设备行业累计完成进口额 12.23 亿美元，其中一般贸易完成累计进口额 11.36 亿美元，占比 92.88 %，同比增长 27.26 %；保税区仓储转口货物完成累计进口额 0.6 亿美元，占比 4.88 %，同比下降 23.51 %；出口加工区进口设备完成累计进口额 0.2 亿美元，占比 1.67 %，同比增长 52.29 %；其他完成累计进口额 0.03 亿美元，占比 0.22 %，同比增长 44.2 %；保税仓库进出境货物完成累计进口额约 0.03 亿美元，占比 0.21%，同比下降 76.36 %；外商投资企业作为投资进口的设备、物品完成累计进口额 0.01 亿美元，占比 0.08 %，同比下降 78.65 %。

如图 2-6-29 所示，中国大陆塑料加工专用设备行业累计进口额排在前五位的国家和地区是

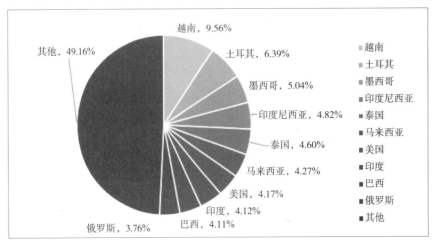

图 2-6-26　2021 年 1—12 月全国塑料加工专用设备行业累计出口额贸易国占比情况
资料来源：中国包装联合会，华经产业研究院

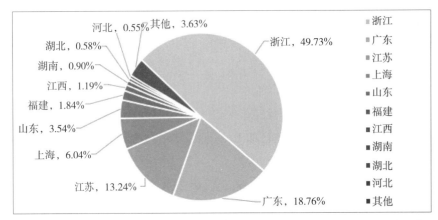

图 2-6-27　2021 年 1—12 月全国塑料加工专用设备行业累计出口额按收发货人注册地占比情况
资料来源：中国包装联合会，华经产业研究院

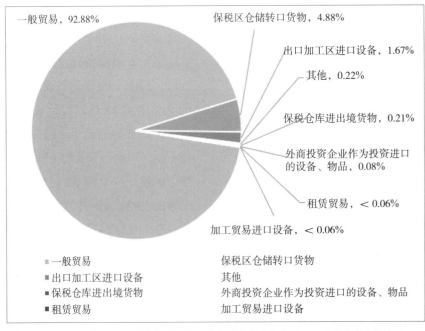

图 2-6-28　2021 年 1—12 月全国塑料加工专用设备行业累计进口额贸易方式占比情况
资料来源：中国包装联合会，华经产业研究院

日本、德国、中国台湾、奥地利、韩国。其中，日本完成累计进口额 7.43 亿美元，占比 60.74 %，同比增长 29.97 %；德国完成累计进口额 2.22 亿美元，占比 18.19 %，同比增长 4.48%；中国台湾完成累计进口额 0.46 亿美元，占比 3.77 %，同比下降 3.14 %；奥地利完成累计进口额 0.43 亿美元，占比 3.55 %，同比下降 15.32%；韩国完成累计进口额约 0.43 亿美元，占比 3.52 %，同比增长 79.16 %。

如图 2-6-30 所示，按收发货人注册地进口额排在前五位的地区依次是广东、江苏、上海、北京、山东。其中，广东完成累计进口额 3.16 亿美元，占比 25.87 %；江苏完成累计进口额 2.31 亿美元，占比 18.91 %；上海完成累计进口额 1.97 亿美元，占比 16.11 %；北京完成累计进口额 1.23 亿美元，占比 10.03 %；山东完成累计进口额 1.19 亿美元，占比 9.74 %。

2.6.4 包装机械行业新技术

近几年来，我国包装机械取得了快速发展，技术水平不断增强，进口替代效应逐步显现，我国的包装机械行业迎来了良好的发展时期，包装机械也进一步朝着高速、高效、高质的方向发

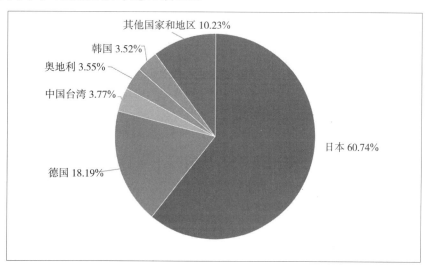

图 2-6-29 2021 年 1—12 月中国大陆塑料加工专用设备行业累计进口额贸易国（地区）占比情况
资料来源：中国包装联合会，华经产业研究院

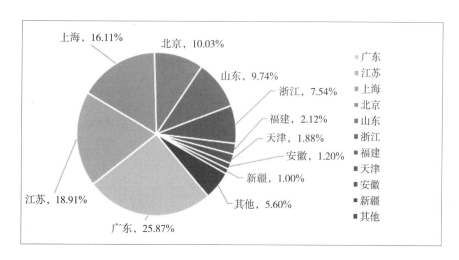

图 2-6-30 2021 年 1—12 月全国塑料加工专用设备行业累计进口额按收发货人注册地占比情况
资料来源：中国包装联合会，华经产业研究院

展。例如，我国的包装机械制造企业通过增加研发经费投入，扩大高新技术人才引进，加快研发新技术和新产品，显著提高了国内包装机械产业的自动化进程，从而帮助包装相关企业提高生产效率、降低劳动强度、节约人工成本、优化生产工艺以及实现大规模生产。本节汇总整理了2020—2022年我国包装机械行业中具有先进性和创造性，并在产业化过程中具有显著经济效益、社会效益的新技术和新设备，详见表2-6-1和2-6-2，并从中挑选出5项代表性技术进行介绍。

表 2-6-1 包装机械行业科学技术奖获奖项目

序号	获奖类别	项目名称	获奖单位
1	2020年度国家科学技术进步奖二等奖	高端包装印刷装备关键技术及系列产品开发项目	西安交通大学、陕西北人印刷机械有限责任公司、北京印刷学院、西安航天华阳机电装备有限公司、渭南科赛机电设备有限责任公司
2	2020年度国家科学技术发明奖二等奖	包装食品杀菌与灌装高性能装备关键技术及应用	浙江大学、杭州中亚机械股份有限公司、山东鼎泰盛食品工业装备股份有限公司、浙江大学宁波理工学院
3	2020年度机械工业科学技术奖二等奖	PET瓶高速无菌吹灌旋技术及成套装备研发与产业化	江苏新美星包装机械股份有限公司、江苏科技大学
4	2022年度机械工业科学技术奖三等奖	液态食品无菌纸盒包装关键技术及其智能成套装备研发	山东碧海机械科技有限公司、山东省计算中心（国家超级计算济南中心）、曲阜师范大学、江南大学、山东省现代农业农村发展研究中心
5	2020年度包装行业科学技术奖二等奖	小型智能软膏灌装联动设备关键技术及产业化	浙江日高智能机械股份有限公司
6	2020年度包装行业科学技术奖三等奖	智能挂面纸包装成套设备研发及产业化应用	登封市启明轩程控设备有限公司、河南工业大学
7	2020年度包装行业科学技术奖三等奖	多适应智能型高集成给袋式真空包装机 MR8.300R	浙江名瑞机械有限公司
8	2022年度机械工业科学技术奖三等奖	智能柔性高速糖果生产装备关键技术及应用	南通维尔斯机械科技有限公司、南通大学、河北康贝尔食品有限公司、潮州市优合食品有限公司等
9	2021年度包装行业科学技术奖一等奖	多功能泡罩包装成套装备关键技术创新及智能包装生产线	浙江希望机械有限公司
10	2021年度包装行业科学技术奖二等奖	中空容器结构优化与全流程智能制造系统	岱纳包装（天津/太仓）有限公司、天津大学、考特斯机械科技（佛山）有限公司、碧辟（中国）工业油品有限公司
11	2021年度包装行业科学技术奖二等奖	超宽幅高速智能瓦楞纸板生产装备的开发及产业化	湖北京山轻工机械股份有限公司
12	2021年度包装行业科学技术奖三等奖	节能环保型钢桶包装容器智能化高效柔性成型生产线研发及产业化	江苏华宇印涂设备集团有限公司
13	2021年度包装行业科学技术奖三等奖	胶印/柔版多模式智能印刷机组	浙江中特机械科技股份有限公司

序号	获奖类别	项目名称	获奖单位
14	2021 年度包装行业科学技术奖三等奖	智能高速纸杯纸碗成型包装线	浙江新德宝机械有限公司
15	2021 年度包装行业科学技术奖三等奖	ZBZD 型全自动中包装袋生产线	武汉人天包装自动化技术股份有限公司、浙江利民化工有限公司
16	2021 年度包装行业科学技术奖三等奖	DCP2006 型数码印罐机	苏州斯莱克精密设备股份有限公司
17	2021 年度包装行业科学技术奖三等奖	PTA 物料吨袋包装机	北京航天石化技术装备工程有限公司
18	2022 年度包装行业科学技术奖一等奖	高端纸包装印后装备关键技术及产业化应用	天津长荣科技集团股份有限公司、天津大学、深圳劲嘉集团股份有限公司
19	2022 年度包装行业科学技术奖一等奖	同步双向拉伸聚酰胺包装膜生产关键技术和成套装备	北京机械工业自动化研究所有限公司
20	2022 年度包装行业科学技术奖二等奖	CINOVA 新一代高速卫星式柔印生产线	西安航天华阳机电装备有限公司
21	2022 年度包装行业科学技术奖三等奖	立式智能大桶中段设备及卷封机	纽格润（浙江）智能科技有限公司
22	2022 年度包装行业科学技术奖三等奖	瓦楞纸板流水线的原纸残卷智能计重系统及装置	达成包装制品（苏州）有限公司
23	2022 年度包装行业科学技术奖三等奖	ZXQZ-150-2 型装箱机	武汉人天包装自动化技术股份有限公司

资料来源：国家知识产权局 https://www.cnipa.gov.cn/

表 2-6-2 包装机械行业中国专利奖

序号	获奖等级	专利号	专利名称	专利权人
1	第二十一届中国专利优秀奖项目（2020 年）	ZL201210147655.2	一种包装耗材的防伪方法及包装设备	厦门艾美森新材料科技股份有限公司
2	第二十一届中国专利优秀奖项目（2020 年）	ZL201310163385.9	提高液态软包二次包装速度的方法	苏州澳昆智能机器人技术有限公司
3	第二十一届中国专利优秀奖项目（2020 年）	ZL201610013450.3	一种具有印制高度的防伪二维码的印制方法及装置	华南理工大学、深圳市裕同包装科技股份有限公司
4	第二十一届中国专利优秀奖项目（2020 年）	ZL201610342619.X	全自动袋式包装柔性生产线	广东丸美生物技术股份有限公司、广州丸美生物科技有限公司
5	第二十一届中国专利优秀奖项目（2020 年）	ZL201610388227.7	一种护边护角装置和包装机	佛山市鼎航智能装备有限公司
6	第二十一届中国专利优秀奖项目（2020 年）	ZL201721681092.X	柔性基底真空镀膜设备	山西米亚索乐装备科技有限公司
7	第二十二届中国专利银奖	ZL201610937071.3	柔性裹包机	苏州澳昆智能机器人技术有限公司
8	第二十二届中国专利优秀奖	ZL200910037892.1	全自动送丸机	广州白云山陈李济药厂有限公司
9	第二十二届中国专利优秀奖	ZL201110246050.4	罐产品包装规整装置及规整方法	江苏仅一联合智造有限公司
10	第二十二届中国专利优秀奖	ZL201210449093.7	电子式液体灌装装置	南京乐惠芬纳赫包装机械有限公司

续表

序号	获奖等级	专利号	专利名称	专利权人
11	第二十二届中国专利优秀奖	ZL201310046311.7	易拉罐基本盖/底盖冲压设备上的片料送进装置	苏州斯莱克精密设备股份有限公司
12	第二十二届中国专利优秀奖	ZL201310083181.4	金属管药剂夯实机	珠海安生凤凰制药有限公司、辽宁东方人药业有限公司
13	第二十二届中国专利优秀奖	ZL201310544621.1	安瓿输液制品行进瓶体自动倒瓶装置	中国大冢制药有限公司
14	第二十二届中国专利优秀奖	ZL201710329928.8	一种灌装机	乐比（广州）健康产业有限公司、广州市华晟健康产业有限公司
15	第二十三届中国专利优秀奖	ZL201210456546.9	一种复卷机以及复卷机的断纸、起卷方法	佛山市宝索机械制造有限公司
16	第二十三届中国专利优秀奖	ZL201610507414.2	一种吹瓶机模具快速更换机构	广州达意隆包装机械股份有限公司
17	第二十三届中国专利优秀奖	ZL201611124254.X	一种预充式针管推杆精确装配机及其装配方法	达尔嘉（广州）标识设备有限公司
18	第二十三届中国专利优秀奖	ZL201811154670.3	一种高透明高阻隔易揭封口盖膜及其生产工艺	黄山永新股份有限公司

资料来源：国家知识产权局　https://www.cnipa.gov.cn/

代表性技术介绍如下：

（1）高端包装印刷装备关键技术及系列产品开发项目

https://www.163.com/dy/article/GNTNBL5U0534A4SB.html

该项目构建了高速高精度电子轴控制理论和技术体系，开发了集同步、张力控制和缺陷检测为一体的分布式电子轴控制系统，实现了国际最高印刷速度和控制精度；发明了热风能量循环利用的节能油墨干燥系统，使得VOCs（挥发性有机物）排放量和印品溶剂残留远小于国际标准允许值；提出了基于内置传感器和支持向量机的在线故障诊断方法，开发了制造商服务云与用户自有云的两层运维管控平台，首次在国际上实现了高端包装印刷装备运维过程的智能化管控，降低企业运维成本40%以上。项目形成了国家和行业标准18项，成为行业的技术引领者。

在核心关键技术突破的基础上，项目团队产学研联合攻关，研制了2大类16种高端包装印刷国产化装备，主要指标处于国际同类产品领先水平，同行专家鉴定认为：在"印刷废品率控制、整机驱动-控制-检测一体化技术达到国际领先水平"，国产产品销往娃哈哈、国际纸业等国内外30多个国家的千余家印包企业，应用于宝洁、可口可乐等品牌的包装印刷，全球销量第一，国内市场占有率80%；国际市场研究公司Fortune Business Insights（《商业财富洞察》）把项目完成单位列入全球柔版印刷机的顶级企业。项目完成并投入使用以来，国外高端包装印刷装备在中国市场份额由95%降到10%以下，实现了出口大于进口的逆转。

（2）包装食品杀菌与灌装高性能装备关键技术及应用

https://www.zju.edu.cn/2021/1115/c63759a2441960/page.htm

该项目针对我国食品杀菌和无菌灌装装备技术中存在的杀菌靶向不足、控制精度不高、热杀菌均匀性差、柔性欠缺、生产效率低下及无菌灌装容器高速杀菌、无菌保持技术缺乏等问题，阐明了热、电解水、过氧化氢等对微生物的多靶点致死效应，发明包装容器和材料干法/湿法绿色杀菌技术，构建食品、容器、环境的高效无菌体系；突破低压到高压动态连续输送密封难题，发明多舱程序式升温、自适应累积控制等装备技术，创制高温连续杀菌装备，通过国际热力认证，突破高效无菌动态保持难题，发明高速柔性无菌灌装阀组、气帘无菌屏障等装备技术，创制系列无菌灌装成套装备。

该项目技术达到国际领先水平，在伊利、蒙牛、光明、达能、雀巢等国内外知名企业实现应用，出口加拿大、澳大利亚等 46 个国家，新增产值 47.69 亿元，利润 5.31 亿元，出口 8050 万美元，连续 5 年国内乳品机械市场占有率排名第一，食品杀菌装备出口量全国最大。这实现了我国杀菌装备从进口到出口、无菌灌装装备从低档到高端的彻底变革，支撑了中国食品的制造，经济与社会效益显著。

（3）PET 瓶（宝特瓶）高速无菌吹灌旋技术及成套装备研发与产业化

https://wenku.baidu.com/view/cc65b274ddccda38376baf5e.html?fr=sogou&_wkts_=1685098076550

新美星高端智能的吹灌旋一体机技术，集吹瓶、灌装及旋盖解决方案于一体，有效改善包材卫生条件、减少交叉污染，提高整体运转效率，同时能耗大幅下降，从而降低综合运营成本，诠释了绿色、安全、低碳的发展理念。从 36000 瓶/时轻量瓶吹灌旋一体机的诞生到 51000 瓶/时轻量化吹灌旋一体机的推出，从 80000 瓶/时超高速吹灌旋一体机的亮相到 6000 瓶/时 5 升大容量吹灌旋一体机、8—20 升超大瓶吹灌旋一体机等设备的相继问世，得到了可口可乐、雀巢、康师傅、娃哈哈、怡宝、景田等众多企业的认可和好评。

针对设备一体化、集约化、便捷化和智能化的发展趋势，在多年研发积累的基础上，新美星

重磅打造了技术领先和性能卓越的 Starbloc 超级一体机，即吹贴灌旋一体机，集吹瓶、贴标、灌装、旋盖四个模块为一体，适用于 200—2500 毫升的 PET 瓶，产能可达 53000 瓶/时，满足了饮用水、碳酸饮料、调味品、乳品等不同产品的高质量生产需求，在引领行业创新发展新时代的同时，也赢得了客户的青睐。

（4）钢桶中段智能立式成型设备及卷封机

https://it.sohu.com/a/539144604_121123770

目前，国内的制桶线有 90% 以上仍然是卧式制桶设备，且是液压动力，工艺都是滚压，这些都急需更新换代。纽格润公司通过引进国外先进技术进行二次研发，从而打破了欧美技术的垄断，在亚洲乃至全世界推行最新的智能制桶设备生产线，为我国的制桶行业客户带来了最先进的设备技术和工艺。

立式智能钢桶中段设备及卷封机是该公司的主导产品，是钢桶自动化生产线的重要组成部分。该技术的挤压成型工艺取代了传统的滚压成型工艺，表面光洁度好、产品质量高、模具使用寿命长。该技术使用电机驱动取代液压驱动，生产节能环保、速度提升，从 6—8 只/分钟提升到 10—12 只/分钟。

（5）超宽幅高速智能瓦楞纸板生产装备的开发及产业化

https://www.163.com/dy/article/H666P5GI053469RG.html

该项目是国内首条 400 米/分钟高速、3300 毫米大宽幅瓦楞纸板生产线，填补了国内 3300 毫米瓦楞纸板生产设备技术空白，打破了国外企业垄断，达到了国际先进水平。该项目在研发过程中攻克多项瓦楞关键技术瓶颈，解决了纸架、上胶机、烘干机等机型的宽幅高速设计及性能拓展。该项目采用伺服控制系统、变频控制系统，整线供直流母线等，降低了电能消耗，实现了智能化控制开发，提高了生产效率。

2.6.5 包装机械行业发展趋势

目前，国际包装机械行业竞争日益激烈，市场对包装机械提出了非常高的要求，高度自动化、智能化、多功能、高效率、低能耗的包装设备越来越受到行业的青睐。现阶段，我国包装机械行业在发展的同时也面临着巨大的挑战，例如部分高端设备仍然严重依赖于进口，产品开发能力不足，以及低水平重复建设等问题。为解决上述问题，我国包装机械行业未来几年的发展重点和趋势如下。

（1）产品智能化发展升级

中国政府在发展中国制造业相关政策中明确提到，国家将大力促进中国制造业与5G等新一代技术相融合，加速完成中国制造业生产的智能化转型升级，提高产业生产效率。传统的包装设备将逐步与现场总线技术、传动控制技术、运动控制技术、自动识别技术和安全检测技术等不断结合，使智能包装设备应运而生并不断改进。目前正是全自动、无人化、一体成型的包装设备蓬勃发展的大好时机。例如，在进行包装机械设计时，通过过程控制原理，组合机械、电子、信息检测等，促使包装机械全面实现自动化，实现机电一体化控制。

（2）包装机械的模块化、系列化、标准化发展

采用模块化设计理念，如果把计量装置、制袋成型器、物料输送、热封装置、打码装置等合理设计成多种标准模块，通过标准模块的合理组合，可以适应各种不同物料特性、材料种类、包装容量等多元化要求。通过将部分零部件和模块标准化结合，使包装设备能够适应不同的包装形式、形状、尺寸、材料结构和闭合结构等作为标准功能，不再需要添加附件或其他定制解决方案，实现包装机械设备的多功能性。此外，通过引进国际标准提升国内行业标准，保证企业生产行为的标准化，强化国内包装机械标准制定，促使包装机械产品的标准化水平得到明显提升。

（3）节能环保是行业发展关键

加快发展节能环保的包装机械，对推动包装产业升级和发展方式转变，促进节能减排和民生改善，具有十分重要的意义。要充分发挥我国各级包装行业组织和专业委员会的协调作用，不断强化企业技术创新主体地位，鼓励企业加大研发投入，支持企业牵头承担包装行业的重大节能环保项目，争取突破关键核心技术，从根本上提升包装设备的节能环保水平。不仅如此，政府应在政策上鼓励使用节能环保机械设备，加大节能环保设备的推广力度，支持包装领域企业优先使用节能环保产品。

第 3 章

包装产业链中游行业分析

BAOZHUANG CHANYELIAN ZHONGYOU
HANGYE FENXI

改革开放以来，中国逐渐成为世界重要的包装产品生产国、消费国以及出口国之一，2021 年已是全球最大的包装市场之一。其中，包装产业链中游行业在加强包装原料成本控制能力、提高包装产品及配套服务质量、增强信息化以及自动化工艺技术应用以及产业经营运作模式等方面都发生了或多或少的转变。随着科技的不断发展与进步，包装新材料、包装机器人、包装传感技术、包装转运方式都在不断地为中游包装行业注入新活力，其生产效率、自动化程度、生产可靠性、运输灵活性以及包装科技含量都获得了极大的提升，为包装产业链提供了有力的支撑，为包装工业整体带来了极大的助力。

3.1　纸包装制品发展现状分析

3.1.1 国际纸包装制品发展状况分析

随着居民消费水平和消费意愿的提升，以及各消费行业的蓬勃发展，尤其是电商行业的发展，包装行业获得了巨大的发展空间和行业增长速度。目前，国内以及国外纸包装行业大市场格局具有"大而散"的特点，从事纸包装行业的企业数量众多，但包装行业的集中度比较低，处于市场化程度较高的充分竞争阶段。截至 2021 年，我国纸制品包装行业五个行业集中度，市场份额仅为 4.4%，而国外的如澳大利亚纸包装行业达到 90%，美国纸包装行业为 78%；国内行业与其相比还有很大的市场份额提升空间[1]。

（1）行业市场规模

自 2020 年初以来，世界一直在经历各种各样的灾难，首先是新冠疫情造成的混乱，其次是俄乌冲突。迄今为止，这两个重大事件已经对人类生活产生了重大影响，并正迫使人类活动的各个领域发生了变化，包括整个造纸行业——从原材料采购到纸张生产、营销、使用和重复使用（表 3-1-1）。

表 3-1-1 2015—2020 年全球纸张产量占比

年份	包装纸	新闻纸	其他	总量
2015	232（57%）	126（31%）	49（12%）	407
2016	236（58%）	123（30%）	50（12%）	409
2017	242（58%）	121（29%）	52（13%）	415
2018	241（59%）	116（28%）	51（13%）	408
2019	242（60%）	110（27%）	53（13%）	405
2020	249（62%）	97（24%）	55（14%）	401

1　北京普华有策信息咨询有限公司 .2021—2026 年包装行业全景调研及前景预测报告 [EB/OL].（2021-07-01）[2022-10-05]. https://www.chinairn.com/hyzx/20210831/180520836.shtml.

从以上数据可以看出，2015—2020 年，面对消费下滑，新闻纸的整体产量自 2017 年以来稳步下降。2020 年，全球造纸市场总价值为 3500 亿美元，到 2021 年仅小幅增长至 3520 亿美元。如果没有明确的 2021 年产量统计数据，我们可以估计全球总产量只是有微小的变化。《财富商业洞察》预测，2022 年全球纸及纸板的总体需求将小幅增长至 3540 亿美元，到 2029 年的复合年增长率仅为 0.72%，这表明世界纸张市场的需求不会出现显著增长。然而，在这个有限的增长范围内，世界纸张市场的基本特征发生了重大变化。

2015—2020 年，虽然包装纸领域增长了 5%，但新闻纸领域减少了 7%，这是一个重大转变，对整体销量没有太大影响。因此，无论是近期还是远期，世界纸张市场的实际需求都没有显著增加，除了正在转移需求的细分市场。世界造纸业运营成本显著增加的另一个原因是工资上涨。随着这些增长，世界造纸商之间出现了重大整合，这有助于造纸商将这些增长的负担转嫁给用户。总体而言，世界纸张市场并未出现任何重大需求激增。这些结构性变化促成了其他变化，例如：更加重视可持续性；更加重视数字分析以保持领先地位；更加关注电子商务和在线业务；对包装食品的需求增加；更加重视替代"B2B"销售模式。

这些因素共同推动了世界造纸业运作方式的重大变化。一方面，在供应方面，生产成本大幅增加，以至于任何逆转这一趋势都超出了实际预期的范围，导致最终产品定价大幅上涨，使世界在纸及纸板的定价方面学会适应新的现实水平。另一方面，在需求方面，疫情、战争、电子商务、网上购物和通货膨胀，这些都一致地改变了世界造纸业的重点，通过增加对纸张供应的重视来实现包装纸板的增长，正如专业人士预测的那样，在 2022—2026 年，它可能会以每年 3.1% 的速度增长。

综上所述，隐藏在世界纸张行业的这些统计变化的背后，整个纸盒纸板行业的运营特征发生

了更为深刻的变化。2021 年全球纸包装制品的行业受到疫情带来的负面影响，市场规模略有缩小，但纵观行业总体情况，其市场份额占比并未受到较大影响，纸包装制品的消费需求及其市场成长潜力还存在一定的增长空间。此外，通过对市场规模数据的分析，在全球产业链中游日后的发展方向上，纸包装制品企业需要增强其作为上游与下游的承接环节对产业链信息以及资源的传导能力，起到中游承上启下的作用，引导纸包装制品行业整体向高质量发展阶段迈进。

（2）产量地区分布情况

2021 年中国的纸及纸板生产量在全球名列首位，美国居第二位，日本居第三位（表 3-1-2），生产量分别为 11260 万吨、6795 万吨和 2289 万吨，与 2020 年相比中国增长 4.6%，美国和日本分别下降 1.7% 和 9.8%。这 3 个国家的纸及纸板生产量分别占全球纸及纸板总生产量的 28.3%、17.0% 和 5.7%；纸及纸板生产总量约占全球纸和纸板总生产量的 51.0%。

（3）行业进出口市场

① 中国大陆包装行业进口贸易国分布及增速情况。

从中国大陆包装行业来看，在 2020 年 1 至 12 月期间，中国大陆包装行业完成累计进口额 142.95 亿美元，同比增长 1.82%。中国大陆包装行业进口贸易额排在前五位的国家和地区是日本、韩国、美国、中国台湾、德国。其中，日本完成累计进口额 51.66 亿美元（占 36.14%），同比增长 7.51%；韩国完成累计进口额 26.82 亿美元（占 18.76%），同比下降 1.92%；美国完成累计进口额 15.76 亿美元（占 11.02%），同比下降 4.21%；中国台湾完成累计进口额 13.28 亿美元（占 9.28%），同比增长 5.64%；德国完成累计进口额 8.36 亿美元（占 5.85%），同比下降 1.82%（图 3-1-1、3-1-2）。

在 2021 年 1—12 月，中国大陆包装行业完成累计进口额 166.04 亿美元，同比增长 15.4%。进口额排在前五位的国家和地区是日本、韩

表 3-1-2 2021 年全球纸及纸板生产量排名前 10 位国家统计

排序	国家
1	中国
2	美国
3	日本
4	德国
5	印度
6	印度尼西亚
7	韩国
8	巴西
9	芬兰
10	加拿大

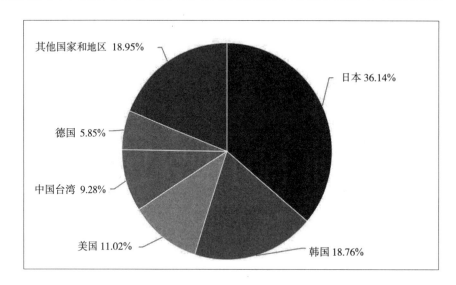

图 3-1-1 2020 年中国大陆包装行业累计进口额贸易国和地区占比情况
数据来源：《中国造纸年鉴》

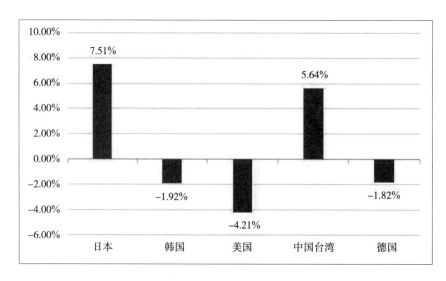

图 3-1-2 2020 年全球包装行业累计进口额主要贸易国和地区同比增长情况（单位：%）
数据来源：《中国造纸年鉴》

国、美国、中国台湾、德国。日本完成累计进口额 61.08 亿美元（占 36.78%），同比增长 18.23%；韩国完成累计进口额 29.73 亿美元（占 17.91%），同比增长 10.85%；美国完成累计进口额 19.23 亿美元（占 11.58%），同比增长 22.02%；中国台湾完成累计进口额 15.55 亿美元（占 9.36%），同比增长 17.12%；德国完成累计进口额 9.83 亿美元（占 5.92%），同比增长 17.6%（图 3-1-3、图 3-1-4）。

从包装行业中的纸的净进口量来看，中国和英国是纸及纸板净进口量较多的国家，其净进口量分别为 567 万吨和 359 万吨，英国近二分之一的消费量依赖于进口。净进口量较多的国家还有墨西哥和土耳其，其净进口量分别为 233 万吨和 168 万吨。

② 全球包装行业出口贸易国分布及增速情况。

从全球包装行业来看，在 2020 年，全球包装行业完成累计出口额 385.42 亿美元，同比增长 10.04%。出口额排在前五位的国家依次是美国、越南、日本、韩国、马来西亚。其中，美国完成累计出口额 62.77 亿美元（占 16.29%），

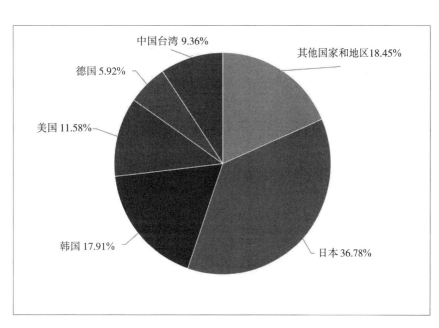

图 3-1-3　2021 年 1—12 月中国大陆包装行业累计进口额贸易国家和地区占比情况

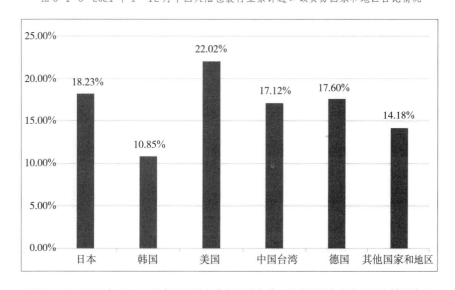

图 3-1-4　2021 年 1—12 月中国大陆包装行业累计进口额贸易国家和地区同比增长情况

同比增长 13.6%；越南完成累计出口额 30.41 亿美元（占 7.89%），同比增长 29.59%；日本完成累计出口额 19.96 亿美元（占 5.18%），同比下降 0.2%；韩国完成累计出口额 15.46 亿美元（占 4.01%），同比增长 35.9%；马来西亚完成累计出口额 13.89 亿美元（占 3.60%），同比增长 11.35%（图 3-1-5、图 3-1-6）。

在 2021 年全球包装行业完成累计出口额 490.76 亿美元，同比增长 27.33%。出口额排在前五位的国家依次是美国、越南、日本、韩国、马来西亚。其中，美国完成累计出口额 83.66 亿美元（占 17.05%），同比增长 33.28%；越南完成累计出口额 35.57 亿美元（占 7.25%），同比增长 16.97%；日本完成累计出口额 23.29 亿美元（占 4.75%），同比增长 16.68%；韩国完成累计出口额 20.45 亿美元（占 4.17%），同比增长 32.28%；马来西亚完成累计出口额 18.18 亿美元（占 3.7%），同比增长 30.89%（图 3-1-7、图 3-1-8）。

从包装行业中的纸行业来看，瑞典和芬兰是

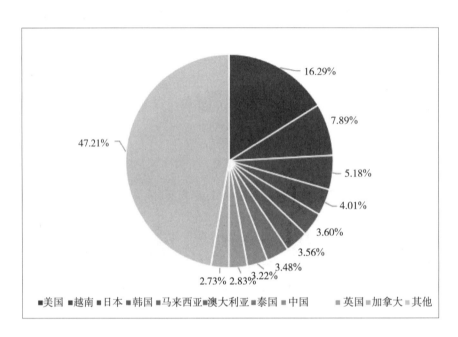

图 3-1-5 2020 年全球包装行业累计出口额贸易国和地区占比情况（单位：%）

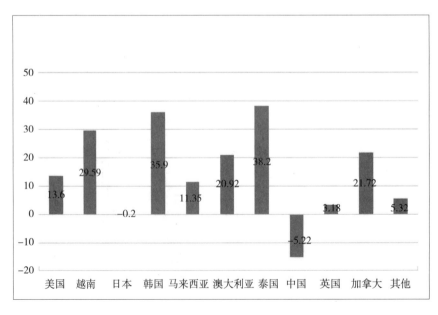

图 3-1-6 2020 年全球包装行业累计出口额主要贸易国和地区同比增长情况（单位：%）

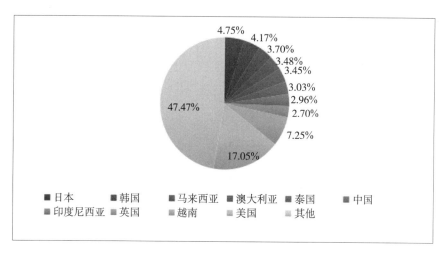

图 3-1-7　2021 年全球包装行业累计出口额主要贸易国和地区占比情况

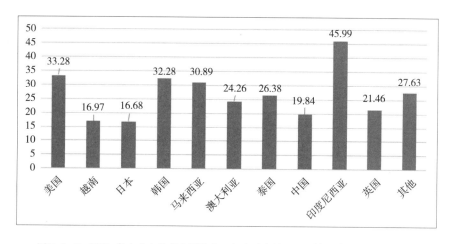

图 3-1-8　2021 年全球包装行业累计出口额主要贸易国同比增长情况（单位：%）

纸及纸板净出口量较多的国家，净出口量分别为 805 万吨和 729 万吨，分别占其纸及纸板总生产量的 86.3% 和 88.9%。中国和美国的瓦楞材料生产量分别达到 4830 万吨和 3451 万吨，分别占全球瓦楞材料总生产量的 28% 和 20%，中国和美国的瓦楞材料合计生产量已占全球瓦楞材料总生产量的近 50%。瓦楞材料净出口量最大的仍为美国，净出口量达 462 万吨；净出口量较大的国家还有德国（219 万吨）和瑞典（180 万吨）。净进口量较大的国家有中国（783 万吨）和意大利（153 万吨）。[1]

（4）行业技术发展态势

当今世界，随着知识经济和经济全球化深入发展，知识产权日益成为国家发展中的战略

性资源和国际竞争力的核心要素之一，也成为企业在市场竞争中的重要砝码。其中，专利成为企业发展和竞争最重要的武器。从整体来看，全球纸包装处于成长期，主要从以下五个方面来进行分析：

第一，从近几年专利申请量与专利申请人的数量上来看。2016—2021 年全球纸包装行业专利申请人数量及专利申请量整体上呈现增长态势。但从 2020—2021 年来看，近一年的全球纸包装专利申请人呈现下降趋势，其中 2021 年下降 3.13%。2021 年全球纸包装行业专利申请数量为 5036 项，较 2020 年减少了 4101 项。虽然 2021 年全球包装行业专利申请量和申请人数量有所下降，但整体来看，全球纸包装专利技术申请仍有

1　纸业网 .2020 年世界造纸工业概况 [EB/OL].（2022—04—01）[2022—10—07].http://www.paper.com.cn/news/daynews/2022/2204
01093715971966.htm.

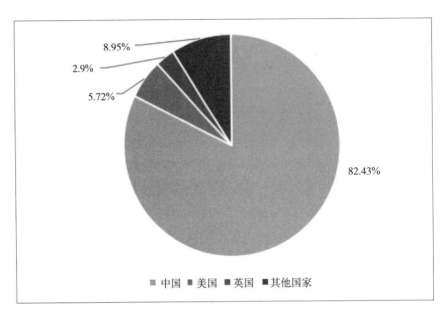

图 3-1-9　截至 2022 年 2 月全球纸包装行业技术来源国分布情况

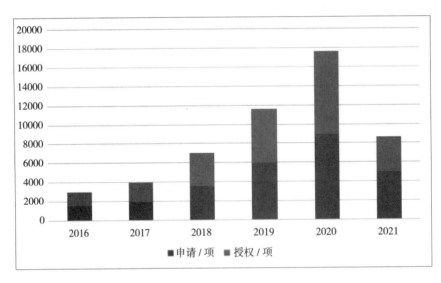

图 3-1-10　2016—2021 年全球纸包装行业专利申请量及授权情况

数据来源：前瞻经济学人

较大的发展空间。

第二，从技术来源国数据来看。目前全球纸包装第一大技术来源国为中国，中国纸包装专利申请量占全球纸包装专利总申请量的 82.43%；其次是美国，其纸包装专利申请量占全球纸包装专利总申请量的 5.72%；英国专利申请量排名第三，占比为 2.9%（图 3-1-9）。[1]

第三，从专利申请及授权情况来看。全球纸包装大多数专利处于"有效"状态，占全球纸包装专利总量的 87.8%。从专利授权方面来看，2016—2021 年全球纸包装行业专利授权数量同样呈现逐渐增长的趋势，到 2021 年有所下降（图 3-1-10）。2021 年全球纸包装行业专利授权数量为 3741 项，授权比为 74.29%，较 2020 年全球纸包装行业专利授权比下降了 16% 左右。如欧洲的 Smurfit Kappa 公司审计改造位于法国的产品安全实验室工厂，并通过了 COFRAC 的产品安全测试认证，专注于制定政

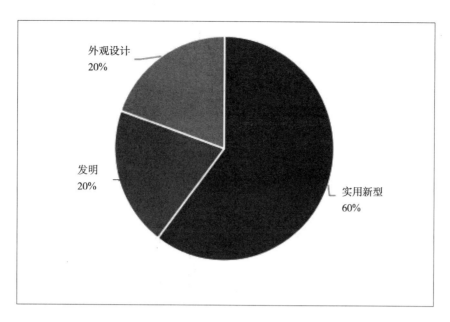

图 3-1-11　全球纸包装行业专利类型
数据来源：前瞻经济学人

策以帮助公司生产符合产品安全法规的纸张和开发包装食品合规产品。

第四，从申请专利类型来看。目前全球有 1.86 万项纸包装专利为实用新型专利，占专利申请总量的 60%，比重最大，正处于一个良性稳定的发展阶段，契合了该专利类型创造性和技术水平要求较发明专利低的特点。实用价值大这一点与纸包装制品的实际应用场景相吻合，有利于推动企业不断改进产品和技术，提高市场良性竞争力。纸包装的发明专利和外观设计型数量分别为 6207 项和 6054 项，均约占全球纸包装专利申请数量的 20%（图 3-1-11）。[1] 例如，2021 年 6 月 17 日美国纸企 WestRock 宣布推出其 EverGrow 系列，以扩大其包装产品，WestRock 已经实现了使用可持续来源的木纤维制成产品包装系列的专有方法。EverGrow 包装在清空和压平后可在路边回收利用，这大大增强了该公司减少浪费并建立 100% 可重复使用以及可回收和可堆肥的产品组合的信心。

第五，从专利申请的技术构成来看。目前制作刚性或者半刚性容器，例如纸盒或者纸板箱的专利申请数量最多，为 6311 项，占前十大技术申请总量的 29.93%。其次是多边形断面刚性或半刚性容器，例如用折叠或拉展一个或多个纸质坯件构成的盒子、纸板箱、纸盘（带侧壁的刚性托盘），专利申请量为 3608 项，占前十大技术申请总量的 17.11%。[2] 例如，DS Smith 公司目前正在大规模开发抗菌涂层技术，从而在疫情期间为消费者提供更多保护。随着经济发展生活水平的提高，包装在我们的生活中扮演着越来越重要的角色，对包装安全的担忧已成为人们的首要考虑因素。据统计，约 60% 的消费者声称在触摸包装的食品和家用产品后要彻底洗手，30% 的消费者则在使用一次商品之后将包装扔掉。为了解决卫生与浪费问题，DS Smith 宣布与 Touchguard 开展合作，在欧洲和北美业务范围内开发一系列防细菌和病毒的可持续纸板包装产品，缓解人们对于疫情发展的焦虑。尽管目前并未发现疫情随纸板而传播的迹象，但易于识别的触摸安全区域可广泛应用于各种行业和领域，这意味着抗病毒

1　前瞻经济学人 .2022 年全球纸包装行业技术全景图谱 [EB/OL].（2022−03−23）[2022−10−07].https://baijiahao.baidu.com/s?id=1728061469572226521&wfr=spider&for=pc.

2　前瞻经济学人 .2022 年全球纸包装行业技术全景图谱 [EB/OL].（2022−03−23）[2022−10−07].https://baijiahao.baidu.com/s?id=1728061469572226521&wfr=spider&for=pc.

和抗菌包装为消费者和工人提供了额外的保护层，从而确保整个供应链的健康与安全。

3.1.2 中国纸包装发展状况分析

（1）行业地位概述

包装产业是与国计民生密切相关的服务型制造业，在国民经济与社会发展中具有举足轻重的地位。纸包装制品作为包装产业中最关键的细分产业，是与人民生活、农副产品和工业生产所需紧密相关的基础包装制品。在包装领域里，纸包装制品从生产加工、运输以及回收等环节与其他包装材料比，在成本和广泛的适用性方面具有明显的优势。不仅如此，随着国民经济的发展，各类包装纸及纸质包装制品的产量和需求不断增加，纸包装制品不仅为人民生活提供了方便，还为多种耐用消费品提供了有效的产品保护、便利运输、品牌塑造的作用。在出口商品中，纸包装制品也发挥着重要作用。因此，有关中国纸包装发展状况的分析是优化纸包装制品行业发展必不可少的关键步骤。

（2）行业运行概况

虽然我国纸包装行业经历了一段快速发展时期，但由于我国纸制品包装行业厂商的进入门槛较低，且下游产业分布较广，大量小纸箱厂依附于本地需求而生存，导致我国前五名纸包装企业的合计市场份额不足5%，且在行业内多数是处于低端的中小型企业。相较之下，美国前五大纸包装企业的合计市场份额达到78%，澳大利亚前两大纸包装企业合计市场份额则高达90%。由此，不难看出我国纸包装行业格局处于极度分散的状态，且行业集中度偏低，还存在很大的提升空间。

2020年，我国纸和纸板容器行业规模以上企业2510家，比2019年增长58家。2020年我国纸和纸板容器行业规模以上企业累计完成营业收入2284.74亿元，同比下降2.53%，增速比去年同期提高了0.62%（图3-1-12）。

2020年我国纸和纸板容器行业规模以上企业累计完成利润总额144.25亿元，同比下降4.95%，增速比去年同期增长了8.94%（图3-3-13）。

2021年我国纸和纸板容器行业规模以上企业2517家，比2020年增长7家。2021年我国纸和纸板容器行业规模以上企业累计完成营业收入3192.03亿元，同比增长13.56%，增速比去年同期提高了16.09%（图3-1-14）。

2021年，我国纸和纸板容器行业规模以上

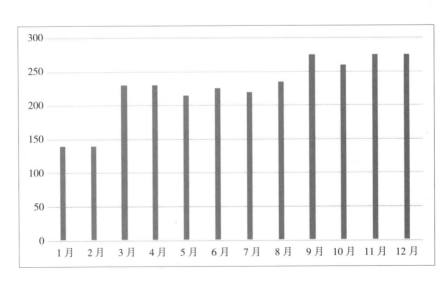

图 3-1-12　2020 年全国纸和纸板容器行业月度营业收入（单位：亿元）

数据来源：中国包装联合会

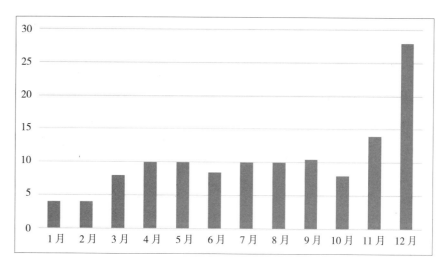

图 3-1-13　2020 年全国纸和纸板容器行业月度利润总额（单位：亿元）
数据来源：中国包装联合会

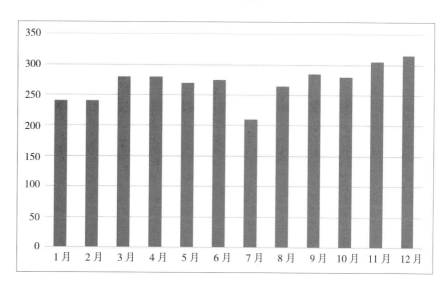

图 3-1-14　2021 年全国纸和纸板容器行业月度营业收入（单位：亿元）
数据来源：中国包装联合会

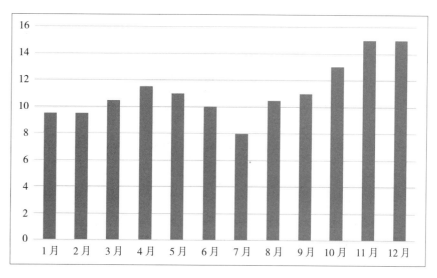

图 3-1-15　2021 年全国纸和纸板容器行业月度利润总额（单位：亿元）
数据来源：中国包装联合会

企业累计完成利润总额 132.29 亿元，同比下降 5.33%，增速比去年同期下降了 0.38%（图 3-1-15）。

① 行业市场规模。

根据中国包装联合会统计数据，2020 年中国纸包装产量达 8254.41 万吨。作为我国纸包装产品中运用最为广泛的产品，瓦楞纸箱产量在 2020 年继续保持 3000 万吨以上，实数为 3170.84 万吨，比上一年度有所下降（表 3-1-3）。

② 产量地区分布情况。

a. 产量分布分析。

首先是箱纸板的产量分布情况（图 3-1-16、图 3-1-17），在 2020 年 1—12 月期间，全国箱纸板行业完成累计产量 1394.70 万吨，同比增长 6.67%。产量排在前五位的依次是福建省、安徽

省、广东省、河北省、山东省。其中，福建省完成累计产量 219.28 万吨，同比增长 4.5%；安徽省完成累计产量 213.65 万吨，同比下降 2.13%；广东省完成累计产量 174.44 万吨，同比增长 6.89%；河北省完成累计产量 147.21 万吨，同比增长 2.8%；山东省完成累计产量 139.1 万吨，同比下降 5.55%。

其次是纸制品，在 2020 年 1—12 月全国纸制品行业完成累计产量 6859.71 万吨，同比下降 2.35%。如图 3-1-18、图 3-1-19 所示，产量排在前五位的依次是广东省、浙江省、福建省、湖北省、四川省。广东省完成累计产量 1002.54 万吨，同比下降 5.71%；浙江省完成累计产量 772.4 万吨，同比增长 0.9%；福建省完成累计产量 549.81 万吨，同比下降 7.69%；湖北省完成累计

表 3-1-3　2017—2020 年中国纸制品包装行业产量

单位：万吨

分类	2017 年产量	2018 年产量	2019 年产量	2020 年产量
纸包装（合计）	7866.6	6726.09	8520.72	8254.41
箱纸板	1065.8	1147.6	1301.56	1394.70
纸制品	6800.8	5578.49	7219.16	6859.71
其中：瓦楞纸箱	3699.55	2733.46	3421.05	3170.84

数据来源：前瞻经济学人

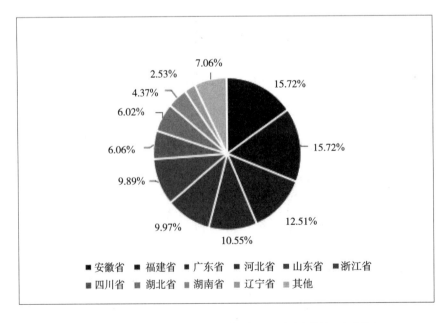

图 3-1-16　2020 年 1—12 月全国箱纸板行业累计产量地区占比情况

数据来源：中国包装联合会

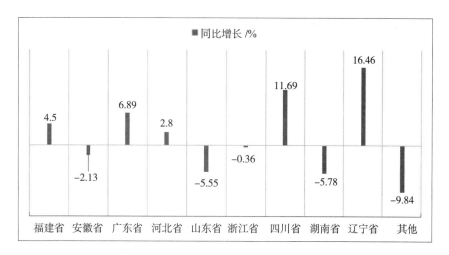

图 3-1-17　2020 年 1—12 月全国箱纸板行业累计产量主要地区同比增长情况
数据来源：中国包装联合会

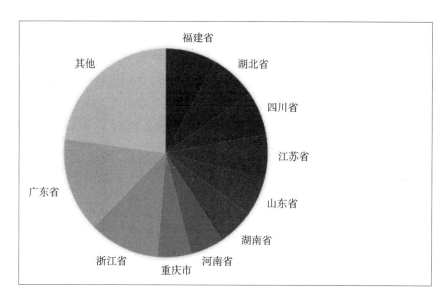

图 3-1-18　2020 年 1—12 月全国纸制品行业累计产量地区占比情况
数据来源：中国包装联合会

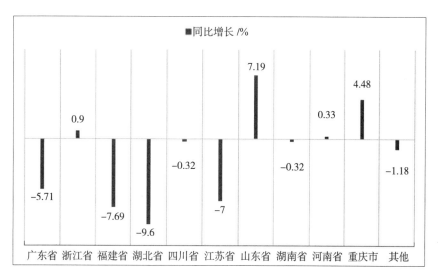

图 3-1-19　2020 年 1—12 月全国纸制品行业累计产量主要地区同比增长情况
数据来源：中国包装联合会

计产量 499.25 万吨，同比增长 -9.6%；四川省完成累计产量 468.23 万吨，同比下降 0.32%；。

纸制品中瓦楞纸箱行业在 2020 年 1—12 月完成累计产量 3170.84 万吨，同比下降 3.31%。产量排在前五位的依次是广东省、浙江省、河南省、江苏省、四川省。其中，广东省完成累计产量 475.94 万吨，同比下降 6.56%；浙江省完成累计产量 324.52 万吨，同比下降 1.13%；河南省完成累计产量 257.71 万吨，同比下降 0.92%；江苏省完成累计产量 231.83 万吨，同比增下降 4.9%；四川省完成累计产量 222.51 万吨，同比下降 3.3%（图 3-1-20）。

b. 产业布局分析。

据中国包装联合会统计，以纸包装制品的类型来区分，2022 年在箱纸板产品产量上占据绝对优势的省份有安徽、福建、广东、河北和浙江；在纸制品产量上共计占比超过 50% 的省份有广东、浙江、福建、湖北、江苏；在瓦楞纸箱产品方面具有绝对产量优势的省份有广东、河南、浙江、福建、江苏。其中浙江省共拥有造纸相关企业 2 万余家，排名第一，广东、江苏、福建、山东居二至五位。中国造纸协会统计数据显示，广东、山东、浙江三省的纸及纸板生产量占全国总产量的比重分别为 17.31%、16.99%、13.27%（图 3-1-21）。[1] 中国造纸协会数据表明（图 3-1-22），2020 年我国东部地区纸及纸板的产量为 8243 万吨，占全国产量的 73%；中部地区纸及纸板的产量为 1889 万吨，占全国产量的 17%；西部地区纸及纸板的产量为 1128 万吨，占比 10%。

综上所述，我国纸包装产业正在逐步优化产业布局，从我国东西部的产业布局来看，东部地区产量占比进一步提升，顺应了"十四五"规划和 2035 年远景目标纲要中提出的对造纸行业企业进行改造升级，完善绿色制造体系的要求。

③ 行业利润情况。

2020 年 1—12 月，全国纸和纸板容器行业累计完成利润总额 144.25 亿元，同比增长 3.99%。其中，12 月份完成利润总额 28.34 亿元，同比增长 51.03%。

④ 行业营收情况。

2020 年 1—12 月，全国纸和纸板容器行业累计完成营业收入 2884.74 亿元，同比下降 2.53%。其中，12 月份完成营业收入 286.13 亿元，同比下降 4.94%。

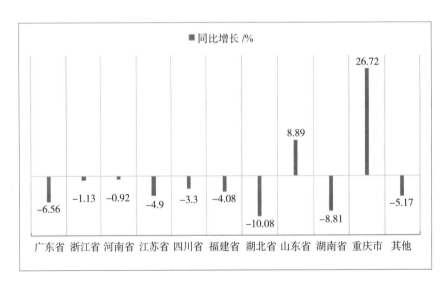

图 3-1-20 2020 年 1——12 月全国瓦楞纸箱行业累计产量主要地区同比增长情况
数据来源：中国包装联合会

---

1 简乐尚博 .2022—2028 全球与中国纸制品市场现状及未来发展趋势 [EB/OL]. （2021-01-27）[2022-10-21].https://www.168report.com/reports/583091/paper-products.

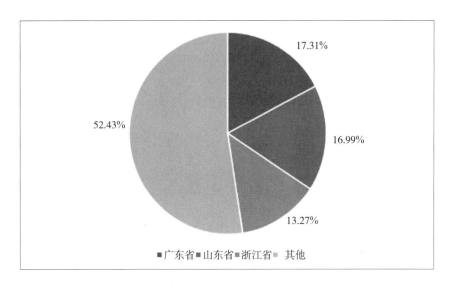

图 3-1-21　2022 年我国纸及纸板生产量主要省份占全国总产量比重情况
数据来源：前瞻经济学人

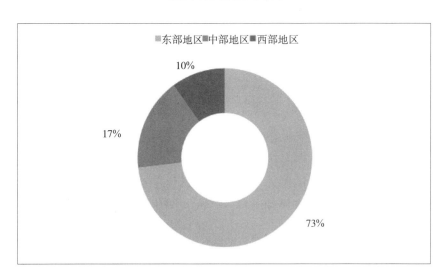

图 3-1-22　2020 年中国纸及纸板生产量地区构成
数据来源：前瞻经济学人

（3）行业进出口情况

近年来，随着全球包装产业逐步向发展中国家和地区转移，我国纸制品包装行业在全球纸包装产业中的地位日益突出，出口规模不断扩大，已成为全球重要的纸制品包装供应国家之一。相关数据显示，我国包装行业出口规模由 2016 年的 43.85 亿美元增长至 2020 年的 66.13 亿美元，进口规模由 2016 年的 45.49 亿美元增长至 2020 年的 67.6 亿美元，复合年均增长率分别达

10.41%、10.82%（图 3-1-23）[1]。

① 纸包装出口情况分析。

2020 年 1—12 月，全国包装行业完成累计出口额 385.42 亿美元，同比增长 10.04%。如图 3-1-24 所示，一般贸易完成累计出口额 278.85 亿美元，同比增长 13.29%；进料加工贸易完成累计出口额 46.27 亿美元，同比下降 15.78%；其他完成累计出口额 37.46 亿美元，同比增长 37.7%；边境小额贸易完成累计出口额 8.77 亿美

1　中商产业研究院 .2022 年中国包装行业市场前景及投资研究报告（简版）[EB/OL].（2022-07-14）[2022-10-21].https://www.shangyexinzhi.com/article/5011525.html.

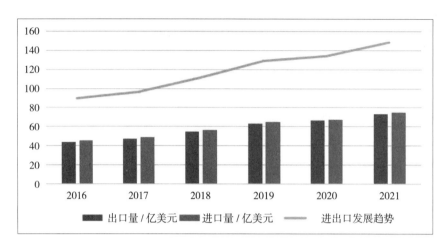

图 3-1-23　2016—2021 年我国包装行业进出口规模
数据来源：前瞻经济学人

元，同比增长 14%；保税区仓库进出境货物完成累计出口额 5.63 亿美元，同比增长 10.54%；保税区仓储转口货物完成累计出口额 5.22 亿美元，同比下降 2.8%；来料加工装配贸易完成累计出口额 3.05 亿美元，同比下降 13.8%；对外承包工程出口货物完成累计出口额 0.11 亿美元，同比下降 53.46%；国家间、国际组织无偿援助和赠送的物资完成累计出口额 0.06 亿美元，同比增长 63.4%；其他境外捐赠物资完成累计出口额 0.01 亿美元，同比增长 198.07%。

② 纸包装进口情况分析。

2020 年 1—12 月，全国包装行业完成累计进口额 142.95 亿美元，同比增长 1.82%。进口额排在前五位的依次是江苏、广东、上海、浙江、天津（图 3-1-25）。其中，江苏完成累计进口额 41.1 亿美元，同比增长 5.09%；广东完成累计进口额 35.17 亿美元，同比下降 1.53%；上海完成累计进口额 24.38 亿美元，同比下降 2.99%；浙江完成累计进口额 7.59 亿美元，同比增长 11.57%；天津完成累计进口额 5.99 亿美元，同比下降 8.99%（图 3-1-26）。

如图 3-1-27 所示，2020 年 1—12 月，一般贸易完成累计进口额 85.64 亿美元，同比增长 4.55%；进料加工贸易完成累计进口额 39.03 亿美元，同比增长 0.94%；保税区仓储转口货物完成累计进口额 11.76 亿美元，同比下降 5.16%；来料加工装配贸易完成累计进口额 3.29 亿美元，同比下降 18.9%；保税仓库进出境货物完成累计进口额 1.48 亿美元，同比下降 5.5%；出口加工区进口设备完成累计进口额 0.93 亿美元，同比增长 57.42%；其他完成累计进口额 0.74 亿美元，同比下降 12.26%；外商投资企业作为投资进口的设备、物品完成累计进口额 0.04 亿美元，同比下降 75.88%；加工贸易进口设备完成累计进口额 0.01 亿美元，同比下降 38.6%。

（4）企业经营分析

近几十年来，新型塑料包装材料在食品、饮料、工业品和日用品等的包装中得到越来越广泛的应用，对纸包装市场形成相当大的冲击，但纸类在各种包装材料中的首要地位仍不可动摇。目前行业的龙头企业主要有裕同包装、合兴包装、山鹰纸业等。根据中国包装联合会发布的"2020年度中国包装百强企业排名"，在纸包装行业中，胜达集团有限公司收入最高，市场份额为 4.43%；合兴包装排名第二，市场份额为 4.16%；裕同包装排名第三，市场份额为 4.00%。在中国纸制品包装行业的上市公司中，山鹰纸业、裕同包装、美盈森等业务布局最广，布局区域覆盖全国及海外；其他上市企业业务布局大部分集中于特定区域（表 3-1-4）。

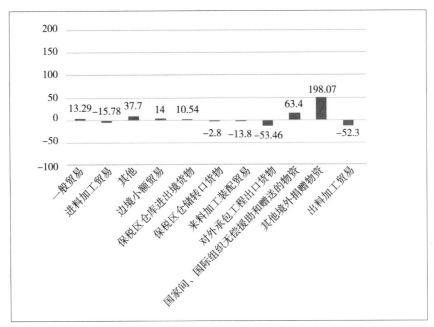

图 3-1-24　2020 年全国包装行业累计出口额贸易方式同比增长情况（单位 %）

数据来源：中国包装联合会

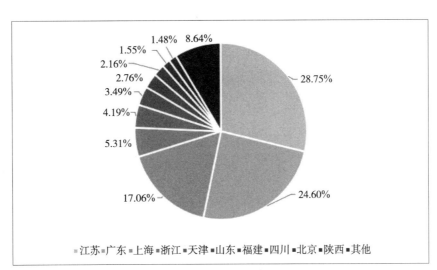

图 3-1-25　2020 年全国包装行业累计进口额地区占比情况

数据来源：中国包装联合会

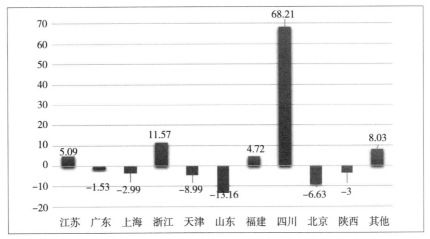

图 3-1-26　2020 年全国包装行业累计进口额主要地区同比增长情况（单位：%）

数据来源：中国包装联合会

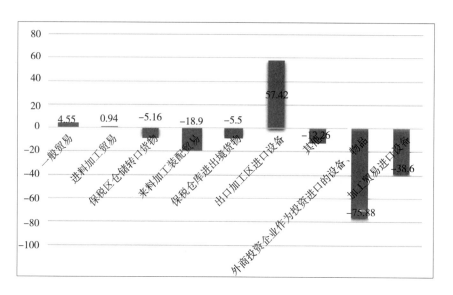

图 3-1-27　2020 年全国包装行业累计进口额贸易方式同比增长情况（单位：%）

数据来源：中国包装联合会

表 3-1-4　中国纸制品包装行业部分企业业务布局及竞争力分析

公司名称	纸制品包装业务收入占比	重点布局区域	纸制品包装业务概况
裕同包装	76.85%	国内及国外	公司纸质包装产品为精品盒、说明书和纸箱等，精密塑料产品为化妆品包装的泵及其他精密塑胶件，功能材料模切产品为缓冲垫片、减震泡棉保护膜和防尘网布等，文化创意印刷产品为个性化定制印刷产品、汉字印刷产品和广宣品等，公司服务的客户分布于消费电子、智能硬件、烟酒、大健康、化妆品、食品和奢侈品等多个行业
合兴包装	70.75%	华东、华南、华中	公司多年来专注于瓦楞纸包装行业发展，致力于满足客户对于质量、环保、安全的包装需求，"合兴"的品牌效应在公司与其他企业的竞争过程中已经成为重要的优势之一
山鹰纸业	21.38%	国内及国外	公司主营业务为箱纸板、瓦楞原纸、特种纸、纸板及纸制品包装的生产和销售以及国内外回收纤维贸易业务，主要产品为"山鹰牌"各类包装原纸、特种纸及纸板、纸箱等纸制品，被广泛用于消费电子、家电、化工、轻工等消费品及工业品行业

数据来源：前瞻经济学人

3.1.3 中国纸包装制品的发展策略分析

（1）行业痛点分析

纸包装行业在取得辉煌成绩的同时，还存在着一些问题和痛点亟待解决。如：包装结构不合理、中低档产品比例高、产品结构同质化现象日趋严重；部分包装制品还出现了结构性和阶段性过剩；行业整体技术创新能力不强、新产品研发速度缓慢、新的增长点未能真正形成等一系列问题。加之受到疫情的影响导致市场需求不足，出口量下降致使商品包装材料需求下降，透过上述痛点问题，我们能够充分窥见纸包装制品的未来发展策略以及趋势。

① 发展格局参差不齐。

我国纸包装行业准入门槛低，容易导致大量的同类型中小企业恶性竞争，出现产能严重过剩的情况并陷入恶性循环，出现发展格局不平衡的问题。同时，随着纸包装行业的发展，环境保护法律法规日益严格，日趋激烈的市场竞争逐渐压缩企业的盈利空间，致使行业准入标准不断提高，中小型企业逐渐被淘汰、业内企业数量逐年降低。根据中国造纸协会近几年统计资料（图3-1-28）可以看出，中西部产量在逐年增加，但整体产业规模和技术水平与东部沿海地区相比仍存在较大差距，[1] 纸包装产业的区域发展水平呈现参差不齐的态势。

②产业集中度偏低。

据中国包装联合会统计，我国沿海东部地区的纸包装工业产值之和约占全国纸包装工业总产值的60%以上。我国东部沿海地区集中了我国大部分纸制品包装工业，在纸制品包装工业领域目前处于绝对领先地位。中国包装联合会统计数据显示，近两年，随着国家经济发展政策由出口导向型发展战略转向拉动内需型发展战略，东南沿海地区的产业开始加速向中西部地区转移，为中国中西部地区纸包装产业提供了巨大的发展空间。目前已形成的珠三角经济区、长三角经济区、环渤海经济区、中原经济区和长江经济带的五大纸包装产业区域，占据了全国纸包装行业六成以上的市场。但从全国范围来看，我国纸包装产业仍然存在空间布局不合理、不平衡性的情况。

③市场竞争压力大。

作为与各行各业存在高度配套性的产业，纸包装产业长期受到宏观经济的影响，又因中游产业在产业链中处于相对弱势的地位，纸包装制造企业不仅要面临原材料价格波动的风险，还要面临极大的市场竞争压力，致使我国纸包装行业的市场集中度较低，竞争激烈，总体呈现出研发能力不足、转型速度缓慢、产品同质化严重的特点。我国包装行业完全放开经营，属于政府鼓励投资的行业，限制性措施少，资金进出比较容易，纸包装制品不外如是。这主要是因为纸包装行业人力资源密集，印刷设备虽具备一定的资本壁垒，但中小厂商凭借低廉的人工成本仍可存活，行业准入门槛较低。小部分纸包装企业属行业龙头企业，具有较强的自主创新能力、强大的生产能力、丰富的产品线，能够很好地满足下游消费企业对产品包装高质量生产、高水平设计及高需求订单量的要求；而大部分企业为中小规模企业，自主创新能力不够、产品结构较为单一，不具备适应市场需求的研发能力，技术人员少、创新能力不足。许多中小企业为了抢夺市场，无序竞争，让行业处于低毛利状态。[2] 同时，随着国内纸包装行业的快速发展，部分造纸企业向下游延伸，纷纷建设包装厂，行业巨头不断地融资整合，通过收购或自建的方式扩大生产规模，挤压中小微企业的生存空间，让行业的竞争形势加剧。无论是从短期还是从长期来看，纸包装制品的市场竞争压力将持续存在并处于增长态势。

④行业议价能力不高。

从纸包装行业的整体发展状况来看，行业的市场结构有着"大产业、多企业、小企业"的特点。中游产业由于行业集中度低，随着下游应用需求的不断提高，不断促使着中游的包装制造企业购置新的设备和材料来迎合下游需求，长期以来受到上下游的双向挤压，面对价格日益上涨的原材料和人工成本等，纸包装企业经营日益艰难。不仅如此，因行业集中度较低，中游包装企业间的联系相对较少，难以形成多厂协同、多方沟通、产能互换、联合创新的良性运行体系，导致中游纸包装企业的议价能力低、利润率低，还对行业自主研发新型技术和设备的意愿产生了负面影响，拉低了整个行业的竞争力，不利于中游纸包装制造企业地位的提升和行业长期发展。

1　北京普华有策信息咨询有限公司.2021—2026年包装行业全景调研及前景预测报告 [EB/OL].（2021-07-01）[2022-10-07].http://www.paper.com.cn/news/daynews/2022/220401093715971966.htm.

2　纸业网.2020年世界造纸工业概况 [EB/OL].（2022-04-01）[2022-10-07].http://www.paper.com.cn/news/daynews/2022/220401093715971966.htm.

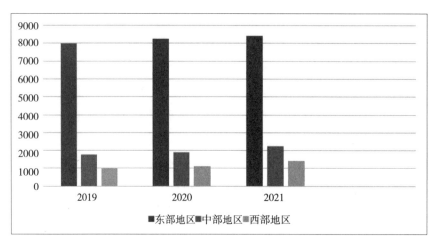

图 3-1-28　2019—2021 年纸及纸制品生产量布局变化图（单位：万吨）
数据来源：普华有策

（2）行业发展对策

① 优化产业空间布局。

随着中国工业化由初中期向中后期阶段进行转变，我国纸包装行业适应市场变化的能力也在不断增强，行业增速进入稳定增长的新时期，同时适应市场需求变化的能力也不断得到增强。纸包装行业逐渐形成了整体发展、分工合作、资源共享、共同盈利的共性。中游企业开始与上、下游展开不同程度的合作，建立良好的关系，通过合资控股、整合兼并、收购等方式扩大企业规模。如在 2018 年纸包装上市公司"合兴包装"以人民币 7.18 亿元的交易价格购买合众创亚包装服务（亚洲）有限公司 100% 的股份，通过收购扩大区域布局，增加产能，从而更好地服务客户，实现行业的横向整合。由此可见，下一步纸包装企业可以通过强强联合、股份合作、产业链延伸、对外收购、中外企业合作、上下游融合等形式来提升行业集中度，使纸包装行业更具国际竞争力。

② 推动行业转型升级。

伴随国民经济的持续快速发展，中国造纸行业也逐步经历着从早期的产能分散、工艺粗放式生产向集约型发展模式的转型升级。通过引进技术装备与国内自主创新相结合，中国造纸行业部分优秀企业已完成由传统造纸业向现代造纸业的

转变，步入世界先进造纸企业行列。国家统计局发布的数据显示，2021 年 1—12 月，全国机制纸及纸板产量 13583.9 万吨，同比增长 883.3 万吨，增速 6.8%，首次突破 13000 万吨大关，创历史新高。

预计未来随着纸包装行业的加快发展，制造成本和销售利润压力将会不断地把中小企业推出市场，行业内部将会迅速实现资源整合，自动化或者半自动化的生产制造将会快速普及。在这种自发的市场行为下，政府要加大环境监督力度，加速中小散乱的企业退出和整改，促进行业资源的有效利用；同时大型企业应该寻求政府或相关部门的积极引导，配合采取富有成效的措施做大做强。另外，政府要在大型企业向上下游兼并产业环节上多做努力工作，因为企业自发的联合创新和项目创新意愿相对较小，以项目为引导的创新方式，能加速助力企业打通产业链环节，提速区域产业的高效高质量发展，培育龙头企业，加强企业科技创新能力，提升产业核心竞争力，增强行业话语权。

③ 科技赋能产业发展。

从市场需求来看。随着消费者对包装制品需求的变化，下游企业对中游纸包装的需求类型不断增多、要求也在不断提高。如近年来的鞋盒包装收藏热度增势明显、国潮热、跨界联名、趣味

包装、盲盒收集等等，这就对纸包装制品企业生产的规格、印刷质量、产品设计、文化融入等方面提出了新要求。

从行业需求来看。随着下游企业对包装耗材要求的提高，包装物流成本控制的要求和终端消费者对包装便利性和个性化的要求越发明显，中游纸包装制品越来越注重低克重、高强度、轻量化、人性化、微定制等，这些都离不开科技赋能。

从生产需求来看。科技将给纸包装产业带来充足的发展动能。我国应该进一步发展纸包装制品行业信息化、数字化、智能化建设，设立数字化车间和智能工厂，利用全流程自动化生产、工业机器人等提高国内企业应对国际分工调整和全球产业链复杂化的能力，提高生产经营效率，优化生产管理流程，促进产业链整合，缩小与国际包装领先水平间的差距。

从产业链需求来看。科技赋能纸包装制品设计与信息技术结合，积极应用环境感应新材料，实现包装微环境的智能调控，推进纸包装生产过程的智能化，满足纸包装产业全产业链、全生命周期、全溯源链的需求。

④ 全面提升创新能力。

首先，加强生产技术创新。科技进步是高质量发展的基础，要全面提升纸制品包装行业的创新能力，加大理论和工艺技术研发投入，形成以企业为主体、产学研用相结合的科技创新体，促进各类创新要素向企业集聚。加强造纸装备制造企业自主创新能力建设，如包装制造方面可通过加大新一代制浆造纸及纸制品技术装备的研发力度，提升技术装备自主化水平，力争重点造纸装备制造企业的技术水平和装备制造能力接近国际先进水平。而包装制品方面则可以利用纸浆和纸张的特性开展多方位产品的研究，开发具有自主知识产权的包装，寻求关键技术的突破，切实加强科技创新，促进纸包装产业持续稳定发展，以创新培育纸制品行业的竞争新优势。

其次，提升人才创新水平。重视发展中人才

创新的瓶颈，努力吸收高素质、多学科、国际性包装专业的紧缺型人才，引进跨行业、跨领域国际化高端科技人才、管理人才、市场营销人才等。加大纸包装专业人才和国家级创新团队的协同培养，强化创新人才的成长扶持。通过建立产业链上中下游科技协作体、产业协同创新中心以及产学研合作示范基地，在实际工作中培养人才，引进、用好人才，全方位培养、造就一支素质优良、门类齐全、结构基本合理的人才队伍，培育青年科技人才后备军，满足纸包装企业对高层次人才的需求，形成针对包装专门化的创新人才共育、共享机制。

最后，增强平台创新能力。坚持创新驱动，品牌引领。加快科技创新体系与服务平台建设，着力推动集成创新、协同创新和创新成果产业化，部分包装材料达到国际先进水平。围绕国家战略，重点实施包装产业创新能力提升计划，引导企业建立研发资金投入机制，加强技术中心、创新团队和众创空间建设，着力落实"双创"行动，鼓励包装企业构建创新创业融合孵化的平台与机制，切实提高企业的原始创新、集成创新、引进消化吸收再创新能力。优化科技资源配置，积极建设包装行业的国家级技术创新中心，重点建设一批面向产业前沿共性技术的技术创新联盟、协同创新中心、科技成果孵化基地以及成果推广与应用、公共技术服务、技术和知识产权交易等平台，形成系列具有自主知识产权和较强国际竞争力的核心技术群，推动纸包装行业朝技术密集型产业发展，向互联网信息化、数据化、智能化方向发展。

（3）行业发展理念

① 积极拓展纸包装产品品种。

围绕包装产业的供给侧结构性改革，纸包装产业在优化传统纸包装结构、扩大主营业务优势的基础上，应主动适应智能制造模式和消费多样化需求趋势，增强为消费升级提供配套服务的能力。通过创新设计方式、生产工艺以及技术手段等，大力研发包装新材料、新产品、新装备，推动纸包装制品品种的增加和供给服务能力的提升。重点发展轻质高强度纸，拓展纸包装的应用范围。加快发展网络化、智能化、柔性化成套纸包装生产设备，大力推动纸包装朝功能化、个性化和定制化的中高端层次发展，通过丰富包装制品的品种、优化包装制品的结构拉动潜在市场需求、驱动消费。

②深耕细作纸包装制品品质。

引导各纸包装企业从设计、选材、生产、检测、管理等各环节全面提升纸包装制品品质，积极采用低成本和绿色生产技术，发展低克重、高强度、功能化纸包装制品，增强纸制品防水、防潮、抗菌、阻燃等性能，拓展纸包装的应用范围。研发具有创新性的纸包装制品计量、检验与检测技术，加快发展各类先进检测设备，不断完善质量检测体系与手段，有效强化包装制品的品质保障。

③多方培育纸包装国际品牌。

针对纸包装行业的特点构建起围绕设计、生产、营销、传播、保护五位一体的国际化品牌发展格局，打造一批具有较高国内市场占有率和较强国际市场竞争力的纸包装制品品牌，促进纸包装产业的国际化协作共赢。以绿色纸质包装材料、智能纸包装生产设备、高端纸包装制品的研发为重点，加强纸包装制品行业的品牌国际化培育、评价、服务与引导，推进我国纸包装企业国际化战略的实施，支持有条件的企业推动装备、技术、标准以及服务"走出去"，在境外设立研发中心、生产基地和营销网络，深度融入全球纸包装制品的产业链、价值链和物流链。[1]

（4）生产技术优化

①生产设备自动化。

《关于加快我国包装产业转型发展的指导意见》和《中国包装工业发展规划（2016—2020年）》等文件明确指出，提升智能包装的发展水平，提高产业的信息化、自动化和智能化

水平。纸包装生产设备将向高速、高效、多功能、高度自动化的方向发展。随着科学技术的快速发展和人类社会的不断进步，纸包装容器产品多样化的发展趋势不可逆转，市场的竞争将进一步加剧。纸包装容器的制造设备必将向多功能和高速的方向发展。为提高设备的生产率和企业效益，性能优良和节能环保的高端设备正逐步取代性能差、耗能大的生产设备。技术先进、多用途的一体化包装生产设备正逐步淘汰技术落后、功能单一的包装设备。以纸包装生产设备为例，一体化包装生产设备可适应市场多品种、多元化和高质量的要求，可实现上光、烫印、凹凸压印、模切、压痕和糊盒等加工工艺的自动化和连续化，极大地缩短了印刷包装生产周期，提升了生产效率，从而实现效益最大化的目标，生产设备自动化正成为行业未来发展的趋势。

②制造工艺精细化。

纸包装行业生产工艺、纸包装产品印后加工工艺、包装印刷工艺都取得了长足的进步。以包装印刷中常用的模切技术为例，在纸包装行业日益发展以及下游行业需求多样化、精细化的大背景下，模切生产技术在速度、精度、能耗、效率等方面都有较大的提升。此外，随着模切机制造水平的提升，模切设备的性能正逐渐朝着数字化、智能化的方向发展，以实现操作方便、质量可靠、生产高效的使用目的。技术和生产工艺的不断革新有助于纸包装企业提高产品品质、减少碳足迹和提高生产效率。对于行业而言，技术革新有助于提升产品附加值，更好地满足客户需求，进而带动行业利润水平整体上升。

③设备零件标准化。

机械零部件的生产专业化是提高产品质量、降低成本的重要手段，也是纸包装容器的生产设备发展的必由之路。纸包装生产设备的零部件生产正向通用化、系列化、标准化和专业化方向发展。要保证纸包装制造设备的高质量，其零部件

1　工信部，商务部．关于加快我国包装产业转型发展的指导意见 [J]．中国建材，2017，（1）：110．

的生产必须实现通用化、系列化和标准化，从而推动纸包装产业发展以及与国际接轨的目标。一些发达国家生产的包装机械中，通用件、标准件占整机零部件的 70%，有的高达 90%，高于我国的制造水平。在设备生产上，推动零部件由通用的标准件厂和高度专业化的生产厂家生产；在通用部件上，一些控制部件、结构部件与通用设备相同，可以采取租借的方式，这样对包装企业减少生产设备的维护成本、缩短设备的更新周期、提高其可靠性都极为有利。

（5）行业标准化

促进纸包装行业标准体系的建设不仅有利于推动行业整体的优化与转型，还有利于减少包装废弃物的产生。针对纸包装的特点，制定规范标准，完善行业、企业等多层次的纸包装制造与纸包装制品的标准体系，以包装标准化推动包装的减量化和循环利用政策的实施。支持纸包装建设行业标准，以促进行业联盟和标准创新研究基地的搭建。对现有纸包装制造模式进行系统优化和水平提升，解决纸包装制品标准体系不完整、标准互相矛盾、标准水平滞后、可操作性不强等突出问题。推动纸包装标准与国际接轨，支持优秀的企业、高校和科研机构参与制定标准，增强我国在国际包装界的话语权和参与权。以知名物流企业圆通速递为例，为响应国家"绿色物流"号召，履行企业社会责任，圆通速递先后参与了国家标准《绿色物流指标构成与核算方法》、行业标准《电子商务物流绿色包装技术和管理规范》的研讨和制定工作。同时，圆通速递还牵头《物流服务仓配一体化信息交换指南》《物流服务与电子商务信息交换规范》等行业标准的制定工作，旨在打通物流行业信息互联互通，提升物流行业运营效率，[1] 通过推进包装标准化在实际场景中的应用与实施，以提升纸包装行业的准入门槛，从而提升纸包装行业整体水平。

3.1.4 纸包装制品创新技术

当前，正值新一轮科技革命和产业变革浪潮与国家加快转变发展方式形成历史性交汇的重要节点，是中国造纸工业实现产业升级、由大变强、由快变好的关键时期，更是实施纸包装制品行业创新驱动发展的关键时期，以创新技术培育行业竞争新优势。

目前，全球纸包装技术大多数技术专利处于"失效"和"有效"状态，两者纸包装技术总量分别为 589 项和 601 项，约占全球纸包装技术专利总量的 70% 和 31%。在专利类型方面，目前全球有 763 项纸包装技术专利为实用新型，占全球纸包装技术专利申请数量的比例最高，为64.1%。

（1）包装印刷技术创新

随着我国社会经济的不断发展，纸制印刷包装产品正向精细、精致、精品方向发展，包装产品的品种和特性也趋向多样化、功能化和个性化。近年国家大力实施包装减量化的政策要求，因纸制包装材料的轻质便捷、印刷适应性强等特性，纸制印刷包装相较其他印刷包装的竞争优势更加明显，其市场竞争力将会逐步增强，应用领域也将愈加广泛。

① 数字印刷技术灵活性更高。

经过两年的新冠疫情，印刷灵活性的重要性在逐渐凸显，传统印刷技术已经无法完全满足消费者的需要。因此印刷技术的数字化发展尤为重要，我们需要用更短的作业准备时间、更低的成本和更大的生产灵活性来印刷产品包装。因此品牌持有者可以通过数字技术生产出不同版本的包装，并在不支付高昂成本的前提下实践最新的包装理念。首先是在标签方面的应用，BOBST DigiColor 和 oneECG 等颜色的数字化将推动柔版印刷机的销售。其次是数字印刷技术在纸盒纸箱

1　圆通速递 .2018 年度社会责任报告 [EB/OL]. （2018-04-17）[2022-10-21].https://www.yto.net.cn/uploads/pdfs/1555664399844.pdf.

中的应用。纸盒纸箱是除软包装、标签等领域的又一数字印刷技术广泛应用范围。从实际应用现状来看，数字印刷技术在纸盒纸箱中的应用极为广泛，使得产品在视觉效果和视觉冲击力方面取得了良好效果。例如，数码彩色印刷机在纸箱纸盒中的有效应用，不但整个应用过程方便、快捷，且可将纸盒纸箱以折叠方式进行印刷，最快单胶印刷速度为266张/min，印刷分辨率相对较高，色彩鲜艳，内容清晰可见。数字印刷技术在瓦楞纸盒纸箱中的有效应用，不但为此类包装产品的发展提供了良好机遇，且为其在市场中的广泛应用与推广奠定了坚实基础，通过图文信息或者文字信息按时将产品相关说明内容在纸盒纸箱上进行印刷，不但赋予了纸箱纸盒良好的宣传效果，且展现出了纸箱纸盒强大的视觉冲击效果。

②智能印刷提高生产效率。

当前，印刷业正在由劳动密集型向技术密集型转变。控制成本，实现定制化和个性化生产，不断扩展服务的广度和深度，都需要充分运用信息技术、网络技术以及数字技术来实现印刷生产的智能制造、智能服务。智能化，是摆脱各种市场要素无序掣肘的技术应对与模式选择。2021年海德堡曾借助PerformanceAdvisor技术或"PAT"引入人工智能应用来挖掘印刷机性能数据，可以识别重大变化，并为用户提供解释和建议以提高设备性能。PAT可以根据生产配置文件定义印刷机的平均性能，并在发生重大变化时提供通知。此外，PAT可以向运营商提供具体建议。这些建议可帮助他们自行了解和解决即将出现的问题。一旦采用了推荐的措施，PAT就会观察影响以查看性能是否有所提高。最终，通过机器学习，其可了解哪些操作建议有显著帮助，并调整其建议的优先级。这类智能技术的运用将会是未来世界的主流。

③绿色印刷技术减少污染。

随着环保意识的不断普及和深入，传统的印刷包装材料和生产工艺已经无法满足市场要求，纸制

印刷包装企业不仅要关注包装产品的质量、性能和成本，更要关注包装产品对环境的影响和能源的消耗，绿色纸包装成为纸制印刷包装企业可持续发展的必然选择。为更好地适应市场对环保产品的需求，国内具备技术实力的纸制印刷包装企业已就环保新材料和新工艺着手进行研发。绿色发展作为《中国制造2025》的一项重要方针，自实施以来取得积极成效，以绿色工厂、绿色产品、绿色园区和绿色供应链为核心的绿色制造体系逐步形成。实现能源绿色低碳发展，完成碳达峰、碳中和工作，既要治，亦要防。从源头上，相关科研人员需研究开发更为绿色的包装印刷耗材，如绿色环保型光固化油墨，环保UV/LED光固化印刷材料，绿色环保型水性上光油。水性、无苯化、UV、EB环保型油墨逐步取代传统油墨。在整治VOCs排放工作中，包装印刷行业责无旁贷，其VOCs主要来自调配油墨、溶剂挥发、稀释剂与润版液的使用等方面。溶剂残留问题是制约我国包装印刷行业发展的瓶颈之一，因此我国卓新型胶印水路系统的拆线，不仅解决了传统胶印的润版水污染难题，使包装印刷企业生产从源头开始实现零污染，使企业因润版环节产生的VOCs排放量减少100%、废液排放量减少100%，为胶印润版水的废气、废液治理提供了解决方案，为我国绿色纸包装的推行又增添一步。

（2）包装生产技术创新

生产的发展，带来的不仅仅是生产质量的提升，还有满足多元化市场需求能力的提升。作为发展最为迅速的经济实体，我国正在成长为世界的制造和包装中心。我们必须加大专业化包装生产线的技术研究和产品革新，创造智能自动、环保循环的纸包装生产以适应市场的需要。

①包装生产自动化智能化。

受疫情影响，无接触包装需求量陡增。所以如今的包装生产借助现代科技和工艺，使用更加便利、更加快捷的智能包装设备来实现纸包装生产过程智能化自动化。而自动化包装设备行业之所以能够发展得如此迅速，更多的是因为纸盒包

装市场需求与日俱增。随着包装盒市场的不断壮大，行业发展加速细化，纸盒包装自动化是一种未来必然趋势，将逐渐从部分生产模块扩展到整个包装及整个车间。

业内人士指出，科学技术的不断发展进步、生产领域的推陈出新对包装技术和包装设备提出的新要求，导致纸包装生产器械竞争日趋激烈。据不完全统计，自动化技术在纸包装生产线中已占 50% 以上，包装生产自动化已成为行内人士关于行业发展的一致共识。目前全自动化包装这项技术的应用在提高自动化生产效率的同时可以实现自动循环加纸、在线诊断故障自动报警，而且操作维护简单，运行稳定效率高。参数智能调节、自动注胶等功能进一步提升了包装领域的安全性、准确性。

② 物流包装生产绿色化。

当前，世界各国对包装印刷行业的节能减排要求日渐提高，绿色包装印刷已经成为全球印刷业未来发展的主流。在我国，以物流行业中的纸包装为例，物流行业持续快速发展，在行业高速发展的同时，也给环境保护带来了较大压力，这也引起了党中央国务院和社会各界的广泛关注。2020 年 11 月 30 日，国家发布的《关于加快推进快递包装绿色转型的意见》提到，预计到 2025 年基本完成快递包装绿色转型。这就要求快递包装在保护物品的同时，能够实现生产、回收绿色化。在绿色包装方面，顺丰物流企业研发了包含标准循环箱、集装容器、循环文件封等循环快递容器，通过搭建顺丰循环运营平台进行数据管理，积极联合各利益相关方打造快递包装循环生态圈。2021 年 9 月，顺丰投入社会使用的循环产品总计 2900 万个，总循环次数 2.9 亿次，其中，顺丰标准循环箱共计循环 2210 万次。此外，顺丰还启动了"丰景计划"对包装进行技术改造，打造减量化快递绿色包装；自启动计划以来，累计实现节省原纸约 6.6 万吨，节省塑料约 1.6 万吨，合计减少碳排放约 17.5 万吨。未来快递行业联手包装行业将继续通过科技赋能推动

行业绿色转型升级，共同承担保护地球家园的责任。

3.1.5 中国纸包装制品发展预期分析

（1）纸包装制品竞争格局预测及分析

① 纸包装行业产需格局发生转变。

中国纸制品市场近几年已形成了产需基本平衡的格局。造纸和纸制品业营业收入总体比较稳定，2021 年中国造纸及纸制品业营业收入同比增长 14.74%；2022 年中国造纸及纸制品业营收预计达到 1.4 万亿元。2021 年，全年全国居民人均可支配收入 35128 元，比上年增长 9.1%，扣除价格因素，实际增长 8.1%。随着经济的增长和居民可支配收入的提升，2022 年我国居民消费持续升级。国民在电子产品、日用消费、食品饮料等方面的消费升级直接带动我国包装纸业的快速增长，预计造纸行业尤其是工业包装用纸行业将受到消费升级的拉动呈稳步增长的趋势，缓解产能过剩。

② 纸包装行业收入利润增速趋稳。

最近几年，我国纸制品包装行业保持发展态势，规模以上企业队伍不断壮大，行业收入规模和利润水平保持稳健。相关数据显示，我国纸包装行业收入规模由 2016 年的 2437.62 亿元增长至 2021 年的 3192.03 亿元，复合年均增长率为 5.54%（图 3-1-29）。据预测分析，2022 年中国纸包装行业收入规模将达 3262.91 亿元。

③ 包装印刷将步入良性发展阶段。

纸制包装印刷行业利润水平受外部宏观经济形势和内部管理技术水平的影响。其中，外部宏观经济形势是影响纸制包装印刷物的上游原材料价格波动和下游市场需求变化的系统性因素。一般来说，技术水平较高、生产经验较丰富的纸制包装印刷企业，因其生产工艺更为先进、应对市场变化能力更强，所生产的产品档次更高，盈利能力比低端的纸制包装印刷企业强。在纸制包装印刷企业的成本结构中，纸张成本占原材料成本

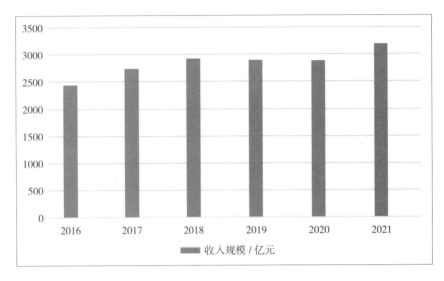

图 3-1-29　2016-2021 年纸制品包装行业收入规模图

的比例通常在 50% 以上，纸张价格波动对行业整体利润水平将产生一定的影响。占原材料比例较大的瓦楞纸（片）、牛卡纸、牛皮纸、白板纸等原纸的纸张价格自 2018 年初开始趋于上涨趋势，在一定程度上降低了纸制包装印刷企业的利润指标。随着我国纸制包装印刷行业整体技术水平的不断提升、经营模式的转变以及行业集中度的日益提升，中国纸制包装印刷行业将逐步进入稳定有序的良性发展时期，行业的整体利润水平将日趋稳定。[1]

④我国纸包装行业整合速度加快。

近年来，随着全球包装产业逐步向以中国为代表的发展中国家或者地区进行转移，我国纸制品包装行业在全球纸包装产业中的地位日益突出，已成为全球重要的纸制品包装供应国家，出口规模不断扩大。国内拥有庞大的市场作为支撑，具有劳动力成本较低、制造设备先进等优势。随着国内头部企业规模的扩大，在面向国际市场竞争时，这些优势将不断提升。据悉，2022 年 1 月 10 日，福建省漳州市举行了 2022 年漳州市招商大会暨项目签约活动。山鹰国际年产 210 万吨包装纸项目（意向）将落地福建省漳州市，总投资 102 亿元。其中，牛皮箱纸板 130 万吨，

高强瓦楞原纸 80 万吨。除此之外，山鹰国际还有多个大型在建项目。

从政策上来看，碳达峰、碳中和目标提出后，龙头造纸企业凭借资金与规模优势，提高生产效率和生产技术水平，调整能源结构，增加清洁能源的使用。而部分中小纸企面临着不断上升的能源成本与环保支出，最终被淘汰出局，使得行业释放出部分产能需求。与此同时，"禁废令"的实施与落实，导致原料成本不断增加，冲击着市场，大量中、小型企业被淘汰出局。我国纸包装行业的龙头企业不断扩张占领市场份额，主要就是得益于当下政策环境的整体趋严和行业成本竞争不断淘汰落后产能。未来行业发展将更加规范、有序。

（2）纸包装制品发展趋势预测

①高效智能化发展。

随着环保要求日益提高，纸包装行业正朝着环保化、高效化、智能化的方向发展。智能包装为包装行业解决了库存和生命周期管理、产品完整性、用户体验三大问题（图 3-1-30、图 3-1-31），不仅具有替代传统商业模式的巨大潜力，还能为多方参与者创造巨大的价值。未来，随着中国消费者对产品品质要求不断地提高，可以实

[1]　2022—2028 年中国纸制品印刷包装市场供需发展前景及投资战略预测报告 [EB/OL].（2022-04-01）[2022-10-07].http://www.paper.com.cn/news/daynews/2022/2204010093715971966.htm.

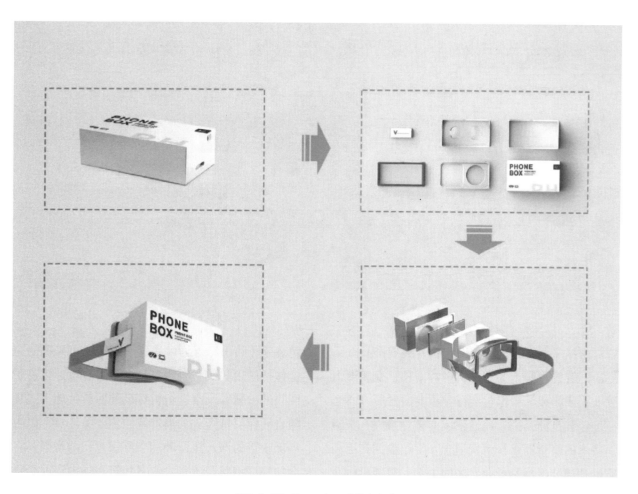

图 3-1-30　Phone-box 手机盒包装
数据来源：FASID 公司原创

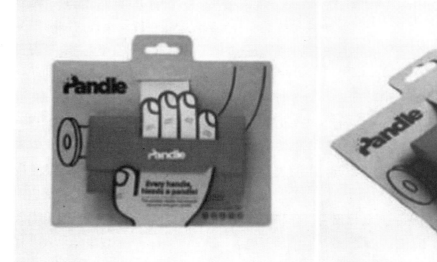

图 3-1-31　抗菌手柄纸包装
数据来源：中国设计网

图 3-1-32　可生物降解的一次性街头小吃容器

现对产品流通过程全程追踪定位、展现产品实际品质的智能包装市场需求将日益增长，发展潜力巨大，或将成为中国包装行业重要的发展方向之一。包装是商品进入流通领域的必要条件，跟随消费者的消费需求、消费理念，生产出拥有更高质量的包装机械是行业发展的关键。包装机械在满足功能需求和安全生产的条件下，一直在寻求高品质、个性化、强灵活性。这就要求设备功能化要强大，以适应不同的包装形式、形状、尺寸、材料结构和闭合结构等，同时作为标准功能，不再需要添加附件或其他定制解决方案，能全面有效地满足各种用途的产品需求。

②环保可持续发展。

关注产品对环境的影响成为社会共识。人们开始关注塑料垃圾，塑料包装作为一种大批量、一次性产品受到特别关注。国家发展和改革委员会、生态环境部在 2020 年 1 月 16 日发布的《关于进一步加强塑料污染治理的意见》明确提出"推广应用替代产品。在商场、超市、药店、书店等场所，推广使用环保布袋、纸袋等非塑制品和可降解购物袋，鼓励设置自助式、智慧化投放装置，方便群众生活。推广使用生鲜产品可降解

包装膜（袋）"。为解决这一问题，可采取的措施包括使用替代材料研发生物塑料、设计更易于回收的包装以及改进塑料垃圾的回收处理方式。随着环保可持续成为消费者的主要关注点，国内环保政策的深入执行和社会环保意识的增强，将会加快"替塑"进程。未来几年在国内环保纸制品行业的市场规模将稳步发展（图 3-1-32）。

③健康护理型以及小型化包装需求增多。

受新兴消费市场增长的推进，全球经济有望持续扩展。虽然短期内可能受英国脱欧和中美"贸易战"的影响，但收入仍有望上涨，消费者会增加用于包装商品的消费支出。以中国和印度等新兴市场为代表，全球人口将会继续增加，城市化率将持续提高。由此消费者收入增加，用于消费品的支出也会随之增加，利于接触现代零售模式。预期寿命延长将导致人口老龄化，这种现象在日本等发达市场更为明显，这会拉动健康护理和医药产品的需求，同时也需要研发适合老人的易开包装。21 世纪的另一个现象是单人家庭数量增多，这会拉动小份包装、可再密封包装和可微波包装的市场需求。[1]

更多的消费者，与单人家庭增多的趋势相一

1　王曼 . 未来包装发展趋势展望 [J]. 印刷杂志，2020（4）:25-26.

致，特别是年轻群体，倾向于"多次少量"的购物形式，因此推动了零售业的增长，更便利的小型化、小份包装需求增多。消费者更加关注自身健康，形成更健康的生活方式，所以健康的食品和饮料（如无麸质食品、有机或天然食品）以及非处方药和营养补充剂等产品的包装需求也会增加。有研究机构认为，得益于网络和智能手机的普及，全球的网上零售市场持续快速增长。消费者越来越多地在网上购物，包装的需求也会增加，尤其是能够在复杂的分销渠道中安全运输产品的瓦楞纸包装。

④ 定制化个性化发展。

21 世纪消费者的品牌忠诚度相对不高，这会激发市场对定制化包装的兴趣，从而对消费者产生影响。数字印刷是一个关键的技术手段。通过包装连接到社交媒体，也符合市场上整合营销的需求。因为全世界生产的食物高达 40% 的未被食用，所以减少食物浪费是决策者的另一重要目标。这也是现代包装技术可以发挥巨大作用的一个领域。如高阻隔包装和可蒸煮包装、延长食品保质期等现代软包装技术，都可以使缺乏冷藏零售基础设施的欠发达市场受益。集成纳米工程材料技术等许多相关研究都在致力于改进包装阻隔技术。智能包装技术可以减少分销链中的食物浪费，为消费者和零售商保障食品的安全。

3.2 塑料包装制品发展现状分析

随着全球经济的快速发展，人民生活水平提高和人口老龄化引起的医疗费用增加，得益于政策扶持、生产工艺的提升、市场需求增长等因素，塑料包装制造行业将会继续保持快速增长的势头。

中游塑料包装制造行业致力于通过探索新技术、新动能，为各行业提供更好的发展空间。同时，由于科技水平的提升，新型包装材料层出不穷，塑料包装制品将会朝着可持续发展的方向发展以满足下游行业的需求，这也必定会反向带动中游行业市场规模持续增长。

3.2.1 国际塑料包装制品发展状况分析

进入 2020 年以后，全球政治和经济体系格局发生了深刻的变化，原有包装产业链的全球化秩序受到了影响，尤其是塑料包装产业的发展，在市场需求和科技创新的共同推动下，塑料包装行业正在出现或正在酝酿一系列令人振奋的新突破，在新技术、新工艺、新设备、新材料、新机遇等方面，让我们看到了该产业充满希望的新未来。

（1）行业市场规模

① 传统塑料包装行业规模逐年递增。

Grand View Research 的研究显示，2017 年全球塑料包装市场规模为 1980 亿美元，预计到 2025 年年均复合增长率为 3.9%，2020 年全球塑料包装市场规模预计为 2229 亿美元（图 3-2-1）。[1]

2021 年，全球塑料罐包装市场总规模达到 1619 亿元。在 2021—2027 年预测期间，塑料罐包装市场将以 1.55% 的年均复合增长率稳步增长，2027 年全球塑料罐包装市场总规模将会达到 1799 亿元（图 3-2-2）。[2]

② 新型塑料包装行业规模增速明显。

Grand View Research 的数据显示，近年来全球生物降解塑料行业市场规模呈现逐年上升趋势；从 2016 年的 25 亿美元上升至 2020 年的 35 亿美元左右。[3] 截至 2020 年，全球可降解塑料袋的产能呈现出品种分散、产能规模小、集中度较低的特点，目前主要生产的可降解塑料是 PLA、二元酸二元醇共聚酯和 PCC 等。海外产能方面，现有产线品种主要是 PLA 和二元酸二元醇共聚酯，其中 PLA 单线产能最大为美国的 Nature Works（产能规模 15 万吨/年），PBAT 单线产能最大为意大利的 Novamont（产能规模为 10 万吨/年）。目前在建工程中有三家企业建设 PHA，预计 2.6 万吨/年；两家企业 PBAT 产能预计 6.8 万吨/年。

（2）产量地区分布情况

① 传统塑料包装产量分布较均匀。

从全球的传统塑料包装产量布局来看，中

1 中商情报网.2020 年全球及中国塑料包装行业市场规模预测 [EB/OL].（2020-10-20）[2022-10-30].https://baijiahao.baidu.com/s?id=1681044389080681259&wfr=spider&for=pc.

2 搜狐网.国内塑料罐包装行业预测发展报告 [EB/OL].（2022-10-21）[2022-10-30].https://www.sohu.com/a/594215670_121479353.

3 前瞻研究院.2021 年全球生物降解塑料行业市场规模及发展前景分析 [EB/OL].（2021-12-20）[2022-10-30].https://bg.qianzhan.com/trends/detail/506/211220-2242d689.html.

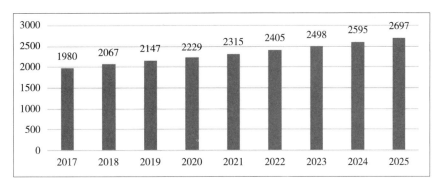

图 3-2-1　2017—2025 年全球塑料包装市场规模统计及预测（单位：亿美元）
数据来源：中商情报网

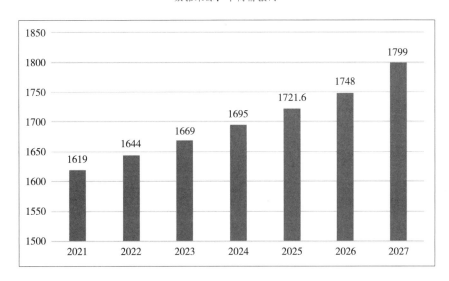

图 3-2-2　2021—2027 年全球塑料罐包装市场总规模预测（单位：亿元）
数据来源：中商情报网

国、日本、韩国的产量最大，占全球产量的 26%；第二是北美地区国家，占 21%；第三是中东地区国家，占 17%；欧盟则紧跟其后，占 16%；亚太其他地区占 12%，其余地区的产量仅占 8%（图 3-2-3）。[1] 总的来看，全球各国的塑料包装产量份额占比不相上下，呈现旗鼓相当的分布态势。

全球塑料包装袋核心厂商主要分布在北美、欧洲、中国、日本、东南亚以及印度等地区。其中头部厂商有 Amcor、Berry Global、Mondi、Sonoco、Papier-Mettler 和 Novolex 等，前三大厂商占有约 38% 的市场份额。[2] 美国联邦储备委员会的数据显示，尽管面临新冠疫情、中美贸易紧张、俄乌冲突等全球性危机问题，美国塑料制品的产量在 2021 年仍较 2020 年增长 4.9%；塑料机械产量较 2020 年增长了 16.8%，塑料模具制造业在 2021 年增长了 9.7%。[3]

②可降解塑料包装产量差距大。

可降解塑料对传统石油基塑料的最大替代率为 31%，是新型塑料包装发展趋势。2019 年全

1　国际环保在线.全球在行动：应对一次性塑料包装对环境的挑战 [EB/OL].（2018-09-18）[2022-10-30].https://www.huanbao-world.com/a/zixun/2018/0918/43630.html.

2　CSDN 技术社区.全球与中国塑料包装袋市场现状及未来发展趋势 [EB/OL].（2018-09-18）[2022-10-30].https://bbs.csdn.net/topics/606959348.

3　石化行业走出去联盟.【市场观察】北美塑料市场 [EB/OL].（2022-07-09）[2022-10-30].https://mp.weixin.qq.com/s?__biz=MzI4MTEzOTMwNQ==&mid=2247561396&idx=4&sn=c314df75524c1aa24185cba2141fe2c0&chksm=ebae71b2dcd9f8a49dd6f89cd5c1b3b32f58df00cf6e8cbea1f1f83cfd148cd83eff247421a2&scene=27.

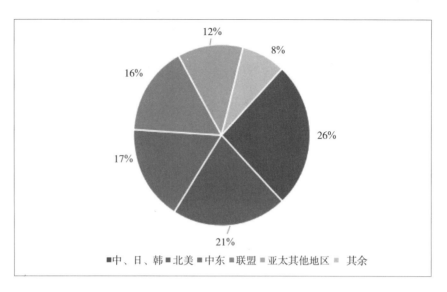

图 3-2-3 传统塑料包装产量分布情况

数据来源：国际环保在线

球可降解塑料产能合计约为 107.7 万吨，以淀粉基塑料为主。2019 年淀粉基塑料产能为 44.94 万吨，占全球可降解塑料总产能的 38.4%，PLA、PBAT 分别占 25.0% 和 24.1%，位居第二、第三位。[1] 据欧洲生物塑料协会统计，2021 年全球可降解塑料产量为 155.3 万吨，预计到 2026 年增长至 529.7 万吨，复合增长率 28%。其中，PBAT/PBS（两者可以共用同一柔性产线进行生产，归为 PBAT）2021 年占比 35%。[2]

全球可降解塑料企业数量较多，生产的产品种类具有很大的差异，市场分散度较高。目前，全球可降解塑料总产能达到 136.2 万吨，但单家公司的产能都较小，大部分公司的产能都不足 5 万吨（表 3-2-1）。美国 Nature Works 是全球最大的 PLA 生产企业，也是全球唯一的年产能达到 15 万吨级的 PLA 生产商，远超其他生产商的生产规模。[3]

（3）行业进出口情况

近些年国际形势的变化，对国际塑料包装行业进出口市场产生了以下三个方面的影响：

首先，国际贸易壁垒对行业进出口市场存在负面影响。当前国际贸易中，多边贸易协定促使传统贸易关税壁垒的保护作用逐渐削弱，而技术、环保、社会责任等新型贸易壁垒的影响却在不断加大。新型贸易壁垒的衍生，不仅增大塑料包装行业出口被召回的风险，提升塑料包装企业出口成本，还容易加大塑料包装制品出口认证难度，从而限制各国塑料包装行业的出口。

其次，新冠疫情的肆虐削减了塑料包装行业的进出口市场规模。2019 年新冠疫情对全球包装行业的影响也表现在方方面面，如在中国和韩国等率先应对疫情的国家来说，杂货、医疗保健产品和电子商务运输的包装需求急剧上升；同时，对工业、奢侈品和一些 B2B 运输包装的需求会下降。

1　未来智库 . 可降解塑料深度报告 [EB/OL].（2021-01-29）[2022-10-30].https://baijiahao.baidu.com/s?id=1690206532886593008&wfr=spider&for=pc.

2　华经情报网 .2021 年中国 PBAT 市场现状分析，需求与产能快速上升，上游利润倒挂 [EB/OL].（2022-03-14）[2022-10-30].https://baijiahao.baidu.com/s?id=1727242894358638128&wfr=spider&for=pc.

3　兴园化工园区研究院 . 深度报告丨可降解塑料全球产能分布、在建项目、市场需求与政策动向 [EB/OL].（2021-04-21）[2022-10-30].https://mp.weixin.qq.com/s/jxa7pyFNuu8Oe1fvnQ5AFA.

表 3-2-1 全球 PLA 现有产能分布

	企业	地区	产能 / 万吨	市场占有率	备注
国内	河北华丹	河北	5	10.28%	
	丰原集团	安徽	5	10.28%	2020 年 9 月投产
	浙江海正	浙江	4.5	9.25%	2006 年底，投产 5000 吨；2020 年 12 月，投产 3 万吨
	吉林中粮	吉林	3	6.17%	
	永乐生物	河南	2	4.11%	2016 年投产
	深圳易生	深圳	1	2.06%	2019 年 11 月，投产 1 万吨
	上海同杰良	上海	1	2.06%	
	华光伟业	深圳	1	2.06%	
	江苏天仁	江苏	0.5	1.03%	
	江苏九鼎	江苏	0.5	1.03%	
国外	Nature Works	美国	15	30.83%	
	Gorbion-Purac	荷兰	7.5	15.42%	
	FKuR Kunststoff GmbH Willich	德国	2	4.11%	
	Synbra Holding BV	荷兰	0.5	1.00%	
	Futerro Escanaffles	比利时	0.15	0.31%	
合计			48.65	100%	

再次，环境政策限制了塑料包装进出口市场的发展。面对日益威胁生态环境的塑料废弃物，世界各地都在行动，对于限制使用一次性塑料包装和塑料包装的环保绿色化已经达成了共识，以欧盟为代表的国家组织对塑料包装制品纷纷出台了相关禁塑政策。

以上各个方面因素的限制导致塑料包装终端市场的颠覆以及供应链问题，对中游塑料制造行业的进出口市场也带来了深远影响。

在有关科研机构组织的相关报告中指出，"结果是进口增加和贸易逆差"。2020 年北美塑料行业出口下降 8.2%，进口增长 1.8%；墨西哥和加拿大仍是美国塑料行业最大的出口市场。就地域而言，亚太地区是当前全球最大的包装薄膜市场。

（4）行业技术发展态势

在全球塑料工业中，用量最大的当数包装塑料，一般占塑料总用量的 25% 至 70%，其中包装塑料制品是消费量最大的品种，年消费量在 700 万吨以上。包装新材料、新工艺、新技术、新产品不断涌现，包装制品生产领域也在不断发力，从材料和加工制造的角度影响国际塑料包装制品的发展走势，硬质塑料包装制造和软质塑料包装制造随着材料、技术的发展也发生了转变。

① 传统材料转向可持续的发展方向。

低密度聚乙烯（LDPE）、聚丙烯（PP）、高密度聚乙烯（HDPE）和聚对苯二甲酸乙二醇酯（PET）是广泛用于制造包装产品的传统材料，例如包装瓶、包装薄膜和小袋，因为它们具有生产成本优势、质量轻、功能广泛和强大的防潮性能。但随着全球环保意识的加强，限塑令等政策的颁布，满足可持续发展理念的包装方案成为发展新趋势，促使制造商家加快开发改性塑料、生物可降解塑料等新型材料及制品。

② 热成型工艺高速发展。

由于柔性产品比刚性产品使用的热成型技术具有更高的可持续性和更低的成本，日益普及的新技术预计将在未来几年推动细分市场的增长。预计从 2021 年到 2028 年，热成型技术领域的复合年均增长率将逐年增长。硬质包装产品，如托盘、容器等，都是使用热成型工艺制造的。而且，也促成了轻质和薄规格包装使用热成型工艺，热成型工艺技术将得到高速增长。

③ 高阻隔、多功能塑料包材成为热点。

世界塑料薄膜需求不断增长，特别是发展中国家需求增速更快，包装形式由硬包装向软包装转变是推动薄膜材料需求增长的主要因素之一。在包装行业中，尤其是食品、医药包装中，越来越强调高阻隔性软包装材料的使用，也因其功能性强、质量轻而便于加工与运输。

近几年，高阻隔性塑料包装材料在国际上成为了材料研发领域的热点，而单层膜的阻隔性能较一般，对于大部分包装的使用场景来说都需要高阻隔多功能塑料包装材料。随着市场上包装功能的增加以及社会环保意识的提高，产品成本的性价比也越显重要，塑料包装薄膜开始由过去的单层塑料薄膜向高阻隔、多功能塑料包装材料发展。高阻隔性塑料包装材料是对小分子气体、液体、水蒸气、香味等具有极高屏蔽能力的一种塑料包装材料。[1]

3.2.2 中国塑料包装制品行业发展状况分析

（1）行业地位概述

中国是世界包装制造和消费大国，塑料包装在包装产业总产值中的比例已超过 30%。由于其方便流通、保护商品、提升品牌形象等附加属性，塑料包装制品还被广泛应用于电子、食品、家具、建材、医药等行业，是包装材料中占比第二高的品类，仅次于纸包装。[2]

此外，塑料以质量轻、可塑性强、功能多等特性被广泛应用于信息、能源、工业、农业、交通运输、宇宙空间和海洋开发等国民经济各领域，已与钢铁、木材和水泥一起构成现代社会中的四大基础材料，是支撑现代社会发展的基础材料之一。[3] 经过改革开放以来四十多年的发展，我国已成为世界塑料工业生产、消费第一大国，拥有全球最大的市场。近几年来，塑料包装行业结构调整持续推进，发展速度平稳增长，显现出巨大发展潜力和前景。

（2）行业运行概况

① 行业市场规模。

得益于政策扶持、生产工艺提升、市场需求增长等因素，中国塑料包装行业市场规模逐年稳步增长。同时，随着科技水平的提升，新型包装材料层出不穷，塑料包装产品将会以绿色环保、功能性强的方向持续发展，以满足下游行业的需求。行业市场规模有望持续增长，2017 年中国塑料包装市场规模为 496.4 亿美元，2020 年为 564.1 亿美元，预计到 2025 年约为 700 亿美元，2021—2025 年期间 CAGR 为 4.3%（图 3-2-4）。[4]

1 化工仪器网.高阻隔食品包装薄膜简介 [EB/OL].（2022-05-13）[2022-10-30].https://www.chem17.com/tech_news/detail/3009025.html.

2 东方财富网.市场调研报告：2022 年中国塑料包装市场现状 [EB/OL].（2022-07-12）[2022-10-30].https://caifuhao.eastmoney.com/news/20220712144627588800790.

3 智研咨询.中国塑料包装行业发展状况及未来发展趋势预测 [EB/OL].（2019-04-28）[2022-10-30].https://www.chyxx.com/industry/201904/734172.html.

4 搜狐网.中国塑料包装行业发展现状及发展战略规划报告 [EB/OL].（2022-08-07）[2022-10-30].https://www.sohu.com/a/574833486_121024745.

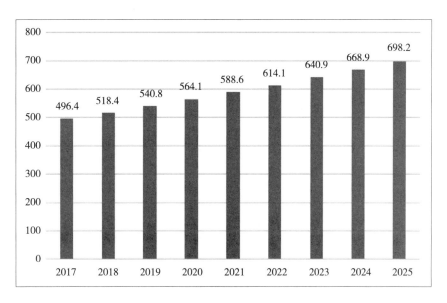

图 3-2-4　中国塑料包装市场规模统计及预测（单位：亿美元）
数据来源：Grand View Research、中商产业研究院

中国塑料制造行业主要分为硬质塑料和软质塑料。2020 年，全国硬质塑料制造行业中占比最大的是包装箱及容器制造行业，规模以上企业（年营业收入 2000 万元及以上全部工业法人企业）1624 家，相比 2019 年增加了 43 家。[1] 全国软质塑料制造行业中占比最大的是薄膜制造行业，规模以上企业（年营业收入 2000 万元及以上全部工业法人企业）2110 家，相比 2019 年增加 170 家。[2] 从国家统计局公布的产销率数据来看，2016—2019 年全国塑料制品行业产销率总体保持在 98% 左右；结合塑料制品产销情况，初步估算 2020 年中国塑料制品行业产销率为 95.2%。总体来看，全国塑料制品行业产销率均在 100% 以下，行业呈现产能过剩情况（图 3-2-5）。[3]

②产量地区分布情况。

随着中国经济的快速发展，以及建筑业发展，中国塑料制品有巨大的市场空间，塑料包装产业顺势发展。

据国家统计局统计数据，2020 年 1—12 月，全国塑料制品行业汇总统计企业累计完成产量 7603.2 万吨，同比下降 6.45%。2021 年行业生产情况逐步恢复，1—7 月实现产量 4605.6 万吨，同比增长 14.5%（图 3-2-6）。2020 年 1—12 月，全国塑料薄膜行业累计完成产量 1502.95 万吨，同比下降 6.37%。产量排在前五位的地区依次是浙江省、广东省、江苏省、福建省、山东省。其中，浙江省完成累计产量 326.62 万吨（占 22%），同比增长 1.77%；广东省完成累计产量 242.34 万吨（占 16%），同比下降 2.27%；江苏省完成累计产量 239 万吨（占 16%），同比增长 4.04%；福建省完成累计产量 166.93 万吨（占 11%），同比增长 6.36%；山东省完成累计产量 85.25 万吨（占 5%），同比增长 3.75%（图 3-2-7）。

根据全国塑料制品企业数量大区市场的分布情况来看，中国塑料制品主要分布在华东地区，包括江苏、浙江、山东三大省份。华东地区塑

1　中国包装联合会 .2020 年 1—12 月包装行业发展报告（塑料包装箱及容器）[EB/OL].（2021-06-01）[2022-10-30].http://www.cpf.org.cn/product/133.html.

2　中国包装联合会 .2020 年 1—12 月包装行业发展报告（塑料薄膜）[EB/OL].（2021-06-01）[2022-10-30].http://www.cpf.org.cn/product/132.html.

3　前瞻产业研究院 .2021 年中国塑料制品市场供需现状及经营效益分析 [EB/OL].（2022-03-02）[2022-10-30].https://bg.qianzhan.com/trends/detail/506/220302-8633f520.html.

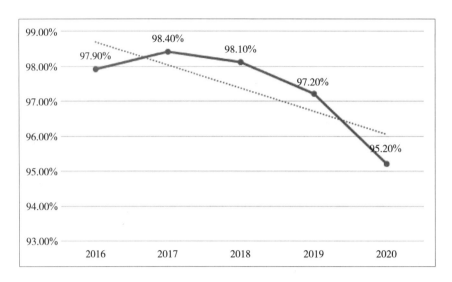

图 3-2-5　2016—2020 年中国塑料制品行业产销率变化情况

数据来源：国家统计局

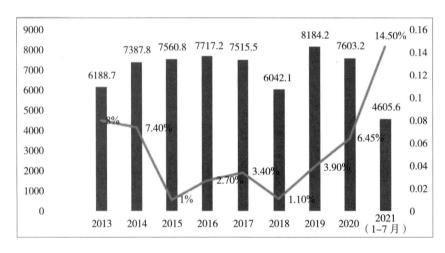

图 3-2-6　2013—2021 年中国塑料制品产量及增速（单位：万吨，%）

数据来源：国家统计局

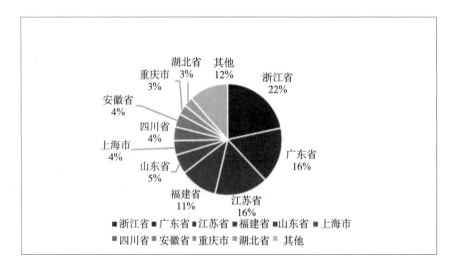

图 3-2-7　2021 年全国塑料薄膜行业产量地区占比情况

数据来源：国家统计局

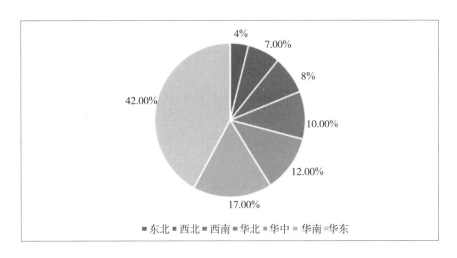

图 3-2-8　全国塑料制品企业数量大区占比情况
资料来源：智研咨询

料制品企业数量，占到了全国总数量的 42% 左右，是全国塑料制品企业分布最多的地区。华南地区企业数量占到了全国的 17%，是第二大分布区域（图 3-2-8）。[1]

根据对我国不同省份的塑料制品分布情况来看，浙江省是全国塑料制品企业数量最多的地区，占到了我国塑料制品总量的 15% 左右。其次是广东省，塑料制品企业数量占到了全国总量的 11% 左右，第三位和第四位是山东省和江苏省，占比分别是 11% 和 10%（图 3-2-9）。[2]

③ 行业利润情况。

全国硬质塑料行业利润情况分析：2020 年 1—12 月，全国塑料包装箱及容器制造行业累计完成利润总额 98.86 亿元，同比增长 2.41%。其中，12 月份完成利润总额 12.91 亿元，同比增长 19.47%（图 3-2-10、图 3-2-11）。[3]

全国软质塑料行业利润情况分析：2020 年 1—12 月，全国塑料薄膜制造行业累计完成利润总额 174.51 亿元，同比增长 78.17%。其中，12 月份完成利润总额 16.7 亿元，同比增长 254.11%（图 3-2-12、图 3-2-13）。[4]

④ 行业营收情况。

全国软质塑料行业营业收入情况分析：2020 年 1—12 月，全国塑料薄膜制造行业累计完成营业收入 2754.35 亿元，同比下降 0.55%。其中 12 月份完成营业收入 297.75 亿元，同比下降 1.74%（图 3-2-14、图 3-2-15）。[5]

全国硬质塑料行业营业收入情况分析：2020 年 1—12 月，全国塑料包装箱及容器制造行业累计完成营业收入 1584.62 亿元，同比下降 2.49%。其中 12 月份完成营业收入 169.69 亿元，同比增长 1.69%（图 3-2-16、图 3-2-17）。[6]

1　搜狐网.中国塑料制品企业主要分布在哪些地区？[EB/OL].（2022-05-12）[2022-10-30].https://www.sohu.com/a/546360126_465088.

2　搜狐网.中国塑料制品企业主要分布在哪些地区？[EB/OL].（2022-05-12）[2022-10-30].https://www.sohu.com/a/546360126_465088.

3　中国包装联合会.2020年1—12月包装行业发展报告（塑料包装箱及容器）[EB/OL].（2021-06-01）[2022-10-30].http://www.cpf.org.cn/product/133.html.

4　中国包装联合会.2020年1—12月包装行业发展报告（塑料薄膜）[EB/OL].（2021-06-01）[2022-10-30].http://www.cpf.org.cn/product/132.html.

5　中国包装联合会.2020年1—12月包装行业发展报告（塑料包装箱及容器）[EB/OL].（2021-06-01）[2022-10-30].http://www.cpf.org.cn/product/133.html.

6　中国包装联合会.2020年1—12月包装行业发展报告（塑料薄膜）[EB/OL].（2021-06-01）[2022-10-30].http://www.cpf.org.cn/product/132.htm.

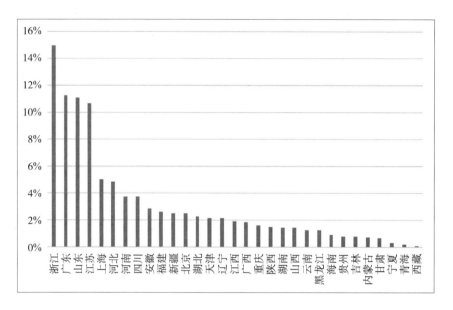

图 3-2-9　全国塑料制品各省份企业数量占比情况
资料来源：智研咨询

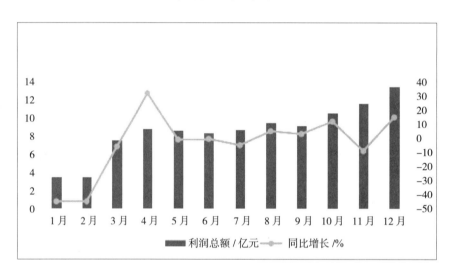

图 3-2-10　2020 年全国塑料包装箱及容器制造行业月度利润总额及同比增长
资料来源：中国包装联合会

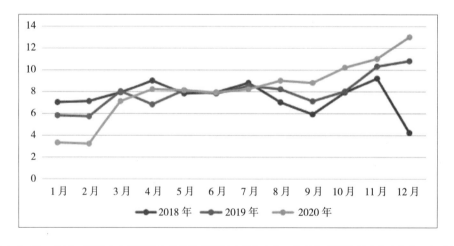

图 3-2-11　2018—2020 年全国塑料包装箱及容器制造行业连续三年月度利润总额对比（单位：亿元）
资料来源：中国包装联合会

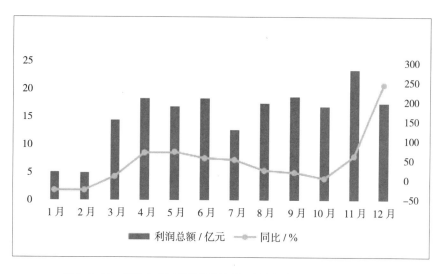

图 3-2-12　2020 年全国塑料薄膜制造行业月度利润总额及同比增长
资料来源：中国包装联合会

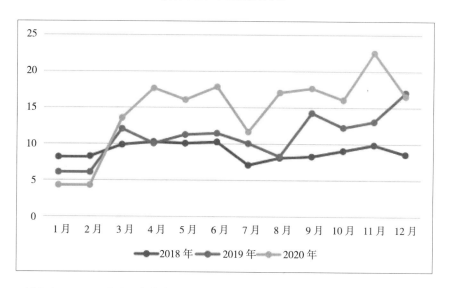

图 3-2-13　2020 年全国塑料薄膜制造行业连续三年月度利润总额对比（单位：亿元）
资料来源：中国包装联合会

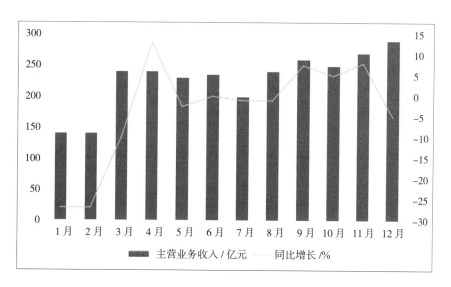

图 3-2-14　2020 年全国塑料薄膜制造行业月度营业收入及同比增长
资料来源：中国包装联合会

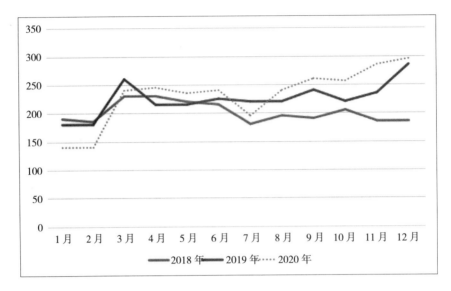

图 3-2-15　2020 年全国塑料薄膜制造行业连续三年月度营业收入对比（单位：亿元）
资料来源：中国包装联合会

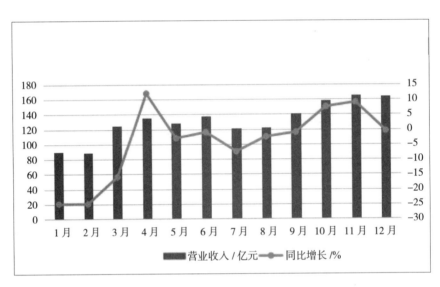

图 3-2-16　2020 年全国塑料包装箱及容器制造行业月度营业收入及同比增长
资料来源：中国包装联合会

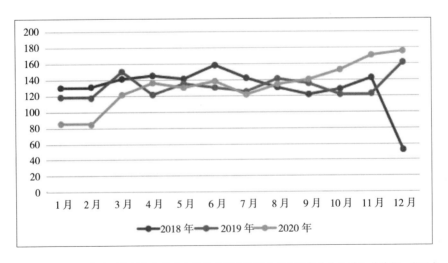

图 3-2-17　2020 年全国塑料包装箱及容器制造行业连续三年月度营业收入对比（单位：亿元）
资料来源：中国包装联合会

（3）行业进出口市场分析

① 塑料包装出口情况分析。

目前，中国是全球第二大包装大国和塑料包装需求最大的亚太国家，同时也是塑料包装制造大国。据统计，我国的塑料制品总产量约占世界总产量的 20%，位列全球首位。

近年来，我国居民的消费升级，推动了我国塑料包装行业的发展。塑料包装在食品、饮料、日用品及各行业各领域发挥着不可替代的作用。我国海关总署的相关数据显示，2021 年 1—12 月中国塑料制品出口金额为 9899020 万美元，相比 2020 年同期增长了 1371900 万美元。2021 年 12 月份中国塑料制品出口金额为 977795.5 万美元，相比 2020 年同期增长了 10458.4 万美元。2022 年 1—8 月中国塑料制品出口金额为 7108154 万美元，相比 2021 年同期增长了 889955 万美元（图 3-2-18）。

全国硬质塑料制造行业出口情况分析：从出口贸易地区来看，2020 年 1—12 月，全国包装箱及容器及其附件行业完成累计出口额 119.39 亿美元，同比增长 21.34%。出口额排在前五位的国家依次是美国、日本、澳大利亚、韩国、泰国。其中，美国完成累计出口额 26.83 亿美元（占 22.47%），同比增长 23.34%；日本完成累计出口额 10.32 亿美元（占 8.64%），同比下降 0.19%；澳大利亚完成累计出口额 5.85 亿美元（占 4.9%），同比增长 22.36%；韩国完成累计出口额 5.45 亿美元（占 4.57%），同比增长 69.71%；泰国完成累计出口额 4.65 亿美元（占 3.89%），同比增长 91.83%（图 3-2-19、图 3-2-20）。[1]

软质塑料制造行业出口情况分析：从出口贸易地区来看，2020 年世界塑料薄膜行业出口额排在前五位的国家依次是越南、美国、韩国、印度和马来西亚。其中，越南完成累计出口额 17.1 亿美元，占比 12.35%；美国完成累计出口额 11.64 亿美元，占比 8.41%；韩国完成累计出口额 7.44 亿美元，占比 5.38%（图 3-2-21、图 3-2-22）。[2]

② 塑料包装进口情况分析。

在塑料包装行业进口市场上，经历了 2019 年的下降后，2020 年我国塑料包装行业进口额有所回升，累计完成进口额 1217832 万美元，同比增长 1.82%。2022 年 1—8 月中国塑料制品进口金额为 1369991 万美元，相比 2021 年同期减少了 121439 万美元（图 3-2-23）。

全国硬质塑料制造行业进口情况分析：从进口贸易地区来看，2020 年塑料包装箱及容器行业进口额排在前三位的国家和地区依次是日本、韩国、中国台湾。其中，日本完成累计进口额 2.67 亿美元，占比 22.30%；韩国完成累计进口额 2.26 亿美元，占比 18.90%；中国台湾完成累计进口额 1.21 亿美元，占比 10.13%；（图 3-2-24）。[3]

全国薄膜塑料制造行业进口情况分析：从进口贸易地区来看，2020 年我国塑料薄膜行业进口额排在前五位的国家和地区依次是日本、韩国、美国、中国台湾、德国。其中，日本完成累计进口额 42.76 亿美元，占比 36.48%；韩国完成累计进口额 23.91 亿美元，占比 20.4%；美国完成累计进口额 14.29 亿美元，占比 12.19%（图 3-2-25）。[4]

1　中国包装联合会 .2020 年 1—12 月包装行业发展报告（塑料包装箱及容器）[EB/OL].（2021-06-01）[2022-10-30].http://www.cpf.org.cn/product/133.html.

2　中国包装联合会 .2020 年 1—12 月包装行业发展报告（塑料薄膜）[EB/OL].（2021-06-01）[2022-10-30].http://www.cpf.org.cn/product/132.html.

3　中国包装联合会 .《中国塑料包装箱及容器制造行业年度运行报告（2020 年度）》[EB/OL].（2021-6-1）[2022-10-30].http://www.cpf.org.cn/product/133.html.

4　中国包装联合会 .《中国塑料包装箱及容器制造行业年度运行报告（2020 年度）》[EB/OL].（2021-06-01）[2022-10-30].http://www.cpf.org.cn/product/132.html.

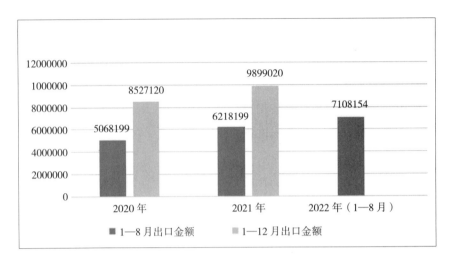

图 3-2-18　2020 年—2022 年 8 月中国塑料包装出口金额（单位：万美元）

数据来源：华经产业研究院

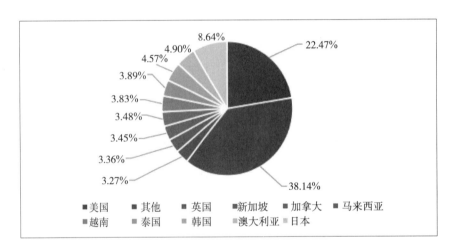

图 3-2-19　2020 年 1—12 月塑料包装箱及容器及其附件行业累计出口额的贸易国占比情况

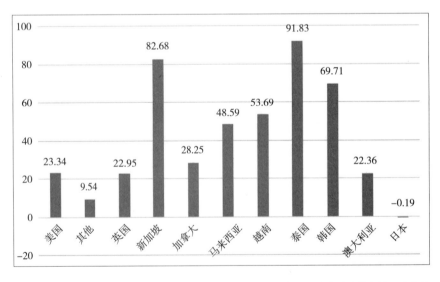

图 3-2-20　2020 年 1—12 月塑料包装箱及容器及其附件行业累计出口额的贸易国增长情况（单位：%）

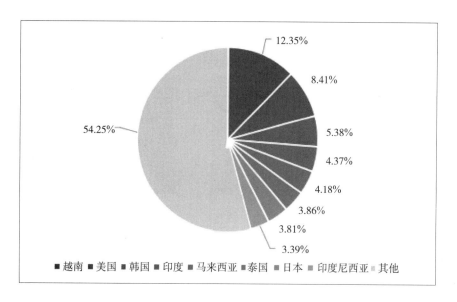

图 3-2-21　2020 年 1—12 月塑料薄膜行业累计出口额的贸易国占比情况
数据来源：中国包装联合会

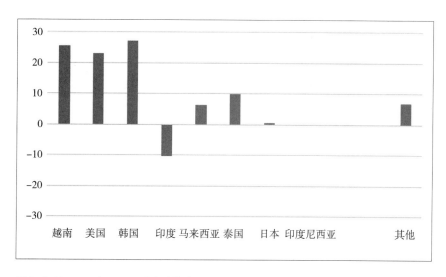

图 3-2-22　2020 年 1—12 月塑料薄膜行业累计出口额的贸易国同比增长情况（单位：%）
数据来源：中国包装联合会

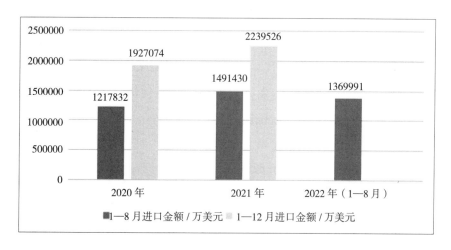

图 3-2-23　2020 年—2022 年 8 月中国塑料制品进口金额

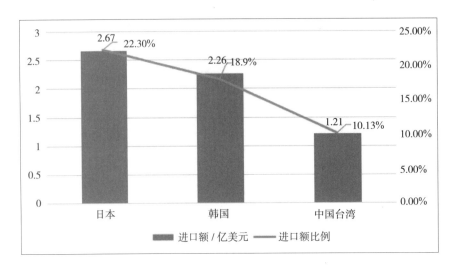

图 3-2-24　2020 年塑料包装箱及容器进口额数据统计

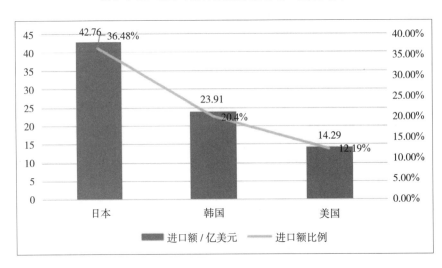

图 3-2-25　2020 年塑料薄膜进口额数据统计

数据来源：华经产业研究院

（4）企业经营分析

关于 2020 年塑料包装行业的企业经营情况分析主要集中在塑料包装企业规模的扩大和企业利润总额的增长两个方面。

首先，在企业规模方面，2016—2021 年涌现出了许多极具竞争力的塑料包装企业，我国塑料制品相关企业注册数量从 23.1 万家快速增长至 110.75 万家，其间年均复合增长率为 36.82%（图 3-2-26）。从企业的经营情况来看，2015—2017 年，我国塑料制品生产企业营业收入在 22800 亿元上下浮动，2018—2020 年是行业的低谷期，2021 年市场需求回暖，营业收入回升至 21300.5 亿元，同比上升 12.76%（图 3-2-27）。[1]

随着我国国民经济持续稳定增长、居民收入水平不断提高，我国居民消费规模持续稳步扩大。目前在我国塑料包装行业的龙头企业主要有紫江企业、双星新材、永新股份、宏裕包材、华源控股、通产丽星等（见图 3-2-28、表 3-2-2）。

其次，在企业利润总额方面，2020 年全国塑料行业规模以上企业完成累计利润总额 1215.2 亿元。2020 年，全国塑料行业规模以上企业累计

1　华经情报网 .2021 年中国塑料制品产量、相关企业注册量及生产企业营业收入分析 [EB/OL].（2022-06-24）[2022-10-30]. https://www.360kuai.com/pc/920fde1d8152e704d?cota=3&kuai_so=1&sign=360_57c3bbd1&refer_scene=so_1.

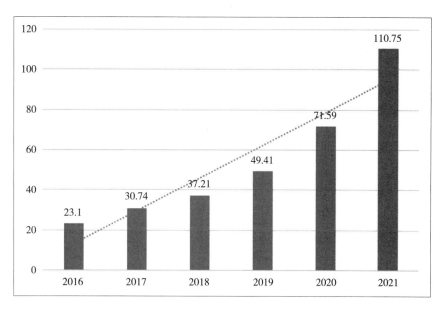

图 3-2-26　2016—2021 年中国塑料制品相关企业注册量（单位：万家）

数据来源：华经产业研究院

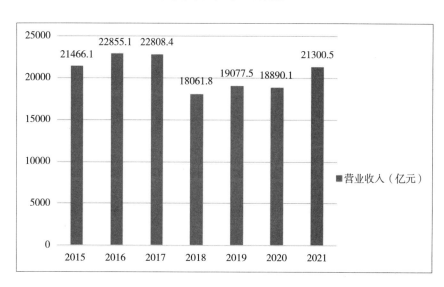

图 3-2-27　2015—2021 年中国塑料制品生产企业营业收入

数据来源：华经产业研究院

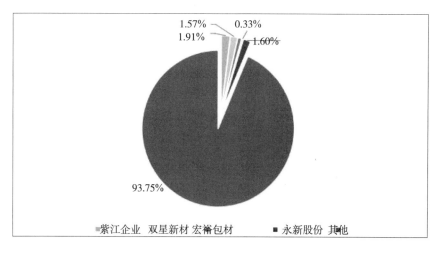

图 3-2-28　2020 年中国塑料包装行业市场占比

数据来源：前瞻产业研究院

表 3-2-2　2020 年我国塑料包装行业的龙头企业营业数据对比

公司简称	成立时间	2020 年营业收入（亿元）	2020 年塑料包装业务收入（亿元）
紫江企业	1998-11-23	84.18	30.26
双星新材	1997-12-24	50.61	24.88
通产丽新	1995-07-14	21.84	13.45
宏裕包材	1998-11-03	21.84	5.22
华源控股	1998-06-23	17.82	5.21
永新股份	1992-05-21	27.37	25.36
天成科技	2008-05-15	1.37	0.72

数据来源：前瞻产业研究院

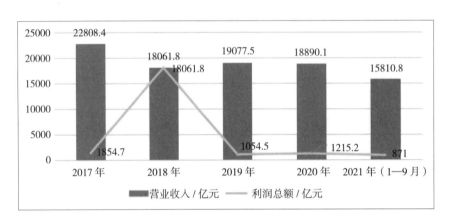

图 3-2-29　2017—2021 年中国塑料制品行业规模以上企业营业收入及利润总额
数据来源：中国塑料加工工业协会、智研咨询

营业收入为 18890.1 亿元。2021 年 1—9 月中国塑料制品行业规模以上企业营业收入为 15810.8 亿元；利润总额为 871 亿元（图 3-2-29）。

3.2.3 塑料包装制品创新技术分析

（1）塑料包装生产设备创新技术分析

① 硬质塑料包装加工技术高效化。

软塑包装的推广导致了硬质塑料包装受到了冲击，同时还受到行业对软塑包装需求高速增长的压力，材料的正确选择与使用的科学化和加工工艺的高效化发展成了硬质塑料包装变革的关键点，有利于推动硬质塑料包装在新领域的应用。例如，思为客科技股份有限公司推出的模内贴盖

藏勺全自动解决方案，日产高达 16 万只，从注塑到装箱实现了全自动完成，节约了大量人工成本，同时还可以防止在加工中出现二次污染，减少了 50% 以上的工具安装和拆卸时间，极大程度地提升了生产效率。又如新型 IC-RDM 73K 自动热成型制杯机，具有高输出和快速换模系统，能提高高达 25% 的生产性能，还有 Hexpol 开发的一系列专门应用于不同类型密封盖的复合物新模内贴标技术，具备精准、高速、节能、稳定、高效之特点，配置闭回路伺服阀，其射出速度提高 50%—150%，能大幅提升生产效率。积极推动硬质塑料包装加工技术高效化转型是塑料包装行业抢占市场的重要举措。不断拓展硬质塑料包装应用市场，增加产品附加值，以高效的生产效

能优势和过硬的包装品质，为塑料包装行业整体朝着数字化、自动化、智能化方向挺进助力。

② 软质塑料包装加工技术高质化。

受到各方因素的影响，相较于其他包装材质和形式，软塑包装更好地满足了现代包装工业的需求，塑料包装行业逐渐开始由硬质包装逐渐走向更轻、更环保的软包装。软质塑料包装制品以薄膜为主，广泛用于商品包装。塑料薄膜生产方法主要有三种，即挤出吹塑、挤出流延和挤出拉伸，每种技术也在根据材料特性和市场需求探索新的生产方法。

第一，传统塑料薄膜加工新技术。工业上制备传统塑料薄膜的主要方法有挤出吹塑法、挤出流延法（含双向拉伸）、压延法、溶液流延法等。目前挤出流延薄膜朝着高速、高效（挤出的线速度越来越快，已达到了 450 米／分钟）、增效的方向发展。双向拉伸薄膜设备正在朝着多层、高速和超宽的方向发展，双向拉伸薄膜速度已达到 500 米／分钟，宽度均已达到 10 米。

第二，随着商品对塑料薄膜包装的要求越来越高，采用多层共挤复合薄膜以复合各种使用要求。复合食品包装薄膜层数已经从 5 层、7 层、9 层发展到 10—20 层，薄膜层数越来越多而厚度越来越薄。昆山金盟塑料薄膜有限公司发明了一种用于塑料薄膜加工设备的压延辊匀速传输控制系统，适用于薄膜加工设备技术领域，解决了现有的技术问题，使设备能够适应不同的薄膜厚度，拓宽了其适用范围。

第三，新型塑料薄膜加工新技术。目前，主要的新型塑料薄膜主要是改性塑料和可降解塑料两个方向。其中，改性塑料即高性能塑料薄膜加工新技术，它不仅具有优异的电性能、力学性能、耐高低温、耐腐蚀等特点，而且介电常数在宽温度和频率范围内大都极稳定，明显优于传统塑料薄膜，用途广泛，预计未来将快速发展。高性能塑料薄膜的制备方法主要有挤出吹塑法、挤

出流延法、溶液流延法等，前两种方法是工业化大规模生产的首选方法，而溶液流延法因受环境保护等的限制，目前主要是实验室研究制样用。目前，我国高性能树脂的进口依赖度较高，不过可喜的是，国家将在"十四五"期间加大对高性能树脂的投资，中国石油和化学工业联合会在《石油和化学工业"十四五"发展指南》中提出，力争在 2025 年将工程塑料及特种工程塑料自给率提升到 85%，因而可以预见未来的高性能塑料薄膜定会快速发展。

而可降解塑料是解决塑料污染问题的良好途径。可降解塑料按照降解方式分类，一般情况下可分为生物降解塑料、光降解塑料、光 - 生物降解塑料和水降解塑料四大类。尤其是生物降解，受到了人们的广泛推崇，原因可归结为生物降解良好的降解性，它通过自然界的微生物作用，可以将塑料薄膜转变成二氧化碳和水等环境友好的物质。当前，微生物降解塑料薄膜的国内研究和生产单位很多。例如，桐庐双宇塑胶制品有限公司发明了一种生物降解高阻隔塑料薄膜材料制备方法，解决了人工分割薄膜边缘处不平齐、表面出现褶皱和带有褶皱的薄膜被收卷后形成折痕的问题，提高了塑料薄膜的质量。

③ 循环经济政策推动塑料回收技术发展。

近几年，我国实施的"禁塑令"对全球废塑料回收与再生利用行业产生了巨大的影响。在此期间，我国废塑料再生利用加工企业，尤其是大型企业迅速调整产业布局，推动我国废塑料行业回收体系的完善和再生塑料产业园区的建设。2020 年中国塑料回收再生产为 1600 万吨，再生利用量为 1600 万吨（图 3-2-30、表 3-2-3）。[1]

受环保督察与"禁废令"双重因素的影响，我国许多规模较小、污染较大的废塑料回收与再生加工企业被关闭，多数规模较大的企业处于停产和半停产状态。但随着新企业不断进入行业，国内再生塑料行业企业总量不降反升，我国再生

1　中国合成树脂协会 . 2020 年中国塑料再生利用率为 17.6%，行业呈现"破旧出新"的发展趋势 [EB/OL]. （2021-07-22）[2022-10-30]. http://www.csra.org.cn/details/240.

塑料行业呈现"破旧出新"的大趋势。2020年中国塑料再生相关企业注册量为25267家。

2020—2021年，中国塑料回收设备发明授权3个，推动了塑料回收行业的发展。例如，峰特（浙江）新材料有限公司发明了一种塑料回收利用预处理系统，主要用于塑料回收利用过程中，对粉碎后的地埋塑料管进行清洗，其大大提高了塑料清洗的质量和效率。

（2）塑料包装制品创新技术分析

由于全球性的金融危机风暴的冲击，世界各国工业生产发展的增长速度有所减缓。但由于世界包装工业实行了强强联合、跨国合作等举措，世界包装行业有了新发展，包装材料、包装产品平稳增长，包装新材料、新工艺、新技术、新产品不断涌现，塑料包装仍保持了较高的增长速度。

① 新型塑料包装独领风骚。

目前，绿色塑料包装在市场中已得到了普及，它对生态环境和人类健康无害且能重复使用和再生，符合可持续发展需求，同时，也是解决环境污染问题的必然选择，必将是未来包装行业发展的趋势。聚萘二甲酸乙二醇酯（PEN）是一种新型聚酯材料。由于PEN的分子结构与PET相似，以萘环代替苯环，PEN比PET具有更优异的阻隔性，特别是阻气性、防紫外线性、耐热性。PEN会大量进入包装应用领域，引发PET之后的又一次"包装革命"。随着新修订的国际环境标准的实施，新的可降解塑料备受人们关注。德国巴斯夫公司推出了品牌为ECOHEXD的脂肪族二醇与芳香族二羧酸聚合的降解聚酯树脂，可用于薄膜生产。据介绍，西欧降解塑料市场年需求量为2万吨，

图 3-2-30　2017 年—2020 年中国塑料回收再生量及再生利用量

表 3-2-3　2017 年—2020 年中国塑料回收再生量及再生利用量

年份	2017	2018	2019	2020
回收再生产 / 万吨	2100	1700	1800	1600
塑料进口量 / 万吨	582.9	5.2	0	0
再生利用量 / 万吨	2682.9	1705.2	1800	1600

数据来源：中国塑料加工工业协会

主要应用领域为堆肥袋、垃圾袋、地膜、复合纸、快餐包装容器和饮料杯等产品。

② 发泡塑料走向零污染。

意大利 A-MUT 公司的挤出发泡 PP 片材是最新的泡沫塑料产品。它应用 MOH-TELL 公司的高黏度树脂、高熔体强度聚丙烯、PP 均聚物与低 ODP 化学发泡剂配合，生产出具有细小微孔而且均匀分布的发泡聚丙烯片材。发泡 PP 所用 HMSPP 仅占 12.5%，具有极高的经济意义和环保意义。它与具有同样性能的 PP 片材相比，产品密度更低，可以节约 20% 的原材料，还可以节约 20% 的因破坏生态环境所需偿付的费用。

③ 塑料薄膜强强联合集约化发展。

2013 年，全世界的 PP 产量高达 6000 万吨，竞争十分激烈。双向拉伸 PP 薄膜近年来的应用增长得很快，2013 年世界 BOPP 的生产能力已达到 482 万吨，近年来增长较快。美国埃克森、霍尼韦尔、布鲁克纳公司仍是双向拉伸薄膜生产的最大生产企业。国际市场竞争的激烈，各公司更加集团化，生产更加合理化、竞争更加白热化。

3.2.4 中国塑料包装制品发展预期

（1）塑料包装制品行业竞争格局分析

国家统计局发布的数据显示，按 6 月规模统计，2022 年 1—6 月塑料制品产量为 3821.5 万吨，同比下降 3.2%（图 3-2-31）。其中 6 月份产量为 699.6 万吨，同比下降 4.9%。

① 市场分布格局地域性明显。

从市场竞争格局来看，目前我国塑料包装行业市场的集中度较低，行业内竞争激烈。塑料包装行业大体可以分为四个梯队，第一梯队为龙头型企业，主要有永新股份、双星新材、紫江企业等；第二梯队为行业内主要竞争者，主要有华源控股、王子新材、珠海中富等；第三梯队为行业中坚力量，主要有南方包装、普拉斯包装、宏裕包材等大中型企业；第四梯队为广大中小型企业，产品偏向中低端，企业规模较小，竞争力较弱（图 3-2-32）。根据 2020 年上市企业塑料包装业务收入占比情况来看，紫江企业塑料包装业务收入规模最大，市场份额为 1.91%。

我国塑料产业分布具明显地域性。由于我国塑料制品产业发展初期，许多企业选择经济发展繁荣的沿海地区，从而形成了以长三角、珠三角、环渤海湾三个地区为重点的塑料包装产业格局。2022 年 6 月，我国塑料制品产量排名前五的省份分别为广东、浙江、福建、江苏、湖北，总产量达 389.27 万吨，占全国总产量的 55.64%。

随着我国的沿海产业向中西部梯度转移步伐加快等战略的实施，中部省份的包装产业在近几年有了一定的发展，但整体产业规模和技术水平与沿海地区相比仍存在较大差距。现塑

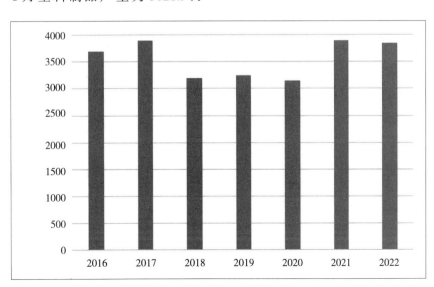

图 3-2-31 2016-2022 年 1-6 月中国塑料制品产量（单位：万吨）

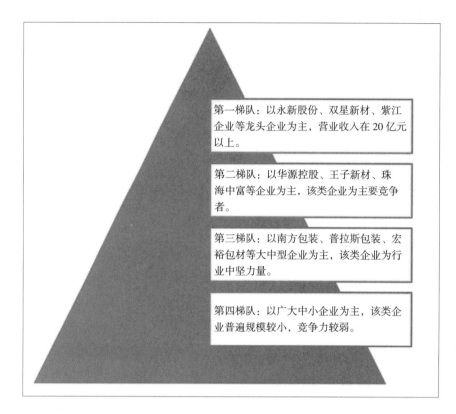

第一梯队：以永新股份、双星新材、紫江企业等龙头企业为主，营业收入在20亿元以上。

第二梯队：以华源控股、王子新材、珠海中富等企业为主，该类企业为主要竞争者。

第三梯队：以南方包装、普拉斯包装、宏裕包材等大中型企业为主，该类企业为行业中坚力量。

第四梯队：以广大中小企业为主，该类企业普遍规模较小，竞争力较弱。

图3-2-32 我国塑料包装行业竞争格局

料制品产量主要集中在华东地区、华中地区，2022年6月，华东地区塑料制品产量285.37万吨，占比40.80%；华中地区塑料制品产量145.33万吨，占比20.80%（图3-2-33）。由于塑料包装行业第四梯队企业规模较小，技术水平较低，产品交付能力较弱，产品质量参差不齐，竞争力较弱。相当一部分塑料包装企业缺乏有效的竞争手段，依靠价格战来争夺市场；另外，部分中小型企业不重视知识产权保护，可能存在较多的不规范竞争，进而对公司发展产生不利影响。

②市场潜力与成长空间巨大。

中游塑料包装行业所对应下游行业广泛，对包装制品的需求维持在较快增速。随着居民收入水平的提高，消费的不断升级将会带动塑料包装需求的持续增长，市场潜力巨大。由于可持续发展理念的持续深化，可降解塑料拥有巨大成长空间，应用领域广泛，不少可降解塑料企业参与其中，如金发科技完全生物降解塑料销售持续增长，并同阿里巴巴旗下菜鸟物流企业签订绿色物流包装供应战略合作协议，充分利用了完全生物

降解聚酯包装产品的优势，协同下游企业，助力行业绿色发展，未来成长空间巨大。此外，随着国家物联网规划的实施，塑料智能包装应运而生。基于物联网（IoT）技术，塑料智能包装建立诸如无线射频识别（RFID）、近距离无线通信（NFC）、蓝牙和智能标签，结合传感器动态交互信息、供应链管理以及大数据分析，配合识别终端及远程信息系统，以实现塑料包装全生命周期的可溯源、信息化管理，塑料包装应用范围呈持续扩大趋势，市场前景广阔。

③生产、服务模式紧跟趋势。

随着经济全球化、行业分工专业化和产业链优化，下游行业等高端客户对中游包装企业提出了更高的要求。供应商在被用户接受、进入客户备选供应商目录并成为长期合作伙伴之前，需要经过一系列严格的测试、评审和认证过程。该过程不局限于对产品质量的要求，还包含对企业包装方案的优化、产品设计、交货的及时性、资金实力、物流配送与仓储等综合服务能力测评。而塑料包装行业的经营模式也已经由过去单一的生产制造销售模式，向更符合现代产业发展趋势、

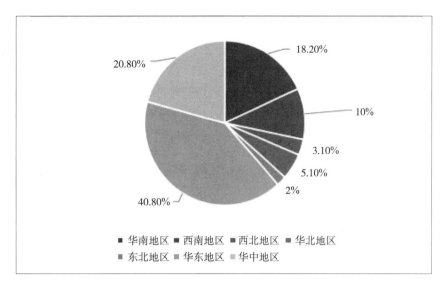

图 3-2-33　2022 年 6 月中国塑料制品产量分地区统计

更契合客户需求的包装整体解决方案的服务模式转变，包装服务一体化是行业未来发展的潮流和趋势。

（2）塑料包装制品发展预期

近年来，随着科技的快速发展和社会的进步，包装行业的发展也呈现出多元化的发展趋势。但是，在包装行业发展的同时，大量使用不可回收塑料包装材料、不可降解塑料、纸质包装材料，形成了难以处理的永久性垃圾，对我们赖以生存的生态环境造成了严重危害，使原本健康的生态环境失去了平衡，同时也给人们的生活带来了沉重的负担。为此，针对如此严峻的污染问题，对包装行业提出了发展绿色包装材料，从包装的根源入手，在可持续发展观的理念支撑下，提出可行性发展策略的解决方案。随着塑料包装行业的发展，行业整合趋势日益明显，行业集中度将进一步提高。在环保要求日益提高、科技水平逐渐提升、下游行业需求精细化的大背景下，中游塑料包装行业将坚定不移地朝着环保化、功能化、轻量化、智能化的方向发展。

① 绿色环保成为行业重要议题。

新中国成立以来，中国包装业在快速发展，取得举世瞩目成就的同时，也存在大而不强、高消耗、高排放的粗放型生产模式，绿色化生产方式与体系尚未建立与形成等问题。党的十八大召开以后，推行实施全面深化改革。包装行业在充分认识到以往发展历史中积淀问题的基础上，洞悉在新时代可能滋生的新问题，对包装问题的治理应从末端治理污染转向源头和过程来进行综合治理，在注重新型包装材料研发与应用、开发清洁工业技术、加强废弃物回收处理等方面多重发力，取得了显著成绩。[1]

未来环保可循环包装的需求将不断增大，通过充分利用塑料包装材料优势，在更多高端制造产业形成对纸张、木材与金属等传统包装材料的替代效益。[2] 随着物流体系中可共享使用的可循环包装供应链的成熟，可循环塑料包装产业将迎来新的增长点，环保可循环塑料包装材料的应用范围将进一步扩大。同时，在各种政策的引导与支持下，包装制品企业的发展将会增加企业经营结构调整、创新驱动、控制资源环境要素的投入。其主流是以创新、绿色、循环、低碳为发展导向，以保护生态环境、治理环境污染为核心，以科学手段真正实现清洁生产。各大包装制品厂

1　朱和平 . 中国包装工业的发展：价值、历程与成就 [J]. 湖南包装，2021，36（04）:88-92.

2　锐观网 .2023-2028 年中国塑料包装产业发展预测及投资策略分析报告 [EB/OL].（2019-01-01）[2022-10-29].https://www.reportrc.com/report/20220615/26944.html.

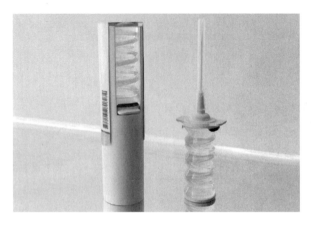

图 3-2-34　可折叠注射器 Helix

商在生产过程中提高节约节能意识，扩大清洁生产和生态化生产线，为塑料包装制品加工业节能减排工作开创新的佳绩。

"环保"是当今时代的主题，环保意识日渐深入人心，设计师在设计时也秉持着可持续的发展理念。例如，Daniel Ló pez Velasco 和 Ithzel Libertad Cer ó n L ó pez 设计的 Helix 可折叠注射器（图 3-2-34），它是卫生部门使用的一次性设备的绿色替代品。Helix 采用一种热固化类型的硅树脂作为单一材料，来代替需要使用五种不同的材料制造的传统塑料管注射器。该设计在减少施工过程中的费力和成本的同时，还保持了螺旋线可折叠部件的柔韧性和针的刚度，在很大程度上解决了生物医疗废物的问题。

②轻量化为实现双碳目标赋能。

双碳，即碳达峰与碳中和的简称。在 2020 年 9 月举行的第七十五届联合国大会上，中国明确提出 2030 年力争"碳达峰"与 2060 年实现"碳中和"的目标。2021 年，国家发展改革委、生态环境部联合印发了《"十四五"塑料污染治理行动方案》，其主要目标是到 2025 年能够有效遏制"白色污染"。该行动方案上主要体现在源头减量、回收处置、垃圾清理三个方面。

而塑料包装的轻量化有助于减少材料用量，降低企业的生产成本，在为塑料包装制造业的发展带来重大便利的同时，减轻环境的负担。轻量化是塑料包装的一大发展趋势，其主要内容包括：减少下游行业包装材料的使用和提升塑料包装材料性能以实现塑料包装容器的"薄壁化"。未来，包装制品上会越来越多地使用和运用轻量化材料。

③智能化影响行业发展走势。

数字化、智能化技术是包装制品创新和制造技术创新的共性使能技术，并深刻改革制造业的生产模式和产业形态，是新的工业革命的核心技术。[1]2021 年，智能制造已经成为包装行业最热门的词汇，不仅头部包装企业在大刀阔斧地推进智能化进程，越来越多的中型企业也轰轰烈烈地加入其中，在向智能制造与"互联网 +"转型升级的进程中显露出足够强的野心。[2]并且，资本市场对包装制品行业的数字化与智能化投入了极大的关注度，这些条件也必将影响塑料包装制品行业发展走势。

1　华强电子网 . 制造业数字化智能化是新一轮工业革命的核心 [EB/OL].（2022-03-25）[2022-10-30]. https://tech.hqew.com/redian_1977812.

2　展超网 . WEPACK 世界包装工业博览会旗下展会 2022 中国国际彩盒展 [EB/OL].（2022-04-03）[2022-10-30].http://www.ccjscn.com/a/blh/186400.html.

3.3 金属包装制品发展现状分析

3.3.1 国际金属包装制品发展状况分析

（1）行业市场规模

2020 年全球金属包装市场价值 1381.1 亿美元，预计到 2026 年将达到 1932.4 亿美元，并在 2021—2026 年以 4% 的复合年增长率增长，到 2030 年将达到 1474 亿美元，2020—2030 年的复合年增长率为 3.1%。[1] 到 2022 年，金属包装的全球价值将达到 1273 亿美元，未来全球复合年增长率将达到 2.9%；到 2027 年，金属包装的全球价值将达到 1471 亿美元。在 2021 年的增长中，饮料罐占了近 80%，相当于额外销售 3830 亿罐饮料，引领了这一细分市场。2020—2025 年，欧洲四家龙头金属罐制造商 Ball、Crown、Ardagh 和 CanPack 联合公司将在新设备上投资约 100 亿美元，为全球金属罐生产增加 1000 亿单位的产能。[2]

按包装材料来看，2020 年钢铁板占据全球金属包装市场最大份额，其中铝板增速较高；按应用类型来看，食品领域在 2020 年占据了全球金属包装市场的最大市场份额；从生产地区来看，欧洲在 2020 年以 38.4% 占据了全球最大市场份额，其中德国和西班牙是主要贡献者。[3]

① 产量地区分布情况。

金属包装大国按地区和行业类型划分的需求份额显示，当按地区划分时，2020—2021 年期间，北美地区热衷消费罐头食品且在金属包装行业中占有很大份额，在 2020—2021 年以 284 亿美元的销售额遥遥领先。按金属包装材料在包装材料中的占比来看，美国约为 28%，仅次于纸和纸板；日本约为 15%，仅次于纸和纸板、塑料而占据第三位；德国约为 20%；法国约为 14.2%；英国约为 20.7%；中国占 20% 左右。相关报告称，在新冠疫情暴发期间，消费者对罐装汤和蔬菜等加工食品的需求激增，影响了整个食品行业供应链的金属包装。金属容器制造商被要求加快生产，提高产量的同时，生产劳动力仍然是一个挑战。Crown Holdings 宣布将在 2020 年增加在美国的产量。该公司在其 25 家美国工厂启动了 81 个开放式生产工作岗位，以取代在纽约尼科尔斯的一家工厂设立的第三条生产线。Silgan Holdings 在美国拥有 50 多家工厂。该公司报告称，2020 年第一季度收益增加，部分原因是消费市场对罐头的需求量激增。

② 行业进出口市场情况。

各个国家对金属包装产品的需求度一直较高，其中金属包装的可回收性是近几年推动全球金属包装市场的重要因素之一。金属包装具有优越的回收基础设施，以及优秀的耐用性和高阻隔性，这些是其他材料无法替代的。这也使得铝和钢包装材料是最为热门的包装原材料之一。目前关于国际行业金属包装进出口的数据较少，因此通过对我国金属包装行业的进出口数据来侧面分析国际进出口情况。据前瞻产业研究院整理的资料，2019—2020 年，进

---

1 Advanced Material.Metal packaging market research，2030[EB/OL].https://www.alliedmarketresearch.com/metal−packaging−market.

2 疫情下仍能迎来飞跃式增长，这一包装市场稳了？ [J]. 网印工业，2022（3）:56−57.

3 Advanced Material.Metal packaging market research，2030[EB/OL].https://www.alliedmarketresearch.com/metal−packaging−market.

口金属包装排在前五位的国家依次是美国、法国、越南、马来西亚和英国。其中，美国完成累计进口额3.14亿美元，占比15.47%；法国完成累计进口额1.04亿美元，占比5.12%；越南完成累计进口额0.96亿美元，占比4.73%；马来西亚完成累计进口额0.92亿美元，占比4.53%；英国完成累计进口额0.92亿美元，占比为4.53%。2020年，我金属包装行业进口额排在前五位的国家依次是韩国、日本、美国、德国和中国（存在复进口情况）。其中，韩国完成累计进口额0.29亿美元，占比17.52%；日本完成累计进口额0.28亿美元，占比16.87%；德国完成累计进口额0.18亿美元，占比10.73%。[1]

（2）行业技术发展态势

近几年，受到绿色环保意识的增强、商品包装的迭代加速的影响，全球金属包装行业发展态势产生了不小的改变，金属包装行业的技术发展态势不外如是。其中，绿色环保的金属包装材料对于各国下游企业在选择包装制品时更增添了一些吸引力。此外，在新冠疫情暴发之后，以欧洲金属包装协会（MPE）及欧洲的硬质金属包装生产商为首的国际金属包装生产商均认识到金属包装行业是确保关键货物流通不间断的关键。考虑到全球疫情发展情况，金属包装在未来几年预计会有额外的发展空间，行业技术发展态势则呈现以下特征：

可再生金属包装技术炙手可热。全球对环保消费的日益重视正在推动着可持续性更强的金属包装的发展并引导向低碳的循环经济发展。减少浪费，尽可能长时间地使用材料和资源，让金属包装成为"长出来的包装"。在所有不同种类的金属包装中，罐头包装是最受欢迎的。根据近几年的消费趋势，对小尺寸和多包装形式的偏好，使得迷你罐的需求量不断地增加，从而支持了全球金属罐需求量的增长，尤其在印度、中国和日本等亚太市场尤为明显。与传统的罐头产品相比，迷你罐头通常包含的产品体积较小，成本也

较低，但会产生更大的单位消耗。如何利用小尺寸罐头生产技术进行创新来减少能耗，金属饮料罐的制造成为了行业大势所趋，一些国际重要生产商开始投资研发新的饮料罐生产技术、轻量化技术以改进罐头功能。例如，2019年百事公司计划在美国食品服务网点销售Aquafina的铝罐装纯净水，重复利用铝作为包装材料与其他包装材料相比可以节能95%。

3.3.2 中国金属包装制品的发展状况分析

（1）行业地位概述

中国金属包装行业近年发展迅速，经过改革开放40余年时间的发展，现已具备了资本密集、技术密集，内需型为主、出口为辅，产品替代性高、市场季节性变化大，市场集中度高等产业特点，是中国包装工业的重要组成部分。其中，金属包装容器企业主要为食品、饮料、油脂、化工、药品及化妆品等行业提供包装服务。近年来，中国经济和消费的增长与提高，带动了中国金属包装产业的增长和包装质量的提升。随着居民生活水平的提高及国民经济的增长，食品、饮料、医药等关联行业的消费需求量呈增长态势，中国金属包装行业也发展迅速。伴随新技术的不断引进，金属包装制造行业吸引的投资也逐年上升。

（2）行业运行概况

①行业市场规模。

近年来，中国金属包装容器行业发展迅速。根据国家统计局统计，截至2021年第三季度末，金属包装容器行业规模以上企业（年营业收入2000万元及以上企业）数量有734家。2020年我国金属包装行业规模以上企业734家，相比去年减少了1家，累计完成营业收入1083.26亿元，同比下降7.84%，增速比去年同期降低了13.1个百分点。全

1 前瞻产业研究院.一文深度了解2022年中国金属包装行业市场规模、竞争格局及发展前景[EB/OL].（2022-07-06）[2022-10-29].https://bg.qianzhan.com/trends/detail/506/220706-da310fbf.html.

国金属包装行业累计完成利润总额 54.05 亿元，同比增长 8.69%，增速比去年同期提高了 15.18 个百分点。从进出口行业数据分析，2020 年，全国金属包装行业完成累计进出口总额 21.99 亿美元，同比增长 0.41%。其中，累计出口额 20.34 亿美元，同比增长 0.20%；进口额 1.66 亿美元，同比增长 3.05%。行业对外贸易仍旧保持较大顺差。[1]

②产量地区分布情况。

从我国金属包装行业产业链的企业区域分布来看，金属包装行业产业链企业在全国绝大多数省份均有分布。其中广东省金属包装企业数量分布最多，同时山东、江苏、浙江等省份的企业数量也相对集中。从代表性企业分布情况来看，广东省代表性企业较多，如广州太平洋、宝润金属、柏华包装等。除了广东省之外，上海市、江苏省也有较多金属包装行业代表性企业分布。

③行业利润情况。

因为金属包装具有阻隔性好、环保等性能，其在我国包装行业中占有非常重要的地位。2020

年全国金属包装容器制造行业累计完成利润总额 54.05 亿元，同比增长 8.69%，其中，12 月份完成利润总额 6.73 亿元，同比增长 12.06%（图 3-3-1）。[2]2021 年上半年，行业规模以上企业累计完成利润总额 27.06 亿元，同比增长 67.12%。2020 年金属包装容器制造行业累计营业收入利润率为 4.15%，同比增长 0.84%；金属包装行业利润率为 4.99%，较 2019 年的 4.11% 提升 0.88 个百分点。

④行业营收情况。

2020 年 1—12 月，全国金属包装容器制造行业累计完成营业收入 1083.26 亿元，同比下降 7.84%。其中，12 月份完成营业收入 114.5 亿元，同比下降 7.53%（图 3-3-2）。[3]

（3）行业进出口市场分析

①金属包装出口情况分析。

2020 年 1—12 月，全国金属包装行业累计完成出口交货值 59.80 亿元，同比下降 12.36%。其中，12 月份完成出口交货值 5.16 亿元，同比下

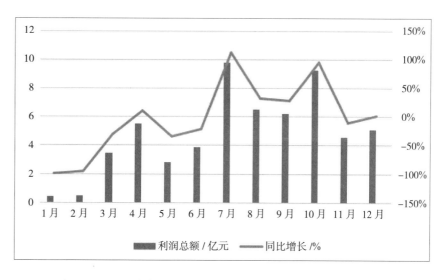

图 3-3-1　2020 年中国金属包装容器制造行业月度利润总额及同比增长

数据来源：中国包装联合会《2020 年 1—12 月包装行业发展报告（金属包装）》

1　中国包装联合会 .2020 年 1—12 月包装行业发展报告（金属包装）[EB/OL].（2021-11-26）[2022-10-29].http: //www.cpf. org.cn/product/130.html.

2　中国包装联合会 .2020 年 1—12 月包装行业发展报告（金属包装）[EB/OL].（2021-11-26）[2022-10-29].http://www.cpf. org.cn/product/130.html.

3　中国包装联合会 .2020 年 1—12 月包装行业发展报告（金属包装）[EB/OL].（2021-11-26）[2022-10-29].http://www.cpf. org.cn/product/130.html.

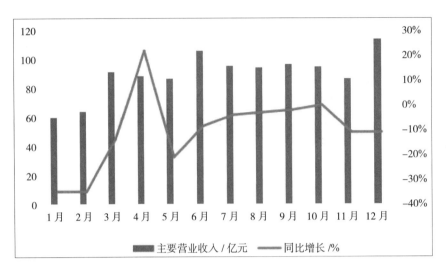

图 3-3-2 2020 年中国金属包装容器制造行业月度营业收入及同比增长

数据来源：中国包装联合会《2020 年 1—12 月包装行业发展报告（金属包装）》

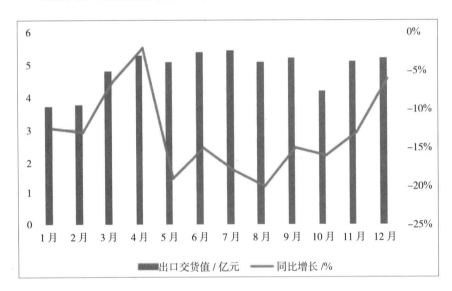

图 3-3-3 2020 年中国金属包装容器制造行业月度出口交货值及同比增长

数据来源：中国包装联合会《2020 年 1—12 月包装行业发展报告（金属包装）》

降 5.39%（图 3-3-3）。[1]

近年来，随着我国对外贸易规模的不断扩大，金属包装行业出口市场规模不断扩大。中国包装联合会数据显示，2020 年出口交货值排在前五位的地区依次为广东省、浙江省、福建省、辽宁省、江苏省。其中广东省完成累计出口交货值 19.54 亿元（占 32.67%）；浙江省完成累计出口交货值 10.2 亿元（占 17.06%）；福建省完成累计出口交货值 8.32 亿元（占 13.91%）；

辽宁省完成累计出口交货值 6.69 亿元（占 11.19%）；江苏省完成累计出口交货值 6.52 亿元（占 10.9%）（见图 3-3-4）。[2]

从出口贸易方式分布来看，2020 年 1—12 月，全国金属包装容器及其附件行业完成累计出口额 20.34 亿美元，同比增长 0.20%。其中，一般贸易完成累计出口额 17.36 亿美元（占 85.35%），同比增长 0.62%；其他完成累计出口额 1.76 亿美元（占 8.66%），同比增长

1 中国包装联合会.2020 年 1—12 月包装行业发展报告（金属包装）[EB/OL].（2021-11-26）[2022-10-29].http://www.cpf.org.cn/product/130.html.

2 中国包装联合会.2020 年 1—12 月包装行业发展报告（金属包装）[EB/OL].（2021-11-26）[2022-10-29].http://www.cpf.org.cn/product/130.html.

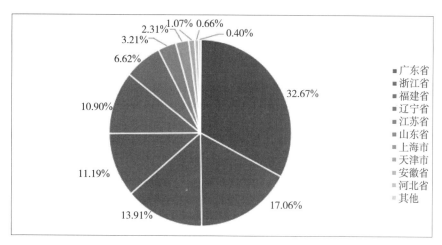

图 3-3-4　2020 年 1—12 月全国金属包装容器制造行业累计出口交货值地区占比情况
数据来源：中国包装联合会《2020 年 1—12 月包装行业发展报告（金属包装）》

19.01%；进料加工贸易完成累计出口额 0.72 亿美元（占 3.54%），同比下降 28.97%；保税仓库进出境货物完成累计出口额 0.25 亿美元（占 1.23%），同比增长 0.52%；边境小额贸易完成累计出口额 0.11 亿美元（占 0.54%），同比下降 12.85%；保税区仓储转口货物完成累计出口额 0.09 亿美元（占 0.44%），同比增长 2.53%；来料加工装配贸易完成累计出口额 0.04 亿美元（占 0.19%），同比下降 43.99%；对外承包工程出口货物完成累计出口额 0.01 亿美元（占 0.05%），同比下降 72.19%（图 3-3-5、图 3-3-6）。[1]

②金属包装进口情况分析。

自 2017 年开始，金属包装行业产能建设成本增高，环保要求趋严，中小产能准入门槛提高，部分制罐中小企业也因长期亏损和环保政策趋严而逐步退出市场。而受马口铁、铝材等主要产品原材料价格上涨的影响，2018 年后的行业整体的收入和利润均有所下降，同时影响进口量。受新冠疫情影响，金属包装行业进口市场经历了 2019 年的下降后，2020 年我国金属包装行业进口额有所回升，累计完成进口额 1.66 亿美元，同比

增长 3.05%（图 3-3-7）。[2]

从进口地区分布来看。2020 年我国金属包装进口目的地排在前五位的地区依次是上海、江苏、广东、浙江和山东。进口额排在前五位的地区依次是上海、江苏、广东、浙江、山东。其中，上海完成累计进口额 0.35 亿美元（占 21%），同比增长 6.62%；江苏完成累计进口额 0.28 亿美元（占 17%），同比下降 9.69%；广东完成累计进口额 0.17 亿美元（占 10%），同比下降 14.95%；浙江完成累计进口额 0.14 亿美元（占 9%），同比增长 11.48%；山东完成累计进口额 0.14 亿美元（占 9%），同比增长 22.19%（图 3-3-8、图 3-3-9）。[3]

从进口贸易方式分布来看。其中，一般贸易完成累计进口额 1.13 亿美元（占 68.07%），同比下降 0.33%；进料加工贸易完成累计进口额 0.36 亿美元（占 21.69%），同比增长 15.5%；保税区仓储转口货物完成累计进口额 0.07 亿美元（占 4.22%），同比下降 21.27%；出口加工区进口设备完成累计进口额 0.05 亿美元（占 3.01%），同比增长 140.16%；其他完成累

1　中国包装联合会 .2020 年 1—12 月包装行业发展报告（金属包装）[EB/OL].（2021-11-26）[2022-10-29].http://www.cpf.org.cn/product/130.html.

2　前瞻产业研究院 . 预见 2022：《2022 年中国金属包装行业全景图谱》（附市场现状、竞争格局和发展趋势等）[EB/OL].（2022-01-27）[2022-10-29].https://www.qianzhan.com/analyst/detail/220/220127-12c116ad.html.

3　中国包装联合会 .2020 年 1—12 月包装行业发展报告（金属包装）[EB/OL].（2021-11-26）[2022-10-29].http://www.cpf.org.cn/product/130.html.

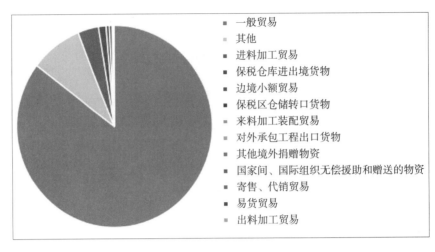

图 3-3-5　2020 年 1—12 月全国金属包装容器及其附件行业累计出口额贸易方式占比情况

数据来源：中国包装联合会《2020 年 1—12 月包装行业发展报告（金属包装）》

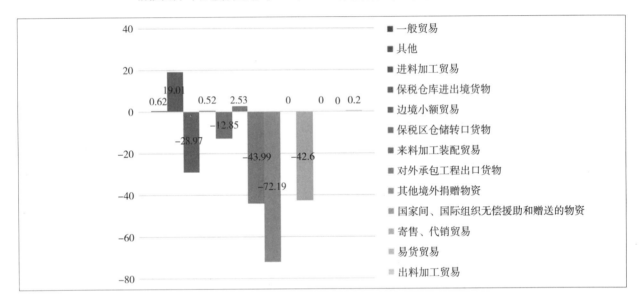

图 3-3-6　2020 年 1—12 月全国金属包装容器及其附件行业累计出口额贸易方式同比增长情况（单位：%）

数据来源：中国包装联合会《2020 年 1—12 月包装行业发展报告（金属包装）》

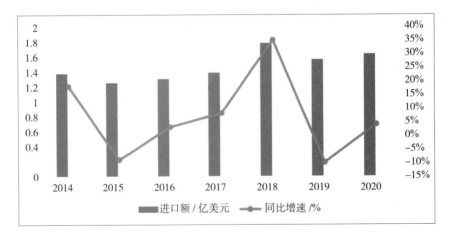

图 3-3-7　2015—2020 年中国金属包装行业进口额及增速情况

数据来源：前瞻产业研究院《2022 年中国金属包装行业全景图谱》

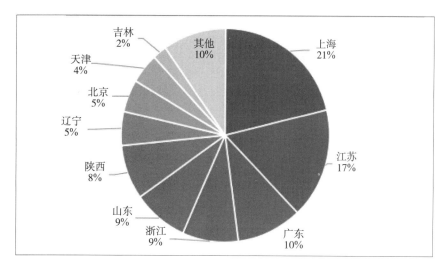

图 3-3-8　2020 年 1—12 月全国金属包装容器及其附件行业累计进口额地区占比情况

数据来源：中国包装联合会《2020 年 1-12 月包装行业发展报告（金属包装）》

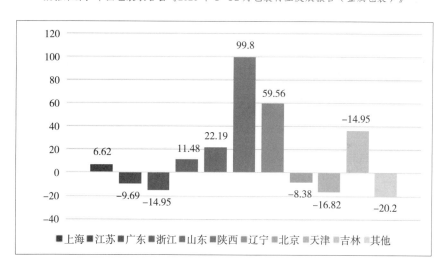

图 3-3-9　2020 年 1—12 月全国金属包装容器及其附件行业累计进口额主要地区同比增长情况（单位：%）

数据来源：中国包装联合会《2020 年 1—12 月包装行业发展报告（金属包装）》

计进口额 0.02 亿美元（占 1.20%），同比下降 33.19%；保税区仓库进出境货物完成累计进口额 0.01 亿美元（占 0.60%），同比增长 42.37%（图 3-3-10、图 3-3-11）。[1]

（4）企业经营分析

当前，国家先后推出一系列食品安全法规、环保绿色规则，推动产业全面绿色升级，金属包装容器制造行业面临着淘汰落后产能、供给侧改革深化的新环境。2020 年我国金属包装行业规模以上企业 734 家（图 3-3-12），较 2019 年减少了 1 家。我国中小型金属包装生产企业数量众多，不具备市场竞争力，使得低端金属包装市场长期处于供过于求的状态。[2]

从企业规模来看，目前我国金属包装企业主要分为三类：第一类是本土龙头企业，具有丰富的本土管理经验、运作经验和较高的品牌知名度，对本土市场有深入的了解，产业布局贴近客户，生产灵活度高，占有领先的市场份额，有利于发挥规模、

1　中国包装联合会 .2020 年 1—12 月包装行业发展报告（金属包装）[EB/OL].（2021-11-26）[2022-10-29].http://www.cpf.org.cn/product/130.html.

2　前瞻产业研究院 . 预见 2022：《2022 年中国金属包装行业全景图谱》（附市场现状、竞争格局和发展趋势等）[EB/OL].（2022-01-27）[2022-10-29].https://www.qianzhan.com/analyst/detail/220/220127-12c116ad.html.

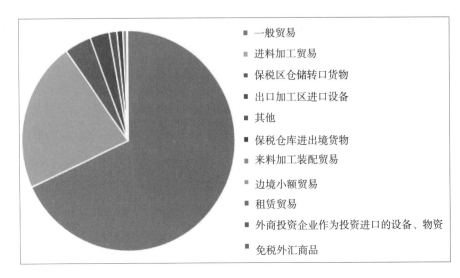

图 3-3-10　2020 年 1—12 月全国金属包装容器及其附件行业累计进口额贸易方式占比情况

数据来源：中国包装联合会《2020 年 1—12 月包装行业发展报告（金属包装）》

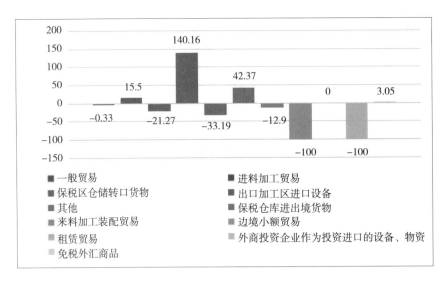

图 3-3-11　2020 年 1—12 月全国金属包装容器及其附件行业累计进口额贸易方式同比增长情况（单位：%）

数据来源：中国包装联合会《2020 年 1—12 月包装行业发展报告（金属包装）》

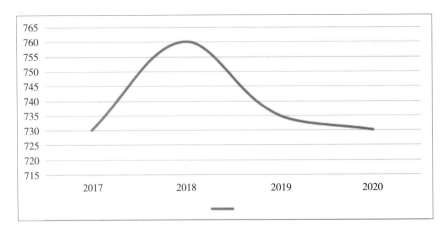

图 3-3-12　2017—2020 年中国金属包装容器制造业规模以上企业数量（单位：家）

数据来源：前瞻产业研究院《2022 年中国金属包装行业全景图谱》

成本优势，代表企业有奥瑞金、宝钢包装、中粮包装、嘉美包装等；第二类是大型金属包装企业，凭借自身技术优势、资本优势进入国际市场，具有国际领先的技术和丰富的管理经验，其产品在节能环保、安全性和模具工艺等方面具有优势，代表企业有波尔亚太、皇冠；第三类是中小型金属包装企业，普遍不具有规模经济优势，技术水平落后，产品质量较低。

在我国金属包装行业代表企业中，奥瑞金、中粮包装、宝钢包装等业务规模较大。其中，2020 年奥瑞金业务收入超过了 90 亿元，成为行业龙头企业，行业中各企业业务发展差距拉大。

从企业营收来看，近几年随着居民生活水平的提高及国民经济的增长，食品、饮料、医药等相关行业的消费需求呈增长态势，中国金属包装容器制造行业的发展迅速。2020 年我国金属包装容器制造业规模以上企业实现主营业务收入 1083.26 亿元，同比下降 7.84%。2021 年上半年，金属包装容器制造业规模以上企业实现主营业务收入 652.44 亿元（图 3-3-13、图 3-3-14）。[1]

从业务规模来看，根据中国包装联合会公布的"2020 年度中国包装百强企业排行及行业分类排行名单"，在金属包装企业中，2020 年奥瑞金排名第一，营业收入为 105.61 亿元，市场份额为 9.75%；中粮包装排在第二位，营业收入为 73.45 亿元，市场份额为 6.78%，主要包装业务类型为马口铁包装、铝制包装；宝钢包装排名第三，营业收入为 57.17 亿元，市场份额为 5.28%，主要包装业务类型为印铁产品、二片罐。华源控股主要包装业务类型为圆罐、钢提桶、方桶，营业收入为 12.32 亿元；英联股份主要包装业务类型为食品盖、易开盖，营业收入为 13.32 亿元。[2]

从包装的主要业务类型来看。由于啤酒罐化率提升，二片罐需求稳健成长，行业集中度逐渐提高。其中，奥瑞金和波尔中国市场份额占比 22%，其次是宝钢包装占比 18%，中粮包装占比 17%，昇兴股份和太平洋制罐占比 15%（图 3-3-15）。

三片罐市场竞争格局。三片罐是由罐身、罐底和罐盖三部分组成，罐身有接缝、罐身与罐底和罐盖卷封，以金属薄板为材料经压接、粘接和电阻焊接加工成型的罐型包装容器。三片罐市场格局稳定，盈利相对二片罐较优。奥瑞金产能 85 亿罐，昇兴股份产能 60 亿罐，嘉美包装产能 80 亿罐。昇兴包装、福贞控股、吉源三家占 35%，奥瑞金占比 23%，嘉美占比 14%（图 3-3-16）。[3]

3.3.3 金属包装制品创新技术分析

金属包装是中国包装工业的重要组成部分，其产值约占中国包装工业的 10%，主要为食品、罐头、饮料、油脂、化工、药品及化妆品等行业提供包装服务。金属包装容器是指用金属薄板制造的薄壁包装器，广泛应用于食品包装、医药品包装、仪器仪表包装、工业品包装、军火包装等方面。[4] 目前，金属包装制品技术专利处于"有效"和"失效"状态，两者金属包装制品技术数据分别为 31 项和 4 项，占金属包装制品创新技术的 88% 和 11%。其中"马口铁"的创新技术专利数量为 8 项，占包装创新技术总量的 23%。从专利类型来看，有 28 项包装专利项目为外观设计类型，占比最多，为 80%。发明专利类型和

1 前瞻产业研究院.预见 2022：《2022 年中国金属包装行业全景图谱》（附市场现状、竞争格局和发展趋势等）[EB/OL].（2022-01-27）[2022-10-29].https://www.qianzhan.com/analyst/detail/220/220127-12c116ad.html.

2 前瞻产业研究院.预见 2022：《2022 年中国金属包装行业全景图谱》（附市场现状、竞争格局和发展趋势等）[EB/OL].（2022-01-27）[2022-10-29].https://www.qianzhan.com/analyst/detail/220/220127-12c116ad.html.

3 网易.2022 年中国金属包装行业现状及细分产品竞争格局分析 [EB/OL].（2022-08-26）[2022-10-29].https://www.163.com/dy/article/HFNFSS8A051481OF.html.

4 中国金属包装市场格局及行业存在的问题分析 [EB/OL].（2008-09-28）[2022-11-01].https://www.chuandong.com/news/news17084.html.

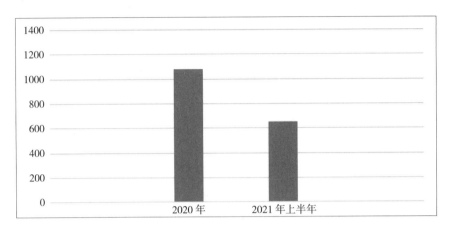

图 3-3-13　2020 年和 2021 年上半年我国金属包装容器制造业规模以上企业实现主营业务收入（单位：亿元）

数据来源：前瞻产业研究院《2022 年中国金属包装行业全景图谱》

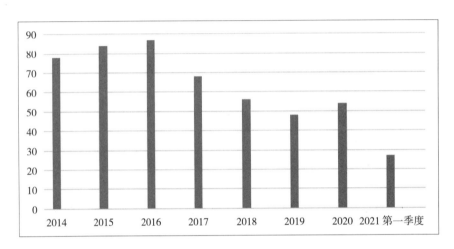

图 3-3-14　2014—2021 年中国金属包装容器制造业规模以上企业利润总额（单位：亿元）

数据来源：前瞻产业研究院《2022 年中国金属包装行业全景图谱》

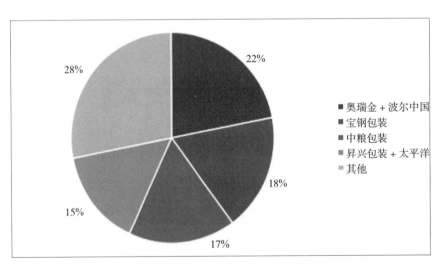

图 3-3-15　二片罐市场竞争格局

数据来源：中商产业研究院《中国包装行业市场前景及投资机会研究报告》

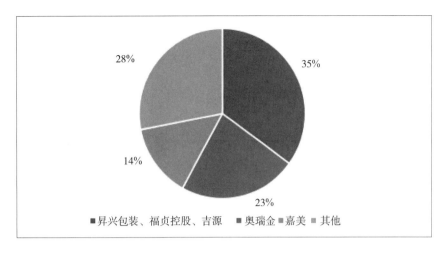

图 3-3-16　三片罐市场竞争格局
数据来源：中商产业研究院《中国包装行业市场前景及投资机会研究报告》

外观设计类型分别为 6 项和 1 项，分别占金属包装制品专利的 17% 和 3%。

（1）金属包装生产设备创新技术分析

①专家系统引入大幅提升金属包装生产效率。

在现阶段人们尝试应用卷封过程自动化、可操作性强且安全系数较高的全自动封罐机进行金属容器包装的加工，但此技术在应用的过程中，并不能精准地控制压封过程中金属容器包装的受力，会在一定程度上增加金属容器包装的不合格率，所以笔者认为在金属制罐行业封罐操作的过程中可以将专家系统技术创新性的应用，结合专家系统内存储的已有数据和数据变化等，有效地优化对金属容器包装施加的密封受力，可以提升金属制罐的合格率。

②智能识别渗漏技术提升金属包装生产品质。

金属容器包装在应用的过程中不能发生渗漏等问题，否则可能会直接影响包装内物质的品质，甚至造成更加严重的后果。在过去较长一段时间内，在检测金属容器包装是否发生渗漏的过程中都是采用的压力衰减法，此种方式虽然可以达到检测渗漏的效果但导致检测任务加重，特别是在金属容器包装市场需求量快速提升的情况下，缺陷逐渐显现。所以，近几年自动识别技术开始广泛应用于金属包装制品渗漏的检测中。与压力衰减法相比，自动识别技术的识别过程快捷、可操作，而且过程中数据读取、力的施加、不合格产品运输等环节均可以通过自动识别系统完成，不仅能够有效地防止金属容器包装渗漏问题发生，而且能够满足我国对金属容器包装效率的要求，能极大程度地拉高整个行业金属包装制品品质，推动金属包装行业向高质量发展模式转变。

③智能化逐渐被应用于生产设备。

金属包装在生产过程中面临十分复杂的挑战，除了机器设置非常耗时，还包括每张金属片都需要经过多个生产流程，在每个生产流程中还需要缩短包装加工处理和流转时间。此外，金属包装的原材料价格昂贵，所以金属包装生产设备其本身就被要求达到最严格的质量标准。中国是易拉罐的消费大国，可长久以来我国并不具备生产易拉罐的工艺和技术，需要花大价钱购买外国的设备。在这条并不算长的产业链上，苏州斯莱克精密设备股份有限公司是亚洲唯一、世界前三的可研制生产易拉罐成套设备的中国企业。[1] 苏州斯莱克精密设备股份有限公司成立于 2004 年，主要从事成套高速易拉盖、易拉罐生产设备及系统改造业务、智能检测设备等各类系统的研发、设计、生产、装配调试，以及相关精密模具、零

1　中国易拉罐之王斯莱克携手大学仕共筑中国制造之魂 [EB/OL].（2021-01-05）.[2022-11-1].https://www.sohu.com/a/442622810_568431.

备件的研发、加工制造。斯莱克自主研发出的为饮料盖打造的新型六通道组合冲系统，产能可以达到 4500 盖 / 分钟，比以前的 3000 盖 / 分钟更高效，已经超越了以前世界上的同级别水平。除了每 1000 盖的设备投资费用减少了以外，高效的拉环带料排布设计使得材料利用率提高了 4.5%，生产成本降低了。而斯莱克自主研发出的"高速数码印罐设备"，是目前世界上首台商用印罐机，它能够实现易拉罐表面图案个性化定制，不再受大规模起印量的限制，印刷分辨率最高可以达到 1200 × 1200dpi，生产效率上最快可以做到当天交付客户。斯莱克的技术团队还持续研发工业互联远程控制系统，通过对设备和生产的智能化控制，运营和管理的智能化决策，以及精准交互的智能化协同，探索新一代信息通信技术与现代工业技术的深度融合。

④生产过程注重效率化、标准化。

金属容器包装在运输的过程中不能发生渗漏等问题，否则可能会直接影响包装内容物的品质，甚至造成更加严重的后果。在过去较长一段时间内，检测金属容器包装是否发生渗漏都是采用的压力衰减法，此种方式虽然可以达到检测渗漏的效果但导致检测任务加重，特别是在金属容器包装市场需求量快速提升的情况下，缺陷逐渐显现。所以，近几年自动识别技术开始广泛应用于金属包装制品渗漏的检测中，与压力衰减法相比自动识别技术的识别过程快捷、可操作，而且过程中数据读取、力的施加、不合格产品运输等环节均可以通过自动识别系统完成，不仅有效地防止金属容器包装渗漏问题发生，而且能高速满足我国对金属容器包装效率的要求，能极大程度地提高整个行业金属包装制品品质，使整个生产过程更加标准化，推动金属包装行业向高质量发展模式转变。[1]

（2）金属包装制品创新技术分析

①多样化、适用性。

易拉罐先成型，后印刷及涂装内外涂料，故其印刷工艺和马口铁印刷工艺截然不同，属于圆压圆间接的印刷方式。易拉罐印刷工艺过程为罐体清洗后用柔性凸版干胶印印刷，在湿油墨面上辊涂罩光清漆（即外涂料）。[2]然后进入 180—230 ℃ 的烘道。这种特殊的印刷工艺要求外涂料与油墨在湿态下不混溶，高温固化后附着力强，不褪色，内涂料无毒、无味，其耐酸碱性随内装物的种类而异。奥瑞金独具前瞻性思维，从国外引进了全国首台激光雕刻机和先进的八色小样打样机，在印刷制罐等技术上也在不断改进，努力缩小与国外企业的差距，为中国的金属罐制造产业翻开了全新的篇章。掌握了先进技术、拥有了优良设备之后，中国印刷制罐的能力大幅度提升，金属包装的质量和造型得到了质的飞跃，我们与国外的差距也大大缩小。中国制造的金属包装也可以印刷出精美、清晰的图案了（图 3-3-17）。

②环保、绿色发展理念。

金属印刷一般是在白涂料上印刷金属油墨，然后涂装罩光漆。白涂料历来多以改性醇酸树脂作为基料，现在开始逐渐使用丙烯酸、环氧、聚酯等类树脂。涂层与印刷油墨具有良好的附着力，这是非常重要的。此外，油墨层同罩光漆之间应有足够的附着力。为了节省能源，开发了紫外光固化油墨，选用丙烯酸树脂作基料的主成分。就内涂料而言，其无毒性是必要的条件。因此，近年开发了水溶性丙烯酸改性环氧化树脂涂料，可适应不同内装物要求。保真高清印刷工艺的应用以及独特油墨外涂工艺的使用，如高保真高清印刷、触感油墨、温变油墨、荧光油墨、爆

1 人工智能技术在金属容器包装中应用及创新 [EB/OL].（2017-06-12）[2022-11-01].https://max.book118.com/html/2017/0611/113811153.shtm.

2 马安娜，王晓奇.金属罐用涂料和油墨的现状和发展 [J].涂料工业，1996（2）：26-27.

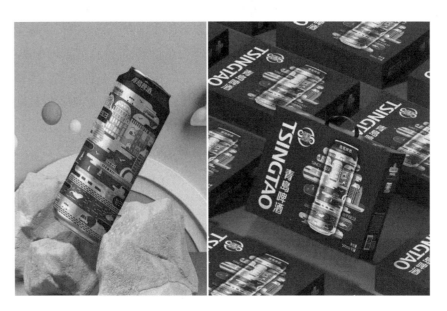

图 3-3-17　青岛啤酒包装

图片来源：青岛啤酒官网

图 3-3-18　Gradient Vodka Soda

图片来源：2022 年德国红点设计大赛

炸光油的应用等。[1] 产品包装的创新设计，通过独特的触感油墨印刷装饰方案让盘踞在铝制气雾罐的一条蛇变得栩栩如生，给人一种呼之欲出的感觉（图 3-3-18）。

金属包装材料的表面处理。为了避免金属包装材料被腐蚀以及污染到包装物，就需要在制作金属包装时对金属材料的表面进行相关的处理。例如，钢桶的表面应该进行去油、防锈等处理。但是这些处理会对环境产生一定的影响，因此，

对金属包装材料表面的处理应该是在保护环境的角度上，在制作金属包装时，应该尽可能地降低能源的损耗，并且在废弃物的排放方面，都应该向着绿色化发展。金属包装材料表面的处理可以使用除油技术、除锈技术以及涂装技术等，从而在一定的程度上提升金属包装工作的效率以及质量，降低能源的损耗，促进节能减排。[2]

③实用性、创新性。

金属容器的数字印刷技术响应了互联网时代

1　异形罐金属包装新宠 [EB/OL]. （2008-03-02）[2022-11-01].http://www.keyin.cn/magazine/pt-bzzh/200808/04-113554_2.shtml.

2　张钟灵.金属包装的性能与绿色环保化设计 [EB/OL].（2022-04-14）[2022-11-01].https://www.sohu.com/a/387818179_99938382.

下日益涌现的金属包装小批量、个性化、定制化的市场需求。从某种意义上来说，数字印刷技术让金属容器的份数（起印量）可以降至1罐，而与更大批量活件无异常悬殊的成本差异，而且同一批次的印刷图像（数据）还可变。这相比传统的金属罐起印量动辄几万、数十万，印刷数据固定的印刷方式来说，真正实现了个性化、定制化、按需印刷，再加上"零"换型时间，不仅开创了更多的应用可能性，还让有效的生产时间较传统印刷模式大幅增加。

八色印刷，最高印刷分辨率可达1200dpi，不同的文字磅号依然锐利清晰。如：柔印的照片级印刷质量，网印的高油墨覆盖率和触感表面，胶印的锐利边缘清晰度。总之，色彩明亮鲜艳的照片级图像质量和边缘锐利清晰的文字，开创了全新的平面设计和产品营销选项。

3.3.4 金属包装制品发展预期分析

（1）金属包装行业竞争格局分析

我国的金属包装企业以中小型生产规模为主，产业集中度低，主营业务突出。但是，尚未形成具有自主知识产权和核心竞争力的世界级金属包装企业集团。与其他行业相比，该行业仍处于成长期。目前，我国金属包装中小型企业数量众多，但在规模、工艺设备、产品质量、品牌形象、市场份额等方面真正具有竞争力的企业并不多。这些企业主要通过成本控制、品牌形象、服务条件和组合产品来进行市场竞争。随着居民消费观念的转变和消费需求的提升，行业将呈现产业结构调整、品种增多、消费多元化、方便快捷、营养健康等新趋势，推动我国金属包装行业持续增长，未来几年国内金属包装行业存在可观的发展空间（图3-3-19）。

①中西部地区将迎来金属包装行业建设浪潮。

随着我国各地区的金属包装行业建设的不断优化，金属包装产业建设已经在地域分布以及建设模式方面形成了一定的集群规模。从国家级金属包装项目建设情况来看，已经形成了"东部沿海集聚、中部沿江联动、西部特色发展"的空间格局，环渤海、长三角和珠三角地区以其雄厚的工业园区作为基础，成为全国金属包装建设的三大聚集区；中部沿江地区借助沿江城市群的联动发展势头，大力开展金属包装产业建设；广大西部地区依据各自建设的特色优势，也加紧金属包装产业建设。在未来一段时间内，我国中西部地区金属包装建设或将迎来全新的建设浪潮，也将形成集群化的分布格局发展态势。

②集团化、强强联合成为行业竞争发展趋势。

针对中小包装企业数量众多、重复建设、低端产品产能过剩的现状，我国金属包装行业加快行业调整，行业整合优势日趋明朗。特别是优势企业凭借其领先的技术水平、先进的管理经验以及雄厚的资金实力，不断做大做强，推动行业有序竞争，促进行业优胜劣汰，从而提高行业整体

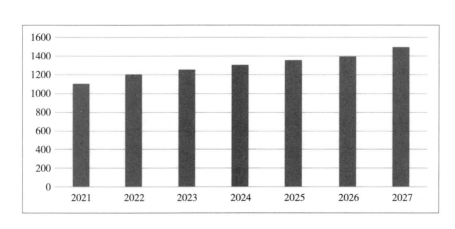

图 3-3-19　2021—2027 年中国金属包装行业销售额预测（单位：亿元）

数据来源：前瞻产业研究院整理

竞争实力。目前，金属包装行业龙头企业已开始转向集团化、规模化、专业化发展。规模化、专业化和集团化是现代金属包装行业的发展趋势。无论是产业升级还是企业升级，质量是核心。企业高效推动产品标准升级，从所用的原材料、工艺、设计都应该向国际标准、国际规范靠拢。未来几年，中游行业产业集中度不断提高，行业产业整合趋势初步显现。随着环境问题日益突出，国家加大力度治理环境问题，全力落实"节能减排"的长期发展战略，金属包装行业内领先企业将通过行业并购与投资的方式，迅速向外扩张形成跨地区、跨产业的大型企业集团，以实现国内生产大片区化布局，部分规模小、生产效率低、实力弱的企业将被整合或逐渐淘汰出局。

③国家经济发展带动金属包装市场热度高涨。

中国拥有庞大消费群体，拥有丰富的工业产品、农产品及出口商品等资源，除迅速发展饮料行业外，化学、化妆品和医药等新产业的发展也为金属包装行业提供了巨大的增长空间，预计未来的 5 到 10 年将是金属包装发展壮大的机遇期。金属包装市场热度高涨，其应用场景得到跨越式发展的根本原因在于技术革新，行业、用户需求的爆发式增长极大地丰富了金属包装的应用场景：一方面，金属包装的产业链中的原材料供应商进一步推动产业源端的重组升级，优化产业流程；另一方面，金属包装技术的更新迭代，有利于不断升级和改进产品的质量，进一步满足用户的新需求，这些都有利于产业进一步发展。金属包装技术会在人们日常生活、工作中应用得越来越广泛，随着我国社会经济发展脚步的不断加快，多方的推动将促进金属行业市场得到加速发展。

（2）金属包装制品发展趋势预期

①铝罐保级回收利用技术追赶国际水平。

我国废铝回收主要来源之一就是包装容器，铝罐这类金属包装可以降级回收，具有很高的经济价值，特别是用于易拉罐的铝合金对材料性能指标要求高、生产制造难度大，但其再生价值极

高。因此，在未来金属包装行业中，铝罐将会是保级回收利用的重点发展对象。金属包装制造企业可以采用保级回收利用的方法，先通过专门的预处理设备将金属包装罐体和罐盖分离，再经过专业的破碎和脱漆、脱胶等技术进行处理，将再生铝合金制造转化为新的包装，最终实现从"废弃包装"到"新包装"的回收再利用。近年来，欧美发达国家的商业化生产铝罐料的铝板带生产企业都建有废罐回收与再生项目，最大项目可再生 3104 型铝合金扁锭生产能力已达 40 万吨/年，全球生产的铝易拉罐中废旧罐的含量越来越高。据《中国有色金属报》相关报道，除中国以外的其他国家与地区在 2020 年 3104 型铝合金的废旧罐平均含量已达 60%。诺贝丽斯铝业公司（Novelis）是全世界最大的 3104 型铝合金箔罐身带材生产商，几乎占到全球总产量的 45%，其中的废旧罐含量高达 90%，真正实现了最优化循环生产再生铝罐。

②智能化技术为金属包装制品提效助力。

在我国随着高精尖智能化技术的不断进步，高速智能的自动化整线技术将代替人工把金属包装产业送上世界前沿的快速通道。现如今，虽然在金属容器包装制造过程中使用了多种智能化生产制造设备，但在金属包装制品上可应用的智能包装技术仍然较少。未来我国金属包装行业在金属包装智能化创新设计方面应加大研发力度，研发具有装配演示系统和视觉系统的智能金属包装，提升金属包装制品的生产效能、溯源能力、包装稳定性及合格率，并降低在生产、运输过程中对包装支付的针对性管理和人工成本。

如今，专家系统在金属容器包装中应用得越来越广泛，这与我国在金属容器包装设计到生产的过程中，应用智能专家系统具有密切的关系。进行金属容器包装设计前，可以利用专家系统中的智能包装设计模块，确定具体的包装形式，如防护包装、单元包装数量、外包装、包装标志、包装件实验与检验等。在以上智能设计完成后，可以通过专家系统的人机接口，对设计的方案进

行评价调度，并针对系统提供的多个相似的包装设计方案进行优选和排序，确定最优的金属容器包装方案。然后按照专家系统对金属容器包装各环节的数据设置，实现金属容器包装从设计到生产全过程的自动化、规范化。例如，金属容器在流通阶段的缓冲包装可以用专家系统中以数据库为基础的缓冲包装 CAD 控制和实现。但需要注意的是，由于不同金属容器包装阶段，对专家系统内具体数据信息的设置要求存在差异，所以在此技术应用的过程中，对各环节信息的把握能力要求非常高，例如知识的获取、表达、集成、协调管理、冲突决策等各方面[1]。

③互联网持续推动金属包装行业发展。

政策是互联网持续推动金属包装行业发展的重要驱动因素，在统一化进程加快、精细化管理需求的加持下，需求有望迎来快速释放，互联网＋金属包装、大数据与智能化应用均进入实质

性落地阶段，创新业务愈加清晰，格局优化，系统复杂度大幅提升使得龙头优势更加明显，行业集中度有望加速提升，优质公司愈强。随着行业边际的大幅改善，集中度不断提升，繁荣供给业态。继续支持金属包装产业与健全互联网等产业融合发展，丰富金属包装产业新模式、新业态。这是目前社会资本较为关注的，金属包装产业与其他关联产业融合发展带来的发展机遇，[2] 目前的"互联网＋""直播＋""移动＋""电商＋""5G＋"等新技术支持产业，都是金属包装产业与新技术产业融合发展的案例，这是让金属包装产业真正推动消费转型升级的重要抓手。这几大产业融合发展，将产生无数的金属包装产业的新模式、新业态。政府大力支持金属包装产业与关联产业的融合发展，并出台具体、有效的支持政策，将对推动金属包装产业的发展起到巨大的作用，让金属包装产业找到新的盈利点，建立新的金属包装产业发展盈利模式和发展模式。

1　【新技术应用】人工智能技术在金属容器包装中的应用与创新 [EB/OL].（2022-07-16）[2022-11-01].https://m.sohu.com/a/568021917_121123770.

2　金属包装行业分析调研报告 [EB/OL].（2021-06-12）[2022-10-28].https://max.book118.com/html/2022/0413/6145132240004133.shtm.

3.4　玻璃包装容器发展现状分析

3.4.1 国际玻璃包装容器发展状况分析

（1）行业市场规模

全球玻璃容器市场在 2020 年收缩后，2021 年同比将增长 2.1%[1]，到 2031 年市场估值将超过 810 亿美元，复合年增长率将达到 4.0%。从地区分布来看，在北美地区玻璃容器的销量中，美国预计将占 80% 以上；欧洲地区，德国占据主导地位，英国市场的增长将更加强劲，法国和西班牙的玻璃包装前景将保持稳定；亚洲地区，中国、印度和日本将继续展现出对玻璃容器的高需求状态。

从玻璃包装容器的应用行业来看，玻璃一直是医药和饮料包装中最受欢迎的材料类别之一。从应用领域划分，全球玻璃包装市场可以分为药品、食品饮料、酒精饮料、化妆品等领域。啤酒行业占整体市场的比重超过 20%[2]，2020 年，啤酒瓶占美国玻璃容器消费的近 50%。据报道，美国 Anchor 玻璃容器公司约 23% 的收入来自其精酿啤酒玻璃包装，24% 的收入来自大众市场的啤酒玻璃包装。制药行业是另一个重要的应用领域，这一细分市场的年复合增长率预计将超 4%。由于全球制药行业的增长、人口老龄化的增长、慢性病发病率的上升以及新冠疫情的影响，推动了全球医药行业

对玻璃包装容器的需求大幅增长。且受到近几年生产、销售疫苗的影响，玻璃包装瓶的大规模需求将提振欧洲玻璃包装瓶销售市场，这些因素将促进制药应用中对玻璃容器的需求，逆向推动全球玻璃包装瓶市场的增长。从地理位置分析，亚太地区占了整个玻璃包装行业的三分之一以上[3]。中国和印度不断增长的酒店业和旅游业也将在未来几年推动该地区的玻璃包装产品市场发展。

综上所述，国际玻璃包装容器在未来的市场规模将不断扩大。亚洲地区的玻璃包装容器需求较高，市场规模大，其次为北美洲、欧洲、拉丁美洲、中东地区和非洲。从应用行业来看，制药行业和饮料行业是对玻璃包装需求量最大的领域。其次需求较大的应用领域分别为化妆品、香水、食品等行业。

（2）产量地区分布情况

亚太地区的玻璃包装容器产量引领全球市场，特别是在中国和印度，产量排名靠前。欧洲紧随亚太地区，土耳其、俄罗斯等国家推动了欧洲的包装瓶生产需求。亚太地区主导着玻璃包装瓶行业。预计到 2026 年，亚太地区将占据最大的市场份额，达到 610 亿美元，2021—2026 年期间的复合年增长率为 5.7%。在亚太地区的国家中，中国占比最高，为 54.92%。从中国玻璃容器产量数据来看，2020 年，中国玻璃

1　中国包装网：《国外玻璃包装容器制造技术的发展》2022 年中国玻璃包装容器制造行业发展现状 [EB/OL].（2022-04-20）. http://256.so/3j0.

2　前瞻经济学人 .《2022 年中国玻璃包装行业发展现状及市场规模分析》2022 年中国玻璃包装容器制造行业发展现状 [EB/OL].（2022-04-20）.http://256.so/3j0.

3　中国包装联合会 .2020 年 1—12 月包装行业发展报告（玻璃包装）[EB/OL].（2021-06）. http:// www.cpf .org.cn/product/128.html.

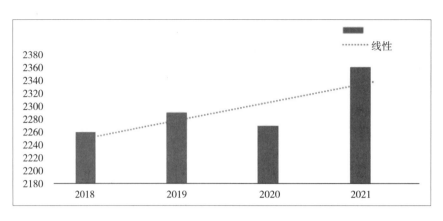

图 3-4-1 2018—2021 年欧洲玻璃包装容器产量数据（单位：万吨）

图片来源：欧洲玻璃容器联合会（FEVE）

包装容器行业累计完成产量约 1762 万吨，同比下降 5.7%。2021 年前十个月，中国玻璃包装容器产量累计超过 1600 万吨，同比增长 13%[1]。

欧洲紧随亚太地区，德国啤酒消费的增加是玻璃包装瓶的主要驱动因素。英国玻璃容器行业拥有在全球范围内竞争所需的专业知识和经验。每年，大容量玻璃制造为英国经济贡献约 13 亿英镑。在出口方面，英国也是欧洲经济的主要核心国家。此外，由于啤酒和威士忌在英国销售强劲，以及对优质品种的需求不断地上升，酒精饮料可能会引领玻璃包装瓶市场持续增长。2022 年 7 月 4 日比利时的布鲁塞尔发布的 2021 年新的行业数据显示，欧洲玻璃包装容器产量增长强劲，表明了该行业从 2020 年的衰退中开始持续复苏，2021 年的食品和饮料行业用玻璃包装产量与 2020 年相比增长了 5.0%，达到历史最高水平。此外，根据欧洲玻璃容器联合会（FEVE）发布的最新数据（图 3-4-1），2021 年欧洲玻璃包装容器产量超过了 2340 万吨。香水瓶、化妆品瓶和药用玻璃瓶产量实现了 2.2% 的强劲增长，达到 136 亿容器。[2]

（3）行业进出口市场

从我国在玻璃包装行业进口市场上的数据看，经历了 2019 年的下降后，2020 年我国玻璃包装行业进口额有所回升，累计完成进口额 5899.88 万美元[3]，同比增长 15.47%。从进口贸易地区来看，2020 年我国玻璃包装行业进口额排在前四位的国家和地区依次是日本、意大利、法国和德国。其中，日本完成累计进口额 1353.93 万美元，占比 22.95%；意大利完成累计进口额 841.51 万美元，占比 14.26%；法国完成累计进口额 820.26 万美元，占比 13.9%。

2020 年，全国玻璃包装容器行业累计完成出口额 19.95 亿美元，同比增长 2.25%。出口额排在前五位的国家依次是美国、越南、加拿大、菲律宾、印度尼西亚（图 3-4-2）。其中，美国完成累计出口额 3.52 亿美元（占 17.66%）；越南完成累计出口额 2.2 亿美元（占 11.02%）；加拿大完成累计出口额 0.99 亿美元（占 4.95%）；菲律宾完成累计出口额 0.75 亿美元（占 3.75%）；印度尼西亚完成累计出口额 0.74 亿美元（占 3.7%）。

---

1 中国包装联合会 .2020 年 1—12 月包装行业发展报告（玻璃包装）[EB/OL].（2021-06）. http:// www.cpf .org.cn/ product/128.html.

2 中国包装联合会 .2020 年 1—12 月包装行业发展报告（玻璃包装）[EB/OL].（2021-06）. http://www.c pf .org.cn/ product/128.html.

3 中国包装联合会 .2020 年 1—12 月包装行业发展报告（玻璃包装）[EB/OL].（2021-06）. http:// www.cpf .org.cn/ product/128.html.

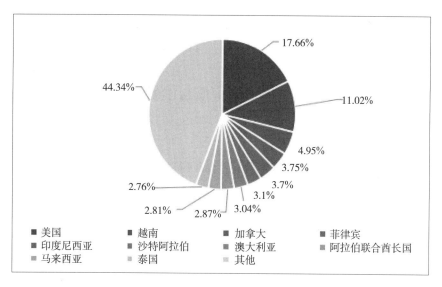

图 3-4-2　2020 年全国玻璃包装容器行业出口额贸易地区分布情况（单位：%）
图片来源：中国玻璃包装容器行业年度运行报告（2020 年度）

（4）行业技术发展态势

① 英国技术发展情况。

英国联合玻璃公司使用三滴料制瓶机，采用压吹法生产小口径啤酒瓶，不仅保证了产品质量，而且使生产能力提高了 50%[1]。该厂用三滴料制瓶机生产的 250 毫米棕色 Bidon 牌轻量啤酒瓶，在国际市场上供不应求。英国 Gra-Pnoida 开发有限公司研制成功"制瓶机初型模自动喷油"系统，安装至 8 组 4 滴料 IS 制瓶机上用于制造医药瓶和化妆品瓶，每分钟生产 410 个。该自动喷油系统可由各种 IS 制瓶机软件控制，如软件不适合，或制瓶机是由转鼓驱动，可由一台带有数字键盘、视频显示装置和盒式存储器的微处理器进行控制。英国 PLM Red fearm 公司在玻璃瓶生产线上，已安装了高速影像检测系统。该系统可检测瓶身圆度，每分钟可检测 800 个，同时还可检查瓶壁上的瑕疵点，如小气泡、结石、瓶底凸出等，缺陷的面积即使小到 0.9 平方毫米也能被检出，对于瓶壁黏丝、吹瓶飞边等缺陷均能查明。该检测系统控制简单，分辨率高，采用远焦 / 变焦摄像机，且有滴料记录装置。

英国 Multi Screen 玻璃有限公司利用现有的送料装置及通道，建设自动化的玻璃瓶收缩薄膜套塑生产线，用收缩膜法来装饰玻璃包装容器。过去，该公司的丝网印刷、颜料喷涂和酸蚀刻 3 种方法对玻璃包装容器进行装饰，采用收缩膜法后，既可对玻璃瓶进行彩色图案装饰，又能有效地保护瓶子表面不被擦伤，还可降低生产成本。收缩薄膜采用照相凹版印刷工艺，颜色达 12 种。装饰后的玻璃包装容器，很受医药及化妆品行业欢迎。

② 葡萄牙技术发展态势。

葡萄牙 CIVE 玻璃制造公司用先进的电子技术对玻璃窑炉进行了改造，安装了一种蓄热式马蹄焰窑炉，日产玻璃 220 吨，生产能力提高了 85%。该炉采用了先进的电子技术与操作理论，生产能耗低，整个生产过程可保持温度稳定。通过改造玻璃窑炉，该公司的玻璃包装容器产量和质量都大幅度上升。

③ 美国技术发展态势。

美国 BH-F 工程有限公司研制出新型滴料影像分析仪，装有摄像系统，采用光电二极管固体回路显示。当热的料滴离开供料机后进行扫描，所得数据被送到中心处理装置，并在显示

1　前瞻经济学人：2022 年中国玻璃包装容器制造行业发展现状及市场规模分析出口市场发展向好 [EB/OL].（2022-04-20）. http://256.so/3j0.

屏上产生彩色的料滴影像，同时计算出滴料重量，其重量精度可达 ±0.6 毫克。该仪器能有效地监控料滴形状，并带有先进的料滴形状变动报警装置，以便迅速调整料滴重量和落料的定位中心，以及供料机的料筒高度等。

④ 奥地利技术发展态势。

奥地利一家玻璃厂采用喷射装饰玻璃设备，将一种有机环氧涂料，通过静电喷涂到玻璃包装容器表面，加热到 205 ℃，使其产生一种光泽，凡直径在 70~180 毫米范围之内的玻璃瓶罐，均可加以装饰，能获得各种各样的涂层，如无光泽类似研磨的、半透明的、有光泽和透明的，以及各种色彩的，且对环境无污染。

⑤ 欧洲其他地区技术发展态势。

欧洲玻璃制造商 PLM 公司首次推出玻璃涂层机，每分钟可加工 15~90 个瓶子。其涂层顺序为输入瓶子→验收→浸入基层涂液中→干燥基层涂层→冷却→浸入最终涂液→干燥涂层→移动瓶子→涂层硬化→冷却。这一工艺为玻璃瓶涂层提供了两种方法：一是用于装饰用的单涂层系统；二是用于轻量可回收的和一次性用瓶子的双涂层系统。单涂层基用聚氨酯配方，可获得透明的、彩色透明的、无光的和彩色无光的等形式。双涂层的第一层叫基层，由低模量合成橡胶组成，可使瓶子避免破碎或散落成小碎片，并起到良好的防紫外线作用；双涂层的第二层由高模量聚氨酯组成，可使瓶子耐腐蚀、耐冲击和耐化学侵蚀，从而提高了玻璃瓶子的强度，使瓶壁厚度减薄，质量减轻 50%，生产成本和运输费用相应降低。

综上所述，日用玻璃行业不断地向轻量化、节能化方向发展，依靠低端设备和工艺已经不能维持企业长久生存。采用玻璃包装容器的主要好处是它不影响内装物的味道、成分和质地。其市场价值的上升现象可以归因于消费者对可持续包装产品的需求不断地增加，这也是玻璃包装瓶市场增长的另一个因素。由此可见，可持续包装将对客户的采购决策产生重大

影响，这是由于越来越多的消费者认为，包装材料会导致更多的浪费和环境污染。

在包装材料的可回收性方面，玻璃的地位仅次于纸材和金属，这些因素将推动市场增长。为了适应国际包装市场上的激烈竞争，国外一些玻璃包装容器生产厂家和科研部门不断推出新设备、采用新技术，使玻璃包装容器的制造取得了快速的发展。例如，日本东洋玻璃公司和艺技研究所联合开发出可使玻璃包装容器成型时间减半的模具。这种模具是由不锈钢与铜合金材料制成，将一个玻璃包装容器的成型时间，从原来的 32 秒减少到 16 秒，不仅增加了产量，而且减少了必要的模具数量。该不锈钢与铜合金材料模具的制作过程：将不锈钢表面加热到 1000 ℃，调整控制铜合金流量及流入速度，使铜合金与不锈钢保持最佳比例进行融和，以形成在厚度上以微米计的合金层。使用这种模具，虽然价格比普通模具高 50%，但整体经济效益显著。

3.4.2 中国玻璃包装容器行业发展状况分析

（1）行业地位概述

玻璃包装容器的生产与使用距今已有上百年的历史，凭借制造成本和化学稳定性等优势，在全世界范围内均有较广泛的用途。新中国成立以来我国现代玻璃包装工业经历了多个发展阶段，生产效率进一步提高，产量规模不断增长，质量逐步达到了国际同类产品水平。目前，我国玻璃包装工业生产的玻璃容器产品主要提供给食品、酒类、饮料、医药等行业。玻璃包装因具有良好的化学稳定性又对内装物无污染，因密封性与耐高温而使用安全可靠，因透明或多彩而有利于提升商品档次，因易回收可循环利用而有利于保护环境。因此玻璃包装使用范围广泛、用途多样、用量较大。

中国是世界上最大的玻璃瓶生产和消费国，中国啤酒产量和消费量都已超过 400 亿

升，玻璃瓶包装仍占九成左右，每年的玻璃啤酒瓶使用量已超过 500 亿个。[1] 随着环保要求和能耗标准日趋严格，能耗控制能力强，具有技术、规模、品牌优势的企业得到扶持和壮大，整个市场呈现出向行业领先企业集中的趋势。

（2）行业运行概况

① 行业市场规模。

2020 年，受到国内和国际新冠疫情的持续影响，世界经济下行风险加剧，不稳定不确定因素显著增多。2020 年，我国玻璃包装容器行业规模以上企业（年营业收入 2000 万元及以上全部工业法人企业）有 283 家，相比 2019 年减少 2 家，累计完成营业收入 576.79 亿元，同比下降 1.80%；增速相比 2019 年同期降低了 7.89%。从企业利润总额来看，全国玻璃包装容器行业累计完成利润总额 33.28 亿元，同比增长 8.31%；增速比 2019 年同期下降了 17.88 个百分点。[2]

2021 年，全国玻璃包装容器制造行业累计完成营业收入 710.53 亿元，同比增长 22.38%，并且超过 2019 年全年水平[3]；从国内玻璃包装容器制造占包装行业整体营收比重来看，中国玻璃包装容器制造行业的营业收入占包装行业总营业收入约 5.9%[4]。我国玻璃包装容器市场受疫情影响，总体经济呈现出波动局面。但随着复工复产的加快推进，关系国计民生的基础行业稳定增长，玻璃包装容器制造行业经营利润状况持续向好发展。而玻璃包装在整个行业的营收占比中仍少之又少，塑料和纸质包装仍然是国内包装制造行业的主要材料。基于玻璃

这种材料生产的容器，在某些物品包装材料的选择上仍是最优选择，市场应用广阔。

② 行业产量地区分布情况。

2020 年 1—12 月，全国玻璃包装容器行业累计完成产量 1761.75 万吨，同比下降 5.65%。其中 12 月份完成产量 175.77 万吨，同比增长 10.8%。产量排在前五的地区依次为四川省、山东省、河北省、广东省和湖北省。其中四川省完成累计产量 522.88 万吨，占全国总产量的 29.68%，同比增长 9.45%；山东省完成累计产量 344.08 万吨，占比为 19.53%；河北省完成累计产量 142.08 万吨，占比 8.06%；广东省完成累计产量 124.95 万吨，占比 7.09%（图 3-4-3）。[5]

③ 行业营收情况。

近年来，我国玻璃包装容器产量整体呈现波动的走势，这是由于 2016—2018 年期间在持续推进"供给侧结构性改革""环保整治攻坚战"和行业准入条件趋严的情况下，玻璃包装容器生产行业内技术落后、能耗大、规模小的企业无法负担环保、能耗等整改要求的成本而逐步被淘汰。2019 年玻璃包装容器的产量明显上升，玻璃包装制造业规模产量为 1896.29 万吨，同比增长 4.32%。[6] 而 2020 年受疫情影响，产量有所下降，全国玻璃包装容器行业累计完成产量约 1762 万吨，同比下降 5.7%。随着疫情被有效控制，2021 年产量有所回升。2021 年，我国玻璃包装容器行业规模以上企业 291 家，比前年增加 8 家。2021 年，我国玻璃包装容器行业规模以上企业累计完成营业收入

1　李多 . 透彻之美，谈玻璃包装 [J]. 中国包装，2014，34（1）:53-57.

2　中国包装联合会 .2020 年 1—12 月包装行业发展报告（玻璃包装）[EB/OL].（2021-06）. http:// www .cpf .org.cn/ product/128.html.

3　前瞻经济学人 .2022 年中国玻璃包装容器制造行业发展现状及市场规模分析出口市场发展向好 [EB/OL].（2022-04-20）. http://256.so/3j0.

4　中研网 . 玻璃包装容器行业市场调研生产技术改进促进行业转型升级 [EB/OL].（2022-06-28）. https:// www .chinairn.com/ hyzx/ 20220628 / 105433155.shtml.

5　中国包装联合会 .2020 年中国玻璃包装行业市场分析 [EB/OL].（2020-06-29）. http://256.so/q8s .

6　前瞻产业研究院 .2020 年中国玻璃包装行业市场分析 [EB/OL].（2020-06-29）. http://256.so/q8s.

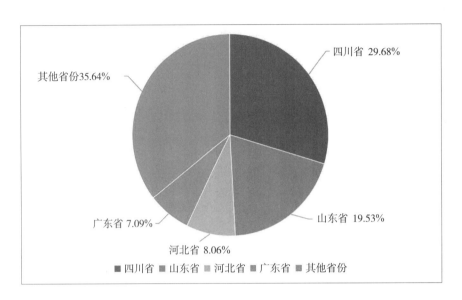

图 3-4-3 2020 年全国包装容器行业累计产量地区占比情况

图片来源：中国包装联合会

710.53 亿元，同比增长 22.38%；增速比去年同期提高了 24.18%。2020 年 1—12 月，全国玻璃包装容器制造行业累计完成营业收入 576.79 亿元，同比下降 1.80%。其中，12 月份完成营业收入 58.54 亿元，同比下降 2.67%（图 3-4-4）。

④ 行业利润情况。

2020 年 1—12 月，全国玻璃包装容器制造行业累计完成利润总额 33.28 亿元，同比增长 8.31%。其中 12 月份完成利润总额 11.27 亿元，同比增长 74.34%（图 3-4-5）[1]；全国玻璃包装容器制造行业累计营业收入利润率为 5.77%，同比增长 0.54%（图 3-4-6）。整体环境受疫情影响，购买需求降低，伴随中下游市场的恢复不够，针对玻璃瓶包装的需求也在骤减，春节前后为订单高峰期阶段。

2021 年，随着绿色理念推进玻璃容器可持续高质量发展，中国玻璃包装容器行业有了快速提升，全行业响应国家号召，不断推进行业的可持续高质量发展。2021 年，我国玻璃包装容器行业规模以上企业累计完成营业收入 710.53 亿元，同比增长 22.38%（图 3-4-7）。增速比去年同期提高了 24.18%。[2]

（3）行业进出口市场分析

① 玻璃包装容器出口情况。

从出口金额来看，2020 年 1—12 月，全国玻璃包装容器制造行业累计完成出口交货值 16.09 亿元，同比下降 32.53%。其中，12 月份完成出口交货值 1.52 亿元，同比下降 52.65%。在出口金额方面，截至 2021 年 9 月，我国玻璃包装容器行业完成累计出口额 18.26 亿美元，同比 2020 年 1—9 月增长 34.99%。随着我国包装行业在国际市场上的地位上升，2014—2019 年我国玻璃容器制造业出口额逐年增加。2019 年行业累计完成出口额 19.51 亿美元，同比增长 15.35%。[3]2022 年，玻璃包装行业受"新冠疫情"和"俄乌冲突"的双重影响，对外贸易受阻，订单量减少，已经严重影响到企业生产，我国玻璃包装容器对美国出口额有所下降，对

1 中国包装联合会 .2020 年 1—12 月包装行业发展报告（玻璃包装）[EB/OL]. （2021-06）. http:// www.cpf .org.cn/product/128.html.

2 中国包装联合会 .2020 年 1~12 月包装行业发展报告（玻璃包装）[EB/OL]. （2021-06）. http:// www.cpf .org.cn/product/128.html

3 前瞻产业研究院 .2022 年中国玻璃包装行业市场分析 [EB/OL]. （2020-06-29）. http://256.so/q8s.

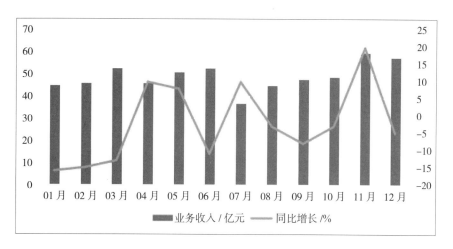

图 3-4-4　2020 年全国玻璃包装容器制造行业月度营业收入及同比增长情况
图片来源：中国包装联合会

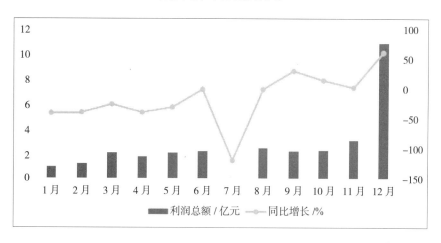

图 3-4-5　2020 年全国玻璃包装容器制造行业月度利润总额及同比增长情况
图片来源：中国包装联合会

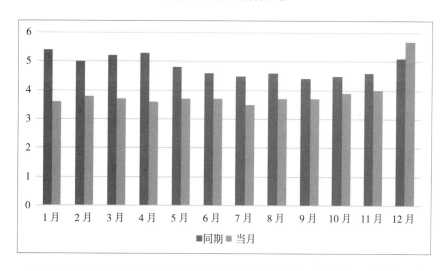

图 3-4-6　2020 年全国玻璃包装容器制造行业月度累计营业收入利润率情况（单位：%）
图片来源：中国包装联合会

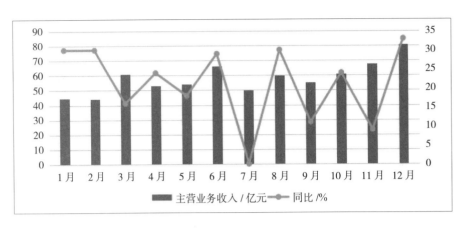

图 3-4-7　2021 年全国玻璃包装容器制造行业月度营收入及同比
图片来源：中国包装联合会

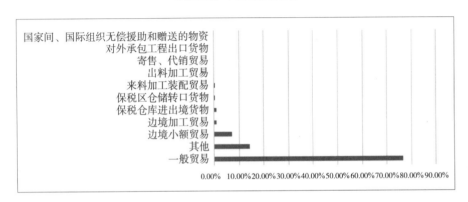

图 3-4-8　2020 年全国玻璃包装容器行业累计出口额贸易方式占比情况
图片来源：中国包装联合会

阿拉伯出口额增加。

从出口贸易方式来看，2020 年 1—12 月，全国玻璃包装容器行业完成累计出口额 19.95 亿美元，同比增长 2.25%。[1] 其中，一般贸易完成累计出口额 15.29 亿美元（76.61%），同比增长 -1.46%；其他完成累计出口额 2.81 亿美元（占 14.07%），同比增长 23.96%；边境小额贸易完成累计出口额 1.43 亿美元（占 7.16%），同比增长 1.27%；进料加工贸易完成累计出口额 0.21 亿美元（占 1.04%），同比增长 43.44%；保税仓进出境货物完成累计出口额 0.19 亿美元（占 0.93%），同比增长 26.31%；保税区仓储转口货物完成累计出口额 0.03 亿美元（占 0.13%），同比增长 18.83%；来料加工装配贸易完成累计出口额 0.01 亿美元（占 0.05%），同比增长 -18.51%（图 3-4-8）。[2]

②玻璃包装容器进口情况。

2020 年 1—12 月，全国玻璃包装容器行业累计完成进口额 5899.88 万美元，同比增长 15.47%。从进口贸易国分布来看。进口额排在前四位的国家依次是日本、意大利、法国、德国。其中，日本完成累计进口额 1353.93 万美元（占 22.95%），同比增长 6.03%；意大利完成累计进口额 841.51 万美元（占 14.26%），同比增长 52.31%；法国完成累计进口额 820.26 万美元（占 13.9%），同比增长 25.35%；德国完成累计进口额 383.35 万美元（占 6.5%），同比下降 12.29%（图 3-4-9）。

1　中国包装联合会.2020 年 1—12 月包装行业发展报告（玻璃包装）[EB/OL].（2021-06）. http:// www.cpf .org.cn/product/128.html.

2　中国包装联合会.2020 年 1—12 月包装行业发展报告（玻璃包装）[EB/OL].（2021-06）. http:// www.cpf .org.cn/product/128.html.

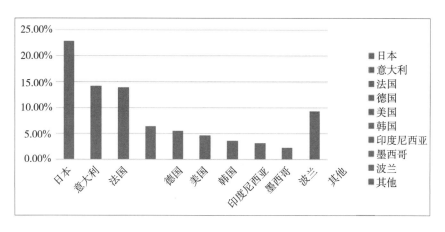

图 3-4-9　2020 年全国玻璃包装容器行业累计进口额贸易国占比情况
图片来源：中国包装联合会

从进口贸易方式来看，一般贸易完成累计进口额 4328.01 万美元（占 73.36%），同比增长 8.25%；来料加工装配贸易完成累计进口额 620.29 万美元（占 10.51%），同比增长 58.99%；进料加工贸易完成累计进口额 569.38 万美元（占 9.65%），同比增长 9.73%；其他完成累计进口额 190.86 万美元（占 3.24%），同比增长 163.89%；保税仓库进出境货物完成累计进口额 139.01 万美元（占 2.36%），同比增长 96.85%；保税区仓储转口货物完成累计进口额 41.83 万美元（占 0.71%），同比增长 20.8%；出口加工区进口设备完成累计进口额 9.71 万美元（占 0.16%），同比下降 60.23%（图 3-4-10）。

从进口地区分布来看，进口额排在前五位的地区依次是江苏、上海、广东、山东、北京（图 3-4-11）。其中，江苏完成累计进口额 1777.83 万美元（占 30.13%），同比增长 79.41%；上海完成累计进口额 1752.72 万美元（占 29.71%），同比下降 8.28%；广东完成累计进口额 767.09 万美元（占 13%），同比下降 17.44%；山东完成累计进口额 404.82 万美元（占 6.86%），同比增长 90.67%；北京完成累计进口额 333.71 万美元（占 5.66%），同比增长 120.85%。[1]

从进口金额方面来看，截至 2021 年 9 月，我国玻璃包装容器行业完成累计进口额 0.57 亿美元，比 2020 年 1—9 月增长 38.58%[2]。从进口金额分布情况来看，截至 2021 年 9 月，我国玻璃包装容器行业进口额排名前两的国家为日本、意大利，占比分别为 19.31%、16.42%。2015—2019 年，我国玻璃包装容器进口数量波动较大。2018 年，玻璃包装行业实现进口额 6259.68 万美元，同比增长 50.62%，为近年来进口额的最高值。2019 年我国玻璃包装容器行业完成累计进口额 5109.55 万美元，同比下降 18.37%（图 3-4-12）。

2019 年进口额排在前五位的国家和地区分别为日本、中国台湾、法国、意大利和德国。其中，日本完成进口额 1276.88 万美元，占比 24.99%，同比下降 15.16%；中国台湾地区累计进口额 697.34 万美元，占比 13.65%；法国完成累计进口额 654.36 万美元，占比 12.81%，同比下降 15.74%；意大利完成累计进口额 552.49 万美元，占比 10.81%；德国完成累计进口额 437.06 万美元，同比下降 6.51%。[3]

1　中国包装联合会 .2020 年 1—12 月包装行业发展报告（玻璃包装）[EB/OL].（2021-06）. http:// www .cpf .org.cn/ product/128.html.

2　陈豪芳 .2021 年中国玻璃包装行业发展现状分析，下游需求的不断增加促进行业市场规模增长 [OB/OL].（2022-01-12）. http://www.huaon.com/channel/trend/776762.html.

3　前瞻产业研究院 .2020 年中国玻璃包装行业市场分析 [EB/OL].（2020-06-29）. http://256.so/q8s.

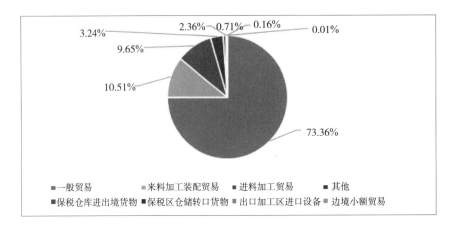

图 3-4-10　2020 年全国玻璃包装容器行业累计进口额贸易方式占比情况
图片来源：中国包装联合会

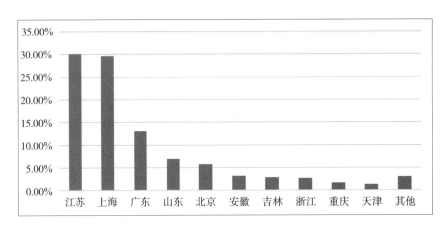

图 3-4-11　2020 年全国玻璃包装容器行业累计进口额地区占比情况
图片来源：中国包装联合会

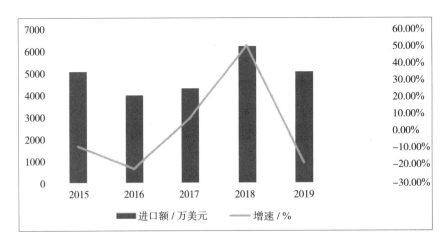

图 3-4-12　2015—2019 年全国玻璃包装容器行业进口额及增速
图片来源：前瞻产业研究院

（4）企业经营分析

进入 21 世纪，玻璃包装容器的生产又有了一个新的发展景象，企业不断地提升装备水平，促使企业集团大型化，并发展出超过年产300 万吨规模的玻璃包装容器企业集团。现今，企业的管理水平和装备水平有了很大的提高。电子定时、伺服机构多机组、多滴料的制瓶机、自动检验机已成为企业生产线的标配。涂油机器人也开始在有些企业应用。随着信息化技术的发展，企业的信息化管理也在推进，有的企业已开始打造数字化工厂，并逐步将旗下企业的生产车间进行数字化改造，最后实现互联互通，为迈向智能化生产夯实基础。

① 企业整体运行呈现降幅收窄趋势。

受新冠疫情及防控常态化的影响，2020 年上半年，全行业主要经济运行的特点：产量下降，库存上升，出口下滑，亏损面扩大，行业经济运行质量下降。但与年初相比，行业整体各项指标降幅收窄。2021 年 1—12 月，全国玻璃包装容器制造行业累计资产总计 562.15 亿元，同比增长 4.91%。[1] 玻璃制品制造业营收收入 557.28 亿元，累计同比增长 15.88%；实现利润 25.66 亿元，累计同比增长 39.60%，主营业务收入利润率 4.60%。玻璃包装容器制造业汇总企业单位数 284 家，主营业务收入 331.72 亿元，累计同比增长 25.79%，其中山东省药用玻璃的主营业务收入达 23.74 亿元，主要产品类型包括医药类、化妆品类和食品类；利润总额 17.32 亿元，累计同比增长 122.24%，主营业务收入利润率 5.22%。[2]

② 行业市场环境推动玻璃包装容器发展。

第一，玻璃包装材料因具有可再生性而成为政府鼓励类包装材料。玻璃包装容器使用后可以回炉再生产且不影响产品质量，既能有效地解决塑料等包装材料使用后的处理问题，也能减少环境污染，同时还能够实现产品循环利用、节约资源。随着政府对环境友好型、资源节约型社会建设的不断投入和监管要求的不断提升，社会居民的环保意识、节约资源意识的增强，玻璃包装容器逐渐成为政府鼓励类包装材料，消费者对玻璃包装容器的认可程度也不断地提升。

第二，下游行业需求持续增长造就玻璃包装容器市场规模不断扩大。下游行业主要包括各类酒水、药瓶、食品调料、化学试剂、化妆品、其他日用品制造业。下游行业对玻璃包装容器的需求直接决定了玻璃包装容器行业的生产和销售情况。例如，酒和食品的包装需求具有季节性，分别为淡季、旺季，白酒和食品的消费或生产旺季往往带动玻璃包装容器的需求量呈现季节性增长；同时，化妆品包装需求持续增加。这将直接提升玻璃包装容器的附加值。随着经济的快速发展以及人们对化妆品需求量的逐年增长，将促使化妆品销量快速增长，进一步推动化妆品包装容器的需求量。此外，药用玻璃市场迎来拐点，伴随着居民人均医疗保健支出的递增，药用玻璃作为药用包材市场的一部分具备稳健扩容的特点。这一点可以从山东药用玻璃的产量中看出，2020 年管制瓶产量为 147523 支，除了管制瓶外，模制瓶年产可达 70 亿支，是国内最大的模制瓶生产厂家，按全国 100 亿支市场容量估算公司市场占有率超过 70%。[3]

第三，节能环保等产业的政府监管趋严，进一步提升市场集中度。近年来，我国出台了多项重要产业政策，加快推进玻璃包装容器制

1　中国包装联合会 .2021 年全国玻璃包装容器行业运行概况 [EB/OL]. （2000−04−23）. http://256.so/bkrx.

2　2021 年上半年日用玻璃行业经济运行情况简报 [C]//. 第 24 届全国玻璃窑炉技术研讨交流会会议资料 .[出版者不详]，2021:230−231.

3　前瞻经济学人 .2021 年中国玻璃包装行业龙头企业对比 [EB/OL]. （2021−12−15）. https://baijiahao.baidu.com/s?id=1719182350107686188&wfr=spider&for=pc.

造业的结构调整和产业升级，加强节能减排和资源综合利用，引导玻璃包装容器制造业向环保节能方向发展。行业内技术落后、能耗大、规模小的企业将逐步被淘汰或兼并，具有技术、规模、品牌优势的企业将得到扶持和壮大，市场将呈现不断地向行业领先企业集中的趋势和良好的发展态势。

③玻璃材料自身缺点使其局限性增加。

第一，不同包装材料之间竞争激烈。在各种包装材料中，玻璃包装容器为易碎品，因此运输损耗成本普遍很高。近年来，随着金属、塑料及纸制品的快速发展，玻璃容器的应用被急剧压缩。如传统的输液瓶大部分已经改为了塑料袋。仅有某些高档酒类及化妆品仍沿用玻璃包装。因此，玻璃包装材料亟须取得突破性的进展，方能应对其他包装材料的威胁。

第二，资源和能源的高耗能。玻璃包装行业的资源和能源消耗大，一直以来都是困扰行业发展壮大的主要原因。由于我国人口众多，玻璃包装产品的需求量高，因此，资源和能源的消耗十分惊人。在此方面，国内的玻璃包装产品几乎没有优势可言。此外，过高的资源消耗背后，随之而来的是对环境的严重污染。因此，对于环境资源的消耗应十分注意。

3.4.3 玻璃包装容器技术研发方向分析

（1）玻璃包装行业制造标准朝国际看齐

标准的制定对行业的转型升级、创新驱动至关重要，有利于推高行业准入门槛，减少行业自身的恶性竞争，提升玻璃包装行业的整体水平。玻璃包装容器的标准化生产技术研发一直是行业热点。在标准制定和技术实施方面，行业相关部门不仅应密切关注国内行业发展动

态，还应该紧跟国际行业领先标准。在行业管理层面及时出台新的管理标准，在生产制造层面抓紧研发新的标准化设备，引领玻璃包装行业的绿色、环保、可持续发展。以由中国轻工业联合会提出，国家市场监督管理总局、国家标准化管理委员会发布的《玻璃容器白酒瓶质量要求》[1]为例，该文件代替了2009颁布的标准《玻璃容器白酒瓶》，对行业术语和定义、外观质量要求、抗冲击性的试验等行业标准都做了修订，从法规的层面上提升了行业对玻璃酒包装容器的要求。

除此之外，玻璃包装容器生产标准的制定还在一定程度上减少了生产成本，降低了对环境的污染，通过对节能生产标准的制定，推动玻璃包装生产技术的发展，从而促使国内玻璃包装产品市场的竞争力大幅提升。如2020年4月发布的《玻璃工业大气污染物排放标准（征求意见稿）》[2]，就从节能减排的角度对包括玻璃包装容器行业在内的玻璃污染物排放提出了要求，对自身标准结构进行优化，从而促进玻璃包装制造品质的提升，是行业技术标准的大势所趋（图3-4-13）。

（2）玻璃包装深加工配套技术水平提升

玻璃包装容器的深加工工序包括喷涂、烤花、丝印、酸洗等。近年来，追求差异化的中国白酒行业快速发展，带动了玻璃容器深加工行业的提升，喷涂、丝印等设备也逐步国产化。我国玻璃深加工行业具有一个特别的技术优势——人工贴花技术，对于某些结构复杂的产品，目前的丝印技术还无法满足其要求，人工贴花技术解决了这一难题，给服务这些市场的玻璃容器企业增添了竞争优势。为了提升玻璃包装容器人工贴花的效率，对贴花的性能优化和自动化贴花设备的研究便成了玻璃包装容器行业的研发趋势之一，推动了相关玻璃包装深加工企业技术研发的深

1　国家市场监督管理总局，国家标准化管理委员会.玻璃容器白酒瓶质量要求：GB/T 24694-2021[S].北京：中国标准出版社，2021:12.

2　《玻璃工业大气污染物排放标准》征求意见稿通过技术审查[J].建材技术与应用，2020（2）:48.

图 3-4-13　"梁祝"喜相逢白葡萄酒包装设计
图片来源：2022 Pentawards 银奖作品

化，如 2020 年由"庞洁"公布的一种钢化玻璃的自动印花输送设备，该设备利用自动化生产线将贴花工艺和烘烤工艺连接起来，减少了人工的使用，提高了贴花的生产效率和贴花的精准度，还避免了手动输送玻璃造成的破损，提高了玻璃印花的产品合格率（图 3-4-14）。[1]

（3）玻璃包装印刷技术成为行业热点

玻璃是无机材料，化学稳定性良好，表面平滑、坚硬，其制品大多为透明。它与油墨中黏结料的有机物合成树脂的结合力很小，不符合附着性和耐久性的基本要求。另外，在玻璃中含有各种金属离子，主要由二氧化硅构成其主体，所以玻璃表面由氧元素并排构成，成为理想的玻璃表面。但玻璃的表面与其本体有很大差异。玻璃包装容器的印刷方式为丝网印刷。玻璃丝网印刷版材料一般选用不锈钢、天然纤维或合成纤维丝网制作，具体使用哪一种材料要根据印刷目的来决定。当玻璃包装容器表面要印金、银色时，应使用合成纤维丝网，并且要尽量薄一些，这样印刷质量才会提高。如果在印金色时使用不锈钢丝网的话，不锈钢与金墨会发生化学反应，产生多种故障。如果印刷高级品及高精度的玻璃制品，一般使用

300~360 目的尼龙丝网。玻璃容器的表面为曲面，玻璃曲面印刷是根据曲面制品的形状和特点选择曲面丝网印刷机。玻璃曲面制品主要有圆柱形和圆锥形，印刷圆柱形玻璃制品时，选择圆柱形曲面丝网印刷机。根据丝网印版与承印物之间传动类型的不同，分为摩擦传动式和强制传动式两种。[2]（图 3-14-15）

（4）再生技术在玻璃包装上广泛应用

我国再生资源回收量持续增长，再生资源回收总额已进入快速增长期。2022 年，我国再生资源的演绎逐步过渡到以需求为主，通过控制后端利用需求驱动再生资源行业发展。废旧玻璃作为可持续利用的再生资源，其大量流失不仅浪费了本就有限的能源和原料，还对土壤、地下水等宝贵资源造成了新的危害。

目前玻璃容器工业在生产制造过程中约使用 20% 的碎玻璃，以促进碎玻璃与砂子、石灰石和碱等原料的混合融熔效果。另外，回收利用颜色也是个问题。因为带色玻璃在制造无色玻璃时是不能使用的，而生产琥珀色玻璃时只允许加入 10% 的绿色或火石玻璃。因此，消费后的碎玻璃必须用人工或机器进行颜色挑选。碎玻璃如果不进行颜色挑选而选择直接使用，

1　王勇 . 环境规制视角下我国玻璃包装容器制造业竞争力提升研究 [D]. 曲阜：曲阜师范大学，2021.

2　王丽娟 . 玻璃包装容器设计与印刷 [J]. 网印工业，2021（11）:33—36.

图 3-4-14 T 馆时间·金酒
图片来源：www.ifdesign.com

就只能用来生产浅绿色玻璃容器。[1]

3.4.4 中国玻璃包装容器发展预期分析

（1）玻璃包装行业竞争格局分析

我国是玻璃包装容器生产大国，总体产量水平较高。但行业内生产企业的产能水平相对较为分散，华兴玻璃、索坤玻璃、粤玻实业、长裕玻璃、才府玻璃、山东华鹏、德力股份等行业内生产规模较大的企业合计产能占全行业产能的比例仅为 30% 左右。并且，受经济运输半径的影响，上游生产企业与下游消费集中区域的天然距离优势是其发展的重要基础，这使得国内玻璃包装容器行业内的生产企业的产能

图 3-4-15 枸杞米浆温养系列
图片来源：www.ifdesign.com

---

1 设计选材：可再生玻璃，做可持续设计者！.[EB/OL].（2022-3-1）[2022-10-31].
https://mp.weixin.qq.com/s/DAvSIB3UYX441xI4vf9RuQ.

布局和目标市场呈现一定的区域性特征。

市场消费水平提升促进玻璃包装行业规模扩大，《日用玻璃行业"十三五"发展指导意见》指出：日用玻璃行业发展目标为规模以上日用玻璃生产企业日用玻璃制品及玻璃包装容器产量年均增长 3%~5%，2020 年日用玻璃制品及玻璃包装容器产量达到 3200 万 ~3500 万吨。我国是啤酒、白酒、黄酒、调味品等消费大国，由于玻璃瓶是上述产品的销售过程中重要的包装容器，在上述酒类及消费品整体消费量增长的情况下，对玻璃包装容器的需求量也同步增长。在玻璃瓶的回收利用方面，由于回收利用的玻璃瓶标准化程度较低，质量参差不齐，会影响产品的档次和市场欢迎度。在居民收入水平不断提高和消费水平不断升级的背景下，各类酒水生产厂家为了提高产品档次、保证产品的品质，更倾向于使用新购买的玻璃瓶，对玻璃瓶的采购需求不断增加。

（2）玻璃包装容器发展趋势预期

① 大势所趋，玻璃包装轻量化设计。

我国人均消费包装瓶 5.5 千克，远低于发达国家人均消费 45 千克的平均水平。只要从改进和严控生产工艺、广泛使用表面强化处理技术、实施轻量化设计、大力加强新配方新工艺新设备研制、倡导玻璃包装轻量化消费观念等方面一起努力，实现轻量化，适应玻璃包装市场化和绿色化的要求，同时凭借玻璃包装优秀的化学稳定性、气密性、光洁透明、耐高温、易消毒等一系列物理化学性质，玻璃包装必定会有广阔的发展前景（图 3-4-16）。[1]

② 创造机遇，扶持玻璃包装创新项目。

目前，我国玻璃包装行业处于创新导向阶段，需要全方位的创新。而专门的玻璃包装人才资源及行业包装智库资源相对匮乏，制约了玻璃包装容器技术创新的发展速度。在未来玻璃包装容器的发展道路上，建议政府重视玻璃

包装人才资源和玻璃包装智库的培育和搭建。充分放权，设立专门化玻璃包装容器研究机构，推动玻璃包装容器的技术发展与进步，拉高玻璃包装行业整体技术水平。对于能促进环境保护与行业发展的重大项目，如小口压吹技术的推广等，设立专门的帮扶资金，帮助玻璃包装行业新进企业解决创新路上的后顾之忧。另外，严格的环境保护制度必然带来企业生产成本的上升，未来可以在税收方面进行适当调整，对玻璃包装容器的创新企业和研发机构采取税收倾斜措施，推进全行业创新能力的提升，深化玻璃包装容器行业的发展。

③ 绿色理念，促玻璃包装高质量发展。

2021 年 3 月 11 日，十三届全国人大四次会议表决通过了关于国民经济和社会发展第十四个五年规划和 2035 年远景目标纲要的决议。面对新时代的经济社会发展新趋势、新机遇、新矛盾和新挑战，必须立足现实、放眼未来，积极进取，不断推进行业的可持续高质量发展。玻璃包装全行业响应国家号召，积极致

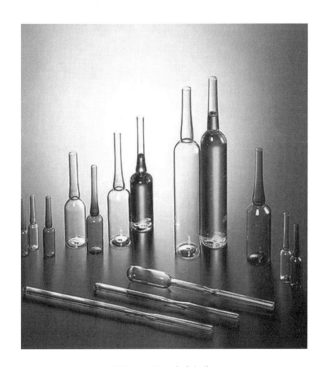

图 3-4-16　玻璃包装
图片来源：广州设计

1　张鑫 .2020 年中国玻璃包装行业产量、营收及发展趋势分析 [EB/OL].（2021-06-27）.http://256.so/p6a.

力于行业的可持续绿色发展，通过全行业的共同努力，目前各项排放指标已达到国家或地方有关环保标准。积极倡导行业重点发展玻璃包装绿色化、安全化、智能化，推动绿色玻璃包装企业的创立。在 2022 年世界饮料创新奖上，最佳包装设计为一款葡萄酒瓶，采用回收玻璃制成，标签同样由回收纸制成，瓶盖由 100% 回收塑料制成，外包装箱也采用再生纸浆打造而成。在设计 Wise Wolf 葡萄酒包装时，团队将狼群重新回归黄石公园作为一个重要参考。这一物种的恢复为美国国家公园创造了一个更

平衡、更健康的生态系统。在包装上展示狼的形象，代表着品牌对于自然的关注，瓶身上的纹理旨在提醒消费者保护野生动物的皮毛。圆形的标签形状不仅引人注目，而且呼应了循环利用的圆周运动，以及生命的循环（图 3-4-17）。全力构建资源节约、节能减排、循环利用、绿色环保、可持续发展的新型玻璃包装产业格局，以绿色理念贯穿玻璃包装容器的全生命周期，以满足和确保人民群众日常生活需求，服务社会发展。

图 3-6-17 Wise Wolf 葡萄酒瓶

图片来源：数据公园

3.5 陶瓷包装容器发展现状分析

3.5.1 国际陶瓷包装容器发展分析

（1）行业市场规模

经过数十年的发展，全球陶瓷产业的分工逐渐较为明确，国外陶瓷生产企业大多根据自己的核心能力和优势资源，从事陶瓷产业的某一个环节或者工序，陶瓷生产中心正在逐步转移。由于能源和原料的限制，以及人力成本的逐年上升，发达国家和地区逐步向发展中国家转移技术和产能。相关数据显示，行业内规模以上企业数量已经连续三年下滑，2020 年中国规模以上陶瓷企业 3513 家，比 2019 年减少 162 家，市场格局正趋于集中。2019 年陶瓷行业从业人员为 49.04 万人，2020 年为 49.91 万人，同比增速为 1.76%。2019 年陶瓷行业资产规模为 10459.35 亿元，2020 年陶瓷行业资产规模为 10967.21 亿元，同比增速为 4.85%（图 3-5-1）[1]。可以看出陶瓷资产规模还是在稳步增长，陶瓷制品产量的大幅度增加，使世界陶瓷的总产量明显上升，国际陶瓷市场呈现出市场需求艺术化、多元化、个性化，市场竞争白热化，市场销售配套化等特点。

对于未来陶瓷行业集中度的变化，曾有业内人士预计："未来五年，TOP10 陶企的产值占比可能会达到 30%，TOP20 陶企的占比可能会超过 50%。"[2] 根据 2022—2028 年全球陶瓷行业规模预测可知（图 3-5-2），陶瓷行业的规模依然在不断扩大。在市场规模扩大的同时，全球陶瓷市场需求呈现多元化和个性化，但基于世界不同国家和地区的生活水平、文化背景、艺术欣赏等方面的差异，市场上单一陶瓷品种难以满足不同地域的需求。随着全球陶瓷市场需求量的增加，陶瓷包装容器的市场规模也随之扩大，不同国家和地区之间的文化差异造就了陶瓷包装容器的多样性。为了满足更大的需求量，陶瓷包装容器行业不断加大技术的研发，增加产量。

综上所述，尽管近年来全球受到疫情冲击影响，陶瓷企业数量在持续地下滑，但也正因淘汰了产业链边缘与小型的企业，其市场规模也趋于集中。随着国际制陶产量的增加，陶瓷行业资产规模与市场规模在稳步地逐年上升，陶瓷行业的规模依然在不断地扩大，依然存在着不小的发展空间。在全球产业链中游日后的发展方向上，陶瓷包装行业，需要由产量转向质量，做精品是大趋势，催生新产业、新模式、新业态的发展，推动陶瓷产业的转向升级。

（2）产量地区分布情况

从全球范围来看，中国陶瓷产业依然占据龙头地位。除此以外，日本也是世界性的陶瓷强国。同时欧洲也是陶瓷业的重要产区。陶瓷包装容器在日本需求量很大，注重研发先进技术的陶瓷材料，所以陶瓷包装容器在日本产量较大，其次是意大利、韩国、英国等国家。

日本陶瓷历史悠久，如今依然是陶瓷强国，其陶艺较为发达，这也意味着陶瓷包装容器的产业分布很广。日本官方网站公布的最具代表性的陶瓷出产地共有 26 个；韩国首尔近郊

---

1 中研网.2022 年陶瓷行业现状及发展前景分析 [EB/OL].（2022-05-24）[2022-10-28].https://www.chinairn.com/news/20220524/100625271.shtml.

2 中研网. 陶瓷行业市场分析 陶瓷行业的现状与未来 2022[EB/OL].（2022-07-08）[2022-10-28].https://www.chinairn.com/hyzx/20220708/111158997.shtml.

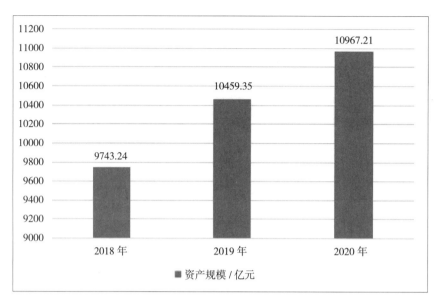

图 3-5-1　2018—2020 年陶瓷行业资产规模情况

图片来源：中国普华产业研究院

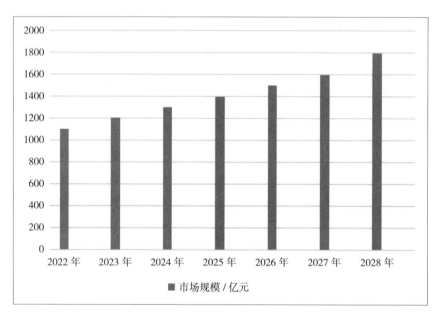

图 3-5-2　2022—2028 年全球陶瓷行业规模预测

京畿道、利川地区有大约 300 余处瓷窑，如泡菜坛等陶瓷包装容器在此地均有生产；英国的陶瓷生产几乎集中在斯托克，世界顶级瓷器公司韦奇伍德制造中心就在这里；意大利是当今世界陶瓷的一流强国，其日用瓷生产占据了欧洲总体产量的四分之一。

（3）行业进出口市场

以全球几个陶瓷包装消费大国为例，分析陶瓷包装容器的进出口市场情况。首先是美国，作为当今世界经济强国，也是一个陶瓷消费大国，国民消费水平很高，市场购买力也很强。其出口管制政策一直是为了保护自身技术优势，防止其他国家通过贸易获取本国高科技产品。英国是欧洲生产陶瓷较早的国家，陶瓷在英国使用较普遍，除了会大量出口陶瓷之外，也大量进口陶瓷。意大利不仅是全球陶瓷产品的主要生产国，还是重要的陶瓷出口市场，2019 年意大利陶瓷行业产值达到了 65.5 亿欧元，其中，国内市场产值为 16.5 亿欧元，而对外出口规模就高达 48.5 亿欧元，占据着总产值的 74% 左右。

此外，相关数据显示，2021 年，西班牙瓷器出口额猛增，超过 36.65 亿欧元，海外销售额与上一年相比增长了 24.62%。这比过去十年的平均增长率高得多。此前，西班牙在国外的销售额从未超过 30 亿欧元。虽然西班牙陶瓷行业的订单量很大，但正遭受成本危机。西班牙瓷器出口销售额虽然未受到疫情影响，但却受到原材料价格，特别是天然气上涨的冲击。据印度工商部数据，2021 年印度陶瓷和玻璃器皿产品出口创纪录，达 34.64 亿美元。印度瓷器工业已成为全球参与者，并通过"印度制造"的方式为国家赚取外汇，如今的印度是世界第二大瓷砖制造商。印度向超过 125 个国家出口，主要目的地是沙特阿拉伯、美国、墨西哥、科威特、阿拉伯联合酋长国、伊拉克、阿曼、印度尼西亚、英国和波兰，同时也开拓了俄罗斯和拉丁美洲国家等新兴市场。虽然面临空前的物流挑战，如高运费、集装箱短缺等，但是，陶瓷和玻璃制品出口的增加使古吉拉特邦、北方邦、马哈拉施特拉邦、卡纳塔克邦和安得拉邦的中小型出口商受益。此外，印度在瓷器上的创新也得到了海外市场的认可。[1]

（4）行业技术发展态势

国际局势发生动荡，以美国为首的一些西方国家与俄罗斯进行政治对抗，使全球能源价格异常波动，陶瓷行业因此遭受巨大的成本压力。《陶城报》此前就报道过，由于能源和原材料成本增加，意大利就有 30 多家陶瓷企业停产停窑，4000 名工人被裁；西班牙的瓷砖产量已经下降了 25%；印度产区近 50% 的瓷砖生产线因天然气、油价上涨受到了影响；波兰大部分陶瓷厂计划停产 1 个月。加之疫情波及面之广，经济受到了较大影响。一方面，生产经营被打乱，运

费也大涨，企业损失不轻。另一方面，原本就不大景气的市场由此雪上加霜，销售更加艰难。受局势动荡与疫情的影响，国际陶瓷包装容器的整体发展并不平稳，能源和人力成本的增加，使得陶瓷包装容器的产量更依赖于技术，技术的发展水平决定了陶瓷包装容器的发展。

对 2010—2021 年全球日用陶瓷行业专利申请量及授权量情况的分析显示，2010—2020 年，全球日用陶瓷行业专利申请人数量及专利申请量总体呈现增长态势；然而，受新冠疫情影响，2021 年全球日用陶瓷行业专利申请与授权量却有所下降，十年间的授权占比总体呈现稳步下降的态势。陶瓷包装容器作为日用陶瓷行业中不可忽视的重要组成部分，由全球日用陶瓷行业的专利申请量可以分析出，在 2010—2020 年间，陶瓷包装容器的专利申请量应同样总体呈增长态势。[2] 虽然，在 2020 年专利申请人数量及专利申请量因疫情的暴发和政策的双重影响，略有下降。但从宏观来看，全球陶瓷包装容器的技术依然具有极大的发展空间，陶瓷包装容器专利整体仍处于成长期，行业创新技术也同样有巨大的潜力空间。

其中，以日本为例，在新型陶瓷材料的产业方面占有绝对领先的优势，这也造就了日本陶瓷包装容器的发展，日本公司研制出有远红外线效果的陶瓷果蔬保鲜袋，涂有一层陶瓷物质，释放出的远红外线，与水果蔬菜中所含的水分发生了共振作用，活化食品分子，使其达到保鲜效果。该远红外线陶瓷粉末涂于纸箱内侧，可制成陶瓷果蔬保鲜箱，用于包装远距离运输的水果和蔬菜，也用于生产食品包装箱。此外，在陶瓷制造技术创新方面，英国莱斯特大学的工程技术人员发明了一种制造陶瓷的新技术，该技术抛弃了传统试错的办法来制造陶瓷，而是采用一种新的计

1 腾讯网 .2021 中国建陶出口额上涨 4.7%；意大利、西班牙、美国、印度最新进出口数据 [EB/OL].（2022-05-06）[2022-10-28]. https://new.qq.com/rain/a/20220506A0BYXS00.

2 前瞻经济学人 .2021 年全球日用陶瓷行业技术全景图谱 [EB/OL].（2021-09-18）[2022-10-28].https://baijiahao.baidu.com/s?id=1711201572421443531&wfr=spider&for=pc.

算机建模技术的制造工艺，在节省大量的时间和成本的同时减少在材料上的浪费。

3.5.2 中国陶瓷包装容器行业发展分析

（1）行业地位概述

中国是世界陶瓷制造中心和陶瓷生产大国，中国的陶瓷文化历史源远流长，年产量和出口量居世界首位，陶瓷制品也是我国出口创汇的主要产品之一。日用陶瓷占全球产量的70%，陈设艺术瓷占全球产量的65%，卫生陶瓷占全球产量的50%，建筑陶瓷占全球产量的64%。全国规模以上陶瓷制品制造行业企业数量2000余家，陶瓷制品制造行业整体从业人数60万人。[1]在包装领域，陶瓷包装具有一些得天独厚的优势：第一，具有耐磨性和耐腐蚀性，使内部的产品不易受到侵蚀；第二，具有良好的热稳定性，可以防止气温过高时造成的产品损坏；第三，具有高度的环保性，污染性低。陶瓷包装容器行业在我国整个包装产业链中游占据着不可取代的重要地位。

（2）行业运行概况

① 行业市场规模。

行业市场规模体现为：2022年全国中小规模以上陶瓷企业3513家，比2021年减少162家，市场格局正趋于集中。2020年陶瓷行业资产规模为9743.24亿元，2021年陶瓷行业资产规模为10459.35亿元，2022年陶瓷行业资产规模为10967.21亿元，同比增速为4.85%。全国已形成广东佛山建筑陶瓷生产基地，广东潮州日用、卫生、艺术陶瓷生产基地，河北唐山、山东淄博、湖南醴陵、广西北流、福建德化等日用陶瓷生产基地，江西景德镇艺术陶瓷生产基地，行业发展呈区域化、分工化、同类型产品生产聚集化的特点。

② 产量地区分布情况。

中国的陶瓷生产企业因瓷土资源分布不均及经济发展水平的差别而有很大差异。结合各地情况，中国陶瓷传统产区主要集中在江西景德镇和江苏宜兴，以生产日用陶瓷和艺术陶瓷为主；华北地区则以河北为中心，主要生产日用陶瓷和工业陶瓷；华南地区以广东为中心，主要生产日用陶瓷；中部地区以湖北为中心，主要生产工业陶瓷和日用陶瓷。

（3）行业进出口市场分析

我国是世界上最大的日用陶瓷生产国，也是重要的日用陶瓷贸易国。根据我国海关相关统计数据，2016年，我国日用陶瓷进出口总额55.07亿美元，其中出口54.41亿美元，进口0.66亿美元。与中国庞大的出口额相比，位居其次的欧盟（对外贸易）日用陶瓷2015年出口额仅7.34亿美元，不到中国出口额的七分之一。中国作为日用陶瓷的生产大国，陶瓷产品自给能力较强，对进口日用陶瓷的需求相对比较有限，中国日用陶瓷贸易顺差较大。[2]

中商产业研究院数据库显示（见图3-5-3、图3-5-4、图3-5-5），2021年我国陶瓷产品的出口量小幅增长，增至1863万吨，同比增长5.4%。最新数据显示，2022年1—7月我国陶瓷产品出口量1031万吨，同比减少1.7%。[3]

（4）企业经营分析

进入21世纪以来，我国的陶瓷制造行业经历了一个稳定发展时期，陶瓷制品的产量和陶瓷行业的企业数量都有了巨大的增长。我国的陶瓷总产量位居世界第一位，已成为世界上最大的陶

1　中国报告大厅. 陶瓷行业发展前景分析 [EB/OL].（2020-08-07）[2022-10-28].
https://huanbao.bjx.com.cn/news/20200807/1095410.shtml.

2　中研网. 我国陶瓷行业现状、格局及前景分析全球陶瓷市场的需求概况 [EB/OL].（2018-12-19）[2022-10-28].
https://war.chinairn.com/news/20180927/124732413.shtml.

3　中商产业研究院.2022年1—7月中国陶瓷产品出口数据统计分析 [EB/OL].（2022-09-06）[2022-10-28].
https://www.askci.com/news/data/maoyi/20220906/1154021977684.shtml.

瓷生产国和出口国，但陶瓷行业生产经营效率偏低，技术水平不高，缺乏品牌意识。此外，受国家节能环保政策的驱动，陶瓷行业的发展模式也正在发生转变，从过去以"量增长"为主的模式转向"调整优化存量、做优做强增量"并存。未来陶瓷产业将以品牌、质量、服务、技术和设计创新为核心的内涵式、创新性发展成为主导。2016年，全国卫生陶瓷、陶瓷新材料、日用陶瓷、园林陈设艺术及其他陶瓷制品制造等四大类陶瓷品种（不含建筑瓷）规模以上2216家陶瓷企业完成主营业务收入4472亿元，比2015年增长11.3%；实现利润351.6亿元，比上年增长9.72%。[1]

3.5.3 中国陶瓷包装容器的发展策略分析

（1）行业痛点分析

① 市场综合竞争力不足，商品档次不高。

我国陶瓷产品虽然表现出一定的出口竞争力，但是其面临的国际竞争形势依旧严峻。我国陶瓷包装容器出口销售走的是平价产品路线，缺乏市场综合竞争力，高端市场不断被新晋品牌蚕食。而在出口商品的规模和品质方面，由于缺乏对国外市场的调查与研究，自主品牌的技术竞争优势不足，以价格战为主要销量冲击点的传统对策在如今众多国家反倾销的政策中变得缺乏实际效果。因此，继续以科技含量不足的陶瓷包装容器为主要贸易产品，这对于我国陶瓷产品出口贸易而言已经不具备竞争力了。为了扭转局面，国内著名的陶瓷出口集散地，例如江西、浙江等地的陶瓷企业已经有结合跨境电商打开销售渠道的海外发展模式，并和其他大型家电企业销售平台，例如苏宁易购、京东等进行战略合作，推动海内外直销的销售模式的发展。

② 品牌意识淡薄，品牌效应差。

在现代商品经济时代，品牌在一定程度上是企业经营和发展的重要资源，良好的品牌会创造一定的市场认知力，对于需要品牌建设来提高销量和完善产能的中国陶瓷包装容器而言，具有重要的意义。但是，由于部分企业对品牌的认知较差，品牌意识淡薄，目前中国陶瓷包装容器的相关品牌在市场上的发展不容乐观。虽然中国陶瓷包装容器行业的前景广阔，但在大品牌认知度的打压下，低端消费市场对小企业陶瓷包装的认可度越来越低，依旧是凭借传统"中国陶瓷"这一笼统的概括来保证销量。而随着高端品牌定位和定价都倾向于亲民化的发展，中小型陶瓷包装企业整体萎缩，大品牌在区域合作和资源共享方面与小品牌的配合程度较低，而小品牌在品牌意识和品牌理念方面也不足，无法在竞争激烈的国际市场上形成有效竞争力。

③ 扩张过程中缺乏对外部市场的分析。

"中国陶瓷包装容器"作为一个产业集成概念要想进入到市场中，进行营销和获得收益，不论是国内还是国外，首先都要对当地的人文、经济环境进行深入的调研和考察。以陶瓷包装行业向国外市场发展为例，在国际化竞争中缺少了国内政策的保护，经营风险提高，给国内陶瓷包装企业增加了无形的商业风险。这时对于国外投资市场的研究便十分重要，若急于扩展市场，将统一的经营模式和理念应用于不同的市场环境之中，难免会产生不适应以及无法融合的状况。行业在扩张的过程中缺乏对市场的研究将不利于包装制品的更新迭代，在一定程度上制约了我国陶瓷包装企业的对外贸易发展之路，无法全领域铺开投资，也无法充分地与市场实现高密度融合，无疑是发展过程中的巨大障碍。

④ 法律标准不完善，面临反倾销的危险。

从"反倾销"的概念界定来看，其对于国际贸易竞争和贸易法令规范具有重要的作用。在

1　中国产品信息网．中国陶瓷行业发展现状及发展趋势分析 [EB/OL]．（2018−07−02）[2022−10−28]．
https://gd.qq.com/a/20180702/032578.htm.

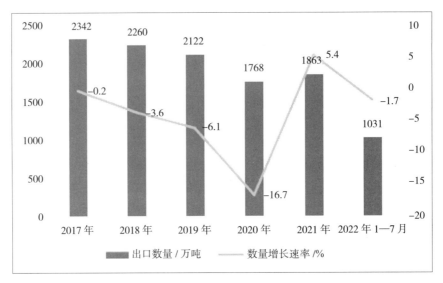

图 3-5-3 2017 年至 2022 年 7 月中国陶瓷产品出口数量统计情况
来源：中商产业研究院

图 3-5-4 2008-2016 年我国陶瓷行业年产值及外贸流量统计图
图片来源：中研网

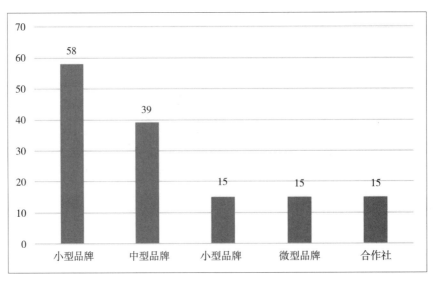

图 3-5-5 中国陶瓷出口产品品牌构成图（单位 %）
图片来源：前瞻产业研究院

《关税与贸易总协定》中对于倾销的行为有明确的定义，以倾销的手段将一个国家的产品以低于其正常价值的方法挤入另一个国家的贸易中，若因此对一缔约方领土内某个已建立的产业造成实质性伤害行为或威胁到其现实经营，并且对其产业的新建有所阻碍，则应受到相应制裁。中国陶瓷产品在若干年的外贸经营过程中也受到了外国反倾销的威胁。例如，阿根廷曾对我国卫浴洁具产品启动反倾销复审调查，涉及陶瓷产业及塑料产业等中国企业。类似的案例不胜枚举，且呈现不断发展和扩张的趋势。而很大程度上便是因为我国针对陶瓷产品外贸出口产品的法律保障不完善，质量体系不严苛，给外国政府和企业造成了低价倾销的怀疑。

（2）行业发展对策

① 加强对高新技术的研究，提升行业核心竞争力。

中国陶瓷包装要"破茧成蝶"，最关键的还是要实现技术突破。在我国陶瓷包装制造业对外贸易过往的发展中，往往以低价的产品和较好的服务赢取国外市场，在核心竞争力方面尚有缺陷。为了加强陶瓷包装行业的综合发展实力，由"包装制造"向"包装质造"转变，就必须要加强对高新技术的研究，提升核心技术竞争力。建设相关产业研发基地，目前我国推进《中国制造2025》战略，在相关通知中明确提到了鼓励投资新建重大工业项目及工业技改投资项目，并建设特色产业园，以行业为单位，促进资源链式集成、打造行业平台，实现高效率的产品研发和外贸营销理念的革新。为了实现良好的技术推动力，还应该积极培育龙头企业发展，成立行业联合会，引进高新技术人才和设计人才，对我国陶瓷企业进行培植，不断促进陶瓷包装产业发展。

② 加强金融支持，政府主导为中国陶瓷制造业出口增添活力。

金融支持是《中国制造2025》战略的关键因素。加大我国各级各类银行开展金融服务进企业的"双联行动"，加强对发展势头好、技术竞争力较足的行业、企业进行资金扶持。比如宁波市"3511"新型产业体系对《中国制造2025》框架下在制造机器人、专用装备、智能制造等制造业领域具有显著的扶持优势，开展银行等金融部门"走一线、访部门、进企业"活动，深入了解企业生产经营过程中的金融需求，加大银企合作力度，开展服务《中国制造2025》客户和项目专项活动。根据《中国制造2025》的相关规划，以"五大工程"的实施为指南，完善中国陶瓷产品创新体系，以重点工程为抓手，形成创新中心从而推动"中国制造"的整体发展。

③ 政府和企业合理规范出口贸易行为，形成良性外贸环境体系。

形成良性外贸环境体系的中国陶瓷产品的发展离不开政府的支持，而陶瓷出口贸易的发展繁荣又进一步增加了政府的效益。政府可凭借金融、政策等对陶瓷出口贸易进行支持，为当地企业提供应对国外反倾销和其他恶劣市场竞争环境的强有力后盾。

④ 现阶段主攻中端市场，辅以引领性陶瓷包装主攻高端市场。

中端市场以自用和馈赠为目的的消费人群为主，这类人群特别关注产品的实用性。高端市场以自用、收藏、馈赠之用，重点关注产品的工艺水平、设计与创意、制作者、地域文化。陶瓷公司应注重产品力，体现产品包装与展示的差异、外观特点差异化，令消费者耳目一新，使产品别具一格，推出有别于竞争对手的产品。比如，运用中国文化上的特色亮点，优化产品设计和质量，叠加文化内涵，打造能够代表中国的陶瓷包装容器。

⑤ 切实提升陶瓷包装容器产品质量，挖掘陶瓷包装审美内涵。

高品质产品是设计构建新的市场营销举措的首要目标。高质量的产品一直以来都是产品畅销不衰的关键，以过硬的产品质量维持市场竞争力，这是不变的真理。在市场激烈的竞争条件下走优质之路才是企业生存的唯一道路。展示传统文化的魅力，激发陶匠们对自身文化与技艺的自信心，增强传承的积极性。对产品进行故事化包装，提升文化附加值。通过故事，让消费者触碰"匠人"奋斗史，从中感知产品背后的文化，提升消费者的情感认同，叠加文化内涵，不断开发非遗文化衍生品。

⑥ 充分利用外部机遇，根据现状和环境条件发挥优势。

陶瓷包装容器属于绿色环保包装制品，开发适合目标受众的新陶瓷包装容器，从而避免过度包装，是提升竞争力的有利条件之一。充分利用自身条件抓住外部机遇和有利时机，更新营销理念，积极研究和洞察消费者的消费心理，对包装制品做改进，满足消费者对产品多样化、个性化的需求，提升包装的附加值。企业要在兼顾整体效益和战略目标的前提下，确定相应的价格空间，选择合适的定价策略，采取高品质、低促销费用、中高端定价的缓慢掠取策略。针对不同工艺技术、不同窑炉烧制的产品，体现价格差异，突出自身产品的特色和亮点，找到推广宣传的契合点。

（3）行业发展理念

深入践行绿色发展理念。伴随着持续推进"双碳""双减"的政策，以环保、能耗、碳排放为主的行业更新工作仍将继续。陶瓷行业已被国家发改委明确列入高耗能行业，是被限制发展的行业。过去几年，环保达标排放成为陶瓷企业的生命线，而现在仅仅是最基本的起点。2021年，许多产区不少新建成的生产线由于没有能耗指标而不得不停产，更多抱着"先上车后补票"心态建成，手续不全的生产线遭到查处，给企业造成巨大的损失。此外，即将修订完成的陶瓷行业能耗标准、国家发展改革委新出台的《完善能源消费强度和总量双控制度方案》和已于2021年7月开通的碳交易市场，都使陶瓷行业面临着更大的生存挑战。只有符合国家的产业政策，才能使行业赢得更长远的发展空间。而环保、能耗、"双碳"，仍将是在未来几年行业面临的重大挑战。2022年大概率仍然会有一批企业和落

后生产线因为环保、能耗等问题而被淘汰出局，将有一批新建成的生产线因为没有相应的能耗指标而不得不停产，因此深入践行绿色发展理念，仍将是2022年行业发展的主旋律。

以技改提升为主，谨慎扩建新产线。行业技术日新月异，通过技术改造，实现以旧换新，将是企业未来高质量发展的工作重点。通过技术改造，降低成本、提高效率，加大高值产品的生产份额，在不新增生产线甚至压缩产能的前提下，实现企业的营收持续增长。

加快数字化、智能化改造升级。数字化、智能化是企业高质量发展的必然要求，陶瓷行业由于各种原因在这方面起步较晚，发展的空间很大。近年来，一批行业头部企业已开始率先行动，纷纷建立自己的数字化智能制造生产示范线。企业将节省下来的成本投入到研发领域当中，进一步提升其科技创新能力。

（4）行业标准化

在陶瓷行业有这样一句话，"四流企业卖苦力，三流企业卖产品，二流企业卖品牌，一流企业卖专利，超一流企业卖标准"，揭示了标准对企业发展的重要性和潜在的能量。标准被视为企业进入国内外市场的门槛和把握市场的手段，是实施国际化经营的重要前提和基础。标准已成为最重要的行业发展因素，企业的产品标准一旦被行业所认同，就会引领整个产业的发展潮流，并具备核心竞争优势。标准就是市场规则，特别是在我国陶瓷品牌冲击国际市场、打造国际化品牌之际，更要树立标准先行的观念。标准不仅是陶瓷产品是否符合使用功能的基础之一，更是我国陶瓷产品能否走出国门、立足国际市场的前提。一旦掌握了标准的话语权，随之而来的是企业盈利和核心竞争优势。

同时，标准也是我国陶瓷行业推进绿色发展道路上的金钥匙。在我国陶瓷产品"走出去"过程中，自然会遇到各种各样的标准，如国际通用的标准、美国标准、欧盟标准、某国的国家标准等。如果陶瓷产品要出口到这些国家和地区，就

必须符合其标准要求，否则便"禁止入内"。虽然在这些标准中，有值得我们借鉴的，但总体上我国对这些国际标准的采用率却不高。虽然近几年我国陶瓷的产品质量总体水平有所提高，但目前国际标准的采用率仍不到 80%，企业的采用率更低。应该说，我们是陶瓷生产大国，但并不是陶瓷生产强国，其中与发达国家的差距除了产品品质、技术、研发创新、设计、品牌外，产品标准也具有一定的差距。纵观我国陶瓷行业的标准国际化之路，仍是差强人意，主要表现在对国际化标准及标准化的认识程度偏低；政策上的支持及资金投入存在不足；采用国际化标准和国外先进标准的力度小，采标率低；对产品标准及标准化工作的意义和认识不足，不愿投入资金和技术力量；标准水平偏低、滞后。种种原因致使陶瓷企业参与标准制定的积极性和参与度不高，缺乏在国际标准制定等国际性活动中的发言权和话语权。在国际标准制定中的缺位，导致我国陶瓷产品出口屡屡受限。

有业内人士把陶瓷行业定位为非标行业，但在生产经营、市场营销及品质管控、品牌建设等企业生产经营活动中，却非常需要标准化的操作流程和规范运作。这就涉及标准化的问题，由标准引申到成为企业生产经营过程中指导管理的行动指南和操作规程。陶瓷业作为传统的劳动密集型产业，手工操作仍占相当大的比重，机械化程度亟待提高。标准化是传统陶瓷行业成功转型升级、创新驱动的重要内容。当前陶瓷行业面临的首要任务就是不遗余力地推动在创新驱动基础上的转型升级，这是成为陶瓷强国的基础，也是陶瓷行业走向国际市场的重要保障。行业转型升级的长久、绿色可持续，需要标准化的指引。

3.5.4 陶瓷包装容器技术研发方向分析

陶瓷业的历史源远流长，已经有极其辉煌、不朽的成就，其中包括生活中随处可见的生活用品，还有更多精致的具有艺术气息的陶瓷艺术品。中国是世界的陶瓷中心，出口到世界 166 个国家和地区，年出口总量居世界首位。从国际市场上来看，高质低产已经成为国际陶瓷生产发展的趋势，消费者对高品质陶瓷的需求日益增加。近年来，陶瓷行业的国际市场竞争也非常激烈，市场需要是高品质和艺术性产品，提升创新迫在眉睫。

截至 2022 年，按照专利法律状态来分，"有效"状态下的陶瓷包装专利数量为 45，占总量的 38%，"失效"状态下的陶瓷包装专利数量为 73，占总量的 62%。从专利的类型来说，陶瓷包装的发明型专利数量为 31，陶瓷包装的外观设计专利数量为 33，陶瓷包装的实用新型专利数量为 54，它们三者分别占陶瓷包装总量的 26%、28%、46%（见图 3-5-6、图 3-5-7）。[1]

（1）陶瓷包装容器生产设备创新技术分析

① 智能化逐渐被应用于生产设备。

近年来，原材料价格的上涨以及日益增加的用工成本，使得陶瓷企业生产成本逐年攀升，对自动化设备的需求也日益紧迫。以爱立信（中国）通信有限公司（后简称：爱立信）携手中国移动通信集团湖南有限公司（后简称：湖南移动）、微瞳科技（深圳）有限公司（后简称：微瞳科技）为湖南银和瓷业有限公司（后简称：银和瓷业）打造的"5G+智慧工厂-AI 陶瓷质检系统"为例，该系统为全国首个专门针对陶瓷工艺品而研发，基于 5G 技术的定制化机器视觉检测系统。该系统投运后，银和瓷业质检线的人工数量降低了 60%，质检效率提升了 80%。此外，银和瓷业位于湖南株洲，该地区的陶瓷生产行业聚集度高、集群效应明显，AI 陶瓷质检系统的成功投运对于推进"智慧株洲"城市建设与产业升级，助力湖南 5G 示范应用信息化行业发展也具有积极意义。

② 生产过程注重效率化、标准化。

随着陶瓷包装自动化生产设备的销量呈稳步

1　专利检索与分析：陶瓷包装专利 [EB/OL].[2022-10-28].https://pss-system.cponline.cnipa.gov.cn/.

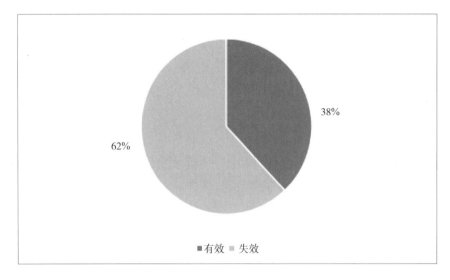

图 3-5-6　截至 2022 年陶瓷包装专利法律状态
图片来源：自制

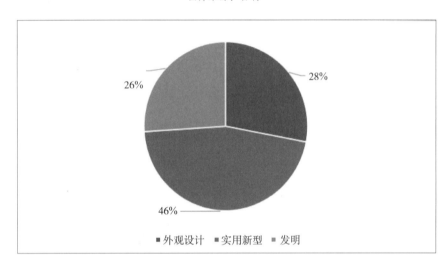

图 3-5-7　截至 2022 年陶瓷包装专利类型
图片来源：自制

图 3-5-8　智能陶瓷电器
图片来源：http://www.shejijingsai.com/2019/10/304992.html

增长的态势，且不断根据陶瓷企业的生产特性进行创新升级，在很大程度上缓解了陶瓷企业的用工压力，减轻了工人的作业负担，工作效率翻倍提升。例如，陶瓷工业设计研究院（福建）有限公司申请的陶瓷包装设备发明专利，可实现陶瓷包装全自动化，不需要采用人工，节约了人工成本，且提高了包装的速度，可防止人工在包装过程中对陶瓷造成磕碰甚至损坏，且陶瓷周侧通过填压泡沫进行包覆，包装盒与泡沫之间通过缓冲物进行填压缓冲，缓冲物具有加强缓冲效果的作用，陶瓷不容易发生磨损或破碎，解决了生产瓷包装效率低，包装后的陶瓷受到较大的振动时容易发生损坏的技术问题。

（2）陶瓷包装容器创新技术分析

① 多样化、适用性较强。

随着科学技术的发展及各种新型材料的应用，陶瓷行业从以往的传统技术逐步向高科技领域推进。由于消费者在生活水平、艺术欣赏程度、文化背景等方面存在差异，进而对产品的需求也不完全相同。所以，市场上单一种类的包装生产已经很难满足不同消费者的不同需求，企业通过做好色彩搭配、包装设计、装饰材料及造型设计，并对包装融入深厚的文化底蕴，多样化的包装也使得未来我国的高品质陶瓷制品会成为商务人士用作馈赠、纪念以及收藏的佳品。从人本设计工作室的陈飞成设计的智能陶瓷电器（见图3-5-8）可以看出，他利用现在先进的科学技术，设计了既可以煮酒，又可以在炎炎夏日享受冰镇饮料的容器；既可以加热，又可以制冷的智能陶瓷电器。整套设计造型简约，采用黑色陶瓷显得整体高端大气，符合现代人的审美需求；选择陶瓷材质健康卫生，适合家用。

② 注重环保、绿色发展理念。

生产陶瓷原本是高能耗、环境负荷大的项目，陶瓷生产企业本着响应国家提出的生态、环保的发展号召进行清洁生产，走低污染、低排放、低能耗的绿色发展之路，限制和淘汰产品质量不高、节能减排效果差、经济和社会效益低下

的各种落后生产工艺和技术装备。清洁生产、减薄限厚、自主创新、品牌建设、绿色环保将会是中国陶瓷企业努力的方向。

③ 考虑实用性、创新性。

实用性是日用陶瓷不同于其他艺术陶瓷的特征，是现代日用陶瓷设计的首要目标和先决条件。在对陶瓷包装容器设计方面，如不考虑实用，将失去设计的意义。由于陶瓷行业竞争越来越激烈，从而加速了陶瓷生产企业科技创新的步伐，不断推出新产品；同时，为了满足消费者的需要，陶瓷制造业不断设计出具有创新性的陶瓷包装容器。Jessica Deseo的黑白陶瓷容器的包装（图3-5-9），圆柱形图案搭配"空俯瞰"概念的艺术装饰，打造出独特的未来主义的水滴形状和圆锥双耳壶造型，独特且兼具实用性和创新性。

3.5.5 中国陶瓷包装容器发展预期分析

（1）陶瓷包装容器行业竞争格局分析

相关数据显示，2018—2021年，全国规模以上陶瓷企业数量减少约162家，行业集中度逐年提高。尽管如此，我国陶瓷行业集中度整体来说依然较低，还是以区域型分布为主，呈现"大行业、小企业"的竞争格局，市场竞争依然较为激烈。近年来，"煤改气"、大气质量达标等环保政策逐步落地，同时中游消费者对产品质量要求越来越高，陶瓷中小企业生存压力增大。在此情况下，陶瓷包装容器头部企业可充分利用资金及技术优势，结合已有的市场地位及品牌影响力，提前布局绿色生产，加大环保投入，并通过规模化生产不断降低成本，形成在环保政策趋严大背景下的可持续发展优势。因此，我国先后出台的系列环保政策实际上已成为陶瓷容器包装行业淘汰落后产能、产业转型升级的倒逼机制，在一定程度上有利于行业健康长远的发展。

综合产品研发和创新能力、品牌知名度、生

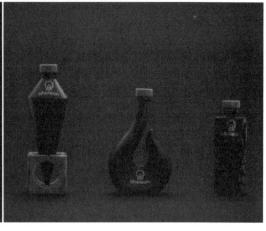

图 3-5-9 Jessica Deseo 陶瓷容器

图片来源：https://www.25xt.com/article/61328.html

产和销售规模、销售渠道建设等各方面因素考量，我国陶瓷包装行业可区分为二个梯队：第一梯队为少数头部品牌，它们较早进入陶瓷容器包装行业，有深厚的技术积累，建立了完善的产能布局，已形成规模化优势，并通过众多的营销网点及创新性的产品设计和开发，赢得了市场的广泛认可，品牌美誉度高，能够实现产品的高附加值，具备较强市场竞争能力。第二梯队为部分细分市场领先品牌，大多具备较好的技术实力，能够结合市场需求变化快速设计和开发新产品，且通过销售网络的布局占据了一定的市场份额，但在产能规模上不具备明显优势。第三梯队为数量众多的中小型企业。多数中小型企业没有独立品牌和成熟的销售渠道，部分企业主要依靠低价策略为头部企业代工来获取订单，产能规模小，研发实力弱，最容易在市场竞争中被淘汰。随着市场竞争的深入及行业集中度的提升，陶瓷包装行业第一梯队，其突出特点由价格优势转变为追求产品高品质、注重个性化需求。因而对企业的产能先进性、新产品研发及推广能力，以及品牌知名度均有较高要求。随着中高端市场需求不断增加，行业集中度有望进一步提升。

中国现代陶瓷行业犹如后起之秀，短短的几十年时间从无到有逐渐崛起，当下俨然成为世界重要的陶瓷产品输出国，并且我国陶瓷企业有望成为走向海外的主力军之一。随着经济的逐渐发展，中国的不少陶瓷企业在开辟国外市场之余直

接走出国门在海外建厂，这是陶瓷行业崛起的表现；同时还得做好技术的创新，有实力才能立足海外市场。中国的陶瓷总产量位居世界第一，已成为全球最大的陶瓷生产国和出口国。虽然，随着中国国内经济的发展，大规模的城镇化建设为国内陶瓷行业带来了巨大的市场空间，陶瓷行业过去过度依赖出口的局面有很大改观，但出口市场仍然是重要的组成部分。未来在规避各类贸易壁垒、追逐成本洼地、开发新兴市场等综合因素的影响下，中国陶瓷行业有实力的企业必将纷纷走出国门赴海外投资设厂。尤其是在发展中国家的投资设厂可以获得多重收益，享受发展中国家与欧美签署的双边或多边优惠贸易协定，在享受关税减免的同时，能有效规避各类贸易壁垒，有助于开发驻在国的陶瓷市场，并有效辐射其周边国家市场。可以说，陶瓷行业有望成为海外投资的主力军之一，其中综合实力较强、经济效益较好、产品结构完善、技术水平领先的大中型企业将成为相关机构的招商重点，值得重点关注。

（2）陶瓷包装容器发展趋势预期

① 特种陶瓷包装容器成未来发展趋势。

目前特种陶瓷（图 3-5-10）已被广泛应用在集成电路、元器件、半导体、新能源、太阳能、电动汽车、5G、化工、冶炼、医学、激光、核反应、航空航天等众多领域，遍布在日常生活中。近年来，随着下游市场的不断扩展，也带动了我

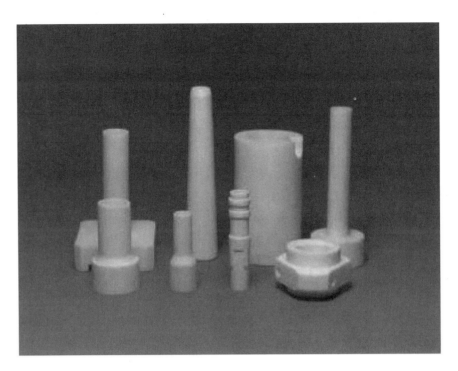

图 3-5-10　特种陶瓷
图片来源：https://mbd.baidu.com/ma/s/wMM1LaPY

国特种陶瓷市场需求的增长。

特种陶瓷有金属陶瓷和泡沫陶瓷等等。金属陶瓷是在陶瓷原料中加入金属微粒，如镁、镍、镉、钛等，使制出的陶瓷兼有金属的韧性而不易脆，兼顾耐高温、硬度大、耐腐蚀、耐氧化性等特性。泡沫陶瓷是一种质轻而多孔的陶瓷，其空隙是经过加入发泡剂而形成的，具有机械强度高、绝缘性好、耐高温等性能。这两类陶器均可用于特殊用途和特种包装容器。

② 陶瓷酒瓶的发展前景十分可观。

白酒除了品质和包装盒以外，还有另外一个必不可少的部分，那就是酒瓶。白酒提升品质固然是一个重要的部分，但是对于商家而言，在酒瓶上下功夫更是必然的。一直以来，陶瓷酒瓶深受消费者的欢迎，具有深远文化内涵的陶瓷与白酒的相互结合，可谓"天作之合"。陶瓷酒瓶在未来的发展前景更加可观，原因有四点：一是，陶瓷酒瓶能够衬托出白酒的品位，很多名酒都采用陶瓷酒瓶作为盛酒的容器；二是，陶瓷酒瓶，能够与中国的文化相互结合，做出精美的、具有历史韵味、富含文化底蕴的酒瓶（图 3-15-11）；三是，陶瓷酒瓶的收藏价值越来越高，使

用陶瓷酒瓶，不仅可以吸引消费者的目光，而且在作为酒具这一功能的背后，人们还会看重陶瓷酒瓶的收藏价值；四是，陶瓷酒瓶能够提升酒的档次，陶瓷酒瓶凝结了设计者的灵感和智慧，制作工艺精湛，使用陶瓷酒瓶，能全方位对酒的档次有所提升。综合看来，陶瓷酒瓶未来的发展，以及未来陶瓷酒瓶工艺的发展，都会随着时代的前进，进入一个繁盛的阶段。

③ 智能化、数字化、技术化成为主流。

人工智能成为产品设计师。陶瓷包装容器的领域与其他领域相接轨，也更加重视人工智能的投入，逐渐将传统陶瓷包装容器的人工设计转变为人工智能作为设计的主体，仅需要相关技术人员设定参数和运行程序。人工智能逐渐成为产品设计师，陶瓷包装容器的设计工作变得简单便捷，有利于行业发展。陶瓷行业由高速发展转向为中低速发展，由追求产量转向追求质量，做精品是大趋势。数字经济的蓬勃发展，不断地催生新产业、新模式、新业态。景德镇市作为建设全国陶瓷文化传承创新试验区的主力军，正积极整合区位、平台、政策等资源要素，以"数"赋能，推动传统陶瓷产业转型升级。做优做强数字

图 3-5-11　山东省曲阜市美术陶瓷厂生产设计的酒瓶

图片来源：http://www.shejijingsai.com/2018/04/74763.html

经济，不能靠企业单打独斗，还需要政府主导和全方位布局。对此，应全面启动陶瓷数字化赋能行动，为陶瓷产业发展打造数字化新平台。

人工智能数字建模与模拟仿真。在陶瓷包装容器的开发设计过程中，为了提升生产的效率，会采用人工智能数字建模和模拟仿真，可以将生产、测试和打样的风险降低。使用数字建模工具也可以使陶瓷包装容器产品上市的时间有效缩短；受众在进行陶瓷包装容器选择的时候，智能共享平台成为制造企业和设计师获取数据的重要媒介。

陶瓷包装容器装饰的智能设计。陶瓷包装容器在多个行业广泛应用，但利用传统的技术手段难以杜绝造假和实施有效的监控。使用智能防伪技术能够保障陶瓷市场经营秩序，购买者的健康也有所保障。最常见的陶瓷包装就是酒瓶，最早使用智能防伪技术的也是酒瓶行业。一般来说，采用 NFC 和 RFID 作为酒瓶的防伪保障。五粮液纪念版的陶瓷酒瓶（图 3-5-12）上就利用 NFC 技术，贴上微信二维码标签，这种防伪标签使得品牌占据更大市场，同时为企业做了宣传，使得消费受众的群体增加。物联网技术在陶瓷包装容器行业的应用，使得防伪功能变得简单便捷，同时商品的管理和销售也更加便捷。其中，智能雕刻在陶瓷包装容器的制造中应用广泛，通过对纹饰花样的智能雕刻，可以制作成模板，使得陶瓷包装容器在制造的过程中批量生产，缩短制造周期。现如今，通过 3D 打印机技术制造的陶瓷包装容器出现在市面上，例如，湖南某企业利用 3D 陶瓷打印机制造出来的陶瓷茶叶罐。3D 陶瓷打印机如今已在社会多种行业中投入使用，在未来，也可能会使陶瓷容器包装制造的产品设计有所改变。

④ 陶瓷包装容器可持续设计持续增强。

在社会各个行业尤其是制造业中，绿色环保和可持续性发展都被重视起来。陶瓷包装容器的制造行业中，可持续制造和绿色环保设计的理念受到人们的重视。采用环保型原材料、工艺和能源有利于陶瓷包装容器的可持续发展。可持续设计制造的支持和接受进一步增强，可以使得陶瓷

图 3-5-12 五粮液纪念版的陶瓷酒瓶
图片来源：http://www.xyjgb.com/meijiu_18290/

图 3-5-13 汉服茶具系列设计
图片来源：https://www.sohu.com/a/431563292_282265

制造容器相关企业的市场占有率进一步提高。

皇家艺术学院戴睿琦，通过陶瓷加竹材质进行《汉服茶具系列设计》（图 3-5-13），突出衣裳的"裳茶"，也就是"上茶"的意思。采用竹材质，创造出绿色，既符合人机工程学又有国潮特色的新一代汉服茶具系列设计。

⑤产业模式向智能化技术密集型转变。

陶瓷包装行业需要重视陶瓷制造手工制作的原生态体验，传统形式的陶瓷包装容器都是在小作坊和陶瓷厂中生产出来的，大多采用手工制作的方式。陶瓷企业的转型升级需要从技术升级和产品升级两方面着手。现代陶瓷企业的先进生产技术主要包括现代大型智能化设备的应用、原料制备技术、废瓷循环利用技术、大型高效节能窑炉、抛光砖和大规格陶瓷生产技术、节水型卫生陶瓷生产技术等，主要体现在生产过程中高效率、连续式、产品合格率

高、单位能耗低等方面。高科技发展的带动下，陶瓷包装容器的设计逐渐采用智能设计的手段，在整个设计过程中增加现代化的智能技术手段，有效提升了陶瓷包装容器设计效率，这也是在陶瓷包装容器中设计技术层面的提升。物联网时代的陶瓷包装容器行业的发展趋势是使得全球供应链的管理变得更加便利，智能技术使得陶瓷包装容器的制造与开发变得智能灵活，实现了现代化信息技术的自主工厂。管理形式也与从前大不相同，使得客户和服务集成商、采购员以及物流服务供应商直接进行交流合作，这种供应链管理的创新方式使得客户订单完成的效率提升。传统形式陶瓷图案的装饰设计创作效率比较低，难以大量投入使用。现如今，在陶瓷图案装饰设计中，人工智能技术的使用，使得创作图的艺术性更强且工作效率更高，在陶瓷图案装饰设计中引入智能化智造陶瓷包装容器，可以弥补传统陶瓷图案装饰系统的缺陷。[1]

1　杨雪.浅析物联时代陶瓷包装容器的智能设计与"智"造 [J].明日风尚，2019（23）:12–13.

3.6 竹木包装制品发展现状分析

竹是世界上生长最快的植物之一，易栽种，繁殖快，材质坚韧，大多富有弹性且硬度高，同时具有一定的防潮性，是一种理想的环保型包装容器的制作材料。而竹在中国的分布范围也极为广泛，中国竹资源占有量、竹林面积等均居世界前列。此外，我国不仅是世界上主要的产竹国，在中华文化中竹也是极为重要的符号之一。竹包装制品源于自然，竹材自古以来就作为传统包装材料为人所用，现如今随着科技的进步、工艺水平的提高，竹不断被开发出新的功能和用途：竹编织包装、竹板材包装、竹车工包装、串丝包装、原竹包装等。竹材已成为包装材料中比较受欢迎的材料之一，呈现出良好的发展趋势。

3.6.1 中国竹木包装制品行业发展状况分析

（1）行业地位概述

竹木包装是包装行业的细分行业之一，是国民经济的重要配套行业，也是现代包装工业的重要组成部分。竹木材料作为包装具有良好的缓冲性能，强度高、耐腐蚀、吸湿性能好，而且易于加工和便于现场装配，被国民经济众多行业广泛采用。在国际贸易和商品流通过程中，竹木材料也是应用十分广泛的商品包装材料之一。近几年由于下游行业需求扩张的带动，我国竹木包装行业整体呈现较好的增长趋势。[1]

据文献记载，利用天然竹编及原始竹节作为包装的历史悠久。与古代竹木包装不同，现代竹包装板材多采用高温热压胶合工艺的制板成型技术，如竹胶合板。竹胶合板与其他材质的框架组合（木框架）可用于大中型产品的运输包装，其重量、性能均优于实木包装，而且价格低廉，能够满足海运、空运及其他运输条件。目前已经开发生产的竹包装材料包括竹编胶合板、特种竹编胶合板、竹材层压板、竹材胶合板、竹材碎料板和竹材刨花复合板六种。因具有良好的物理和机械性能，如耐磨、耐腐、耐虫、强度高、韧性好和抗冲击性强等，竹包装制品近年来较受欢迎。

近几年，国家也在适当地放宽竹林采伐、运输限制，扩大林农生产经营自主权，提升林农的生产积极性。在塑料污染日益加重的背景下，各国纷纷出台"禁塑令"。"禁塑令"的出台极大地拉动了非塑料制品的需求，竹产业兼具"乡村振兴 + 林业发展"双重属性，获得政策大力支持。在竹产业优惠政策和"禁塑令"政策双重利好下，竹产品市场将迎来快速发展。

（2）行业运行概况

① 行业市场规模。

经过多年的建设发展，我国已成为竹制品制造市场增长最快的国家之一，竹制品制造市场充满生机和活力。环境保护部环境发展中心的数据显示，截至 2015 年 9 月，我国大型竹制品制造行业累计企业单位数已达 601 家，竹制品制造行业从业人员数量也持续走高。2014 年底竹产品销量收入为 6415830.10 万元，对比 2001 年初的 432885.14 万元，竹制品制造行业产品销量收入增加了的 14 倍有余，年增长速度远超同期

---

1 东吴证券. 木质包装行业分析 [EB/OL].（2017-04-23）[2022-10-22].
https://pdf.dfcfw.com/pdf/H3_AP201704230525473512_1.doc?1492956761000.doc.

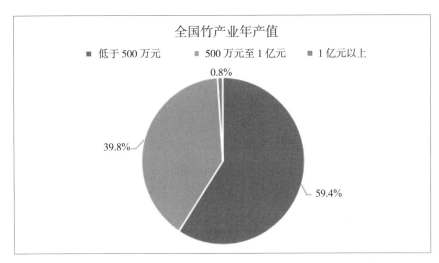

图 3-6-1 全国竹加工企业年产值占比情况

图片来源：课题组自绘

GDP 的增长速度。[1] 根据《全国竹产业发展规划（2013—2020 年）》的统计，全国竹加工企业共 12756 家，其中年产值低于 500 万元的企业占 59.4%，年产值在 500 万元至 1 亿元之间的企业占比 39.8%，仅有 0.8% 的企业年产值在 1 亿元以上[2]（见图 3-6-1）。其中，以竹制品制造企业龙竹科技为例，2016—2020 年公司毛利率由 27.33% 提升至 34.23%，净利率由 13.48% 增加至 21.38%。2021 年前三季度，公司毛利率、净利率分别为 32.85%、21.04%，同比分别提升 0.69、0.88 个百分点。随着公司业务拓展与转型加快，销售期间费用率有所攀升。[3] 通过以上数据可以看出竹制品企业数量呈增加趋势，竹制品行业从业人数也持续走高，全国竹产业收入值也在逐年增长，中等收入占比逐渐增大。

② 产量分布情况。

我国的竹林资源广泛分布于东南季风区，其中以福建、浙江、江西、湖南四省竹林面积最广。福建省竹林资源丰富，产业链完整，竹产业迎来了前所未有的发展机遇，竹木包装制品产业同样如此。近年来，福建省相继出台了《关于加快推进竹产业发展七条措施的通知》《福建省林竹千亿元产业实施方案》《福建省省级财政竹产业发展专项资金管理办法》等产业支持政策。随着一系列相关政策的出台，福建省凭借自然资源优势，在全国竹产量占比中保持领先（见图 3-6-2）。此外，我国另一个竹资源大省四川省，以创建省级现代竹产业园区和竹产业高质量发展县为契机，立足自身资源优势，持续推动竹加工业、竹服务业快速发展，有力促进了竹产业产值增长和结构优化。到 2020 年四川省全省实现竹产业总产值 721.2 亿元，比 2015 年增长 2.3 倍，其中宜宾市、泸州市竹业总产值突破 200 亿元，分别较 2015 年增长 5.0 倍和 4.8 倍。全省竹产业总产值超过 10 亿元的县（市、区）由 2015 年的 8 个增加到 2020 年的 21 个，合江县、长宁县、纳溪区、叙永县竹产业总产值达到 50 亿元以上。尽管近年我国竹木包装产业发展取得一定成果，但受国外木浆、实木制品等大量进口的冲击，以及

1 环境保护部环境发展中心.环境标志产品技术要求竹制品（征求意见稿）[EB/OL].（2017-09-18）[2022-10-22].https://www.mee.gov.cn/gkml/hbb/bgth/201709/W020170918414968703403.pdf.

2 国家林业局.全国竹产业发展规划（2013—2020 年）[EB/OL].（2018-12-03）[2022-10-22].http://www.cbiachina.com/Industrial/view/id/45.html.

3 山西证券."以竹代木、以竹代塑"战略引领，向竹制快消品蓝海启航[EB/OL].（2021-11-05）[2022-10-22].https://www.hanghangcha.com/pdf.html.

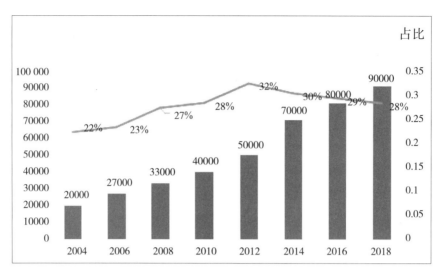

图 3-6-2 福建省竹材产量及其占全国产量比例
图片来源：课题组自绘

环保制约等影响，我国竹木包装产业依然存在"大资源、小产业、低效益"等突出问题。

③行业市场结构。

竹木包装制品行业的覆盖人群规模大、服务及服务用户占比高、市场规模庞大、相关产品紧缺、服务用量激增、复合增长率较高，市场规模及需求非常大。服务客户人群1.8亿，市场规模8000亿元，用量分析800万，年复合增长率180%。其市场结构包括服务包装、原材料加工、产品研发、质量监管、设计咨询等。而中国竹木包装制品行业服务类型中，服务包装排名第一，占比突出，为38.4%；原材料加工排名第二，占28.3%；产品研发排名第三，占19.7%（见图3-6-3）。竹木包装制品行业需求持续火热，资本利好竹木包装制品领域，行业发展长期向好。下游行业交易规模增长，为竹木包装制品行业提供新的发展动力。

（3）行业进出口市场分析

①竹木制品行业出口情况

国际竹藤组织发布的《2020中国竹藤商品国际贸易报告》显示，2020年中国竹产品出口贸易总额约为22亿美元。欧盟组织、美国和日本是中国竹产品的主要出口贸易对象。据中国海关统计数据，2020年中国对欧盟组织、美国和日本的竹产品出口贸易额分别为5.4亿美元、4亿

美元和3.1亿美元，分别占中国竹产品出口贸易总额的24%、18%和14%，三者合计比重将近60%。此外，越南、印度、韩国、澳大利亚和泰国等也是中国竹产品的重要贸易对象。

中国包装联合会发布的2020年报告中在对全国包装行业出口子行业分布情况的统计中提到：2020年1—12月，全国包装行业累计出口额385.42亿美元，同比增长10.04%。其中，竹木包装累计出口额4.52亿美元（占1.17%），同比增长1.07%；塑料包装累计出口额257.79亿美元（占66.88%），同比增长14.14%；纸包装累计出口额66.13亿美元（占17.16%），同比增长4.08%；金属包装累计出口额20.34亿美元（占5.28%），同比增长0.2%；玻璃包装累计出口额19.95亿美元（占5.18%），同比增长2.25%；包装机械及其他累计出口额16.69亿美元（占4.33%），同比增长0.8%（见图3-6-4、图3-6-5）。从整体来看，竹木包装行业在全国包装行业子行业中出口额占比最小，但出口额呈现增长趋势，同比增长率以1.07%位居第四，但与增长率最高的塑料包装相比，仍差距较大。总之，竹木包装行业虽然增长势头较好，但在出口市场的拓展上，未来还有很大的空间。

②竹木制品行业进口情况。

2020年中国大陆的竹产品进口贸易总额为943万美元，进口贸易主要对象为越南和中国台

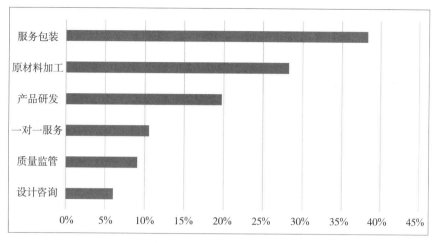

图 3-6-3　中国竹木包装制品行业市场结构占比分析
图片来源：课题组自绘

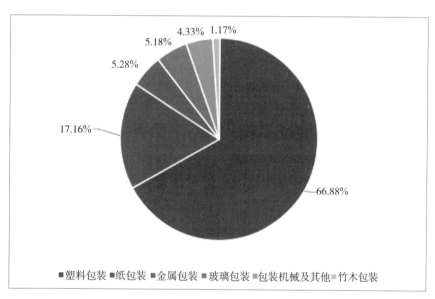

■塑料包装 ■纸包装 ■金属包装 ■玻璃包装 ■包装机械及其他 ■竹木包装

图 3-6-4　2020 年全国包装行业累计出口额子行业占比情况
图片来源：课题组自绘

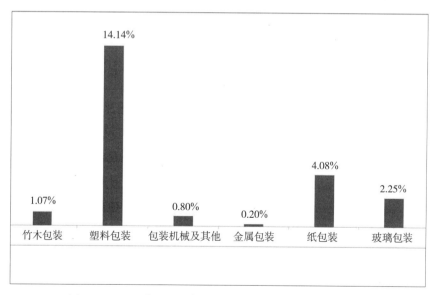

图 3-6-5：2020 年全国包装行业累计进口额子行业同比增长情况
图片来源：课题组自绘

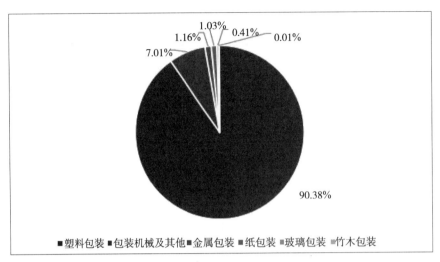

图 3-6-6　2020 年全国包装行业累计进口额子行业占比情况
图片来源：课题组自绘

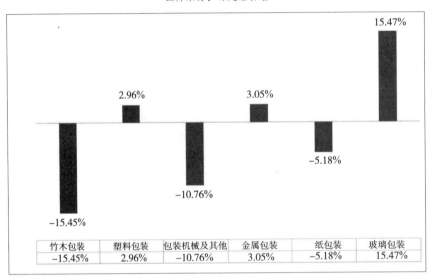

竹木包装	塑料包装	包装机械及其他	金属包装	纸包装	玻璃包装
−15.45%	2.96%	−10.76%	3.05%	−5.18%	15.47%

图 3-6-7　2020 年全国包装行业累计进口额子行业同比增长情况
图片来源：课题组自绘

湾地区，贸易额分别为 297 万美元和 270 万美元，分别占中国大陆竹产品进口贸易总额的 31% 和 29%，二者合计比重占 60%。缅甸、日本和欧盟是中国重要的竹产品进口贸易伙伴，进口贸易总额均在 100 万美元左右。[1]

2020 年 1—12 月，全国包装行业累计进口额 142.95 亿美元，同比增长 1.82%。其中，竹木包装累计进口额 0.02 亿美元（占 0.01%），同比增长 −15.45%；塑料包装累计进口额 129.2 亿美元（占 90.38%），同比增长 2.96%；包装机械及其他累计进口额 10.02 亿美元（占 7.01%），同比增长 −10.76%；金属包装累计进口额 1.66

亿美元（占 1.16%），同比增长 3.05%；纸包装累计进口额 1.47 亿美元（占 1.03%），同比增长 −5.18%；玻璃包装累计进口额 0.59 亿美元（占 0.41%），同比增长 15.47%（见图 3-6-6、图 3-6-7）。从包装行业进口整体情况来看，我国竹木包装进口需求较少，呈负增长趋势。相比出口来说，进口需求不大，这也从侧面反映出我国竹木包装行业发展趋势较好。

（4）企业经营分析

竹木包装行业的经营具有双重性的特点，但其服务模式与运营模式并不完全成熟。未来随着

1　冯璐，吴君琦.2020 年我国竹藤产品进出口贸易总额达 23 亿美元 [N].中国绿色时报，2022-01-13（02）.

竹木包装行业的日渐成熟，其经营模式将回归商业本质，如利用互联网技术对竹木包装行业进行资源整合，以"低价套餐＋服务承诺＋过程监控"的方式为中下游企业提供省钱、省时、省力的包装服务。

① 经营模式受原料价格影响大。

由于竹木包装行业中原材料采购成本占总成本的比重较大，因此原材料价格的波动对整个行业的利润率具有较大影响。2021年12月6，国家林业和草原局等十部门联合发布《关于加快推进竹产业创新发展的意见》，指出构建现代竹产业体系应加强优良竹种保护培育，培育优质竹林资源，推进竹材仓储基地建设。鼓励有条件的地方及企业在竹产区就地就近建设竹材原料、半成品、成品仓储基地，强化竹材采伐、收储、加工、流通等环节衔接，有效打通产业链供应链。建立健全竹材质控体系和标准体系。竹木包装制品的原料价格上下波动大，在原材料价格有上涨波动时，企业会因储存大批量竹木原料而造成流动资金紧张。这种经营模式风险相对较大，对企业的生产规模和资金实力都有较高的要求，对企业维持产品毛利率提出了挑战，行业中生产规模较小、资金实力较弱的中小型企业将难以承受材料价格波动带来的风险。

② 经营特征有区域性。

由于竹木包装产品应用范围较广，融入国民经济的方方面面，因此竹木包装行业的区域分布也与具体地区的自然环境、经济发展水平高度相关。其中珠三角、长三角地区作为我国主要的机电、汽车、机械等制造基地，汇聚了大部分竹木包装生产企业。同时，因为竹木包装制品受物流配送、运输成本、客户地理位置等因素制约，销售半径有限制性，总体呈现出比较明显的地域性特征。但大型竹木包装制品对技术有一定要求，所以，东北、内蒙古、山东等竹木包装不发达地区的客户与长三角地区有技术能力的包装企业合作较多。此外，就竹木包装行业的经营周期而言，竹木包装行业与下游行业经营状况密切相关，但主要下游客户企业涉及众

多行业，因此竹木包装行业不具有明显的周期性与季节性。

③ 经营情况受营销管理的影响。

竹制品包装行业应该以市场为导向，加强营销管理。在企业的发展壮大过程中，竹产品的销售是非常重要的环节，必须采取灵活多变、多渠道的销售策略。如利用不同质量产品的价格差促销、发挥行业优势联销、走出竹产区上门推销、请客到家看样订货展销、利用国内外市场差异竞销，通过多种形式扩大销售，减少销售的中间环节，提高产品的市场占有率。目前，网上营销是一种新的有发展潜力的销售方式。做好网上服务工作要有良好商誉作为支撑，能提供有特色的竹产品和服务，能吸引顾客注意力从而促进企业与顾客顺利进行双向交流。企业可以通过各种联机网络、电脑通信和数字交互式媒体技术来进行市场研究、广告宣传、销售及顾客服务，等等。网上营销具有营销成本低廉、消费者处于主动地位、无地域时间限制等特点。相关企业可以通过网上营销树立企业形象、打造产品品牌，高效地实现产品、服务和信息一体化，节省开支从而进军国际市场。

3.6.2 中国竹木包装制品的发展策略分析

（1）行业痛点分析

① 存在市场进入壁垒。

客户资源的开发和包装制品销售网络的建立是所有包装行业企业生存和发展的关键因素，而竹木包装是根据客户产品特征而设计出来的非标产品。包装制品的更新换代以及客户的更迭，对竹木包装制品的优化速度有了更高的要求，这无疑也对竹木包装企业的设计能力、反应能力、弹性制造能力、产品与服务的品质保障能力等综合实力提出了更高的要求。首先，为保证自身产品品质的安全性与稳定性，客户通常会与规模大、合作久的中游包装供应商建立长期合作关系，致

使一般的竹木包装企业争取客户资源存在障碍，继而对本行业新的进入者构成市场进入壁垒。其次，为保证产品品质的安全性、稳定性，对于包装的设计、测试、制造及管理控制水平等综合实力的提升形成了一整套非常完善的考核体系，竹木包装行业的新进入者在短期内难以通过考核、评审与认证。

② 行业管理水平落后。

虽然竹木包装产业享受互联网技术的红利，企业得以更好地进行推广，但行业整体管理方面还有很多的不足之处。首先，消费者可接触到的竹木包装产品比较单一，缺乏创新性与个性。没有从管理层面去解决中游竹木包装企业与下游消费者之间的天然矛盾。其次，对行业新进入者的审核不严格，拉低了整体服务水平，严重影响中游的服务质量和下游的产品品质。

③ 行业本身存在局限性。

竹木包装制品属于频率低、要求高、服务周期长的产品，消费行为不会随时发生。首先，由于竹木包装行业供应链涉及的包装制品品类繁多，初期投入过大，产品标准化程度低，导致生产周期长且成本高，小型企业难以生存。其次，行业中游存在信息不对称的问题，导致竹木包装行业价格透明，缺乏盈利点。再次，竹木包装制品行业标准不成体系，因此服务质量很大程度上依赖于设计等个人能力，难以规划管理与复制，服务质量难以控制，导致质量问题频发。最后，监管缺失，严重影响用户体验，下游企业及消费者也没有建立起"以竹代木""以竹代塑"这样的消费观念。

④ 自主研发能力薄弱。

我国竹木包装行业自主创新研发能力薄弱，未形成研发合力。首先，多数竹木包装制品企业不具备适应当下市场需求的研发能力。企业仅把技术进步的希望寄托在不断购置和引进设备上，未能合理解决竹木包装企业自主研发能力薄弱与目标客户日益提高的包装附加值需求之间的矛盾，从而导致竹木包装行业自主研究的加工工艺

和产品较少，产品结构单一，产品同质化严重，在包装生产技术和包装制造上不能满足下游客户需要。其次，国家政策对研发基本人力物力的支持不够。最后，包装制品本身缺乏市场竞争力。

⑤ 国内行业认知度低。

国内包装行业认知度不高是制约竹木包装产业发展的一大因素，包装行业大多只了解部分竹子的自然属性，对于竹木包装不甚了解。长期以来，我国的许多生活用品都采用纸、塑料、金属、玻璃作为包装，而竹木包装的企业规模普遍偏小，缺乏市场宣传推广能力，因而竹木包装市场的整体消费氛围也相对清冷。相比较而言，在欧美众多国家和地区，竹纤维、竹胶合板等类型的竹木包装制品因其自然、生态、性价比高的特点，且具有中国传统文化韵味而得到广泛接受，从而出现"国内开花国外香"的状况。

（2）行业发展对策

① 加大行业政策扶持力度。

针对竹木包装制品区域发展不平衡、产业结构不协调的问题，建议相关部门、协会加大政策措施扶持，促进区域竹材产业协调发展。对于竹资源丰富而产值较低的地区，要巩固第一产业、重抓第二产业、发展第三产业，实现一、二、三产融合发展；建立典型的竹材生产加工示范区，学习发达竹产区的经验，解决发展中遇到的瓶颈问题；对新兴的竹企业进行规范引导，积极宣传竹产业类型，避免同质化竞争，宏观调控产业发展。首先，加快发展竹材加工、竹包装、竹装饰、竹工艺品、竹炭等特色优势产业。重点推动竹纤维加工转型升级，扩大竹纤维纸包装制品、竹制品容器、建材装饰品、纺织品、餐具生产及市场推广。其次，培育龙头企业。在区域竹产区内，注意培育龙头企业，鼓励企业兼并重组，指导龙头企业对产业链上下游的配套企业进行整合；建立竹产业高新科技示范园区，引进高新企业及高层次人才，打造龙头企业品牌集群。再次，加快机械装备提档升级，鼓励企业开展竹产业机械装备改造更新和创新研发，重点推进竹产

品初加工和精深加工技术装备研发推广，提高竹产品生产连续化、自动化、智能化水平。最后，充分发挥中国竹文化节等平台作用，传承和弘扬竹文化，以产业传文化、以文化促产业。鼓励各地结合实际培育生态科普、文化创意、工业设计、影视文化等竹文化展示利用空间，推动竹文化产品设计生产。传承发展竹刻、竹编、竹纸制作等非物质文化遗产。

② 打破标准化定制化界限。

竹木包装制品行业标准化与定制化界限被打破，未来两者趋于融合。标准化加微定制的产品战略，能够有效平衡企业操作层面与消费者需求层面的矛盾，既有足够的确定性，也有足够的弹性。广泛应用竹木包装制品行业大数据，能够使得实际操作和施工赋能深度介入，使得平台从简单的流量供给入口转变为工具供给、技术供给、工人供给的模式。

③ 优化竹木包装市场环境。

由于我国特色竹种地域分布较为分散，短时间内难以形成规模经济，所以在以往的发展中没有得到足够的重视。要优化竹木包装行业大环境，现代市场化转变，需要各地林业主管部门针对本区域的竹种资源特点合理规划，与科研机构紧密合作，加强优质竹种的选育推广，引导竹农种植能够满足当地或就近区域竹包装制品产业集群需要的竹种，避免同质化竞争，将我国竹种的资源优势转化为经济优势。同时，提高宣传力度，规范市场竞争行为，建立良好的市场秩序，禁止不符合质量、卫生、安全标准的竹产品进入市场，注意新技术和新产品标准制定和认证体系的建设和完善。把握消费市场升级的机遇，倒逼竹木包装制品行业提高服务质量，从用户需求出发与公司对接，由传统的粗放式发展方式向更加注重用户体验的高质量发展方式转变。

④ 转变竹木包装消费理念。

我国有着悠久的爱竹、种竹、养竹、赏竹的文化传统，"宁可食无肉，不可居无竹"就是真实写照。加快竹包装制品产业的发展，有助于将源远流长的中华竹文化与现代文明相结合。繁荣发展竹文化，对于发展生态文化、推动生态文明建设，具有十分重要的战略意义。国际竹藤组织董事会联合主席、国际竹藤中心首席科学家江泽慧建议，"以竹代塑"可以上升为国家行动，应尽快在国家层面完善顶层设计，加大扶持力度。比如做好"以竹代塑"产业发展的规划、确定重点行业和产品、推动创新项目立项、支持设备装备研发、加大科研攻关及产业化等；把"以竹代塑"包装制品纳入政府绿色采购目录；等等。未来还需要全社会通力合作，转变消费理念、开展项目示范、加强公众宣传、增加技术投入。

（3）行业标准化。

行业标准化作为我国竹包装制品标准体系建设的重要内容之一，首先有利于减少竹制品在生产、使用和处置过程中对人体健康、环境的影响，实现源头控制，促进行业的可持续发展；其次有利于杜绝"劣币驱逐良币"的行业恶性竞争，为消费者选择竹包装制品提供明确、一致的标准，促进行业绿色生产和消费。长远来看，对竹木包装行业来说，标准化的稳步推进有利于形成行业的良性循环，加快行业由粗放型发展模式朝高质量发展模式转变的步伐。[1]

竹木包装行业具有广阔的发展前景，但也存在一些问题。如竹木包装企业规模普遍偏小，生产技术和设备落后，大都是资源和劳动力密集型企业；原材料综合利用率低，机械化程度不高；高附加值产品少，产品同质化现象较为普遍；等等。此外，由于生产企业基本上是粗放型管理，在材料加工、废水处理、粉尘和废气控制以及生产设备降噪方面等都缺乏系统的管理，导致竹木包装制品在生产和使用过程中对环境和人体健康产生危害。因此，行业标准的制定有助于促进产品研发和工艺改进，引导竹木包装行业整体朝标

1　环境保护部环境发展中心.环境标志产品技术要求竹制品（征求意见稿）[EB/OL].（2017-09-18）[2022-10-22].https：//www.mee.gov.cn/gkml/hbb/bgth/201709/W020170918414968703403.pdf.

准化方向发展，倡导消费者接受和使用绿色、低碳、可循环的竹木包装制品。

竹木包装行业标准主要从产品的外观尺寸、规格质量、理化性能等方面对产品进行规定，并设定甲醛含量和释放量，可溶性铅、镉、铬、汞等指标限值及防护处理要求。其中竹木制品的国外标准主要也是从进出口检验检疫的角度进行规定，如澳大利亚就对进口竹制品提出了具体要求：每批货物都须接受入境检疫，入境之前不得带有活虫和其他有检疫风险的物质，等等。此外，环境保护部环境发展中心拟定的《关于在木塑复合型材中开展环境标志标准纸制定的可行性报告》中还针对竹制品的特性制定了主要技术内容，根据产品特点和竹制品的生命周期分析编制了产品环境负荷矩阵（表3-6-1）。根据不断提

高的对竹木制品的环保性能的要求，在对竹制品全生命周期分析的基础上，竹木包装产业作为竹制品产业的分支之一，也需要在生产制造过程中切实履行竹制品行业总体的标准化要求，借鉴国内外相关标准的要求，综合考虑国内生产企业的状况，保持与国内相关标准兼容的原则，制定竹木包装行业自己的行业标准。

3.6.3 竹木包装技术研发方向分析

（1）全方位的技术升级

首先从竹木包装的生产技术研发方向来看，数字技术、智能技术、竹纤维（浆）生产技术和现代制造工艺、设备的应用与推广，将进一步解决竹浆造纸、竹木包材制造、竹制品加工生产中

表3-6-1 竹制品产品环境负荷矩阵

环境影响类型	资源消耗	能源消耗	大气污染物	水质污染物	固体污染物	其他有害物质	温室气体
原材料阶段							
竹材料	√	√			√		
塑料部件	√	√			√	√	
玻璃	√	√			√	√	
纺织品	√	√		√	√	√	
涂料	√	√	√		√	√	
胶粘剂	√	√			√	√	
金属部件	√			√			
生产阶段							
拉丝、打磨	√	√	√		√		
蒸煮	√	√		√			
喷漆	√	√	√			√	
施胶	√	√	√		√	√	
组装		√					
使用和再造阶段							
使用阶段						√	
再造阶段				√			

注：课题组自绘

的劳动力短缺、环境压力大等问题。其次从竹木包装的材料研发方向来看，随着"竹缠绕"管道、"竹钢"板材等"以竹代木""以竹代钢"的包装材料的研发和产品不断创新，竹木包装制品将被广泛应用于包装领域。除此之外，竹纤维的研发突破，将进一步推动竹木包装材料高值化利用。最后从竹木培育研发方向来看，竹资源定向培育、竹产品精深加工等技术模式的深度融合和推广，将有效提高林地单产和效益，增强社会各界发展竹木产业的主动性和创造性。

（2）包装材料运用拓展

随着绿色发展理念的深入人心，人们逐渐意识到环境保护的重要作用，注重包装制品材料选择的环保性。因此，竹木材料包装逐渐代替了塑料包装、纸质包装等。竹木包装制品不仅具有环保性，还有一定的收纳储存作用，可以起到很好的循环使用效果。比如在 2019 年由李小平设计的一种物流周转箱，其所使用的芯板为竹木材质，其有益贡献是解决了传统材料壁板强度与刚性低、防潮防水能力差、承压抗撞能力弱、使用寿命短的弊端，为物流包装行业提供了可折叠的多次循环使用包装箱。这种技术的研发与创新，大大减轻了纸质物流周转箱的污染情况，并且也有效地扩展了竹木材质包装的使用范围，让更多的人看到了竹木材质包装的优点，如抗压防水等。

（3）包装制品技术创新

随着时代的发展，包装制品行业也要紧跟步伐，大胆创新，更加方便消费者的使用。比如2019 年由李小平设计的一种便携式茶具木盒，它不仅满足收纳的需求，并且还能作为杯垫使用。这预示着未来竹木包装制品更广泛的运用以及技术上更多的创新。

3.6.4 中国竹木包装发展预期分析

（1）竹木包装行业竞争格局分析

目前，我国竹木包装生产企业数量众多，但市场集中度很低。除少数行业龙头企业与大型跨国企业以外，我国绝大多数竹木包装生产企业规模较小、技术水平较低、缺乏自主创新能力、抗风险能力差、生产经营缺乏环保措施，这些小型企业的产品主要以低档次、低附加值的包装产品为主，从而导致竹木包装低端市场的无序竞争。而中高端市场则被少数技术研发能力强、生产设备领先、有丰富的业务和市场开拓经验的行业龙头企业所占据，这些龙头企业通过引进先进生产设备、加大技术研发投入以扩大生产能力和提升产品品质，并凭借整体竞争力的提升引领行业经营模式的革新，逐渐扩大市场份额。未来，随着客户需求的提升，行业技术水平和行业经营模式的发展，竹木包装行业市场集中度有望提升。[1]

① "以竹代木"应用趋势逐渐明朗。

近年来，随着人们环保意识的加强以及国家"禁伐令"的出台，在木材市场需求持续走高的情况下，我国木材市场将会出现供需缺口，具有短轮伐周期和高经济价值的竹材是解决木材供需缺口的最佳替代品。国家及地方政府颁布了各种产业政策以推动和促进竹制品行业良性发展，调动全社会参与竹产业开发的积极性和主动性，竹产业有望步入快速成长期。2016 年以来，国家开始对天然林全面禁伐，国家及各地方政府纷纷出台支持竹产业发展的有关政策，持续推进"以竹代木"。国家林业和草原局发布的《"十四五"林业草原保护发展规划纲要》提出，到 2025 年中国竹产业要达到 5000 亿元的产业规模。2019年年初，中国竹产业协会提出中期发展目标，计划 2020—2030 年竹产业产值翻两番，增加至 1万亿元；远期目标则是 2030—2050 年达到与林产工业并驾齐驱的水平，总产值达到 8 万亿元。除总体目标之外，相关政策还确立了竹产业建设

1　盛世华研 .2019-2025 年中国竹木包装行业市场及竞争发展趋势研究报告 [EB/OL].https：//doc.mbalib.com/view/d535cd13e285cc21ff8ea3c385d8abcf.html.

重点项目，其中包括培植细分市场龙头企业、完善竹制品市场体系等；鼓励积极发展人造板以及农作物剩余物、竹材等资源加工产品替代木材产品。同时，国家不断地放宽竹林采伐、运输限制，给予林农生产经营自主权，提升林农的生产积极性，形成推动中国竹产业成为乡村振兴和林业发展的"双增"抓手。这一政策的出台，指明了未来竹木包装制品的发展道路，也为更多的企业与公司研究竹木包装制品的发展提供了更加强有力的保证。[1]

② "以竹代塑"引领绿色发展。

"白色污染"，也就是塑料垃圾污染，已经成为地球上最严重的环境污染危机之一。2017年日本海洋科技中心的全球海洋数据显示，目前发现的深海垃圾碎片中，超过1/3是大块塑料，其中89%为一次性产品废料。英国政府在2018年发表的报告中指出，世界海洋的塑料垃圾总量将在十年内翻三番。联合国环境规划署2021年10月发布的《从污染到解决方案：全球海洋垃圾和塑料污染评估》显示，全球范围内在1950—2017年间累计生产了92亿吨的塑料制品，其中约70亿吨成为了塑料垃圾，而这些塑料垃圾的全球回收率不足10%。这些塑料垃圾不仅对海洋生态系统、陆地生态系统造成严重危害，塑料微粒及其助剂还会严重影响人类健康，影响人类长远福祉。为此，世界各国相继出台禁限塑政策，提出禁限塑时间表。在日常生活中，包装制品的使用极为频繁。因此，随着物流的快速发展，快递成为人们一种无法回避的生活方式。国家邮政局数据显示，我国快递业每年产生的塑料废弃物约180万吨。竹包装种类较多，主要包括竹编织包装、竹板材包装、竹车工包装、串丝包装、原竹包装、集装箱底板等。在产品使用完毕后，竹包装可以作为装饰品或收纳盒，多次重复使用，也可回收制备竹炭等。"以竹代塑"的提出以及竹制包装的重复使用对防治

环境污染具有重要意义。

③ 信息化升级为行业注入新活力。

随着人们生活水平的提高，越来越多的客户对竹木包装制品行业予以重视并提出了需求和建议，满足竹木包装制品客户需求成为了行业发展的基础。竹木包装制品企业利用互联网科技进行信息化升级，适应竹木包装制品行业特性，缩短了中游对下游市场需求的反应时间，带来了诸多的便利。近年来，竹木包装制品行业从粗放型传统制造模式转换为高质量"互联网+"制造模式。随着行业各大平台如亚马逊、全球速卖通等下沉三、四线城市，竹木包装制造企业整合了从供应到生产再到售后的全部环节，为竹木包装行业提供了品牌、设计、系统、供应链等全方位支持。竹木包装制品行业的新技术场景使得目标客户群获得更好的体验，技术加持使得行业的服务效果和产品更加受到青睐。

（2）中国竹木包装制品发展预期分析

当下，我国的竹木包装制品存在两种极端，一种是精雕细琢，为少数人收藏与观赏的高端竹木包装制品；另一种是因陋就简，既不美观也不实用的一次性竹木包装制品。这样的极端发展终将导致我国的竹木包装制品行业走进"死胡同"。如何在未来竹木包装制品发展中赋予其双重使命，延伸包装生命周期，让它在扮演包装这一角色后还能继续存在于人们的生活中并提升其使用价值，让科技与艺术的融合赋能竹木包装制品的创新。我们将从竹木包装制品的造型、工艺、材料、用途几个方面来对未来中国竹木包装制品发展趋势做预期分析。

① 竹木包装造型创新。

延展包装容器的观赏角色。包装本身是一种盛装容器，要让人们自觉地将这种盛装商品的容器保存下来并作为盛装另一种物品的容器，需要对其进行造型创作。在设计包装容器时不仅要考

1　盛世华研.2019-2025年中国竹木包装行业市场及竞争发展趋势研究报告[EB/OL].https：//doc.mbalib.com/view/d535cd13e285cc21ff8ea3c385d8abcf.html.

虑它保护产品的功能，还需要与产品的文化特质相融合，并充分考虑消费者的生活习惯及心理需求、审美情趣。比如一款竹叶青酒包装设计，改变了以往酒器包装的造型与材质，选用竹子的材质与造型，给人一种贴近大自然的感觉，并且也保留了竹子特有的清香（图 3-6-8）。

② 竹木包装工艺、技能技法。

即使是一件看起来造型极其简单的容器，使用不同的加工工艺也会呈现出不同的视觉效果。比如 Bungbag 是一种纺织工匠用竹藤制作的旅行包（见图 3-6-9），这个包有 40 升大小和 3 个口袋，防震腔设计用于保护物品。对于笔记本电脑来说，其空间尺寸既紧凑又合适。竹藤制作的包经久耐用，具有可调节性。

③ 竹木包装制品材料互补混搭。

将竹木包装与其他材料组合使用，可以达到更好的审美效果并提升包装容器的使用价值。设计师与企业可以将瓷胎竹编工艺引入白酒、茶叶等价值较高同时又具有中国传统文化韵味产品的包装，将具有天然质感的竹材、精巧细致的传统手工艺编织与陶瓷材质相结合，创造出新颖、别

致且可延展使用的包装容器。此外，竹木包装与铝、不锈钢等金属材料的组合，可以形成冷峻的现代工业与亲切的自然人文的感官上的强烈对比。如香水包装，将竹材与玻璃结合，体现产品的纯天然的品质特征。竹木包装与塑料、玻璃等材料混搭可以弥补竹材色彩单一的缺陷，让包装容器的形式与色彩更加多样化。要紧跟时代发展的步伐，更多地去尝试与其他不同材质的结合，创造出更加新颖、独特，既具有使用价值，又具有审美价值的竹木包装制品。比如竹木材质与亚克力材质的结合，就可以产生出一种新的包装容器。以一个存钱罐的设计为例（图 3-6-10），上半部分用竹木材编织而成，下半部分是透明的亚克力板。特殊的竹编方式使人可以从任意角度放进硬币。竹编规律而精致的纹理，使存钱罐在不使用时也可以作为一个美丽的装饰物。

④ 竹木包装制品用途创新。

延展竹木包装制品的功能。竹木包装制品除了作为盛装容器之外，还可以依据其材料和加工工艺的特点作为其他的日常生活用品。竹木包装制品由于加工工艺的独特性，本身具有透光、透

图 3-6-8：竹制包装容器
图片来源：2018 年红点包装设计奖

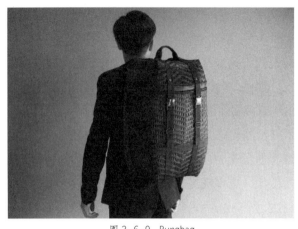

图 3-6-9　Bungbag
图片来源：普象网

图 3-6-10　竹制存钱罐设计
图片来源：普象网

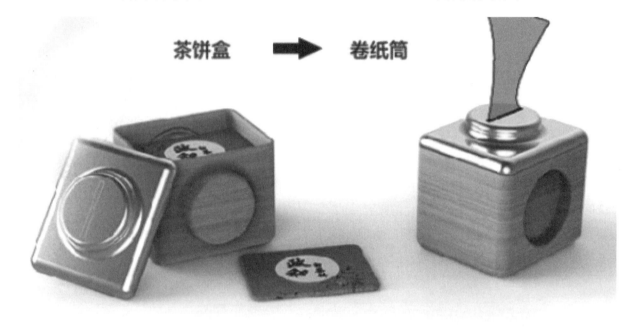

图 3-6-11　茶饼包装盒设计
图片来源：中国竹具工艺城

气的性能，设计师可以充分利用这样的特性将竹木包装制品的功能与其他日常生活用品的功能相统一，借用与之特性相近的物品外形，在完成包装的角色使命后继续在生活中发挥作用。如设计师在设计茶叶盒的时候融入灯具的功能，茶叶盒的功能便能得到另一种延伸。随着消费者的需求与审美的提高，竹木包装制品不仅要满足收纳储存的需求，在功能、使用方面也要有更多的创新。比如茶饼包装盒的设计（图 3-6-11），在盖子的部位有一个镂空的设计，当茶饼使用完之后，可将包装盒当作卷纸筒来使用或者用来收纳其他的物品，做到了低成本、高利用。

包装制品原本只是商品的附属品，通常人们只注重包装里面的内容忽略包装制品的存在。如今，随着绿色设计理念深入人心，在设计中融入节约资源、保护环境的理念也是设计师的社会责任感的体现。竹木包装制品的角色延展设计正是对于绿色设计理念应用的新的探索。竹木包装材料的天然质感及加工工艺的独特性为我们进行包装容器的双重角色设计研究提供了可行性与操作性。当代设计师要继续深入挖掘和探索多种材料包装容器的角色延展模式，拓展设计的创意和思路，提倡和发展健康的、有益于环境保护的、有益于人们生活的设计方式。

第 4 章

包装产业链下游行业分析

包装产业链下游行业应用广泛，食品、医药、化妆品、保健品、电子产品等行业近几年稳定发展，为包装行业的发展提供了广阔的市场。目前我国已是世界第二大经济体。国家统计局的数据显示，2013—2021年，我国对世界经济增长的平均贡献率达38.6%，超过七国集团贡献率的总和，是推动世界经济增长的第一动力[1]，同时也是全球最大的消费市场之一。随着我国在全球经济格局中的地位和作用日益凸显以及我国宏观经济的持续稳定增长，未来这些相关下游行业仍将继续带动包装行业在经营模式、产品结构、技术研发、生产制造等环节取得更大的发展，同时也将为包装行业提供更为广阔的市场空间。

4.1 食品包装

食品包装是食品商品的组成部分，也是食品工业中的主要工程之一。食品包装起着保护食品的作用，防止食品在流通过程中受到生物的、化学的、物理的外来因素的污染和损害。它不仅能保证食品本身稳定的品质，方便食品的食用，又能表现食品外观，吸引消费者的注意，具有物质属性以外的审美价值。

4.1.1 食品包装行业发展现状

随着中国经济的快速发展，尤其是生活节奏的加快，人们改变了传统的生活习惯。大家不肯在厨房多花时间，新一代购买人群的持续发展壮大，促使食品市场保持稳定的增长势头。而近些年海外诸多企业对食品项目的投资，也使中国食品企业发展迎来了新的机会。

（1）行业市场规模

食品包装是包装工业的主要组成部分，占整个包装业市场份额的60%左右。2021年全球食品包装技术与设备市场规模达到3207.39亿元人民币，预计到2027年全球食品包装技术与设备市场规模将达到5550.54亿元人民币。在预测期2021—2027年期间食品包装技术与设备市场年复合增长率预估为9.57%[2]。据中商产业研究院统计，2016—2020年，我国食品包装相关企业新增量呈稳步上升的趋势[3]，行业入局者逐渐增多，市场竞争日益激烈。2021年我国食品包装行业市场规模为6058亿元，同比增长0.3%（见图4-1-1）。同时，包装的不断创新为其市场增长提供了机会，也对包装行业提出了新挑战。以目前正在进行的第三次消费结构升级为例，社会的消费结构从物质型消费向服务型消费转变，品质优异的轻量化包装用纸、食品级包装用纸、个性化需求专用纸的需求逐步增加。

（2）行业竞争格局

从食品包装有关企业数量来看，我国食品包

1　中国发展网.GDP稳居第二位 我国成世界经济增长第一动力[EB/OL].（2022-10-02）[2022-10-30].
https：//baijiahao.baidu.com/s?id=1745564586859071521&wfr=spider&for=pc.
2　搜狐网.中国食品包装技术与设备行业销售规模分析报告[EB/OL].（2022-10-02）[2022-10-30].
https：//gov.sohu.com/a/612033052_121452877.
3　我国食品包装行业发展现状分析[J].中国包装，2022，42（02）：9.

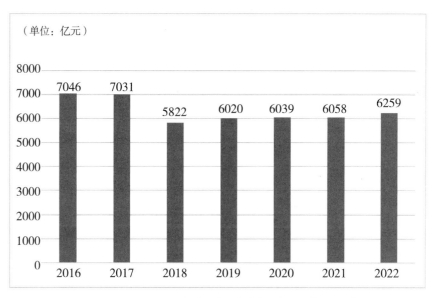

图 4-1-1　2016—2022 年中国食品包装行业市场规模预测趋势
数据来源：中商情报网

装有关企业新增加量总体呈升高趋势。2020 年在我国食品包装有关企业新增加量达 58821 家，相较 2019 年增加近 14000 家，而在双碳现行政策抓紧推动下，2021 年中国食品包装有关企业新增加量相较 2020 年的 58821 家有所减少，为 54082 家（图 4-1-2）。

从我国食品包装领域相关企业地区分布看来，相关企业遍布全国各地，其中山东省食品包装企业总数较多，为 34921 家，占比为 9.9%；广东省、河南省等地企业总数也相对集中，占比分别为 8.6% 和 8.0%（图 4-1-3）。

从代表性企业区域分布情况来看，广东省食品包装代表性企业较多，如金发科技、通产丽星、天元实业等。除了广东省外，浙江省、江苏省和山东省也有较多食品包装代表性企业。

从中国食品包装行业企业规模来看，中国多数食品包装生产企业规模较小，目前尚未产生较大规模的龙头企业。根据前瞻网统计，食品包装业务代表公司主要有合兴包装、宝钢包装、华泰股份、嘉美包装等企业，2021 年其食品包装领域营业收入情况见表 4-1-1。

由此可见，食品包装行业处于成熟阶段，行业内竞争者数量众多，行业竞争较为激烈。食品包装行业技术进入门槛较高，且当前其吸引力一般，行业潜在进入者威胁一般[1]。

（3）行业进出口市场

从世界市场范围来看，2021 年全球超级食品市场价值达到 1527.1 亿美元，预计全球超级食品市场将以 9.2% 的年复合增长率增长，到 2027 年市场价值将达到 2149.5 亿美元。其中北美地区是超级食品主战场，市场规模最大；亚太地区作为后起之秀，则是近年增长最快的市场[2]。在愈加注重健康饮食的时代，包装食品标签愈加作为消费者购买食品的重要参考，将引导食品包装设计。《进出口食品安全管理办法》规定，进口的预包装食品应当有中文标签；依法应当有说明书的，还应当有中文说明书。对于进口鲜冻肉类产品，外包装上应加有出口国家（地区）官方检验标识等。2019 年我国食品行业出口交货值为 1098 亿元，同比增长 6.1%。2020 年上半年，受新冠疫情影响，我国食品行业出口交货值有所下降。2021 年 1-7 月我国食品行业出口交货值为 649 亿元（图 4-1-4）。

1　前瞻产业研究院 .2022 年中国食品包装行业竞争格局及市场份额分析 [EB/OL].（2022-06-22）[2022-11-01]. https://bg.qianzhan.com/trends/detail/506/220622-9c9e322d.html.

2　中商情报网 .2020 年中国食品进出口行业现状及发展前景分析 [EB/OL].（2020-07-23）[2022-11-01]. https://www.sohu.com/a/409202548_642249.

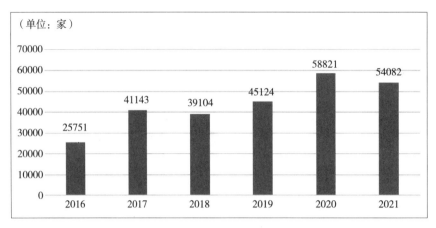

图 4-1-2　2016—2021 中国食品包装相关企业新增注册量变化趋势
数据来源：中商情报网

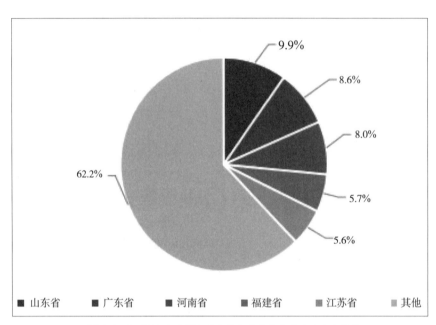

图 4-1-3　2021 年中国食品包装相关企业地区分布占比结构
数据来源：中商情报网

表 4-1-1　2021 年食品包装领域业务代表公司营业收入情况

企业名称	上市情况	2021 年食品包装业务营收 / 亿元	食品包装业务布局
合兴包装	A 股上市	175	中高档瓦楞包装
宝钢包装	A 股上市	69.68	金属饮品罐及配套易拉罐
华泰股份	A 股上市	149.03	包装纸
嘉美包装	A 股上市	34.52	金属容器、易拉罐制品
天元股份	A 股上市	12.89	塑料包装、缓冲包装
巨化股份	A 股上市	179.86	食品包装材料

数据来源：前瞻经济学人

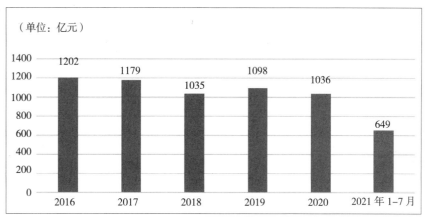

图 4-1-4　2016—2021 年 7 月中国食品行业出口交货值统计
数据来源：中商情报网

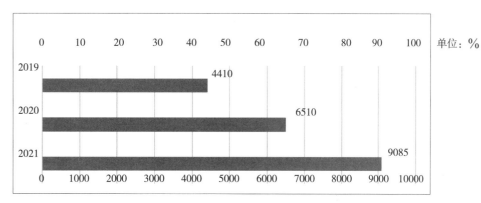

图 4-1-5　2019—2021 年食品包装行业公开专利申请数量
数据来源：国家知识产权局

（4）行业技术发展态势

根据数据统计，2020—2021 年，我国食品包装行业公开的专利申请一共 15595 件，其中 2021 年申请专利数约占 58.26%，相比于 2019 年专利数量增长超过 90%[1]（图 4-1-5）。2021 年申请专利中，实用新型专利约占 60%，占据了绝大部分。

随着包装行业快速发展，以及消费市场需求的多样化，食品包装正朝着功能多样化的方向发展，其功能包括防油、防潮、保鲜、高阻隔、活性包装等，并融入了现代智能标签技术，如二维码、区块链防伪等。从在我国食品包装技术发展态势来看，主要有以下特征。

① 包装形式智能化。

现今人们对食品安全越来越重视，智能包装应用于食品上的技术研发不断深入。特别是可以智能检测并显示细菌病毒含量的智能抗菌包装，已成为智能包装的攻克难点和焦点。

在新材料方面，功能型材料的研发是行业发展的主要趋势，如温度控制材料和变色、光电、热敏、湿敏、气敏等功能材料。以 pH 响应型智能包装为例，食品在贮藏的过程中，随着食物质量的变化，食物的 pH 值也会改变。因此，pH 值检测是评判食品新鲜程度的一种方法，其中花青素 pH 响应型智能包装膜在对肉制品、奶制品和水产品的储存期新鲜度检测中表现出显著的颜色变化，在食品新鲜度监控方面显示出很大的发展

1　国家知识产权局 . 食品包装行业公开专利申请数 [EB/OL].（ 2021-12-31 ）[2022-11-01]. https：//pss-system.cponline.cnipa. gov.cn/retrieveList?prevPageTit=chagngui.

图 4-1-6：Packadore 集体连接式包装
图片来源：西林设计

潜力[1]。

在新结构方面，改造产品包装结构、减少材料的使用，是降低智能化包装成本的关键点[2]。以 Packadore 集体连接式包装为例，针对食物浪费加剧气候危机的问题，以改变消费者的行为并减少浪费为出发点，设计融合 DeXel 创新技术，运用互联网技术将现有的广口瓶和瓶子转变为智能包装（见图 4-1-6）。节省食物的计时器设备通过运动感应技术和 LED 照明系统附着在包装的盖子上，帮助消费者减少食物浪费。这种创新的概念设计旨在通过授权用户对他们所浪费的食物做出更明智的选择，控制并限制对当前的气候环境的负面影响[3]。

随着科技与经济的快速发展，普通的商品包装已经不能满足消费者日益复杂的消费需求。当前，设计师在普通包装中融入了更为智能化的技术，如传感技术、生物技术、电子与互联网等，使包装设计具备更加多元的可能，智能包装也逐渐走进了新时代消费者的生活之中。

②包装技术自动化。

现代人追求食物的丰富口感，食物生产趋向于多品种、小批量生产。为使包装机械具有更大的灵活性、提高自动化水平，微机技术、模块化技术和单一的组合形式是现代食品包装行业发展中必不可少的[4]。以京东智能包装系统（图 4-1-7）为例，依托智能耗材推荐系统——精卫，磁悬浮打包机、气泡膜打包机、枕式打包机、对折膜打包机等 18 种智能设备各显其能，实现了针对气泡膜、对折膜、纸箱等各种包装材料的统筹规划和合理使用，形成了软件硬件一体化的智能打包系统的解决方案。该系统极大简化了人工操作流程，降低员工劳动强度的同时提升了运营效率，其效率是传统打包方式的 5~10 倍[5]。

随着数字化时代的到来，自动化技术在社会中的应用越来越普遍，甚至深刻影响着各行各业的转型与升级。其中，自动化技术在食品包装行业中的应用，更是极大地提高了食品工艺生产效率，为提升食品行业发展水平提供了坚实、可靠的技术支撑。以梅卡曼德 3D 视觉系统为例，该系统可以实现对周转箱进行识别定位，引导机器人抓取周转箱进行拆垛。3D 视觉系统单次拍照采集局部特征即可获取周转箱的空间位置，运行

1 曾俊，任小娜，魏健，等 . 花青素 pH 响应型智能包装及其在食品新鲜度监测中的应用 [J]. 食品与发酵工业，2023（2）：333—338.

2 唐鹏雯，朱宁 . 后疫情时代方便食品包装研究 [J]. 绿色包装，2022（07）：63-66.

3 西林设计 .Packadore 集体连接式包装解决方案可改变行为并减少浪费 [EB/OL].（2021-03-22）[2022-11-01]. https：//www.sealingad.com/show-860.html.

4 中商产业研究院 .2022 年中国食品包装市场规模及行业发展趋势分析 [EB/OL].（2022-01-28）[2022-11-01]. https：//www.askci.com/news/chanye/20220128/1637371739479.shtml.

5 商业新知 . 自动化包装技术新发展 [EB/OL].（2020-06-17）[2022-11-01]. https：//www.shangyexinzhi.com/article/2026151.html.

图 4-1-7：京东智能包装系统
图片来源：商业新知

效率高。梅卡曼德 3D 视觉系统协助 ABB 机器人对食品包装环节进行自动化改造，对于企业实现高品质、高效率、高安全性的产业转型升级具有积极作用（图 4-1-8）[1]。

总之，机械自动化是新时代食品包装发展的必然趋势，自动化技术在食品包装机械中的应用实践成效良好，可全面提升食品包装生产效率，积极推动食品包装机械自动化发展进程，为食品行业提供技术更先进、效率更高的包装服务。

③ 包装材料环保化。

推广安全无毒的可生物降解食品包装材料已成为食品包装行业发展的关键点。我国每年由塑料食品包装所产生的垃圾大约为 280 万吨，塑料食品包装的使用既大量消耗石油资源，其废弃物也给环境保护带来了巨大的压力[2]。近年来，为了确保食品安全，减少环境污染，食品包装行业越来越倾向于在生活中利用天然高分子材料作为原材料制备环境友好型、可生物降解的新型包装。例如在 2020 年 MA 全球食品包装设计大赛中获得最佳结构与材料设计奖的作品，设计者通过使用谷物和坚果制作的完全可食用并且可生物降解的食品包装桶产品，无需在运输途中使用保护食物的可回收纸封套（图 4-1-9）。再如 2021 年获得 MA 全球食品包装设计大赛奖项的作品即饮款严水天然矿泉水，采用瓦楞纸、PE 膜、铝箔膜等可以被回收利用的纸质材料制作而成（图 4-1-10）。

综上所述，目前我国食品包装行业的市场集

1　中国工控网 . 梅卡曼德协助 ABB 机器人，以 AI+3D 视觉实现食品包装自动化升级 [EB/OL].（2022-08-23）[2022-11-01].
https：//www.mech-mind.com.cn/NewsStd/yyalfxmkmdxzABBjqryAI3Ds.html.

2　肖玮，孙智慧，刘佳，等 . 生物降解食品包装材料的研究进展 [J]. 食品工业，2018，39（01）：216-218.

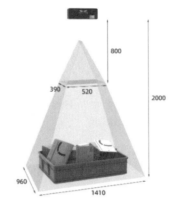

Mech-Eye LOG M
工业级 3D 相机

视野图（mm）

图 4-1-8　梅卡曼德 3D 视觉系统
图片来源：Mech-Mind

图 4-1-9　Plant-Based Bucket
图片来源：MA 全球食品包装设计大赛

图 4-1-10　即饮款严水天然矿泉水
图片来源：MA 全球食品包装设计大赛

中度较低，大型企业、国有企业较少，民营企业多而散，行业整体规模偏小，尚未产生较大规模的龙头企业，主要代表企业市场份额占比均不足 2%，行业竞争激烈。同时，随着我国经济快速发展，越来越多食品加工企业选择自动化的生产方式，重视食品加工及包装的自动化。自动化生产不仅能够节约成本、增加产量、保证质量，而且能够保证产品包装的单位精确性以及固定性，但是受成本及其他方面因素的限制，机械自动化技术的开发还任重道远。

4.1.2 食品包装市场供需分析

目前我国食品工业的快速发展带动了食品包装行业的发展，市场需求呈现增长态势。并且随着经济发展与技术更新，食品包装行业竞争力的不断提升，行业规模不断扩大，企业发展迅速，食品包装行业持续保持了规模效益的快速增长。下面将从市场供给与需求方面进行分析。

（1）食品包装市场供给情况

我国食品包装供给主要受食品市场需求影响。在食品包装产量方面，中研产业研究院公布的报告显示，我国食品包装相关企业新增量呈稳步上升的趋势，2021 年食品包装产量为近年峰值。2021 年全国初级形态塑料产量为 11039.1 万吨，同比增长 5.8%，产量持续增长。而全国包装专用设备产量自 2018 年小幅下降后开始持续增长，2021 年产量达近年来峰值。2021 年全国包装专用设备产量为 754335 台，同比增长 57.1%，产量大幅增长。据此可以推断，食品包装的产量也随着原材料以及设备的产量增长而提高。在食品包装价格方面，资料显示，2021 年因为新冠疫情影响，我国食品原材料和包装材料价格齐升，成本压力凸显。包装材料和原材料价格、运费同时上涨，导致食品包装价格上涨，食品包装产量也因此受到影响。在食品包装营利方面，工信部消费品工业司数据显示，2021 年 1—12 月，全国食品工业规模以上企业实现利润总额 6187.1 亿元，同比增长 5.5%。

（2）食品包装市场需求情况

我国食品工业在中央及各级政府的高度重视下，在市场需求的快速增长和科技进步的有力推动下，已发展成为门类比较齐全，既能满足国内市场需求，又具有一定出口竞争能力的产业，并实现了持续、快速、健康发展的良好态势。食品工业总产值年均递增 10% 以上，产品销售收入快速增长，经济效益大幅度提高，继续保持位列国民经济各产业部门前列的地位，为国民经济建设发挥着支柱产业的重要作用（图 4-1-11）。从食品行业市场发展现状来看，我国食品包装市场需求主要有以下特征。

① 国家政策促进食品行业包装绿色发展。

近年来，为加强食品安全及促进食品行业的健康发展，中央及有关部门出台了一系列政策和法规（表 4-1-2），一定程度上提高了食品行业

的准入门槛，有利于避免劣质产品扰乱市场秩序，促进食品行业健康发展。《中华人民共和国国民经济和社会发展第十四个五年规划和 2035 年远景目标纲要》提到，要大力发展绿色食品产业，支持绿色食品等重大项目建设，完善食品药品质量安全追溯体系。食品制造产业加快跃向万亿级，壮大绿色食品产业链，形成具有竞争力的万亿级产业集群。食品包装行业积极响应国家对可持续发展的要求，绿色食品包装已成为行业热点。近年来食品包装领域大力推行"可降解"的绿色环保包装材料，逐渐禁止不可降解或难降解材料的使用，控制令人忧心的"白色污染"。在"双碳"目标背景下，行业协会及企业避免过度包装，发展新型包装材料及推进"以纸替塑"等，成为了食品包装低碳化发展的必经之路。

② 食品供应链现代物流的转变急需包装赋能。

新冠疫情到来之前，消费者外出就餐机会多，线下餐饮已经给消费者提供了足够多的选择，看起来不够新鲜的速冻食品并未引起消费者的购买热情。而在疫情期间，消费者在家就餐需求增多，受制于外出就餐不便与自身厨艺水平等诸多因素，速冻食品以其烹饪便利与易储藏等特性为消费者所青睐。在供需共同驱动下，疫情期间速冻食品销售增长迅速。天猫数据显示，2020 年 2—11 月，天猫平台上的速冻品类平均销售额同比增长近 100%，海鲜丸类、包点（面点）

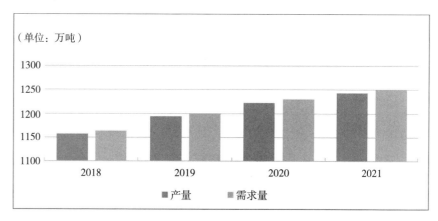

图 4-1-11　2018—2021 年我国食品市场产量与需求量
数据来源：中研普华研究院

表 4-1-2：食品行业新增相关政策法规

颁布时间	政策名称	内容
2021 年 3 月	《中华人民共和国国民经济和社会发展第十四个五年规划和 2035 年远景目标纲要》	要大力发展绿色食品产业，支持绿色食品等重大项目建设，完善食品药品质量安全追溯体系。食品制造产业加快跃向万亿级，壮大绿色食品产业链，形成具有竞争力的万亿级产业集群
2020 年 1 月	《食品生产许可管理方法》	根据规定，在中华人民共和国境内从事食品生产活动应当依法取得食品生产许可。食品生产许可实行一企一证原则。食品药品监督管理部门按照食品的风险程度对食品生产实施分类许可，县级以上地方食品药品监督管理部门负责本行政区域内的食品生产许可管理工作。本方法对食品生产许可证申请、受理、审查、管理、监督检查等作出了详细规定
2019 年 5 月	《关于深化改革加强食品安全工作的意见》	到 2035 年，食品安全标准水平进入世界前列，产地环境污染得到有效治理，生产经营者责任意识、诚信意识和食品质量安全管理水平明显提高，经济利益驱动型食品安全违法犯罪明显减少。食品安全风险管控能力达到国际先进水平，从农田到餐桌全过程监管体系运行有效，食品安全状况实现根本好转，人民群众吃得健康、吃得放心
2017 年 6 月	《外商投资产业指导目录（2017 年修订）》	继续将果蔬饮料、蛋白饮料、茶饮料、咖啡饮料、植物饮料的开发、生产列入鼓励外商投资产业目录
2017 年 2 月	《"十三五"国家食品安全规划》	牢固树立和贯彻落实创新、协调、绿色、开放、共享的发展理念，坚持最严谨的标准、最严格的监管、最严厉的处罚、最严肃的问责，全面实施食品安全战略，推动食品安全现代化治理体系建设，促进食品产业发展，推进健康中国建设
2017 年 1 月	《关于促进食品工业健康发展的指导意见》	坚持"创新、协调、绿色、开放、共享"的发展理念，围绕提升食品质量和安全水平，以满足人民群众日益增长和不断升级的安全、多样、健康、营养、方便的食品消费需求为目标，以供给侧结构性改革为主线，以创新驱动发展为引领，着力提高供给质量和效率，推动食品工业转型升级，膳食消费结构改善，满足小康社会城乡居民更高层次的食品需求
2016 年 11 月	《食品安全标准与监测评估"十三五"规划（2016—2020 年）》	全面构建"标准严谨实用、监测准确高效、评估科学权威、履职保障有力"的食品安全标准与监测评估工作体系
2016 年 8 月	《江苏省"十三五"食品产业发展规划》	鼓励方便休闲食品、营养保健食品、绿色有机食品、酒类等 4 类具有高附加值的食品产业发展，积极适应现代消费升级形势，满足消费者更健康、更安全、更方便和更有特定功能性的个性化、多样化需求，扩大产品市场份额，进一步增强区域市场与国内国际竞争力
2016 年 7 月	《轻工业发展规划（2016—2020 年）》	推动食品工业向安全、健康、营养、方便方向发展。加强提高平衡膳食水平和降低营养损失为特点的加工新技术、节能减排技术开发。加快机械化、自动化、智能化和信息化的食品制造装备应用。重点在粮食加工、油脂加工、肉类加工、水产品加工、乳制品加工、饮料制造、制糖、发酵、酒类生产、罐头食品制造、营养与保健食品制造、食品加工与技术装备制造等领域大力推进产业结构调整。全面开展企业诚信体系建设，提高食品质量安全检测能力，推进食品质量安全信息追溯体系建设
2016 年 4 月	《全国绿色食品产业发展规划纲要（2016—2020 年）》	全面开展绿色食品市场营销服务体系建设，推动绿色食品步入"以品牌引导消费，以消费拉动市场，以市场促进生产"的发展轨道，支持多形式建立绿色食品电商平台，积极引导企业充分利用电商平台拓宽营销渠道，提高流通效率

数据来源：中商产业研究院

类、水饺（馄饨）、汤圆（元宵）等速冻品类平均销售额同比增长超过400%。速冻食品市场规模也在逐年增长，且增速平稳，市场渗透率达90%。超过九成受访消费者都购买过速冻食品，速冻食品以其烹饪快速的优势获得了消费者的认可（图4-1-12）。

然而，据统计，我国的食品工业产成品每年在运输和储存方面的损失超过千亿元，仅仅由于冷链食品在运输过程中的损耗，整个物流费用就占到易腐食品成本的60%。随着国民经济的快速发展，现代物流在国民经济以及区域经济发展中发挥着越来越重要的作用，成为生产与流通的主导因素。构建我国食品行业的现代物流平台，通过包装赋能将传统的基础物流向食品供应链现代物流转变，并逐渐使之成为一个新兴的产业，已成为我国食品包装行业的主要课题。

③ 食品消费全渠道发展提高包装标准。

网络电商的不断发展，加上"宅经济"的火热，促使消费者网购需求激增，尤其是食品类别大幅度增长。虽然目前线下渠道仍是中国休闲食品销售的主要渠道，其中市场、超市及便利店占整体销售渠道的83%，网上渠道仅占13%。但许多商家看准商机，纷纷将产品的销售渠道由线下拓展至线上，传统销售渠道逐渐向互联网销售渠道转变。可以预见未来休闲食品在电商平台的销售额将不断增长，全渠道发展将是一大趋

势。另外亚马逊及阿里巴巴等公司为了确保产品不受损坏、污染，对食品类包装提出了更高的要求。因此，除了改变销售渠道与销售策略外，更应针对网购、外送的物流模式与产品销售形态进行食品包装的测试与改造，同时应加强包装结构的坚固性并调整规格设计，以符合产品尤其是生鲜蔬果类及饮料类产品集货处理与配送时的需求，减少在此过程中碰撞损伤的机会。食品包装设计师应通过资料搜集与数据分析，掌握消费者线上消费的偏好，调整优化包装设计。例如通过包装技术延长产品的保质期与维持产品的新鲜度，以满足消费者大量采购囤货及对食品品质更高标准的需求。

④ 包装塑造品牌形象，助力新型餐饮形式改变。

随着消费需求的升级，饮食已经不再仅仅是消费者满足口腹之欲的方式，而被消费者赋予了更多内涵。疫情期间，为了更好地满足消费者对于便利的需求，餐饮赛道中的各类品牌也在适时进行着调整，例如餐饮品牌开始着力推行堂食包装化。随着疫情逐渐得到控制，省时快捷的便利食品依然可以继续满足消费者的需求，这也解释了代餐奶昔、预制菜肴、外卖快餐等便利速食食品的流行。

以预制菜为例，2020年受到新冠疫情影响，餐饮业景气度不高，消费者居家烹饪成为主流。

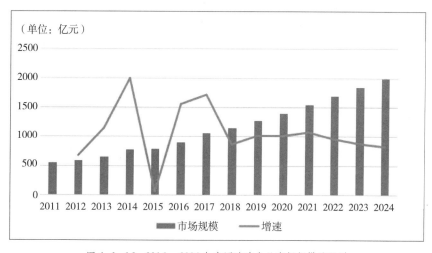

图 4-1-12 2011—2024 年中国速冻食品市场规模及预测
数据来源：艾媒数据中心

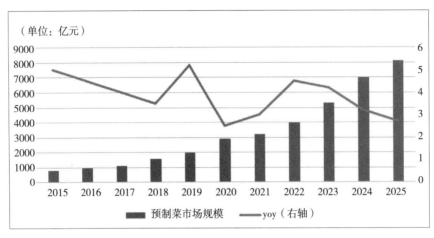

图 4-1-13　中国预制菜市场规模及预测
数据来源：《2022年中国预制菜行业发展趋势研究报告》

根据英敏特月度追踪研究，对12个城市1200名18~9岁互联网用户的调查数据显示，2020年底相比2019年同期，65%的消费者提高了在家烹饪的频率，而38%的消费者增加了半成品的使用频率。线下餐饮企业为应对新形势，推出预制菜肴产品，让许多消费者体验到了在家吃一顿健康丰盛的年夜饭的便利性，这进一步培养了消费者在家烹饪半成菜品的消费习惯。2020年以来，西贝、海底捞、眉州东坡等传统餐饮都开始了数字化、零售化转型进程，核心就是推广预制菜产品。从天眼查大数据可知，截至目前，企业名称或经营范围中包含"预制菜、预制食品、半成品食品"的国内企业已超过6.9万家。为提升配送效率、为消费者提供更便利的就餐选择，一些预制菜肴商家选择与线上渠道合作。如新雅粤菜馆、杏花楼、眉州东坡等一众餐饮老品牌，通过各大电商平台旗舰店，销售自家研发的半成品食品。资料显示，预制菜因简单的烹饪步骤、低成本人力资源和现代冷链物流技术而迅速崛起，2021年行业规模已达2400亿元，2025年有望扩张至4800亿元。测算得到2025年预制菜行业规模具有近翻倍的空间，2021—2025年复合增速约为18%（图4-1-13）[1]。在预制菜需求激增的背景下，相应的预制菜包装需求也水涨船高。

目前预制菜的产品包装面临许多加工方面的问题，例如真空包装漏气、蒸煮过程破包、包装产线速度慢等等。此外，物流运输问题和消费者的体验问题也亟待解决。从预制菜企业包装需求和关注度来看，未来预制菜包装有三大突破机会，一是常温预制菜包装技术，由于冷链包装技术成本高等限制，越来越多的品牌企业，期望携手包装企业共同开发常温预制菜包装；二是高温蒸煮包装技术，包括提升蒸煮包装的应用体验等；三是冷冻及冷藏包装技术，有助于解决冷链包装的环保问题等。

（3）食品包装市场发展潜力

食品包装行业的市场发展往往与食品行业的发展有密不可分的关系。以下将从四个方面阐述食品包装市场发展潜力。

① 速食食品带动便捷性包装需求。

2021年，生鲜电商、社区团购、餐饮外卖等"到家经济"迎来了爆发式的增长。以盒马鲜生为例，新冠疫情期间，线上订单占比由50%增长到80%，而其中预制菜、方便菜等品类增长尤为显著。因此在餐饮领域，消费者注重健康卫生的意识增强，独立小包装、便携式餐饮包装也成为市场"标配"。例如2021年红点奖获奖作品小七厨房，该包装设计针对年轻人，在系列包装中加入MBE卡通表情，彰显年轻的美学特质。

1　蓝鲸财经.预制菜，用"包装"创新破局？[EB/OL].（2022-07-06）[2022-11-01]. https://baijiahao.baidu.com/s?id=1737572958082954258&wfr=spider&for=pc.

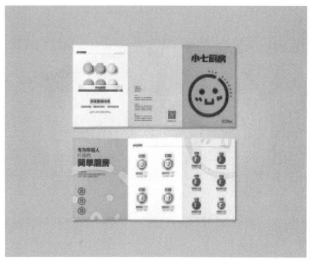
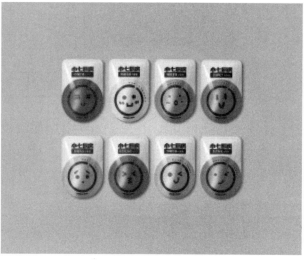

图 4-1-14 小七厨房
图片来源：2021 年红点奖

图 4-1-15 盒马鲜生独立包装
图片来源：盒马

包装背面有产品烹饪步骤的插图，通过点与线的和谐组合，生动演绎"生活与烹饪"的愉悦，以诚挚的态度对待用户（图 4-1-14）。

再例如，盒马鲜生目前正在积极布局预制菜肴市场，专门成立的"盒马工坊"打出"盒马工坊，你的厨房"的推广语。2021 年春节，盒马工坊借机推出联名款年夜饭套餐。盒马发布的《2021 年盒区房年货趋势报告》显示，2021 年盒马年货节半成品年菜销量是 2020 年的 4 倍；2021 年年货节以来，盒马小包装净菜销量同比增长 74%（图 4-1-15）。

新冠疫情期间，除方便速食等包装食品外，罐头类食品也大量进入家庭，成为新消费的重要食品。我国罐头行业是典型的出口型行业，一直保持着较快的发展速度，是中国众多食品商品中最先打入国际市场、产品质量较早与国际接轨的一种商品。近几年我国罐头行业发展速度较快，受益于罐头行业生产技术不断提高以及市场需求不断扩大，罐头行业在国际市场上发展形势良好。由于罐头食品口味的不断丰富，包装设计更加方便，可以应对各种场景的需求，营养安全特征突出，罐头已成为消费升级的新品。例如创新罐头食品包装概念设计 California Kissed。传统的钢罐很难打开，没有内置的机制，也不能重新密封，并且如果拉环没有打开罐头而断掉就会引起不便。California Kissed 设计有一个易于打开的拉

图 4-1-16 California Kissed 创新罐头食品包装设计
图片来源：腾讯网

图 4-1-17 鲜时——生鲜食品智能包装
图片来源：特创易·GO

片，包括一个旋转机构，可以排出液体和重新密封罐子；并且其更短、更平的外形节省了所占用的厨房空间（图 4-1-16）。

② 冷链物流促进生鲜食品包装发展。

食品市场规模随着人们生活水平的提高不断扩大，而诸多易腐食品均离不开冷链物流，冷链物流市场存在很大的发展空间。Fastdata 极数数据显示，2021 年 6 月的活跃用户仍然超 7100 万人，从用户规模以及较高的用户黏性可以看出，生鲜消费线上化习惯正在养成。由此推测，未来生鲜市场规模会逐渐扩大，相应的生鲜食品包装行业也将迅速发展[1]。以鲜时 seefresh 为例（图 4-1-17），这是一款生鲜食品的智能包装，可以检测食品的新鲜度，比保质期更加容易被人们注意到。镂空区域内的半透明红色薄膜上，附着了斑点形状的红球甘蓝花青素指示剂。当肉类处于新鲜状态时，指示剂斑点会呈红色，在红色薄膜与红肉背景下不明显；当肉类开始腐化并释放酸性物质时，指示剂斑点便变为绿色，呈现出"霉斑"效果。

③ 限塑令推出，"以纸代塑"成为趋势。

2020 年初有关部门印发了《关于进一步加强塑料污染治理的意见》，以 2020 年、2022 年、2025 年三个时间为节点，明确了加强塑料污染治理分阶段的任务目标，到 2020 年率先在部分地区、部分领域禁止、限制部分塑料制品的生

---

1 后疫情时代消费模式催生包装新机遇 [J]. 中国包装，2021，41（03）：36-37.

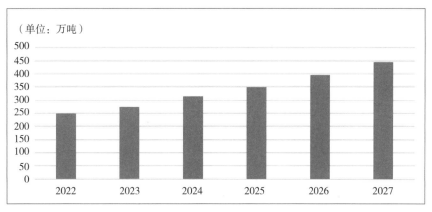

（单位：万吨）

图 4-1-18 2022—2027 年中国食品包装纸销量预测
数据来源：虹桥包装

表 4-1-3 食品纸包装未来需求预测

	2020	2021	2022E	2023E	2024E	2025E
行业增速 =15%		13%	15%	15%	15%	15%
容器类包装纸需求	200.00	225.00	258.75	297.56	342.20	393.53
同比增量 / 万吨		25.00	33.75	38.81	44.63	51.33
行业增速 =20%		13%	20%	20%	20%	20%
容器类包装纸需求	200.00	225.00	270.00	324.00	388.80	466.56
同比增量 / 万吨		25.00	45.00	54.00	64.80	77.76

数据来源：三个皮匠报告

产、销售和使用。截至 2021 年 12 月，31 个省（市、自治区）已发布塑料污染治理相关实施方案或行动计划，"禁塑令"全面铺开。在此背景下，由于可降解塑料配套产能不足及设备尚不完善，"以纸代塑"成为趋势，食品包装纸的需求持续增长。中国纸浆模塑制品的对外贸易的产品主要为压制或模制纸浆制品。从中国纸浆模塑制品进出口整体来看，2021 年 1—8 月我国纸浆模塑制品行业的进出口总额达到 16426.37 万美元，且实现贸易顺差 15260.37 万美元[1]（图 4-1-18）。根据上市公司披露的数据，2021 年容器类食品包装纸产量规模大约为 200 万吨，其中非涂布容器类包装纸产量约 110 万吨，涂布容器类包装纸产量大约 90 万吨；非容器类包装纸产量达 22.5 万吨。从需求情况来看，容器类食品包装纸需求巨大，2021 年需求容器类包装纸已达

到 25 万吨，未来将以 15%~20% 的增速扩张，预计 2022~2025 年容器类包装纸需求增量为 170 万吨 ~200 万吨（表 4-1-3）。

以外卖包装为例，随着消费升级，外卖消费市场逐渐拓展。据中国互联网网络信息中心数据，截至 2021 年 12 月，我国网上外卖用户数已达 5.44 亿人。根据美团 2021 年抽样调查报告，外卖餐盒中纸和板材质的占比约为 9.2%。其中纸质餐盒在西餐外卖中使用相对较多，占比在 40%~50%，在甜点饮品中仅占比约 20%，在日韩料理、东南亚菜中仅占比约 10%，在其他菜系中仅占比约 5%。纸质外卖餐盒具有较大推广空间。以 2022 年红点奖优秀作品模块化套餐盒为例，这款套装盒包含三个大小不同的模块，方便存储和携带餐点。这些盒子由可持续材料制成，具有美感和可持续性，符合现代生

---

1 虹桥包装 . 美国为我国纸浆模塑最大出口国食品包装 [EB/OL]. （2020-11-03）[2022-11-01]. http：//www.hqpack.com/site/news/11098.

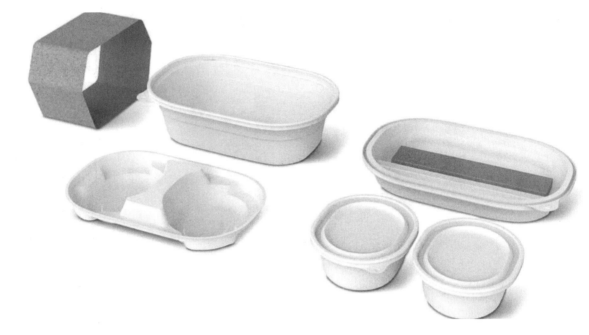

图 4-1-19 模块化套餐盒
图片来源：2022 年红点奖

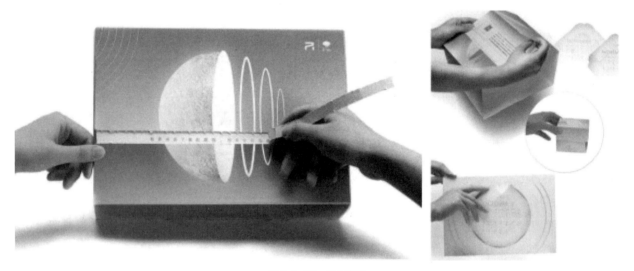

图 4-1-20 月之亮面
图片来源：2020 年红点奖

活方式（图 4-1-19）。

"新限塑令"的推行，需要从顶层设计入手，不断加强监管力度和引导宣传，通过行政措施和具体设计范式，从而推动"新限塑令"的落地实施。以 2020 年红点奖获奖作品月之亮面为例，月饼礼盒设计以环保和可二次使用作为亮点，整体包装使用环保材料，并且具有耐人寻味的玩法：取材环保的杜邦纸作为外包装，还可用于植物种植。外包装盒的环形激光及压印纹理设计，表示月球和起伏的潮汐，寓意"在混沌中寻找新的光亮"。新奇的撕条打开方式、朦胧的花

瓣状插页，寓意"在裂缝中寻找新生"。外包装盒撕开后可得到一个 2020 年的月相日历（图 4-1-20）。

④ 国潮风兴起激发地方特色食品包装设计。

近年来，很多食品加工企业尝试为自家产品打造特色化、差异化的品牌。"国潮"通过将历史厚重感和潮流时尚巧妙结合，赢得了人们尤其是年轻人的追捧，中国风、复古风设计产品频频成为爆品。新时代的包装设计应该将时代特征和传统文化相融合。以月饼包装设计为例，资料显

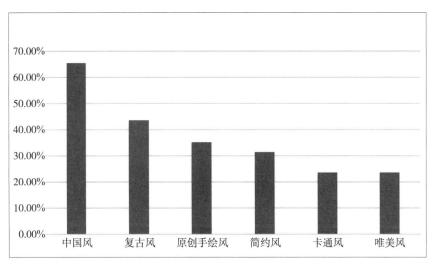

图 4-1-21　2021 年中国 Z 世代群体偏好月饼包装风格
数据来源：艾媒咨询

示，中国风、复古风的月饼包装更受"Z 世代"群体喜爱（图 4-1-21）。

以国潮插画为例，作为一种艺术渲染的方式，其独特的潮流风格与食品包装相结合，为产品增添了一种艺术性。例如 2020 年红点奖获奖作品枝喜山花蜜，在创作中融入中式特色，流线型花瓣简洁大方，一纸成型的结构更好地解决了印刷的成本问题，减少浪费。包装紧扣"山花蜜"的核心概念，给予消费者完整、惊艳的视觉感官体验。十分注重装饰效果，对每个细节精雕细琢。从简单到繁杂、从整体到局部，或庄严肃穆或典雅优美，打造出喜鹊形象的高级感，提高了包装的附加值。在给消费者带来趣味的同时，也对产品的品质作出了保证（图 4-1-22）[1]。

再以轻食品牌 Pandalulu "国潮风"转型为例，该品牌前期的产品包装设计思路沿袭了扁平化设计风格，色彩采用饱和度较高的颜色，提炼心叶子图案为主要元素作为设计亮点，传递产品的健康理念，并与包装主色形成撞色。整体上看，过高的色彩饱和度易使人产生视觉疲劳感，整体包装缺乏辨识度、时尚感，包装结构不稳定。新包装设计思路结合医药产品的编排逻辑，通过具有象征意义的几何图形传递品牌调性，加强品牌的视觉认知，塑造出 Pandalulu 独特的

"国潮风"形象（图 4-1-23）。[2]

现今，"国潮风"插画在食品包装设计中的应用越来越广泛，且涌现了不少成功案例。在过去的食品包装设计中，绝大多数所使用的是西方文化元素或者是现代工业元素，由于设计理念比较类似，所以市场上出现了包装设计同质化现象。"国潮风"插画在现代食品包装设计中的应用，实现了与同类产品的有效区别，这对于彰显产品的独特性有突出的意义。

4.1.3 食品包装行业发展趋势

目前我国食品包装行业正处于高速发展阶段，总体发展情况稳步上升。从我国食品包装行业发展趋势来看，主要有以下特征。

（1）行业集中度日趋提升

我国多数食品包装生产企业规模较小，目前尚未产生较大规模的龙头企业，主要代表公司有合兴包装、宝钢包装、华泰股份、嘉美包装等企业。2020 年的资料显示，代表企业市场份额占比不足 2%，行业集中度目前处于较低水平。但是在中国食品包装行业中，奥瑞金、双星新材、宝钢包装等代表企业，包装业务规模较大、产业布局较广、竞争力强劲，预计未来会对中小企业

1　叶欣，刘雨佳 . 国潮插画在食品包装设计中的应用研究 [J]. 食品安全导刊，2022（4）：142-144.

2　徐海波，吴余青 . 轻食食品包装扁平化设计风格及"国潮"趋势 [J]. 食品与机械，2021，37（12）：107-109；187.

图 4-1-22 枝喜山花蜜
图片来源：2020 年红点奖

图 4-1-23 Pandalulu 轻食包装
图片来源：Pandalulu 官网

产生一定影响。并且随着环保政策趋严，塑料包装逐渐被其他包装替代，部分企业生产受限，中小企业生存困难，预计未来食品包装行业的集中度将会有所提高。

（2）监管力度逐渐加大

随着包装行业经济效益的提高，有很多产品为达到吸引消费者的目的而使用极度烦琐、复杂甚至奢华的包装，不仅欺骗普通消费者，增加消费者的经济负担，还会加剧资源浪费、环境污染。近年来我国对食品包装监管力度加大，虽然市面上仍有过度包装现象存在，但杜绝过度包装的举措已经初见成效。根据调查，临近中秋节，家乐福超市严格把关，月饼包装层数不超过三层，不和其他商品混装，按国家标准控制包装成本及空隙率，消费者购买月饼更放心、更省心。唯品会数据显示，平台上的月饼礼盒售价平均在 100 元左右，位居月饼畅销榜前 6 名的有 4 款月饼礼盒售价在百元以下 [1]。根据市场监管总局公布的 2021 年以来查办的商品过度包装的多起典型案例判断，随着新修订的《固体废物污染环境防治法》进一步明确了限制商品过度包装的义务性规定，各地市场监管部门将依法加强食品包装监管力度。

（3）包装设备自动化

随着我国食品加工工艺的不断进步，将自动化技术引入到食品包装设备中，研发智能化包装技术，运用机电一体化，构造全自动包装系统进行包装生产已成为行业发展必然趋势。食品包装设备将朝着高效率、多功能、低消耗的方向发展。具体来说，自动化包装技术可以提高包装产品质量，真正实现高速、优质、低耗和安全生产。食品包装行业设备相对于其他行业的包装设备有更加严格的技术要求。食品自动化包装设备作为产品出厂的最后一个环节，在自动化生产线的建立过程中，需要进行对食品品质、生产效率、产品标准化的诊断和控制，从而实现优质高产的食品加工要求。食品包装设备不仅需要保护内容物不受细菌污染，还要求包装材料本身安全卫生，避免包装材料污染所包装的食品。食品包装设备的功能也不仅限于简单的保护，在传感技术、智能技术、工业机器人等技术的支持下，其功能更加多元化。食品加工设备的智能化、网络化使食品包装设备的远程管理得以实现，进一步提升了包装生产、加工过程的可靠性，为提升食品企业的生产能力、确保食品安全提供了客观的技术基础 [2]。以浙江海洋大学的李远慧、谢超公开的一种食品自动包装设备专利为例，其包括：食品自动包装机构本体（1）、食品配给输送机构（2）、自动包装辅助控制机构（3）、滚动包装送料机构（4）、包装成品收容机构（5）。食品自动包装机构本体顶端设置有食品配给输送机构，食品配给输送机构侧面设置有自动包装辅助控制机构，食品配给输送机构一端侧面设置有滚动包装送料机构，食品配给输送机构另一端侧面设置有包装成品收容机构。该装置结构简单，操作使用便捷，能够对颗粒状食品进行高效自动化包装，降低食品加工包装生产成本（图 4-1-24）。

（4）包装印刷个性化

网络时代年轻用户成为消费主力军，包装向个性化方向转变。有研究表明，三分之一的消费者进行决策是基于包装。有了数字印刷技术的支持，包装可以为消费者带来更多个性化的体验。以可口可乐为例，其在圣诞节推出北极熊瓶新包装（图 4-1-25），它曾出现在健怡可乐、零度可乐的包装上。对消费者而言，可口可乐的价值影响力在于其夺人眼球的包装。可口可乐利用数字印刷技术，回应了消费者寻求自我表达、追求个性的需求，树立起自身个性化的潮流先锋的品牌形象。

1　中国商报 . 政策持续加码，包装"瘦身"见成效 [EB/OL]. （2022-09-14）[2022-11-01]. https：//www.163.com/dy/article/ HH87PK3H05199LJK.html.

2　赵萍 . 关于食品包装设备自动化技术分析 [J]. 现代食品，2022（15）：121-123.

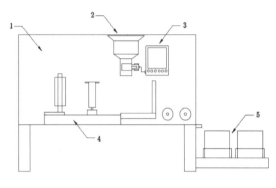

图 4-1-24　一种食品自动包装设备
图片来源：国家知识产权局

图 4-1-25　可口可乐包装
图片来源：搜狐网

除此之外，惠普等科技企业的助力也促使着包装印刷行业朝数字化方向发展。随着数字印刷系统的流行与普及，许多食品饮料行业巨头通过使用惠普 Indigo 数字印刷制作新包装，让旗下产品焕然一新，重新获得市场关注和欢迎。与此同时，不少初创品牌，初期产量较小，对包装有个性化需求，但因需求量较小，传统印刷成本过高。应用惠普 Indigo 数字印刷，能够以更经济的成本获得高品质效果，让企业在早期节约了时间和金钱成本，增加收益。例如味全每日 C 利用惠普的数字印刷技术，回应了消费者寻求自我表达、追求个性的需求，让味全每日 C 在一众果汁产品中脱颖而出，增强了品牌辨识度，树立起自身个性化的潮流先锋的品牌形象（图 4-1-26）。味全每日 C 个性包装上市后，味全每个月的销量同比增长 40%[1]。有了数字印刷技术，标签图案的生成更加高效，并且所需时间更短，从而减少停机时间，同时介入包装的生产也为数字印刷行业带来了前所未有的发展机会。包装设计和创意都离不开技术的进步，现在，数字印刷在食品饮料包装行业已产生了巨大推动力。

（5）包装回收量持续攀升

随着消费者思想观念的转变，越来越多的消费者对可回收的绿色包装持有好感，环保包装越来越受青睐。包装巨头 DS Smith 2020 年数据显示，零售商逐渐减少一次性塑料包装，转而选择纸袋。该公司的 Kemsley 造纸厂（英国最大的

造纸回收企业）提供了足够的纸张，足以制造约 4 亿个主要零售商和食品外卖连锁店使用的纸袋。2018—2020 年，其下游纸袋加工企业对用于制造纸袋的再生纸张的订购量增加了 400%。在"黑色星期五"之前的三个月中，电子商务包装网站 ePack 的可回收纸袋订单增长了 262%[2]。以 MA 食品包装设计大赛获奖作品 Mantra Plant-Based Seafood 为例（图 4-1-27），这款设计以植物叶子符号来表现水生动物，如鱼、鱿鱼、虾、螃蟹等，为 Mantra 品牌的海鲜产品打造了生动独特的产品标识。蓝色外包装视觉效果突出且由再生纸制成，内包装选用可回收尼龙袋，而非传统铝箔托盘，最大程度地减少塑料的使用。整个包装完全可回收，包装背面还印有关于保护环境和减少海洋垃圾的小建议。

（6）包装设计创新

包装设计创新是当今许多食品企业开发新产品并取得销售成功的关键，并且成为许多企业的共识。食品包装设计只有通过不断创新才能保持生命力和市场竞争力。近年来，环境保护问题引起了全社会的高度关注，这也成为包装设计师在进行设计时必须考虑到的一点。以下为食品包装设计创新的几种类型。

①情感化的包装设计。

包装设计是为消费者服务的，从消费者使用、喜好的角度考虑是包装设计最基本的出发点。消费者的购买行为，往往会受到生活方式、

1　数字化时代食品饮料行业包装印刷的个性化趋势 [J]. 广东印刷，2020（6）：45-46.

2　DS Smith 纸类包装产品销量持续攀升 [J]. 中华纸业，2020，41（3）：73.

图 4-1-26　味全每日 C
图片来源：数英

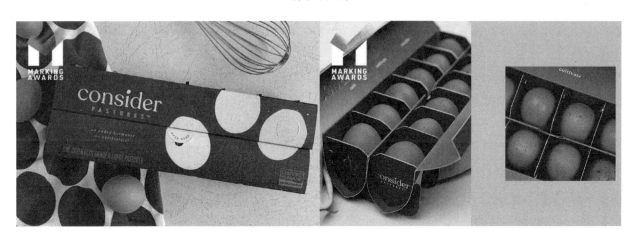

图 4-1-27　Mantra Plant-Based Seafood
图片来源：MA 食品包装设计大赛

社会环境、风俗习惯以及个人爱好的影响，而且购买行为的产生也是一个复杂的心理过程。因此，要在包装中融入情感，让情感化的包装设计直达消费者的内心，获得消费者的认可，提升商品价值。目前大多数设计企业，在推出新的食品包装时都十分重视地域文化环境，以及不同消费群的价值判断、生活方式、心理情感等特点。将这些要素有机融入食品包装的结构、造型等设计中。因此，尊重消费者的心理情感等非物质性要求是我国食品包装设计创新的一大趋势。例如，2021 年红点奖获奖作品 Gourmet Donkatsu Special Set（图 4-1-28），是一个结构化的包装盒，显

示在家烹饪炸猪排可以唤起到餐厅就餐的体验。日本动画电影中关于美味食物的表情包最近在各种社交媒体上广受欢迎，这种方式也被该作品借鉴，帮助拉近消费者与产品的距离。包装上迷你 Donkatsu 餐厅的插图形象整洁而精致。

② 人性化的包装设计。

当前一些特定的消费群体逐渐进入商家的视野，很多品牌针对上班族、单身族、老人、小孩等不同的消费群体推出了相应的食品，如营养食品、方便食品、速冻冷藏食品及各种中、西快餐等。有些包装包含为老人及儿童食用安全设计的

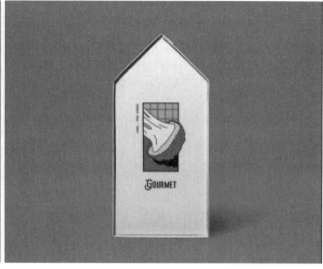

图 4-1-28　Gourmet Donkatsu Special Set
图片来源：2021 年红点奖

安全盖，配备了计量准确、使用方便的量杯等。这些在带给消费者食品食用安全信息的同时，还容易使产品获得消费者心理认可，充分体现了人性化的设计趋势。例如获得 MA 食品包装设计大赛奖项的开小灶自热米饭，下部容器左右两端竖直方向设计了装饰性承压加强结构，让蒸汽尽可能长时间地充分和食物接触（图 4-1-29）。

再如 2021 年 MA 食品包装设计大赛提名作品易于涂抹的黄油包装。通常在食用小盒装的黄油时，食用者往往需要寻找刀或勺子取出它，并且包装盒内常有黄油残留，无法用尽，造成浪费。这款包装设计包括内外两层结构，并且两层是相接的。结构上的巧妙设计使得盒子内外层均可以折叠或拉伸。挤压内层时，黄油被推出；将内层翻出拉伸，便能充分食用盒底残留的黄油。最重要的一点，就是可以将其套在手指上，让涂抹动作变得更便捷（图 4-1-30）。

③ 绿色化的包装设计。

绿色环保意识是新时代的一种价值判断、一种生态美学、一种时尚生活方式，也是市场经济和社会发展的产物。所以食品包装设计中的环保意识，对包装设计师来说，是必须具备的。因为食品包装是人们日常包装消费的主要部分，给环境带来的影响更为明显。在材料应用方面，英国一家公司制成了一种可食用的果蔬保鲜剂，它是由糖、淀粉、脂肪酸和聚酯物调配成的半透明的乳液，可采用喷雾、涂刷或浸渍等方法覆盖于苹果、柑橘、西瓜、香蕉、西红柿等水果蔬菜的表面。由于这种保鲜剂在水果表面形成了密封膜，所以能防止氧气进入果蔬内部，从而延长了熟化过程，起到了保鲜作用，涂上这种保鲜剂的水果蔬菜保鲜期可在 200 天以上。例如 2021 年红点奖获奖作品机上餐食盒，在可持续发展理念的指导下，以其巧妙的包装结构为机上餐食提高附加值。餐具集成在盖子中，并卷在由回收材料制成的餐巾纸中（图 4-1-31）。

在实际的设计中，应尽量推行包装减量化，包装材料应易于重复利用或易于回收再生与可降解。因此，在食品包装设计中以生态美学为依据，体现绿色意识，进行创新，是当代包装设计的一大趋势 [1]。

总体而言，食品包装行业目前发展态势良好，符合我国政策要求与世界发展的潮流趋势，逐渐朝着自动化、创新化、个性化等方向发展。食品包装行业的相关政策与法规逐渐完善，行业总体规模化水平日益提高，行业集中度也逐渐提升，预计未来将继续蓬勃发展。

1　高懿君 . 当代食品包装设计的创新趋势 [J]. 西北成人教育学院学报，2010（4）：58-59.

图 4-1-29 开小灶自热米饭
图片来源：MA 食品包装设计大赛

图 4-1-30 易于涂抹的黄油包装
图片来源：MA 食品包装设计大赛

图 4-1-31 SAS Scandinavian Airlines Cube
图片来源：2021 年红点奖

4.2　饮料包装

随着经济的发展和人民生活水平的日益提高，我国饮料行业发展迅猛，饮料品种已经由20世纪70年代单一的玻璃瓶装汽水，发展到现在的碳酸饮料、天然饮料等百花争艳的局面。合适的包装结构、包装材料对于饮料能够起到一定的保护作用，防止饮料在运输过程中受到损害；同时优秀的包装设计，能够赋予商品品牌价值，体现品牌的文化特色，引人入胜的视觉元素在一定程度上能够达到促进销售的目的。

4.2.1 饮料包装行业发展现状

饮料市场的高速发展带动了饮料包装行业的发展，市面上的饮料包装越来越多元化，但近几年，随着国外高新技术的研发以及在饮料包装上的应用，我国饮料包装生产的自动化水平落后于国际，饮料包装行业跟不上饮料行业的发展速度，既存在机遇也充满挑战。

（1）行业市场规模

近年来，随着国民经济持续稳定增长、居民消费水平不断提升及消费结构升级，中国饮料行业呈现出良好的增长态势。据统计，中国饮料行业销售额由2016年的4997.2亿元增长至2019年的5785.6亿元，2021年饮料行业销售金额则达到6296亿元。在饮料行业中，包装作为其不可缺少的生产销售环节之一，发挥着极其重要的作用。受城镇化进程加快、居民可支配收入增长以及消费升级等因素的推动，近年来中国饮料市场规模持续增长，日益多元化的销售渠道，如便利店、电商平台、自动贩卖机等，增加了消费者购买产品的便利性，扩大了饮料行业对于包装的需求。但由于"限塑令"等政策要求，我国对于生态环境给予更大的重视，这对饮料包装行业规模的扩张也存在着一定的影响（图4-2-1）。

随着环保政策的日趋严格以及社会环保意识的普及，传统的饮料包装已经无法满足市场需求，积极研发绿色环保型包装已成为行业的重要发展趋势。为更好地满足市场对环保产品的需求，行业内具备一定规模和技术实力的企业已着手就环保新材料进行研发，包装行业整体向着减量化、再利用、可回收、可降解、去塑化的方向发展。在这种政策的影响下，中小型企业可能会在这次转型中受到一定的冲击，从而造成整个饮料包装行业规模的缩小。

（2）行业竞争格局

我国东部、南部及沿海地区由于经济发展快，包装行业的发展也相对迅猛；中西部、北部地区经济发展水平较低，发展较慢，其包装行业的发展速度也相对较慢。这样的经济发展差异，造成了目前我国饮料包装企业整体分布呈"东强西弱""南强北弱"的格局。

从饮料企业分布地区来看，饮料包装企业遍布全国。据资料统计，其中广东省饮料包装企业数量最多，有7557家；其次是山东省4450家、福建省3614家、湖南省2774家，河南省、云南省、安徽省等地企业数量也都在2000家以上。

从企业规模上来看，根据不完整统计，我国饮料包装行业注册企业由2019年的5233家增长到2020年的6034家，增加量达801家。在新冠疫情等因素的影响下，2021年饮料包装行业有5422家企业注册，较2020年减少612家。粗略计算，饮料包装行业中大型企业仅占该行业的5.4%，占比较小（图4-2-2、图4-2-3）。

综上所述，我国饮料包装企业规模不一，以

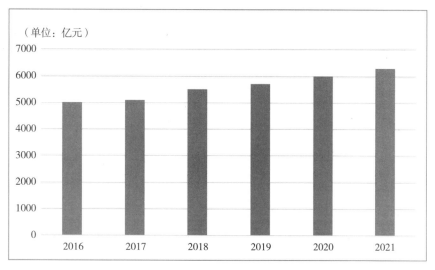

图 4-2-1 2016—2021 年中国饮料行业市场规模统计情况
数据来源：欧睿国际、中商产业研究院

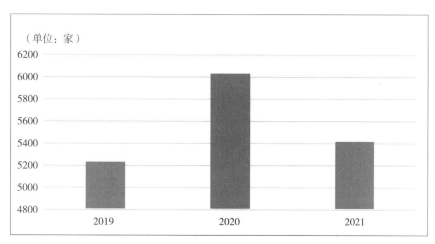

图 4-2-2 2019—2021 年饮料包装行业新增企业数量
数据来源：企查查

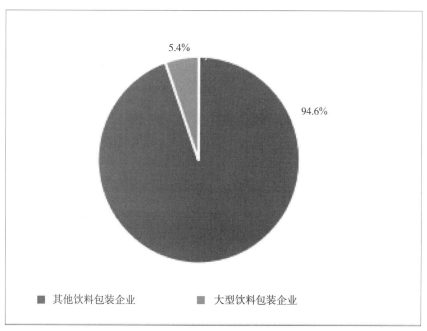

图 4-2-3 饮料包装行业中大型企业占比情况
数据来源：企查查

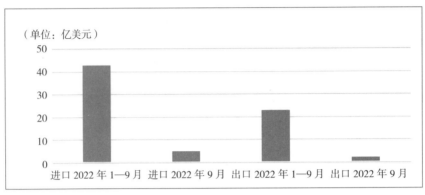

图 4-2-4　2022 年 1—9 月饮料进出口额

数据来源：进出口服务网

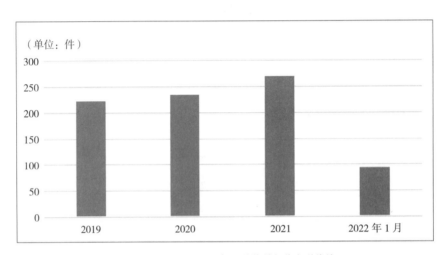

图 4-2-5　2019—2022 年 1 月饮料包装专利数量

数据来源：国家知识产权局

中小型企业为主，生产得不到有效监管，不存在明显竞争，导致整个包装行业利润下滑。而那些规模大、集团化的企业大部分都在东部和南部，集中性较高，不利于产业经济的发展。

（3）行业进出口市场

受新冠疫情影响，2020 年成为很多行业发展的分水岭，饮料包装行业的进出口也受到了很大的影响。CIEDATA 进出口统计数据显示，饮料进口额方面，2022 年 1—9 月，我国饮料进口额为 42.91 亿美元，同比下降 9.6%。其中 9 月，我国饮料进口金额为 5.15 亿美元，同比下降 4.6%。出口额方面，2022 年 1—9 月，我国饮料出口额为 23.07 美元，同比增长 23.4%。其中 9 月，我国饮料出口额为 2.32 亿美元，同比增长 6.8%（图 4-2-4）。

据调查，近几年进口饮料包装的增长主要由包装果汁饮料和包装饮用水推动，其中包装果汁饮料以泰国、越南和巴西的果汁产品为主；包装饮用水以法国的矿泉水和泰国的气泡水、苏打水为主。从我国饮料出口上来看，由于我国产业规模的调整、新生产工艺的运用，可提取更多种类的生产原料，满足了消费者多样化的需求，加上新设备的运用使产业自动化水平显著提高，使得我国饮料包装行业出口规模逐渐扩大。与此同时，国内经济稳中有进，经济形势回暖，我国饮料包装行业的出口量将逐渐增加。

（4）行业技术发展态势

根据国家知识产权局数据，2019 年至 2021 年我国饮料包装专利总数共 799 件，呈现逐步上升的趋势（图 4-2-5）。在这些专利中，实用型专利有 223 件，外观型专利有 563 件，发明型专利仅有 13 件。

图 4-2-6　Font Vella 智能芯片矿泉水
图片来源：搜狐网

饮料行业的快速发展带动了包装行业的快速发展，饮料包装正朝着高保鲜、无菌装等方向发展，加上高新技术智能的应用，我国饮料行业技术发展态势主要有以下特征。

① 包装形式智能化。

我国智能包装应用广泛，目前主要应用于食品饮料、物流、日化用品、药品等领域。其中食品饮料领域市场份额占比达到 30%，排名第一。近年来智能技术与产业结合为行业发展提供了新动能。AR、VR、二维码、NFC 和 RFID 芯片等技术纷纷被搬上了饮料包装[1]。例如，西班牙天然矿泉水品牌 Font Vella 推出 Coach 2O，这款装置夹在现有的瓶盖上，不仅能提醒人们多喝水，还能记住人们每天喝了多少水。这种智能化芯片的应用，推动行业技术发展进入新的阶段（图4-2-6）。

② 包装材料绿色化。

地球是人类赖以生存的家园，国家也在积极倡导环境保护的绿色健康理念，饮料包装作为消耗大户是影响地球健康的因素之一。要使包装产品易处理、易降解，可以循环使用，特别是对人

体无害且不会污染饮品，不影响饮品的品质与口感。其中生物降解包装和天然植物包装等，这些材料可以在自然环境中快速降解、循环利用，降低对环境造成的污染。例如，可口可乐公司推出了首个瓶身由 100% 植物基塑料（plant-based plastic）制成的塑料瓶 Plant Bottle（图 4-2-7），这标志着饮料包装的可持续发展实现重要突破。Plant Bottle 包装的外观、功能和回收利用方式与传统 PET 材料包装制品相似，但对环境及资源的影响更小。据了解，可口可乐公司已经限量生产了约 900 个该塑料瓶的原型瓶，同时表示技术水平已达到量产标准。

③ 包装材质多样化。

饮料包装行业市场价格专题深度调研及未来发展趋势研究预测报告显示，在饮料包装市场中，耗用原料少、成本低、携带方便等需求决定了饮料包装必须在技术上不断创新，才能紧随饮料发展的步伐。惯用易拉罐或玻璃瓶作为包装的啤酒、红酒、白酒、咖啡、蜂蜜以及碳酸饮料等饮料，由于功能性薄膜的不断完善，塑料软包装可以用来替代瓶装容器。例如，fitlion 浓缩型植

图 4-2-7　100% 植物基塑料瓶
图片来源：可口可乐官网

图 4-2-8　fitlion 浓缩型植物果蔬饮
图片来源：包装世界（上海）博览会官网

物果蔬饮系列，包装采用功能性薄膜，在方便携带的同时采用袋装包装。这是当下较为环保、流行的形式，整体采用清新、甜蜜的马卡龙色系，与"植物果蔬饮"的概念形成区别，从视觉上引导消费者情绪和食欲，丰富消费者对产品的想象，给予消费者更有趣的体验（图 4-2-8）。

④ 包装标签多样化。

智能标签：饮料包装品牌正在寻找更多途径来利用智能标签与消费者互动。智能标签可以让品牌与身处任何地方的消费者建立联系，让消费者动动手指就能获得更多信息。而且包装上的标签还包含品牌所有者收集的有关消费者和供应链

图 4-2-9　Bonafont Naked 无标签矿泉水瓶获奖作品
图片来源：2021 年 Pentawards

的数据。通过简单的扫码，智能标签可以扩展包装内容，为消费者提供食谱、营养成分并进行互动。智能标签在饮料包装行业的应用仍处于新兴阶段，葡萄酒和白酒市场中已出现一些运用 AR 和 VR 技术的智能标签设计。

无标签：近年来，消费者非常关注包装的材料，各品牌力求在保护人们健康的同时减少塑料的使用。而无标签饮料则受到很多环境保护意识较强的消费者的青睐，无标签的瓶子进入回收系统不必再去掉标签，使回收更高效。例如 2021 年 Pentawards 银奖作品中，Bonafont Naked 矿泉水采用了无标签瓶子，而且是用品牌的空瓶回收塑料制成。瓶身采用标志色，所有信息压印在瓶身，而条码标签则印在瓶盖。该设计不仅保留了品牌的特点，而且减少了塑料的使用（图 4-2-9）。

直接打印：百威英博测试了一种新的标签形式——直接打印。它能将印刷标签的灵活性与定制瓶中的一些让人惊喜的元素结合起来，同时减少了原材料在加工过程中的使用。"直接打印"技术不仅可以实现标签直接打印在啤酒瓶上，还可以通过"数字压花"赋予瓶子一种立体的触感，同时也可以减少纸质标签的成本和资源浪费。

4.2.2 饮料包装市场供需分析

国家统计局统计数据显示，我国饮料行业的产量呈逐步上升的趋势，2021 年中国饮料产量达到了 18333.8 万吨，累计增长 12%。随着饮料种类的日益多样化，以及人们对高品质原料需求的增长，市场对于饮料包装的需求会逐渐增大。下面将从供给与需求方面分析。

（1）饮料包装市场供给情况

① 纸质饮料包装市场份额仍占比较少。

现阶段，我国饮料包装的供给主要受到饮料市场的影响。随着国民经济的发展和人民生活水平的日益提高，我国饮料行业发展迅猛，饮料品种呈现百花争艳的局面。饮料包装业也逐渐打破了过去单一的玻璃容器垄断市场的格局，目前市场上的饮料包装材料主要有聚酯、金属、纸和玻璃这四种。从市场占有率来看，玻璃约占 30%，聚酯约占 30%，金属占比近 30%，纸仅占 10% 左右[1]。纯粹的纸质包装材料在饮料中很难使用，现在用的纸包装几乎全部是纸的复合材料，常见的有利乐包、康美包等纸塑复合包装容器。纸塑复合容器有一定的保鲜作用，适合保质期短、对新鲜度有一定要求的饮料产品。由于纸塑复合容器的耐压性和密封阻隔度都不如玻璃瓶、金属罐和塑料容器，也不能进行加热杀菌，因此预成型纸盒在保存过程中，会因 PE 膜的氧化而降低其热封性能，或因折痕等原因变得不平整，造成灌装成型机供料难的问题。

② 铝质包装市场供给量逐渐增多。

在国家政策的引导下，越来越多的行业开始

1　塑料瓶、玻璃瓶、纸包装，饮料的包装这么多，是为了好看么？[EB/OL].（2021-09-20）[2022-10-15].https：//new.qq.com/rain/a/20210920A05TFY00.

走上可持续化发展道路，饮料包装企业也不例外。国际铝业协会（IAI）2022年发布的首份关于回收价值链的综合研究报告显示，铝罐比玻璃瓶或塑料瓶更能支持循环经济。这一主张是在研究了巴西、中国、欧洲、日本和美国五个国家或地区的收集、分类、后处理和热处理、闭环回收和开环回收之后确定的。研究显示，铝罐的回收利用率为71%，玻璃和塑料瓶的回收利用率分别为34%和40%。研究还显示，铝罐的闭环回收率占总量的33%，远高于玻璃瓶和塑料瓶的20%和7%。在这五个国家或地区，大约有300万吨（79%）的铝罐被收集用于回收；相比之下，玻璃瓶和塑料瓶的回收收集率分别为51%和61%[1]。铝罐是一种可循环的材料，相比塑料瓶，铝制瓶在防潮、遮光等属性方面也更好，换成铝制瓶实际上还延长了饮料的"赏味期限"，从各方面来看好处都很多，因此铝质包装在市面上的使用比例也逐渐增加。

③ 生产技术自动化及信息化应用加快行业发展。

随着饮料包装行业不断发展，更多智能制造和信息化管理的新技术、新设备运用到其生产过程中。一方面，新生产工艺可提取更多种类的生产原料，实现更复杂的饮品配方，改良饮品的风味、口感等，满足消费者多样化的需求。另一方面，新设备的运用使得饮料包装行业的自动化水平显著提高，不仅提高了生产效率、降低了人工成本，还有助于加强对产品质量及安全的管控。同时信息化技术的大量运用使产品销售过程更加清晰透明，有助于将产品的生产与销售紧密结合，加快行业的转型升级。此外，互联网的应用也带来了营销上的创新，使定制化、个性化等方案更容易实现，多方位贴合消费者需求，我国饮料包装行业发展前景十分广阔[2]。

（2）饮料包装市场需求状况

市场的需求是促使饮料包装行业自动化和环保健康化水平提高的原动力。科学技术的快速发展，饮料包装行业不断进步，可以满足人们对饮料包装的各种需求。与此同时，使产品包装更加绿色、健康，不仅是时代发展的潮流，还是饮料包装行业转型升级的必然选择。

① 包装市场整体需求持续上升。

受新冠疫情影响，2020年全球饮料行业的投融资出现短暂下滑，但随着全球经济特别是中国经济的复苏，饮料行业呈现良好增长态势。艾媒咨询数据显示，2020年中国饮料市场规模突破1万亿元，预计2022年这一规模将达到12478亿元。同时，调研数据显示，2022年中国饮料消费者经常喝的饮料品类主要为包装饮用水（63%）、碳酸饮料（55%）、奶制品（54%）和气泡水（42%）[3]（图4-2-10）。随着国民消费者需求的多样化，饮料行业规模的扩大，饮料包装市场也呈现积极的发展态势。

② 国家政策出台扩大饮料包装行业绿色化需求。

目前，治理塑料污染已经成为全球共识，对此我国也高度重视，出台了一系列相关政策。2020年1月，国家发改委、生态环境部发布了《关于进一步加强塑料污染治理的意见》，率先在部分地区、部分领域禁止、限制部分塑料制品的生产、销售和使用。2022年2月，生态环境部再次强调加强塑料污染治理，将落实好塑料污染治理的法律要求，推动《关于进一步加强塑料污染治理的意见》《"十四五"塑料污染治理行动方案》等落地见效，精准、科学、依法治理塑料污染。随着"限塑令"的实施，环保可降解塑料作为替代现有塑料的关键材料，受到了热烈的

1　国际铝业协会.铝罐的循环利用表现优于玻璃瓶和塑料瓶[EB/OL].（2022-03-17）[2022-10-15].https：//new.qq.com/rain/a/20220317A05X5E00.

2　张海文.我国饮料包装自动化的现状及发展趋势[J].科技与企业，2015（2）：236.

3　中国饮料市场发展趋势：饮料产业规模稳定，成为重要国民消费之一[EB/OL].（2022-10-31）[2022-11-1].https：//www.163.com/dy/article/HL17D1I105389KLH.html.

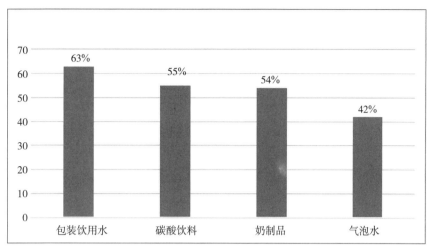

图 4-2-10　2022 年中国饮料消费者常喝的饮料品类型
数据来源：艾媒咨询

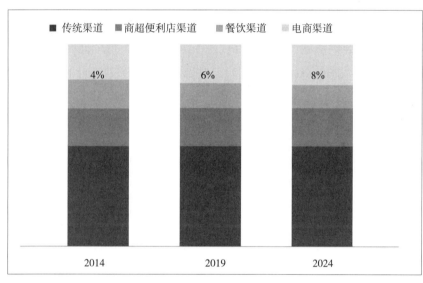

图 4-2-11　2014—2024 年饮料市场不同渠道的占比
数据来源：腾讯网

欢迎。虽然其成本高于普通塑料，但在各国环保政策的推动下，仍然供不应求[1]。

③销售渠道变化扩大饮料运输包装需求。

随着居民消费水平的提升，消费者对饮品的需求量越来越大，我国饮料行业市场规模由 2015 年的 7672 亿元增长至 2021 年的 13825 亿元，复合增长率为 11.25%，预计 2022 年市场规模将达 16000 亿元[2]。在电商销售渠道中，想要让商品完好无损地到达消费者手中，生产商需要意识到他们的包装在不同的运输和交付场景中的

情况。饮料销售渠道格局的变化，极大地扩大了饮料行业对运输包装的需求（图 4-2-11）。

④饮料包装保鲜功能需求逐步扩大。

在经济快速发展的条件下，消费者追求纯粹的天然食材已成为趋势，如纯茶、NFC 果汁、真果汁茶等饮料深受消费者青睐，消费规模不断攀升。含天然真果汁的真果汁茶作为创新品类，融合真果汁和真茶现萃，需求量增长惊人。大量的饮料在柜台、仓库等地屯放时间较长，对于包装保鲜功能提出了更高的要求。同时一些饮料产品

1　重磅！全球"限塑令"来了 [EB/OL].（2022-03-08）[2022-11-02].https：//new.qq.com/rain/a/20220308A05O4S00.

2　"饮"料十足：《2021 饮料消费趋势洞察》报告荐读 [EB/OL].（2021-09-21）[2022-11-02].https：//new.qq.com/rain/a/20210929A0AALV00.

图 4-2-12 蜂解柠檬蜂蜜水
图片来源：陕西国蜂大健康产业有限公司

会以组合包装的形式销售较小独立包装的产品。这使得产品的保鲜储存变得更具挑战性，需要更多的生产商使用有助于小包装碳酸软饮料等饮品的保存和保护技术，延长产品保质期，以确保产品更新鲜、货架期更长久。

（3）饮料包装市场应用潜力

① 对产品新鲜度的要求带动包装升级。

随着健康饮食观念不断强化，居民对产品新鲜、营养和品质的追求越来越高，生鲜果蔬、饮料保鲜市场需求持续增加。在此背景下，包装行业也在争先布局，并依托全程冷链运输、真空锁鲜包装等技术，提供给广大市场以及使用者。除此之外，对包装本身进行分仓储存也是保持产品新鲜度的方法之一。例如，获得金物奖最佳产品设计奖提名的蜂解柠檬蜂蜜水，考虑到蜂蜜如果遇水，融合时间过长容易丧失其原有的风味与营养价值，所以设计了鲜存双储分离式的包装瓶盖。使用时只需要将盖子左旋，即可使蜂蜜缓缓流下，与液体结合，保留其新鲜的味道（图4-2-12）。

② 饮料包装向品牌本土化发展。

在经济全球化的背景下，企业面临着国际化的挑战，"走出去"已成为我国企业的必然选择，国际化经营策略变成了重中之重。在国际化过程中，世界各国文化的差异性决定了实行本土化策略的必要性。一直以来，国外饮料品牌在我国市场占有很大的份额。我国地大物博，传统文化源远流长，每个地区都各有不同特色，饮料包装设计也应该更趋向于本土化。例如，神农草本罐装饮料就是以炎帝神农氏为原型进行饮料包装设计的，将传统文化与现代的饮料相结合，具有深刻的本土化内涵（图4-2-13）。

③ 差异化成为饮料包装的首要要求。

现在同质化的产品越来越多，因此具有差异化的包装已经成为饮料行业发展的趋势。未来3—5年的饮料市场在发展现有的果汁、茶类、瓶装饮用水、功能性饮料，以及碳酸饮料等产品的同时，将会向低糖或无糖饮料，以及纯天然、含乳类等健康饮料方向发展。上述发展趋势将进一步推动包装差异化的发展，例如PET无菌冷灌装包装、HDPE（中间有阻隔层）奶类包装，以及无菌纸盒包装等。饮料产品开发的多样性将最终推动饮料包装的创新[1]。例如，近年来无菌包装的应用不局限于果汁和果汁饮料，已应用于包装牛奶、矿泉水和葡萄酒等。英国已有1/3饮料使用无菌包装，加拿大的苹果汁已采用无菌处理工艺。作为包装行业的后起之秀，无菌包装正成为包装业发展的新亮点。并且随着现代消费观向环保健康化发展，乳品的无菌包装让大规模销售网络的建立成为可能，灭菌奶包装适宜于乳制品运输，大大延长了乳制品的保质期，由于牛奶

---

1 胡志刚，马宇飞．现代性别差异化包装设计 [J]．包装工程，2013，34（6）：18-21；77．

图 4-2-13　神农草本罐装饮料
图片来源：包装设计网

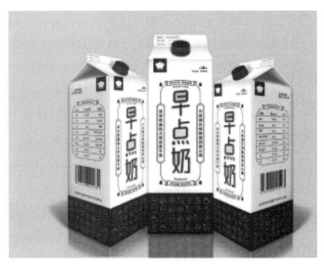

图 4-2-14　无菌类饮料包装
图片来源：包装设计网

本身的性质，它对无菌的要求也高。因此在众多的杀菌方式中，超高温杀菌、过氧化氢杀菌、HEPA 超净化空气过滤装置、紫外线杀菌技术运用较为广泛，并通常以组合形式出现在无菌的相关设备中。在购买饮料的过程中，消费者更加倾向于无菌包装的产品（图 4-2-14）。

4.2.3 饮料包装行业发展趋势

未来的包装饮品行业会向健康化、多元化、高端化发展，企业要顺势而为，通过对发展趋势的把握、产品的打造、营销的组合树立品牌，甚至成为行业内某一品类的引领者。未来饮料行业的竞争只会越来越激烈，只有迎合消费者的喜好才能获得消费者的青睐。同时也要具备长远的目光，不要只是追逐热点，而是要看到未来发展的趋势，早早做好准备，才能抓住机会，为企业发展助力。

（1）饮料包装行业竞争愈发激烈

在竞争激烈的大环境下，国内饮料包装生产商的利润很少。因为国际知名品牌饮料企业近乎苛刻地控制饮料包装成本，加上受到原料及客户的利润挤压，饮料包装行业几乎进入了微利时代。对于实力薄弱的企业来说，要化解巨大的生存压力，往往要通过兼并重组来抵抗风险，这更加扩大了饮料包装市场的竞争。从商品消费速度来看，新冠疫情对中国经济的影响是显而易见的，其在一定程度上改变了居民的消费结构，影响了部分消费者的收入水平，导致消费者在非生活必需品上的支出降低。整体经济发展受到冲击，导致市场商品消费速度缓慢，企业无法通过产品升级来促进新消费，只能在原有的基础上进行开发，行业竞争愈发激烈。

（2）包装企业的规模化和集约化程度不断提高

随着饮料包装行业的发展和成熟，以往规模小、产品结构单一、竞争无序的局面逐渐改变，饮料包装企业的规模化和集约化程度不断提高，产品结构日趋合理。近年来，河南、河北、山东、福建等农业大省的县级食品产业园区如同雨后春笋般涌现，形成明显的饮料包装产业集聚现象。但同时，这些产业园区也面临竞争同质化、传统模式被科技颠覆、产业关联度不高等挑战。

（3）包装产业逐步向高端化、精品化发展

在饮料包装行业中，印刷是其较为重要的一部分。包装印刷质量决定了饮料包装的整体质量。相对于世界发达国家而言，我国纸质印刷包装行业的产业结构和技术水平仍较为落后。在纸质印刷包装行业中，低端包装领域竞争尤为激烈；在高端领域，拥有高端品牌客户、高精生产技术、高服务质量的优质大型企业相对较少，

行业集中度相对较高，但相较于发达国家包装行业集中度而言仍偏低，还存在一定差距。因此，我国设备制造企业必须不断借鉴先进技术，结合实际使用经验，探索新工艺，开发新技术，开发高端产品去参与国际竞争。包装需求的多元化、不同包装机械的发展创新也扩大了包装需求的市场，推动了包装创新思维与包装机械企业的发展。因此，饮料包装产业逐步向高端化、精品化发展。例如，2022 年 Pentawards 获奖作品《Remarquable Wood Box》，它源于新型酿酒体验的概念，汇集了酒庄的六个年份的产品，在由有三百年历史的橡树制成的特殊橡木桶中成熟。其中，六个雕刻的木板条与六棵老橡树相呼应。盒子外部起伏的造型表示庄园所在地格雷夫斯山坡的地貌。盒子内部，每瓶酒的生产年份及制造橡木桶的橡木名称，都刻在木板上，作为包装的组成要素（图 4-2-15）。

（4）包装材料向注重功能性转变

科技促进材料更新和进步，消费者观念的转变加快包装产业的发展和进步，进而促进包装材料向注重功能性转变。目前，技术的投入不断促使包装材料创新，一些高新材料在包装领域中得到拓展应用。许多日化、食品饮料公司开始使用可回收或生物降解的包装材料。除了达到环境主管部门的要求，可持续包装还提升了品牌形象，因此，"可持续发展"被视为吸引消费者和维护市场份额的必要手段。

在材料功能方面，由于 PET 是一种极好的防水防潮材料，PET 制成的塑料瓶广泛用于软饮料包装。由于强度很高，PET 薄膜通常用于胶带。当填充玻璃颗粒或纤维时，PET 可以变得更加坚硬和耐用。例如 C2 Water No Label 这款包装，专为无标签水瓶设计，将所有产品信息压印在瓶身上，并在瓶盖上印上条形码。产品包装由 100% 可回收的 PET 制成的，有利于再回收利用。瓶身上一系列的设计图案展示了自然界中趣味盎然的动物与场景，例如鹿行于森林、北极熊立于雪地、鸟翱翔于天空等，不仅展现环境之美，更传

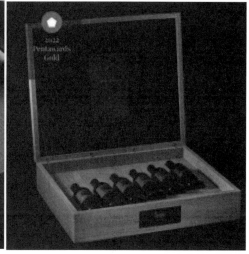

图 4-2-15　Remarquable Wood Box
图片来源：2022 年 Pentawards 获奖作品

图 4-2-16　C2 Water No Label
图片来源：MARKING　AWARDS

递了保护环境的品牌使命（图 4-2-16）。

　　再如纳米包装材料，这种材料是近年来新兴的包装材料，主要包括纳米复合包装材料、聚合物基纳米复合包装材料、纳米型抗菌包装材料。目前，研究最多的是聚合物基纳米复合材料（PNMC），它的可塑性、耐磨性、硬强度等性能相比传统材料都有明显的提高和增强。目前，聚合物层状无机纳米复合材料，由于扦层技术的突破而获得了迅速发展，部分研究成果已经产业化或因有极大产业化应用前景而备受关注。纳米无机抗菌包装材料具有明显的特点：抗菌能力长效、抗菌性能广谱、杀抑率优异、抗菌剂对人畜安全、抗菌制品理化性能稳定、抗菌剂成本低等[1]。

（5）传统设备向自动化转型

　　近年来，我国制造业智能化转型趋势愈发明显。各大传统行业都在加速人工智能、机器人、物联网等智能技术应用，不断推动着产业生产力

1　郑皓华，邓雅洁，吴志林．纳米包装材料表面改性技术及包装形态表现研究 [J]．材料导报，2022，36（19）：71-75.

提升与生产模式的升级。当前我国已是全球第二的饮料包装大国，饮料包装在人们日常生活中极为常见，饮料包装市场也日益繁荣。这一方面与包装所带给人们的巨大便捷和便利密切相关，另一方面也是因为电商等行业的快速发展，增加了对包装的需求。但一直以来，我国饮料包装生产都主要依赖包装机、灌装机、打码机、封口机、贴标机等传统机械化设备，不仅生产效率和产量达不到最新的要求，而且生产成本也耗费巨大。在这样的背景下，包装行业的智能化升级第一步就应该是实现包装机械的智能化。截至目前，我国包装机械领域的自动化比例已经超过50%，这为智能化的发展奠定了良好基础。未来3—5年，随着我国包装机械市场规模的进一步扩大，通过物联网、工业互联网、人工智能、5G等技术加持，我国包装设备有望实现全面智能化。而饮料包装机械设备的智能化，不仅能破解人力成本不断上升的难题，提升我国饮料包装市场的渗透率，提效增速促进包装市场的进一步扩大；同时还有望带动上下游产业链的全面智能化。这将是推动整个包装行业完成升级转型的重要一步。例如，针对设备一体化、集成化、节约化、便捷化和智能化的发展趋势，新美星在多年研发积累的基础上，通过自主创新、协同创新和开放创新，打造了技术领先和性能卓越的 Starbloc 超级一体机解决方案。Starbloc 超级一体机是集吹瓶、贴标、灌装、旋盖四个模块为一体的吹贴灌旋一体机，适用于 200—2500 毫升的 PET 瓶，最高产能可达 53000 瓶每小时，满足水、饮料、调味品、乳品等不同产品的高质量生产需求（图 4-2-17）。

（6）包装设计趋于人性化

现代设计强调环境保护、资源再利用和以人为本。"以人为本"的内涵既包括人体工程学，即符合人的生理尺度、保证人的感觉器官的舒适度，还包括注重人的精神需求。从现代通用设计的观点来看，在包装设计中同样也存在人性化设计的因素。创作对任何使用者都实用、安全及令人满意的产品。例如，《Only for your eyes》获 MA2022 最佳概念设计奖提名，这是一款专为冷萃咖啡液设计的盲文概念包装。包装上凸起的圆点由丝网印刷清漆制作，标签由一种生态环保的超白毡纸制成，这是一种自然柔软、100% 可回收的纤维材料。该设计旨在加强人们对有视力障碍的少数群体的关注，更通过设计告诉人们：小的举动或可带来大的改变（图 4-2-18）。

随着生活水平的提高，人们用来提高生活质量的支出占比越来越大。饮料和酒类市场日益增长。人们对饮料的质量要求越来越高。市场需求的增加也对包装行业的自动化和高水平提出更高的要求。因此，中国饮料包装行业拥有更广阔的市场前景。

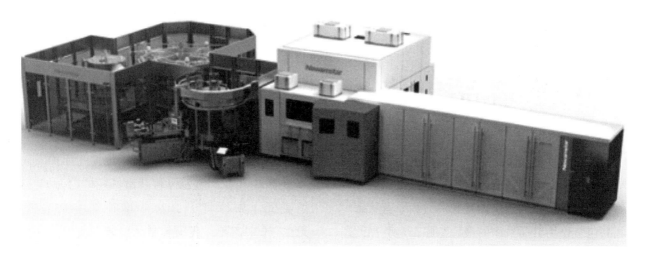

图 4-2-17　Starbloc 超级一体机
图片来源：新美星

图 4-2-18　Only for your eyes
图片来源：MA 2022 最佳概念设计奖

4.3 乳品包装

乳品包装是采用适当的包装材料、容器和技术，把乳制品灌充、装载或包裹起来，以使乳制品在运输和贮藏过程中保持其价值和原有状态。乳品包装作为乳品生产的最后工序，是乳品流通销售的保障，直接影响着乳品业的发展。在乳制品工业的发展进程中，乳制品包装一直处于至关重要的地位。

4.3.1 乳品包装行业发展现状

随着乳品市场规模扩大，2014 年之后乳制品市场从开疆拓土的量增阶段转向产品结构提升的价增阶段，高端常温奶、酸奶成为消费升级下的行业新宠[1]。近几年，乳品包装业快速发展，乳品包装在材料、结构和外观上有了巨大的改变。

（1）行业市场规模

随着经济的高速发展，我国的乳品消费也在逐年增长，中国乳品类行业及相关包装生产、包装机械设备生产行业的增长也比较明显。乳品包装越来越受到关注，并深刻地影响着乳品业的发展步伐与方向。据统计，2021 年全球乳制品包装市场规模约为 395 亿美元，2019—2024 年全球乳制品市场预计将继续以 3.14% 的年复合率增长，至 2024 年市场规模将达到 435 亿美元（图4-3-1）[2]。

目前，我国乳制品包装市场规模逐年扩大，其中 2021 年我国乳制品包装市场规模约为 17.33 亿美元，预计将于 2024 年增长至 18.63 亿美元[3]。未来四年，我国乳制品包装市场规模复合年增长率为 1.82%。由此可见我国乳制品包装发展空间大（图 4-3-2）。

（2）行业竞争格局

从企业分布来看，我国的乳制品包装企业主要分布在山东地区。在国内五个主要企业中，工厂设立在山东的就有 4 个，分别是纷美、新巨丰、奥瑞金、碧海。其中，纷美的工厂主要设在内蒙古和山东地区，新巨丰的工厂主要设在山东，奥瑞金的工厂主要设在北京、天津、河北、山东、江苏、湖北、浙江、福建、四川、广东、黑龙江，嘉美的工厂主要设在福建、湖北，碧海的工厂主要设在山东。

从企业规模来看，在振兴乳业的政策背景下，我国乳品包装本土企业逐渐成长起来。以纷美包装为例，随着乳品包装行业市场规模的扩大，企业的收益也在增加，但由于新冠疫情及行业激烈竞争的影响，其 2021 年销售成本较 2020 年增加 53 万元，成本增长率为 23.88%，企业的毛利反而减少[4]。

以新巨丰包装为例，2022 年 9 月 2 日，山东新巨丰科技包装股份有限公司在深圳证券交

1　前瞻网 .2022 乳制品行业现状与发展前景深度解读：附报告 [EB/OL].（2022-03-03）[2022-10-31].https：//www.qianzhan.com/analyst/detail/329/220303-c1512ab9.html.

2　观研报告网 .2018—2024 年全球、中国乳制品包装市场规模及预测情况 [EB/OL].（2022-03-04）[2022-10-31].https：//www.chinabaogao.com/data/202203/578366.html.

3　观研报告网 .2018—2024 年全球、中国乳制品包装市场规模及预测情况 [EB/OL].（2022-03-04）[2022-10-31].https：//www.chinabaogao.com/data/202203/578366.html.

4　纷美包装官网 . 年报 / 中报 [EB/OL].（2020-01-01）[2022-10-31].http：//cn.greatviewpack.com/zh/investor-relations/annual-interim-reports/.

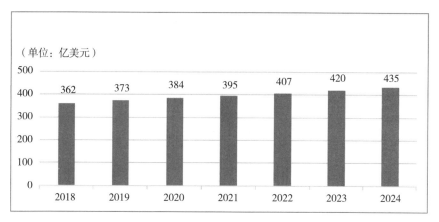

图 4-3-1　2018—2024 年全球乳制品包装市场规模
数据来源：观研报告网

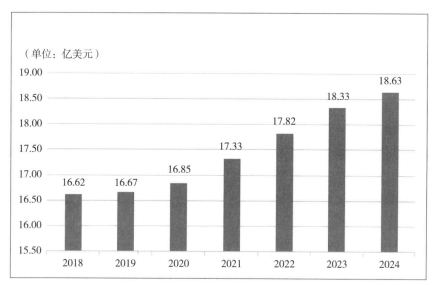

图 4-3-2　2018—2024 年中国乳制品包装市场规模
数据来源：观研报告网

易所创业板挂牌上市，标志着新巨丰全新的开始。近年来，新巨丰发展迅猛，在国内无菌包装领域占有一席之地，和利乐包装、康美包装、纷美包装等争夺国内乳品包装市场份额。招股书显示，新巨丰 2019 年、2020 年、2021 年营收分别为 9.35 亿元、10.14 亿元、12.42 亿元；净利润分别为 1.16 亿元、1.69 亿元、1.57 亿元。2022 年 1—6 月新巨丰营业收入为 6.96 亿元，较上年同期增长 31.63%；公司预计 2022 年 1—9 月实现营业收入 11.21 亿 ~12.08 亿元，同比增长 30.00%~40.09%[1]。

综上所述，我国乳品包装企业分布主要集中在东部沿海，尤其是山东省和福建省，以及中部地区的湖北省。行业市场规模逐渐扩张，国内企业以纷美和新巨丰为代表。同时，国内市场的发展空间大，吸引着国内外各大企业进行份额争夺，其中最有竞争力的企业当属国外的利乐和康美以及国内的纷美和新巨丰。

（3）行业进出口市场

据资料统计，我国乳制品进口数量远高于出口量（图 4-3-3）。2021 年中国乳制品进口量为 389.73 万吨，同比增长 12%；乳制品出口量为

1　搜狐网 . 新巨丰创业板上市：致力于成为高品质无菌包装领航者 [EB/OL].（2022-09-02）[2022-10-31].https：//www.sohu.com/a/581798019_121005045.

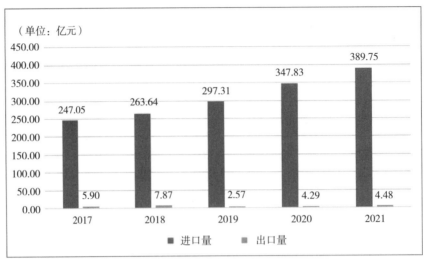

（单位：亿元）

图 4-3-3　2017—2021 年中国乳制品进出口量
数据来源：智研咨询网

4.48 万吨，同比增长 4.4%[1]。然而由于乳制品易变质的特性，绝大多数乳制品使用无菌包装，无菌包装占据了乳制品包装的主导地位。据资料统计，2021 年，国内液态奶无菌包装供应商销售量市场份额情况为：利乐占比 61.1%，SIG 占比 11.3%，纷美占比 12%，新巨丰占比 9.6%，其他供应商合计占比 6.1%[2]。

在进口市场中，乳品包装中无菌包装占主要份额，目前国际上较大的无菌包装材料厂商有 30 多家，其中瑞典利乐、德国康美和国际纸业公司占全球市场 90% 以上的份额。2022 年相关资料显示，康美在中国液态奶无菌纸盒包装行业占 18% 的市场份额。

在出口市场中，随着竞争力的不断提高，中国本土无菌包装生产商的市场份额逐渐增加，其中纷美和新巨丰是国内主要的无菌包装企业。以纷美包装为例，纷美无菌包装材料连续多年年销量超过 100 亿包，是液体食品行业的第三大无菌包装材料供应商。纷美拥有一支多元化的跨国团队，在中国、瑞士和德国设有工厂、研发中心和运营机构，目前已向亚洲、欧洲、非洲、南北美洲等国际市场提供无菌包装服务，客户遍及 50 多个国家和地区。新巨丰在北京、新加坡分别设立营销中心[3]。

总的来说，我国的乳品包装进口多于出口，还是依靠掌握乳品包装技术和机械的国外企业，目前国内的乳品包装技术短缺。在乳品振兴的政策背景下，我国的乳品包装企业也在全力研究塑料瓶相关技术，打破技术壁垒，避免依赖进口，增加高端乳品的包装净值。

（4）行业技术发展态势

近年来，由于国家加大了对自主创新的支持，加强了对自主知识产权的保护，加上国内消费水平的提高，人们对乳制品的需求也呈现快速增长的趋势，国内乳制品包装技术领域也取得了一定的发展。国内包装申请专利数量近五年明显呈稳定上升的趋势。据相关资料统计（图 4-3-4），2020—2021 年乳品包装申请专利共 185 件，其中 2020 年 90 件，2021 年 95 件；外观设计专利 98 件、实用新型专利 65 件、发明专利 22 件。乳品包装外观的独特性和新颖性在很大程度上会影响消费者购买乳品的

1　网易网 .2021 年中国乳制品产量、营业收入、利润总额及进出口分析 [EB/OL].（2022-06-21）[2022-10-31].https：//www.163.com/dy/article/HAD9HS7G055360RU.html.

2　华经情报网 .2022 年中国液态奶及无菌包装行业现状分析，市场稳步增长 [EB/OL].（2022-10-22）[2022-10-31].https：//www.huaon.com/channel/trend/844795.html.

3　纷美包装官网 . 年报 / 中报 [EB/OL].（2020-01-01）[2022-10-31].http：//cn.greatviewpack.com/zh/investor-relations/annual-interim-reports/.

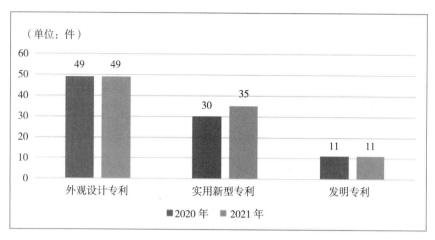

图 4-3-4 2020—2021 年乳品包装申请专利数量
数据来源：国家知识产权局

选择。以下将对国内乳制品包装领域从技术发展特征方面进行分析。

① 灌装设备朝着高速度、多用途和高精度转型。

目前乳品的罐装生产线可以同时实现冷热灌装，碳酸与非碳酸饮料、食品级塑料与玻璃瓶等各类差异化环境下的罐装，从而提升其罐装效能。有些生产线罐装精度可以控制到绝对误差为 0.5% 左右，而罐装的速度较传统生产线提升 30%。例如 2021 年国家专利中一种一次配料热灌装常温酸奶，其制备方法主要包括生牛乳预处理、一次配料、均质和杀菌、发酵和破乳、热灌装等步骤。该制备方法简单，操作方便，采用非无菌热灌装设备即可进行生产。通过控制热灌装的温度和倒包时间，制备的一次配料热灌装常温酸奶口感顺滑、质地稠厚，稳定性好。灌装设备技术的进步，可以大大提高灌装乳品的效率，降低包装成本。

② 消毒杀菌工艺持续更新。

目前很多的 PET 瓶的无菌灌注生产线使用的是过氧乙酸类的消毒剂，其主要的应用领域是空瓶的灭菌，在低酸度的食品中已经很少用它进行杀菌。在环保要求比较高的国家，低酸食品中过氧乙酸杀菌技术已经被慢慢淘汰，涤纶树脂（PET）瓶无菌技术则越来越多地运用到低酸饮料的罐装杀菌中。PET 无菌冷灌装工艺，其包装

材质的杀菌剂则是气态的过氧化氢，通常也被称为干法杀菌工艺。还有一种用于长保质期牛奶生产的实用新型灭菌装置，通过设置倒锥形的罐体，并在罐体内设置数个加热板，同时在罐盖上设置分流组件，将进料的牛奶均匀缓缓地排至加热板上，能够对进料时的牛奶进行加热处理，在进料时即可安全有效地对牛奶进行加热，能够减少灭菌装置的灭菌周期，解决了现有的灭菌装置灭菌效率不足的问题。通过对牛乳等乳品灌装过程的消毒灭菌的技术更新，提高灭菌效率，提高产品的合格率。

③ 乳制品防变质包装的应用逐渐增加。

老人和小孩对于变质乳品的辨别一直是乳品饮用环节亟须解决的难题，近年来适老化、安全开启等包装方式在乳制品上的应用愈加普遍。以一款具有防变质饮用功能的乳品包装瓶为例，实际使用时，当包装瓶内的乳品未饮用完，在存储条件差的情况下乳品变质发酵，产生气体，包装瓶内的气压增大，从而冲破瓶盖的防开启结构，而该款具有防变质饮用功能的乳品包装瓶能够达到防止瓶盖受外力旋转开启的目的，能有效防止饮用者尤其是辨识能力差的儿童或老人误食过期变质乳品，安全防护性高。再如 2021 年红点奖获奖作品《Maell Milk》（图 4-3-5），它将乳制品变质的时间转化为视觉指标，这一功能可以成功地帮助儿童，即使他们还不会阅读，也能识别牛奶是否变质。

图 4-3-5 Maell Milk 牛奶包装设计
图片来源：2021 年红点设计奖

图 4-3-6 Tom Parker Creamery
图片来源：2021 年红点设计奖

④ 包装材料及包装辅助材料的研发趋向乳品安全性能的提高。

随着人们生活水平的提高，越来越多的消费者开始注重乳品的安全性，并希望其包装能够反映乳品的安全情况。以一种指示食品新鲜度的食品包装膜的制备为例，该专利是一种食品包装膜的制备方法以及牛奶包装结构，提供了一种环保安全且能够指示食品新鲜度的智能包装材料。该食品包装膜能够为消费者提供食品新鲜度的信息，促使消费者做出更合理的购买决策。

⑤ 包装趋向绿色环保。

消费者愈发注重产品的环保性，以及生产和回收的碳排放等情况。以一种便于将牛奶充分吸食的环保回收型牛奶包装盒为例，其可以通过内部的导流加厚层使得牛奶汇集在第一开口处，从而进行充分吸食，而且使用便捷，只需要上推底部的吸管即可对第一开口和第二开口处的膜袋进行刺穿和饮用，同时包装盒顶部的密封结构可以在饮用一半后进行密封工作。再如 2021 年红点设计奖获奖作品《Tom Parker Creamery》（图 4-3-6），这种牛奶包装实现了自由放养、天然和可持续等概念的独特组合，侧重宣传奶牛的优良饲养环境，增加乳品在消费者心中原生态印象。

综上所述，乳品包装行业技术主要发展乳品包装机械设备、乳品加工灭菌技术、乳品包装材

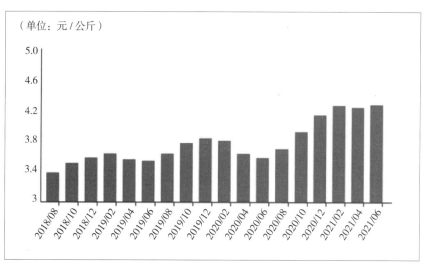

图 4-3-7　2018—2021 年乳制品均价
数据来源：农业农村部

料等，以此提高乳品灌装效率、提高乳品合格率和延长产品货架周期。对于社会关注的热点问题，如乳品变质等问题，业内提供了多种解决方案，能够有效地防止儿童和老人误食变质乳品。在包装的外部造型和材料上更加注重体现绿色环保的概念。

4.3.2 乳品包装市场供需分析

随着乳品市场规模扩大，乳品包装需求增加，国内乳品包装的市场占比也在逐步扩大，通过提升包装性能等手段来促进乳品市场发展。下面将从需求与供给方面分析。

（1）乳品包装市场供给情况

随着乳制品均价的提高，乳品包装行业趋向多元发展，为满足不同产品的销售需求，各式各样的乳品包装应运而生，乳品包装行业从辅助产品转型、材料的选择以及配合销售渠道等方面提高乳品附加价值。

① 消费结构升级，乳品包装附加值提升。

随着经济发展，我国居民人均可支配收入稳中有升，居民消费水平不断提高。2020 年，全国牛奶产量达 3440 万吨，比 2015 年增长 8.2%；

规模以上乳品企业主营业务收入 4196 亿元，比 2015 年增长 26.1%；乳制品人均消费 38.4 公斤，比 2015 年增长 20.4%；生鲜乳和乳制品抽检合格率保持在 99% 以上，奶业振兴揭开了新篇章[1]。消费水平的提高使居民更加注重乳制品的质量，乳制品均价持续提高（图 4-3-7）。

低糖低脂的乳制品愈发受到消费者欢迎，乳制品消费近几年呈现高端化的趋势。在此，将"高端液态奶"定义为价格不低于人民币 20 元 / 升的液态奶。2014—2021 年，我国高端液态奶零售额的规模从 670 亿元增加至 1350 亿元，年均复合增速为 15.04%，增速整体高于普通液态奶。从占比来看，我国高端液态奶占液态奶总零售额的比重从 2014 年的 30.70% 增加至 2021 年的 40.10%。预计高端化将是乳制品包装行业未来发展的趋势之一。据专业人士预计，2024 年我国高端液态奶零售额有望达到 2780 亿元，高端液态奶占液态奶比重有望达到 54.10%。

高端化进程亦将一定程度上带动乳品价格的提升，进而扩大我国乳品包装行业整体的市场规模。以占常温奶包装主导地位的利乐包装价格为例，一般来讲，2021 年，一个 250 毫升装利乐包装成本价格大约在 0.3 元左右，包装占据乳品

1　中华人民共和国农业农村部 . 启动乳企现代化评价助力奶业全面振兴 [EB/OL].（2021-04-27）[2022-10-31].http：//www. moa.gov.cn/xw/qg/202104/t20210427_6366722.htm.

的四分之三的利润。相较常温奶包装，鲜奶包装能给产品带来巨大的附加价值，包装可以给鲜奶带来溢价成分。如目前市面上采用唯绿屋顶包的鲜奶产品，1升规格集中在12元~20元之间，但换成PET瓶，有些鲜奶产品可以卖到30元。PET瓶价格低廉，但经其包装后销售的产品价格较高[1]。

② 新销售模式，推动乳品包装市场发展。

在消费升级的背景下，新兴营销方式及新零售渠道，推动乳制品行业销量和价格共同发展，促进中国乳制品包装市场走向新高度。传统乳企主要通过经销的方式，在超市、零售店等线下渠道进行销售，新兴乳企将传统乳制品企业较忽视的线上渠道作为重点，配合线下渠道进行销售[2]。

从渠道构成来看，伊利采取经销与直营相结合的销售模式。其中，经销渠道为公司的主要渠道，2021年实现营业收入1050.02亿元，业务占比达到96.81%；直营渠道实现营业收入34.60亿元，占比约3.19%。目前，伊利在夯实原有渠道的基础上，深化全渠道战略布局，探索构建新零售模式，提高市场渗透率。根据公司公告，截至2021年12月，伊利常温液态类乳品的市场渗透率同比增加0.7个百分点。对于蒙牛而言，公司持续增加线下门店的覆盖，通过镇村通项目持续对乡村市场进行深耕。截至2021年12月底，镇村通项目直控的镇村网点超过60万家，网点与销量实现双增长。与此同时，蒙牛顺应新零售模式的发展，加速发展电商与O2O业务平台，目前线上平台已取得一定成效。2021年"618"购物节期间，蒙牛液态奶销售额在京东与天猫平台位居第一，6月18日当天全网销售额突破亿元。而蒙牛的线上会员数量2021年亦实现翻倍增长，达到3000万人，在京东与天猫平台的乳品品牌中位居第一。

③ HDPE瓶包装成为保鲜乳品的主要包装形式。

近几年来，光明针对产品包装不断推陈出新。光明乳制品包装大致经历了如下发展过程：首先是最早于国内推出采用国际纸业的屋顶包装，之后推出连杯产品，后来发展到采用单杯包装，目前还推出了利乐冠新包装。现今光明乳制品产品采用纸质及塑料等多种包装形式，类型也越来越多样（图4-3-8）。以吨位来计算，屋顶包产品占光明乳品产品总量的35%，连杯产品占45%，单杯及瓶形产品占20%。光明针对不同消费层次的群体推出外观不同的包装。比如光明引进的利乐冠包装外观漂亮新颖，桶身为纸质，上部的瓶口为HDPE塑盖，此种包装形式在中国台湾、中国香港等地区市场反应很好，但成本较高，适合高端路线和高收入人群。前些年的中国保鲜乳品市场，国际纸业的屋顶包装在乳品包装行业占据了绝对的垄断地位，但近些年屋顶包装的使用呈下降趋势，取而代之的是HDPE塑瓶产品。采用HDPE瓶包装的乳品将成为保鲜乳品领域今后的一个发展趋势。

HDPE塑瓶在标签外观及印刷色彩方面更富于变化（图4-3-9），并且瓶型产品的灌装设备通用性、适应性更强，同一台设备可以适用于不同种类、不同口径及不同容量的塑瓶，并且瓶类包装具有更好的密封性及安全性。相比之下，屋顶包装的灌装设备只能对应唯一口径的屋顶包，产品的互换性及灵活性都不佳。目前国内除了达能率先推出HDPE鲜奶保鲜冷链瓶形产品，光明、蒙牛、伊利及三元也都积极跟进。

④ 乳品发展迅速，乳品包装机械较为落后。

在中国乳业蓬勃发展的大环境下，人们却忽视了包装加工机械技术这个产业链中不可或缺的一环。目前，我国的乳品包装加工机械行业的发展存在初级产品的低水平与终端产品的高安全性

1 新京报.康美包、利乐进军低温赛道，能否继续收割食品包装高份额？[EB/OL].（2022-08-18）[2022-10-31].https://www.bjnews.com.cn/detail/1660795251168341.html.

2 百度.乳品行业研究报告：需求景气，强者恒强[EB/OL].（2022-07-27）[2022-10-31].https://baijiahao.baidu.com/s?id=1739465970914514805&wfr=spider&for=pc.

| 百利包 | 利乐枕 | 爱克林 | 利乐砖 | 利乐冠 | 笑脸包 | 屋顶盒 |

图 4-3-8　乳品常用包装包材
图片来源：百度

图 4-3-9　HDPE 塑瓶
图片来源：百度

要求的矛盾。牛奶是一种高时效性食品，在加工包装过程中必须保证终端产品各项微生物指标达到食品安全性的要求。这就要求在牛乳加工过程中，所使用的加工包装装备的技术性能，在保障终端产品的安全性方面有着更高的要求。即在加工包装流程的每道工序、装备优良的技术状态上都要加以保证，将可能由工艺装备技术造成的影响降到最低程度。然而各乳品企业为了打造自身产品的差异性优势，对原料奶进行人为的增稠、调香处理，改变了原料原有的加工工艺性，从而加重了相关加工包装装备的技术责任。

（2）乳品包装市场需求状况

中国奶业步入高质量发展阶段，在市场的推动和奶业振兴政策的引导下，2021 年，我国奶类产量、各类乳制品进口量、乳品工业总产量分别为 3777 万吨、390 万吨（不含酪蛋白，折合原料奶计约 2231 万吨）、3032 万吨，同比分别增长 7.0%、18.8%、9.4%，国内生产、加工、进口"三量齐增"，反映出国内奶类消费需求旺盛。奶类

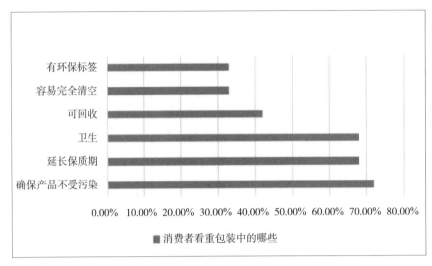

图 4-3-10　消费者对包装的关注
数据来源：利乐官网

消费需求的旺盛大大增加了对奶类包装的需求。

① 包装加入冷链体系联合发展，拓展低温奶销售半径。

近年来，国民的健康意识空前提高，安全饮食成为了人们追求的生活方式。乳制品作为生活中的重要食品之一，其消费市场和潜力也非常大。低温奶因其口感好、新鲜以及营养价值高等众多优点，深受人们喜爱。乳品企业不仅要加强技术革新，还要加强冷链体系的建设和完善，更好地进军低温奶市场。2015 年国家提出实施城乡冷链物流基础设施补短板的要求后，我国冷链基础设施建设加速推进，至 2021 年中国冷库总量已达 7719 万吨。伴随冷链设备的发展，低温酸奶的销售半径得以进一步扩大，但在低线城市和农村市场仍有提升的空间。从市场需求来看，低温奶的消费潜力非常大，因此众多乳企为抢先占据市场份额纷纷开始布局。伊利、蒙牛、新希望、光明、卫岗等众多大型乳企纷纷行动起来，大举进军低温奶领域。在这种激烈的市场竞争下，想要占领低温奶竞争市场的制高点，包装加入完整的冷链体系非常重要。

② "碳中和"驱动乳品包装行业可持续发展[1]。

温室气体的大量排放导致全球变暖日益加剧，而乳制品行业的碳排放是全球温室气体排放量上升的重要原因之一。根据新西兰皇家研究院的全球主要牛奶生产国碳足迹数据，我国生产每千克牛奶排放二氧化碳当量为 1.68 千克，远高于新西兰 0.77 千克的二氧化碳当量排放水平。我国乳制品行业减排空间大且势在必行，于是全产业链积极响应"碳中和"目标。目前在乳品包装行业内，龙头企业如纷美、新巨丰已经纷纷加入低碳生产的行列，成为推动行业绿色转型的主力军。在"双碳"目标下，行业监管将逐渐趋严，乳品包装企业绿色转型也将成为行业发展的需要。只有符合趋势才能持续增长，未来必将有越来越多的乳品包装企业注重低碳发展，承担相应的社会责任。

③ 乳品行业结构不断优化，乳品包装要求不断提高。

根据利乐官网关于消费者对包装关注因素的调查（图 4-3-10），由于消费升级以及新冠疫情冲击，消费者的消费观念和购物行为发生改变，高品质、健康化、环保化、智能化产品受到追捧。为适应新的消费趋势，乳品包装企业需要调动研发资源，开展更多的消费场景和消费需求研究，重点开发和应用新型、环保、实用、便捷的乳品包装材料和容器，在产品质量上，在资源

1　前瞻经济学人 .2022 乳制品行业现状与发展前景深度解读 [EB/OL].（2021-12-14）[2022-10-31].https：//www.qianzhan. com/analyst/detail/329/220303-c1512ab9.html.

采购、生产加工、物流存储、销售渠道、数字化升级等方面全面进行质量监督与把控。

④ 高端市场持续创新促使乳品包装行业向个性化方向发展

随着消费者对高质量产品和服务的需求增加，以及高端市场持续创新，乳企纷纷通过推出新口感、新菌种、新添加物等，打造出蛋白质含量更高、营养物质更丰富、奶源更优质的高端产品，迎合消费者需求，如有机奶、A2 蛋白奶、高端低温酸奶等。市场进入细分阶段，乳企针对特定人群进一步细分，通过配方、工艺的升级，向目标市场提供更多功能性产品，如为减肥群体提供具有瘦身功效的代餐奶昔，为适应儿童、老人肠胃与体质提供的助消化乳品等，均体现出消费者对乳品的个性化需求。乳品包装向个性化方向发展，例如针对儿童的乳品类，在其包装的设计上就会采用一些更加可爱、有趣的元素，以吸引小朋友的注意力；针对老年人的乳品类，其包装设计就会更加注重包装信息识别、包装的开启使用是否无障碍等。

⑤ 乳品市场需求的变化促使包装设备供应商做出改变。

行业数据显示，2021 年我国乳制品需求首次超过 6000 万吨，同比增长 10.9%，液态奶市场持续扩张，而鲜奶行业增速领先整体市场。其中国内常温奶市场份额依然最大，但盈利能力不够强，主要原因在于奶源成本高、制造费用高，但售价不是特别高，一些袋装纯牛奶价格还不如矿泉水。与常温奶相比，低温鲜奶近年增速较快，符合消费者对牛奶品质、营养、新鲜度要求越来越高的趋势，尤其是市场成熟的城市，这种需求明显增多。乳品市场格局的改变无疑会对包装供应商产生影响。2022 年，全球无菌包装巨头 SIG 康美包正式进军低温液态食品包装领域，其次利乐近年也在布局中国鲜奶赛道。2021 年，重庆天友乳业推出淳源娟姗有机鲜牛奶，采用的是利乐冠包装。2022 年，利乐又与光明乳业合作，在其浓醇鲜奶上应用利乐峰冷藏纤细型新包装。

而早在十几年前，利乐包装就已应用于蒙牛冠益乳、伊利畅轻两款低温酸奶产品。无菌包装企业新巨丰招股书显示，无菌包装行业由于技术壁垒高等原因，市场集中度较高，利乐和 SIG 康美包等国际企业长期占据较高的市场份额。国际无菌包装企业进入中国市场后，通过灌装机与包装材料捆绑销售的策略，使得乳制品企业从灌装机到包装材料供应都高度依赖国际企业，一度占据中国无菌包装市场 90% 以上市场份额。2021 年，国内液态奶无菌包装供应商销售量市场份额情况为：利乐占比 61.1%，SIG 占比 11.3%，纷美占比 12%，新巨丰占比 9.6%，其他供应商合计占比 6.1%。2018—2020 年，作为最大的内资控股无菌包装企业，新巨丰液态奶无菌包装市场份额分别为 8.9%、9.2%、9.6%，呈不断增长趋势。

国内无菌包装供应商的竞争优势在于性价比高、服务态度好，但利乐等国际巨头在技术专业性和成熟度上拥有核心竞争力。从乳品包装应用范围来看，利乐、SIG 康美包在国内常温奶包装领域有一定的"垄断"地位，但在 PET 瓶装低温鲜奶及低温酸奶等领域应用并不普遍。除唯绿亚洲外，山东泉华、云南红创等国内包装企业也在布局鲜奶屋顶包，而低温酸奶的包装形式更是多种多样，国产替代率普遍较高。目前唯绿屋顶包在低温酸奶领域应用较少，而酸奶产品包装使用最多的是 PET 瓶，其他还有 PP 塑料杯、纸塑杯、PE 杯、爱克林、吸塑 8 连杯等，这些材料专利少，技术含量偏低，国产化率非常高。目前蒙牛"现代牧场""每日鲜语"鲜奶产品同时使用泉华和红创的屋顶包，伊利、三元部分鲜奶产品使用的是唯绿"新鲜屋"包装，光明鲜奶产品也在同时使用泉华、唯绿和利乐包装。在低温酸奶领域，纸包装主要来自利乐、纷美等，而其他材质的鲜奶和低温酸奶包装上普遍没有包材商信息（图 4-3-11）。

（3）乳品包装市场发展潜力

乳品包装可以满足不同层次消费者的需求，发展不同档次的乳制品包装能够扩大乳制品的销

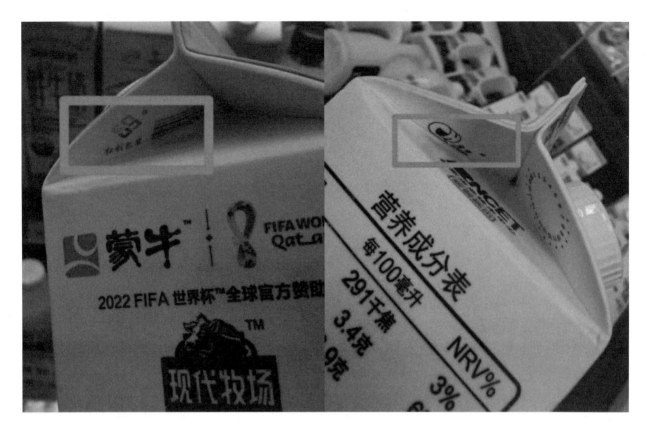

图 4-3-11　乳品包装供应商标志
图片来源：新京报网

售量，乳制品包装对乳品经济发展的贡献将会越来越大。尽管我国包装行业整体发展态势良好，并已成为仅次于美国的全球第二大包装大国，但人均包装消费与发达国家及地区相比仍然存在较大差距，包装行业各细分领域乳品包装未来还有广阔的市场发展空间。

① 无菌包装市场规模将继续扩大。

无菌包装作为液体包装产品中技术含量较高的一种材料，由于多层复合技术，具有良好的阻隔性和遮光性，可延长液体食品保质期。液体食品在无菌包装后无须再次杀菌。无菌包装因无须冷藏、便于运输等特点被广泛应用于液态奶及非碳酸软饮料等产品。2000 年前低温鲜奶占据绝大部分的市场份额，无菌包装技术的出现大大改变了奶业市场。从行业发展来看，中国是全球最大的乳制品消费国之一，2020 年市场规模达到 6385 亿元，但人均乳制品年消费量折合

生鲜乳 38.3 千克，仅为欧美国家人均年消费量的 1/6。对比日本、韩国（人均年消费量 100 千克以上），或同为发展中国家的印度（人均年消费量 144 千克），中国乳制品行业具有巨大提升空间。随着液态奶市场继续保持稳定增长，无菌包装市场规模将继续扩大。例如我国无菌包装龙头新巨丰，液态奶无菌包装为其主力产品。在 2021 年新巨丰液态奶无菌包装相关营业收入达 12 亿元（图 4-3-12），同比增加 23.2%，占总营业收入的 97%[1]。

② 包装赋能交流环境的可持续性。

食品浪费对气候变化有着重大影响，根据联合国环境规划署的数据，全球高达 10% 的温室气体产生自未食用的食品。Amcor 的 Matrix 技术为软奶酪包装的回收提供了解决方案。Matrix 系列是一种无石蜡和可回收的纸质包装（图 4-3-13），改善了产品的水分交换，并确

1　未来智库 . 新巨丰研究报告：无菌包装内资龙头，加速引领国产替代 [EB/OL].（2022-10-26）[2022-10-31].https：// xueqiu.com/9508834377/233622242.

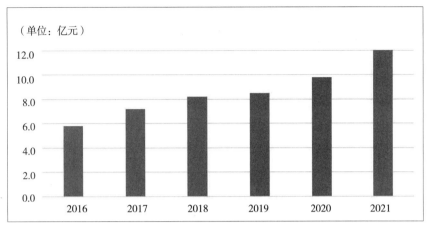

图 4-3-12 新巨丰液态奶无菌包装营收
数据来源：未来智库

保在整个产品生命周期内口味和质地一致[1]。许多国家收集和回收乳品包装盒的基础设施建设大大促进了乳品包装材料的回收以及循环。例如乳品包装行业中影响力最大的利乐，从 2018 年就开始围绕"理想的饮料纸包装"这一愿景重构包装产品组合创新战略，开发了完全可再生和可回收包装（图 4-3-14），其目标是使回收材料得到充分利用——促进包装的循环利用，消除浪费。利乐在包装中引入了再生聚合物，从而确保到 2025 年在欧洲销售的饮料纸包装中至少含有 10% 的再生塑料[2]。

③ 高性能包装和加工解决方案成关键。

由于新冠疫情期间许多消费者居家生活，包装垃圾问题更加突出。人们越来越意识到，每周会有多少包装垃圾被丢弃在垃圾桶中。人们正在重新考虑他们的选择，改变他们的行为。Accenture 报告称，全球 72% 的消费者已经改变了他们的购物习惯，以减少食物浪费。恒天然的消费者品牌 Anchor 推出了新西兰首款植物包装瓶装水，甘蔗成为塑料瓶的可再生替代品。甘蔗在生长过程中会从大气中捕获二氧化碳，从而形成一个低碳足迹的瓶子。与此同时，利乐公司表示将持续推进环境可持续性战略，扩大可再生和低碳材料制成的纸吸管生产线（图 4-3-15），以使其欧洲客户遵守"一次性塑料指令"（SUPD）[3]。

综上所述，随着人们越加重视自身健康，液态奶市场快速发展，而液态奶市场的发展将加速无菌包装市场规模的扩大。人们在注重自身健康的同时也更加关注环境保护，于是乳品包装将向着高性能、可再生和可回收方向发展。

4.3.3 乳品包装行业发展趋势

近年来，我国乳品行业持续增长，乳品包装行业也将继续保持增长趋势。一方面，人们由于消费水平的提高，其审美需求、环保需求也不断提升，乳品包装将向个性多样化、绿色环保化的方向发展。另一方面，随着智能化技术的不断发展，智能升级、集中整合也将成为未来几年乳品包装行业的主要发展趋势。

1 Packaging Insights. 乳制品包装趋势：包装设计以环境影响为中心 [EB/OL].（2021-10-01）[2022-10-31].https：//m.packaginginsights.com/news/dairy-packaging-trends-part-one-design-centers-on-environmental-impact-as-consumers-choose-green.html.

2 利乐. 打造循环纸包装产品组合 [EB/OL].（2021-10-01）[2022-10-31].https：//www.tetrapak.com/zh-cn/sustainability/food/customer-focus/sustainable-packages.

3 利乐. 包装和吸管 [EB/OL].（2021-05-29）[2021-10-31].https：//www.tetrapak.com/zh-cn/solutions/packaging/packaging-material/straws.

图 4-3-13　Matrix 可回收包装
来源：https：//m.packaginginsights

图 4-3-14　完全可再生和可回收包装
图片来源：利乐官网

图 4-3-15 纸吸管
图片来源：利乐官网

（1）国家政策助力，行业发展国产替代大势所趋

近年来，国家有关部门陆续出台多项政策支持无菌包装行业的发展。2016 年 12 月，工信部联合商务部发布了《关于加快我国包装产业转型发展的指导意见》，提出到 2020 年，实现以下目标："包装产业年主营业务收入达到 2.5 万亿元，形成 15 家以上年产值超过 50 亿元的企业或集团，上市公司和高新技术企业大幅增加；积极培育包装产业特色突出的新型工业化产业示范基地，形成一批具有较强影响力的知名品牌。"2020 年上半年以来，中央提出要逐步形成以国内大循环为主体、国内国际双循环相互促进的新发展格局。在此背景下，国产替代产品迎

来新的发展机遇。此外，随着《中华人民共和国反垄断法》于 2022 年进行修订，国家对于保护公平竞争、提高经济运行效率、促进民族企业发展提供了更多的支持。同时，我国本土的无菌包装行业企业取得了较大进步，开始出现有较强实力的无菌包装民族品牌。

（2）数字化营销高速发展，推动乳品包装多元化

乳制品行业新品能否推广成功，各类产品所能得到的市场份额，很大程度上取决于终端渠道对产品的支持力度。但现实情况是，终端门店普遍会选择相对稳妥的传统畅销品牌，很少会对新品或其他产品倾其全力推广。近年来，由于线下终端门店的生存成本增加，此类情况更加突出。

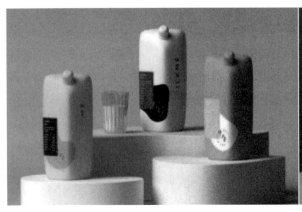

图 4-3-16　MILK ME 牛奶包装设计
图片来源：2021 年 Pentawards 设计奖

与此同时，随着用户在微博、抖音、小红书等社媒平台停留时间越来越长，乳品品牌在社媒平台投放力度持续加大。例如，在微博发布促销信息、制造话题吸引消费者关注并实现传播；在抖音、快手、小红书等平台发布创意短视频、种草笔记完成消费群体渗透，培养消费者认知；利用主播、网红等明星效应实现转化，以获得品效协同发展。随着品牌对消费者的信息传播和沟通趋向线上化，消费者对线上渠道的信任感增强，数字营销方式应运而生。未来更多的实体门店营销将转移至线上，以短视频、直播、私域运营等数字营销方式协助乳品的推广与市场扩张[1]。由于好的包装设计可以满足消费者的物质、审美等需求，能够引导消费，甚至影响产品的销量，因此企业对乳品的包装投入越来越多的关注。

①个性化包装设计。

生活水平的提升，促使消费者不再仅仅注重乳品包装的实用性，同时也注重其设计的个性化与创意化。以 MILK ME 牛奶包装设计为例（图 4-3-16），设计师从动物身上获得灵感，采用了奶牛身上的色块以及奶牛乳房的形状元素，将其呈现在包装上，生动而形象。

再以 Ani 乳品包装设计为例（图 4-3-17），该品牌在包装上打破了人们常见的黑白奶牛形象，通过插图来展示饲养这些奶牛的健康环境。其色彩鲜艳的装饰与纯白色的背景形成强烈的对比，而标志和文字选择黑色，使消费者易于辨识。

②极简化包装设计。

近年来，极简主义风格盛行，对乳制品行业包装设计也产生了一定影响。以巴西 Moo 酸奶包装设计为例（见图 4-3-18），瓶身以简单的线条勾勒了奶牛或植被等形象，与横排列的文字风格相映衬，亮色图案的对比更易使人们了解产品属性，形成与消费者视觉上的趣味互动。

再以 Milgrad 牛奶包装设计为例（见图 4-3-19），其包装以不同的角度展示了一只小猫，设计简单但引人注目，对消费者有很大的吸引力，消费者得以从各个角度观察整个包装。零售商可以在货架上通过这种设计构建不同场景。

③国潮风包装设计。

随着国家综合实力的提高，国民对本土文化的认同和归属感不断增强。合理地采用国潮风格与传统文化元素，能够为包装设计增添文化内涵和民族底蕴。以卫岗乳业的牛奶包装设计为例（图 4-3-20），设计师以南京江宁织造博物馆收藏的蟒袍为设计灵感，以龙元素为基础，运用烫金工艺将传统元素展现在牛奶包装上。而当两个牛奶盒拼在一起，还能呈现出一幅完整的蟒袍刺绣图案。

1　前瞻经济学人 .2022 乳制品行业现状与发展前景深度解读 [EB/OL].（2021-12-14）[2022-10-31].https：//www.qianzhan.com/analyst/detail/329/220303-c1512ab9.html/.

图 4-3-17 Ani 乳品包装设计
图片来源：2020 年 Pentawards 设计奖

图 4-3-18 巴西 Moo 酸奶包装设计
图片来源：百度图库

图 4-3-19　Milgrad 牛奶包装设计
图片来源：2021 年红点设计大奖

图 4-3-20　卫岗牛奶包装设计
图片来源：2021 年 iF 设计奖

（3）PET 瓶将引领保鲜乳品包装新潮流

目前在瑞典、丹麦、挪威等乳品工业发达的国家，看到的几乎都是带盖的屋顶包，大容量的乳品都是采用带塑盖的 ELOPAK 屋顶包，此外 HDPE 的瓶装产品形式也很常见。另一个新的发展趋势就是使用内层覆膜的 PET 瓶。PET 材料有其自身的缺陷，其透氧性及透光性在很大程度上制约了其在乳品包装特别是酸奶包装上的应用，但保鲜酸奶产品的保质期通常是在一个月左右，因此 PET 的透光性在产品的货架展示期内对乳品的口感影响并不大。PET 瓶的优势在于其强度比 HDPE 材料更好，在瓶坯做好之后可以实现在线吹瓶、连线生产，卫生性能也很优异。另外 PET 材料的高透明度可以让消费者更加直观地看到内装物，货架展示效果更好，更能激发消费者的购买欲望。但是对于中国乳品市场来说，HDPE 材料依然会占据主导地位，短期内中国市场对 PET 材料的需求还不会很多，主要是由于 HDPE 材料在中国乳品行业的应用方兴未艾。国内目前只有一小部分企业率先尝试了在乳品包装中应用 PET 材料。例如君乐宝乳业有限公司旗下的牛奶品牌悦鲜活（图 4-3-21），其瓶身就采用了 PET 材料。所以，有理由相信在未来的乳品包装市场中，PET 瓶将会引领保鲜乳品包装的新时尚。

图 4-3-21　悦鲜活牛奶包装
图片来源：百度百科

（4）乳品包装机械一体化趋势增强

由于中国的乳制品企业以中小企业为主，缺乏高素质的技术人员和管理人员，因此企业更愿意采用一体化包装机械解决方案。但由于一体化机械对包装的形式、容量只能在一定范围内调节，无法满足包装的多样化需求，因而单一功能的包装机械仍能够发挥作用。对于包装机械供应商来说，应加强彼此合作，与生产灭菌、加工等设备的供应商配套生产，以满足乳品企业的不同需求。例如利乐最近推出了增强型 UHT 2.0 产品组合，结合 One Step 技术和利乐 E3/Speed 超包装设备。与传统的超高温（UHT）生产相比，该产品组合能够帮助超高温（UHT）牛奶加工机减少 31% 的电力消耗、78% 的蒸汽消耗、40%的淡水消耗。

综上所述，由于国家政策的支持、"互联网 +"的兴起、数字化工厂以及自动化生产线的发展，我国乳品包装行业发展迅速，乳品包装设计、包装机械、包装材料都呈现良好的发展态势。多年的探索与积累，已经为乳品包装的多元化发展奠定了坚实的基础，为行业高质量发展提供了广阔的空间和平台，可以预计未来乳品包装行业发展将进入新阶段，迈上新台阶。

4.4 医药包装

医药包装是药品不可分割的一部分，对药品质量和用药安全有着重大的影响。随着我国对药品质量安全的重视不断加强，监管不断趋严，医药包装企业面临着较大的挑战。近几年，我国药品包装材料和容器生产企业无论是在企业规模、生产设施，还是在装备水平、工艺技术方面；无论是在研发能力、管理水平，还是在产品品种、质量档次方面，都发生了较大的变化，也取得了很大的进步。

4.4.1 医药包装行业发展现状

医药包装行业是指从事医药包装相关的生产、服务的单位或个体的组织结构体系的总称。深刻认知医药包装行业，对预测并引导医药包装行业前景，指导行业投资方向至关重要。我国医药包装行业在经过短暂的结构调整后，淘汰掉落后产能、筛选掉不合格企业，随着居民消费观念的转变和消费需求的提升，依旧会继续保持增长趋势，未来将会向高品质、高质量的方向发展，呈现品种多样化、消费多元化等新趋势。中国医药包装产业链的参与主体不断丰富，产业生态逐渐完善。

（1）行业市场规模

中国是全球最大的新兴医药市场之一。亚太地区等新兴市场药用包装材料行业处于成长阶段，增长速度高于其他地区。一方面，新兴市场近十年的经济发展速度高于全球平均水平，跨国制药公司逐渐将新兴市场作为其产品销售的重要增长点，投入大量资金和资源在新兴市场开展业务；另一方面，新兴市场的人力资源成本远低于欧美地区，无论是参与产品技术研发的人员，还是从事产品营销的人员，其成本均具有显著优势，中国、印度等国将成为全球增长最快的药用包装材料市场。数据显示，2018年，全球医药包装行业的市场规模达到941亿美元，2016—2018年的年均复合增长率达5.65%，2021年全球医药包装行业市场规模已达1082亿美元[1]。

在我国，随着医药产品的日渐规范，医药包装发展无序、落后的局面将发生根本转变。目前，我国正不断引进和更新医药包装机械及材料，医药包装工业呈现出崭新的局面，国内医药包装行业也在快速发展。经过初步估算（图4-4-1）[2]，2015—2021年，中国医药包装行业市场规模先上升后下降。2020年市场规模达到近几年峰值，为1140亿元，随后呈下降趋势；至2021年，市场规模下降至1026亿元。

（2）行业竞争格局

从企业数量来看，我国药品包装行业有2000余家企业，能生产六大类30余个品种的药品包装材料，基本能满足国内制药业的需求，年销售额已占全国医药行业销售额的15%左右。我国自2000年开始对医药包装材料实施注册制管理以来，截至2021年，全国已经有740多个品种通过原国家药品监督管理局的审评注册，其中广东省有100多个，位居各省（自治

---

1 中商情报网.2021年中国药用包材行业市场规模及发展趋势预测分析[EB/OL].（2021-10-22）[2022-10-30].https：//baijiahao.baidu.com/s?id=1714322470847861627&wfr=spider&for=pc.

2 前瞻经济学人.2022年中国医药包装行业发展现状及市场规模分析[EB/OL].（2022-04-15）[2022-10-30].https：//baijiahao.baidu.com/s?id=1730167296166678685&wfr=spider&for=pc.

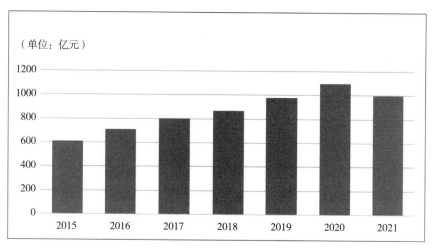

（单位：亿元）

图 4-4-1　2015—2021 年中国医药包装行业市场规模体量

数据来源：前瞻产业研究院

区、直辖市）之首。

从企业分布来看，我国的医药企业主要分布在江苏、浙江和广东一带。无论从数量还是从规模上说，广东与江浙一带的医药企业都占主导地位。

从企业规模看，国内医药包装行业呈现两种发展模式。一种是大型医药包装企业作为核心示范向全行业辐射，另一种是具有专业特色的中小医药包装企业。前者以连云港中金医药包装、南方包装等综合实力强和技术全面的大型企业为代表。如南方包装与广州医药集团结为战略性伙伴关系后，订单总额占其销售额的 20%，此为典型的周边互动式发展模式。后者以广东庵埠、河北雄县、江苏江阴和苏州胶囊厂等数量众多各具特色的医药包装中小企业为代表[1]。

总体上，医药包装行业格局相对分散，国内医药包材企业有 1500 多家，大部分为千万量级，超过 2 亿级别的公司较少。中国企业集中于中低端市场，但随着药品包装标准的日趋严格，

国内企业正通过加大研发投入向高端市场迈进。结合对中国医药包装行业市场规模的测算，中国医药包装行业整体竞争格局相对分散，竞争十分激烈。

（3）行业进出口市场

从进口方面看，2018—2021 年医药包装的进口数量和金额呈现出波动下降趋势。2020 年，在新冠疫情冲击下，贸易往来受阻，但旺盛的市场需求推动了国内医药包装进口数量的增长。2020 年，我国医药包装进口规模为 25.56 万吨和 7.88 亿美元。2021 年，我国医药包装进口规模为 22.99 万吨和 8.40 亿美元（图 4-4-2）[2]。

2021 年，我国医药包装进口的前五大来源地分别为日本、沙特阿拉伯、韩国、美国、加拿大，占比分别为 28.3%、12.3%、10.7%、8.4% 和 6.8%（图 4-4-3）[3]。

从出口方面看，2018—2021 年我国医药包装的出口数量波动上升，但出口金额稳中有升。2021 年，我国医药包装总体出口规模为 200.06

1　百度文库.医药包装行业市场研究报告 [EB/OL].（2021-01-01）[2022-10-30].https：//minipro.baidu.com/ma/qrcode/parser?app_key=AukeaxXFpdt1qCe7lE35VCvH27x6ayWI&_swebFromHost=baiduboxapp&path=%2Fpages%2Fview%2Fview%3FdocId%3De6a0d8342dc58bd63186bceb19e8b8f67d1cefea&launchid=B2556E03-71D0-45BE-A791-2249CB1C709A.

2　前瞻经济学人.2022 年中国医药包装行业进出口贸易现状分析 [EB/OL].（2022-09-12）[2022-10-30].https：//max.book118.com/html/2022/0909/7035152031004163.shtm.

3　前瞻经济学人.2022 年中国医药包装行业进出口贸易现状分析 [EB/OL].（2022-09-12）[2022-10-30].https：//max.book118.com/html/2022/0909/7035152031004163.shtm.

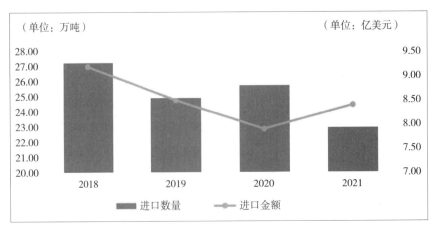

图 4-4-2 2018—2021 年中国医药包装行业进口规模情况

数据来源：前瞻产业研究院

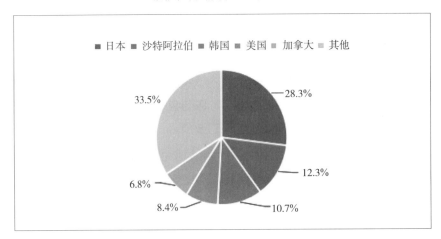

图 4-4-3 2021 年中国医药包装进口贸易来源地

数据来源：前瞻产业研究院

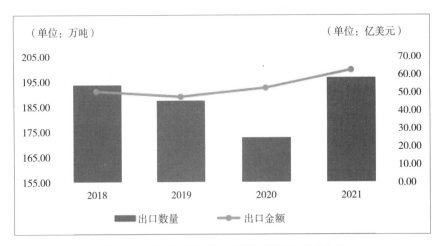

图 4-4-4 2018—2021 年中国医药包装出口规模情况

数据来源：前瞻产业研究院

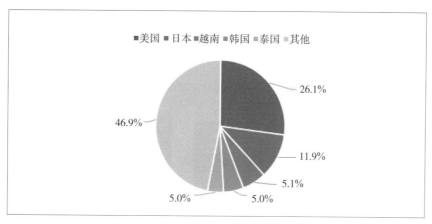

图 4-4-5　2021 年中国医药包装出口贸易目的地

数据来源：前瞻产业研究院

万吨和 62.86 亿美元（图 4-4-4）[1]。

其中美国是我国医药包装出口的最大目的地。2021 年前五大出口地分别为美国、日本、越南、韩国、泰国，占比分别为 26.1%、11.9%、5.1%、5.0% 和 5.0%（图 4-4-5）[2]。

综合来看，我国医药包装市场具有较大的发展潜力，并且我国是国际医药包装生产出口大国，行业长期处于贸易顺差。2021 年，我国医药包装贸易顺差进一步扩大，为 54.46 亿美元。具体到进出口方面，由于受新冠疫情影响，2020 年我国医药包装行业进口有所增长，出口大幅减少；2021 年国内厂商产能逐渐恢复，行业进口有所下降，出口则大幅增长，日本是我国最大的医药包装进口来源国，美国则是最大的出口目的国。

（4）行业技术发展态势

近年来，通过大规模引进原材料薄膜生产设备、印刷设备、复合设备等，我国包装材料生产企业无论是企业规模、生产技术、管理规模还是产品品种、质量等都有显著进步，其工业总产值已占医药工业总产值的 20% 左右，有些企业的生产条件、技术设备已达到国际水平。医药企业对包装越来越重视，许多制药企业开始对药品包装材料生产企业进行产品质量体系和现场管理审计，逐步开展药品包装用材料与药品相容性实验。新产品、新技术得到广泛的应用，落后的产品和技术正逐步被淘汰。据资料统计，2015—2021 年，中国医药包装行业专利集中度波动下降，从 2015 年的 45.31% 下降至 2021 年的 27.53%（图 4-4-6）[3]。因此，该领域的垄断性正在减弱，竞争激烈程度正日益上升。

随着市场竞争不断加剧，世界一流包装印刷企业正以绝对控股、新建独资生产企业和控股公司、兼并收购中国优势企业等方式加速其在中国的发展，它们带来了新的经营观念，国内医药包装企业意识到了危机和巨大的机遇，正通过各种途径进行提升。医药包装行业的发展呈现出两种重要趋势，采用更多的机器人包装线提升包装效率并保持包装一致性，以提高企业的市场竞争力；探索环保包装材料在生产中的应用，以步入可持续发展道路。我国医药包装技术发展态势有以下特征。

① 制药行业正在加强合作，共同开发可持续包装材料。

1　前瞻经济学人 .2022 年中国医药包装行业进出口贸易现状分析 [EB/OL].（2022-09-12）[2022-10-30].https：//max.book118.com/html/2022/0909/7035152031004163.shtm.

2　前瞻经济学人 .2022 年中国医药包装行业进出口贸易现状分析 [EB/OL].（2022-09-12）[2022-10-30].https：//max.book118.com/html/2022/0909/7035152031004163.shtm.

3　前瞻经济学人 .2022 年中国医药包装行业进出口贸易现状分析 [EB/OL].（2021-04-15）[2022-10-30].https：//max.book118.com/html/2022/0909/7035152031004163.shtm.

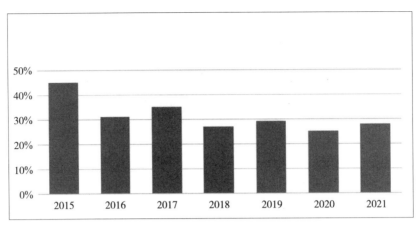

图 4-4-6　2015—2021 年中国医药包装行业专利集中度
数据来源：前瞻产业研究院

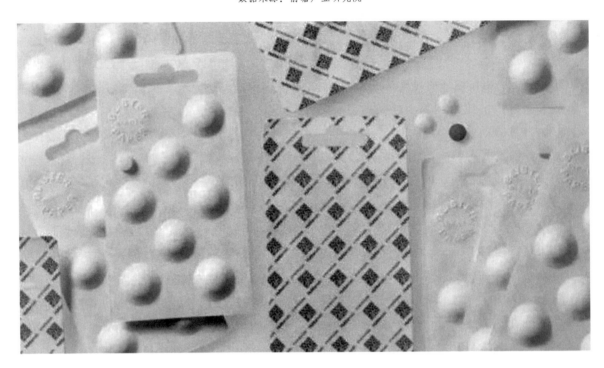

图 4-4-7　纸泡罩包装解决方案 Blister meet Paper
图片来源：搜狐网

制药行业要求采用满足最高质量标准的包装材料替代塑料材料。Syntegon 作为一家全球领先的加工和包装技术供应商，正与芬兰包装材料制造商 Huhtamaki 合作开发一种可持续的纸张替代材料，用于替代片剂和胶囊的塑料泡罩包装材料（图 4-4-7）[1]。

作为制药业加工和包装自动化设备制造商，Ima 公司也在其产品中推广使用环保塑料替代材料。如 Ima Safe 的纸盘包装线系列，可将安置于纸盘上的多种注射用产品和医疗器械包装到纸箱内，制成易于回收、耗能相对较低且可生物降解的 100% 纸包装（图 4-4-8）[2]。

②采用更多的机器人包装线，提升包装效率。

采用机器人有许多优势，如可以提升效率、使生产规模灵活调整、加快生产速度、占用空间少且易于移动等。2021 年市场信息公司 Beroe 的

1　搜狐网：医药包装行业的两大发展趋势 [EB/OL].（2022-07-21）[2022-10-30].https：//www.sohu.com/a/569993067_121124527.

2　搜狐网：医药包装行业的两大发展趋势 [EB/OL].（2022-07-21）[2022-10-30].https：//www.sohu.com/a/569993067_121124527.

图 4-4-8　Ima Safe 的纸盘包装线系列
图片来源：搜狐网

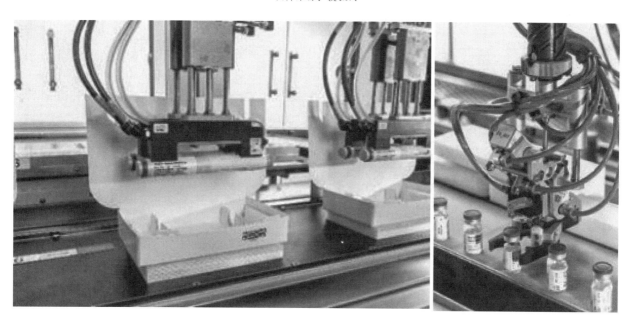

图 4-4-9　Gerhard 的模块化 TLM 包装机
图片来源：搜狐网

一份报告强调，不论是大型企业还是小型企业都逐渐开始采用机器人和自主移动机器人，以保证达成高质量的生产、保有市场竞争力、保持包装一致性，并解决劳动力短缺问题。在所有包装领域使用机器人解决方案已成为一种行业普遍做法。过去，机器人通常只用于提升重物，或被部署在危险区域内工作；如今，机器人已随处可见，因为机器人可以灵活应用于各种不同的产品和包装生产环节，如将产品和包装材料装入包装线，拾取并将产品放到包装之内，贴标签以及组装包装。动作精确的机器人可以执行各类烦琐任务，并且可以全天不间断运行。例如，模块化

制药包装机开发先驱者 Gerhard Schubert 公司推出了用途灵活的机器人顶载式（TLM）包装技术（图 4-4-9）。这项技术在简化机构设计、智能控制和高度模块化的基础上，还将许多附加功能集成到包装机中，如贴标签、插入使用说明书或采用规定的质量控制手段。这款模块化包装机可以满足多种剂型的药品包装要求。

Marchesini 集团也推出了一款新的集成化机器人包装线 Integra 720V（图 4-4-10），它用于将泡罩包装药品装入纸箱，其突出特点是包装速度非常快。这款结构紧凑的多道式泡罩包装线由两个部分组成：一部分为泡罩包装线，用于

图 4-4-10　Marchesini 的全新解决方案 Integra 720V

图片来源：搜狐网

泡罩成型，并将需要包装的产品放入泡罩空腔内；另一部分为装箱机，用于将泡罩装入纸箱。这两个部分由一台三轴机器人 Robocombi 连接，这台机器人可充分集成在包装线内，并完全由 Marchesini 研发。这一解决方案每分钟可包装多达 720 个泡罩和 500 个纸箱，由于它将产品装载部分与电气及机械部分隔开，因此更易于清洁和改换包装规格尺寸。

综上所述，由于人们医疗健康意识的增强，新药的陆续获批，人们医疗健康支出的不断增长，生物制药和仿制药市场的持续繁荣，以及产品溯源和序列化相关法规的推动等，医药包装行业呈现快速发展态势。就市场规模而言，2020

年全球医药包装市场估值已达到 982 亿美元。市场研究公司 Research and Markets 的报告预计，到 2026 年，全球医药包装市场规模将达到 1616 亿美元，复合年增长率可达 8.4%。可以预见未来医药包装行业还将投入更多资源用于机器人和可持续包装的探索、开发及应用。

4.4.2 医药包装市场供需分析

根据有关部门统计，1978 年我国医药行业进入高速发展期，全国医药工业总产值从 1978 年的 73 亿元跃升至 2021 年的 31596 亿元，是国民经济各产业中发展最快的产业之一，增速远远高于全国国内生产总值（GDP）的增长速度。与此同时，我国医药产业不断深化改革，加快对外开放，完善监管体制，医药企业活力持续增强。时至今日，中国已经成为全球第二大医药市场。我国医药包装行业也伴随着医药工业的不断发展而逐步成长壮大。目前，我国生产的医药包装产品在品种和质量方面基本满足全球制药工业的要求，很多产品已销往国外。医药包装行业的需求集中于制药行业，其发展情况和制药行业的发展速度、市场容量密切相关。在药品需求的带动下，我国制药行业的发展速度加快，对高品质医药包装的需求日趋旺盛。

（1）医药包装市场供给情况

① 塑料仍是最主要的医药包装应用材料。

从材料种类来看，医药包装主要有纸包装、玻璃包装、橡胶包装、金属包装及塑料包装等几类，目前一些新型复合材料也有所应用。根据医药包装材质市场份额占比来看，塑料包装仍是全球医药包装主要应用材料。据统计（如图4-4-11）[1]，2021年我国医用塑料包装市场规模为629亿元，占医药包装市场整体规模的46.3%，占比最大；医用金属及复合包装市场规模为341亿元，占医药包装市场整体规模的25.1%；医用玻璃包装市场规模为224.2亿元，占医药包装市场整体规模的16.5%；医用橡胶包装市场规模为123.6亿元，占医药包装市场整体规模的9.1%。医用塑料包装占比最大，主要得益于塑料独有的性能，如抗腐蚀能力强、耐用、防水、质轻以及低成本等。同时，医用塑料包装也在不断地更新迭代，为内容物提供更加安全、干净的存储环境。

② 获批医药包装材料产品数量逐年上升。

医药包装虽然与药品质量并无直接关系，但包装会影响药品运输、储存和使用的安全性和有效性，因此医药包装在上市前需要进行备案登记。根据前瞻产业研究院统计，2018—2021年间，已经获批医药包装材料数量逐年上升（图4-4-12），已进行备案的医药包装材料登记号为4934个，占比76%；已经获批通过可上市进行使用的医药包装材料为1597个，占比24%。从获批医药包装材料的来源地区来看，其中国产的已经获批医药包装材料产品有1438件，占比达90%；而进口医药包装材料159件，占比10%。从获批医药包装材料产品的材质分类来看，在已经获批医药包装材料产品中，聚合物材料（如聚乙烯、聚丙烯和聚酯等聚合物）获批672个，占比42.1%；其次是含铝材料（铝箔、铝塑组合两类）获批184个，占比11.5%；而玻璃材料获批182个，占比11.4%[2]。聚合物材质是我国获批数量最多的医药包装应用材料。

③ 多项有利因素推动，我国医药包装用纸行业产量持续扩大。

随着我国医疗条件改善、居民医疗健康意识增强及人口老龄化速度加快，我国医疗消费水平保持增长，对医疗器械及医用敷料需求持续增加，带动医疗包装用纸行业规模扩容，2020年其产量达到21万吨，2013—2020年产量的年复合增长率为12%，并且预计未来几年产量将达到23万吨。但根据头部企业投产相关信息可知，头部企业产能投放体量较小，比如2022年以及2023年恒达新材和民丰特纸将分别有1.5万吨和2.5万吨医疗包装用纸投放，仙鹤股份未来规划林浆纸一体化项目有部分医疗包装用纸产能投产。

总体来看，随着中国经济快速发展、人民生活水平提高、人口老龄化速度加快、新药品开发力度加大、医疗保障体系改革深化和城镇居民医

1　包装世界.全球医药包装市场规模超1000亿美元，医药包材、自动化包装设备需求旺盛！[EB/OL].（2022-04-15）[2022-10-30].https：//www.swop-online.com/news/info/1587.html.

2　前瞻经济学人.2022年中国医药包装行业市场规模及竞争格局分析[EB/OL].（2022-04-21）[2022-10-30].https：//ms.mbd.baidu.com/r/PoJCBlx9Sw?f=cp&rs=2689886158&ruk=lk0P0snTmM56i4DagkU-xg&u=6611bf242bc340bf&urlext=%7B%22cuid%22%3A%22ju2fu0aq-u_18S8d_a2mi0iEHig_8v8tg8Svu0aqBagTuS8a_uSPtjtrSOJWf3uk9WEmA%22%7D.

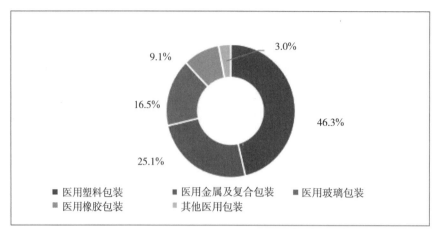

图 4-4-11 2021 年中国医药包装市场规模结构

数据来源：共研网机构

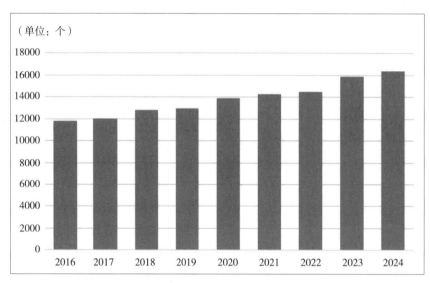

图 4-4-12 2018—2022 年已获批医药包装材料数量变化情况

数据来源：前瞻产业研究院

疗保险覆盖面扩大，医药包装工业将会继续保持快速增长的势头。但是，中国医药包材质量及包装品种都明显低于国际水平。在发达国家，医药包装占医药产品价值的 30%，而中国则不到 10%。

（2）医药包装市场需求状况

目前我国正在不断引进和升级医药包装设备和材料，相关企业将会不断加强技术研发和创新的力度，以市场需求为导向打造创新型产品。同时随着药品的日益多样化，医药包装产品的形式也将会由单一逐步向多样化方向发展，促进市场自动化程度不断提高，从而推动我国医药包装行业转型升级的进程加快。

① 人口老龄化促进医药行业规模快速发展。

据资料统计，全球医药行业市场总规模一直保持稳定上升态势（图 4-4-13）[1]。2021 年中国医药行业市场规模达到 18539 亿元，2022 年有望达到 18539 亿元。同时，老年人作为药品及保健品的主要消费群体之一，其人口的增加势必会

---

1 中商情报网 . 2022 年全球医药行业市场现状及市场规模预测分析 [EB/OL].（2022-06-05）[2022-10-30].https：//www. askci.com/news/chanye/20220605/0804331876234.shtml.

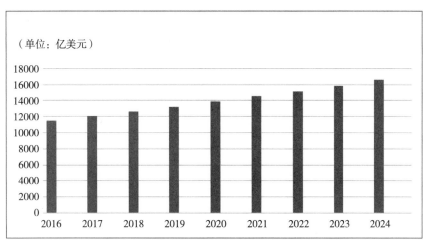

图 4-4-13　2016—2024 年全球医药行业市场规模统计

数据来源：中商情报网

刺激医药行业的快速增长。根据《第七次全国人口普查公报》，2021 年，全国 65 周岁及以上老年人口 20056 万人，较 2020 年增加 992 万人。综上所述，受国民经济持续增长、居民可支配收入增加和消费结构升级、医保体系进一步健全、人口老龄化等因素影响，我国医药行业将继续保持稳定增长，市场需求进一步扩大。

②行业标准出台，药品包装规格明确。

在国家多项政策颁布的背景下（表 4-4-1）[1]，整个医药行业发生了较大变化。2021 年，医药包材由注册制转变为关联审评审批制，有效激发了药品包装产业的创新活力，有助于制药企业更科学、更灵活地选择包装和辅料，给制药企业提供更多选择。2022 年，由上海市市场监督管理局、上海市药品监督管理局指导，上海市计量协会联合上海市医药质量协会组织编制的《药品包装物减量指南：片剂和胶囊剂》团体标准正式发布。整个行业有了相关标准，从执法、监管角度来说大有益处，在"双碳"转型过程中，药品包装减少浪费势在必行，但应注意包装减量与效能维持的平衡，保证医药包装行业健康发展。该标准以片剂和胶囊剂集采药为重点，填补了"限制药品过度包装"的技术空白。该标准从包装空隙率、包装层数、材质选择、中包装、运输包装等方面提出了相关规定，覆盖了药品生产、经营全产业链过度包装治理。例如，包装层数宜小于等于三层、包装空隙率随着药品含量不同有相应限定要求等。在生产方面，该标准明确指出，考虑调整目前市场上大量使用的中包装形式，通过裹包膜、塑封袋等形式替代传统纸盒，实现包装物减量。此外，该标准提出，选择符合冷藏、常温等各种储存环境需求的纸箱，代替传统纸箱型号规格"一刀切"的包装方式，以更科学、合理、节约的方式进行药品运输。此次出台的标准主要面向上海医药企业，目前已有众多药企参与，包括上药信谊药厂、中美上海施贵宝制药、上海现代制药、上海朝晖药业、上海安必生制药等 18 家药品生产商积极承诺贯彻标准，成为第一批践行杜绝药品过度包装理念、共同为药品包装"瘦身"的企业。而对于药品包装减量，2022 年国务院办公厅印发的《关于进一步加强商品过度包装治理的通知》，就对药品包装与规格进行了相关规定。该通知明确指出，引导医疗机构针对门诊、住院、慢性病等不同场景和类型提出药品包装规格需求；引导药品生产者优化药品包装规格，在药品包装上实现包装层数的减少、包装盒瘦身、每板药粒"变多"等改变，都是绿色低碳生活的生动实践。

1　网易网 .2021 年中国医药行业发展现状及行业发展趋势分析 [EB/OL].（2022-07-06）[2022-10-30].https：//www.163.com/dy/article/HBJJB8HJ055360U6.html.

当前，中国医药包材标准体系构建快速推进，未来将以医药包材通则、材质通则和包装系统通则、品类通则的框架呈现，更好地发挥技术支撑作用，更好地与国际接轨，促进行业创新发展。同时，一系列团体标准相继发布，也将有效指导企业建立规范的质量管理体系、加快产品和技术更新。

③ 医药工业向创新驱动转型，为医药包装产业创造了新的发展机遇。

"十四五"时期是我国医药工业向创新驱动转型、实现高质量发展的关键五年，医药包装产业将步入产业升级的关键期。一方面，随着医药创新发展、用药结构升级，相关药品包装将迎来良好发展机遇。如可用于大分子生物药的预灌封注射器、自动注射器，用于核酸药物的适应低温甚至超低温的包装，结合手机 APP 进行用药管理的智能包装，适宜社区医疗、居家治疗、自我治疗的包装等。同时，药品创新与质量升级也对包装提出了更高要求，具有更高美观性、相容性、密封性的包装将具有更强的竞争力。此外，更专业的技术法规服务、更完善的质量管理体系，也将是包装企业的核心竞争力。另一方面，随着国家对产业链供应链自主可控、安全高效的

重视，产业链供应链相关平台、机制的完善，核心企业对供应链管理的加强，医药包装产业链薄弱环节相关企业将迎来较好的发展机会。在弹性体密封件、高质量塑料和玻璃包装相关材料和设备领域，具有良好技术基础的企业将有机会进入医药包装产业，实现业绩增长。

（3）医药包装市场应用潜力

目前我国医药包装产业的产值已占全国包装业总产值的 10% 以上，大大高于整个制药工业产值占全国工业总产值的比例。在新产品、新药剂型层出不穷的今天，我国医药包装产业的市场空间广阔。药品的新剂型不断涌现，而与之相配套的药品包装材料跟进速度还比较慢，有很大的发展潜力。

① 疫苗需求量大，玻璃材质包装需求增长潜力较大。

在国内疫苗需求量不断增加的背景之下，我国医药制造业发展势头强劲。2021 年国内医药制造业的市场营收规模约为 29289 亿元，同比增长约 20%；市场利润总额约为 6272 亿元，同比增长约 78.1%。这在一定程度上为我国医药包装行业发展提供了基础。基于我国庞大的人口数

表 4-4-1 2021 年中国医药行业监管政策

时 间	颁布部门	政策	主要内容
2021 年 1 月 13 日	国家药监局	《药品上市后变更管理办法（试行）》	明确了药品持有人主体承担药品上市后变更管理的主体责任，与《药品管理法》明确药品 MAH 全生命周期责任制度进行衔接，保障人民群众用药安全
2021 年 1 月 22 日	国务院办公厅	《关于推动药品集中带量采购工作常态化制度化开展的意见》	推动药品带量采购的常态化，并对药品带量采购提出一系列要求
2021 年 5 月 10 日	国家医保局、国家卫健委	《关于建立完善国家医保谈判药品"双通道"管理机制的指导意见》	构建医保药品谈判"双通道"
2021 年 11 月 19 日	国家药品监督管理局药品审评中心	《以临床价值为导向的抗肿瘤药物临床研发指导原则》	对抗肿瘤药物的临床研发提出建议，以期申请人以临床价值为导向开发药物，促进抗肿瘤药物科学有序地开发

资料来源：智研咨询

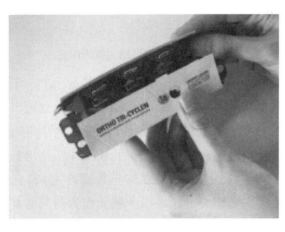
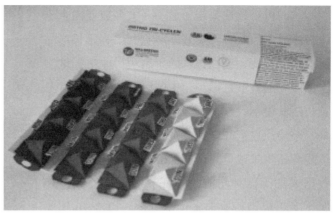

图 4-4-14 药丸创意医药包装
图片来源：花瓣网

量、老龄化趋势加快和医疗体制改革等背景，未来我国医药包装行业的潜力将会被加速释放。根据包装按材质市场份额占比来看，塑料包装和纸包装仍是全球医药包装的主要应用材料。其中塑料包装占比超 40%，是最主要的医药包装应用材料。除此以外，玻璃包装和铝箔包装应用占比也较大，且由于新冠疫苗的普及上市，玻璃材质包装需求增长潜力较大。以万泰生物为例，2021 年，万泰生物实现营收 57.50 亿元，同比增长 144.25%，净利润 20.16 亿元，同比增长 197.83%。目前，医用玻璃瓶所用的材质主要为钠钙玻璃和硼硅玻璃两种，其中硼硅玻璃是国际公认的安全药品包装材料，不仅可充分保障药品的安全稳定，还可防止药品与低等级包装发生不良反应而危害人体健康，因此也是国际几大制药公司的主要选择。

② "禁塑令" 升级，医疗包装用纸市场空间进一步加大。

随着对环境保护要求的提高，我国 "限塑令" 也全面升级。2020 年 1 月，国家发改委、生态环境部印发《关于进一步加强塑料污染治理的意见》，将会在更多行业领域、更大城市范围限制塑料制品的使用，替代品使用率以及开发应用水平有望得到明显提升。因此，在 "禁塑令" 升级的背景下，纸质包装将 100% 替代 BOPP 薄膜。例如药丸创意医药包装，是一款以纸代塑的胶囊包装（图 4-4-14）。该设计采用一纸成型结构，有望替代过去传统的塑料薄膜胶囊包装。

③ 众多因素推动，减量包装成趋势。

更便捷、安全、可持续的创新包装方案，是推动药品包装市场发展的最佳路径。CPHI 制药在线专业网上贸易平台发布的《制药包装、设备

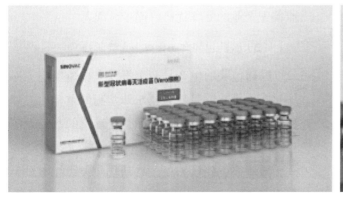
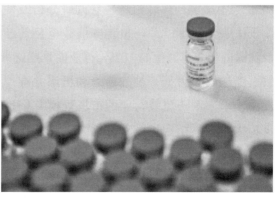

图 4-4-15 科兴中维疫苗玻璃包装
数据来源：智研网

和制造的可持续性报告》显示，大多数业内人士认为"医药包装将向更好地回收利用和延长产品使用寿命转变，这也将有助于制药行业更好地实现可持续的发展目标"。中国医药包装协会常务会长蔡弘表示，未来医药包装不仅要保证药品质量，还要注重产品创新、技术创新和理念创新。包装产品将来或可实现即配即用，并拥有给药、数据采集等多种功能，实现节能减排的绿色环保产品将成为行业未来创新方向。以2020年美国星火奖包装和药膏一体式设计为例（图4-4-15），这是一款外包装盒、软管和说明书一体化的药膏。药品信息由膏体迁移至卡片处，使用说明不易丢失，更利于充分展示和阅读。一体化的设计秉承环保理念，减少生产工艺，拒绝过度包装。此外，包装的开孔设计更便于收银台陈列，促进药品销售。

综上所述，随着人们消费水平升级，人口老龄化加速，以及医药利好政策的出台，新产品、新药剂型不断涌现，给我国的医药包装市场带来广阔的发展前景。随着医药行业的快速发展，自动化包装设备渗透率不断提高，未来国内高质量医药包装市场有望进一步获得增长。

4.4.3 医药包装行业发展趋势

近年来，随着国内医药行业的快速发展，包装印刷技术的不断进步，医药企业对包装越来越重视，我国医药包装产值呈现逐年稳定增长的态势。中国产业调研网发布的《2019—2025年中国医药包装市场现状调研分析及发展前景报告》显示，医药包装产值截至目前已经占到国内包装总产值的10%，行业前景广阔[1]。然而市场瞬息万变，挑战始终和机遇并存。一方面，未来医药包装行业的市场规模有望进一步扩大，供需结构也有望持续升级，在愈加激烈的市场竞争下，国内医药包装企业需寻求转型突围新路径。另一方面，随着智能化技术的不断发展，智能升级、集中整合将成为未来几

年包装行业的主要发展趋势。

（1）医药包装工业将呈现出崭新的局面

北京研精毕智的市场分析数据显示，2021年我国公立医院的终端市场规模约为8526亿元，较上年同比增长约15.2%；其次是零售药店终端的市场销售额约为2225亿元，较上年同比增长约8.5%；公立基层医疗终端销售额约为823亿元，同比增长约5.1%。医药包装作为药品的重要载体之一，药品终端市场的不断发展将会带动医药包装市场持续增长。我国正不断引进和升级医药包装设备及材料，医药包装工业将呈现出崭新的局面。以医药包装设备为例，当前医药包装设备企业正不断加强研发创新，打造符合市场需求的创新产品，如自动化包装以及智能包装设备等，这些创新产品自动化程度更高，能够助推医药包装行业更快地转型升级。

（2）医药包装品牌优势开始显现，行业集中度将进一步提升

由于医药包装行业对技术和资金等的要求较高，因而国际市场上行业集中度很高，安姆科等企业经营规模大、技术含量高、产品结构丰富，占据了主要的市场份额。而目前国内市场相对较为分散，但随着制药企业对药用包装材料生产企业研发检测水平和自主创新能力的要求越来越高，医药包装行业的生产企业的竞争将由价格竞争逐步转向技术、品牌、服务等全方位的竞争，部分不能适应行业发展趋势的中小企业将会被淘汰、兼并或收购，行业集中度也将逐步提高，行业领先企业的品牌优势将逐步显现。

（3）医药包装自动化成为大势所趋

医药包装的生产是一个批量大、速度快、程序化、连续化并且质量要求非常高的重复加工过程。在如今的制药生产领域，自动化的制药设备正逐步取代传统人工、半机械半自动的生产方式，效率高、错误率低。自动化包装线能够最大限度地减少企业的人工成本，并且提高包装的

---

1 机遇和挑战并存，医疗智慧包装成大势 [J]. 中国包装，2020（1）：26.

准确率，对药品质量的保障具有重要意义。车间内，可以看到集生产、检验、包装、流通工序于一体的生产线有条不紊地运行。例如，迈特凯药品自动化包装生产线针对试剂类药品的特点研制出了注射器药品类自动化包装生产线，并根据西林瓶、水针、粉针、安瓿瓶等的物理特点及药厂对包装的不同需求，将大小针剂或不同药品包装于同一铝塑板中，加强了现有设备的适用性，更大限度地满足了用户需求[1]。该设备性能稳定，运行平稳，维护简单，为客户节省了生产成本，提高了生产能力。

（4）医药包装材料向新型、环保、使用便捷的方向发展

医药包装行业的核心在于新材料的开发、产品结构的设计、生产工艺的优化等环节。我国医药包装行业良好的市场前景已经吸引了众多企业的加入。未来行业内企业将会重点开发和应用新型、环保、使用便捷的药用包装材料和容器，包括 PVC 替代包装、具有温度记忆功能的药用包装材料、儿童用药安全包装、方便老人及残障人士使用的包装、适合中药材及饮片质量要求的包装等。在新型材料方面，以 2021 年红点获奖作

品《伤口护理带》为例（图 4-4-16）。该作品能够通过感应高浓度的某些生物胺来检测受感染的伤口贴片的颜色，会从芥末黄变为橙红色。由于开口位于底部，因此使用者可以快速轻松地从盒子中取出膏药。

在循环利用方面，瑞士生物技术公司 Livinguard 开发了一种可重复使用的口罩（图 4-4-17），可灭活细菌、真菌和病毒。口罩采用无菌包装。当附加的塑料条上下滑动时，它会杀灭在此过程中被"吃掉"的病毒。为避免家庭成员混淆口罩并因此造成交叉污染，不同颜色的调整夹装在单独的套筒中，以进行个性化定制。该作品于 2020 年获得红点优秀作品奖。

在使用便捷方面，如图 4-4-18 所示，这款包装设计重新定义了包装盒跟说明书的关系。以一张硬纸板对药膏进行包裹，橡皮筋捆绑固定，包装简洁。硬纸板的内页印着说明书的文字信息。取下橡皮筋，打开纸板，所有文字信息便呈现在眼前，不再需要另外的纸质说明书。

（5）医药包装形式从单一走向多样化

随着药品种类的多元化，医药包装的形式也从单一走向多样化，人性化、便捷化、轻量化成

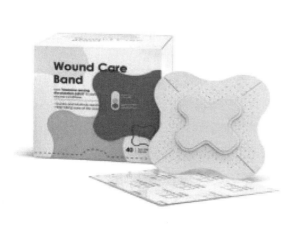
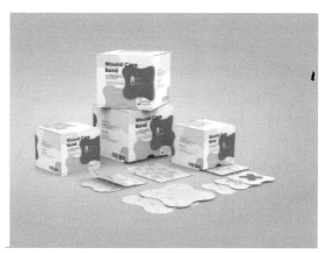

图 4-4-16　Wound Care Band
图片来源：站酷网

1　搜狐网 . 迈特凯药品自动化包装生产线 [EB/OL].（2022-08-01）[2022-10-30].https：//m.sohu.com/a/573395133_121387742/?pvid=000115_3w_a.

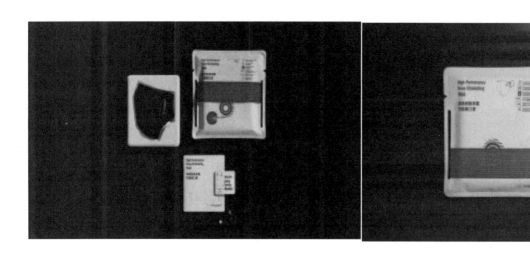

图 4-4-17　Livinguard 自灭活细菌、病毒防护口罩
图片来源：雪球网

为医疗包装发展趋势的重要体现。例如，随着全球人口老龄化不断升级，老年人口已然成为医疗活动中的重要群体。针对老年人的身体机能退化而产生的各种不便，不少药品运用信息化技术为老年用药群体提供更加贴心的帮助。药品追踪技术在目前已有所应用，如 NFC 及 RFID 技术。这种技术的应用体现为一种柔性标签，使用者可利用其检测药品的密封状态，判断药品是否仍然安全洁净，并且通过具有 NFC 功能的智能设备来查看说明、服用记录及剩余药量等。医生也可以通过该技术来掌握患者的服药情况。如图 4-4-19 所示[1]，该医疗耗材柜通过 RFID 技术对每个种类甚至每个药品进行编号，结合超高频读写器及所配套的天线来获取该物品的位置，实现对 RFID 医疗耗材柜中物品的自动存取、清点和监控等。该产品自动扫描识别耗材信息，跟踪药品的整个供应过程，对申请、采购、验收、领取、使用等环节进行监控，涵盖了药品的整个使用过程，为医院有效地进行统计和补货提供了精准的数据支持。

加拿大的琼斯包装公司推出了一种便捷方法对药物进行"智能包装"，通过引入交互式"智

能标签"改变了人们购买药品特别是非处方药品的方式，用户只要通过智能手机就可以轻松了解药物信息，查看是否适用。在加拿大国家研究理事会工业研究援助计划（IRAP）以及瑞典国家创新机构的支持下，琼斯包装公司与挪威和瑞典的薄膜电子产品协会共同研发，取得了该技术成果。信息化时代，消费者需要与产品进行"对话"，通过新型智能包装与制造商进行数字化互动，获得所需信息。对于制造商而言，该技术为厂商了解消费者需求提供了大量新机会，可在相关产品中为顾客提供优惠券和载入广告，其内置的传感器和追踪设备还能使消费者、医疗保健工作者以及制造商了解产品包装在运输过程中是否被篡改，这对于高价药品等特别适用，能够有效预防假冒产品的风险。

综上所述，医药包装行业发展水平直接影响医药包装产品的市场需求，国家针对医药包装行业的监管政策逐渐完善，不仅为我国医药行业的中长期发展指明了方向，也为医药包装行业实现产业升级提供了有力支持，从而推动行业大规模整合、升级，未来医药包装行业的发展将更加健康。

1　鸿陆技术 .RFID 技术医药管理的具体应用及案例解析 [EB/OL].（2020-05-28）[2022-10-30].https：//baijiahao.baidu.com/s?id=1667914663229479509&wfr=spider&for=pc.

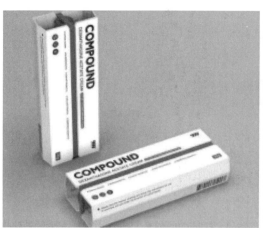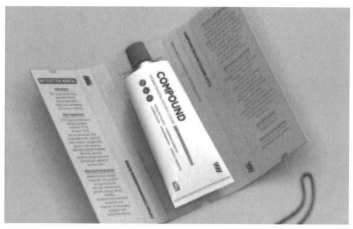

图 4-4-18 一张硬纸板药品包装设计
图片来源：bilibili 网

图 4-4-19 超高频 RFID 医疗耗材柜
图片来源：鸿陆技术网

4.5　化妆品包装

化妆品包装是用于化妆品容器（初级包装）以及香料和化妆品的二级包装。化妆品是用于人体清洁、美化和促进外观改善而不改变身体结构或功能的物质。化妆品包装分为三种常见基本类型：第一种为化妆品内包装，是直接与产品接触的一个容器，内包装是化妆品不可分割的一部分；第二种为化妆品外包装，它主要用于展示公司信息、产品信息，促进销售以及保护产品；第三种为化妆品礼盒，一般都需设有内衬，以防产品间摩擦、碰撞而造成商品损坏。

4.5.1 化妆品包装行业发展现状

随着国家经济的高速发展，化妆品渐渐成为人们生活中的主要消费产品，形态万千的化妆品包装则是吸引消费者购买的主要原因之一。2021年，受新冠疫情影响，国内各行业普遍受到冲击，化妆品行业也不例外。但随着经济的复苏，化妆品消费习惯培育成型，直播带货模式助推行业复苏，化妆品行业逐步回暖并迎来增长。此外，国家有关化妆品行业的政策陆续出台，化妆品行业将迎来新气象，并推动化妆品行业的健康发展。

（1）行业市场规模

中国产业研究院公布的《2022—2027年化妆品包装产业深度调研及未来发展现状趋势预测报告》显示，2021年我国包装行业规模以上企业7916家，企业数同比增加86家，超过半数企业具有日化包装材料生产能力。我国日化包装整体市场规模达到750亿元，其中，化妆品包装占比最大[1]。2017—2021年，我国化妆品包装行业规模稳定扩大，受新冠疫情影响，2020年增速有所下降，但2021年增速重新迎来了增长。2020年，国内化妆品包装行业市场规模达到3400亿元，2021年1—11月国内化妆品行业市场规模达3678亿元，增速达15.3%（图4-5-1）[2]。

（2）行业竞争格局

在企业分布区域方面，华东、华南与华北区域占据整个国内化妆品市场近80%，分别约为40%、28%和14%。因此化妆品包装的区域性配套服务是占据市场的关键性因素。因此，我国华东和华南地区为化妆品行业和化妆品包装行业的主力军。

在企业规模方面，2021年我国包装行业规模以上企业7916家，企业数同比增加86家，超过半数企业具有日化包装材料生产能力[3]。国际日化包装头部企业大多已有四五十年的生产研发经验，在世界多地设有生产基地及办事处，主要合作伙伴为国际顶尖日化品牌（表4-5-1）。相较之下，目前中国日化包装企业普遍起步晚、规模小、主要客户市场份额低，生产基地主要在国内，全球竞争力较弱。因此，从化妆品包装行业的企业规模来看，我国化妆品包装行业虽然相比

1 中研网.2022年化妆品包装行业前景及市场规模调研报告[EB/OL].（2022-06-16）[2022-10-26].https：//www.chinairn.com/news/20220616/095059804.shtml.

2 立鼎产业研究网.2021年我国日化包装行业市场规模、需求特征及厂商竞争格局分析[EB/OL].（2022-06-15）[2022-10-26].http：//www.leadingir.com/trend/view/6412.html.

3 立鼎产业研究网.2021年我国日化包装行业市场规模、需求特征及厂商竞争格局分析[EB/OL].（2022-06-15）[2022-10-26].http：//www.leadingir.com/trend/view/6412.html.

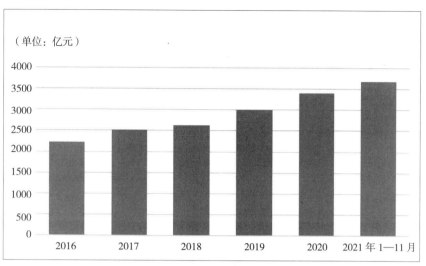

图 4-5-1　2016—2021 年中国化妆品包装市场规模变化趋势

数据来源：立鼎产业研究网

表 4-5-1　国际日化包装头部企业

公司简称	国家/地区	成立年份	年营收	包装毛利率	业务范围	公司规模	塑料包装主要客户
阿蓓亚	法国	1970	12 亿美元		护肤品、彩妆、个护	在欧洲、美洲、东南亚、中国设厂 35 个；员工约 10000 名	LVHM、开云集团、欧莱雅、雅诗兰黛、三宅一生、宝洁、高露洁、法国航空、荷兰皇家航空、泰国航空
HCT	美国	1992			护肤品、彩妆、美妆工具	在美国、加拿大、英国、法国、韩国、上海、香港设有办公室	超过 400 多个知名和新兴美妆品牌
阿克希龙	法国	1971	2 亿美元		化妆品	总部位于法国，在西班牙、美国、中国均有子公司及生产基地；员工超过 2000 名	LVHM、开云集团、欧莱雅、雅诗兰黛、资生堂、玫琳凯、宝洁、丝芙兰
Lumson	意大利	1975	1 亿欧元		化妆品	70% 出口产品在意大利生产，在英国、法国、西班牙、德国设有商业部门	欧莱雅、丝芙兰、雅诗兰黛、Collistar、Fenty Beauty
HCP	中国台湾	1960			护肤品、彩妆	在中国、美国、墨西哥、法国、德国等国家拥有生产基地及办事处	LVHM、欧莱雅、资生堂、Natura & Co.Wycon、毛戈平、上海飞扬、故宫文创
力合科创	中国	1997	15.7 亿元	22.8%	化妆品、家护	员工约 4330 名	宝洁、欧莱雅、雅诗兰黛、资生堂、妮维雅、联合利华、珀莱雅、上海家化、丸美、蓝月亮、立白、云南白药、相宜本草、无极限
嘉享家化	中国	2005	4.1 亿元	27.2%	化妆品、家护	员工约 1710 名	强生、壳牌、上海家化、益海嘉里
锦盛新材	中国	1998	2.9 亿元	23.1%	化妆品	员工约 920 名	雅诗兰黛、欧莱雅、百雀羚、丸美、温碧泉、卡姿兰

数据来源：立鼎产业研究网

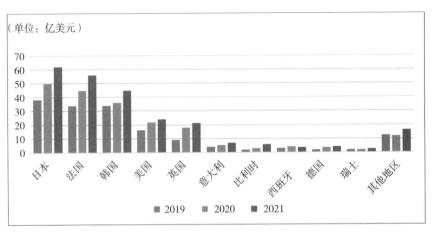

图 4-5-2　2019—2021 年我国化妆品进口额
数据来源：中国医药保健品进出口商会

国际化妆品包装行业起步较晚，但仍处在持续增长阶段，且具有非常大的增长空间。

综上所述，我国化妆品包装行业主要以低端产品为主，产品技术门槛相对较低，竞争较为激烈。目前国内仅有少数企业具备中高端产品的生产能力，行业竞争相对温和。在我国经济高速发展、居民消费需求日益旺盛、"颜值经济"火热的社会大背景下，我国化妆品包装产业需求持续增加。

（3）行业进出口市场

进口市场方面，中国化妆品进口集中来源于欧美与日韩地区（图 4-5-2）[1]。日本是我国化妆品进口第一大市场，常年保持领先地位，2021年进口额 62.4 亿美元，同比增长 24.4%。法国在 2019 年排名第三，自 2020 年超越韩国成为我国化妆品进口第二大市场后，迅速与韩国拉开差距。2021 年，我国从法国进口的化妆品总额为 56.3 亿美元，同比增长 24.2%。韩国位列我国化妆品进口市场第三名，2021 年，我国从韩国进口的化妆品总额是第四名美国的近两倍。

出口市场方面，中国大陆化妆品出口市场的集中度相对较低，出口额排名前十位的国家和地区仅占中国大陆化妆品出口总额的 67%（图

4-5-3）[2]。其中美国是中国大陆化妆品出口第一大市场，2021 年出口额 11.9 亿美元，同比增长 16.3%；中国香港位列第二，2021 年出口额 7.7 亿美元，同比增长 22.6%；英国、日本分列中国大陆化妆品出口市场第三、第四位，2021 年出口额分别为 3.7 亿美元和 2.7 亿美元，同比增长 12.0% 和 13.3%。这四大出口市场多年来排位稳定，出口到这四大市场的化妆品总金额约是第五到第十位市场总和的 4 倍至 5 倍。

综上所述，中国大陆化妆品及化妆品包装行业进出口规模较大。其中，进口集中来源于欧美与日韩等地区，出口集中在美国、中国香港、英国和日本等国家与地区。受新冠疫情影响，海外许多国家和地区的企业停工停产，客观上也给我国化妆品包装行业带来了更多机遇，海外市场对于我国化妆品及化妆品包装的依赖度有所提升。

（4）行业技术发展态势

行业相关专利数量不断增长，技术水平不断取得突破，推动化妆品行业高质量发展。资料显示，2015—2020 年，我国化妆品相关专利申请数量不断增加。2021 年我国化妆品相关专利申请数量为 11467 件，较上年减少 2198 件，同比下降 16.1%（图 4-5-4）。在化妆品包装领域，

1　中国医药保健品进出口商会.2021-2022 我国化妆品进出口形势分析及展望[EB/OL].（2022-07-11）[2022-10-26].https://www.sohu.com/a/566245192_120095619?_trans_=000019_wzwza.

2　中国医药保健品进出口商会.2021-2022 我国化妆品进出口形势分析及展望[EB/OL].（2022-07-11）[2022-10-26].https://www.sohu.com/a/566245192_120095619?_trans_=000019_wzwza.

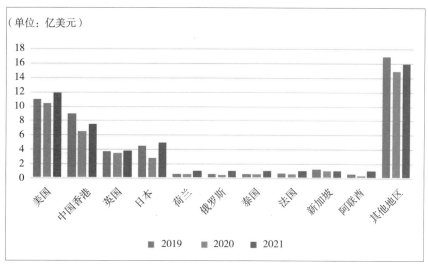

图 4-5-3　2019—2021 年中国大陆化妆品出口额
数据来源：中国医药保健品进出口商会

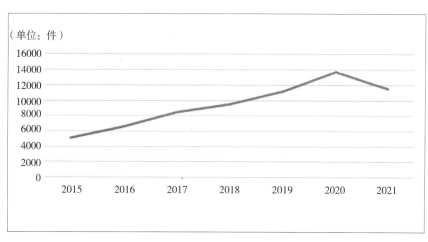

图 4-5-4　2015—2021 年中国化妆品相关专利申请数量
数据来源：华经产业研究院

随着技术水平的提高，个性化的彰显与创新、新技术新工艺的引入与应用、新型环保材料的开发和替代等，成为化妆品包装发展的新亮点。化妆品包装技术发展呈现以下特征。

① 防伪技术不断升级，智能包装逐渐应用。

机器人、人工智能、物联网等新技术的应用，不断推动化妆品包装行业生产力发展与生产模式有效升级。2017 年，加拿大的琼斯包装公司就推出了一种便捷方法，对化妆品进行"智能包装"，通过引入交互式"智能标签"改变人们购买化妆品的方式，用户只要通过智能手机，就可以轻松了解信息，查看是否适用（图 4-5-5）。对于制造商而言，该技术为厂商了解消费者需求提供了大量新机会，可在相关产品中为顾客提供优惠券和载入广告，其内置的传感器和追踪设备还能使消费者、医疗保健工作者以及制造商了解产品包装在运输过程中是否被篡改，这对于高价化妆品等特别适用，能够有效预防假冒产品的风险。

2022 年，在化妆品包装行业中，以防伪技术为代表的智能包装技术有了新的升级。化妆品制造商倩碧利用 NFC 技术将其产品包装与物联网结合起来，在"水润 100H"系列护肤品的瓶身添加了 NFC 标签，使其具有自己独特的数字标识。顾客扫描标签可以进行皮肤测试，从而获得个性化的护肤建议和专家指南（图 4-5-6）。倩

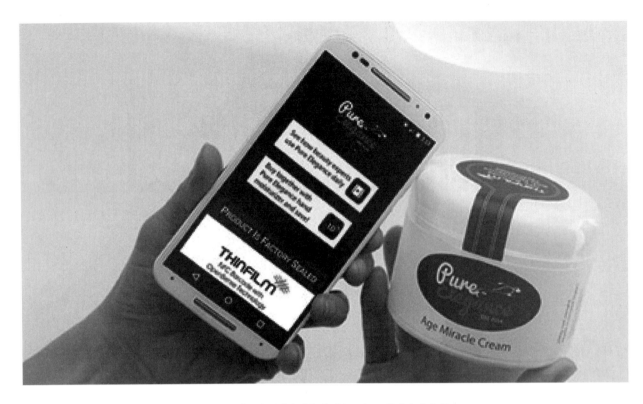

图 4-5-5　引入交互式智能标签 "OpenSense" 的智能包装盒

图片来源：CanadianPackaging 网

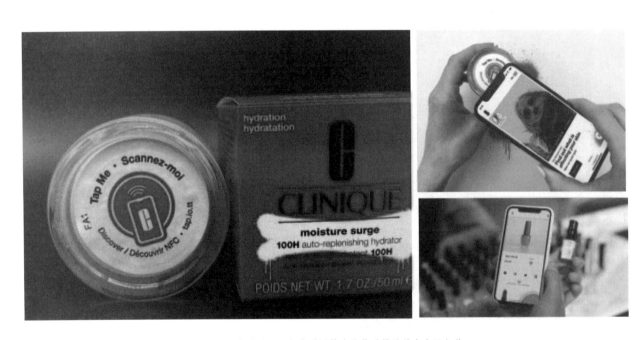

图 4-5-6　应用了 NFC 和物联网技术的倩碧护肤美容产品包装

图片来源：PackagingEurope 网

图 4-5-7　资生堂高端护肤品牌 BAUM

图片来源：thefemin 网

碧全球零售体验执行董事艾琳·伯克表示："倩碧走在这种包装创新的前沿。它不仅提供了额外的客户价值，而且还提供了重要的数据，以确定产品在哪里被使用、人们如何在情感上参与我们的移动内容。"

② 绿色、环保、可再利用的新型包装材料成为新选择。

环保是化妆品包装发展的必然趋势，同时也是化妆品品牌增强自身竞争力的一项重要课题。传统的化妆品包材主要有塑料瓶、玻璃瓶、软管、金属容器等，而现在绿色、环保、可再利用的新型包装材料已成为企业的新选择。其中，纸浆塑膜（植物纤维塑膜）包装的热度正不断攀升。例如获得 2021 年 iF 设计奖的高端护肤品牌BAUM，由资生堂推出。"BAUM"（图 4-5-7）在德语中是树木的意思，品牌提倡与树木共生，因此在产品概念上，传达天然、无添加以及环保、亲近自然的理念。基于这一理念，产品的包装全部来自木制家具制造商在生产制造环节中产生的小块废弃木料。最终的设计展示了木材独特的纹理和颜色变化。此外，该包装设计还体现了可替换的概念，以减少对环境的影响。瓶子是由生物基 PET 或回收玻璃制成的。据了解，BAUM 品牌积极参与森林保护活动，其中包括种植橡树，这是 "BAUM forest"

系列包装使用的木材。

再如 2022 年 Dieline 奖最佳可持续发展奖MOB Beauty 包装（图 4-5-8），为一系列可定制和可再填充的调色板开发了一个废物最少、可再填充的包装平台。每种产品都使用 50% 的回收 PET，目标是在未来使其比例达到 100%。此外，二次包装由竹子制成的紧凑型蛤壳和重新利用的瓦楞纸箱组成。

③ 抗病毒与无菌包装初步应用。

有研究表明，病毒在塑料表面上存活率很高。日常环境条件下，在空气中只能存活三小时的病毒，在塑料上却能存活三天左右。近几年由于新冠疫情的流行，消费者开始担心他们接触的产品残留有病毒，因此，抗病毒包装或将成为一种趋势。《包装新闻》杂志开展了一项调查，据 267 名读者的反馈，他们愿意花更多的钱购买具有防护性包装的产品。有专门研究人员在化妆品包装中加入肉桂精油，发现其能分解细菌的外细胞膜和线粒体，使细菌变得可渗透并最终分解。此外，伦敦大学的一项新研究发现了一种抗病毒涂层（图 4-5-9）。该涂层是由嵌在结晶紫聚合物中的微小金团簇制成的，在光照下，结晶紫会产生一种活性氧，通过破坏细菌的保护膜和 DNA 来杀菌，能防止人接触产品后发生交叉感染 [1]。

1　搜狐网 .2021 年化妆品包装三大趋势，不容忽视! [EB/OL].（2020-12-14）[2022-10-26].https：//www.sohu.com/a/442051469_163648.

图 4-5-8 MOB Beauty 包装
图片来源：thedieline 网

图 4-5-9 抗病毒包装涂层——结晶紫示意图
图片来源：搜狐网

总体来看，新材料、新技术、新造型依然是化妆品包装的开发重点。化妆品的包装需要兼具保护性、功能性和装饰性，且更趋于环保和可持续利用。此外，化妆品包装设计已不再局限于以吸引眼球为目的，更需要基于产品的内涵和外延，进一步满足消费者的需求。趣味感包装、仪式感包装、分享感包装、便携式包装、可再利用包装都是包装创新的着眼点。

4.5.2 化妆品包装市场供需分析

2010 年以来，全球化妆品包装行业从低迷中快速恢复，更多地以亚洲、南美等新兴市场的消费者为导向。中国、印度和巴西的新消费群体日益受到关注与重视。随着中国、印度、印度尼西亚、墨西哥等发展中国家对基础护肤产品需求的增加，相关包装行业也在迅速发展。

（1）化妆品包装市场供给情况

据资料统计，2021 年我国包装行业规模以上企业 7916 家，企业数同比增加 86 家，超过半数企业具有日化包装材料生产能力。我国日化包装整体市场规模达到 750 亿元，其中化妆品包装占比最大。中国是世界包装制造和消费大国，伴随着塑料制品在日常生活中的普及，中国塑料包装产业规模不断扩大。国外企业大批涌进中国市场，包装的细分类别不断丰富，竞争日趋激烈。由于化妆品包装行业门槛较低，不少资本纷纷进入化妆品包装行业，整个行业的供给处于增长态势。

① 化妆品包装整体供给保持较高增速。

国家统计局相关数据显示，2021 年我国化妆品零售额高达 3237.8 亿元，若假设零售加价率为 8 倍，以化妆品上市公司珀莱雅为例，其毛利率约 61%~64%，包装成本占其营业成本约 61%，以此估算得出我国化妆品包装市场规模约 88.5 亿元，并且未来还将继续保持较高增速[1]。

由于化妆品包装产品规格大小、价格水平均不同，经过市场调查，参考上市公司相关数据，按产品均价每件 1 元进行测算，2017—2021 年，中国化妆品包装行业市场销量规模如图 4-5-10 所示。

② 化妆品包装供给的重点地域性特征减弱。

包装产品的销售主要受化妆品企业所在区域地理位置的影响。由于地域性经济因素，知名品牌化妆品包装的生产和销售基地集中在华

1 中研网 .2022 年化妆品包装行业现状及发展前景分析 [EB/OL].（2021-12-01）[2022-10-26].https：//www.chinairn.com/hyzx/20211201/110925913.shtml.

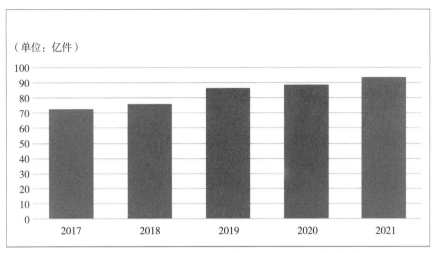

图 4-5-10　2017—2021 年中国化妆品包装行业市场销量规模
数据来源：国家统计局、中研普华产业研究院

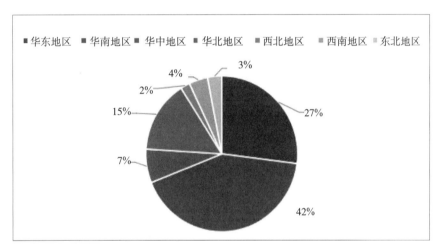

图 4-5-11　中国化妆品包装重点区域供给分布
数据来源：国家统计局、中研普华产业研究院

北、华东及华南（图 4-5-11）[1] 地区。然而由于市场的国际化，国内企业大量参与国际竞争，开始向海外企业出口包装，因此这一地域性特点逐渐减弱。

③ 化妆品包装材料价格占比及趋势。

根据国金证券 2018 年化妆品行业深度研究报告 [2]，包装材料占化妆品生产成本的比例约为 30%~50%。2021 年初，石油价格持续上涨，WTI 原油期货月涨幅近 20%，这直接导致了整个化工原材料价格普涨。因此，多个化妆品原料价格应声上扬，化妆品纸类包装盒的价格更是迎来了多次涨价潮。多种化工原料价格的猛涨也直接将塑料市场推向了新的高峰，这也导致化妆品塑料包材价格上涨。自 2021 年起，我国化妆品产品包装成本有所增加。2022 年中，在全球各大宗化工原料断供、涨价的震荡中，纸浆又迎来断供警告。观察发现 [3]，在包材市场，除了纸价上涨，其他化妆品主要包装材料近期也居高不下，

1　中研网 .2022 年化妆品包装行业现状及发展前景分析 [EB/OL].（2021-12-01）[2022-10-26].https：//www.chinairn.com/hyzx/20211201/110925913.shtml.

2　国金证券 . 化妆品行业深度：美颜盛世，国产化妆品崛起的道与术 [EB/OL].（2018-09-11）[2022-10-26].https：//max.book118.com/html/2018/1007/6053003203001221.shtm.

3　中国印刷 . 全球库存大降，纸浆价格"高涨不退" [EB/OL].（2022-05-13）[2022-10-26].https：//max.book118.com/html/2018/1007/6053003203001221.shtm.

尤其是塑料包材。据生意社数据，在近一年时间里，PET 的价格整体呈上扬趋势，2021 年 10 月一度上涨了 11.4%，年初虽小幅下跌了 0.6%，但 2022 年 5 月后又一路飙升，与 2021 年同期相比涨幅高达 23.73%。由此可见，新冠疫情造成的停工停产及一系列连锁反应，导致占化妆品总成本 20%—40% 的化妆品包装材料价格上涨、供给暂时处于停滞，这是无可避免的。但整体上而言，尽管供给量暂时被动下降，但回升的弹性也较大。

（2）化妆品包装市场需求状况

中国化妆品市场需求旺盛，根据欧睿的数据，2021 年中国化妆品市场规模达到 5103 亿元，2009~2021 年 CAGR 为 9.7%。2021 年受新冠疫情影响，全球化妆品市场规模同比下降 4%。而中国化妆品市场同比增长 7%[1]，展现了较强韧性。我国化妆品行业前景良好，化妆品包装需求和产能不断增长。化妆品消费人群日益多元化，线上销售渠道崛起，品牌推广方式更加多样，化妆品下游需求保持较快增长，品牌、人群、渠道等因素促使品牌商化妆品生产能力提升，也为化妆品包装企业带来机遇。

① 国民收入水平提高，化妆品包装需求相应增加。

我国国民收入水平提高、人均可支配收入增加，逐渐推动化妆品市场规模的增加。2021 年，全国居民人均可支配收入 35128 元，比 2020 年名义增长 9.1%，扣除价格因素，实际增长 8.1%；比 2019 年增长 14.3%，两年平均增长 6.9%，扣除价格因素，两年平均实际增长 5.1%。根据有关预测，2022 年中国化妆品市场规模将达到 5000 亿元。美观实用的包装可有效提升化妆品附加值，激发消费者购买产品的欲望。因此，化妆品包装行业与化妆品市场呈现明显的正向关联，随着化妆品市场规模的增长而增长。

② 女性消费需求的蓬勃发展，为化妆品包装行业提供机遇。

目前中国城市女性就业比例近 70%，女性消费群体超 5 亿人，近半数女性个人消费占家庭收入的 1/3 以上。如今，女性消费群体拥有更多的收入和更多的机会[2]。女性消费需求的蓬勃发展引领了一系列新的消费趋势，为化妆品相关产业链提供了良好机遇，如化妆品包装行业。女性是家庭购物的决策者和实施者，女性在化妆及美容产品、服饰等方面拥有更大的决策权。女性在化妆品方面强劲的消费力，促使化妆品包装设计更加受到企业的重视。

女性消费者的审美情趣日益提高，消费理念与消费心理也发生很大变化。女性比男性有更多的感性需求，感性因素在女性化妆品包装中的作用不容忽视。在化妆品包装设计、品牌宣传上，女性消费者偏爱细腻的情感化设计。化妆品还具有满足女性享受需求的功能。化妆品工艺和品牌文化的不断发展，催生了高端奢侈化妆品。相较于普通化妆品，高端奢侈化妆品会格外重视其包装工艺和品牌宣传。此类化妆品及其包装是一种身份地位的象征，其象征意义超越了它本身的功用。而从女性消费者的角度来说，她们往往希望使用的化妆品能够代表自己的时尚品位，展现个人风格。因此，女性消费者也会偏爱具有"轻奢""小众""个性化""独立自主"等要素的包装，因此化妆品包装行业要更多体现定制、高档的需求。

随着女性的地位不断提高，其思想观念也在发生着变化。化妆品包装要迎合现代女性的消费情景，在设计中体现个性化特征，将情感化设计与人性化设计融合，突出时代特征，与社会文化潮流接轨，更好地体现其设计的价值，满足广大女性消费群体的消费情景需求。

---

1 华安证券.行业受益化妆品新规，产能扩张加速腾飞 [EB/OL]. （2022-04-17）[2022-10-26].https：//www.vzkoo.com/document/20220417cd28a739c104dc03b7e384bb.html?tag=%E5%98%89%E4%BA%A8%E5%AE%B6%E5%8C%96.

2 李国."她经济"崛起，如何站上新风口？ [EB/OL]. （2019-03-27）[2022-10-26].http：//finance.people.com.cn/n1/2019/0327/c1004-30997403.html.

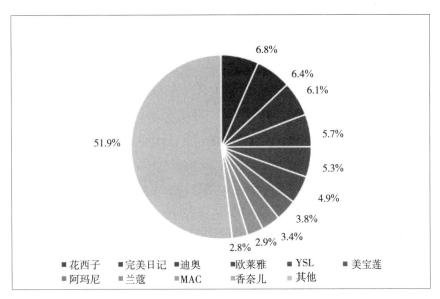

图 4-5-12：2021 年中国彩妆市场竞争格局份额分布

数据来源：华经产业研究院

③消费渠道转移，引导化妆品销售规模扩大。

随着线上消费成为主流以及互联网和智能设备的普及，消费主力军"千禧一代"（1980—1994 年出生的人群）和"Z 世代"（1995 年后出生的人群）的线上消费预算约占总预算的 60%。与此同时，社交媒体的"带货"能力日益增强。2021 年，网购已成为我国和全球消费者的主要购物方式。艾媒咨询统计显示[1]，我国化妆品网络销售市场规模 2021 年已突破 2600 亿元，预计 2024 年将达到 3506.5 亿元。包装是直接引导消费者购买化妆品的重要因素，色彩、造型、材质、文字等元素能够从视觉和触觉上给予消费者感官冲击。不同性别、不同地区的消费者对化妆品偏好都有很大差异，包装设计必须把握不同年龄段、不同经济能力消费者的心理特点，在了解市场的基础上推出优秀的包装设计，提高商品的"附加值"，激发消费者购买欲望，最终实现商品的价值。

④国际品牌占主导，国产品牌崭露头角。

我国化妆品行业整体市场格局较为分散，高端化妆品领域基本被国际品牌所占据，但近年来国货崛起势头强劲。从彩妆领域来看，众多国货品牌崭露头角，在细分领域取得突破，并乘电商之风快速发展壮大，市场份额也大幅提高。具体来看，花西子市场份额从 2017 年的 0.3% 快速提升至 2021 年的 6.8%，完美日记市场份额从 2017 年的 0.3% 快速提升至 2021 年的 6.4%，分别位列国内彩妆市场的前两名（图 4-5-12）。从护肤品领域来看，国产品牌虽有所突破，但相较于彩妆领域，市场依旧被国际品牌所主导。2020 年我国护肤品市场中，欧莱雅、兰蔻及雅诗兰黛占据份额前三，占比分别为 5.1%、4.7% 和 4.4%。而份额占比前二十的品牌中，国产品牌有 8 家；份额占比前十有 2 家，其中百雀羚、自然堂以 4.1% 和 3.1% 的份额占比分别位列第四和第六[2]。

目前国内的化妆品市场基本被国际品牌所垄断，中国品牌化妆品多数为低端产品，利润空间狭小。中国品牌处于这样的困境，客观上与国外品牌成熟的广告宣传、营销策略、包装设计有很大的关系；然而，中国企业不注重品牌塑造，并

1　艾媒咨询 .2022-2023 年中国化妆品行业发展与用户洞察研究报告 [EB/OL]. （2022-07-05）[2022-10-26].https：//www.iimedia.cn/c400/86434.html.

2　华经情报网 . 2021 年中国化妆品行业发展现状分析，细分领域"弯道超车"，国货崛起势头强劲 [EB/OL]. （2022-09-09）[2022-10-26].http：//huaon.com/channel/trend/835138.html.

且在包装设计上盲目地模仿国外设计，也是影响中国品牌发展的重要因素。在品牌激烈竞争的情况下，中国品牌只有塑造独特的文化和个性才有可能占有一席之地。例如，可以体现悠久的中医美容，从独特而丰富的传统文化中提炼品牌文化，而品牌文化正是化妆品包装设计、生产的依据。中国化妆品品牌的包装设计应以本土文化为基石，借鉴传统的造型、图案、色彩等，结合现代设计方法和材料，使包装具有民族特色风格，从而塑造和传播品牌形象。

总而言之，对于化妆品而言，包装作为产品的终端，是企业与消费者直接沟通的媒介，是吸引顾客最重要的因素之一。随着人们美容环保意识的加强，国外化妆品中的化学成分越来越引起国内消费者的担忧，而具有纯天然、安全可靠等特点的中国传统美容正日益受到关注。同时，国内消费者对"量肤研制"产品的要求越来越高，因此研制适合本民族特点的产品具有良好的前景。

（3）化妆品包装市场发展潜力

包装设计作为美妆产品最主要的视觉元素之一，往往决定了消费者对产品甚至对品牌的第一印象，因而"包装经济"也称为"第一眼经济"。近年来，随着消费世代更迭，以新世代为主的年轻消费群体，对消费品的"第一眼"感觉更为重视，"合不合眼缘""是否长在审美点上"在很大程度上左右着年轻消费者的消费决策。Markets and Markets 公布的数据显示，全球化妆品包装市场规模预计 2025 年为 3849.5 亿元，复合年增长率为 4.03%。作为全球第二大美妆市场，我国化妆品包装发展前景广阔。

① 化妆品包装市场有望持续增长。

Markets and Markets 发布的报告显示，全球化妆品包装市场规模预计将从 2020 年的 494 亿

美元增长到 2025 年的 609 亿美元，复合年增长率（CAGR）为 4.03%[1]。报告指出，全球化妆品包装行业的高速增长主要是由于全球对化妆品的需求不断增长，以及对创新、优质和独特包装设计的需求增加。

就细分市场来看，纸质包装的销售额和数量以高复合年增长率增长，原因在于各化妆品品牌对其需求的增长。此外，纸质包装还为化妆品品牌提供了创新的包装解决方案，其印刷具有更大的灵活性，能够产生更强的视觉冲击力，提高产品的吸引力。2020—2025 年，纸质包装将成为化妆品包装市场中增长最快的部分，但环保包装的需求增加是该细分市场增长的最重要因素。近来，欧莱雅、宝洁等巨头公司也积极响应环保倡议，特别针对包装设计开展减塑活动。2020—2025 年，护肤领域预计将成为化妆品包装市场中最大的细分市场。随着人们对天然化妆品认识的提高，消费者对于产品包装也要求"环境友好"。为了与产品的"天然无害"概念相适应，商家也倾向于采用环保包装。

就地区而言，亚太地区化妆品包装市场将贡献最大的市场份额。由于中国、印度和日本等亚洲国家对化妆品的强劲需求，亚太地区将在 2020—2025 年期间引领全球化妆品包装市场。

② 便捷功能化包装将成化妆品包装新趋势。

虽然日化产品的品种繁多，功能各异，但就其形态来看，多数为液体或膏状物，不具备鲜明的外观特征，必须借助精美、独特的包装设计，才能表现出其产品特性，因此日化产品一般要依赖于包装才能很好地实现销售。除了金属之外，塑料和玻璃是当前主要的日化产品包装容器材料（表 4-5-2）[2]。

由于护肤品的包装必须正确传达不同个性的护肤品特点以及表现不同人群的审美情趣；再加

1 化妆品财经在线. 全球化妆品包装市场五年后增至 609 亿美元，复合年增长率 4.03% [EB/OL].（2020-04-03）[2022-10-26]. https：//baijiahao.baidu.com/s?id=1662908155263453829&wfr=spider&for=pc.

2 前瞻产业研究院. 护肤品行业现状与前景趋势分析报告 [EB/OL].（2022-06-29）[2022-10-26].https：//max.book118.com/html/2022/0628/8052110112004113.shtm.

表 4-5-2　当前护肤品主要包装材料及应用现状分析

包装材料	特点	应用现状
塑料及复合材料	材质轻盈，高温情况下可以变换成任何相应的设计模型	应用范围越来越大，包装容器尤其是塑料瓶的造型设计趋于多样化
玻璃	易碎、比重大	该种材质的容器被越来越多的塑料瓶或者复合材质的容器代替
金属	造价成本较高，易腐蚀或氧化	应用范围较小

资料来源：前瞻产业研究院

图 4-5-13　IPKN-MAN 男性护肤包装设计

图片来源：khan 网

上现今市面上流通的护肤品包装之间的同质化现象日益严重。护肤品厂商要想有新的盈利增长点，不仅要使包装凸显不同消费群体的个性，还要使包装更环保、更实用以及可替代性更低。例如，塑料软管和有压头设计的护肤品瓶，该种护肤品瓶能够使消费者在各种环境下，易于握拿、便于定量取用，既方便体贴又避免在瓶盖反复打开挖用过程中滋生细菌，影响消费者的身体健康。因此，兼具保护性、功能性以及装饰性的护肤品包装将成护肤品包装行业新趋势。如 2021 年 iF 设计奖 IPKN-MAN 男性护肤包装，这是一款针对男性护肤品开发的包装设计（图 4-5-13）。此包装为 IPKN-MAN 的皮肤护理系列进行了重新设计。产品包装被设计为便携式水瓶的形状，意在鼓励男性积极进行护肤。瓶盖上的把手使产品易于携带，符合男性热爱户外生活方式的特征，符合便捷功能化护肤品包装的趋势。

③创新包装设计，赋能提升民族化妆品产业。

目前国内化妆品高档市场大多为国际品牌所把持，中国自有品牌集中于中低档市场上。这固然有多方面的原因，但在包装设计上的差距也是显而易见的。在欧洲，个性化设计已成为主流，不仅是不同品牌需要通过设计来区分，即使同一品牌产品的不同类型也需要以设计来区分。而中国产品品牌界限和产品细分不明确，不同品牌产品的设计趋于雷同，而且能代表中国本民族设计风格的产品却极少，且普遍缺乏个性和个性化设计。如何通过创新的、具有艺术价值的包装设计快速提升民族化妆品产业是设计师们所面临的课题。例如花西子的

图 4-5-14 花西子的"苗族印象"包装设计

图片来源：搜狐网

少数民族主题彩妆包装（图 4-5-14），以图腾为灵感打造的"苗族印象"系列产品就演绎了神秘、时尚的民族美，产品外包装呈现为孔雀开屏的姿态，通过花丝、镀金工艺设计将画面定格在开屏的瞬间，还原了孔雀本身的多彩，让消费者一看到包装就能联想到孔雀之美。

④ 消费渠道多元化发展，推动化妆品包装转型。

随着新媒体时代的到来，化妆品企业的营销模式从以前单一地依赖于电视、报刊等传统媒体逐渐发展为线上线下全渠道的营销网络矩阵。近年来，越来越多的化妆品企业开始选择在微博、微信公众号、小红书、抖音、知乎等新媒体平台上通过公众号文章、直播、短视频等各类方式进行产品营销推广。国产化妆品营销渠道多元化发展，品牌能够更快速地捕捉市场偏好，并结合市场热点利用新兴媒体打造口碑，进一步推动我国化妆品行业的发展。进入新媒体时代，消费者注重情趣、功能、美感相统一，包装也不再是简单的容器，而被赋予新的使命。富有创意的经典包

装，已经成为企业提升品牌价值最有效的方法，许多创意包装营销案例能够为品牌营销提供全新的逻辑和策略（表 4-5-3）[1]。

以化妆品的保鲜包装为例，保鲜装化妆品商家将最多仅够使用两到三次的化妆品灌装在极小的容器包装中，起初是品牌商家为新品推广、优惠促销赠送给消费者使用的产品，一般不专门销售，也就是市场上常说的化妆品"小样"试用装。小样规格虽小，但"小样经济"的规模却不小。现实生活中，化妆品小样不仅成了美妆行业的"网红"，还逐渐形成新的零售业态，受到消费者的追捧。由于小样的价格对比成品会有很大的优惠，因此在销量上会带来明显的增幅。化妆品小样包装规格普遍都在 1.5~5 毫升（精华乳霜类）、5~20 毫升（爽肤水类），一般很少有超过 20 毫升的护肤品小样。一般化妆品正装产品规格都在 30~150 毫升。化妆品小样由于其规格有着携带方便的优势，所以受到很多处于旅游出差等情境的消费者的青睐。近年来，HARMAY 话梅、HAYDON 黑洞、THE COLORIST 调色师、

---

1 宇塑包装 . 从口红包装看彩妆包装未来发展趋势 [EB/OL].（2020-10-06）[2022-10-26].https://www.guangzhouyusu.com/hangyeganhuo/1641.html.

表 4-5-3 护肤品包装趋势分析

包装趋势	趋势分析
保鲜装的护肤品会占据相当大的市场	商家为适应顾客需求，生产不含防腐剂的产品。商家将它们灌装在极小的容器中，顾客可以一次用完，例如许多品牌的精华素就采用了这种包装方式。这种护肤品价格太高，不会成为市场的主流产品，但它是未来时尚、奢华生活方式的标志，因此会有稳定的消费群体
绿色包装材料的开发设计	许多护肤品商家已经开始注重环保问题，在护肤品包装材料的选择上也考虑环保，考虑这些材料能否被回收利用，开发设计绿色包装
多层塑料复合技术	多层塑料复合技术能使多层不同种类的塑料复合在一起，一次成型，可以呈现各种色彩以及成为各式容器。有了多层注塑成型技术，塑料包装一方面能完全隔绝光、空气，避免护肤品氧化；另一方面在外观上具有奇妙的视觉效果和独特的手感，提高了软管的可曲折性
真空包装悄然兴起	真空包装可保护含有脂肪、松香油、维生素的护肤品。它具有保护性强、弹力恢复性高等优点。真空包装的另一个重要发展方向是突出功能性，这对于不那么复杂的容器十分重要
塑料瓶依旧占有重要地位	塑料容器的优势是重量轻、坚固和容易生产。通过化学家和塑料生产商的努力，塑料制品又取得了从前只有玻璃才有的透明特性。另外，PETG 很容易被染成各种颜色，而且即使经过抗 UV 处理，透明性依旧不变

数据来源：宇塑包装

苏宁极物等零售店纷纷入局线下小样销售；在线上，出现"天猫 U 先"等销售渠道，吸引越来越多的消费者。小样已从仅供消费者试用的样品、赠品，转而成为化妆品市场的商品。

综上所述，随着经济的持续发展，居民消费水平和环保意识的提高，社会对于化妆品的消费需求和对绿色、新型材料包装的要求会推动化妆品包装人均消费的增长，也会不断推动化妆品包装新工艺技术的研发与应用。另外，电子商务的发展也给化妆品包装行业提供了发展机遇。无论从社会需求的角度看，还是从新技术研发的角度看，化妆品包装行业未来仍有不断发展的空间，具有巨大发展潜力。

4.5.3 化妆品包装行业发展趋势

《2022—2027 年化妆品包装产业深度调研及未来发展现状趋势预测报告》显示，随着我国经济的不断发展、居民生活水平的不断提高，化妆品从奢侈品变成了不可或缺的日常用品，加上近年来美妆电商的兴起，进一步带动了化妆品行业多元化发展。

（1）化妆品包装材料正在向新型、绿色方向发展

"绿色包装"是指可以回收利用的、不会对环境造成污染的包装，其内涵为资源的再生利用和生态环境保护，它意味着包装工业的一场新的技术革命——进行包装材料废弃物的处理和降解塑料的开发。如图 4-5-15 所示，林清轩的快递箱所采用的零胶带外包装设计 100% 可直接回收，只需轻松撕拉即可完成开箱，不仅节约成本、节省材料、促进环保，而且提升了产品流通效率，升级了用户体验。

再如 2021 年红点奖获奖作品《Grower Cosmetics》（图 4-5-16），采用了丝网印刷和烫金工艺，由化妆品生产商 Grower Cosmetics 生产。该品牌支持消费者通过化妆品来放松身心，并坚持环境友好的品牌理念。基于这一理念，其产品包装采用纸板、可回收的环保纸和丝网印刷。当地制造商制造的微型纸板是可回收和堆肥的。包装没有使用底漆或清漆，包装上的文字由丝网印刷的方法创作而成，礼品盒包装上印有一个可以让人联想到植物叶子的形状。同时，产品包装利用一次揭开的拉链线提供给消费者独特的开箱体验。

透明化是当今化妆品包装的一大趋势。化妆品包装塑料树脂的透明度越来越高，因此可以注塑成为接近玻璃外观的瓶罐。这些树脂不仅透明度有所提高，耐磨损度也越来越强。Heinz

图 4-5-15　林清轩环保快递盒示意图
图片来源：搜狐网

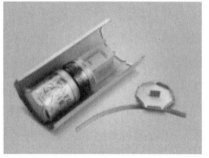

图 4-5-16　Grower Cosmetics
图片来源：Grower Cosmetics 网

Plastics 公司新近推出了 Heavy PET 塑料瓶，该种塑料瓶采用 PET 注塑加工技术，瓶壁厚度达到 3 mm。厚壁塑料瓶极受欢迎，销量持续增长。Abbiati & Fabbri Srl. 公司在展会上推出了 Bell 系列彩妆包装盒，盒盖上有透明的窗口（图 4-5-17）。这些彩妆盒采用共挤加工工艺，和正面的透明窗口一起加工而成，节省了成本和生产时间。这种大透明窗口既能吸引消费者的注意，又能很好地展示内部产品。

传统的陶瓷与玻璃容器具有无毒、密封性好和表面光洁等优点，在包装行业中占有重要的地位。但由于其存在易碎、不便搬运等缺点，因而被部分金属包装所取代。近年来，西欧、美国、日本等将纳米微粒加入陶瓷或玻璃中，生产富有韧性的陶瓷或玻璃材料。如图 4-5-18 所示，2021 年红点奖获奖品牌 Facegym 创立于英国伦敦，是以"面部健身"为理念的面部护理品牌。在 Facegym 的面部护肤产品中，至尊重组这一系

图 4-5-17　Abbiati & Fabbri – Bell 系列彩妆盒

图片来源：Abbiatie&Fabbri 官网

图 4-5-18　Facegym 至尊重组系列面部护肤品

图片来源：Facegym 官网

列的护肤产品采用固体铝制的包装设计，它满足了消费者对奢侈品的期望，同时也具有可回收性。Facegym 在非美妆行业供应链中，挑选了一家意大利金属器皿制造商，委托其进行包装设计。该包装采用了可回收铝，并配有 100% 可回收海洋塑料制成的可替换内胆。每个罐子都有单独的编号，以鼓励消费者重复使用，而非仅仅将其作为一次性塑料容器来使用。

综上所述，绿色材料、新型材料的应用范围非常广泛，发展前景十分广阔，其研发水平及产业化规模必将对化妆品包装行业产生重要影响。

（2）化妆品包装工艺、品类朝着高档化、多样化方向发展

根据咨询公司 Markets and Markets 日前发布的报告，全球化妆品包装市场规模预计将从 2020 年的 494 亿美元增长到 2025 年的 609 亿美元，复合年增长率（CAGR）为 4.03%[1]。报告指出，全球化妆品包装行业的高速增长主要是由于全球对化妆品的需求不断增长，以及对创新、

1　化妆品财经在线 . 全球化妆品包装市场五年后增至 609 亿美元，复合年增长率 4.03%[EB/OL].（2020-04-03）[2022-10-26]. https：//baijiahao.baidu.com/s?id=1662908155263453829&wfr=spider&for=pc.

图 4-5-19　AHAVA 护肤品 30 周年限量版包装，运用了数码印刷技术
图片来源：Packaging of the World 网

图 4-5-20　美容包装厂商 Quadpack 推出的全彩多材料 3D 打印"罐头"主题包装
图片来源：BeautyPackaging 网

优质和独特包装设计的需求增长。就细分市场来看，折叠纸质包装的销售额和数量在预测期内均以最高复合年增长率增长，该细分市场的增长归因于各个化妆品品牌对其需求的增长。此外，纸质包装还为化妆品品牌提供了创新的包装解决方案，因为它们为印刷提供了更大的灵活性、更强的视觉冲击力，并提高了产品的吸引力。2020—2025 年，纸质包装将成为化妆品包装市场中增长最快的部分。

从需求方面来看，随着全球限塑步伐的加快，越来越多的企业会增加对纸包装的需求，其中就包括化妆品企业。而需求的多样化会给纸包装在产品规格、印刷质量、产品设计、文化融入等方面提出更高的要求；随着企业对包装耗材、包装物流成本控制的要求和终端消费者对包装便利性和个性化的要求日益提高，纸包装产品越来越注重低克重、高强度、轻量化、人性化、微定制。

从技术方面来看，新型包装原材料、新型印刷、3D 打印、云印刷、互联网包装、RFID、喷墨印刷等技术正逐渐应用于纸类包装印刷行业（图 4-5-19、图 4-5-20）。化妆品大量应用了纸质包装，因此其工艺将更加高档化、定制化、多样化。

（3）行业竞争激烈，市场集中度有较大提升空间

随着我国化妆品市场的快速发展，国际化妆品品牌大量进入我国市场。同时，更多的国际代工企业，包括国际包装企业，也进入了我国市场，行业竞争加剧。以塑料包装为例，2021年，全国塑料包装箱及容器制造行业规模以上企业累计完成营业收入1584.62亿元。根据2021年上市企业塑料包装业务收入占比情况，紫江塑料包装业务收入规模最大，市场份额为1.91%。总体来看，中国塑料包装行业的市场集中度较低。2020年，塑料包装行业CR3仅有4.33%，CR5仅有4.99%[1]，中国塑料包装中小企业众多，行业竞争

十分激烈。由此可见，随着日化品牌之间的竞争不断加剧，产品更新迭代速度加快，在选择包装供应商时将更加注重生产规模、产品质量、资质认证及技术水平等，化妆品包装行业中的龙头企业有望受益。

我们生活在一个信息多元化的社会，面对全球化，对外贸易量加大，商品跨国度、跨地域交流频繁，商品包装无论图形还是文本在一定程度上代表设计者的水平和文化背景。化妆品包装也将更加具有真正的时代意义和文化内涵，并以独特的魅力和内在的文化底蕴影响着人们的生活。相信未来的化妆品包装行业由于多元融合，设计出来的包装会更有特色，更加耐人寻味。

1　前瞻产业研究院 . [行业深度] 洞察 2021：中国塑料包装行业竞争格局及市场份额（附市场集中度、企业竞争力评价等）[EB/OL].（2021-09-14）[2022-10-26].https://finance.sina.com.cn/roll/2021-09-14/doc-iktzscyx4113705.shtml.

4.6　烟草包装

烟草包装是商品中不可分割的一部分，烟草包装最基本的意义——便于携带和作为吸食容器。随着卷烟品牌的市场竞争加剧，卷烟包装已经逐步突破了包装的基本意义，进一步延伸到既可以减少破损，又具有防潮、防水、防霉变等功能。

4.6.1 烟草包装行业发展现状

深入落实绿色发展观、发展循环经济、实现可持续发展已成为国家经济体系建设的新要求、新目标。中国烟草经济体系的日益健全和中式卷烟品牌群体的崛起，为中国烟草实施"走出去"战略注入了更多的内生动力，同时也提出了更高要求。我国烟草包装材料和容器生产企业在企业规模、生产设施、装备水平、工艺技术、产品品种、质量档次等方面，都发生了较大的变化，并取得了很大的进步。但随着中国烟草进入了品牌竞争的年代，卖方市场全面转向买方市场，企业之间的竞争愈演愈烈。如何通过包装在众多商品品牌中脱颖而出，成为摆在烟草包装行业面前的

一大难题。

（1）行业市场规模

2021 年，全球烟草包装市场规模达到了119.54 亿美元，预计 2027 年将达到 126.59 亿美元（见图 4-6-1）。从地区层面来看，中国市场占据较大的全球份额，2020 年市场规模为 43.15 亿美元，约占全球的 71%。预计 2027 年中国的市场规模将达到 47.87 亿美元，届时全球占比将达到 69%；欧洲、中东及非洲也相应占据了 21% 和 13% 的市场份额。目前全球主要厂商包括 Amcor、WestRock、劲嘉股份、东风股份、Mayr-Melnhof Packaging、ITC Limited、贵联控股、金时科技、陕西金叶和恩捷股份等，2020 年主要厂商份额占比超过 37%；国外市场集中度略高于国内，国内集中度则较为分散，其中劲嘉股份、东风股份作为行业龙头，合计占据国内市场约 15%；随着政策对烟草行业的限制，行业整体规模受到一定影响，预计未来几年行业竞争将更加激烈，尤其在中国市场[1]。

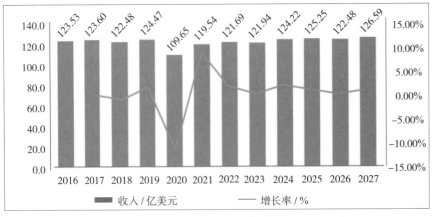

图 4-6-1　全球烟草包装市场收入及增长率（2016—2027）

数据来源：第三方资料、新闻报道、业内专家采访及 QYResearch 整理研究

1　QYResearch.2021—2027 全球及中国烟草包装行业研究及十四五规划分析报告 [R].2021-02-21：146.

（2）行业竞争格局

从行业竞争格局来看，卷烟品牌市场占有率提升，带动烟草包装集中度提升。我国从2002年开始密集出台政策推进"三产剥离"，催化烟草行业主辅分离加速，龙头企业扮演行业整合者角色，烟草重点品牌市场占有率不断提高，2013—2021年CR5[1]从23%提升至28%。从企业规模来看，全国规模以上的烟标印刷企业有200余家，以劲嘉股份为代表的行业龙头企业市场占有率不到10%，2020年行业CR3仅为20%（图4-6-2）。

从企业分布来看，云南稳坐第一，拥有10家烟厂；河南排第二，湖北与湖南比肩；江苏有3家，上海也是卷烟产地的重要地区[2]。云南盛产烟草，并且品质很高。云南最有名的三大卷烟厂：玉溪卷烟厂、昆明卷烟厂、红河卷烟厂。虽然上海只有一家卷烟厂，数量上不及河南烟厂，但是上海是除了云南之外最强卷烟省份。"中华""大熊猫""大前门"都出于此。全国19家中烟工业企业在地域上呈现分散化分布，同时烟标业务订单周期短、定制化生产的特征对及时响应能力提出了极高要求，因此烟标生产企业需要贴近客户并在当地布点以扩张服务半径、获取客户资源[3]。

综上所述，目前由于具备生产规模＋区域性壁垒，相对于世界发达国家而言，我国包装印刷行业的产业结构和技术水平仍较为落后，低端包装领域竞争尤为激烈，而在高端领域，拥有高端品牌客户、高精生产技术、高服务质量的大型优质企业相对较少，行业集中度相对于国内包装行业略高，但相较于发达国家包装行业集中度而言偏低。我国包装企业数量多而规模小，行业集中度不高，重复建设的现象较严重，行业核心竞争力不强。

（3）行业进出口市场

受国家禁烟相关政策，如《中国吸烟有害健康报告2020》《关于修改〈中华人民共和国烟草专卖法实施条例〉的决定》等以及新冠疫情影响，2020年和2021年我国烟草制品进出口贸易出现大幅度下滑。海关总署数据表明，2015—2019年，我国烟草制品的进出口贸易额较为稳定，呈贸易逆差状态。2019年，我国烟草制品进出口贸易总额为33.24亿美元。其中，出口贸

图 4-6-2　烟标行业规模测算及烟标行业竞争格局
数据来源：Wind，财通证券研究所

1　CR5 指业务规模前五名的企业所占的市场份额。

2　胡作非为 . 这是我国 77 家卷烟厂全国的分布情况 [EB/OL].（2022-09-10）[2022-11-06].https：//www.163.com/dy/article/HGT9BEQQ0553DGEK.html.

3　中泰证券 .2022 年劲嘉股份细分产业分析：烟标是收入稳健利润丰厚的现金牛业务 [R].2022-05-27.

易金额为 14.20 亿美元，进口贸易金额为 19.05 亿美元，贸易逆差扩大到 4.85 亿美元。2021 年 1—2 月，我国烟草制品出口贸易金额为 0.63 亿美元，同比下降 41.1%；进口贸易金额为 1.43 亿美元，同比下降 66.1%。总体而言，受国家禁烟相关政策以及新冠疫情影响，烟草制品的需求量减少，2020 年和 2021 年我国烟草制品进出口贸易出现大幅度下滑，行业长期处于贸易逆差，带来连锁反应，烟草制品的相关包装企业也遭受了重创，我国烟草制品的包装进出口贸易也出现大幅度下滑。随着国内疫情逐步得到控制，国内厂商产能逐渐恢复，对于烟草制品的需求也持续回升，行业进口有所下降，出口则大幅增长，我国烟草制品的包装进出口贸易也在稳步增长。在烟草包装行业中，中国市场占据较大的全球市场，预计 2027 年将达到 47.87 亿美元，届时全球占比将达到 69%。综合来看，我国烟草包装市场具有较大的发展潜力。

（4）行业技术发展态势

近年来，我国材料科学、现代安全检测和控制技术、计算机技术和人工智能等技术的协同进步，加快了卷烟包装及卷烟产品的世界化进程。面对"绿色包装""安全包装""智能包装"的时代要求，从业人员针对降焦减害和加香保润两个方面优化卷烟纸技术，采用多种检测手段评估烟草包装材料的安全性，并实行科学合理的管控措施。在数字化技术高速发展的时代大背景下，智能化卷烟包装也在不断地试水，包括卷烟包装的自动化生产、真伪鉴别、产地溯源、包装信息

整合等。因此，产品功能的延伸，推动烟草包装行业向更深、更广维度发展。2021 年，烟草行业中关于烟标公开专利共计 223 件，其中授权发明 32 条，外观设计 3 条，而实用新型则达到了 101 条（图 4-6-3）。

① 注重环保，绿色发展理念全面导入。

近年来，中国烟草多次开展"天价烟""过度包装"等专项治理活动，并且出台了材料环保安全性、烟箱循环使用方面的大量指导意见，积极推进烟草包装绿色设计理念的全面落实，绿色设计理念已成为中国烟草包装设计的核心。2021 年 10 月中国烟草印发"十四五"（2021—2025 年）绿色低碳循环发展工作方案，进一步推动烟用包装物循环利用、环保包装材料使用、商业企业减少塑料裹膜用量等措施的落地实施。在当今国际烟草包装的流行趋势中，"环保"需求尤为重要。使用环保的包装产品材料已成为烟草企业走向世界市场的"绿色通行证"，"绿色包装"产品的生产和应用将是今后几年烟草行业及烟草包装行业发展的重点。随着绿色包装在我国的推进，烟草平装化得到有效落实。中国烟草行业积极推进绿色环保新技术、新材料的开发和应用，高松厚度白卡纸、生物降解商标纸膜、凹印水性油墨技术、无铝涂布内衬材料、低厚度透明纸和降解透明纸等系列技术得到有效推广。包装材料的克重有所降低，转移膜、铝等不易降解材料的使用比例大幅降低，带动了包装物 VOCs 排放量的降低，烟草包装平装化水平极大提高。以 ABB 拆垛机器人辅助吸盘装置为例（图 4-6-4），ABB

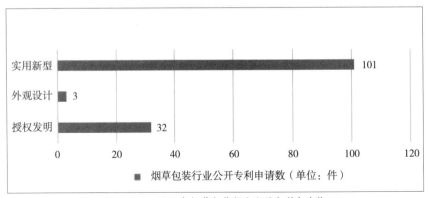

图 4-6-3　2021 年烟草包装行业公开专利申请数

拆垛机器人在使用真空海绵吸盘后，遇到较大颗粒的灰粒极易堵塞。近年来环保压力逐渐增大，二次利用的纸箱表面灰尘较多，吸盘吸力不足成为大问题。基于此，我国技术人员利用 RobotStudio 软件编写了曲线焊缝的路径离线程序，并设计出残烟自动回收装置、辅助吸盘装置，成功解决了这一难题。

再如可调节气流方向的闭式循环热泵烤房（图 4-6-5），我国现行密集烤房都是以煤炭为主要能源，能耗高、污染大。为减少燃煤污染，利用新能源进行烟叶烘烤已是发展的必然趋势。可调节气流方向的闭式循环热泵烤房的出现改变了这一现状。闭式循环热泵一体机和装烟建筑系统两大部分，在保质保量的同时也降低了能耗，减少了污染。

② 新型烟草制品包装推陈出新。

新型烟草制品的包装设计与型制、结构都有着高度关联性。在成熟的知识产权环境下，新型烟草制品的商标权、专利权从诞生前就得到严格

保护，壁垒严密性远高于传统烟草，包括 IQOS 电子烟在内的新型烟草制品在市场上往往存在诉讼风险。因此，注重专有技术的开发并在新型烟草制品包装（包括烟弹、烟具包装及随行说明书等技术文件）上进行有效呈现，不但利于规避技术风险，形成完整的技术壁垒体系，提高市场话语权，而且有助于吸引消费者关注，促进国产新型烟草制品形象的形成。2021 年 11 月，中国政府首次将电子烟纳入烟草专卖法并实施条例进行监管，要求对其参照卷烟管理。为此，中国烟草行业以国家标准的形式对电子烟的包装提出了明确的监管要求，且不限于对雾化物成分、烟碱量、有害物质限制要求、警语等的标注要求。

③ 不断完善追溯与防伪技术。

5G 技术与物联网技术的应用为我国烟草制品的追溯、防伪提供了强大支撑。以包装技术升级和物联云平台为依托，国内烟草生产、销售企业也将二维码、射频识别（RFID）等技术，应用于烟草包装的设计，以及生产环节，在数据生成、传输、贮存、利用等方面做了大量工作（图4-6-6、图4-6-7），促进了包装追溯信息的防

图 4-6-4　ABB 拆垛机器人辅助吸盘装置
图片来源　烟草文化　腔腔说公众号

图 4-6-6　专为烟草包装行业研发的智能设备
图片来源：搜狐网

图 4-6-5　可调节气流方向的闭式循环热泵烤房
图片来源：烟草文化　腔腔说公众号

图 4-6-7　ZB45 包装机组自动储包补包装置技术
图片来源：烟草文化　腔腔说公众号

伪、跟踪、智联等交汇性能的升级，搭建了流通追踪、动销监视、专卖管控、资产研互动的便捷通道，并为烟草专卖新常态、销售新业态、消费新形态的构建提供了可靠途径，提高了烟草市场的净化程度。

综上所述，烟草包装行业呈现快速发展态势。就市场规模而言，2021 年，全球烟草包装市场规模达到了 11.9 亿美元，预计 2027 年将达到 12.6 亿美元，年复合增长率（CAGR）为 2.07%。未来，烟草包装行业还将投入更多资源用于包装机器人和可持续包装的探索、开发及应用。

4.6.2 烟草包装市场供需分析

中国是世界第一烟草生产和消费大国，卷烟产量和消费量约占全球的 40%。卷烟销量从 2016 年的 2.31 万亿支稳步增长至 2021 年的 2.39 万亿支，中国卷烟的销售价值约 1.5 万亿元。预计 2025 年将达到 2.44 万亿支，销售价值将增至 1.58 万亿元。背靠中国烟草这座"超级金矿"，卷烟包装行业也随之快速发展。自改革开放以来，中国卷烟的包装取得了飞速发展，包装更新换代更是让人目不暇接。据资料统计，中国卷烟包装纸制造行业规模由 2020 年的 385 亿元，增加至 2022 年的 430 亿元。

（1）烟草包装市场供给情况

① 烟草包装产品矩阵日益丰富。

烟草包装企业的主营业务一般主要包括高技术和高附加值的烟标、中高端纸质印刷包装，以及镭射膜、镭射纸等镭射包装材料（图 4-6-8）。近几年加速布局新型烟草产业，其中以深圳劲嘉有限公司为例，主要产品包括加热不燃烧器具和电子雾化设备（包括换弹式、一次性电子烟）。与烟草类产品匹配程度相当高的烟草包装的种类也在产品的迭代过程中丰富了起来，除普通卷烟的包装外，新型烟草产品的中高端纸质印刷包装以及镭射包装在烟草包装行业中逐渐丰富起来。

② 受税收政策影响，烟草类产品价格呈上升走势。

2016 年中共中央国务院印发的《"健康中国 2030"规划纲要》明确指出，"全面推进控烟履约，加大控烟力度，运用价格、税收、法律等手段提高控烟成效"，并提出"到 2030 年，15 岁以上人群吸烟率降低到 20%"的控制目标。这一决策显然会对烟草包装的价格产生影响，烟草税负占烟草价格的比重越大，税负转嫁越充分，烟草价格越高，与之相应的烟草包装的价格走势将呈上涨趋势。近年来，从烟标单价走势来看，我国烟标价格基本保持稳定上涨态势。据统计，2021 年我国烟标单价为 3.1 元 / 条（图 4-6-9）。

烟草包装不仅仅指的是烟草产品的外包装，烟草本身的产品特性也属于包装的范畴。未来是一个高科技的时代，各行各业都必须加大对产业结构的升级改造及技术领域的突破创新才能在激烈的竞争市场占据有利地位。包装印刷行业也是如此，必须结合当前的实际情况，在生产结构和工艺技术方面进行不断创新，加大对技术研发及智能化生产的投入，才能在激烈的市场竞争中取得更好的生存和发展空间。

（2）烟草包装行业需求状况

中国烟草制品业企业数量在减少，但总资产却在增加，2021 年中国烟草制品业总资产达 11673.5 亿元，较 2020 年增加了 613.4 亿元，同比增长 5.55%，其中流动资产为 8351.8 亿元。2021 年中国烟草制品业应收账款、存货及产成品均保持增长趋势。2021 年中国烟草制品业应收账款达 308.3 亿元，较 2020 年增加了 10.9 亿元；存货达 4051.6 亿元，较 2020 年增加了 3.4 亿元；产成品达 237.3 亿元，较 2020 年增加了 1.3 亿元。从营收情况来看，2021 年中国烟草制品业营业收入达 12131.5 亿元，较 2020 年增加了 698.5 亿元，同比增长 6.11%。在营业收入增加的同时，营业成本也在增加，2021 年中国烟草制品业营业成本达 3649.6 亿元，较 2020 年增加

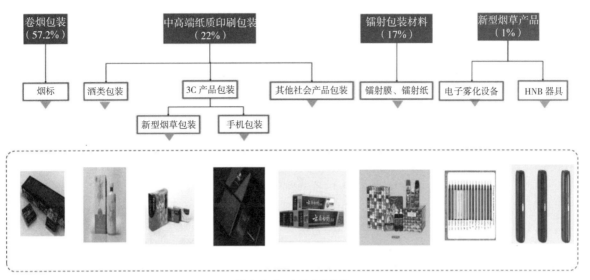

图 4-6-8　公司产品矩阵
图片来源：公司官网，财通证券研究所

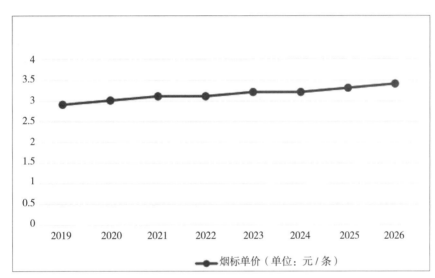

图 4-6-9　2019—2026 年烟标行业烟标单价及走势
数据来源：华经产业研究院

了 62.3 亿元，同比增长 1.74%。

① 烟草行业市场规模保持匀速增长。

考虑到卷烟与烟标之间具有较强的配套关系，可从中国卷烟产量推算得到国内烟标的需求量。根据国家统计局数据，2020 年中国卷烟产量 23864 亿支，对应烟标需求量约为 119 亿套。此外，2020 年 A 股主要烟标企业的烟标价格均值为 2.81 元 / 套，由此可推算 2020 年中国烟标市场规模约为 335 亿元。保守预期，假设烟标均价年涨幅为 0.01 元，卷烟产量增速将保持在 0.02%的水平，预计 2023 年，中国烟标市场规模将达

到 343 亿元。市场规模的稳步增长促进了烟草产品销量的增长，从而带动烟草包装的发展。

根据相关数据，全国规模以上的烟标印刷企业约 200 家，烟标行业较为分散，市场集中度低。以 2021 年各企业烟标业务实现收入来看，市场占有率 TOP3 分别为劲嘉股份、东风股份和澳科控股，市场占有率分别为 7.2%、6.7%、6.1%。烟标印刷企业区域分布特征较为明显，行业龙头往往布局全国，分布均衡，同时存在于大量的中小烟标企业中，服务于各省的中烟公司。随着行业龙头的全国布局进一步

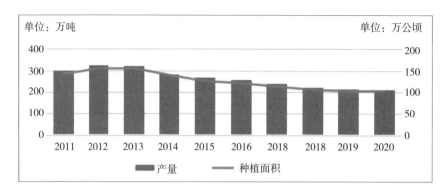

图 4-6-10　2011—2020 年中国烟叶产量及种植面积情况
数据来源：网易号　华经情报网

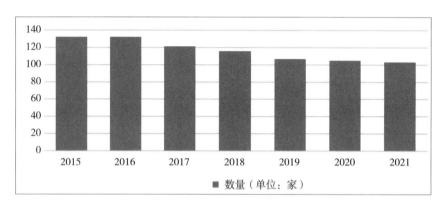

图 4-6-11　2015—2021 年中国烟草制品企业数量变动情况
数据来源：网易号　华经情报网

完善，其市场份额有望持续提升，加速行业整合[1]。烟草包装行业的整合，有利于资源的合理配置，促进烟草包装的发展。

②产业链总体需求略有下滑。

在我国禁烟控烟宣传的持续推动下，禁烟宣传效果已初具成效。人们对吸烟危害的理解不断加深，我国吸烟率也在不断下降。国家卫健委和世卫组织驻华代表处联合发布的《中国吸烟危害健康报告 2020》显示，2018 年中国 15 岁及以上人群吸烟率达 26.6%，相比于 2015 年减少 1.1 个百分点。整体来看，我国烟民数量持续下降，烟草需求将有所下降。烟民对于烟草需求下降，会影响烟草制品的销售情况，如果销量持续走低，烟草包装行业也会持续低迷。

烟草的市场需求缩水，直接导致种植面积逐年减少，最终使烟草企业数量受到影响。就烟叶种植情况而言，随着政府持续推进禁烟控烟宣

传，烟叶整体产量和种植面积从 2014 年开始逐年下降。国家统计局数据显示，2020 年我国烟叶产量和种植面积分别为 213.4 万吨和 101.4 万公顷（图 4-6-10）。2021 年，中国卷烟产量为 24182.4 亿支，同比增长 1.3%。就烟草行业整体供给格局而言，我国仍然是全球最大的烟草生产国，中国烟草约占全球 30% 的市场份额，但我国烟草企业数量受到国家烟草危害宣传的影响，截至 2021 年仅剩 104 家（图 4-6-11）。

③烟草包装品牌形象建设面临各方面挑战。

面对不断变化的立法以及产品假冒问题，烟草业面临着巨大的挑战。不仅如此，许多国家和地区拟对烟草广告、赞助和免费提供的烟草样本实行禁止措施，更是让烟草行业的发展举步维艰。企业如何通过烟草包装与消费者建立沟通、强化品牌形象，对于烟草行业来说极其重要。市场追求包装附加值所带来的红利现已成为常态。

1　财通证券 . 劲嘉股份研究报告：烟标龙头发力新型烟草，开启第二增长极 [R].2022-04-25.

但随着烟草相关的健康问题日益受到更多关注，澳洲、日本和欧洲等地区引入了"无装饰包装"的政策，旨在消除包装上的品牌元素，这一政策最终将对国内烟草包装的市场消费总价值产生影响。如何通过对烟草包装的转型升级来化解政策挤压和品牌形象之间的矛盾，正是目前烟草包装行业急需解决的问题。

（3）烟草包装市场应用潜力

① 高端烟草产品带动包装升级。

烟草包装作为烟草产品的外衣，承担着烟草产品的形象展示功能，还肩负着"商标"式的品牌宣传效果。随着卷烟市场高端化的进一步推进，中高端卷烟的占比将持续提升。因此，对于烟标的设计、质量以及防伪技术等方面提出了更高的要求，有望带动烟标价值的提升。同时，烟草包装行业可通过深耕烟草包装印刷形成的技术工艺优势和稳定的客户合作关系，持续拓展一二类烟标和精品烟标业务，有望充分享受卷烟结构升级带来的红利。例如 2021 年 Dieline Awards 烟草类一等奖的作品《FLORO 烟盒》设计（图4-6-12），其设计机构是 Pavement，精致的装潢设计体现了烟草制品对高端烟草包装设计提出了更高的要求。又以亚洲之星、中国之星的获奖作品《烟包创新设计·中国心》为例（图4-6-13），此包装结构获国家专利，易于使用，展示效果极佳，视觉形象新颖，有力地促进了品牌传播，环保纸张、朴素色彩、常规的香烟包装设计可以形成自由组合的模块，并且使用方式的创新能够让成本降低 70% 以上，绿色环保。

② 品牌建设推高烟草包装工艺标准。

烟标作为卷烟包装材料，不仅承担着形象展示的功能，而且还是产品文化内涵和品牌价值的重要载体，具备高附加值。相较于包装印刷中诸多子行业，烟标在外观和防伪设计、包装材料选择、印刷工艺应用等方面要求更高，包括烟标的平整度、光滑度、耐磨性、热封性、膜切和套印精度等诸多指标。为了达到防伪目的，烟标设计中采用大量复杂的网点层次、专色的精

美标识图案；生产材料方面广泛使用"热敏显像""光敏成像"等防伪油墨；此外，还在印刷过程中采用定位防伪、激光全息、浮凸印刷技术和特殊荧光化合物涂料等，大幅提升了烟标制作的难度。以烟草包装《内卷》为例（图4-6-14），这是一款联名特调烟弹，通过联名的方式创新品牌形象，打开年轻的消费市场。另外，《A GOLDEN STATE：ONE EIGHTH FLOWER PACKAGING AND CURATED GIFT SETS》以明亮的色彩搭配获得了 Dieline Awards 烟草类的三等奖（图4-6-15），其设计机构是 FÖDA Studio。而 Pentawards 获奖作品《小熊猫香烟盒》（图4-6-16），此香烟盒上的熊猫头呈镂空雕花的效果，当烟草满盒情况下是一只小熊猫，空盒时则变成一个骷髅，动态递进的关系不得不说甚是巧妙，比简单的一句"吸烟有害健康"更具有警示作用。

图 4-6-12 《FLORO》
图片来源：搜狐网 Dieline Awards

图 4-6-13 《烟包创新设计·中国心》
亚洲之星、中国之星的获奖作品
图片来源：微信公众号 勇创意

图 4-6-14 《内卷》
图片来源：微信公众号 顶尖包装

图 4-6-15 A GOLDEN STATE: ONE EIGHTH FLOWER PACKAGING AND CURATED GIFT SETS
图片来源：搜狐网 Dieline Awards

图 4-6-17 《功夫 MINIS》
图片来源：微信公众号 H.N.B.I.O 加热不燃烧产业观察

图 4-6-16 《小熊猫香烟盒》
图片来源：九韵一雅堂

图 4-6-18：《REPUBLIC TECHNOLOGIES》
图片来源：包装设计情报局

③智能化生产转型为烟草包装增产提效。

通过持续在彩盒包装的设备、技术和人员配备等方面的投入，不断推动自动化智能制造车间、智能工厂以及信息化系统的建设，烟草包装公司彩盒业务的响应速度和生产运作效率不断提升。将 RFID、物联网、大数据等多种前沿技术应用于烟草包装生产，如建设 RFID 产品溯源平台、开发智能包装防伪营销和大数据增值服务应用系统等，还可以通过引入专业数据统计计算企业的产品来推动包装产品智能化战略的实施。以深圳劲嘉股份的彩盒业务营收数据为例，实现营收从 2016 年的 1.87 亿元提升至 2021 年的 11.36 亿元，CAGR 为 43.4%，营收占比由 6.74% 提升至 21.95%。公司把握中高端烟酒包装、3C 产品包装升级的市场趋势，不断加强产品研发和市场开拓，高端化产品战略成效显著，彩盒业务毛利率由 2017 年的 18.18%，大幅提升到 2020 年的 38.5%。在包装设计方面，以 2021 年 Pentawards 银奖作品《功夫 MINIS》为例（图 4-6-17），该包装为透明长方体，为了在视觉上呈现出"太空梭"的悬浮状，包装整体采用透明材质 PET 与环保纸结合，包装下半部分采用 PET 材质塑形成

蓝色冰川，顶部塑形成银河星宇，将加热器设备立于包装内，寓意"太空梭"穿梭于宇宙空间，给用户带来更多想象空间，PET 丝印产品结构图让包装更具备未来感，不同颜色的产品代表不同的星球，以此来增加产品和包装之间的联系。再以《REPUBLIC TECHNOLOGIES》烟盒包装为例（图 4-6-18），该设计受 20 世纪 60 年代迷幻和 90 年代酸性图形的启发，大胆而强大的图形语言反映了这种存在方式。

4.6.3 烟草包装行业发展趋势

（1）烟草包装行业材料应用及锋而试

相较传统烟草，新型烟草减害性突出。新型烟草主要包括雾化电子烟和加热不燃烧两大类。与传统烟草制品相比，新型烟草具有不用燃烧、提供尼古丁、基本无焦油等特征。其减害性明显，且能够满足人体摄入一定尼古丁的需求。因此，在全球控烟背景下新型烟草获得较快发展，烟草包装龙头企业持续推动产品高端化与生产自动化，不断发力高端膜及新材料业务；紧跟新型烟草发展大势，全面卡位新型烟草业务各环节，有望凭借先发优势在监管落地后充分享受国内新型烟草带来的发展红利。与此同时，烟草包装针对这一市场发展态势，将迅速推动相关产业

转型升级，开发新型烟草包装产品，紧跟市场潮流。以青岛英诺包装公司为例，该企业主要从事 BOPP 烟用包装膜和其他特种薄膜的生产和销售。其中 BOPP 薄膜应用广泛，材料具有无毒、无臭、防潮、透明、印刷性能优良等特点，在烟草领域得到了广泛应用。同时推动烟膜等高端膜类产品的结构进一步优化，推动彩膜、可降解膜类材料项目的实施进度，为烟草包装行业提升产品竞争力，助力包装产业的盈利水平及行业竞争力的提升。

（2）烟草包装行业设计吐故纳新

中式卷烟的崛起为中国烟草"走出去"奠定了坚实的品牌基础、财力保障以及先进的技术根基，国内烟草包装的工业设计总体达到国际领先水准，但在烟草品牌文化的稳定性、品牌形象的国际化等方面仍存在较大提升空间。因此，我国烟草包装设计应贯彻"国家利益至上、消费者利益至上"总要求，保持与国际潮流融合问题，在传承中不断吸纳国际先进理念，进一步聚焦商标装潢设计的系列化创新，持续开展国际市场准入、文化背景协调、技术趋势跟踪、壁垒技术体系研究，做好七个方面的工作：

① 坚持国内市场的价值认同、文化认同仍是国产烟草商标设计的核心方向。商标装潢设计要在传承民族文化特征的基础上，更加注重国际化的思想、文化等要素符号的持续注入，提高品牌文化内涵的稳定性，提升品牌规格的系列化水平。

② 开展绿色包装、烟草平装对我国烟草经济体系建设影响研究。积极研判国外法律、标准走向对我国烟草经济体系的影响，探索包装设计与循环经济、市场准入的关系，形成针对性策略，提升对"走出去"战略的支撑力。

③ 积极开发适应绿色包装、烟草平装的相关技术手段和策略。从无毒害、低用量、少金属、易加工、低排放、可降解、可回收和可循环利用等方面入手，进一步促进烟草包装工业设计水准提升，推动绿色发展理念落地生根。

④ 发挥汉字象形会意的优势，探索外销卷烟商标设计的系统策略。开展中外卷烟商标共性和辨识性研究，提高品牌翻译能力，实现"民族范"与"国际范"的有效融合，用好的品牌故事提高中国烟草文化的国际影响力。

⑤ 加强新型烟草制品的知识产权保护、技术壁垒体系等策略研究。要从装潢美学、工业设计入手，布局商标权、专利权，建立新型烟草技术壁垒体系，为其包装注入优质设计素材，实现品质、价值、文化和特色技术的融合展现。

⑥ 加强高档手工雪茄的商标设计与品类特征的文化关联性研究。注重国产雪茄商标设计的民族属性、价值属性、历史属性的有效展现，抵消境外雪茄品牌文化对国内市场的侵蚀影响，促进国产雪茄产业、品类持续健康发展。

⑦ 开展数字化设计和印刷工艺的融合研究，提高商标信息承载能力。从商标设计、加工的源头提高商标追溯信息的数字化设计应用水平，实现烟草包装的防伪追溯功能的升级，降低走私风险，提升对烟草制品全生命周期的监控力。

（3）"三品"战略助力烟草包装行业销售

为确保高端高价位烟草发展势头，优化烟草产品结构，中烟工作会议提出实施"三品"战略：通过提升一二类卷烟和高端高价位卷烟（表 4-6-1）占比，提升烟草行业的盈利能力。"三品"战略，旨在增品种、提品质、创品牌，突出重点品牌培育，并且于 2019 年提出通过四到五年的努力，在中高端卷烟（即一二类卷烟）市场形成"136"品牌规模（1 个年销量规模超 350 万箱，3 个超 200 万箱，6 个超 100 万箱）和"345"品牌效应（3 个年批发销售额超 1500 亿元，4 个超过 1000 亿元，5 个超 600 亿元），将打造一二类卷烟高端品牌作为未来行业的重点。

（4）烟草包装行业政策日渐完善

中国对于传统燃吸式烟草制品的监管法规相对完善（表 4-6-2），但是针对以电子烟为代表的新型烟草制品的行业政策仍然处于设立阶段，即便针对电子烟的新型烟草包装发展得如火如

表 4-6-1 五类卷烟划分及品牌

	不含税调拨价	零售价	品牌
一类烟	100 元/条以上	180 元/条以上	软中华、硬盒玉溪、软玉溪、硬盒中华、云烟小熊猫、软蓝黄鹤楼等
二类烟	70 元/条—100 元/条	130 元/条—180 元/条	新版利群、锦绣黄山、珍品兰州、尚品白沙、红七匹狼、红塔山、泰山（观云）等
三类烟	30 元/条—70 元以上/条（不含）	60 元/条—130 元/条（不含）	如软红长白山、软经典红塔山、天行健红旗渠、双喜钻石、软红金圣、黄金叶帝豪、骄子（时代阳光）、世纪风小熊猫、红南京等。
四类烟	16.5 元/条—30 元/条（不含）	30 元/条—60 元/条（不含）	盖白沙、软白沙、盖红河、红梅、银河之光红旗渠、红金龙、豪情七匹狼、一品黄山等。
五类烟	16.5 元/条以下	30 元/条以下	红恒大、软大前门、红金龙（虹之彩粉）、红梅等

数据来源：中国烟草网，华创证券

表 4-6-2 近年来中国烟草行业相关政策梳理

发布时间	政策文件	主要内容
2017 年 5 月	《关于落实开展加热不燃烧卷烟监管工作的通知》	HNB 与传统卷烟没有本质区别，其原料依然是烟叶，属于烟草制品，各单位必须高度重视，切实加强监管
2017 年 10 月	《关于开展新型卷烟产品鉴别检验工作的通知》	将 iQOS、GLO、Ploom、Revo 四种新型卷烟产品纳入券烟鉴别检验目录
2018 年 8 月	《关于禁止向未成年人出售电子烟的通告》	未成年人吸食电子烟存在重大健康安全风险，各类市场主体不得向未成年人出售电子烟
2019 年 11 月	《关于进一步保护未成年人免受电子烟侵害的通告》	各类市场主体不得向未成年人销售电子烟；电商平台及时关闭电子烟店铺，下架电子烟产品
2020 年 7 月	《关于印发电子烟市场专项检查行动方案的通知》	两部门联合开展电子烟市场专项检查行动；开展电子烟自动售卖机等新型渠道全面检查
2020 年 10 月	《未成年人保护法》	未成年人的父母或其他监护人不得放任、唆使未成年人吸烟（含电子烟）；禁止向未成年人销售卷烟
2021 年 3 月	《关于修改＜中华人民共和国烟草专卖法实施条例＞的决定（征求意见稿）》	电子烟等新型烟草制品参照本条例中关于卷烟的有关规定执行
2021 年 6 月	《保护未成年人免受烟侵害"守护成长"专项行动方案》	认真落实校园周围不得设置销售网点要求；严格查处向未成年人售烟违法行为；持续加强电子烟市场监管
2022 年 3 月	《电子烟管理办法》	禁止销售烟草口味以外的调味电子烟和可自行添加雾化物的电子烟，禁止举办各种形式推介电子烟产品的展会、论坛、博览会等
2022 年 4 月	《电子烟》强制性国家标准	电子烟产品须依照国标进行生产，按照国标允许添加的 101 种添加剂进行限量添加

数据来源：中国烟草网，华创证券，华经情报网

茶。电子烟制品行业的生产、销售以及监管等法规体系尚未健全,其包装行业规范亦如是。目前,中国对于电子烟的限制性规定,主要以公共场所以及特殊场所的使用限制为主,涉及电子烟的法规与规定主要包括:地方性公共场所控制吸烟条例,例如《杭州市公告场所控制吸烟条例》《北京市控制吸烟条例》;特殊场所对于电子烟器具的规定,包括《危险物品安全航空运输技术细则》《中国民用航空危险品运输管理规定》等;销售方面的规定有国家市场监督管理总局联合国家烟草专卖局共同发布《关于禁止向未成年人出售电子烟的通告》。此外,国家烟草专卖局明确指出推进新型烟草制品监管的政策法规研究,计划通过分类管理、市场监管、鉴别检验、案件移送等方式以及协调配合立法部门制定有效的监管政策和可行措施,相关的政策法规同样对烟草包装提出了要求。总体而言,如何遵循政策,通过烟草包装行业的领导力量,来推动包装

行业政策的完善,以此来明确对电子烟行业进行合理规范,使得烟草行业整体朝良性以及积极的方向发展。

中式卷烟的崛起为中国烟草"走出去"奠定了坚实的品牌基础、财力保障以及先进的技术根基,国内烟草包装的工业设计总体达到国际领先水准,但在烟草品牌文化的稳定性、品牌形象的国际化等方面仍存在较大提升空间。因此,我国烟草包装应贯彻"国家利益至上、消费者利益至上"总要求,一方面要正确履行《烟草控制框架公约》,有效地将警语与原包装风格结合起来,做到对消费者进行提醒;另一方面也要结合中国特色社会主义的国情,以及根据中国烟草企业的实际情况来明确烟标和包装设计方向。同时,随着环保意识的加强,我们也要提高烟草包装印刷的工艺质量,实现烟草包装可持续发展。

4.7　保健品、礼品包装

中国素来有"礼仪之邦"的美誉，大家礼尚往来是必不可少的。不管是走亲访友、孝敬父母还是关爱儿女，需要馈赠部分保健品和相应的礼品。适宜的包装设计不仅对保健品等礼品具有功能性的保护作用，也蕴含了丰富的文化符号意义，成为人与人之间进行情感表达的载体。随着人们社交活动的增加，保健品礼品需求也越来越多样化，恰当的包装设计能够实现更好的情感交流。

4.7.1 保健品、礼品包装行业发展现状

新冠疫情的暴发让消费者深刻意识到健康的重要性，中国消费者在保健食品消费理念和消费意愿上都发生了根本性的转变，保健食品在消费属性上逐渐从可选消费品转向必选消费品，保健食品的属性也正逐步从高端消费品、礼品转变为膳食营养补充的必选品。随着经济的发展，我国居民消费需求的转型升级，生活水平和生活品质也在不断提高，礼品标准也逐渐提升，在购买礼品时，更加注重礼品的创意。而这些因素都将推动中国保健品、礼品行业整体市场规模的壮大。

（1）行业市场规模

随着人民生活水平的显著提高和生活方式的改变，中国保健品行业蓬勃发展，已经快速发展成为一个独特的产业。2018 年 12 月 20 日，国家市场监管总局《关于进一步加强保健食品生产经营企业电话营销行为管理的公告》，明确规定保健食品企业不得宣传保健食品具有疾病预防或治疗功能。与此同时，保健食品的市场接受度逐渐上升，保健食品市场规模正在不断扩大。2021 年中国保健品行业市场规模为 2708 亿元，较 2020 年增加了 205 亿元。但随着市场监管不断加强，保健食品行业标准越来越严格，我国保健品生产企业数量增速逐渐放缓，增速在 2019 年至 2021 年逐年下降。2022 年，我国保健品行业市场规模为 2989 亿元，预计 2023 年将达到 3283 亿元（图 4-7-1）[1]。国内的保健品包装行业市场规模是随着保健品行业市场规模的变化而变，由于保健品需求量变大、保健品质量逐步提高，同时也更加注重保健品的包装，保健品包装行业的规模也呈逐年增长态势。

与此同时，中国国内出现越来越多的新节日，如西方的圣诞节、情人节等，尤其是情侣之间互赠礼物的各种节日明显增加。送礼节日的增加反映的是人们对于礼物和赠送礼物的需求在不断增长。2021 年中国礼物经济产业市场规模为 11568 亿元，预计 2022 全年市场规模达 12262 亿元（图 4-7-2）[2]。随着中国经济产业的逐年增长，未来将吸引更多的市场消费者关注。

礼品与礼品外包装是紧密相连的，任何人在送礼时都会有配套的礼品盒包装，用来进一步提升礼品的价值。礼品盒也是赠送亲友的礼物，以此来表达情意。礼品行业蓬勃发展从侧面表明了

1　艾媒网. 保健品行业报告：2021 年市场规模将达到 2708 亿元，"不老药" NMN 走红网络 [EB/OL].（2021-04-16）[2022-10-19].https：//www.iimedia.cn/c460/78044.html.

2　艾媒网. 中国礼物经济产业趋势分析：预计 2024 全年市场规模突破 1.3 万亿 [EB/OL].（2022-04-15）[2022-10-19].https：//www.iimedia.cn/c1020/84878.html.

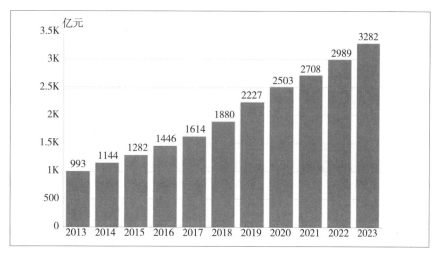

图 4-7-1　2013-2023 年中国保健市场规模及预测
数据来源：艾媒网

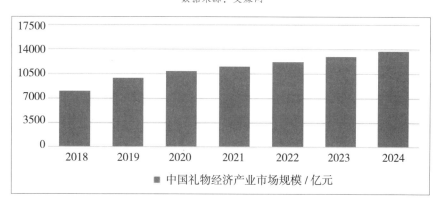

图 4-7-2　2018—2024 年中国礼物经济产业市场规模及预测
数据来源：艾媒数据中心

礼品包装行业的规模越来越大。礼品包装行业对国人的生活已经产生了较为深刻的影响。如图 4-7-3 所示，礼品包装行业在财政收入和就业总盘中的占比 5%，对社会经济和其他行业的影响程度占比 14%，其行业竞争和创新能力占比 8%[1]。

（2）行业竞争格局

在保健品方面，我国保健品市场品牌众多，百家争鸣的态势一直存在，市场集中度较低，品牌之间的竞争十分激烈。从我国保健品企业数量来看，截至 2022 年，保健品企业区域分布多集中于广东省与山东省；根据天眼查数据，我国现有近 418.8 万家企业的经营范围含"保健品、保健食品"。

从保健品企业地区分布来看，山东省保健品相关企业数量居全国首位，有近 54 万家，占比 13%；广东省以 39 万家相关企业的数量位列第二；河南省和湖南省也均有超过 25 万家保健品相关企业，分别位列第三和第四位。近 5 年来，我国保健品相关企业呈稳步发展态势，年平均增速在 30% 左右。以工商登记为准，我国 2021 年新增保健品相关企业超过 101 万家，同比增长 30%。地域分布上，依然是山东省新增数量最多，占全国新增总量的 18%[2]。

从保健品包装有关企业数量来看，目前中国保健品企业主要分布在华南和华东等地。从代表

1　2019 礼品包装行业现状及投资前景调研 [EB/OL].（2019-07-11）[2022-10-21].https：//max.book118.com/html/2019/0710/5220210130002103.shtm.

2　前瞻经济学人 .【干货】包装行业产业链全景梳理及区域热力地图 [EB/OL].（2021-12-17）[2022-10-21].https：//www.qianzhan.com/analyst/detail/220/211217-d36305be.html.

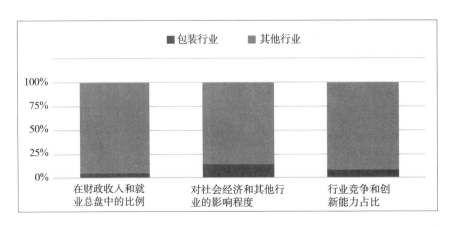

图 4-7-3　礼品包装行业在整个社会经济行业中的行业地位
数据来源：原创力文档网

性企业区域分布情况来看，广东地区代表性企业较多，除了广东省之外，浙江省、江苏省和山东省也有较多保健品企业分布。

从礼品包装的有关企业分布来看，礼品公司在我国的分布极不平衡，主要集中在几个区域，其中最大的是深圳地区和温州地区。深圳周边包括广州的礼品业年产值有 200 多亿，占了全国总产值的四分之一。60% 以上的礼品生产企业集中在广东、浙江、福建等沿海地区和北京这样的大城市[1]。礼品业的产业化、规模化低是一个公认的问题，80% 以上的公司都是人员少、营业额低的小企业。

（3）行业进出口情况

近几年，在国际形势及疫情反复的影响下，全球的经济发展受到影响。但营养健康产业逆势增长，保持了一定的活力。根据中国医保商会的数据，2008—2021 年营养保健食品的进口金额处于持续增长态势，自 2016 年后，进口金额增长迅速，2021 年的进口金额相比 2016 年的增长率为 237.0%，此数据从侧面反映了消费者对于健康的关注持续加强，体现了对于美好生活的需求。而对于出口而言，2008—2021 年营养保健食品的出口金额也处于持续增长状态，2021 年的出口金额相比 2008 年增长了近 8 倍，复合增

长率为 16.5%。2021 年进出口总额为 78.0 亿美元，同比增长 11.6%。其中进口金额为 51.8 亿美元，同比增长 7.8%；出口金额为 26.2 亿美元，同比增长 19.9%，进出口均创历史新高（图 4-7-4）[2]。保健品的进出口额贸易大幅增高，表明保健品包装的进出口额也在保持持续增长。保健品包装的进口数量远远大于出口数量，原因是近年兴起的保健品海购潮，境外保健产品及产品包装的特点在于价格低、品种多、品牌强。

随着消费意识的改变，中国目前已经成为营养保健食品的主要消费国之一，越来越多的国际品牌进入中国市场。从进口市场看，美国、澳大利亚和德国、印度尼西亚和日本是 2021 年营养保健食品的前五大进口来源国，进口金额分别为 10.3 亿美元、7.5 亿美元、4.7 亿美元、4 亿美元和 3.2 亿美元，市场集中度相对较高，前五大市场的市场份额占据了整个进口的半壁江山，其中美国占比 21%，澳大利亚占比 15%，德国占比 9%（图 4-7-5）。2021 年，美国再次超越澳大利亚，时隔三年再次成为中国营养保健食品的第一大进口来源国，其产品具有一定的创新性，通过一般贸易、跨境电子商务、直销等多种方式进入中国市场；澳大利亚也是中国营养保健食品的主要来源国之一，其凭借优越的自然环境深受中

1　三胜产业研究中心 . 中国礼品业市场概述分析及发展展望 [EB/OL]. （2018-01-30）[2022-10-24].https：//www.china1baogao.com/fenxi/20180130/2178104.html.

2　HNC 健康营养展 .【行业分析】2021 营养保健食品进出口情况分析 [EB/OL]. （2021-01-01）[2022-10-29].https：//www.hncexpo.com/2022/05/8281/.

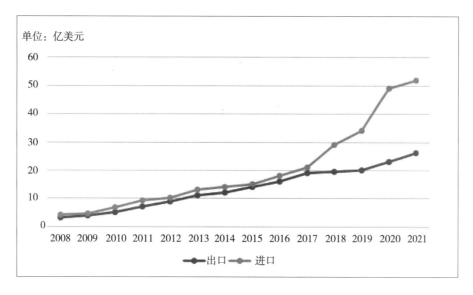

图 4-7-4　2008-2021 营养保健食品进出口金额趋势图
数据来源：食品资讯中心

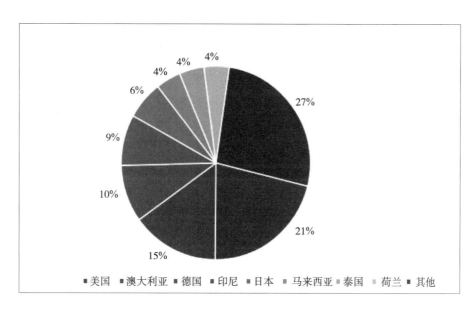

图 4-7-5　2021 年营养保健食品进口市场情况
数据来源：中国医药保健品进出口商会

国消费者的喜爱。此外，马来西亚、荷兰、韩国及中国香港等国家和地区的产品也在中国大陆市场占据一定的份额[1]。

虽然全球疫情反复造成全球物流运输不便及成本的大幅上升，但中国大陆的营养保健食品的出口依然呈现增长的态势（图 4-7-6），其中，

美国、中国香港及日本为前三大出口市场，出口额分别为 4.4 亿美元、3.6 亿美元和 1.2 亿美元，占比分别为 17%、14% 和 5%。从市场发展潜力看，美国、泰国、英国和德国出口金额具有较大增长[2]。

保健品的进出口额也与保健品包装行业息息

1　HNC 健康营养展 .【行业分析】2021 营养保健食品进出口情况分析 [EB/OL].（2021-01-01）[2022-10-29].https：//www.hncexpo.com/2022/05/8281/.

2　HNC 健康营养展 .【行业分析】2021 营养保健食品进出口情况分析 [EB/OL].（2021-01-01）[2022-10-29].https：//www.hncexpo.com/2022/05/8281/.

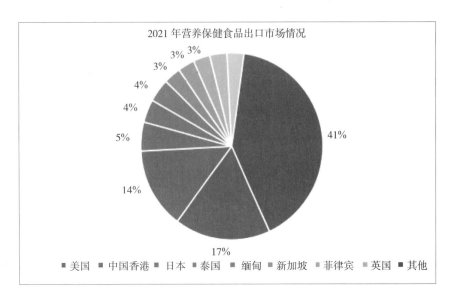

图 4-7-6　2021 年中国大陆营养保健食品出口市场情况
数据来源：中国医药保健品进出口商会

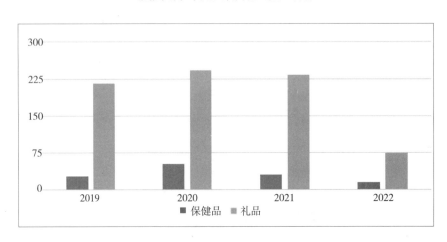

图 4-7-7 2019—2022 年中国保健品、礼品包装发明专利数据
数据来源：企知道

相关，中国大陆保健品包装行业的进口国家和地区主要依靠美国及澳大利亚，而出口国家和地区则主要依赖美国与中国香港。在国际贸易紧张局势加剧、全球经济下行的压力之下，我国营养保健食品及保健品包装的进出口仍然保持稳定的增长势头。

（4）行业技术发展态势

相关统计数据显示，2019—2022 年，保健品、礼品包装行业公开专利申请分别为 555 条和 965 条（图 4-7-7）。2021 年，保健品包装外观专利和实用新型专利分别为 23 条和 8 条，礼品包装外观专利和实用新型专利分别为 115 条和 105 条。随着保健品、礼品行业的飞速发展，保健

品、礼品包装市场在增长和创收方面都面临着各种各样的机遇。保健品及礼品包装技术具体态势如下：

① 保证保健品本身的经济价值及社会价值，提升防伪包装一体化技术。

保健品行业是造假的"重灾区"。掺杂造假、违规添加、仿冒产品等问题十分严重，保健品质量安全问题对公众身体健康和生命安全至关重要，但是总有一些不法商家为了牟取暴利，以低成本仿冒一些品牌产品，扰乱市场，迷惑消费者，导致众多消费者的身体健康受到严重的威胁。因此，如何防止产品被假冒是众多企业特别关心和关注的问题，保健品防伪标签为消费者

动态彩色二维码

图 4-7-8　善进防伪印刷公司研制的包装动态彩色二维码技术
图片来源：善进防伪印刷官方网站

查询产品真伪提供了一个重要渠道[1]。根据 2021 年包装和加工技术协会（PMMI）发布的一份报告，仿冒品正以惊人的速度增长。因此，制造商正求助于许多先进的包装技术，如全息认证、反转用码、独特指纹、隐形墨水等技术来保护产品。例如善进防伪印刷公司新研发的动态彩色二维码技术（图 4-7-8），通过其公司的核心防伪技术信息化编码/解码，为每件产品生成唯一的防伪码、二维码，以及具体的颜色（红、橙、黄、绿、青、蓝、紫、黑等）。可根据需求为每一位防伪码设置不同颜色，对应的每一个二维码为不同颜色，并用专用软件将彩色防伪码、二维码印制在标贴纸上，同时将其彩色码信息存储在防伪数据库中。通过电话、网络等方式调取存储的防伪码、二维码信息及颜色信息，与其标贴上的防伪码、二维码信息及颜色信息进行比较，从而确定所查询产品的真伪[2]。

② 维持保健品药物和营养补充剂的化学和物理稳定性，推动活性包装材料妥善保护营养保健产品。

各国对于与食品接触的产品都有严格的监管要求，尤其针对药品和保健品。保健品包装是保健食品的重要组成部分，也是保健食品工业过程中的主要工程之一。保健品包装不仅能够在流通过程中保护保健食品，也能防止各种外来因素的

损害，也有保持保健食品本身稳定质量的功能。例如，Tyvek 品牌材料由 100% 高密度聚乙烯经过杜邦独特的闪蒸法纺粘工艺制作而成，不使用粘合剂。这种坚固耐用的片状结构，在多种环境条件下，性能表现优于许多普通包装材料。Tyvek 品牌材料自身不仅可以防水，而且与绝大多数有机和无机化学品不发生反应，可以承受不当使用或操作风险。因此，它可以帮助延长产品的存储期限，并保持良好的外观。产品包装内的干燥剂包可以吸收内部潮气，防止产品在保质期内受潮霉变。然而，干燥剂颗粒脱落或泄漏的可能性成为了保健品的潜在污染威胁[3]。该产品研发出来的新型保健品包装材料具有良好的透气性，帮助吸收潮气。同时低掉屑、独特的无纺布结构以及良好的耐用性，有效防止内容物泄漏。不仅如此，该包装还具有防霉性、防化学品性和耐溶剂性。

③ 保健品包装材料朝着绿色环保可持续化方向发展，减少消费者使用负担。

包装无处不在，大多数包装都会在生产和运输过程中消耗掉相当多的资源和能源，即使是生产 1 吨在很多消费者眼里"更加环保"的纸板包装，也需要至少 17 棵树、300 升石油、26500 升水和 46000 千瓦的能量。这些消耗颇多的包装通常只有非常短暂的使用寿命，大多数时候它们会因为处理不当而进入到自然环境中，成为各种环境问题的诱发原因。对于包装污染，最直接的解决方案是推进可持续包装，即开发和使用可回收、可重复使用且由快速可再生资源或材料制成的包装。随着消费者群体生态保护意识的增强，改良包装以减少产品的生态足迹已经是企业必须担负的社会责任之一。例如，水溶性薄膜生产商 Mono SolLLC 公司声称已生产出一种可食用包装膜，可与其所承装的食品一同食用。MonoSolLLC 公司称，其 Vivos 可食用输送系统料可被制成袋

1　信标防伪. 保健品：行业现状 [EB/OL].（2020-12-02）[2022-10-21].http：//www.gzxb315.com/content/?211.html.

2　善进防伪印刷. 动态彩码技术防伪 [EB/OL].（2022-01-01）[2022-10-21].http：//027315.net/productshow.asp?id=105.

3　DUPONT. 为高性能包装应用提供专业解决方案 [EB/OL].（2022-01-01）[2022-10-25].https：//www.dupont.cn/packaging-materials-and-solutions/tyvek-industrial-packaging.html.

图 4-7-9　爱美达环保礼品包装技术展示
图片来源：新热点讯息

装，在暴露于冷热液体时会溶解并将其内含物释放。其优点是便利性和可持续发展性更好，因为这种包装不需要当作垃圾丢弃。这种包装还可让消费者消耗固定数量的保健品内含物来实现分量控制。用 Vivos 薄膜制成的袋子暴露在热或冷的液体中会消失并且释放其内容物，所溶解的薄膜可以和食物一起食用。

④ 持续推动礼品包装材料可回收利用性，坚持保护环境。

使用某些包装材料会对环境造成长期影响，这使市场制造商更加谨慎。健康与可持续生活方式的日益普及，正在影响消费者购买包括营养食品在内的众多产品的选择。采用绿色包装解决方案是一个主要的市场趋势。例如，从塑料到纸的转变在营养保健品包装行业是非常明显的。现阶段，塑料瓶仍然是包装行业的主要组成部分，但许多饮料公司正在尝试创新[1]。现在很多保健品礼盒包装都采用天然生物材料如纸、木材、竹编材料、木屑、麻类棉织品、柳条、芦苇以及农作物茎秆、稻草、麦秸等，均可在自然环境中分解，不污染生态环境，而且资源可再生，制作成本也

较低[2]。图 4-7-9 是爱美达包装，它在环保纸制品包装上发挥创意，采用 100% 可降解甘蔗渣纸浆盒制成定制化包装。这些包装制品在完成自己的"美丽使命"后可自然降解并转化为肥料，非常环保。

4.7.2 保健、礼品包装市场供需分析

随着国民对健康的诉求不断提高，民众在医疗保健上的支出快速提升。在推崇"大健康"的环境下，我国的保健品行业消费规模逐年扩大。2015—2020 年，我国的保健品销售额呈现逐年上涨的趋势。在 2020 年疫情暴发后更是呈现了"报复性消费"的增长，达到 1984 亿元，同比增长 11.52%[3]。保健品行业销售额的快速增长，带动了保健品包装行业的飞速发展，中国消费者对保健品包装的要求与需求量也逐渐增大，保健品包装行业的销售额也呈同比增长的态势。对于礼品行业，随着经济发展与我国居民生活水平和生活品质的不断提高，礼品标准也逐渐提升，中国礼品市场规模达到万亿，在全球礼品市场排名第一，预测 2023 年中国礼品市场将达到 15000 亿元的市场规模。礼品行业市场发展的不断上升趋势，一方面给行业带来无限的发展空间，另一方面也象征行业竞争压力持续增强[4]。

（1）保健及礼品包装市场供给情况

① 保健热潮流行，保健食品消费者年龄向年轻态发展。

我国保健食品行业受"大健康"理念兴起、全国居民人均可支配收入的增加、消费升级等因素影响，市场销售额不断增长，2021 年我国保健食品销售额为 627 亿元，其中，本土品牌销售

1　印刷资讯.营养保健品包装的四大趋势 [EB/OL].（2019-09-26）[2022-10-25].https：//www.boxuni.cn/zixun/5783/.

2　搜狐网.每日一点包装知识：包装界的"绿色革命" [EB/OL].（2021-02-15）[2022-10-25].https：//www.sohu.com/a/450839828_207242.

3　前瞻经济学人.2021 年中国保健品行业市场现状及发展趋势分析，保健品也需要高颜值？ [EB/OL].（2021-05-25）[2022-10-25].https：//www.qianzhan.com/analyst/detail/220/210525-be9a4cff.html.

4　中国报告大厅.2022 年礼品行业现状：礼品进一步拓展内销市场 [EB/OL].（2022-10-20）[2022-10-29].http：//m.chinabgao.com/freereport/86504.html.

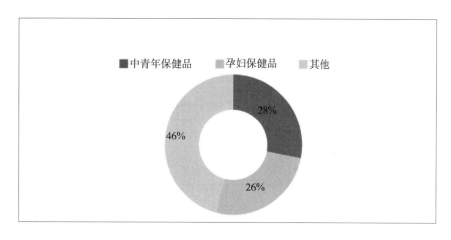

图 4-7-10 2021 年中国保健品行业市场规模结构
数据来源：资产信息网，千际投行，智妍咨询

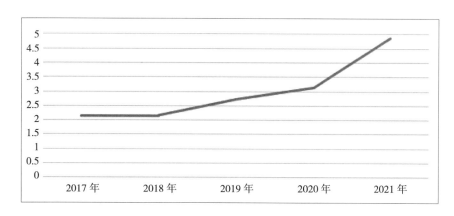

图 4-7-11 2017—2021 年保健品包装产品市场价格走势
数据来源：市场信息研究网

额为 326 亿元，进口品牌销售额为 301 亿元。我国保健食品国产品牌和进口品牌基本平分销售市场，且本土品牌占据国家和地区优势，销售额略高于进口品牌[1]。从细分市场来看，近年来中青年对保健品的需求增加推动市场规模持续扩大，2021 年中国中青年保健品市场规模达 758.2 亿元，较 2020 年增加了 57.3 亿元。由于新生代妈妈群体消费观念及消费行为的转变，孕婴产业呈现出高端、品质发展态势，而孕妇保健品作为孕婴产业的细分领域之一，其市场发展也逐渐加速。如图 4-7-10 所示，2021 年中国孕妇保健品市场规模达 704.1 亿元，较 2020 年增加了 53.3 亿元[2]。保健品包装行业也逐渐倾向于青年人喜欢的包装，吸引年轻人的目光，保健品包装在年轻人消费的占比中逐年提升，保健品包装行业更倾向于寻找适合中青年消费者喜爱的方式。

② 保健品及礼品包装市场的扩大带动产品包装产量和用材

保健品及礼品类的包装主要以礼盒为主，材质分类主要有纸、玻璃、竹木等。由图 4-7-11 可以看出[3]，保健品包装行业的价格在逐年上涨，2021 年实现近年来最大的同比增速，但保

1　华经情报网 .2021 年保健食品行业市场分析，"Z 世代"成养生消费主力军 [EB/OL]. （2022-08-22）[2022-10-20].https：//www.163.com/dy/article/HFCJPJI505387IEF.html.

2　数商云 .2022 年中国保健品行业市场规模及头部企业分析【图】[EB/OL]. （2022-06-17）[2022-10-29].https：//www.shushangyun.com/article-6196.html.

3　市场信息研究网 . 我国保健品包装市场影响 [EB/OL]. （2022-01-01）[2022-10-24].http：//www.chinamrn.com/research/1a3b409e11e14d7c91b8a8225552ee3d.html.

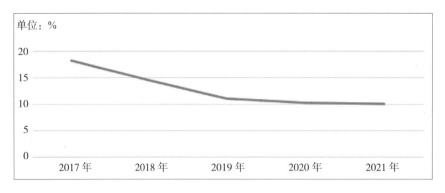

图 4-7-12　2017—2021 年中国保健品包装行业销售利润率指标总体分析

数据来源：市场信息研究网

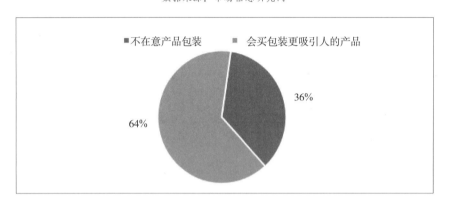

图 4-7-13　受包装吸引的人群占比

数据来源：前瞻经济学人

健品包装的销售利润率在持续下降，2017—2019 年销售利润率下降幅度较大，2019—2021 年降速逐渐平缓，2020—2021 年销售利润率基本持平，保健品包装价格来到了增速的最高峰[1]（图 4-7-12）。

（2）保健品、礼品包装市场需求现状

① 年轻一代甘愿为保健产品的"高颜值"包装买单。

现在的社会到处都充斥着宣扬美观、养眼的思想，好看的外表才能第一时间抓住消费者的视线，品牌"好看"也很重要。以月饼礼盒为例，好的包装能够给消费者留下良好的第一印象，对月饼的销售起到事半功倍的作用。有数据显示，

有 78% 的月饼消费者在购买月饼时，更关注月饼的口味；有 53.9% 的消费者关注月饼的加工工艺、价格、品牌、食品安全、外包装等因素[2]。随着居民消费升级，对月饼的口味需求提升，消费者口味多元化发展，消费需求会随着时代的变迁、年龄的增长而一步步发展，从对物质的要求上升到对精神的需求。尼尔森调查数据显示，64% 的消费者会购买包装更吸引人的产品（图 4-7-13）。纵观保健品、礼品包装，各种新潮有趣、高颜值的包装设计层出不穷，颜值主义已经涉及生活的方方面面。好看的包装设计在同类竞品中有明显的视觉差异，可以为品牌的传播和产品的销售提供竞争力，让消费者一眼就能记住，这也是一种产品自身的能力[3]。

1　市场信息研究网 . 我国保健品包装市场影响 [EB/OL].（2022-01-01）[2022-10-24].http：//www.chinamrn.com/research/1a3b409e11e14d7c91b8a8225552ee3d.html.

2　艾媒网 . 艾媒咨询：2022 年中国月饼供应链及顾客消费趋势大数据监测报告 [EB/OL].（2022-04-26）[2022-10-26].https：//www.iimedia.cn/c400/85209.html.

3　前瞻经济学人 .2021 年中国保健品行业市场现状及发展趋势分析，保健品也需要高颜值？ [EB/OL].（2021-05-25）[2022-10-25].https：//www.qianzhan.com/analyst/detail/220/210525-be9a4cff.html.

② 中国居民消费升级，驱动礼盒消费市场发展。

近年来，受居民消费升级的影响，保健品、礼品行业得到较大的创新发展。相关数据显示（图 4-7-14），1998—2021 年中国人均教育文化娱乐消费支出，从 195 元增加到 2599 元，整体上呈现逐年上升趋势。1980—2021 年人均消费支出从 211 元上升到 24100 元，呈逐年递增趋势。人均教育文化娱乐消费支出和人均消费支出上升，居民由温饱消费转向享受消费，对于礼盒消费市场的需求也逐渐显现。以月饼礼盒消费市场为例，整体的礼盒消费支出呈上升趋势（图 4-7-15）[1]。

③ 疫情期间送礼需求提升，驱动保健品及礼品行业发展。

疫情发生，进一步提升了民众对于健康体质的重视程度，尤其是提升免疫力类的保健品受到了市场追捧。此外，广大民众出于安全需要，减少了走亲访友的频次，大多数消费者选择以送礼的方式来代表自己的心意。礼品行业以电子科技类产品为例，疫情期间，用户线上行为更为活跃，在线教育、远程办公的普及，以及居家娱乐、健康等需求，带动平板电脑、游戏机等需求提升[2]。

④ 冷链物流技术驱动产品多元化发展。

冷链物流技术驱动保健品及礼品市场发展。2021 年中国冷链物流市场规模达 5699 亿元，同比增长 17.5%（图 4-7-16）。以月饼为例，冷链物流保障了月饼及其制作食材的新鲜度，使得部分保鲜需求较高的月饼产品得以投入市场，如水果味月饼、冰皮月饼等。中国冷链物流市场规模不断扩大，有助于月饼市场的拓展和扩充[3]。冷链技术加入保健品与礼品包装行业，为其带来了新的技术导向，保健品及礼品包装应更能耐高温、抗冷冻，保健品及礼品能拥有更长的保质期，在一定程度上推动该行业朝着冷藏包装技术发展。

⑤ 消费者环保意识较强，对礼盒的用料及设计要求提升。

随着消费者环保意识的提升，逐渐偏好厂商使用环保材料制作的礼盒，且对礼盒设计需求不断提升，保健品及礼品包装行业将更多地投入对环保包装材料的研究。数据显示，消费者更偏好纸盒和环保塑料包装的礼盒，比例分别为 65.0% 和 61.7%；而且希望礼盒包装设计更加独特和外观更加新颖[4]。

（3）保健品、礼品包装市场应用潜力

由于近年来中国经济增长强劲，人们购买力大增，礼物消费渐趋日常。当下各种节日越来越多，礼物消费正从集中走向分散，个性化礼节主题也随之增多。送礼频次增加，对于被赠送人群的画像和场合也越发细分，由此，保健品及礼品包装仍有重大机遇[5]。目前，国内厂商正在不断推出新产品，降低生产成本，提高产品质量和设计水平，以满足人们的趋新心理。

① 选用人性化的保健品礼盒包装吸引顾客。

保健品礼盒包装设计是当代包装管理体系中的一个关键构成。怎样在材料、构造、文图等各

1 搜狐网.艾媒咨询：2022 年中国中秋月饼礼盒消费者需求研究报告 [EB/OL].（2022-08-05）[2022-10-25].https：//www.sohu.com/a/574378539_533924.

2 36Kr.最前线：疫情催生科技硬件机会，中金、IDC 看好这些品类 [EB/OL].（2020-04-02）[2022-10-27].https：//36kr.com/p/1725367910401.

3 搜狐网.艾媒咨询：2022 年中国中秋月饼礼盒消费者需求研究报告 [EB/OL].（2022-08-05）[2022-10-25].https：//www.sohu.com/a/574378539_533924.

4 搜狐网.艾媒咨询：2022 年中国中秋月饼礼盒消费者需求研究报告 [EB/OL].（2022-08-05）[2022-10-25].https：//www.sohu.com/a/574378539_533924.

5 千龙网.2022 礼品市场预计突破 1.2 万亿，市场蓝海持续释放 [EB/OL].（2022-02-14）[2022-10-30].http：//china.qianlong.com/2022/0214/6867218.shtml.

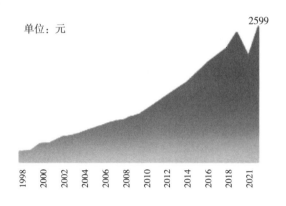

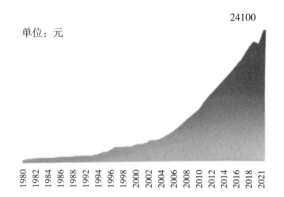

（a）1998—2021 年中国人均教育文化娱乐消费支出　　　　　　（b）1980—2021 年中国人均消费支出

图 4-7-14　中国人均教育文化娱乐消费支出、人均消费支出

数据来源：艾媒网

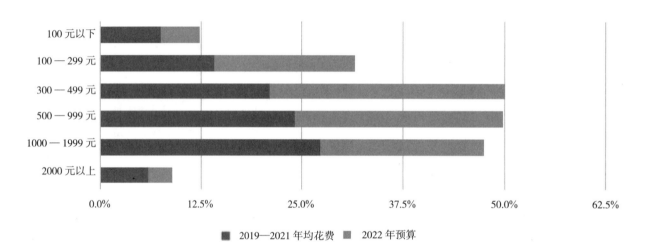

图 4-7-15　2019 — 2021 年中国月饼消费者花费金额与 2022 年预算对比

数据来源：艾媒网

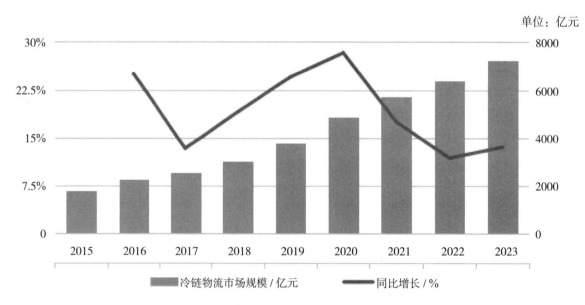

图 4-7-16　2015 — 2023 年中国冷链物流市场规模及预测

数据来源：艾媒网

个领域反映出礼物需有的礼节性、价值感，是包装设计师必须科学研究的。另外礼盒是与人们幸福的感情联系在一起的，表达了大家对人的本性的赞颂，对社会道德的心态，对美丽的追求，对真诚的注解。在保健品礼盒包装设计时，设计师必须将保健品礼盒包装的品牌形象、特点、目标消费群体等因素进行综合考虑，不仅要立足于本身的视角考虑，更要站在顾客的视角考虑，选用人性化的保健品礼盒包装设计方案来吸引顾客。一方面，礼盒包装设计的风格要注重自然、朴素、环保的审美感受，礼盒包装设计不仅仅限于在销售市场、仓储货架上商品流通和陈列设计，更要能融入大众的日常生活细节当中，使礼物具有情感的沟通交流功能。另一方面，礼盒包装设计要展现符合大众的审美，要根据用途融入民族特色，要注重人性化设计，更多方便于消费者。颜色是礼盒包装设计中最能吸引住消费者的，假如色彩的搭配适当，顾客看后有一种心旷神怡之感，方能引起顾客的注意。色彩搭配是礼盒包装设计中十分关键的一个阶段，一般礼盒包装追求包装大气、色彩柔和且整体不花哨，简约清新或纯朴自然，这样的礼盒包装设计是大众可接纳的色彩审美。针对现代人的需求，Cheong Kwang Jang Alpha 保健品提供了一套"智能健康解决方案"（图 4-7-17），以解决与衰老相关的健康问题。该系列的设计基于统一的设计理念，在保健品类中实现了一种新的语言，包括一致的规则和"科学的视觉语言"。包装的容器形状很大程度上反映了医疗产品的各种图案，而双容器模型则增加了"保护"感[1]。平面设计旨在使用抽象图像来表达每个身体器官的特征以及药品的属性，通过插图和排版提供清晰、简单、直观的药物作用，减少消费者的记忆成本。

②消费者追求个性化礼盒，互动式营销成为市场营销的主流模式。

在产品高度同质化的今天，产品的包装也有

图 4-7-17　Cheong Kwang Jang Alpha 保健品包装
图片来源：红点奖官网

图 4-7-18　日行之外 BDD
图片来源：小象智合

"同形化"的现象。消费者所关注的包装不是图画，也不是花哨的外形，而是看包装是否体现对人的情感的尊重，是否具有亲和力，是否在设计中体现目标群体的品位和生活方式。这就要求设计师在设计包装时要深入生活，注重对人情人性的把握。个性化包装设计是一种牵涉广泛而影响较大的设计方法，不论是对企业形象、产品本身还是社会效果均有很大的关联与影响。包装形象的塑造与表现向自然活泼的人性化、有机性造型发展，赋予包装个性品质、独特风格来吸引消费者。包装礼盒设计时就必须系统化思考，对实际状况做不同角度与立场的分析，以确立、明了各种应考虑的因素。在保健品包装设计上，日行之外 BDD 是专为当代年轻人打造的膳食补充和营养生活品牌（图 4-7-18），以解决目前国内保健产品"卖得贵，疗效难追踪，不便携带"等问题。整体包装设计从消费者审美、使用及人性化设计的角度出发，将品牌及产品的特色融入整体的包装设计中，并带入消费者情绪与感受，通过包装构建了消费者与产品沟通的媒介，实现品牌理念的有效传播。

1　Red Dot Design Award.Health Product Cheong Kwang Jang Alpha[EB/OL].（2021-01-01）[2022-10-29].https：//www.red-dot.org/project/vitaorgan-54708.

图 4-7-19　"表情沙"甜品礼盒
图片来源：Pentawards 官网

图 4-7-20　"PURITION"保健冲饮包装
图片来源：Pentawards 官网

在礼品包装设计上，如图 4-7-19 所示，这组来自韩国 SPC 集团的甜品礼盒包装，获得了 2022 Pentawards 的金奖。设计者以可爱、充满活力的表情符号赋予产品及包装繁盛的生命活力，使其承载了更丰富的内容和情感因子。此外，礼盒的双开门设计增加了产品的互动趣味性。这种简单而有吸引力的包装，向客户传达了积极的生活态度，以目标消费者审美意趣和情感需求为坐标，塑造出独一无二的品牌形象，与消费者进行"面对面"互动沟通。

③ 增强保健品包装安全性，保障消费者食品安全。

生产商采用吸引眼球的创意包装来吸引消费者的注意。而一味地追求设计美学，增强安全特性可能会造成障碍。因此市场的一个主要趋势是寻找和采购柔性包装，以保护产品免受氧化、脱水、微生物、细菌等威胁。这种包装既节省空间又减轻重量，对储存和运输都是大有好处的。如图 4-7-20 所示，这款来自英国的冲饮保健品牌

图图 4-7-21　VITAORGAN 保健品包装
图片来源：红点奖官网

的包装使用了主动可回收高阻隔纸袋，高阻隔包装材料能具有减少或防止水分、油脂、水蒸气、氧气等物质渗透包装物内部的功能，可有效阻挡外界环境因素对内部食品质量的影响，从而保证食品在保质期内具有良好的质量和口感。

④ 产品信息清晰全面，表现包装媒体特性。

保健食品包装信息具有针对性强、持久性好、表现力强、信赖度高等优点。但包装本身也有许多不足，如灵活性差、信息量少、传播速度慢等。所以在食品包装设计的过程中要综合考虑，以及巧妙取舍。要在包装上对特定人群做最后一步的沟通，就必须考虑这些与其他媒介相区别的特点，这样才能更大限度地挖掘包装作为媒介的沟通作用。如图 4-7-21 所示，2021 红点奖获奖作品 VITAORGAN 保健品包装[1]，其设计理念是将人体比作机器，需要定期维护和有足够的燃料供应，充分说明这款产品对身体的积极作用。此外为增加包装的趣味性和视觉冲击力，它在黑色背景上显示了色彩鲜艳、技术性的插图。最后包装的结构也受到技术的启发：容器不是简单地从盒子中取出，而是在打开时由于巧妙的机制而自动上升。

⑤ 优秀民族文化输出，具备全球识别能力。

随着国际贸易一体化进程的加快，保健食品要求包装设计尽可能达到国际水平，具备全球识

1　Red Dot Design Award.Health Product Packaging：VITAORGAN[EB/OL].（2021-01-01）[2022-10-29].https：//www.red-dot.org/project/vitaorgan-54708.

图 4-7-22　"沉浸式"声敏智能陕西西凤酒包装
图片来源：Pentawards 官网

图 4-7-23　正官庄 IPASS 系列包装
图片来源：搜狐

别的能力。但是，包装设计不能为了全球化而全球化，任何包装设计都有其不可或缺的民族传统文化背景。只有民族的才是世界的，包装有了地方色彩才会与众不同，在柜台、货架上才富有视觉冲击力。包装如何体现民族风格，在设计者看来都有不同的看法，但只要明白其根本目的是与消费者更好地沟通，在包装设计过程中就不会失去方向。图 4-7-22 所示为陕西"西凤酒"的礼品包装，是 2022 年 Pentawards 金奖作品。这款酒包装一眼望去便让人感受到了浓郁的中国风。瓶身立体纹饰设计色彩浓烈，形状线条夸张大胆。它源于中国陕西宝鸡社火面具，记载着周秦文化最辉煌的民俗文化。外包装的造型设计灵感源于陕西的传统民俗娱乐——陕北腰鼓，腰鼓结构上的镂空开窗设计使得产品的最佳部位显示出来，也令外包装更优雅。热烈繁盛的中国红，象征着永恒的温暖和希望，有着强烈的视觉冲击力，也是对中华优秀文化艺术的传承与发扬。

⑥ 保健品市场乱象丛生，包装赋能遏制假冒伪劣侵害。

现代科技的高速发展，使得一般的包装防伪技术对造假者已产生不了作用。强化包装礼盒设计的视觉效果和加强包装印刷工业技术已成为打假维权行动中的一个有力的武器。包装礼盒设计的创新方法与融汇高新科技成果的印刷工业技术强强联手，已成为包装业追求精辟独到的原创性

和独特视觉效果的又一方向。

⑦ 绿色低碳成为社会热点，推动可持续性包装发展。

21 世纪是环保的世纪，人们纷纷致力于研究新的包装材料和环保型设计方法来减少包装固体废物带来的环境问题。在包装材料上的革新方式有：用于隔热、防震、防冲击和易腐烂的纸浆模塑包装材料，在设计上力求减少后期不易分解的材料用于包装上，尽量采用质量轻、体积小、易压碎或压扁、易分离的材料等。为了让使用后礼盒不会迅速变成废弃物，很多生产商在礼盒包装设计的实用性上下了功夫。以正官庄 IPASS 系列包装为例（图 4-7-23），IPASS 是一个支持青年健康梦想的保健品牌。它通过使用指定颜色和简单图标传达功能信息以提高易读性。其中动态的三角形状标志着向梦想前进。此外，产品本身容易携带，在食用后，包装可继续作为穴位按压球和配饰盒。

4.7.3 保健品、礼品包装行业发展趋势

对于保健品企业来说，产品的包装好坏关系到日后的销量，以及消费者的满意度。在消费者选择产品之前，第一眼看到的就是产品的包装，因此包装的好坏至关重要。了解未来的发展趋势，才能制定出相应的发展策略。

图 4-7-24　NUTRILINX 维生素膳食营养补充剂保健品包装
图片来源：Blog 尚略博客

（1）保健品、礼品包装行业始终贯彻环保低碳发展理念

近年来，商品过度包装造成的浪费资源、污染环境、危害社会利益等现象已成为社会关注的热点问题。对此，保健品、礼品包装工业当积极响应国家节能减排的号召，始终贯彻绿色发展理念，把发展绿色包装作为重要的战略方向，设计研发环保产品、改造设备和创新技术工艺，以及创新包装设计。像保健品软包装在国内的应用已十分广泛，保健食品软包装加工过程的加料、制膜、印刷、包装等是可以一次完成。这种方式既缩短了生产周期，又减少了环境及人为因素对保健食品可能造成的污染，保证了安全性和包装质量，也符合 GMP 要求。

（2）保健品、礼品包装智能化水平持续提升

目前，人工智能、大数据等新一轮科技革命和产业变革，催生了大量新产业、新业态、新模式。智能制造是现代产业的发展方向，也是目前包装产业的发展短板。包装行业要提升数字赋能水平，加快智能包装装备创新研发。作为包装消费品的重要分支，保健品、礼品行业的智能包装值得关注，并且具有广阔的创新空间。在保健品、礼品包装产品发展上，重点开发交互式、个性化、趣味性、沉浸式、智慧型包装产品。加快

研发集商品真伪鉴别、流程追溯管理、品牌数字营销等多功能于一体的智慧型包装产品。例如全食超市（Whole Foods Market）膳食补充剂的概念包装"NUTRILINX"（图 4-7-24），瓶盖与 APP 相连、与手机配对，当用户靠近药瓶时，瓶盖就能认出"主人"，并通过 LED 灯显示营养品的库存以及用户是否需要摄取。与用户佩戴的电子产品配对后，APP 会时刻关注用户的心率以及运动情况，并提供个性化的建议。另外，还可以对食物拍照，APP 会帮你分析其中的营养成分，以及帮你分析是否需要额外补充营养品[1]。

（3）保健品、礼品包装销售渠道逐渐扩增

新冠疫情后，健康观念兴起，人们深刻意识到了人体免疫力的重要性。除了通过日常健身运动外，服用适合自身的保健品的确是提高免疫力更方便直接的办法，并且越来越成为人们日常健康管理必不可少的一部分。而在众多销售渠道里，受益最大的便是电商模式。一方面，疫情将原本属于商超、药店模式的顾客逐渐转为线上；另一方面，人们健康观念提升，以及居家拥有了更多的浏览手机的时间，这些因素都给电商模式带来了更多的客流量。从阿里数据来看，保健品线上渠道销售额剧增。2019 年阿里渠道线上保健品销售额为 214.15 亿元，到了 2020 年阿里渠道保健品销售额为 333.96 亿元，同比增长 55.95%。从 2020 年月度数据来看，变化也十分明显。1 月份销售额为 13.97 亿元，同比增幅 0.07%；3 月份销售额则达到了 21.46 亿元；11 月份达到了 62.13 亿元，同比增幅 63.27%[2]。事实上，像大部分保健品，品种多、味道不一、颜色不同、款式丰富、现场表现力强，而消费者的产品体验却很难单纯在网上完成。因此产品包装显得尤为重要，高颜值包装、智能包装更能满足人们视觉、心理的需求。电商销售模式的扩大对

1　Yvonne. 食品饮料智能包装：比"多喝热水"更贴心 [EB/OL].（2018-10-13）[2022-10-24].https：//zhuanlan.zhihu.com/p/64649732.

2　搜狐网 . 中国保健食品行业销售模式及发展趋势析 [EB/OL].（2021-07-07）[2022-10-24].https：//www.sohu.com/a/476056825_120991242.

保健品、礼品包装提出了更高标准的要求，为行业带来了新的挑战和机遇。

（4）保健品、礼品包装政策不断完善

2008年至今，保健品行业处于监管加强期。2019年受权健事件的影响，"百日行动"（1月8日—4月18日）加强了对于保健食品注册与备案制度双轨并行的执行力度，严格医保刷卡类目，同时停止发放直销牌照。在监管日趋严格的同时，保健品行业也迎来了许多发展机遇。现阶段中国在保健品方面的消费支出仍远低于发达国家。在欧美国家平均消费中，保健品的消费占总支出的25%以上，而中国不到5%[1]。随着保健品行业监管政策的逐渐完善，从长期来看，有利于行业的长期可持续规范发展。同时，关于电商政策的完善，有利于规范保健品行业的营销模式和渠道。加之关于中国健康发展规划的发布，大健康政策的利好将持续促进保健品产业发展。

《"健康中国2030"规划纲要》强调，推进健康中国建设，要坚持预防为主，强化早诊断、早治疗、早康复。而保健品的主要作用是增强免疫力、促进细胞再生、促进病体康复等，同时也对健康的居民发挥预防和保健作用，大健康政策的利好将有利于保健品产业发展。保健品行业的发展也带动保健品包装行业朝着好的方向前行，新兴技术的引进也给保健品包装产业带来更多新技术、新导向[2]。保健品大多兼礼品概念，因此保健品行业的蓬勃发展在一定程度上也对礼品包装行业有着积极的影响。

1　前瞻经济学人.重磅！2021年中国保健品行业相关政策汇总及解读（全）[EB/OL].（2021-03-22）[2022-10-29].https：//www.qianzhan.com/analyst/detail/220/210322-55f6d788.html.

2　前瞻经济学人.重磅！2021年中国保健品行业相关政策汇总及解读（全）[EB/OL].（2021-03-22）[2022-10-29].https：//www.qianzhan.com/analyst/detail/220/210322-55f6d788.html.

4.8　其他包装

4.8.1 果品包装

中国是水果的生产及消费大国，人均食用水果的占有量早已超过世界人均水平的数倍，在水果生产与消费的过程中，水果的包装作为重要的一个环节，为增强水果消费的量和质带来了无限的可能，因此被提出了更高的要求。果品包装是果品行业中不可分割的一部分，果品行业是果品包装的主要需求产业，其中包括核果仁果类，柑橘类，浆果类，热带水果类，瓜果类等五个主要子行业。可以说，果品行业的发展直接影响着果品包装产品的市场需求。

（1）果品包装行业发展现状

随着生活水平的提高，改善性需求增长，我国水果包装行业已成为万亿级产业。国家经济的高速发展促使果品渐渐成为人们生活中的主流消费产品，形态万千的果品包装是吸引消费者购置商品的主要原因之一。近年来，受疫情影响，国内各行业普遍低压，果品行业的发展也陷入了低迷。而随着疫情的好转，"健康经济"社会大背景下，果品成为健康消费的主流产品之一，并且直播带货模式助推行业复苏，果品行业逐步回暖，迎来增长。此外，新政策的出台，让果品行业也迎来新气象，并推动果品行业的健康发展。

①行业市场规模。

水果产量逐年上升，激发果品包装行业发展。中国步入全面建成小康社会的历史时期，农民致富成为其中的决胜环节，产业兴农是国家确定的重要战略。水果业继粮食、蔬菜之后成为农业的第三大产业，其带动作用得到了充分肯定，在产业兴农中的地位日渐突出中国有着世界最大的水果种植面积以及最高的鲜果产量，进出口规模长期处于世界第一水平。据资料统计，2021年我国水果产量为29611万吨，同比增长3.2%（图4-8-1）[1]。水果与水果包装是密不可分的，水果包装以促进果品销售为目的，在保护水果自

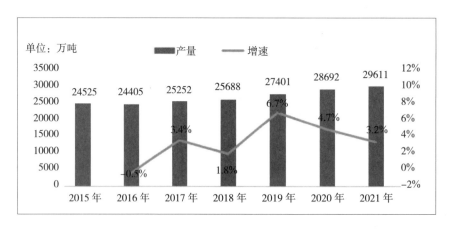

图 4-8-1 2015—2021 年中国水果产量及增速情况

图片来源：华经产业研究院　华经情报网

1　华经情报网 .2021 年中国水果种植面积、产量、零售市场规模及进出口情况分析 [EB/ OL] . （2021-10-1)[2022-10-30].
https://t.10jqka.com.cn/pid_225577035.shtml

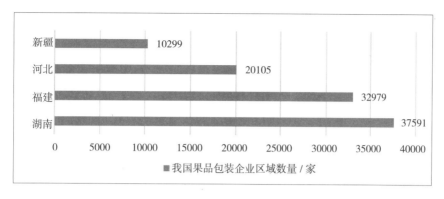

图 4-8-2 我国果品包装企业区域数量
数据来源：企查查 APP

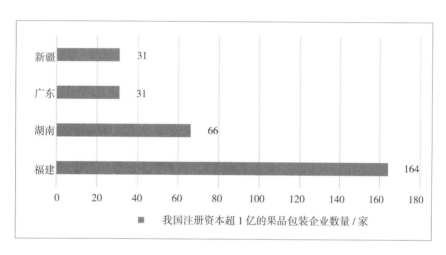

图 4-8-3 我国注册资本超 1 亿的果品包装企业数量
数据来源：企查查 APP

身品质的基础上，能够使水果便于携带和使用，并且起到美化和宣传优质水果的作用．水果的销售量越高，水果包装需求量也就越大。

②行业竞争格局。

从我国果品包装企业数量来看，据天眼查 APP 不完全数据统计，2012—2017 年，我国果品包装有关企业新增加量呈稳步推进的发展形式，到 2017 年底，果品包装企业数量达到 107710 家。2019 年我国果品包装有关企业新增加量达 56333 家，在国家要求绿色包装以及不过度包装的政策下，2021 年中国果包装有关企业新增加量有一定的降低，具体数量为 8258 家（图 4-8-2）。

从我国果品包装企业区域分布来看，果品包装行业企业在全国绝大多数省份均有分布。其中湖南省与福建省包装企业数量分布最多，湖南省

果品包装企业共有 37591 家，福建省果品包装企业共有 32979 家。同时河北省、新疆维吾尔自治区等省份和自治区企业数量也相对集中，分别有 20105 家和 10299 家。

从中国果品包装行业企业规模来看，中国绝大多数果品包装生产企业规模较小，大规模企业在其中的占比也非常小，在所有果品包装企业中，注册资本超过一亿的果品包装企业只有 315 家，其中福建省占比较多，多达 167 家（图 4-8-3）。据以上数据分析，我国越来越多的企业家开始进入果品包装行业市场，市场日渐欣欣向荣。总体上来说，我国果品包装行业企业数量规模呈现稳步上升的趋势。

③行业进出口市场。

根据 2021 年国际贸易规则和进口国法规的有关规定。包装应符合生命安全、环境保护、维

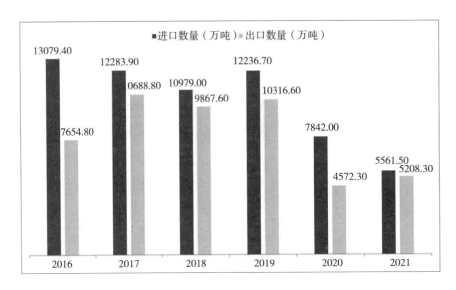

图 4-8-4　2016 年—2021 年全球水果进出口贸易情况

数据来源：华经产业研究院

护消费者利益和降低资源消耗的要求，包装及其辅助物不应采用未经任何加工处理的天然动植物材料，包装装饰应充分考虑进口国及消费者的宗教信仰和民族文化，等。这些政策对于水果出口包装有了更多规范化的要求，也将给行业带来机遇与挑战。例如推行规范性生产，强化绿化生产规程，优化产业结构，创造一系列水果包装品牌，做到"你劣我优""你优我特"。要以特色品牌效应来进一步开拓全球果品包装市场。一是全力打造和提升果品品牌；二是全力拓展全球果品包装销售市场。

果品包装对于果品进出口市场地来说，不仅有美化商品，增加果品附加值，提高销量的作用，还兼具方便运输，保护商品的功能。对于进出口果品来说，产品包装是必不可少的，随着我国果品进出口市场规模提升和市场政策完善，果品包装的进出口市场总体规模也将日益增长。从全球水果进出口贸易情况来看，2019 年之前，全球水果进出口贸易相对较为稳定，整体保持一个上涨的趋势。但 2020 年受疫情影响，导致全球经济持续低迷、国际贸易与物流严重受阻的影响，全球水果进出口贸易总量出现严重下滑，2021 年下滑趋势有所延续。据资料显示，2021

年全球水果进口数量为 5561.5 万吨，进口金额为 796.4 亿美元；出口数量为 5208.3 万吨，出口金额为 631.8 亿美元（图 4-8-4）[1]。随着果品贸易经济持续稳定增长，居民消费水平及消费结构的升级，都将带动果品包装进出口行业市场的总体规模上涨。

④ 行业技术发展态势。

根据企知道数据统计，2020 年 1 月至 2022 年 10 月，果品包装行业公开专利申请一共 627 条，其中 2021 年申请专利数约 250 条，实用新型专利有 113 条，发明型专利有 159 条（图 4-8-5）。

在包装形式越来越丰富的今天，人们的消费观念、方式和价值观等都发生了显著变化，水果包装正朝着多元化、环保化、智能化等方向飞速发展。比如使包装如何依靠先进的科学和技术，尽可能长时间地保持果蔬的天然品质和特性，已成为水果包装领域中一个重要的课题。又如针对过度包装所造成的"白色污染"进行改进。

包装材料环保化：包装绿色化进程不断加速，"再循环"使用备受关注，近年来，包装废物导致的污染问题日益严重，我国也颁布了

1　华经情报网 .2021 年中国水果种植面积、产量、零售市场规模及进出口情况分析 [EB/ OL].(2021-10-1)[2022-10-30]. https://t.10jqka.com.cn/pid_225577035.shtml.

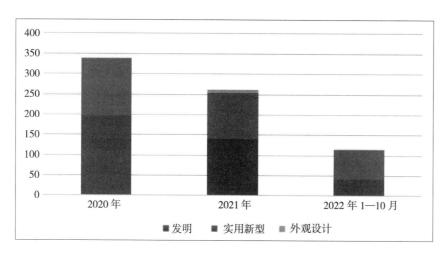

图 4-8-5　2020—2022 年中国果品包装发明专利数据

数据来源：企知道 APP

"禁塑令"，2020 年以来，国家发改委和商务部先后 6 次发布限塑禁塑的政策法规，从法律层面限制不可降解塑料用量，推动水果包装产业链向可降解塑料领域实现绿色转型，催生了可循环使用以及可生物降解包装。水果是否包装销售，则是一种市场行为，但是水果过度包装则会造成"白色污染"问题。对此，北京市人大常委会于 2020 年 5 月 1 日正式实施修改版《北京市生活垃圾管理条例》，条例要求"生产者、销售者应当严格执行国家和本市对限制产品过度包装的标准和要求，减少包装材料的过度使用和包装性废物的产生"，约束了商家对水果过度包装的行为，减少不必要的包装材料污染。例如年 World Brand Design Society Awards 韩国首尔京畿大学的水果包装作品（图 4-8-6），这款水果包装 Nest Pack 是用一张纸制成的，是基于"巢"的概念环保水果篮。人们购买水果时，会发现包装过大的水果不是很方便，塑料袋又极其的不环保。因此，Nest 包装盒仅 用一张纸制成，这样可以节省包装水果的大量资源。水果生长在树木和草上，我们可以轻松地将水果的形象与 Nestpack 的材料联系起来，名为 Nestpack 的品牌命名为消费者提供了来自巢的安全性和舒适性，并采用天然材料制成的包装。

包装技术智能化：果蔬含有人类生活所需要的多种营养物质，但是果蔬生产存在着较强的季节性、区域性。而果蔬本身又具有易腐性，这同广大消费者对果蔬的多样性及淡季调节需求的迫切性相矛盾，因此依靠先进的科学和技术，尽可能长时间地保持果蔬的天然品质和特性已成为食品领域中一个重要的课题。因此，包装智能化已成为 21 世纪的发展趋势。智能包装通过对包装材料更新换代升级、改造包装结构、整合被包装物信息管理等手段，实现被包装物的人性化，智能化的要求、目的或效能是为了更好地对食品起到保鲜作用，从而成为包装界关注的焦点。例如新加坡南洋理工大学（NTU Singapore）和美国哈佛大学公共卫生学院（Harvard T.H. Chan School of Public Health）的一组科学家开发了一种"智能"食品包装材料（图 4-8-7），它是可生物降解的、可持续的，并能杀死对人体有害的微生物，还可以将新鲜水果的保质期延长两到三天。在实验室中实验，当暴露于湿度增加或有害细菌产生的酶时，包装中的纤维被证明会释放出天然的抗菌化合物，杀死污染食物的常见危险细菌，如大肠杆菌、李斯特菌，以及真菌。该包装的设计是为了释放必要的微量抗菌化合物，以此来确保包装能承受多次曝光，并能持续数月。

包装形式多样化：多样化的包装成为未来水果包装产业发展的重要内容。目前水果市场上的水果包装有塑料箱、纸箱、泡沫箱、组合箱等，但在中国，水果包装行业仍然面临着形式单一，包装标识不能突出产品特性等诸多问题。在水果种类越来越丰富的今天，消费者关注的重点不

图 4-8-6　Nest Pack 水果包装设计
图片来源：百家号网站

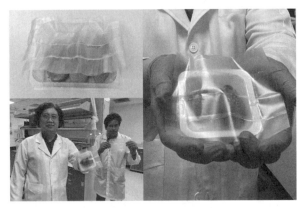

图 4-8-7　"智能"食品包装材料
图片来源：生物通官网

图 4-8-8　全国地标水果品牌形象包装设计
图片来源：CND 设计网站

再仅仅是价格，而是包括了产地信息，品种特性等，包装将是消费者定位产品商业价格的重要因素之一。例如青柚旗下所设计的全国地标水果品牌形象设计（图 4-8-8），该包装以果篮形式包装水果，非常独特又有熟悉感，这种采用纸浆一体冲压成型的外包装盒，既有很好的防撞效果，又有超强的视觉冲击力。

⑤ 行业市场供需分析。

近年来，"绿色，天然"的概念盛行，水果及果汁饮料消费都在持续增长，随着"互联网+"行动计划的铺开，互联网将不断颠覆传统果品产业的组织形式、商业规则、产业链条、竞争格局，并延伸出很多新的商业模式、销售模式。互联网促进了商流、物流、信息流、资金流通过电子商务实现融合。大大压缩中间环节、降低成本、提高流通效率，必然不可避免地对传统分销渠道、组织和环节进行冲击和重构，创新出新的渠道和方式。

在市场供给方面，根据国家统计局数据，2020 年我国水果产量达 2.96 亿吨，同比增长 3.2%，2021 年，我国水果零售市场规模达 1.28 万亿元（图 4-8-9）。2020 年和 2021 年水果产业规模稳中有升，这种趋势带动水果包装市场的发展，果品的售卖和果品包装是密不可分的关系，果品包装不仅在外观上吸引消费者，更兼具保护水果，方便运输的功能。但是长期以来，我国果品生产比较重视产前和产中的栽培，忽视了产后包装所提供的保鲜贮藏。在发达国家，果品的产后损失率只在 1.7%—5%；但在我国，水果损失率达 20%～30%，损失总价值近 800 亿元，不但不能体现果品应有的商品价值，更难解决水果产后异地销售和非季节供等问题。新鲜水果、蔬菜、肉类、花卉是我国主要的出口产品，但包装很粗糙，包装保鲜技术落后，这些出口水果产品基本上是没有经过初级的加工，一些国家进口我国的水果产品后还需要重新包装，进入本国市场，其市场价远比进口时高。特别是在我国加入世贸组织以后，关税下调，国外果蔬产品涌入我国市场，更削弱了我国水果产品的竞争力。提高冷链物流技术水平，提升水果包装保鲜技术水平，降低水果产品腐烂损失率，提高农业资源的利用率，增加水果产品附加值，成为这个产业现代化的一项紧迫任务。据数据显示，如果我国水果损耗率降低 3% 至 5%，每年可减少果品损耗 200 万吨。如果降低 15%，水果产值可增加

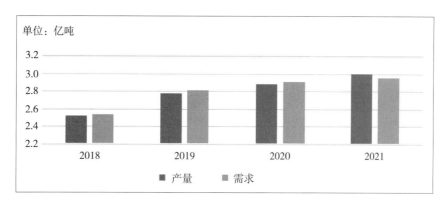

图 4-8-9 2018—2021 年中国水果产量及需求量

数据来源 生物通官网

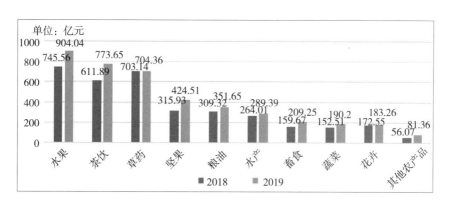

图 4-8-10 2018—2019 年全国农产品分行业网络零售额

数据来源：陕西省果业中心、映潮科技大数据

120 亿元[1]。

在市场需求方面，2019 年鲜果在网上的销售约为 900 亿元，在各农产品类目中卖得最多的，约占 1/5，也是最大宗的电商农产品。其中水果生产大省也是水果电商大省，山东、广西、陕西为前三强。2020 年全国水果网络零售额将会轻松突破 1000 亿元（图 4-8-10），这意味着电商在整个水果销售渠道中的占比将超过 10%，成为主渠道之一，且增速是传统渠道的好几倍。在 2020 年 3 月份，水果电商单月出现 300% 的涨幅[2]。

线上水果零售额的大幅上升暗示着电商水果包装的巨大变化，电商水果包装是快递业的主要组成部分，贯穿于整个快递流通过程的始终，是针对互联网时代线上水果销售的一种新型包装形式。电商水果包装以保护产品、方便运输为主要功能与目的，兼顾方便消费者使用与增加产品附加值功能，大多数电商水果包装促销功能较弱。主要有快递包装、线上产品包装两种形式。青睐电商渠道购买生鲜水果的消费者群体集中分布于华南、华北及华东地区（图 4-8-11），三个地区消费者群体合计占比超过 70%[3]。原因如下：相较华西地区，华南、华北及华东地区经济及物流较发达，拥有众多一线城市，且生鲜电商企业主要集中分布于以上地区。

1 佚名. 对我国农产品包装的市场调查 .[EB/OL].(2020-9-8)[2022-10-30]. https:// max.book118.com / html/2020/0908/8001012057002141.shtm.

2 腾讯网. 电商：水果电商发展现状与对策建议 .[EB/OL].(2021-3-3)[2022-10-30]. https://new.qq.com/rain /a/ 20210303A0DYML00.

3 锄禾网. 生鲜水果行业线上线下商业模式研究 .[EB/OL].(2021-8-10)[2022-10-30]. https://view.inews.qq.com / k/20210810A0345U00?web_channel=wap&openApp=false

（2）果品包装行业发展趋势

随着我国经济的发展，居民生活水平的不断提升，家庭对于水果的支出将不断增长，预计我国水果行业市场规模仍将持续保持增长，到2025年达到27460亿元左右[1]。而水果包装行业的供需将同样保持良好的持续增长态势。

① 果品包装设备向自动、智能、多元的方向发展。

随着计算机和自动控制技术的迅速发展，农业技术受其影响将迈入高度自动化，智能化，多元化时代。21世纪农村劳动力逐渐向社会其他行业转移、世界各国面临人口老龄化的问题。劳动力的不足将成为事实。然而果品温室内的环境较差、包装作业的劳动强度大。因此研究果品自动化机器逐渐成为一种行业趋势。果品包装设备具体趋势如下。

水果包装机从低产能向高速高产能转变：由于自动化程度的提高，人力的减少，自动包装机的产能得以大幅度提升。尤其是采用全自动包装机，再配合全自动贴体纸板滚筒裁切机，有效解决了贴体包装后纸板人工裁切的费时费力问题，让整个包装效率大大提升。

水果包装机器逐渐从简单型向全自动型发展：中国目前比较先进的机型是自动进料，自动出料，采取的动力方式有机械手推拉式和电力滚筒带动式两种。随着人力成本的增加，工厂更乐意采用自动进出料的机型。这样可以降低人力成本，有效应对目前制造企业面临的用工荒和人工成本上涨（图4-8-11）。

从单一机型向多元机型转变提升：比较早只有经济简单的TB390机型，半自动5540机型等，现在的高速全自动机型。全自动机型也发展出几种典型形式，如自动左边进料，自动右边出料；自动右边进料，右边出料；全自动回盘式进出料。控制方式有传统电器控制方式和PLC触摸

图4-8-11　新一代ELIXA技术全自动包装机
图片来源：三特力－弗贝瑞集团官网

屏式两种。水果包装设备正向多元化趋势发展。水果包装机产品的发展，同时带动了相关产业如贴体包装膜、贴体膜、杜邦沙林膜的蓬勃发展。两个行业相互补充，相互促进，形成了一个良性循环的生态。

② 宏观经济转型下果品包装行业销售形式多元化。

随着中国电商消费的兴起、农业结构的调整和居民消费水平的提高，生鲜产品的产量和流通量逐年增加，冷链物流的发展十分必要。有关资料显示，2021年我国冷链物流市场需求总量2.75亿吨，同比增长3.8%[2]。企业方面，如冷链物流上游的青岛海容、冰轮环境，中游的顺丰冷运、京东物流、上海安鲜达等企业也都在进一步发展。未来冷链物流产业发展仍将持续，将会向共同配送模式、多式联运模式、融合发展模式、信息化智能化模式、再生可循环模式等方向发展。

生鲜电商的崛起，线上包装角色感增强：随着冷链物流技术的进步，水果行业吸引了很多电商进入，缩减中间流通环节，提高毛利水平已成为水果行业的一个重要发展方向，而且随着互联网工具的加入，水果品牌因素的展现、传播变得容易，消费者还可以便捷、系统地了解水果的产地、品质、知识等，甚至消费者还能够直接面对小型批发商或者果农，直接促成交易。随着越来越多的消费者把网购作为实体店购物的补充，线上销售的重要性日益凸显。这种趋势只会不断加

1　中国报告大厅网站.水果市场发展现状：2022年市场规模仍将持续保持增长.[EB/OL].(2022-7-5)[2022-10-30]. http://m.chinabgao.com/freereport/85858.html

2　腾讯网站.2021年中国冷链物流市场规模、需求量及行业相关企业注册量.[EB/OL].(2022-5-26)[2022-10-30]. https://new.qq.com/rain/a/20220526A02L3100

图 4-8-12　趣传品牌的抱果下山系列
图片来源：艺术与设计网站

强，据三分之一的英国消费者表示，未来十年他们很可能以网购为主。果品包装必须探索线上销售带来的机会和挑战。

全渠道营销兴起，更讲究时效性：新零售就是线上、线下、物流三者结合。线上+线下两条腿走路就是全渠道。由于线上获客成本过高，且用户体验不如线下，纯电商公司将面临发展瓶颈。线上线下结合，会成为水果零售行业的适宜形式。如社群团购，生鲜电商行业的一个重要发展趋势，通过运营线上接单，店面作为周转仓，这样具有时效性，缩短了配送时间，消费者拿到水果品尝的时间更短，购买体验更好。预测从实体店到在线体验的转变将成为果品包装设计表达和理念的一个核心部分。例如趣传品牌的抱果下山系列（图 4-8-12），以小份精装为主，透明竖式塑盒包装，能直观观察到苹果的状态，更适用于线上贩卖，并且比传统的果包装方便堆放排列不易磕碰，在控制成本保证产品质量的前提下还能够避免水果运输可能出现的磕碰问题。标贴上的"红珍珠"，巧妙带出苹果的特色加之"小公主""红珊瑚"等的"头衔"暗示产品不同品类赋予苹果更多的活力、俏皮、亲切属性，带来更好的购买吸引力。

③ 果品包装行业的市场向全球化蔓延。

就果品包装行业市场而言，当前凸显包装功能的趋势仍将继续，比如包装智能、互动化以及包装结构与品牌宣传相结合等等，优化包装结构来迎合消费者并建立品牌声誉已成为新兴趋势。

智能、互动 & 智慧包装：尽管这些包装尚无标准定义，但毋庸置疑，这些智能、互动、聪明甚至能连接手机的包装使产品与消费者之间的联系变得可以计量。经调查，有近半的美国消费者有兴趣扫描果品包装以了解更多有关产地的信息。品牌可利用未来感十足的智能、互动和智慧包装技术表达复杂理念，从而鼓励、取悦和教育消费者并从中获利。例如二维码标签，可以为消费者提供在标签内容之外的更多信息，讲述更具说服力的品牌故事，满足消费者对产品知识和信息的渴望；电子标签也可以嵌入包装中，让消费者通过使用增强现实 (AR) 技术来获得超越真实世界的体验。同时，智能标签也为产品的防伪溯源、可持续性包装提供了更多的可能。提供产品生产线的运行情况，有关包装生命周期和来源的详细信息，包括其生产方式以及如何被重复使用或回收，这些消费者日益关心和关注的安全、环保问题都可以通过智能标签来一一实现。这些详细的信息必将加深消费者与品牌之间的联系，从而与品牌建立长久的忠诚度。

新消费、新视觉下的包装体验：包装基本被品牌标识和各种认证信息所充斥。只有一半的果品购物者声称被独特风格或抢眼的包装设计所吸引，而且全球化以及人们对速度效率的追求导致零售体验千篇一律，市面上到处都是看起来十分相似的包装，消费者淹没在过量的信息中。包装体验应该基于新消费、新视觉、新体验的理念，契合 Z 世代的视觉喜好和消费习惯，实现品牌与用户的情感沟通。同时提升消费者的好感度和黏性下一代的商品，尤其针对难以取悦的年轻消费者或者更玩世不恭地正在老去的 X 一代的商品，将视包装设计为更加重要的部分，不仅要打通与消费者的联系，还要创造丰富的品牌体验。相应地，消费者也将越来越希望品牌能吸引甚至取悦他们。包装是打造令人难忘的购物记忆和使用体验的关键要素。无论产品是摆在货架上还是在使用过程中，基于趣味、社区或正宗性等品牌价值的包装将是激发购买热情和重复购买心理的重要方式。

包装品牌的延伸：价格是影响消费者购买决定的重要因素，但品牌信誉也至关重要。英敏特购买智库（Mintel Purchase Intelligence）的数据

图 4-8-13 都乐 & 环球影视小黄人 - 水果包装
图片来源：南国早报网

显示，仅凭熟悉品牌而考虑重复购买的人数比例高达 70%。[1] 品牌可利用这种熟悉性建立客户忠诚度，在其擅长的传统品类之外进行品牌延伸。这个时候，开发具有独特设计和功能性的包装，加上简洁的包装文字，可成为影响人们购买环节的促进因素。包装直接针对产品，既是果品质量的有机组成部分，又能兼顾品牌商标、广告宣传等功能。例如，都乐与环球影视授权合作的全国首款小黄人香蕉在盒马独家首发（图 4-8-13），引爆潮流。作为全球最知名 IP 之一，小黄人系列电影受到了来自世界各地亲子家庭的喜爱，而都乐作为百年历史的国际水果品牌，也是水果行业领导者，双方秉持为更多家庭带来欢乐和优秀的产品体验的默契，迎来了这一次的强强联合。"品牌联名"的风潮愈演愈烈，代表着新一代生活态度和审美方式的融合。联名并不是简简单单的合作，而是挖掘深层次价值，使双方具备增长性，同时提升知名度。达到提升产品销量的目的。

④ 果品包装行业的设计欣欣向荣。

随着新产品的出现、消费形态的改变、商业流通的发展、新材料的涌现、制作工艺和技术的改进，市场营销的发展等，果品包装不断地设计出新的包装形态，使我国果品包装行业的设计多样化发展。

智能化包装扩张发展：智能化水果包装，带来新式消费体验随着电商的不断扩张发展，智能化包装依附于各类产品逐渐进入大众视野。在食品包装的运用上，除了常规的追溯食品生产源头、查看食品安全等作用，包装智能化还衍生出了一些意想不到的使用场景，以满足消费者对用户友好、交互式、互联的需求。根据 FMI 洞察，全球智能包装市场估计 2021 年达到 197 亿美元，在 2021—2031 年的预测期内，年复合增长率达到 9%。[2] 包装透明化，虽然不是最新的包装趋势，但是透明设计在包装市场一直热度不减。尤其是在"大健康"环境的推动下，越来越多的健康食品需要通过这种方式来让产品自己说话，消费者一眼就可以看到东西原本的样子。

国风包装设计兴起：根据知萌出品的《2020中国消费趋势报告》调查显示，有近六成的人认为传统文化是生活方式和思想观念兼而有之，这种主动的审美文化心态，也在重塑新国风品牌的审美倾向。伴随着国家的经济腾飞，新一代人群生成了强大的心理自信、视野自信和文化自信。在此背景下，对传统国风元素的现代化演绎和年轻化沟通已经成为消费市场新的增长点。例如华夏·芒果（图 4-8-14），这款礼盒是以推广所在地特色商务礼品、发扬中华文化的芒果系列礼盒，插画以国潮风的绘画手法，结合中华文化中"云龙戏珠"的吉祥意象，巧妙地将芒果转换成威龙手中的宝珠，盒面并以繁体字做文字，描述呼应产品在地特色，建立识别优势，从中华传统文化的角度向我们展示水果的文化意义和现实意义。

又如，2022 年德国 IF 国际设计获奖作品——马来西亚 Petaling Jaya, MY 为农历新年制作的蔬果礼盒（图 4-8-15），采用优质的番茄，来代表一年来的大丰收，是迎接新一年的美好方式。设计灵感来自传统的中国刺绣，并与现代设计结合起来，讲述了一个奉献和成长的故事，盒子里有八个 200 克的优质西红柿，一套定

1 英敏特消费者市场报告平台网站 . 英敏特中国报告 .[EB/OL].(2021-5-26)[2022-10- 30]. https://china.mintel.com/baogao/html.

2 中研网 .2022 年食品包装纸行业前景及市场份额分析 .[EB/OL].(2022-6-1)[2022-10- 30]. https://m.chinairn.com/news/20220601/105944312.shtml

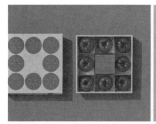

图 4-8-14　华夏·芒果

图片来源：搜狐网站　品牌农业参考

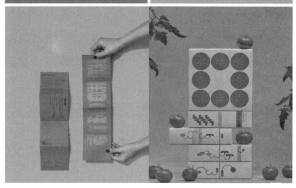

图 4-8-15　新年蔬果礼盒（Petaling Jaya）

图片来源：iF 设计奖官网

制的扑克牌，五个西红柿折纸包和一副"好运"春联。

⑤ 果品包装行业的政策逐渐完善。

随着生活水平的提高和国民健康意识的增强，近年来，国家推出一系列政策大力支持水果行业的发展，涵盖种植、物流、销售等多个环节（表 4-8-1）。政策突出强调农业质量安全对国民生活的重要性，鼓励发展农产品转型升级、物流仓储标准化以及农产品新零售等方面，保障

了我国水果行业健康、稳定、持续的发展。例如 2020 年的《数字农业农村发展规划（2019—2025 年）》提出通过建立基础数据收集系统，促进数字农业和农村建设的发展。加快生产经验数字化，加强果品等农产品关键技术创新和设备

表 4-8-1　中国水果行业部分相关政策一览表

发布时间	政策文件	重点解读
2015 年	《国务院关于积极推进"互联网＋"行动的指导意见》	强调完善农村电子商务配送服务网络，解决农产品标准化、物流标准化、冷链仓储建设等关键问题
2016 年	《国务院办公厅关于推动实体零售创新转型的意见》	提出五个类别的 16 项具体措施，以推动实体零售商的转型升级、释放发展活力、增强发展动力。其中，促进线上线下整合、创新运营机制、简化行政和下放权力、促进公平竞争及减轻企业税费负担等措施已成为支持新零售业发展的重要保证
2017 年	《关于加快发展冷链物流保障食品安全促进消费升级的意见》	建立涵盖整个价值链并具有严格标准及更佳追溯能力的现代化冷链物流系统。改善冷链物流基础设施网络，提升冷链物流信息化水平，以及提高冷链流通率和新鲜农产品及易腐烂食品的冷藏运输率、降低新鲜产品腐坏率
2019 年	《2019 年种植业工作要点》	深化农业供给侧结构性改革，稳定粮食生产，确保重要农产品供给，调整优化种植结构，加快推进绿色发展，全面推进优质种植业发展
2020 年	《数字农业农村发展规划（2019—2025 年）》	通过建立基础数据收集系统，促进数字农业和农村建设的发展。加快生产经营数字化转型，推进管理服务数字化转型，加强关键技术和设备创新，实施国家农业和农村大数据中心建设
2021 年	《"十四五"冷链物流发展规划》	提出建设内外联通的国家冷链物流骨干通道网络，提高冷链物流规模化发展和网络化运作水平，提高产地冷链设施利用效率和农产品产后商品化处理水平，充分发挥冷链物流对促进消费、改善社会民生的重要作用

创新。2021 年的《"十四五"冷链物流发展规划》提出提高产地冷链设施技术和果品等农产品处理水平，充分发挥冷链物流对促进消费、改善社会民生的重要作用[1]。近年来，国家出台多项政策持续加码助力产业发展，使得我国水果产业发展向好，水果消费也产生了全新的需求和多元的变化，水果行业逐渐成为我国推动消费增长的行业之一。中国水果行业发展利好也将持续推动果品包装行业的发展，使果品包装行业整体朝着良性以及积极的方向发展。

近年来，我国果品包装生产得到迅速发展，部分包装精美，结构优良的品牌果品也在国内市场上形成了一定的影响力，带动了产业发展和效益增长。尤其是在入世之后，果品包装成为品牌建设的重要组分，为各级领导和社会关注的热点。而目前我们要做的就是继续在设备，市场，设计等方面精益求精，努力拉长产业链条，逐步推进果品产业化，果品包装作为果品产销链中的重要环节，对于提升果品包装市场竞争力，促进果品生产的健康发展，以及农民增加收入、农村实现小康有着至关重要的现实意义。

4.8.2 农产品包装

农产品包装是对即将进入或已经进入流通领域的农产品或农产品加工品采用一定的容器或材料加以保护和装饰。农产品包装是农产品流通的重要条件。[2]农产品包装设计是农产品向外界传递形象和理念的重要媒介，可以帮助消费者快速全面地了解产品信息，增加农产品附加值，提高农产品市场营销效率。

（1）农产品包装行业发展现状

我国农产品包装市场发展迅速，产品产出持续扩张，国家产业政策鼓励农产品包装产业向高技术产品方向发展，投资者对农产品包装制品的关注也越来越密切，这使得农产品包装市场越来越受到各方的关注。扶贫农产品包装通过整合多方优势资源，将具有"点石成金"能力的文化创意注入来自乡村的农产品包，再利用各地独具特色的历史文化及扶贫农产品自身绿色自然的特性，进行创意开发或改造，赋能农产品崭新价值，向消费者推出富含文化内涵、绿色环保、情感共鸣等高附加值的扶贫农产品。赋予农产品包装设计文化内涵，实现了农产品产业、旅游业与设计业产业联动，提升了地方特色扶贫农产品品牌的竞争力。[3]

① 行业市场规模。

农产品包装市场规模涨幅明显。2020 年全球粮食食品包装市场呈 6.3% 的巨大增长，规模达到 3238.1 亿元。预计到 2028 年，全球包装市场将增加到 4781.8 亿美元，2021—2028 年的年复合增长率预计为 5.1%，其中 2021 年中国农产品批发总成交量达 9.80 亿吨，较 2020 年增加了 0.6 亿吨，同比增长 6.5%，农产品市场交易规模呈上涨趋势。公益性农产品批发市场稳步发展，已经覆盖约 40% 的地级市，在保障和改善民生、便利居民消费等方面发挥了积极的作用[4]，预计 2022 年中国农产品批发总成交量将达到 10.40 亿吨。随着农产品交易规模的增大，农产品市场规模也会随之扩大。我国农产品流通市场规模呈持续扩张状态，2021 年增长至 15.73 万亿元。

② 行业竞争格局。

从企业数量来看，根据企查查数据研究院发布的《粮食安全：我国主要粮食相关企业发展数

1　华经情报网 .2021 年中国水果行业发展现状分析，需求利好推动行业持续发展 .[EB/OL].(2022-6-1)[2022-6- 6]. https://m.huaon.com/detail/809981.html

2　杨希玲 . 我国农产品物流问题浅析 [J]. 市场研究 ,2012(03):18-21.DOI:10.13999/j.cnki.scyj.2012.03.017.

3　人民资讯 .《科创赋能 招财引智 助力高州农业高质量发展》[EB/OL].(2021-05-28)[2022-10-30].https://baijiahao.baidu.com/s?id=1700971456113825132&wfr=spider&for=pc.

4　闽农 .《加强农产品供应链体系建设 促进农产品销售高质量发展》[EB/OL].(2021-09-09)[2022-10-30].https://www.fx361.com/page/2021/0909/8829395.shtml.

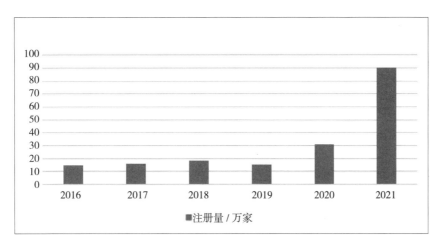

图 4-8-16　2016—2021 年中国农作物相关企业注册量统计

数据来源：企查查 APP

据报告（2021）》显示 [1]，我国现存农作物相关企业 208.70 万家，近十年来注册量不断增长（图4-8-19），特别是 2021 年，我国新增农作物相关企业 90.34 万家，同比增长 189.59%，是十年前的 20 倍。2017—2021 年，我国农产品包装有关企业新增加量呈稳步推进的发展形势，当互联网进入存量时代之后，农业数字化俨然就是一个潜力巨大的增量市场。随着京东、拼多多、阿里以及腾讯等互联网企业竞相布局农业。2016—2021 年，我国包装农产品有关企业新增数量也呈现平稳升高的发展趋势，这表明农产品包装市场领域进入者慢慢增加，农产品包装已成设计行业的重点内容。

从企业分布来看，山东省粮食包装企业数量分布最多，为 34921 家，占比 9.9%；同时广东、安徽等省份也相对集中，分别占比 8.5% 和8%。粮食包装是包装设计的大户，占整个包装业的 70% 左右 [2]。

从企业规模来看，2021 年中央一号文件精神和《中共中央国务院关于全面推进乡村振兴加快农业农村现代化的意见》要求，支持龙头企业创新发展、做大做强，并出台专门意见 [3]。农业

产业化龙头企业是引领带动乡村全面振兴和农业农村现代化的生力军，是打造农业全产业链、构建现代乡村产业体系的中坚力量，是带动农民就业增收的重要主体，在加快推进乡村全面振兴中具有不可替代的重要作用。为贯彻落实国家扶贫政策，支持开发资金大力实施产业扶贫，中央财政设立现代农业生产发展资金，把支持农产品加工、推动建立一批集优势产业生产和加工于一体的现代农业企业群体作为一项重要内容，成为支持农产品加工业发展的一项重要资金来源，资金规模不定，一般为 30 万元~150 万元。对贫困地区带动增收效果明显的农产品加工企业给予支持。国务院扶贫办在全国范围内认定国家级扶贫龙头企业，并给予贷款贴息支持。据统计，在扶贫龙头企业中，80% 以上都是农产品加工企业。

在大环境和国家政策的影响下，农产品包装行业的市场潜力大，农产品龙头企业营收情况呈持续上升趋势，行业竞争激烈。但目前我国农产品包装市场仍存在市场集中度较低，大型企业、国有企业较少，民营企业多而散，行业整体规模偏小等问题。

1　刘越山.《2022 年中央一号文件发布稳中求进推进乡村振兴》[EB/OL].(2022-02-23)[2022-10-30].https://baijiahao.baidu.com/s?id=1725510250560092709&wfr=spider&for=pc.

2　韦公远. 我国粮食包装现状及发展趋势 [J]. 上海包装，2010（2）：15-16.

3　中华人民共和国农业农村部公告.《农业农村部关于促进农业产业化龙头企业做大做强的见》[EB/OL].(2021-10-27)[2022-10-30].http://www.xccys.moa.gov.cn/nycyh/202110/t20211027_6380566.htm.

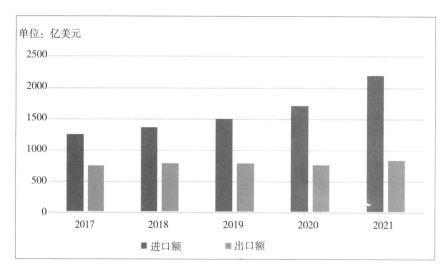

图 4-8-17　2017—2021 年我国农产品进出口额
数据来源：东方财富网

③ 行业进出口市场。

我国农产品以进口为主，出口为辅。中华人民共和国农业农村部发布数据显示，2021 年我国农产品进出口额 3041.7 亿美元，同比增长 23.2%。其中，出口 843.5 亿美元，同比增长 10.9%；进口 2198.2 亿美元，同比增长 28.6%；贸易逆差 1354.7 亿美元，同比增长 42.9%（图 4-8-22）。

我国农产品进出口贸易数据显示，农产品进出口必然会对农产品的包装形成刚性需求。由于我国以劳动密集型生产方式为主，拥有丰富的劳动力资源，劳动力价格较低，我国的市场调研费、原材料和制造费用等比较低，因此产品的出口包装成本较低，我国农产品出口市场具有明显优势[1]。

鉴于农产品出口贸易情况，结合中国绿箱政策对扶贫农产品出口促销相关支持现状，包装设计在扶贫农产品出口方面起着重要作用，从而对扶贫农产品包装检验的要求和规定更加严格。对此，出口企业必须强化绿色包装和环境保护意识，注重文化传播与交流，加强包装技术的研发，严格遵照执行国家有关包装材料、标签内容、包装标志、图案、文字方面的法律法规，使我国出口的扶贫农产品在国际市场上有更大的竞

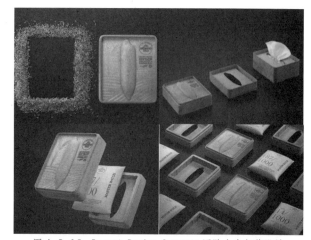

图 4-8-18　Prompt Design Company 团队大米包装设计
图片来源：《艺术与设计杂志》

争力。

④ 行业技术发展态势。

我国农产品包装制品市场发展迅速，国内企业新增投资项目投资逐渐增多，国家产业政策鼓励农产品包装制品产业向高技术产品方向发展，这使得农产品包装制品市场技术问题越来越受到各方的关注。随着包装行业迅速发展，以及消费市场多样化需求，农产品包装正朝着功能多样化的方向发展，根据我国近年来农产品技术态势，总结了以下述发展特征。

绿色生态可持续发展：以 2020 年美国 MUSE 国际创意奖大米生态包装为例（图 4-8-18），

1　于爱红 . 中国出口食品农产品包装的态势分析及对策 [J]. 中国商贸 ,2010(11):78-79.

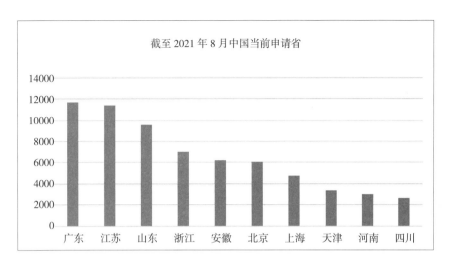

图 4-8-19　截至 2021 年 8 月中国当前申请省（市、自治区）农产品冷链运输物流专利数量 TOP10

数据来源：搜狐网

这款包装的唯一原材料是在碾米过程中剥落的稻壳。通常这些稻壳很少会被再利用，并且大多以焚烧的方式进行处理，会产生大量温室气体。稻壳富含二氧化硅和木质素，具有较高的硬度。用稻壳制成包装能在运输过程中对大米起到很好的保护作用，避免因包装破损导致米粒外漏。整个包装是由稻壳粉碎后，用模具模压成型。由于稻壳非常耐用的特性，这款包装还可再利用包装内大米被食用完后，去掉米粒形的开口，翻转米盒就能变身纸巾盒，充分体现出可持续包装能为产品带来更高的附加值。

对农产品冷链运输包装的进一步重视：在国内市场中，特色农产品是主要商品之一，消费者对购买的农产品新鲜程度十分重视。农产品运输要求高，冷链物流成为主要方式。但目前，国内农产品运输在物流市场中占比并不大，利用冷链物流体系进行配送的更是少，我国现代化冷链物流体系尚未完善（图 4-8-24）。据调查显示，中国由于冷链系统不完善，冷链应用率不到 20%，特色农产品冷藏保温车占货运汽车的比例仅 0.3%。2019 年，中国农产品物流总额达 3.86 万亿元，2020 年，中国农产品物流总额将突破 4 亿元，并预测在 2023 年中国农产品物流总额将达到 4.53 万亿元，2019—2023 年复合增长率约为 4.08%[1]。

中国工程院院刊《中国工程科学》2021 年第 4 期刊发《生鲜农产品冷链储运技术装备发展研究》，主要针对我国生鲜农产品冷链储运技术装备存在的问题。并提出了发展规划"三步走"技术路线，[2] 以期我国生鲜农产品冷链储运技术装备到 2025 年能够初步实现高效化与标准化，到 2035 年能够实现信息化与智能化，到 2050 年能够实现智慧化与无人化。

冷链环境精确控制技术装备：冷藏储运环境对生鲜农产品品质的影响很大，表征环境的主要参数有温度、湿度、气体浓度、风速、压力、光强度及相关参数的波动等。不同种类生鲜农产品的冷藏储运环境各不相同，需要开展冷藏储运环境下的生鲜农产品品质研究，探究不同冷藏储运条件、不同成熟度果蔬、不同加工工艺生鲜农产品的品质变化规律，为冷冻冷藏工艺、冷链装备研发提供定理论基础。综合运用制冷系统容量调节、均匀供冷末端设备、气流组织优化等技术，发展储运环境参数精准控制的冷链储运装备。

冷链环保化、节能化技术装备：研制环保、高效、可持续的冷链储运装备是当前冷链行业的

1　中研网.上半年我国农产品出口 3031 亿元 中国农产品物流行业发展前景 [EB/OL].(2022-7-14)[2022-10-30].https://ml.mbd.baidu.com/r/Pa1Y2TqPKM?f=cp&u=1c9a545d9507af8f

2　杨天阳，田长青，刘树森.生鲜农产品冷链储运技术装备发展研究 [J].中国工程科学,2021,23(4):37-44.

重要任务。在寻求零消耗臭氧潜能值（ODP）、低全球变暖潜能值（GWP）环保制冷工质的同时，还应注重与新工质相对应的热力循环的基础研究，提高制冷系统能效。大力发展低温环境强化换热、低温环境下蒸发器抑霜除霜、物理场辅助冻结、变容量制冷、冷热一体化、可再生能源和自然冷能利用等技术，开发全程冷链各环节高效冷链装备。

包装功能多样化：集溯源防伪、社交分享、营销互动等多种功能于一体。使用专业智能包装设计，为品牌塑造高品质、专业化的包装视觉形象的同时，运用"互联网+"思维，以二维码营销工具为入口，打造线上线下相结合的一种新型销售模式成为一种趋势。客户只要用手机扫描二维码，就能了解农产品的全部信息，实现在线购买，还能快速分享传播，实现品牌用户的快速裂变。以农产品溯源系统为例，其中自主研发的"基于区块链的农产品质量安全深度溯源系统"，被评选为2020年数字江苏建设优秀实践成果。从农田到餐桌的全过程质量追溯系统，运用手机扫描农产品包装上的二维码，可以获取种植及采收信息、监测报告。深度追溯微信小程序可以了解产品的生产和出厂日期、保质期、制造商等信息，还能看到产品的种植、采收、仓储等信息以及检测报告，同时也可以看到种植地的现场视频和环境监测数据，实现农产品全程质量智能控制。

⑤ 行业市场供需分析。

2022年9月23日，阿里巴巴发布了首份《阿里巴巴丰收节原产地观察》（以下简称《观察》）。今年西部地区农产品电商表现亮眼，全部位于西部的160个国家乡村振兴重点帮扶县农产品销售增速达19.3%，2020年河北省利用"扶贫832平台"销售农产品超2亿元。由于国家政策以及省市地方重视，扶贫农产品销售量骤增，市场对于农产品需求呈持续增长状态。根据农业农村部最新数据显示，2021年1—12月，全国农产品市场实现利润总额318.12亿元，同比增长3.6%。根据以上数据，农产品行业的供需目前都在稳定增长的状态。

从包装供应情况来看，农产品包装是整体农产品的一个重要组成部分，绝大多数农产品都要经过包装后，生产过程才算完成。农业农村部原部长韩长赋提出，下一步将对农产品包装进行补助，构建从田头到餐桌的全链条供给模式。未来中国农业科学院将加快发展农产品加工业，推动全产业链优化升级，力争到2025年实现农产品加工转化率从67.5%提高到80%左右，结构布局进一步优化，市场竞争力大幅提高。[1]以大田镇新宁坡村实施产业扶贫为例，将变"输血"为"造血"，利用资源优势，在村里创办包装箱加工厂"扶贫车间"，让贫困户在家门口实现就业。目前，大田镇新宁坡村乡村振兴工作队及东方大田新民包装有限公司积极与具有多年线上销售经验的电商平台东方果云仓供应链进行合作，采取"包装箱+电商"模式，通过互联网进一步拓宽包装箱及农产品销售渠道，让"扶贫车间"里生产的包装箱插上互联网的"翅膀"，销往全国各地。

从市场需求来看，2020上半年，各地区、各部门累计直接采购贫困地区农产品超过220亿元，多措并举帮助销售贫困地区农产品超过2000亿元，扶贫农产品上行，是以农村电商为媒介，帮助本地特色农产品打开销售渠道，让扶贫农产品从田间直达全国百姓餐桌的一种运营模式。当农产品走到线上，包装的重要性就显得尤为重要，从现代市场需求来看，消费者购买农产品，不仅注重农产品质量，也开始注重其外包装。对于农产品来说，包装是保护产品在运输渠道中不受损伤的首个环节，更是其提升附加值的手段之一。打造优质扶贫农产品、建设品牌和产品营销第一步便是包装。包装不仅具有产品保鲜、运输保护、便利消费的功能，更是品牌文化的重要载体和产品价值的直观体现，好的包装不仅能促进

1　新华社.2020年我国农产品加工业营业收入超过23.2万亿元[EB/OL].(2021-3-24)[2022-10-30].https://ms.mbd.baidu.com/r/Pa37GfSimA?f=cp&u=19f73f6e32f2d627

农产品的销售、提高产品市场竞争力，也是产品品牌塑造的重要途径。

（2）农产品包装行业发展趋势

① 农产品包装材料绿色化，高端化与生产自动化。

为提高食品安全，减少环境污染，人们越来越倾向于在生活中利用天然高分子材料作为原材料制备环境友好型，可生物降解的新型包装材料。用于食品包装的专用设备也在向动态精度好、自动化程度高等方向发展，以适应不断提升的生产需求。预计将来，可循环再利用的环保型包装材料将会成为包装行业发展的主要趋势，绿色包装材料和纳米包装材料将获得大力发展。例如微包装，美国德州农工大学的一个研究小组就开发出了一种"微薄膜"，它或许可能成为食品包装领域的新潮流。据悉，这种材料仅由水、可溶性聚合物以及 70% 的黏土颗粒组成。与普通塑料相比，这种包装不仅环保，还兼具玻璃的保存特性，能够更好地对粮食进行保鲜。Durethan 也是塑料薄膜，它由拜耳公司开发，可以防止水分、二氧化碳和氧气分解食品。防止粮食内水分流失。此外，Ti-Pure 公司还开发了一种筒仓袋（图 4-8-27），这种筒仓袋能耐受各种气候条件。制造商筒仓袋制造商采用高品质 Ti-Pure^{TM}（淳泰^{TM}）钛白粉 (TiO^2) 母料制成的成品具有更好的反光性、耐久性和遮盖力，有助于农作物保持凉爽，长时间存放；有助于耐受紫外线辐射，从而让筒仓袋保持强度，保持良好的遮盖力，降低鸟类和其他野生动物的刺探概率，达到农产品增产的目的，使农产品包装行业整体朝良性以及积极的方向发展。

② 农产品包装行业设备发展面临新的挑战。

包装机械设备是粮食商品化加工中的重要装备，也是直接影响粮食包装质量的关键装备。包装技术和装备水平关系到粮食在贮藏、加工、运输、搬运及销售等各个环节的工作效率和质量安全，直接制约着粮食产业的现代化发展。目前，在粮食包装机械上，国外包装技术总体水平高，

图 4-8-20　Ti-PureTM（淳泰 TM）筒仓袋
图片来源：Ti-PureTM 官网

出口量大。而我国包装机械起步较晚，不过发展迅速。这都得益于农产品加工科技创新体系的建立、国家粮食科研政策支撑以及科研人员致力于创新研发，在粮食包装科技创新、粮食柔性包装智能化、包装袋检测等方面取得了新成果，具体包括研创了包装粮食品质安全在线检测及保障关键技术、粮食柔性包装智能化生产成套装备、包装袋检测及粮食溯源关键技术，为粮食包装质量和粮食品质安全提供保障。随着消费结构不断升级，市场对粮食包装的规格、保质期、物流运输以及包装质量等方面提出了更高的新要求。根据我国近年来农产品包装行业设备的发展，总结了以下技术要求。

提高包装机械零部件生产专业化：提高包装机械加工和整个包装系统的通用能力，增强成套供应能力。开发生产高效低耗、产销对路的大型成套设备和高新技术产品包装机械。产品要趋向精致化与多元化，就要朝着产品多功能与单一高速的两极化方向发展。

向着高度自动化、智能化、多功能、高效率、低消耗的方向发展：提高包装机械的自动化程度，以提高生产率，更多的新技术结合到包装机械上，从而提高机械性能。采用计算机仿真技术，缩短包装机械的设计周期。以全自动无菌型塑杯成型罐装封切机（图 4-8-21）例为，全自动完成片材离子除尘、预热、无菌灌装、盖膜杀菌、日期打印、冲切和成品输送。是现代化农产品包装高品质、高效能、低能耗设备。

③ 乡村振兴背景下农产品包装行业市场多元化实施乡村振兴战略，打好扶贫攻坚战，优先发

图 4-8-21 全自动无菌型塑杯成型灌装封切机
图片来源：珠海市冠浩机械设备有限公司

图 4-8-22 野山小村品牌越光米包装设计
图片来源：Pentawards 官网

展农业和农村。

产业兴旺是乡村振兴战略的重点之一，发展农业和农村的关键是经济的发展与进步，而农产品的营销又是农村发展的重中之重。

对农产品包装行业市场要求增多：乡村振兴背景下，一方面消费者对于农产品高品质、高附加值的需求日益剧增；另一方面，农产品的包装设计层次较低，外包装信息有限，表现手法单一，质量安全不得而知。因此农产品企业不仅需要对农产品的质量做进一步把控，还要重视农产品的包装设计，全方位凸显农产品的地域特色优势，提升产品附加值，以此增强市场竞争力。另一方面，随着互联网时代的到来，人们的消费方式也在发生翻天覆地的变化，电子商务给农产品的发展带来了新机遇，越来越多的农企通过互联网将自己的农产品销往世界各地。包装与产品已融为一体，并成为产品品牌的一部分，起到保护产品、传达产品信息、方便运输、促进销售的作用。

智能化技术在包装中的应用：智能化包装是一种新兴的交叉学科，它结合了智能材料、信息技术等，并且弥补了传统包装的短板。智能化包装的应用可以使农产品包装通过技术的改良、创新升级来保证流通过程中产品的质量，另外，智能包装还可以通过小小的电子芯片或者二维码，运用网络存储信息技术手段，拓展农产品包装信息的承载量，使得包装的信息不再局限于包装表面。伴随着消费升级，农产品同质化愈发严重，想要在众多同质产品中脱颖而出，包装设计一定是第一步。但包装设计不仅仅是要做到美观，同时营销性和功能性对包装设计而言也非常重要。

在大数据的时代背景下，智能化技术能够有效解决了品牌和消费者对产品包装的多重需求。

④农产品包装行业设计绿色发展。

农产品的包装设计不应只是机械地将包装做出来，还应该包含视觉包装和心理包装，它不仅应获得消费者视觉上的认可，也应获得消费者心理上的认可。根据我国近年来农产品包装行业设计的发展趋势，总结了以下述发展趋势。

建立原生态形象：乡村振兴背景下包装赋能农产品，重要抓手是通过官方政策推动，地理标志的农产品逐渐实现产品标准流水化、品牌包装规范化以及渠道推广统一化。运用文化创意和品牌建设的手段，给予产品以新的生命力。只有通过品牌原创、包装设计和市场营销的理念创意，才能促进农产品品牌建设工作的具体化。特色农产品的鲜明地域特点，需要在形象塑造上注重地域特色和文化的挖掘。而品牌背书，要契合消费者追求高品位文化的消费心理，同时将产品文化底蕴进行全面诠释与包装融为一体，从而烘托出品牌的文化气息。以野山小村牌的越光米包装设计（图 4-8-22）为例，其荣获 2021 年 Pentawards 金奖和缪斯设计大奖，该设计以"时代劳模赵亚夫"为形象 IP，以其经典语录"把论文写在大地上"为设计理念，将"文件袋"的象征元素"纽扣"和"印章"融入产品包装的密封设计中，形象生动、独特、有趣。设计师引用人物形象为设计主视觉，强化品牌特色基因。加入了生态劳作、飞鸟、水稻等画面元素，展现了越光米的"生态种植"环境。

绿色包装材料成为主导：要把环保和饮食健康考虑到材料选择中去。同时，农产品有很强的地域性，其中，综合产地的竹、木、绵、麻等特色材料，加工运用于包装，能减少成本，还能成为一份十分具有原生态韵味的包装设计。从设计来说，创意设计和品牌包装是现代农业发展的方向。以柏星龙星期米包装（图 4-8-23），该设计为 2020 年 Pentawards 获奖作品，一款来自中国五常生态大米，外包装采用日历的设计形式，记录着粒粒大米的珍贵。环保的纸张，木棍的提手为筷子盒，内置一双筷子，袋子用完可做便当袋重复使用。内袋图形采用五常地区独特的动物为元素进行手绘。

图 4-8-23 柏星龙星期米包装
图片来源：Pentawards 官网

图 4-8-24 向农民致敬：Riceman 大米创意包装袋设计
图片来源：Pentawards 官网

又如 Riceman 大米创意包装袋设计，（图 4-8-24）通过拟人化的设计概念，让每一包米都像是表情生动的农夫，提醒人们谷物生产的辛苦，选择了以农夫的形象来呈现，视觉上设计简单而精简，尽量减少黑色图形线条的使用，透过最基础的表达来传递稻农的表情。目前共规划两种不同尺寸的包装，并采用环保概念的高密度麻布盛装，上面带上农民传统斗笠模样的纸盖，盖子翻过来时可以用来秤重。

凸显区域特色文化：特色农产品具有鲜明的地域特点，需要在形象塑造上注重地域特色和文化的挖掘。而品牌包装，要契合消费者追求高品位文化的消费心理，同时将产品文化底蕴进行全面诠释并与包装融为一体，从而烘托出品牌的文化气息。（图 4-8-25）

⑤农产品的包装行业政策持续发力。

2021 年是"十四五"规划的开局之年，我国在经历国内与国际经济形势复杂多变的不利影响后，经济整体复苏，农业继续保持高质量稳步发展，农民生活水平持续提升，农村面貌进一步改善[1]。农业政策的持续发力为推进农业现代化建设打下坚实基础，为了加强农产品行业发展，我国各部门纷纷出台了一系列政策。（表 4-8-

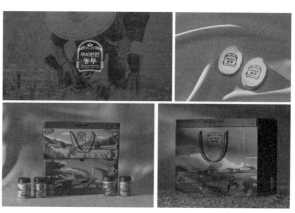

图 4-8-25 韩国 Nongbu Store 稻米包装设计
图片来源：包联网

2）。如 2022 年 6 月发布的《关于做好 2022 年农产品产地冷藏保鲜设施建设工作的通知》提出，合理集中建设产地冷藏保鲜设施，提升技术装备水平，完善服务保障机制，强化运营管理能力，推动冷链物流服务网络向农村延伸，畅通鲜活农产品末端冷链微循环，为服务乡村产业、提高农民收入、增强市场稳定性、保障农产品有效供给提供有力支撑。与此同时，各省市积极响应国家号召，陆续发布了一系列政策为农业高质量发展提供质量保障，如《全省农业和农产品加工项目招商工作方案》（黑龙江省）、《云南省支持农产品冷链物流设施建设政策措施》、《安徽

1　经济日报网 .2022 中国农业农村发展趋势报告——保障农业农村优先发展 .[EB/OL].(2022-1-21)[2022-10-30].https://mr.mbd.baidu.com/r/Pa4YDdMYM0?f=cp&u=12afb6f990a96089

表 4-8-2 2022 年我国农产品行业相关政策汇总

文件名称	发布时间	发文部门	相关内容
《关于做好 2022 年农产品产地冷藏保鲜设施建设工作的通知》	2022 年 6 月	农业农村部	聚焦鲜活农产品主产区、特色农产品优势区，重点围绕蔬菜、水果等鲜活农产品，兼顾地方优势特色品种，合理集中建设产地冷藏保鲜设施，提升技术装备水平，完善服务保障机制，强化运营管理能力，推动冷链物流服务网络向农村延伸，畅通鲜活农产品末端冷链微循环，为服务乡村产业、提高农民收入、增强市场稳定性、保障农产品有效供给提供有力支撑
《关于做好 2022 年地理标志农产品保护工程实施工作的通知》	2022 年 5 月	农业农村部	以发展特色产品、振兴乡村产业、促进农民增收为目标，以推动生产标准化、产品特色化、身份标识化、全程数字化为重点，着力打造一批"特而优""特而美""特而强"的地理标志农产品，建立健全地理标志农产品保护与产业发展的长效机制
《关于开展 2022 年国家农产品质量安全监督抽查的通知》	2022 年 4 月	农业农村部	深入实施食用农产品"治违禁 控药残 促提升"三年行动，持续严打禁限用药物违法使用行为，推动农产品质量安全形势稳中向好地发展
《关于进一步做好粮食和大豆等重要农产品生产相关工作的通知》	2022 年 3 月	国家发展改革委	牢牢守住保障国家粮食安全这一底线，全面落实粮食安全党政同责，严格粮食安全责任制考核，稳定粮食播种面积
《关于印发【"十四五"全国农产品产地市场体系发展规划】的通知》	2022 年 3 月	农业农村部	加快建设现代农产品产地市场体系
《关于印发【"十四五"全国农产品质量安全提升规划】的通知》	2022 年 4 月	农业农村部	全面提升农产品质量安全水平
《关于全面排查食用农产品违法添加金银箔粉有关问题的通知》	2022 年 4 月	农业农村部	针对食用农产品种植养殖、初加工和收贮存运等"三前"环节开展为期一个月的集中排查行动，围绕粮油、茶叶、果蔬等重点农产品和产地初加工等重点场所，对是否存在添加金银箔粉的情况进行全面摸底，确保做到全覆盖
《关于支持加快农产品供应链体系建设 进一步促进冷链物流发展的通知》	2022 年 5 月	财政部办公厅、商务部办公厅	重点抓住跨区域农产品批发市场和销地农产品冷链物流网络，加快城市冷链物流设施建设，健全销地冷链分拨配送体系，创新面向消费的冷链物流模式，推动农产品冷链物流高质量发展

省人民政府办公厅关于加强长三角绿色农产品生产加工供应基地建设的实施意见》《关于促进农产品流通若干措施》（湖北省）等。随着乡村振兴战略的推进，农业农村优先发展的格局已经逐步形成。基础设施建设再一次提速，政府投资和社会资本将会更多地投向农业农村，用于土地、水利、种子、数字化、物流设施，特别是冷链建设等领域。整体来说，农产品行业逐渐成为我们消费升级推动高速发展的行业之一，中国农产品行业的发展利好也将持续推动农产品包装行业整

体朝积极向上的方向发展。

随着农产品包装行业市场发展质量的提升，市场行业品牌化、集团化发展的趋势已越来越明显。由于市场基础设施改造升级，现代流通方式的加速发展，大市场、大流通格局逐步强化，党的十八大以来，农业供给侧结构性改革深入推进，推动现代农产品物流模式创新发展，促进优质优价品牌产品探索；农产品行业以其自身为中心，通过创新智能化技术与包装设计融合等方式延伸至流通产业链条，从而推动农产品经营的市

单位：亿美元

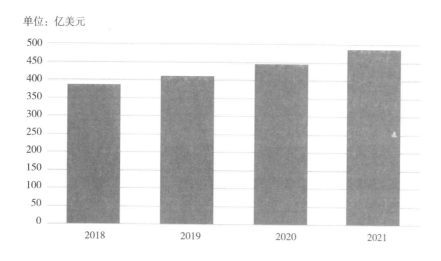

图 4-8-26 2018—2021 年全球电子化学品行业市场规模

数据来源：前瞻网

场化、产业化、信息化、品牌化、国际化。

4.8.3 化工品包装

化工包装是化工产品的组成部分，也是化学工业生产过程中的主要方式之一。它保护化学品或是化工产品，防止在运输流通过程中受到其他各方面外来因素的损害，防止其内在物质结构的改变与新物质的生成，确保使化工产品能够安全地投入下一阶段生产的应用需求中。

（1）化工包装行业发展现状

化工包装行业是指从事化工包装相关的生产、服务的单位或个体的组织结构体系的总称。近年来，国内通胀控制得当，以煤炭代表的原材料成本相比海外油气成本优势凸显，能源、资源成本大幅度分化下的国内外化工品事实上发生了成本曲线的重构。2021 年，新冠疫情席卷全球，对各产业带来剧烈冲击。由于部分化工品类具有生产与生活的刚需属性，加之酒精、表面活性剂、部分聚烯烃等抗疫化工品需求的逆势增长，化工产业受疫情影响程度相对可控。化学工业在各国的国民经济中占有重要地位，是许多国家的基础产业和支柱产业。化学工业的发展速度和规模对社会经济的各个部门有着直接影响，世界化工产品年产值已超过 15000 亿美元。由此可

以得出一个结论：目前化工品包装行业并未受到太大的影响，并且由于部分化工品需求的提升，化工品包装行业的发展也处于增长趋势。

① 行业市场规模。

"十四五"期间，我国精细化工行业要实现高质量发展，弥补我国精细化工率与发达国家的差距，要从技术创新、绿色发展、本质安全等方面发力。中国工程院院士、浙江工业大学生物工程学院院长郑裕国指出，精细化率是衡量一个国家和地区化学工业技术水平的重要标志。2020 年全球精细化工行业市场规模超过 1.6 万亿欧元。2021 年，中国精细化工市场规模超过 5.5 万亿元，年复合增长率达 8%，预计 2027 年有望超过 11 万亿元。当前，我国电子化学品、新能源行业的快速发展，带动了精细化工产品包装的快速发展。以电子化学品包装为例（图 4-8-26），据统计，2021 年全球电子化学品的市场规模约为 477 亿美元，同比增长 6%，是所有特种化学品中增长最快的，按终端产品分类，半导体 &IC 化学品和 PC& 封装化学品各占一半市场份额。全球半导体和 IC 化学品市场主要集中在韩国、中国台湾，其次是美国和日本，中国大陆的市场规模接近日本。我国电子化学品包装行业的市场规模在 2019—2021 年呈现逐渐上升的趋势。

② 行业竞争格局。

随着国家经济实力和技术水平的提高，化工品包装新材料、新工艺、新技术、新产品不断涌现。以危化品塑料包装行业为例（见图 4-8-34），大体可以分为四个梯队，第一梯队为龙头型企业，第二梯队为行业内主要竞争者；第三梯队为行业中坚力量，第四梯队为广大中小企业。企业之间相互竞争，不断促进着化工包装行业的进步。

在企业数量方面，根据企查查搜索关于我国的化工包装企业数据显示，我国化工包装行业成立 10 年以上的企业拥有 200000 余家。近些年，伴随着市民生活水平提升、社会经济的发展，食品类、饮品类、药业等领域的消费市场呈增加趋势，中国金属材料包装材料加工制造业快速发展。依据国家统计局统计分析，截至 2021 年第三季度末，金属化工包装容器材料加工制造业规模以上企业有 734 家。

在企业规模方面，《中国精细化工百强评选报告（2020）》显示，中国精细化工行业市场集中度低，CR10 仅为约 12%，其中浙江龙盛集团股份有限公司位居榜首，浙江新和成股份有限公司和河北诚信集团股份有限公司分列二三位，营收占比分别约为 4% 和 1%。表明中国精细化工行业整体市场集中度低，且从一定程度上说明，相关企业无法形成核心竞争力优势，即产品同质化较为严重。[1]

综上所述，我国化工行业经过 30 多年的快速发展，取得了较大进步。一批优秀企业在化工领域苦练内功，精耕细作，不断突破核心技术，成为促进全行业提质增效的领头羊。但当前，我国化工包装行业仍面临精细化工与发达国家相差甚远、企业普遍规模小而分散，生产技术水平普遍较低，产品主要集中在中低端，在国际市场上缺乏竞争力等诸多问题。

③ 行业进出口情况。

在进出口规模上，目前整体规模较小，化工包装行业未来成长空间较大。一方面，在 2016—2021 年中国精细化工进口规模逐年上升，但增幅有所缩减。2020 年受疫情影响，进出口贸易受阻，精细化工品规模达到 4 亿元。2021 年 1—6 月进口规模已经超过 2.5 亿元。另一方面，2016—2020 年中国精细化工行业出口规模逐年上升，但增幅有所缩小。2018 年后增速大幅放缓，2020 年行业出口规模超过 11 亿元。

综合来看，近年来中国精细化工行业进出口规模呈现上升趋势，（图 4-8-35）但相较于整体化工品进出口市场，精细化工品整体进出口规模仍较小，未来仍有较大增长空间。当前中国精细化工品保持总量增长，但产品结构有待优化。根据以上数据分析得出，我国关于化工的出口规模要比进口规模大，受化工品进出口情况的影响，我国化工包装的出口规模也大于进口规模，但是在整体规模上仍然较小，有较大的增长空间。

在进出口结构上，制成助剂占比最高，其次是医药原剂（图 4-8-36、4-8-37）一方面，制成助剂连续五年业内进口规模排名首位，其次是医药原剂和精油、香料及盥洗、光洁制品，细分领域占比呈现波动变化。2020 年制成助剂占比超过 60%，医药原剂占比约为 40%，精油、香料及盥洗、光洁制品占比达到 29.31%。另一方面，制成助剂连续五年占比位居前列，但整体幅度呈现上升趋势；2020 年占比接近 60%；医药原剂位列第二，整体也呈现上升趋势，2020 年占比约为 30%，较 2016 年增长约 7%。

④ 行业市场供给情况。

近些年，伴随着市民生活水平的增强及社会经济的提高，食品类、饮品类、药业等领域的消费市场呈增加趋势，其中，针对化工包装的需求量也在逐渐上升。具体供给情况如下。

1　前瞻产业研究院.一文深度了解 2022 年中国精细化工行业市场规模、竞争格局及发展前景 [EB/OL].(2022-01-01)[2022-10-31].http://www.qianzhan.com.

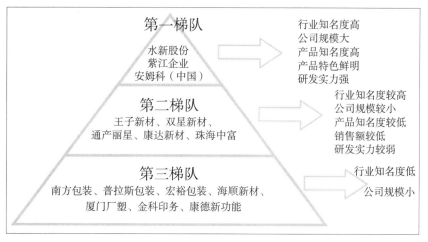

图 4-8-27　中国危化品塑料包装行业竞争梯队

数据来源：前瞻网

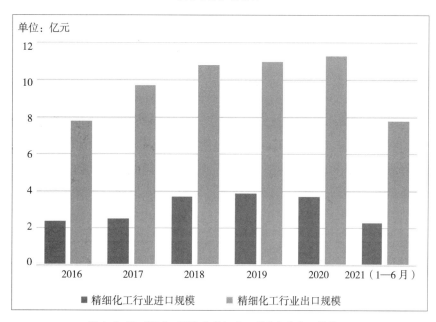

图 4-8-28　2016—2021 年精细化工行业市进出口规模

数据来源　前瞻产业研究院

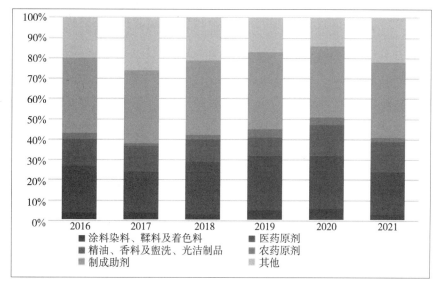

图 4-8-29　2016—2021 年中国精细化工行业进口结构变化情况

数据来源：前瞻产业研究院

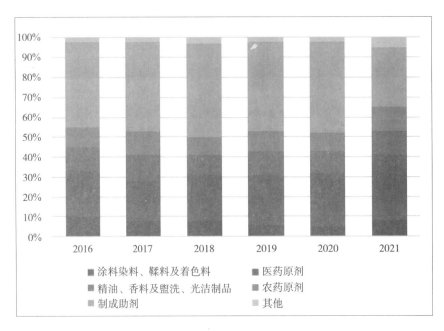

图 4-8-30　2016—2021 年精细化工行业进出口市场规模变化情况

数据来源：前瞻产业研究院

基础化工行业包装价格走势不断提高：2022年上半年化工品涨多跌少，其中，新能源及石化行业上游产品价格领涨，国内市场煤炭、天然气价格涨幅低于海外；产业链上游产品涨幅整体大于中下游产品；当前，化肥、能源化工、氯碱等板块景气度较高，化纤、聚氨酯、橡胶塑料等板块景气度偏低。随着国内外需求复苏、稳增长等政策发力，终端需求有望提升，行业整体走势向好。化工包装的价格受此影响也不断提高。在国际能源结构加速转型的背景下，化石原料供应缓慢增长的局面或将长期存在。2022年上半年，价格涨幅超过原油的品种占比3.5%，价格涨幅超过煤炭的品种占比接近7%，涨幅超过上游原料的产品主要集中在石化、锂电池、磷化工等产业链。2022年上半年国际能源市场，原油、煤炭、天然气市场价格涨幅均超30%，其中，布伦特和 WTI 原油现货价格涨幅分别为 40.95% 和 37.64%，欧洲动力煤（S：1.0 A：16 Q：6000）涨幅为 47.84%，NYMEX 天然气涨幅为 33.68%。当前能源价格均已处于历史高位。与此同时，国内煤炭与天然气价格涨幅显著低于国际市场，上半年国内 LNG 现货价格

涨幅 18.45%，动力煤（Q5500）和 1/3 焦煤价格涨幅分别为 11.94% 和 8.58%，国内与国际能源价格走势出现分化。随着化工原料价格的上涨，化工包装的价格也将持续上涨。

金属化工包装容器材料加工制造业供给状况稳定：2016-2021 年，我国金属化工包装容器材料加工制造业的提供状况不错。除 2017 年我国金属材料包装材料加工制造业成品有轻度降低外，其余时期金属化工包装容器材料加工制造业成品有一定的升高，且增长速度平行线升高。2021 年，中国金属材料包装材料加工制造业成品经营规模做到 59.82 亿元，较上一年度升高 13.90%。伴随着生态环境保护制度的日趋严苛及其我们对食品卫生安全的愈发高度重视，金属材料覆亚膜外包装商品因低碳环保、安全健康等工艺特性而渐渐得到市场的青睐。在工业金属制造中，覆亚膜铁盒越来越得到我们的关心。而随着中国废料回收利用规章制度的不断完善及其金属材料覆亚膜等新技术的发展，预估金属材料包装材料商品可能迎接更为宽广的销售市场。预估 2027 年中国金属化工包装容器材料加工制造业销售额约为 1653 亿人民币。

⑤ 行业市场需求状况。

随着化学品应用领域的不断扩大，化学品消费量不断上升。数据显示，2016—2020 年中国化学品销量呈现不断上升趋势，到 2020 年中国化学品销量达到 3683 万吨，同比增长 4.84%。2020 年国内化学品消费量比产量高了约 1000 万吨，证明国内新材料生产还有很大的增长空间。由于中国化学用品销量远高于产量，因此化学品产销率高于 100%。随着我国化学品不断投产，产量的增长幅度大于销量的增长速度，2016—2020 年我国化工新材料产销率呈现下降趋势，产销率越来越接近 100%。随着国内疫情得到良好的控制，国内经济开始回归到正常水平，预计未来化学品行业也将恢复高速增长。预计到2026 年，国内化学用品行业市场规模将达到 7.5 万亿元。[1] 同时，也将带动化学品包装的市场需求量逐渐增加。

化学品应用领域的扩大带动化工品包装行业发展：随着科技的发展，新材料的应用领域与日俱增，化学品行业的应用领域不断扩大，化学品产量不断上升，2021 年中国化学品产量达到2617 万吨，同比增长 7.56%，[2] 促进了化工包装行业的市场需求逐渐增加。

我国大化工的发展带动精细化工包装的需求：从细分的特种化学品市场看，特种聚合物、电子化学品、工业清洁品、表面活性剂、香精香料、建筑化学品这六个细分领域大约占据了全球45% 的消费份额。中国是全球消费增速最快的国家，在 1600 亿美元的市场规模基础上，仍能保持高达 7% 的年均增速，这主要得益于中国大化工的高速发展、相对完善的大化工基础及产业园区集聚，特别是中国的消费升级，大幅提高了精细化工的消费规模。根据 IHS 发布数据，中国是特种聚合物、电子化学品最大的消费国。[3]

综上所述，我国化工包装行业的市场需求正

随着化工品行业的发展不断提升，在化工品不断发展的前提下，对于化工品包装的质量、技术要求等也在不断提高。我国的化工包装行业还有很大的发展空间，对于不同种类的化工品，能够保存特殊需求的化工品包装的需求量也将越来越大，未来，我国精细化工包装市场有望获得进一步增长。

发展高技术高质量的产品是行业的重要发展方向：精细化工是石化产业的重要组成部分。中国精细化工行业起步较晚，"八五"规划中提出重点发展精细化工；"九五"确立了精细化学品为结构调整的重点领域。而"十二五"规划期间，受到关键技术的制约，国内精细化工和新材料方面发展较为缓慢。基于此发展背景，"十二五"规划明确指出，精细化工行业应积极地进行技术创新，大力生产环境良好型产品和高附加值的化工新材料，以求缩短与发达国家在技术水平上的差距。而到了"十三五"期间，精细化工行业的发展主题变成围绕石化工业转型升级，依据各省市原有产业基础因地制宜，以建设国家重要的战略性石化产业基地为目标，进一步扩大油气加工、乙烯生产、新型煤化工等生产规模，延伸产业链条，促进石油化工与煤化工产业耦合发展。到当前的"十四五"期间，石化产业高质量发展、深化供给侧结构性改革，还应在产业结构和产品结构调整与优化上狠下功夫，还应在产品的高端化、差异化上狠下功夫，还应继续把精细化工作为石化产业高质量发展的重点领域和重要方向。2021 年 3 月，《中国涂料行业"十四五"规划》（以下简称《规划》）发布，《规划》指明，涂料行业将与国家整体发展方向保持一致，实现可持续增长，积极推进产业升级和发展转型；在"双碳"大目标指引下，涂料行业将向着节能减排的方向进行产业转型升级；而涂料行业也需加强技术投入，以符合精细化工行

1　中研网 . 专用化学用品市场消费需求及发展空间分析 [EB/OL].(2021−01−01)[2022−10−31].http://www.chinairn.com.

2　中研网 .2022 年专用化学品行业现状及发展前景分析 [EB/OL].(2022−01−01)[2022−10−31].http://www.chinairn.com.

3　前瞻经济学人 .2022 年全球电子化学品行业市场现状及发展趋势分析 [EB/OL].(2022−01−01)[2022−10−31].http://www.qianzhan.com.

表 4-8-3 中国精细化工建设重点法律法规和政策汇总

时间	名称	相关内容
2021 年 9 月	《中华人民共和国安 全生产法》	加强安全生产监督管理，防止和减少生产安全事故，保障人民群众生命和财产安全；国务院和地方各级人民政府应当加强对安全生产工作的领导，支持、督促各有关部门依法履行安全生产监督管理职责
2021 年 3 月	《中国涂料行业"十四五"规划》	涂料行业应该与国家整体发展战略保持一致，实现可持续增长，积极推进产业升级，优化涂料产品结构，环境友好型涂料产品的占比逐步增加；涂料行业应该加强科技改投入，提升竞争力；坚持生态绿色发展；增强国际交流
2020 年 3 月	《增材制造标准领航行动计划（2020—2022 年）》	提出到 2022 年，立足国情、对接国际的增材制造新型标准体系基本建立。此外，推动 2—3 项中国优势增材制造技术和标准制定为国际标准，增材制造国际标准转化率达到 90%，增材制造标准国际竞争力不断提升

业对于高端技术产品自主研发的发展趋势。2016 年以来，国家不断提出精细化工行业节能降耗和增强研发力度两大发展要求，因此精细化工行业应当在这两个方向上进行重点发展。改造传统产业，加快培育高新技术产品，建设一批具有较强国际影响力的知名品牌是精细化工行业现阶段的发展要求（表 4-8-3）。

包装作为产品的外衣，如何提升包装是化工产品发展的重要一环，从纳入生产许可证监管开始，部分地方质监部门每年对其包装质量实施监督抽查并制定了相关包装政策。例如从危化品包装行业的相关政策（表 4-8-4）可以看出，政府对于化工包装的安全性、绿色性以及智能性十分重视，因此化工包装行业受政策影响，将不断向绿色安全的智能包装方向发展。

（2）化工包装行业发展趋势

① 化工包装行业塑料容器快速发展。

随着国内的经济不断发展以及提升，化工包装容器行业将会保持快速增长的趋势。中国塑料包装材料的质量以及品种还是远低于国际水平。在发达国家中，塑料包装占塑料产品价值的 30%，而中国不到 10%[1]，按照目前化工包

装容器的运用情况来看，它的运用范围还是相当广阔的，而且价格也比较便宜，是现在很多的行业都会优先选择的一种包装方式，所以说塑料容器在很多的领域中能够代替其他的一些传统包装方式，而且塑料容器的用料种类也比较丰富，环保且安全，这也是人们选择使用它的原因之一。

② 化工包装材料向薄膜等软性材料的方向发展。

聚酯薄膜是一种绿色环保、性能优异的高分子材料，具有强度高、刚性好、透明、光泽度高等特点，多用于面板、手机、汽车、医药、化工行业的产品外包装。2021 年我国聚酯薄膜产量为 276 万吨，近五年年均复合增速为 5%，在聚酯总消费中占比约为 5%。未来随着新兴领域薄膜产品的应用推广（如高端光学级聚酯薄膜基膜、高端太阳能光伏应用聚酯薄膜基膜等），聚酯薄膜市场有望跨入高增长轨道。据智研咨询估计，2026 年我国聚酯薄膜市场规模将达到 686.34 亿元[2]。

③ 化工包装从传统手工包装向自动机器化发展。

化工品包装行业中，传统的手工包装不仅耗

---

1 新宝德塑料 . 化工包装容器在国内的发展状况 [EB/OL].(2021-12-10)[2022-10-31].http://www.xinbaode.com.

2 同花顺财经 . 专题报告：供给单向发力，过剩隐忧渐显 [EB/OL].(2021-12-01)[2022-10-31].http://www.lojqka.com.

表 4-8-4　危化品包装行业相关政策

时间	文件	相关内容
2021 年 4 月	《常压液体危险货物罐车治理工作方案》	工业和信息化部将加强罐车生产监管，督促罐车生产企业保证罐车产品生产一致性
2020 年 1 月	《关于进一步加强塑料污染治理的意见》	到 2020 年底，我国将率先在部分地区、部分领域禁止、限制部分塑料制品的生产、销售和使用；到 2022 年底，一次性塑料制品的消费量明显减少，替代产品得到推广
2019 年 5 月	《绿色包装评价方法与准则》	针对绿色包装产品低碳、节能、环保、安全的要求，规定了绿色包装评价准则、评价方法、评价报告内容和格式，并定义了"绿色包装"的内涵：在包装产品全生命周期中，在满足包装功能要求的前提下，对人体健康和生态环境危害小、资源能源消耗少的包装
2016 年 12 月	《关于加快我国包装产业转型发展的指导意见》	将包装定位为服务型制造业：围绕绿色包装、安全包装、智能包装、标准包装，构律产业技术创新体系；确保产业保持中高速增长的同时提升集聚发展能力和品牌培育能力；加大研发投人，提升关键技术的自主突破能力和国际竞争力；提高产业的信息化、自动化和智能化水平

图 4-8-31　化肥、复合肥包装机
图片来源：1024 商务网

时，而且还比较耗力。并且对员工身体健康造成危害。随着科技不断地发展，自动包装机的出现也改变了化工包装市场（图 4-8-31）。它不仅有效地节省了时间，也可以减轻一部分压力，让各个企业在发展的过程当中慢慢地缩小差距，同时也鼓舞了整个企业的发展[1]。

近年来，各行各业受到疫情等多方面的冲击，但是化工包装行业整体还是稳步发展。电子化工品、新能源行业的快速发展，带动了化工产品包装的快速发展，金属化工品包装、塑料包装以及基础化工行业包装走势不断提高，进出口整

体规模较小，但未来成长空间较大，农用化肥包装产销率走势逐渐降低。由于各方面政策、市场行情的影响，包装技术和工艺向可持续化、自动化不断发展，化工包装行业也将不断向绿色安全的智能包装方向发展。

4.8.4　家电包装

电子工业是国民经济战略性、基础性、先导性的支柱产业，是我国工业部门中发展速度最快、产业规模最大、外贸出口最多的行业。我国已成为世界电子工业产品制造大国和出口大国，其中电子工业产品包装工作不仅是电子信息工业中不可缺少的组成部分，也是整个包装行业中具有特殊性和不可分割的组成部分。

（1）家电包装行业发展现状

在政策推动和市场驱动双重作用下，我国家用电器制造业的结构调整加速，产业进入平稳增长发展态势，无疑给我国包装产业注入勃勃生机。而家电包装行业近几年表现强劲，市场规模稳步增长。在国家政策引导、调控和家电龙头企业的带领下，家电包装市场呈稳步提

1　安丘博阳机械 . 化肥自动包装机为肥料行业做出重要贡献 [EB/OL].(2021-01-01)[2022-10-31].http://www.aqbyjx.net.

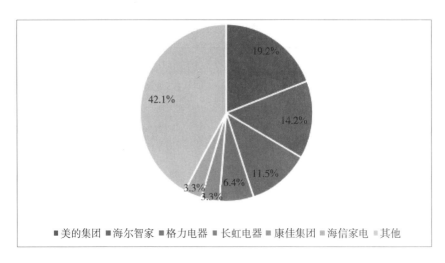

■ 美的集团 ■ 海尔智家 ■ 格力电器 ■ 长虹电器 ■ 康佳集团 ■ 海信家电 ■ 其他

图 4-8-32　2020 年中国家电行业市场份额

数据来源：前瞻产业研究院整理

升。2021 年以来，新冠疫情逐步得到控制，全球范围内出现了经济复苏、失业率下降的局面，全球家电包装市场整体逐渐复苏。未来，家电包装行业将会朝向自动化、智能化发展，减少人工的同时能保障生产效能。同时，家电包装行业的市场将呈现健康化、绿色化的发展趋势。整个家电包装市场需求扩大，行业格局进一步打开。

①行业市场规模。

2021 年，中国家电市场表现出强劲韧性，转型升级、结构调整扎实推进，2021 年，我国家电市场规模 8811 亿元，同比增长 5.7%，较 2020 年实现强势反弹，整体基本恢复至 2019 年同期水平。原因在于 2020 年第一季度是疫情高峰期，特别是线下市场受到重创，这使 2021 年第一季度家电零售额增幅较大。其中，占人口 70% 的下沉市场（覆盖三线以下城市、县镇与农村地区）在家电零售额中的占比为 31.5%，市场规模达到 2775 亿元，同比增长 8.9%，增幅远高于整体市场，是家电市场最具增长潜力的一极。从近三年来看，家电类市场规模的扩大直接带动了家电类包装市场规模的稳步增长。虽然整体增幅有所放缓，但在市场基数不断扩大的情况下，还能保持两位数增长。

②行业竞争格局。

2020 年以来，受国内经济下行影响，中国家电包装企业业绩集体承压。根据各公司 2020 年报显示，超过 1000 亿元的家电企业有 3 家，超过 500 亿元的有 5 家。从 2020 年家电上市企业营业收入来看，美的、海尔和格力依然稳坐家电行业收入前三的地位，这三家上市企业占据将近全国一半的家电包装体量（图 4-8-32）。

2021 年同比 2020 年受疫情重创的家电包装市场，面临着更加稳定、宽松的市场环境，行业格局和竞争也变得更加清晰，家电包装企业的目标与方向更加坚定。此外，2021 年初，商务部等 12 部门发文促进释放农村消费潜力，促进家电消费（表 4-8-5），同时也激活了家电包装市场，鼓励有条件的地区购买绿色智能家电给予补贴。在促进家电消费的政策引导下，家电龙头发挥品牌优势以及生产产能方面的优势，将推进企业获得更大的市场份额，推动行业集中度进一步提升，在国家政策调控和家电龙头企业的带领下，家电包装市场也将稳步提升。

③行业进出口市场。

2021 上半年我国家电包装出口量及金额回落，家用电器出口量达 32.13 亿台，出口额达 822.35 亿美元。2021 年下半年，我国家电包装行业充分依靠自身供应链的稳定性，克服贸易保护和物流、材料成本上升等困难，积极开拓市场，家电包装较 2020 年出口规模增长 26.4%，较 2019 年增长 48.4%，出口规模和增速均达到近十年新高

表 4-8-5　提振大宗消费重点消费　促进释放农村消费潜力若干措施

工作任务	具体措施	责任单位
促进家电家具家装消费	激活家电家具市场，鼓励有条件的地区对淘汰旧家电家具并购买绿色智能家电、环保家具给予补贴	地方各级人民政府负责
支持废旧物资回收体系建设	鼓励发展"互联网＋废旧物资回收"、家电家具租赁等新模式	发展改革委、住房和城乡建设部、商务部按职责分工负责
加大金融支持力度	鼓励金融机构在依法合规、风险可控的前提下，规范创新消费信贷产品和服务，加大对居民购买绿色智能家电、智能家居、节水器具等绿色智能产品的信贷支持	人民银行、银保监会按职责分工负责

（图 4-8-33）。

在向大工业转变的过程中，家电产品包装的国际化特征与发展趋势，必须在技术上、包装质量上与国际市场接轨。确保绿色环保升级工作有序完成，这是我国家电企业包装创新的主题。要摒弃传统加工技术，寻求新技术、新思维及一体化包装解决方案；降低整个产品包装作业、物流、仓储系统的运作成本，使产业链上的各个节点均能受益，这种包装理念和实施，是市场经济全球化竞争的必然。

④ 行业市场供需。

我国家电包装行业的发展始于改革开放，伴随着家电产业的不断发展壮大。到目前为止，我国生产的家电包装产品在品种和质量方面基本满足消费者的要求。家电包装行业的需求主要集中于家电行业，其发展情况和家电行业的发展速度、市场容量密切相关。

家电企业的发展对家电包装的影响起到拉动作用。往日被视为奢侈的各种家用电器逐渐进入寻常百姓家。据有关资料表明，中国已成为世界最大的家用电器生产和消费大国；目前电冰箱的社会保有量已达 1.2 亿台，洗衣机 1.7 亿台，电脑 0.16 亿台，空调 0.8 亿台。我国大型家用电器行业已经形成集约化生产格局。彩电业已有四川长虹、深圳康佳、TCL 等 8 家大型企业；空调器生产企业约为 70 家，其中珠海格力电器、广东美的集团、海尔集团、春兰集团、上海夏普电器

等 5 家企业产量合计占全国总产量的一半以上；电冰箱行业中科龙（容声）、海尔、新飞美菱保持着绝对的优势，4 家企业合计产量占全国总产量的 61.6%；洗衣机行业中，小天鹅、海尔、荣事达、威力、金松、金羚、小鸭等 7 家企业占全国总产量的 71.4%。2021 年，疫情形势依旧复杂，居民减少出行，居家线上消费需求明显增长，线上消费增速明显高于线下。2021 年，全国网上零售额 13.08 万亿元，比上年增长 14.1%。其中，实物商品网上零售额 10.8 万亿元，同比增长 12.0%。我国网络零售市场成为稳增长、保就业、促消费的重要力量。

家电产销量直接影响家电包装的产销量。家电包装行业的发展与家电产销量、大众审美、居民收支水平等因素的变化息息相关。2019 年以来，受国内经济下行影响，中国家电包装企业业绩集体承压。据国家统计局数据显示，2019 年全年，家电全行业累计主营业务收入达到 1.53 万亿元，同比增长 4.31%，累计利润总额达 0.13 万亿元，同比增长 11.89%。据中商产业研究院资料显示，2021 年，受新冠肺炎疫情影响，家电企业延迟复工复产，2021 年全年家电行业营业收入低于 2019 年，营业收入约为 1.45 万亿元。从家电细分行业看，在过去的几年，各品类业绩增速有不同程度的放缓，部分细分行业利润仍维持高速增长。其中，家用空气调节器营业收入和利润总额均居各品类第一位，分别增长了 1.77% 和

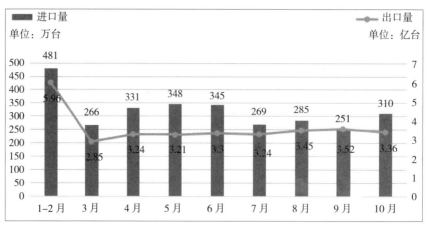

图 4-8-33　2021 年 1—10 月中国家用电器进出口数据统计

资料来源：中商情报网

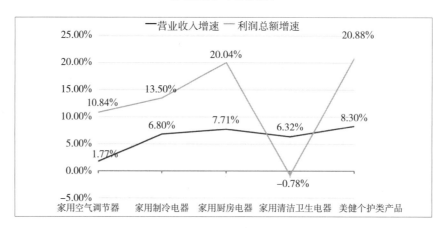

图 4-8-34　家电行业营收收入增速与利润收入增速趋势图

数据来源：国家统计局、中商产业研究院整理

10.84%；家用制冷电器具表现良好，营业收入增长 6.80%，利润总额增长 13.5%；家用厨房电器具营业收入增长 7.71%，利润总额增长 20.04%；家用清洁卫生电器具累计营业收入增长 6.32%，但利润总额下降 0.78%；美健个护类产品的累计营业收入增长 8.30%，利润增长 20.88%（图 4-8-34）。

从零售情况来看，中怡康数据显示，2019 年全年中国家电市场整体零售额 8920 亿元（不含 3C），同比下降 3.88%。2020 年受疫情的影响，线上为主要销售渠道，2020 年家电行业整体零售规模达 9901 亿元，其中线上零售规模增速或比往年迅速，规模将突破 4000 亿元。

消费刺激政策逐步出台，促进家电包装需求进一步复苏。在消费刺激政策带动下，市场将逐渐得到修复。2021 年 1 月，商务部提出促进汽车、家具、家电等重点商品消费的政策措施，直至 2021 年 4 月，广东也开始重启"家电下乡"，将安排 5.8 亿元支持此次行动，以企业和政府补贴各 5% 的力度，推动农村消费提质升级。从消费支持力度上来看，虽然不及 2019 年，但整体对消费信心的恢复是有明显的促进作用。国内家电零售终端市场也有望在政策的引导下，逐渐被激活。根据 2017—2021 年中国家电行业相关政策汇总，2021 年 5 月，家电协会发布《中国家用电器工业"十四五"发展指导意见》，提出中国家电工业需要立足新发展阶段，贯彻新发展理念，构建新发展格局，坚持创新驱动发展，推进效率、质量和品牌升级，全面提升中国家电工业的全球竞争力（表 4-8-6）。

疫情对家电包装市场的改变不只是消费的缩减，还有对商业和家电包装形态的变化。在家电包装市场，结构调整呈现加速趋势，主要体现在丰富家电包装、细分家电包装、高端家电包装等

表 4-8-6　"十四五"期间家电行业发展目标摘要

主要目标	具体内容
成为全球家电科技创新的引领者	在家电前沿科技领域实现布局，显著提升家电关键核心技术、颠覆性技术的创新突破能力和水平；基本实现关键核心技术自主研发及产业化突破，实现家电产业链自主可控；家电相关发明专利数量和水平达到世界领先水平，在重点家电产品领域实现国际标准话语权的突破
构建智能家电生态，提升智能产品用户使用体验	推动人工智能、大数据、云计算、物联网、5G 等新技术与家电产品深度融合。紧密结合用户需求和应用场景，显著提高家电产品智能化水平，优化用户体验；构建可多设备接入、多场景联动、跨品牌、跨产业、跨平台的智能家电应用场景，为用户提供多样化智能家电及服务解决方案
推动产业链绿色发展，节能环保水平再上新台阶	推动产业链绿色转型，推进绿色制造，制定行业 2030 年碳达峰行动方案。主要家电产品的节能环保水平继续居全球前列，实现节能、节水与产品性能的优化平衡。达成制冷剂、发泡剂 HCFC 替代和 HFC 削减的国际履约目标。促进产品绿色设计和轻量化设计，引导绿色消费，完善废旧家电回收体系，实现资源有效回收和循环利用
加强全球市场拓展，自有家电品牌全球影响力显著提升	坚持全球化发展战略，形成面向全球的贸易、投融资、生产、服务网络。进一步优化全球生产基地、研发中心及营销网络等资源布局。深化全球品牌战略，深耕目标市场；培育一批高端品牌，全面提升中国家电品牌的口碑和竞争力，自有品牌全球市场份额、美誉度、用户满意度明显提高
加速数字化转型，推进智能制造水平进一步提高	逐步推进全产业链数字化运营，到 2025 年，重点家电产品工业智能制造水平领先，龙头企业积极构建家电智能制造生态体系，实现全价值链数字化运营及大规模个性化定制，全行业自动化、信息化、数字化、智能化水平显著提高
倡导优秀企业文化，提升家电行业的社会价值	鼓励和倡导更多家电企业重视企业文化和价值观建设，培育一批具有优秀企业文化的典型代表。强化企业社会责任感，爱护环境，与各相关方和谐共生，共同推动社会进步。通过引导全行业树立企业公民意识和社会责任感，全面提升家电行业的社会价值和声誉

方面。随着收入提升，家电产品结构调整加速，消费者需求的多样化使家电包装行业重新审视家电与包装、销售与利润之间的关系，以推出适应当下消费者多样化需求的家电包装。

（2）家电包装行业发展趋势

① 家电包装由人工向自动化发展。

家电包装过程中涵盖了开箱、放下泡沫、放入产品、附件、说明书、放上泡沫等工序。由于电器品种多、外形尺寸变化频繁，使得其大部分的包装工位都采用人工操作。然而，由于人力成本的上涨及对生产效率的不断提升，传统的包装方式已不能满足市场要求。同时，重复的包装工序，枯燥乏味，存在生产效率低、成本高、出错率高的问题。因此有些企业已经采用自动化生产线（图 4-8-35），应用机器人代替人工，在生产上运用精度定位机构的结构设计、传送工艺路径优化、基于柔性机构的快速换线、包装过程智能化监控管理等黑科技，实现机器在家电包装中的手动纸箱定位、调节产线长度、实现对多规格多品种家电的柔性夹持，以及基于二维码的包装过程智能化监控管理来提高仓储管理便利，减少人工的同时能保障生产效能。[1]

② 家电包装行业市场健康化、绿色化。

当下，我国家电包装普遍都是使用纸质一次性耗材，无法实现重复循环使用，这必将产生了巨大的资源浪费。往后，对加强小家电包装循环共用标准化，推广绿色包装循环共用，替代纸质包装物有助于节约资源，减少碳排放。例如这款家电包装（图 4-8-36），将太阳能板、屏幕、节能灯和其他配件通过紧密的结构集成在一个抽屉大小的瓦楞纸盒中，在消费者在取出里面的灯

1　力嘉包装．家电包装，黑科技原来还能这样用！ [EB/OL].(2019-02-28)[2022-10-31].http://www.lukkapack.com.

具及设备后，原本的包装盒会形成一个可长期存放的抽屉，原本用来区分不同产品部件的隔板。通过简单的撕拉和折叠立刻变成几个不同大小的衣架，整套产品会通过一个大箱进行集成运输，外箱通过简单的处理就可以变成一个用来悬挂衣物的衣柜。

家电包装的研发生产方向将从单一的实用主义逐渐向个性化、可定制化发展。在消费过程中，包装也是极其重要的一环，针对智能化、个性化的发展趋势，家电包装也需要向个性化、定制化方向发展。使其满足消费者的个性需求，而非简单的产品包装。另外，随着互联网技术的发展，包装之中也在更多地嵌入具有互联网功能的模板，实现网络控制等智能化功能的同时实现包装的个性化，满足不同人群的消费需求。

③市场需求扩大、行业格局进一步打开。

随着消费者收入水平、生活水平的不断提高，包装行业多样化发展，未来家电包装市场也不断加速发展，市场需求持续扩大。特别是近几年来农村市场的开拓，在家电下乡等的影响下，农村家电市场规模也随之不断扩大。在未来，农村智能家电市场仍有扩大的空间。同时，随着消费能力的提高，人们的品牌意识也越来越强，对于包装质量和品质的要求也在逐步提升。未来家电产业结构必将发生变化，高端产品的占比会逐步提高，品牌集中度也将得到提高，龙头企业的优势会进一步扩大，家电包装也将随着家电行业格局的转变而不断发展。

电子、家电产业快速发展，其产品包装绝不能逆势而行，电子包装委员会及专家工作室要积极引领新兴产业高起点绿色发展，努力在新兴领域打造绿色全产业链，增强企业绿色设计、绿色生产、绿色技术、绿色管理能力，提高产品绿色运行。以提高资源利用率为核心，降低包装废弃物回收再生费用，取得最大的社会效益，并同供应链互动，从实现社会责任、社会效益、生态效益、经济效益的角度出发，作出不懈的努力去推进这项工作。以科学发展观为指导，坚持节约资源和保护环境的基本国策，以科技为先导，以研究开发和示范推广电子、家电产品包装新材料为重点，采取有效措施，通过转型升级，化解过剩产能，调整产业结构，提升创新能力，推进产品包装材料革新和技术进步。

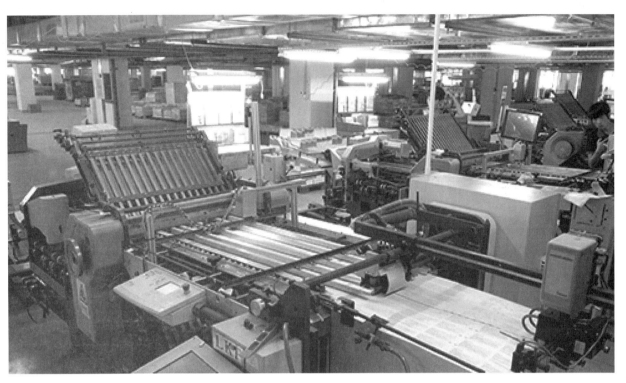

图 4-8-35　自动化家电包装机器

数据来源：力嘉包装官网

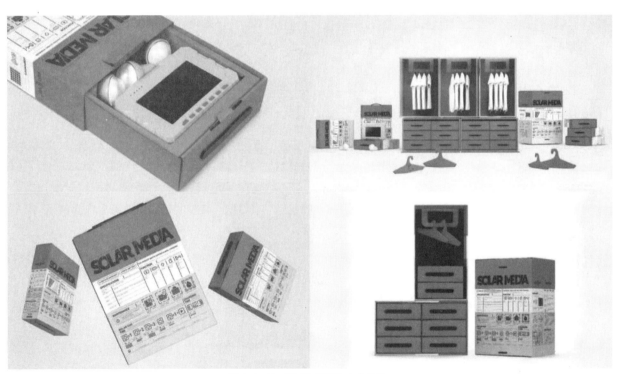

图 4-8-36　SOLAR MEDIA 包装设计

图片来源：潘虎包装设计实验室

第 5 章

企业案例

QIYE ANLI

5.1　纸制品包装行业领先企业

杭州秉信环保包装有限公司

秉信是一家以环保瓦楞纸箱为媒介，致力于为客户提供一站式包装服务解决方案的专业包装企业。1998 年创立于杭州，砺程二十载，秉信从无到有，一步步茁壮成长，迄今为止先后于杭州、重庆、沈阳、武汉、广州、西安、淮安、郑州、哈尔滨、天津、乌鲁木齐、成都、江门共设立 14 个生产基地，并以每年 1 至 2 个据点的速度持续成长。至 2022 年，秉信在全国布局 15 家直属生产基地，6 个预印中心，业务范围可覆盖全国大部分地区。

经营范围：生产、销售环保包装材料及纸制品；包装装潢印刷品印刷（国家有专项规定的除外）。

服务：机械设备租赁，佣金代理（拍卖除外），自有房屋租赁（涉及国家规定实施准入特别管理措施的除外）等。

所属地区：浙江省杭州市。

所属行业：造纸和纸制品业。

所属类型：有限责任公司（中外合资）。

资质证书				
序号	证书编号	证书类型	发证日期	截止日期
1	CN18/20809	所有未列明的其他管理体系认证	2018-11-15	2022-12-27
2	W21GPC00011R0M	快递包装	2021-10-14	2026-10-13
3	15/21EN0103R00	能源管理体系认证	2021-08-16	2024-08-15
4	18121IP0074R0M	企业知识产权管理体系认证	2021-02-02	2024-02-01
5	SGSHK-COC-320015	森林认证 FSC	2020-08-27	2025-08-26

获奖证书		
序号	证书类型	发证日期
1	杭州市企业高新技术研发中心（工业类）	2021 年
2	"品字标浙江制造"	2020 年
3	年审优秀供应商	2020 年
4	杭州市节水型企业	2020 年
5	杭州市印刷示范企业	2020 年
6	2019 年度钱塘新区生活垃圾分类工作先进企业	2020 年
7	杭州钱塘新区工业企业固废垃圾分类标准化基地	2020 年

创新（2020—2021）

2020—2021 年，秉信从中国台湾、日本、德国引进业内先进的全套生产设备，采用严格的生产工艺及质量管理体系，拥有从箱型及版面设计、印刷、后段加工等全套生产能力。采用 APS、ERP、MAS 等管理系统，同时引入艾司科专业包装设计软件，拥有智能盒型库、3D 模拟打样及动画等功能，针对客户需求快速反应，为精益生产保驾护航。公司年报显示获得专利共 355 项，其中发明专利 34 项、实用新型专利 310 项、外观设计专利 11 项。在自主研发方面，获得多种专用包装裁片及其制成的纸箱与纸质重物包装等 37 项专利。严格的品质控制，优良的产品质量，专业化的团队服务，使秉信赢得了众多客户的信赖与支持。诚信创造价值、务实赢得信赖、创新成就梦想。秉信，正以诚信的服务，务实的作风，创新的姿态，积极打造现代化的一流企业，成为包装行业中的超级航母。公司已制定技术创新战略及实施计划，实施差异化技术创新，重点突破瓦楞纸箱有关产品技术。公司高层积极引进国内优秀行业团队，提高资金保障，已取得国内领先的技术优势。

美盈森集团股份有限公司

美盈森集团股份有限公司于 2000 年在深圳成立，2009 年在深交所主板上市。公司主要从事运输包装产品、精品包装产品、标签产品及电子功能材料模切产品的研发、生产与销售，并为客户提供包装产品创意设计、结构设计、包装方案优化、包装材料第三方采购与包装产品物流配送、供应商库存管理以及现场辅助包装作业等包装一体化深度服务。近年来，公司积极实施"包装 + 大健康"双轮驱动发展战略，推动植物蛋白肉等相关大健康产业的发展，争取为国人的健康助力。

公司以"包装美化生活，包装创造价值"为使命，秉承"优质、高效、环保、创新"的核心价值观，"不忘初心，坚持绿色环保、品质生活"的核心经营理念，依托对包装美学、环保、节能、安全等理念的深入研究和深刻理解，经过二十余年的不懈努力，现已成为拥有 40 余家子公司，在技术研发、服务模式、客户资源、管理体系、产品及品牌等方面具有突出优势的国内领先的高端环保包装一体化综合服务商。

经营范围：

一般经营项目是：轻型环保包装制品、重型环保包装制品、包装材料、包装机械的技术开发及销售；一体化包装方案的技术开发；隐藏信息防伪技术的开发，特种标签材质的精密模切，智能卡终端读写设备的开发与销售；货物及技术进出口；纸制品休闲家居、办公用品、玩具用品的研发、销售；自有房屋租赁、物业管理；检测技术研发、咨询；模具的研发、销售；防霉剂的销售（以上均不含法律、行政法规、国务院决定禁止及规定需前置审批项目）。

许可经营项目：纸制品休闲家居、办公用品、玩具用品的生产；模具的生产；防霉剂的生产；纸箱、木箱的生产及销售；无线射频标签、高新材料的研发与生产；包装装潢印刷品、其他印刷品印刷；从事普通货运。

所属地区：广东省深圳市光明区。

所属行业：制造业 > 造纸和纸制品业 > 纸制品制造（C223）。

所属类型：股份有限公司（上市）。

资质证书				
序号	证书编号	证书类型	发证日期	截止日期
1	CN18/31457	能源管理体系认证	2021 年	2024 年
2	91440300723000100A002R	排污许可证	2021 年	2026 年
3	SGSHK-COC-006877	FSC 森林认证	2019 年	2024 年

获奖证书		
序号	证书类型	发证日期
1	省级企业技术中心	2015 年
2	市长质量奖	2015 年
3	高新技术企业深圳美盈森	2015 年
4	高新技术企业东莞美盈森	2014 年
5	高新技术企业苏州美盈森	2014 年
6	CNAS 实验室认可证书	2016 年

续表

创新（2020—2021）

我国包装产业主要分为纸包装、塑料包装、金属包装、玻璃包装和竹木包装五大类。近年来，我国的包装产业取得了长足发展。根据中国包装联合会的数据显示，包装产业规模在国民经济中占据重要地位，规模优势不断强化。2020年，包装工业总产值达到2.5万亿元，占国内生产总值的2.5%。2021年，我国包装行业规模以上企业（指年销售收入2 000万元以上的企业）8 831家，累计完成主营业务收入12 041.81亿元，同比增长19.65%，其中纸和纸板容器的制造产业累计完成营业收入3 192.03亿元，占包装产业主营业务收入比重超过1/4。

近年来，伴随着上游原材料价格的大幅波动、下游客户需求的不断升级，市场对纸包装企业技术、资金、产能实力及跨区域服务能力要求也不断提升，集团化的、在多地布局产能的纸质包装优势企业在获取市场资源方面优势明显，众多竞争力较弱的中小纸质包装企业面临较大的经营压力；伴随国内用工成本的持续提升，智能制造成为包装制造企业发展的趋势，中小纸质包装企业受资金、技术储备有限等的影响，较难及时投入智慧工厂以应对新的市场竞争；加之国内新冠肺炎疫情的反复，对于底子薄、抗风险能力较差的中小包装企业经营形成严重冲击，大公司将获得更大的市场份额。

公司为行业内的领先企业，在服务模式、研发设计、制造平台、经营管理及产品品牌等方面已形成自身突出的竞争优势，具有众多优质的世界级知名品牌企业或国内细分行业领先企业客户资源，客户群广泛分布于消费电子、智能终端、白酒、家具家居、家用电器、汽车及新能源汽车产业链、医疗用品、食品饮料、电商物流、快递速运等优势产业，有望在行业集中度加速提升的过程中受益。公司及下属公司共计拥有专利601项，包括72项发明专利、514项实用新型专利和15项外观专利，是40项国家包装标准的主要起草或参与起草单位。专利数量及标准数量业内排名靠前。公司已逐步形成了覆盖粤港澳大湾区，长三角经济圈，成渝经济区，长株潭经济圈，"一带一路"东南亚、南亚等经济活跃区域的战略布局，赢得了众多世界知名企业和国内外细分行业领先企业的青睐。

森林包装集团股份有限公司

森林包装集团股份有限公司成立于1998年，注册资金2.96亿，在职员工1800人左右。是一家集废纸利用、热电联产、生态造纸、绿色包装为一体的绿色循环企业，属中国印刷50强企业、中国包装名牌产品、国家高新技术企业。目前下属的子公司有台州森林造纸有限公司、浙江森林纸业有限公司、台州森林环保科技有限公司、临海市森林包装有限公司、温岭市森林包装有限公司、台州快印包网络科技有限公司、浙江森林联合纸业有限公司、森林再生资源（泰国）有限公司。具备了"包装装潢印刷许可证""出版物印刷许可证""出口商品包装容器质量许可证""危险包装物许可证"等经营资格，通过了ISO9001和ISO14001体系认证、G7色彩管理认证、劳氏/GMI认证、FSC认证、ISTA实验室认证等资格。公司重视人才的培养与发展，致力于打造一个综合性人才培养平台。以客户至上、价值导向、诚信负责、创新赋能、协作共赢为企业精神，旨在为客户提供便捷的整体包装增值服务，为产品提升价值。预计在未来几年通过技改及扩建并购，可实现集团产值持续增长，朝着成为行业最具影响力的绿色企业而努力。

经营范围：出版物、包装装潢、其他印刷品印刷，纸箱、纸板（不含造纸）加工、销售；设计、制作、发布国内外各类广告（依法须经批准的项目，经相关部门批准后方可开展经营活动）。

所属地区：浙江省台州市温岭市。

所属行业：印刷和记录媒介复制业。

所属类型：其他股份有限公司（上市）。

资质证书				
序号	证书编号	证书类型	发证日期	截止日期
1	0752021CGPKB0014	快递包装	2021-12-31	2026-12-30
2	11721ENMS00003-10R0M	能源管理体系认证	2021-10-19	2024-10-18
3	18121IP0151R0M	企业知识产权管理体系认证	2021-03-22	2024-03-21

资质证书				
序号	证书编号	证书类型	发证日期	截止日期
4	GR202033001628	高新技术企业认证	2020-12-01	2023-12-01

创新（2020—2021）

公司生产再生纸的原材料主要为废纸，生产过程中不产生黑液，废水量少，属于能耗低、轻污染的环保型用纸。目前，公司通过设备投资和工艺设计优化，将吨纸污水排放量控制在 5 吨以内，远低于《制浆造纸工业水污染物排放标准》（GB 3544—2008）15 吨和《关于印发浙江省印染造纸制革化工等行业整治提升方案的通知》（浙环发〔2012〕60 号）10 吨的标准，从源头上控制污水的排放量。同时，公司为提高循环用水效率，实现"节流"的目标，各造纸生产线均配备国内先进的白水回收循环利用系统，提高了水循环利用率。公司利用污水处理过程中产生的沼气，将沼气送热电厂循环流化床锅炉中，通过与煤一起掺烧发电产汽。因此，公司在增产增效减污的基础上促进资源利用效率的最大化，实现了经济与环保双赢发展。

厦门合兴包装印刷股份有限公司

1993 年 5 月 17 日，合兴包装成立。2007 年 1 月 30 日，合兴包装由"有限公司"改制为"股份有限公司"。2008 年 5 月 8 日，合兴包装 A 股在深圳交易所挂牌上市。公司目前全国布局超过 25 家子公司，且还在持续拓点中。

经营范围：生产中高档瓦楞纸箱及纸、塑等各种包装印刷制品，研究和开发新型彩色印刷产品，纸制品、包装制品、机械设备的批发、进出口及相关配套业务（以上商品不涉及国营贸易管理商品，涉及配额、许可证管理商品的，按国家有关规定办理申请）。

所属地区：福建省厦门市同安区。

所属行业：制造业＞造纸和纸制品业＞纸制品制造＞纸和纸板容器制造。

所属类型：股份有限公司（台港澳与境内合资、上市）。

资质证书				
序号	证书编号	证书类型	发证日期	截止日期
1	11420E44485R1M	环境管理体系认证	2020-09-09	2023-07-05
2	11419Q44324R1M	质量管理体系认证（ISO9000）	2019-09-25	2022-09-24
3	SGSHK-COC-330519	FSC 森林认证	2018-07-25	2023-07-24
4	91350200612016388E001P	排污许可证	2020-06-22	2025-06-21
5	11420S24489R1M	中国职业健康安全管理体系认证	2020-09-09	2023-07-05

获奖证书		
序号	证书类型	发证日期
1	2020 年度中国包装百强企业排名	2020 年
2	2021 中国印刷包装企业 100 强榜单	2021 年
3	2020 中国工业企业市值 2000 强榜单	2020 年

续表

创新（2020—2021）
2020—2021 年，厦门合兴包装印刷股份有限公司共申请了 6 项专利，其中 3 项获得授权，都为实用新型专利。公司目前拥有 4 个研发中心，近五年来生产 136 亿只瓦楞纸箱，国内拥有 70 余家生产基地，拥有 5 个海外工厂。公司年报显示其获得专利共 518 项，其中发明专利 12 项、实用新型专利 477 项、外观设计专利 29 项，总的专利数比往年增加了一百多项。2021 年主要进行"集束包新材料项目""环保保温箱项目""多物品包装结构设计及优化项目"三项创新项目。"集束包新材料项目"将开发集束包的国产替代材料，提高产品竞争力，增强公司产品竞争力，满足客户环保减耗需求。"环保保温箱项目"将新型保温箱采用环保可降解材料与传统纸箱相结合的方式，以期实现与 EPS/EPP 等材质保温箱接近的性能。技术创新将拓展新的纸箱应用技术，服务客户的环保创新需求。"多物品包装结构设计及优化项目"对市场上各类产品进行包装结构设计及优化设计，作为技术储备并推广至客户，提高包装设计能力，更好地与客户需求对接，扩展产品服务方向。

厦门吉宏科技股份有限公司

厦门吉宏科技股份有限公司成立于 2003 年，以快消品展示包装为主营业务，服务于快消品行业龙头客户；致力于围绕品牌快消品客户建立一个包装全品类供应链采购场景，为客户实现一站式采购提供全方位服务。公司于 2016 年在深交所成功上市。上市后，公司内生外延并举，快速壮大包装业务的同时依托创意设计本源，切入精准营销和跨境电商业务。2019 年 11 月，公司设立全资子公司深圳吉链区块链技术有限公司，通过运用区块链技术创新发展公司产品技术和解决方案，为公司的包装和互联网业务赋能。

一般项目：专业设计服务；软件开发；信息技术咨询服务；第一类医疗器械销售；第二类医疗器械销售；广告制作；广告发布（非广播电台、电视台、报刊出版单位）；广告设计、代理；塑料制品制造；塑料制品销售；印刷专用设备制造；专用设备制造（不含许可类专业设备制造）；专用设备修理；劳动保护用品生产；互联网销售（销售需要许可的商品除外）；服装辅料销售；针纺织品及原料销售；鞋帽零售；箱包销售；皮革制品销售；工艺美术品及收藏品零售（象牙及其制品除外）；珠宝首饰零售；化妆品零售；宠物食品及用品零售；金属制品销售；家具销售；家用电器销售；日用品销售；农副产品销售；通信设备销售；电子产品销售；环境保护专用设备销售；化工产品销售（不含许可类化工产品）；五金产品零售；办公设备耗材销售；汽车装饰用品销售；母婴用品销售；眼镜销售（不含隐形眼镜）；个人商务服务；企业管理咨询；企业形象策划；会议及展览服务；市场营销策划；信息系统集成服务；礼品花卉销售（除依法须经批准的项目外，凭营业执照依法自主开展经营活动）。

许可项目：包装装潢印刷品印刷；出版物印刷；出版物互联网销售；技术进出口；货物进出口；酒类经营；食品互联网销售（销售预包装食品）；食品互联网销售（依法须经批准的项目，经相关部门批准后方可开展经营活动，具体经营项目以相关部门批准文件或许可证件为准）。

所属地区：福建省厦门市海沧区。

所属行业：科学研究和技术服务业 > 专业技术服务业 > 工业与专业设计及其他专业技术服务 > 专业设计服务。

所属类型：股份有限公司（上市、自然人投资或控股）。

		资质证书		
序号	证书编号	证书类型	发证日期	截止日期
1	闽厦食药监械经营备 20204034 号	医疗器械经营企业（备案）	2020-04-13	—
2	CN05/00832	质量管理体系认证（ISO9000）	2020-07-06	2023-07-05
3	BV-COC-127208	FSC 森林认证	2020-10-13	2025-10-22
4	GR202035100299	高新技术企业	2020-10-21	2023-10-21

	获奖证书	
序号	证书类型	发证日期
1	2020 年度中国包装百强企业排名名单	2020 年
2	2020 年度中国纸包装前 100 名企业	2020 年
3	2020 中国上市公司创新指数 500 强	2020 年
4	2021 中国印刷包装企业 100 强榜单	2021 年
5	2021 网红经济企业 TOP100	2021 年
6	2020 中国工业企业市值 2000 强榜单	2020 年

创新（2020—2021）

公司重视自主研发和技术创新，为适应不断发展变化的新兴信息和快速更新迭代的市场，持续加大对重点业务领域的研发和整合能力的投入，加强公司产品和全面解决方案服务能力，不断提升自主创新意识，积极拓展互联网营销产业链业务，加快电商 SaaS 服务平台和国内新零售生态的建设进程。2020 年公司研发投入金额为 8030.12 万元，较上年增长 26.05%。

截至目前，公司及子公司已取得实用新型 112 项、发明专利 25 项、外观专利 10 项，拥有注册商标 21 个，软件著作权 98 项，另有多项注册商标和专利正在申请中。2020—2021 年两年有发明专利 5 项，实用新型专利 28 项，外观专利 20 项。主要研发的项目有"印刷、制袋一体化工程方案研究与应用""高网线柔印彩色印刷的研发与应用""一种丝网上 UV 光油的圆压圆上光设备技术研发""基于数字化控制瓦楞纸箱覆膜工艺优化""一种绿色环保包装袋的工艺创新""纸板线换纸效率提升的研究""功能性纸袋的技术研究与应用""纳米材料在提升纸箱性能方面的研究与应用""瓦楞纸板加工用废料收集装置的开发研究"等 26 项技术。

山鹰国际控股股份公司

山鹰国际控股股份公司是以再生纤维回收、工业及特种纸制造、包装产品定制、产业互联网等为一体的国际化企业。公司致力于产业生态构建和商业模式创新，成为"为客户创造长期价值的全球绿色包装一体化解决方案服务商"。截至 2021 年 12 月，公司在海内外拥有 40 家再生资源回收企业、12 家工业及特种纸制造企业、58 家包装产品定制企业、3 家产业互联平台。连续 6 年蝉联《财富》中国 500 强。

山鹰国际以可持续发展为己任，坚持产品创新，积极探索"以纸代塑"。其主要产品——各类包装原纸、特种纸及纸板、纸箱、食品级纸塑等，被广泛用于消费电子、家电、化工、轻工、食品等消费品及工业品行业；着力制造业绿色升级，努力降低单位 GDP 能耗，推动绿色循环低碳发展。

经营范围：对制造业、资源、高科技、流通、服务领域的投资与管理；贸易代理；进出口业务（国家限定企业经营或禁止进出口的商品和技术除外）；承包各类境外国际招标工程；纸、纸板、纸箱制造；公司生产产品出口及公司生产、科研所需的原辅材料、机械设备、仪器仪表、零配件进口；废纸回收（依法须经批准的项目，经相关部门批准后方可开展经营活动）。

所属地区：安徽省马鞍山市花山区。

所属行业：制造业 > 造纸和纸制品业 > 纸制

品制造＞纸和纸板容器制造。　　　　　　　　　　所属类型：其他股份有限公司（上市）。

资质证书			
序号	证书编号	证书类型	发证日期
1	ISO 9001：2015	质量认证 Quality	2015 年
2		FSC-COC 认证（森林管理委员会 - 产销监管链认证）	2015 年
3	ISO 14001：2015	中国环境标志产品认证（十环认证）	2015 年
获奖证书			
序号	证书类型		发证日期
1	2020IDC 数字化转型信息数据领军者		2020 年
2	浙江省高新技术企业创新能力百强、资源与环境技术领域十强		2019 年
3	造纸行业创新企业		2019 年
4	第二十二届中国专利银奖		2021 年
5	第二十二届中国专利优秀奖		2021 年
创新（2020—2021）			

目前已拥有 2 家博士后科研工作站、7 家国家级高新技术企业、4 个环保资源综合利用项目，创建工业 4.0 智能化工厂，省级企业技术中心、回收纤维造纸工程技术研究中心等各级研发平台。公司已获专利 346 项，其中发明专利 47 项，涉及造纸、环保、机械、电气控制等各个专业。公司及全资子公司浙江山鹰、华南山鹰也连续被认定为国家高新技术企业。公司于集团管理架构中新设创新研发中心，全面探索基于新材料、新技术、新产品、新模式等的全要素创新。公司还在海外子公司探索基于董事会授权的职业经理人管理模式并取得了圆满成功；公司控股的云印技术发力产业互联生态平台，亦在商业模式及经营转型方面有所创新。广东山鹰以白色伸性纸为研发突破方向，攻克白色高透高强伸性纸技术难关，顺利生产出透气度超 25 微米 /（帕斯卡·秒），物理强度指标达到高强纸袋纸标准的成品纸。在前期成功研发"雪杉"系列纸棒纸的基础上，为广东山鹰拓展市场、生产高附加值的产品再添新贡献。

深圳市裕同包装科技股份有限公司

深圳市裕同包装科技股份有限公司成立于 1996 年，总部位于深圳，2016 年在深交所上市。裕同科技是国内领先的高端品牌包装整体解决方案提供商，服务于世界 500 强企业及高端品牌客户，为消费电子、化妆品、食品、大健康、烟酒等行业客户提供专业的、有竞争力的包装产品、解决方案和服务，并致力于持续为客户提升品牌价值。裕同科技提供的产品和解决方案包括彩盒、礼盒、说明书、不干胶贴纸、纸箱、纸托以及智能包装、环保包装、功能包装等，同时提供创意设计、创新研发、一体化制造、自动化大规模生产、多区域运营及就近快捷交付等专业服务。裕同科技设计的作品多次获得德国的红点奖和 iF 设计奖、美国的莫比斯广告奖等世界顶级工业设计奖项。裕同科技实行集团化管理，截至 2021 年 10 月，已拥有 80 家子公司和 7 家分公司，在华东、华南、华北、华中、西南以及越南、印度、印尼、泰国等地设有生产基地，并在美国、澳大利亚、中国香港等地区设有服务中心，就近为全球客户提供服务。裕同科技始终将"坚持自主创新，保持技术领先"作为核心战略，设立了裕同研究院，拥有丰硕的具有自主知识产权的研发成果，累计有上百项行业领先技术，为公司的持续发展提供丰富的创造力和强大的技术支持。近年来，裕同科技获得了"中国印刷包装企业 100 强第一名""中国包装优秀品牌""国家印刷示范企业""国家文化出口重点企业""广东省著名商标""深圳市百强企业""深圳市文化创意产业百强企业"等荣誉。

经营范围：销售纸箱、彩盒、包装盒、布袋、产业用纺织制成品、PU 包装成品、塑胶制品（不含国家限制项目）；出版物、包装装潢印刷品、其他印刷品印刷；精密模切件、不干胶贴纸、丝印铭板、胶带、保护膜，标签的研发、设计和销售；从事广告业务（法律、行政法规规定应进行广告经营审批登记的，应另行办理审批登记后方可经营）；包装设计、平面设计、品牌设计、结构设计（不含限制项目）。

所属行业：制造业＞造纸和纸制品业＞纸制品制造＞纸和纸板容器制造。

所属类型：其他股份有限公司（上市）。

资质证书			
序号	证书编号	证书类型	发证日期
1	49821IP03093R0L	企业知识产权管理体系认证	2022-03-28
2	GR202144202482	高新技术企业证书	2021-12-23
3	CN01/00675	森林认证 FSC	2020-10-10
获奖证书			
序号	证书类型		发证日期
1	中国印刷包装企业 100 强第一名（连续三年）		2021 年
2	中国民营企业制造业 500 强		2019 年
3	中国包装优秀品牌		2019 年
4	2021 年德国 iF 设计大赛		2021 年
5	2019 年联合国"世界之星"奖		2019 年
6	2020 年广东省制造业企业 500 强		2020 年
7	"国家绿色工厂"称号		2020 年
8	国家级工业设计中心		2021 年
创新（2020—2021）			

在 2021 年，深圳市裕同包装共申请 78 项产品专利，其中实用新型专利有 52 项，外观设计 5 项，发明 20 项。公司通过在各厂区配置自动化、智能化设备，使车间的生产和管理人员明显减少、排产交付效率明显提升、人力成本大大降低。同时，坚持采用污染物排放量少的设备和工艺，严格监管各生产环节，大力推进数字化车间，全面实现互联网云印刷和云包装平台在各生产基地的应用。

公司研发团队通过使用 100% 的生物可降解材料（聚乳酸、PBAT、淀粉）制成各种类型的包装袋，这类包装袋经 6 个月左右正常堆肥可完全降解在土壤中，相关产品已完成 EN13432、ASTMD6400、AS4736 和 ISO17088 认证。公司研发团队通过纳米印刷技术，将无毒无味的 1-MCP 保鲜剂微球分散到包装材料中，形成智能缓释保鲜包装，以抑制乙烯对水果、蔬菜等的催熟，将其保鲜时间延长 2—4 倍。

通过包装智能化和减量包装模式，公司研发团队仅用一张瓦楞纸即可设计出富有创意且环保的盒型，无黏合剂，且极少使用油墨，将纸张利用率提高到 98%。

自 2020 年年初到现在，裕同环保生产基地之一——宜宾市裕同环保科技有限公司已获得国家发明与实用新型专利 12 项。这些专利主要针对普通纸浆餐具设备在生产的各环节中存在的效率低下、良品率不高、设备维护困难等问题，研发更高效、更自动化的技术解决方案。未来，裕同环保事业群将继续探索更为全面的环保包装解决方案，不断在关键核心技术研发上取得新突破，引领行业发展。

亚太森博（山东）浆纸有限公司

亚太森博（山东）浆纸有限公司于 2005 年 8 月 17 日在日照市工商行政管理局登记成立。亚太森博（山东）浆纸有限公司，是山东省最大的外资企业，主要产品为化学木浆、液体包装纸板、食品卡、烟卡及纤维素纤维。具备年产 200 万吨化学木浆、50 万吨白卡纸板的能力。该公司是中国最大的化学木浆生产商之一，也是浆纸行业产业升级、技术进步、绿色发展的标杆企业。

经营范围：生产浆（包含副产的盐酸、次氯酸钠）、纸、纸板、纤维素纤维及其相关产品，销售自产产品；不带存储设施经营盐酸、次氯酸钠溶液；销售建材（不含危险化学品）、铁泥（气浮泥）、木片和木屑；纸浆、溶解浆、纸、纸板及其他纸类产品的进出口批发业务；自备电厂的并网发电和网上电力销售；码头港口设施经营；港区内从事货物装卸、仓储，船舶港口服务业务经营（为船舶提供岸电）；造林；木片堆存、装卸；提供相关的技术咨询、技术培训和技术转让（以上不涉及国营贸易管理商品，涉及配额、许可证管理的商品，按照国家有关规定办理；依法须经批准的项目，经相关部门批准后方可开展经营活动）。

所属地区：山东省日照市经济开发区。

所属行业：造纸和纸制品业。

所属类型：有限责任公司（中外合资）。

资质证书				
序号	证书编号	证书类型	发证日期	截止日期
1	GR202037000705	高新技术企业认证	2020-08-17	2023-08-17
2	LYEC20ENMS0020R0L	能源管理体系认证	2020-04-21	2023-04-20
获奖证书				
序号	证书类型			发证日期
1	2022 年山东省技术创新示范企业（拟认定）			2022 年 5 月
创新（2020—2021）				
亚太森博（山东）浆纸有限公司每年可提供超过 200 万吨的漂白硫酸盐阔叶木浆，使用具有世界先进水平的连续蒸煮生产线，采用硫酸盐法制浆，ECF（无元素氯）漂白技术，以进口的相思木片和桉木片为原料，生产出的纸浆产品具有高强度、高白度、质量稳定的优点，被广泛用于高档文化纸、高档包装纸及纸板、生活用纸、各种特种纸等的生产。				

浙江东经科技股份有限公司

浙江东经科技股份有限公司创办于 1994 年，有近 30 年的纸包装行业运营及管理经验；于 2013 年首创并实际应用"包装＋互联网"模式，将互联网技术引入传统包装行业；助力包装行业的供给侧改革及中小民营包装企业的健康发展。东经科技凭借在包装领域积累的丰富经验，基于纸板厂、纸箱厂用户场景，围绕生产经营全流程各环节的痛点，赋能产业服务，以最新的产业互联网技术、工业大数据技术和智能制造技术，为平台用户提供专业、高效、智能的包装供应链数字化解决方案及服务，助力中小企业在大数据浪潮中降低综合成本，提升品牌价值，实现业绩高效增长。

经营范围：技术服务、技术开发、技术咨询、技术交流、技术转让、技术推广；软件开发；网络技术服务；互联网安全服务；互联网销售（销售需要许可的商品除外）；物联网设备销售；物联网技术研发；网络与信息安全软件开发；物联网技术服务；数据处理和存储支持服务；国内贸易代理；企业管理咨询；财务咨询；

咨询策划服务；信息技术咨询服务；纸制品销售；广告制作；广告发布（非广播电台、电视台、报刊出版单位）；广告设计、代理；数字内容制作服务（不含出版发行）；供应链管理服务（除依法须经批准的项目外，凭营业执照依法自主开展经营活动）。

所属地区：浙江省温州市瓯海经济开发区。

所属行业：软件和信息技术服务业。

所属类型：股份有限公司（外商投资，未上市）。

资质证书				
序号	证书编号	证书类型	发证日期	截止日期
1	18119IP4885R0M	企业知识产权管理体系认证	2019-09-27	2021-03-27
2	GR201833001447	高新技术企业认证	2018-11-30	2021-11-30
获奖证书				
序号	证书类型			发证日期
1	入选 2021 年度国家中小企业公共服务示范平台公示名单			2021 年
2	2018 年度温州市市长质量奖企业			2019 年
创新（2020—2021）				
东经科技以"包装+互联网"模式，打造中小企业降本提效、价值倍增包装供应链服务平台，实现全产业链各利益相关方共赢。				

大亚科技集团有限公司

创立于 1978 年的大亚科技集团有限公司是中国民营企业 500 强之一、中国民营企业制造业 500 强之一、农业产业化国家重点龙头企业、国家知识产权示范企业；大亚集团及其下属子公司拥有一家国家级企业技术中心、三家省级技术中心和两家博士后工作站。大亚集团控股的大亚科技股份有限公司是国家高新技术企业、国家林业重点龙头企业、国家首批两化融合管理体系贯标试点单位。大亚集团现有家居、包装、汽配和转型产业四大业务板块。大亚科技是国内最早从事烟用内衬纸开发和实现国产化生产的企业之一，是国家高新技术企业。先后通过了质量、环境、职业健康、实验室管理体系，多次荣获"双优诚信印刷企业""中国包装优秀品牌"等荣誉称号。

经营范围：工业及自动化产品、通信产品、电子产品、家电、机电设备、仪器仪表、零配件、五金交电、建筑材料、办公用品，计算机软硬件的科研开发、生产、销售；光电子通信为主的信息技术、信息工程及激光印刷领域内的四技服务；生产销售铝箔及制品、化学纤维品、多层共挤膜、烟用滤嘴材料、有色金属压铸件、摩托车汽车轮毂；各类家具的制造、加工；进料加工及"三来一补"业务，实业投资；国内贸易；房地产开发与销售；普通货物的仓储、包装，物流信息、物流业务的咨询服务；公司自营进出口业务（依法须经批准的项目，经相关部门批准后方可开展经营活动）。

所属地区：江苏省丹阳市。

所属行业：制造业。

所属类型：有限责任公司（自然人投资或控股）。

资质证书				
序号	证书编号	证书类型	发证日期	截止日期
1	CEC01014250242-8--1	环保部环境标志	2016-03-14	2017-01-21
2	CEC01014250242-8--6	环保部环境标志	2016-02-25	2017-01-21
3	18115IP0334R0M	企业知识产权管理体系认证	2015-11-30	2018-11-29
4	CEC01014250242-8--3	环保部环境标志	2014-02-12	2017-02-11
5	CEC01014250242-8--4	环保部环境标志	2014-02-10	2017-02-09

获奖证书		
序号	证书类型	发证日期
1	中国诚信企业家	2022 年
2	重合同守信用企业	2022 年
3	诚信供应商企业	2022 年
4	质量服务诚信单位	2022 年
5	企业信用等级证书	2022 年
6	诚信经营示范单位	2022 年
7	企业信用评级 AAA 级企业（牌）	2022 年
8	企业资信等级证书	2022 年
9	中国优秀节能减排绿色环保企业	2020 年

创新（2020—2021）

建有省级工程技术中心、涂料研究所以及国家级实验室。生产装备精良，拥有德国 / 美国镀铝机、意大利印刷机、日本复合机、定制组合式柔印机等国内外先进的生产设备，生产烟用内衬纸、烟用接装纸、定位框架纸、喷铝纸、直镀纸和镀铝膜等包装材料。技术力量雄厚，相继研发了保润内衬纸、定位框架纸、浮雕转移接装纸等个性化产品，拥有 45 项国家专利技术，是国内行业标准的主要起草单位之一。多年来一直为湖南、四川、重庆、吉林、江西等烟草生产企业供货，目前是唯一一家同时与菲莫国际、英美烟草、日本烟草等国际知名烟草公司建立合作关系的企业。

公司所设计和生产的产品集工艺美术、造型设计和新型材料于一体，能为客户提供全套包装解决方案，在印刷行业享有良好的声誉和知名度。公司拥有 31 项国家专利技术知识产权，设计生产的产品荣获"亚洲印刷大奖""美国印制大奖"等多项国内外大奖。公司加大各种功能性特种滤棒的研发和推广应用，已取得发明专利 23 项，实用新型专利 63 项。目前已形成了二元 / 三元复合滤棒、空管复合滤棒、胶囊滤棒、中细支滤棒等四大系列 200 多个品种的产品体系。

5.2　塑料包装行业领先企业

上海紫江企业集团股份有限公司

紫江，创始于1981年，是根植于上海的一家民营投资控股集团。紫江之名，取自发源地附近一条"紫港"的江流，也寓意紫江将不断汇聚力量，迈向更广阔的发展空间。

上海紫江在制造业领域，拥有两家上市公司——上海紫江企业集团股份有限公司和上海威尔泰工业自动化股份有限公司；在服务业领域，主要从事紫竹国家高新技术产业开发区、房地产及酒店等的开发与管理。在自身发展的同时，紫江还以产业报国、科教兴国为己任，重视经济效益和社会效益的共同发展。

经营范围：生产PET瓶及瓶坯等容器包装、各种瓶盖和标签、涂装材料和其他新型包装材料，销售自产产品，从事货物及技术的进出口业务，包装印刷，仓储服务（危险品除外）。

所属地区：上海市。

所属行业：橡胶和塑料制品业。

所属类型：股份有限公司（上市、自然人投资或控股）。

资质证书				
序号	证书编号	证书类型	发证日期	截止日期
1	JY33101120003274	食品经营许可证	2016-04-27	2021-04-26
2	CN17/20263.00	质量管理体系认证（ISO9001）	2020-01-25	2023-01-24
3	CN17/20263.01	质量管理体系认证（ISO9001）	2020-01-25	2023-01-24
4	F01FSMS1500045	食品安全管理体系认证	2020-03-10	2021-04-19
5	7077	能源管理体系认证	2020-04-29	2023-04-28
6	CN14/20154	环境管理体系认证	2020-07-06	2023-07-05
7	CN15/21478	所有未列明的其他管理体系认证	2021-04-20	2024-04-19
8	331220104	中国职业健康安全管理体系认证	2022-02-08	2025-02-07

创新（2020—2021）

公司创新包装产品主要有铝塑膜。与其相关的专利和设备主要有全智能纸板耐破度测试仪、标准定量取样器、全智能纸箱抗压强度测试仪、全智能纸板戳穿强度测试仪、包装跌落测试仪、恒温恒湿试验箱等检测仪器。

紫江企业始终致力于研究和发展具有环保概念的都市创新材料产业，现已逐步发展成饮料包装、软包与新材料、商贸物流三位一体的产品与服务供应商。

2021年，紫江企业股份持续以创新为驱动，以精益管理为抓手，聚焦优势产业，深耕市场，积极探索"双碳"大目标下的企业发展方向，保持了企业的良好发展态势。同时，以贡献社会为己任，共筑抗击疫情的坚实堡垒，交出了一份令人满意的答卷。

四川省宜宾普拉斯包装材料有限公司

四川省宜宾普拉斯包装材料有限公司成立于2008年9月1日，由普什集团所属的四个车间以及普什3D、普光科技两个子公司等优质资产重组而成，是一家通过ISO9001：2015国际质量管理体系认证的大型国有现代化包装企业。

公司主要由"智慧包装""功能性材料及深加工"和"立体显示"三大产业构成，研发、生产和销售塑胶包装材料、防伪塑胶瓶盖、PET深腔薄壁注塑包装盒、3D防伪包装盒、防伪溯源技术及系统、3D文创产品、3D灯箱广告、裸眼立体显示终端等产品。

公司配备了国内外先进的研发试验检测设备，建立了世界一流的生产线，拥有从原料到成品的完整产业链，具备强大的生产能力，现已发展成为行业生产技术的领导者。

公司始终坚持"守诚信、做极致"的企业精神，以"客户第一、合作共赢、以人为本、长期利益"为核心价值理念，并始终坚持推行TQM，以最少的成本，为不同需求的用户提供卓越的产品和服务，使各类顾客高度满意。与此同时，公司与国际知名企业、科研院所紧密合作，已逐步完善为集策划、设计、研发、生产力为一体的一站式包装服务提供商。

许可项目：食品用塑料包装容器工具制品生产；包装装潢印刷品印刷；文件、资料等其他印刷品印刷；第二类增值电信业务；食品互联网销售；呼叫中心（依法须经批准的项目，经相关部门批准后方可开展经营活动，具体经营项目以相关部门批准文件或许可证件为准）。

一般项目：塑料制品制造；塑料制品销售；橡胶制品制造；橡胶制品销售；食品用塑料包装容器工具制品销售；包装材料及制品销售；塑料包装箱及容器制造；金属包装容器及材料销售；金属包装容器及材料制造；数字内容制作服务（不含出版发行）；塑胶表面处理；贸易经纪；国内贸易代理；货物进出口；进出口代理；销售代理；软件开发；软件销售；网络设备销售；网络技术服务；信息系统集成服务；网络与信息安全软件开发；技术服务、技术开发、技术咨询、技术交流、技术转让、技术推广；计算机系统服务；互联网销售（销售需要许可的商品除外）；家居用品制造；家居用品销售（依法须经批准的项目外，凭营业执照依法自主开展经营活动）。

所属地区：四川省宜宾市翠屏区。

所属行业：橡胶和塑料制品业。

所属类型：有限责任公司（非自然人投资或控股的法人独资）。

资质证书				
序号	证书编号	证书类型	发证日期	截止日期
1		电信许可：信息服务业务（仅限互联网信息服务），在线数据处理与交易处理业务	有效	—
2		电信许可：信息服务业务（不含互联网信息服务），国内呼叫中心业务	有效	—
3		环境管理体系认证	有效	2020-08-02
4		排污许可证	有效	2021-08-27
5		质量管理体系认证（ISO9001）	有效	2021-09-27
6		质量管理体系认证（ISO9001）	有效	2021-09-27
7		食品安全管理体系认证	有效	2022-02-18

创新（2020—2021）
公司创新包装产品主要有防伪包装、功能性材料及深加工（切片、胶片、功能性材料）、立体显示、智慧包装（酒品、快消品、医疗保健品、日化产品、电子产品、防伪溯源系统——RFID技术）。 公司常年与国际知名企业、科研院所紧密合作，拥有全球配置的人力资源和精良装备、先进科学的管理经验、高效专业的技术人才队伍以及健全的质量管理体系和世界级生产能力，产品出口欧美及东南亚20多个国家及地区。

福建友谊胶粘带集团有限公司

福建友谊胶粘带集团成立于1986年3月，是一家从事不同品种胶带、包装材料、薄膜、纸张、化工等产品的现代化企业，近年来涉足房地产、电子商务、酒店等领域。如今，友谊集团已在福建、四川、山西、云南、辽宁、湖北、安徽、广西等省（自治区）发展了20多家生产分公司，在全国设立了150多家网点。同时，公司正通过向80多个国家和地区出口产品，将业务拓展到国际市场。

经营范围：

许可项目：食品用塑料包装容器工具制品生产；包装装潢印刷品印刷；文件、资料等其他印刷品印刷；第二类增值电信业务；食品互联网销售；呼叫中心（依法须经批准的项目，经相关部门批准后方可开展经营活动，具体经营项目以相关部门批准文件或许可证件为准）。

一般项目：塑料制品制造；塑料制品销售；橡胶制品制造；橡胶制品销售；食品用塑料包装容器工具制品销售；包装材料及制品销售；塑料包装箱及容器制造；金属包装容器及材料销售；金属包装容器及材料制造；数字内容制作服务（不含出版发行）；塑胶表面处理；贸易经纪；国内贸易代理；货物进出口；进出口代理；销售代理；软件开发；软件销售；网络设备销售；网络技术服务；信息系统集成服务；网络与信息安全软件开发；技术服务、技术开发、技术咨询、技术交流、技术转让、技术推广；计算机系统服务；互联网销售（销售需要许可的商品除外）；家居用品制造；家居用品销售（依法须批准的项目除外，凭营业执照依法自主开展经营活动）。

所属地区：福建省福州市福清市。

所属行业：橡胶和塑料制品业。

所属类型：有限责任公司（自然人投资或控股）。

资质证书				
序号	证书编号	证书类型	发证日期	截止日期
1		质量管理体系认证（ISO9001）	有效	2020-08-19
2		环境管理体系认证	有效	2020-08-19
3		中国职业健康安全管理体系认证	有效	2020-08-19
4		食品经营许可证	有效	2020-09-17
5		高新技术企业	有效	2020-12-01
6		排污许可证	有效	2021-06-22

创新（2020—2021）
公司创新包装产品主要有BOPP胶带、双面胶带、美纹纸胶带、纸胶带、牛皮纸胶带、布基胶带。相关专利和设备主要有BOPP薄膜生产线、德国布鲁克纳全自动化生产设备。福建友谊胶粘带集团有限公司，是中国较大较专业的胶带生产商之一，是集研发、生产、销售为一体的现代化集团企业。集团始终坚持"以质量求生存、用诚信谋发展"的经营理念，践行"创新求变、务实求精"的质量方针，认真执行ISO9001、ISO14001管理体系，用心铸造品牌。集团企业历年来获得"国家制造业单项冠军产品""中国驰名商标""福建名牌产品""高新技术企业""福建省科技型企业""福建省包装龙头企业""中国胶粘带行业典范企业"等多项荣誉称号。

安姆科国际容器（广东）有限公司

安姆科国际容器（广东）有限公司于 1993 年在广东东莞成立，占地 3.5 万平方米。公司从 2000 年起陆续增加了 7 个生产基地与服务点，为客户提供一体化包装服务，供应瓦楞纸箱、纸板、彩盒、精品盒、蜂窝纸板、EPE 等优质包装产品，现年产能达 12 万吨，年销售额约 6 亿元。安姆科国际容器（广东）有限公司的集团公司——安姆科集团，1984 年在新加坡成立之初就向着世界一流的包装集团目标进发，在亚洲已配置 16 个生产基地与服务点，目前已是东南亚主要的包装集团之一。整合行业发展技术和服务优势，以绿色、环保为导向，已通过 Lowe's、GMI、沃尔玛、迪士尼等 12 项高端专业资格认证和许可。公司以整体价值提升为目标，勇于创新，以诚相待，快速响应客户需求，全面推进"JIT、包装一体化、电商"三大服务发展战略。

经营范围：生产和销售纸或其他物料所制成的彩色或非彩色的箱、盒和其他种类的容器及其他包装和标贴物料、纸制玩具、包装装潢印刷品印刷（以上项目不涉及外商投资准入特别管理措施）（依法须经批准的项目，经相关部门批准后方可开展经营活动）。

所属地区：广东省东莞市。

所属行业：造纸和纸制品业。

所属类型：有限责任公司。

资质证书				
序号	证书编号	证书类型	发证日期	截止日期
1	SGSHK-COC-011578	FSC 森林认证	2019-10-20	2024-10-19
2	00920Q10479R2M	质量管理体系认证（ISO9001）	2020-05-20	2023-05-19
3	00920E10205R2M	环境管理体系认证	2020-05-20	2023-05-19
4	9144190061816121X0001P	排污许可证	2020-09-14	2025-09-29
5	GR202144000860	高新技术企业	2021-12-20	2024-12-20
创新（2020—2021）				

公司创新包装项目主要有：纸板折叠制备电视支架包装结构的设计研发、可重复利用环保 V 型电子产品包装结构的设计开发、包装箱胶水挤压装置的设计开发、可折叠防霉防潮茄烟包装盒的设计开发项目、无毒无刺激纸箱防潮上光油的设计开发项目、基于粘箱工艺平带传动瓦楞纸箱钉合设备的设计开发项目、基于铝油凝胶和松香改性酚醛树脂平板胶印油墨的设计开发项目。

四川新升包装科技有限责任公司

四川新升包装科技有限责任公司是新升集团旗下子公司，成立于 1995 年，位于四川省广汉经济技术开发区，公司始创于 1995 年，是新升集团下属子公司。公司致力于为食品、药品、日用化工品、工业品等领域大中型企业提供环保的包装产品与完善的包装解决方案，经过多年发展，现已成为西南地区大型的塑胶包装产品制造与服务商，公司总资产 3 亿余元。

一般项目：技术服务、技术开发、技术咨询、技术交流、技术转让、技术推广；塑料制品制造；塑料制品销售；医用包装材料制造；食品用塑料包装容器工具制品销售；新材料技术研发；纸制品制造；纸制品销售；包装服务；机械设备销售；货物进出口；国内贸易代理；化工产品销售（不含许可类化工产品）；建筑材料销售；采购代理服务；供应链管理服务；法律咨询

（不包括律师事务所业务）；企业管理咨询；销售代理（依法须经批准的项目除外，凭营业执照依法自主开展经营活动）。

许可项目：道路货物运输（不含危险货物）（依法须经批准的项目，经相关部门批准后方可

开展经营活动，具体经营项目以相关部门批准文件或许可证件为准）。

所属地区：四川省德阳市广汉市。

所属行业：橡胶和塑料制品业。所属类型：有限责任公司。

资质证书				
序号	证书编号	证书类型	发证日期	截止日期
1	00119E33140R2M/5100	环境管理体系认证	2021-11-12	2022-08-19
2	00121037919R2M1/5100	质量管理体系认证（ISO9000）	2021-11-12	2024-08-10
3	001FSMS1700524	食品安全管理体系认证	2021-11-11	2023-12-05
4	202151068108007459	科技型中小企业	2021-06-04	2021-12-31
5	91510681214258808001R	排污许可证	2021-05-20	2026-05-19
6	20205106810C003050	科技型中小企业	2020-04-07	2020-12-31
创新（2020—2021）				

公司以研发团队为依托，与中国包装技术协会及四川大学高分子材料学院、四川理工学院等高等院校联合搭建产学研平台，协同创新，以提高容器包装研发水平。同时公司投入巨资修建了科研大楼，并配套先进的研发设备30余台，可完成材料力学性能、热性能、耐老化性能、环境应力开裂、材质鉴别、影像测量、实体建模与仿真分析、3D快速模型打印等多个研究项目。配套检测设备40余台，可完成红外光谱、密度、气相色谱、紫外吸收、包材相容性、正负压密封、水蒸气透过量、微生物限度、抗跌性、瓶盖扭矩等多个检测项目。公司拥有科研人员30余名，外聘行业、高校专家10名。在新材料配方研发应用、新产品造型与功能设计、新工艺技术研制运用、塑胶模具设计制造、容器质量检测方面实现了多项突破，各项关键技术均达到了国内先进的水平，并已广泛应用于生产，具有为客户提供完整的容器包装解决方案的能力。通过多年的技术积累与创新，公司取得了重点技术研究成果百余项，取得发明专利30余项。其中食品药品用耐高温塑料瓶、耐冲击聚丙烯药用塑料瓶、多功能易开启瓶口结构以及配套瓶盖、瓶体轻量化与瓶体结构优化研究、塑胶绿色环保节能生产工艺、自动化在塑胶包装容器中的应用等多项成果，已经取得了巨大的经济效益。

营口东盛实业有限公司

辽宁东盛集团是一家集塑料包装产品制造、硅藻土环保新材料产业开发、家居日用品（研发、制造、销售）品牌运营、进出口贸易于一体的综合性集团，总部设在中国东北辽宁营口。营口东盛实业有限公司作为集团旗下子公司，于2000年开始步入资源与环境领域，产品远销至国外市场，并同日本、美国、韩国、瑞士等多个国家有稳定的业务合作关系。

许可项目：货物进出口；技术进出口（依法须经批准的项目，经相关部门批准后方可开展经营活动，具体经营项目以审批结果为准）。

一般项目：生物基材料制造；生物基材料销售；塑料制品制造；塑料制品销售；橡胶制品制造；橡胶制品销售；纸制品销售；合成材料制造（不含危险化学品）；合成材料销售；金属制品销售；建筑材料销售；木材销售；金属矿石销售；石油制品销售（不含危险化学品）；化工产品销售（不含许可类化工产品）；电力电子元器件销售；机械设备销售；包装材料及制品销售；国内贸易代理；销售代理（依法须经批准的项目除外，凭营业执照依法自主开展经营活动）。

所属地区：辽宁省营口市西市区。

所属行业：橡胶和塑料制品业。

所属类型：有限责任公司。

资质证书				
序号	证书编号	证书类型	发证日期	截止日期
1	CEC2020ELP01512251	环境标志产品	2021-09-13	2023-08-17
2	SAI-COC-005373	FSC 森林认证	2020-09-03	2025-08-28
3	CEC2020ELP01512252	环境标志产品	2020-08-18	2021-04-06
4	GR201821000149	高新技术企业	2018-07-31	2021-07-31
创新（2020—2021）				

　　快速响应机制：一个企业要在快速变化时代的竞争中获胜，就必须具备比竞争对手更快的速度优势。公司以创新性思维，提出并导入产品系统化解决方案，利用大数据系统分析客户需求，可以满足客户的"多品种、快供货"的采购需求。时间是数字化时代最稀缺的资源，速度就是战胜对手最锋利的武器。只有速度与价格、质量、服务相融合才能赢得决定性的市场份额。在激烈的市场竞争中，比对手抢先一步，给公司带来了极大的竞争优势。

　　柔性服务制造能力：现代科技的飞速发展，使产品更新换代的周期越来越短，多样化、个性化的市场已经形成。在当今全球激烈的市场竞争环境中，综合竞争优势（市场、研发、制造、组织优势等）才是企业致胜的根本。公司拥有 20 多年的行业经验，能够快速满足用户多样化、个性化的需求能力。公司生产的产品向多品种、小批量、多批次、短周期方向发展。始终坚持"以服务业的理念做制造业"，帮助客户做到"零"库存，持续提升独特的柔性服务制造能力。

　　独特资源优势：资源的独特性或不可模仿性是企业市场竞争优势的主要来源之一。2015 年 1 月 27 日内蒙古东盛硅藻土科技创新产业园有限公司竞得内蒙古自治区商都县谢家坊硅藻土矿采矿权。矿区地质环境简单，为露天开采矿山，面积约为 0.801 平方千米，开采深度 1372 米 ~1340 米标高。硅藻土矿储量 650 万吨，可供开采 33 年。其独特的管状结构，相比于其他硅藻土具有更强的呼吸能力和调湿功能，是全国独特的硅藻土。

　　平台型孵化能力：辽宁东盛集团在产品与工艺、产品与服务、技术与市场等方面具有独特创新模式，是一家通过产业联盟的形式孵化出聚乙烯日用品与硅藻日用品为主体方向的拥有 N 个产业平台的集团化公司。目前建立以企业为核心的产业联盟，整合传统企业优势资源，通过产业创新与产业转型，实现传统产业提档升级，把东盛的无形资产与联盟企业的专业制造能力整合，激活联盟企业的生命力。同时为政府分忧，为困企解难。始终致力于打造聚乙烯包装制品产业出口基地，为早日把营口建成制造业的"价值高地、成本洼地"作出贡献。

河南银金达控股集团有限公司

　　河南银金达集团成立于 2008 年，总部位于河南省新乡市商会大厦。集团现有全资子公司 6 家，分布于华北、华中、东北地区；集团总资产 11 亿，年销售收入 7.5 亿。集团是专业生产塑料包装制品的高新技术企业，现已成长为集聚酯切片、拉膜、印刷为一体的包装产业链。集团始终秉承"成为全球包装产业的引领者之一，为守护地球健康质量尽最大的贡献"之使命，与统一、立白、可口可乐、今麦郎等知名企业形成了战略合作伙伴关系。

　　经营范围：企业管理咨询；股权投资；商务信息咨询服务；财务信息咨询服务；知识产权咨询服务；市场营销策划；印刷相关设备、材料的销售。

　　所属地区：河南省新乡市卫辉市。

　　所属行业：专业技术服务业。

　　所属类型：有限责任公司（自然人投资或控股）。

资质证书				
序号	证书编号	证书类型	发证日期	截止日期
1	GR202141001483	高新技术企业证书	2021-10-28	2024-10-28
2	00521EN3666R1M	能源管理体系认证	2021-09-06	2024-08-27
3	53720IP0060R0M	企业知识产权管理体系认证	2020-08-14	2023-08-13
4	015FSMS1700120	食品安全管理体系认证	2020-07-26	2023-07-25

资质证书				
序号	证书编号	证书类型	发证日期	截止日期
5	15/20S6372R11	中国职业健康安全管理体系认证	2020-07-26	2022-07-31
6	91410781563739204T001Y	排污许可证	2020-07-15	2023-07-14

创新（2020—2021）

2020年11月2日，中国工业经济联合会公示了第六届中国工业大奖、表彰奖、提名奖候选企业和项目名单，河南银金达控股集团有限公司获得企业表彰奖。河南银金达控股集团有限公司在新材料细分行业领域持续深耕25年，由跟跑、并跑到领跑，实现了跨越式发展，自主研发的功能性聚酯热收缩薄膜及原料，替代高污染、高能耗、难处理的传统膜材料，打破国外企业对同类产品技术的长期垄断，双双填补国内空白，实现国际先进高端膜材料的国产化，打造民族支柱品牌。公司始终践行绿色发展理念，坚持"技术＋管理"双轮创新驱动发展战略，在生产、经营、管理等方面均达到国内领先和国际先进水平。

深圳市通产丽星科技集团有限公司

公司成立于1984年，总部位于深圳市龙岗区，在深圳、广州、上海、苏州等地设立了大型生产基地。拥有国家863计划材料表面工程技术研究开发中心、国家认定企业技术中心、国家博士后科研工作站3个创新载体和广东省新型研发机构、广东省中小企业服务示范平台等6个省级创新载体以及深圳市富勒烯碳纳米材料工程实验室、深圳市公共技术服务平台等多个市级创新载体。包装材料业务服务国际知名的化妆品、食品制造商，如宝洁、资生堂、雅芳、欧莱雅、联合利华、箭牌、玛氏、不凡帝范梅勒；汽车轻量化材料供应世界汽配商法拉奥、德尔福等；新材料业务服务华为、富士康、中兴、比亚迪、华星光电、柔宇等企业。公司为中国包装联合会副会长单位、中国塑料加工协会副会长单位、全国印刷电子产业技术创新联盟副理事长单位、中国标准化协会常务理事单位、深圳市新材料行业协会会长单位、国际ISO/TC122/SC4工作组（WG1包装和包装废弃物ISO标准使用要求）成员单位。公司经过近30多年励精图治，已发展成为国内最具规模和实力的化妆品包装生产厂家，尤其在复合软管方面，更是在国内获得较高市场占有率和良好的评价与信誉，获得国内外品牌客户的普遍赞誉。丽星科技以优良的产品、服务和承担的社会责任，得到了政府有关部门、行业协会、第三方独立机构及客户的高度认可与信赖，获得了众多资质和荣誉。

所属地区：广东省深圳市龙岗区。

所属行业：橡胶和塑料制品业。

所属类型：有限责任公司（法人独资）。

荣誉与认证		
序号	类型	名称
1	国家级中心	国家863计划材料表面工程技术研究开发中心
2	国家级协会	中国新材料测试评价联盟；中国分析测试协会理事单位
3	省级创新载体	广东省新型研发机构；广东省中小企业服务示范平台；广东省博士工作站
4	市级服务平台	深圳市公共技术服务平台；深圳市功能薄膜检测开发体系；深圳市新材料应用体系；深圳市博士后实践基地
5	资质	CNAS认证；CMA计量认证；GJB 9001C武器装备质量管理体系认证；GB/T 19001质量管理体系认证；武器装备二级保密资质
6	服务产业	电子信息、新能源、光电新型显示、生物医药、快消品、新材料

续表

荣誉与认证		
序号	类型	名称
7	标准	8 个国家标准；3 个团体标准
8	课题	863 项目；新材料技术攻关；新材料应用产业服务体系；平台建设等
9	知识产权	13 项发明；17 项实用新型；6 项软件著作权
10	客户	服务 10000 家客户

广州信联智通实业股份有限公司

广州信联智通实业股份有限公司前身系广州信联智通实业有限公司，成立于 2001 年，是一家以实业投资为主的民营投资控股公司，专注于塑料包装容器的研发、设计、生产、销售和相关配套服务，为客户提供塑料包装领域的"一站式综合服务"，并致力于成为国内领先的塑料包装容器供应商。目前，公司拥有各类先进的生产设备近 100 多台，其中引进国外先进全自动化生产线 20 条。历经几十载，公司已发展成为拥有包装、饮料、日化产品等三大事业部及多家子公司的集团化企业，称雄华南包装行业，并与华润怡宝、屈臣氏、蓝月亮、海天味业、中粮福临门、美晨等知名企业结成长期战略伙伴关系，成为我国 PET 包装容器行业中最大的研发生产企业之一，华南地区瓶坯研发生产制造龙头企业。

所属地区：广东省广州市黄埔区。

所属行业：橡胶和塑料制品业。

所属类型：股份有限公司（非上市，自然人投资或控股）。

资质证书				
序号	证书编号	证书类型	发证日期	截止日期
1	CN19/30251	所有未列明的其他管理体系认证	2020-12-13	2022-02-01
2	GR202044004842	高新技术企业证书	2020-12-09	2023-12-09
3	USA20Q43321R2M	质量管理体系认证（ISO9000）	2020-09-15	2023-09-05
4	USA20E43322R2M	环境管理体系认证	2020-09-15	2023-09-05
5	11420S24648R2M	中国职业健康安全管理体系认证	2020-09-15	2023-09-05

中船重工鹏力（南京）塑造科技有限公司

中船重工鹏力（南京）塑造科技有限公司是 1970 年经中央军委和国防科委批准正式成立，中国十大军工集团之一的中国船舶重工集团（世界 500 强）第七二四研究所（南京鹏力科技集团）成员企业。经过多年发展，公司开发了技术领先的热塑成型装备，取得 30 余项专利，其生产能力、产品合格率和自动化水平均达到了国际先进水平，并在国内乳品饮料工业配套领域取得龙头地位。

经营范围：橡胶和塑料制品业；科技推广和应用服务业。

所属地区：江苏省南京市江宁区。

所属行业：橡胶和塑料制品业；科技推广和应用服务业。

所属类型：有限责任公司。

资质证书				
序号	证书编号	证书类型	发证日期	截止日期
1	GR202132010073	高新技术企业证书	2021-11-30	2024-11-30
2	BRCGSPACKAGINGISSUE6-00019430	所有未列明的其他管理体系认证	2021-01-12	2022-01-20
3	F11FSMS1500007	食品安全管理体系认证	2020-09-08	2021-11-18
4	FSSC22000PACKAGINGV5-0072288	所有未列明的其他管理体系认证	2020-09-08	2021-11-18
5	CNBJ313794-UK	质量管理体系认证（ISO9000）	2020-09-02	2023-09-01
6	苏宁食药监械经营备 20200777 号	质量管理体系认证（ISO9000）	2020-08-21	—
7	BRCPAKAGINGISSUE5-00019430	所有未列明的其他管理体系认证	2020-01-14	2021-01-20

创新（202—2021）

在南京、中国香港，美国三地建立了联合研发中心，具有领先的新材料与产品应用开发能力，在南京市、内蒙古自治区、齐齐哈尔市、美国旧金山市等地建有六大生产基地，拥有全球最先进的 PET/PP/PS/ 纸质容器生产线、全球规模最大的吸管生产系统。整个生产体系配备 10 万级净化车间、全自动中央供料系统、一体化生产设备。

从 1993 年研制出第一条饮料吸管全自动生产线开始到今天，公司已发展成为食品餐饮行业包装耗材的整体服务商。与伊利、蒙牛、光明、肯德基、麦当劳等 1000 多家国内外知名企业建立了战略合作关系。产品包含 9 类 1000 多种，年产量达 500 亿件。获得了 ISO9001、FSSC22000、ISO22000、BV、AIB 等多项国际国内认证。

5.3　金属容器包装行业领先企业

奥瑞金科技股份有限公司

奥瑞金科技股份有限公司是一家集品牌策划、包装设计与制造、灌装服务、信息化辅助营销为一体的综合包装解决方案提供商，长期致力于食品饮料金属包装产品的研发、设计、生产和销售，在为客户提供各类食品产品的包装制品的同时，还提供包装设计、灌装及二维码辅助营销等综合包装服务。公司是国内率先启动热覆合覆膜铁自主研发的企业，拥有国内前端的覆膜铁生产技术及终端应用开发体系。覆膜铁材料在金属包装的应用，可为客户提供更加安全、环保、高端的产品。

经营范围：互联网信息服务；技术开发、技术服务、技术检测；产品设计；经济贸易咨询；节能技术和资源再生技术的开发应用；自动识别和标识系统开发及应用；可视化与货物跟踪系统开发及应用；智能化管理系统开发应用；数据处理；电子结算系统开发及应用；生产金属容器、玻璃容器、吹塑容器；销售自产产品；体育运动项目经营；货物进出口；技术进出口；代理进出口；覆膜铁产品的研发及销售；生产覆膜铁产品（限分支机构经营）。

所属地区：北京市怀柔区。

所属行业：包装材料。

所属类型：其他股份有限公司（上市）。

资质证书				
序号	证书编号	证书类型	发证日期	截止日期
1	F01FSMS1700072	食品安全管理体系认证	2015-08-27	2023-08-24
2	0419S10375R1M	中国职业健康安全管理体系认证	2016-11-11	2022-11-10
3	0419Q10376R6M	质量管理体系认证（ISO9000）	2010-11-12	2022-11-10
4	0419E10374R5M	环境管理体系认证	2010-11-12	2022-11-10
5	GR201811005459	高新技术企业认证	2018-10-31	2021-10-31
6	JY31116041824873	食品经营许可证	2018-05-15	2023-05-14
获奖证书				
序号	证书编号	证书类型	发证日期	截止日期
1	20212160511203（名称：中关村高新技术企业）	科技型企业	2023-01-11	2025-01-11
2	—（名称：知识产权优势企业）	荣誉	2022-10-13	2025-10-13
3	—（名称：企业技术中心）	科技型企业	2022-07-01	2025-07-01

技术创新、服务创新，助力公司巩固和市场开拓市场。报告期内，公司为盒马鲜生精酿啤酒提供奥瑞金咯秋莎罐，为可口可乐新品托帕客（Topo Chico）提供制罐、灌装等一体化服务。利用产品研发创新和综合服务优势，公司成功开发了雅士利（内蒙古蒙牛）、美可高特（羊奶粉）、天山云牧（新疆天山云牧乳业）、阿丽塔、宜品（黑龙江宜品乳业）等5家奶粉行业客户，夯实了奶粉罐业务的客户基础。

2021年公司为伊利、飞鹤、君乐宝提供了可变二维码在易撕盖上应用的解决方案，在促销和防伪等方面帮助客户创造了产品附加值，与客户的合作实现多元化。

落地澳新市场业务布局。报告期内，公司完成了对澳洲Jamestrong包装业务收购工作，与亨氏、联合利华、A2奶粉等国际知名食品饮料客户建立了战略合作关系，公司成为新西兰A2奶粉独家供罐商。

公司综合包装一体化业务进展卓有成效。公司二片罐湖北咸宁工厂与元气森林、伊利、东鹏、新希望乳业等深化合作、开发新产品，为客户提供包装、灌装一体化综合解决方案。

公司在"满足需求、创造需求"的研发导向下，不断强化对新包装产品、差异化包装产品的开发应用，为客户提供更多的设计方案与思路。公司研发设计的新品油罐在全球制罐企业峰会上荣获"三片食品罐铜奖"，数码浮雕罐荣获"装饰&印刷品质银奖"同时，"数码浮雕烫金技术"在2020第16届包装印刷年会上荣获创新大奖。

中粮包装控股有限公司

中粮包装定位于中高端的消费品客户群，拥有三片饮料罐、食品罐、气雾罐、金属盖、印铁、钢桶和塑胶等七大类主要包装产品，主要应用于食品、饮料、日化等消费品包装，深度覆盖茶饮料、碳酸饮料、果蔬饮料、啤酒、乳制品、日化等消费品包装市场，在多个细分市场领域均排名前列。

经营范围：金属包装产品，包括三片饮料罐、食品罐、气雾罐、金属盖、印铁、钢桶等包装产品。

所属地区：浙江省杭州市钱塘区。

所属行业：商务服务业。

所属类型：有限责任公司（台港澳合资）。

资质证书				
序号	证书编号	证书类型	发证日期	截止日期
1	JY33301860135794	食品经营许可证	2022-07-27	2027-07-26

获奖证书			
序号	证书编号	证书类型	发证日期
1	CN202110638743（名称：一种新型立式组合式钢桶中段成型设备）	发明公布	2021-09-17

2021年度，公司在新产品、新技术方面获包装行业创新奖，在2021年中国包装联合会金属容器协会组织的"产品设计创新奖"和"技术创新奖"申报中，共计获得金奖3项、银奖3项、优秀奖4项，获奖数量居申报企业第一；主持参与包括《爪式旋开盖质量通则》在内的4项国家标准制定与起草；在全国食品直接接触材料及制品标准化技术委员会金属制品分技术委员会等5个行业权威机构担任委员。

2021年度，在新技术、新产品、新工艺的研究应用中取得成效。新技术方面，应用高频加热、LED-UV印刷等新技术，实现节能减排；新产品方面，开发了两片罐450、SLEEK200罐、旋开82FDS盖、异型奶粉罐等多种新产品，为客户提供差异化产品和服务；新工艺方面，通过自主研发或引入自动化技术，开展钢桶自动充气拧盖、自动冲孔锁法兰、两片罐大型平衡器开发、三片奶粉罐黑灯工厂等项目，提升本集团自动化水平。

2020年中粮包装"金属光学复合印刷技术的研发和应用"项目荣获中国包装联合会2020年度包装行业科学技术奖。

公司的生产线由先进设备构成，建有严格完善的质量控制体系，从原材料、库存以及运输环节逐一实施高标准卫生强化控制流程，保证每一个产品的卫生和安全。公司的客户遍及众多领域的知名品牌，如雪花、青岛啤酒、百威、可口可乐、海天、美赞臣、惠氏、宝洁、利洁时、中石油、壳牌等。

中粮包装召开"3+N"系统技术创新工作研讨会，持续推动中粮包装研发创新体系、创新执行力及创新能力培养工作。

上海宝钢包装股份有限公司

本公司的二片罐产品拥有可口可乐、百事可乐、百威啤酒、喜力啤酒、青岛啤酒等国内外知名饮料品牌客户，并与可口可乐、百威啤酒和奥瑞金等结成了战略同盟，供罐数量持续稳定增长。印铁产品广泛应用于红牛、旺旺、露露、惠尔康等国内外知名饮料品牌，梅林和古龙等国内知名食品品牌以及中石化等国内知名化工品牌。

许可项目：包装装潢印刷品印刷；货物进出口；技术进出口；食品销售（仅销售预包装食品）。

一般项目：包装材料及制品销售；技术服务、技术开发、技术咨询、技术交流、技术转让、技术推广；化工产品销售；国内货物运输代理；国际货物运输代理；机械设备租赁；非居住房地产租赁。

所属地区：上海市宝山区。

所属行业：包装材料。

所属类型：其他股份有限公司（上市）。

资质证书				
序号	证书编号	证书类型	发证日期	截止日期
1	CN07/21219	环境管理体系认证	2021-12-29	2024-12-28
2	F01FSMS1600334	食品安全管理体系认证	2021-01-19	2022-12-22
3	CN20/21583	中国职业健康安全管理体系认证	2020-11-22	2023-11-21
4	CN07/00432.01	质量管理体系认证（ISO9001）	2020-10-13	2023-10-12
获奖证书				
序号	证书编号	证书类型	发证日期	截止日期
1	—（名称：企业技术中心）	科技型企业	2022-01-14	2025-01-14

创新（2020—2021）

2020 年进一步发挥央企和地方优势，扶持当地特色农产品发展壮大，依托当地优秀农业企业，将中国宝武先进的覆膜铁技术用于特色农产品的包装，提升特色农产品的档次和保质期，增加特色农产品的附加值。

2021 年 5 月，上海宝钢包装股份有限公司入选国务院国资委"双百企业"名单。

先进的生产设备和管理系统。公司自主研发集成的多工厂生产线实时管理系统（MES），有效地提升了生产集中管控能力以及设备预知性维护能力。公司自主集成的数字化能源管理看板系统，为有效降低能耗起到了关键作用。

上海东和欣新材料集团有限公司

上海东和欣新材料集团有限公司，自 2001 年创建以来，深耕覆膜产业二十余年，一直专注于低碳、节能、环保、循环经济、新材料领域。在全产业链中，拥有覆膜技术的研发与创新、覆膜装备的设计与制造、覆膜工艺的革新与量产等三大核心技术，涉及 125 项专利技术，其中发明专利 8 项，处于行业前沿水平。

经营范围：机电设备、机械设备的销售，矿产品（除专控）、金属材料、五金交电、电讯器材、劳防用品、办公用品、润滑油、燃料油（除成品油及专项规定）、汽车配件、化工产品（除危险化学品、监控化学品、烟花爆竹、民用爆炸物品、易制毒化学品）、针纺织品及原料（除棉花）、食用农产品（不含生猪产品）的销售、仓储、自有设备租赁、商务信息咨询、从事货物及技术的进出口业务。

所属地区：上海市宝山区。

所属行业：其他未列明零售业。

所属类型：有限责任公司。

福建德通金属容器股份有限公司

福建德通金属容器股份有限公司（简称德通集团）创立于 1996 年，专业从事彩色印铁、罐头涂黄，以及制作两片、三片食品饮料罐等各种金属包装罐，兼营马口铁贸易等业务。坚持以"认真印刷每一张铁皮，精心制作每一只罐子"为质量方针，在同行业中建立了良好的知名度与美誉度。多年来持续成为国内大型食品饮料集团的首选合作伙伴，为加多宝集团、青岛啤酒、燕京啤酒、银鹭集团、达利集团等企业提供优质的金属饮料罐，在食品金属包装容器行业中具有一定生产规模。

经营范围：包装装潢印刷品印刷，其他印刷品印刷；纸制品加工；纸制品、塑料制品、防伪电化铝的销售（依法须经批准的项目，经相关部门批准后方可开展经营活动）。

所属地区：福州市晋安区。

所属行业：金属制品业。

所属类型：股份有限公司。

资质证书				
序号	证书编号	证书类型	发证日期	截止日期
1	2021350111A0004053	科技型中小企业	2021-08-16	2021-12-31
2	00119Q31142R5M/3500	质量管理体系认证（ISO9000）	2019-02-02	2022-02-26
创新（2020—2021）				

技术创新、服务创新，助力公司巩固和市场开拓。多年来持续成为国内大型食品饮料集团的首选合作伙伴，为加多宝集团、青岛啤酒、燕京啤酒、银鹭集团、达利集团等企业提供优质的金属饮料罐，在食品金属包装容器行业中具有一定生产规模。

公司综合包装一体化业务进展卓有成效。公司与加多宝集团、青岛啤酒等深化合作、开发新产品，为客户提供包装、灌装一体化综合解决方案服务。公司在三片罐、饮料罐以及异型罐上进行重点突破，已经研发出了数种专利。

嘉美食品包装（滁州）股份有限公司

嘉美包装是一家全产业链服务于饮料品牌的平台企业。专业为客户提供全品类饮料包装容器的研发、设计、生产、销售；全品类的饮料配方研发、灌装生产及饮料渠道营销的各项服务。旗下拥有企业二十多家，集团业务涵盖印铁、三片罐、两片罐、ABC 罐、TBC 罐、无菌纸包、PET、饮料代工生产等多项业务板块。

经营范围：生产金属容器、易拉罐制品，包装装潢印刷品印刷，销售本公司产品及提供售后服务（依法须经批准的项目，经相关部门批准后方可开展经营活动）。

所属地区：安徽省滁州市。

所属行业：印刷和记录媒介复制业。

所属类型：股份有限公司（非上市、自然人投资或控股）。

资质证书				
序号	证书编号	证书类型	发证日期	截止日期
1	CN21/21125.01	环境管理体系认证	2021-11-20	2024-11-19
2	CN21/21125.00	环境管理体系认证	2021-11-20	2024-11-19
3	CN21/21126.01	中国职业健康安全管理体系认证	2021-11-20	2024-11-19
4	CN21/21126.00	中国职业健康安全管理体系认证	2021-11-20	2024-11-19
5	CN21/21126	中国职业健康安全管理体系认证	2021-08-09	2021-11-19
6	CN21/21125	环境管理体系认证	2021-08-09	2021-11-19

续表

资质证书				
序号	证书编号	证书类型	发证日期	截止日期
7	91341100568963053A002V	排污许可证	2020-06-30	2023-06-29
8	F23FSMS1900018	食品安全管理体系认证	2019-07-29	2022-07-28
9	00518S22152R0M	中国职业健康安全管理体系认证	2018-08-01	2021-11-19
10	00518E32153R0M	环境管理体系认证	2018-08-01	2021-11-19
11	00518Q32150R1M	质量管理体系认证（ISO9000）	2018-08-01	2021-11-19
12	15518Q32151R1M	质量管理体系认证（ISO9000）	2018-08-01	2021-11-19
13	005FSMS1800001	食品安全管理体系认证	2018-07-25	2021-06-29

获奖证书				
序号	证书编号	证书类型	发证日期	截止日期
1	—	科技型企业	2021-12-30	2024-12-30
2	—	制造业企业	2021-09-26	2024-09-26

创新（2020—2021）

嘉美包装拥有6家饮料灌装生产基地，年产能约66亿，产业遍布湖北、安徽、河南、四川、浙江等地，拥有多条国际先进的生产流水线和多套检验检测设备，提供蛋白饮料、茶饮料、咖啡、碳酸饮料、精酿啤酒、预调酒、轻发酵低酒精饮料、谷物、果汁、水等啤酒、饮料类产品配方研发与灌装代加工服务。其创新包装产品主要有三片罐、两片罐、ABC/SBC、无菌纸包等，产品研发能力是集团发展的源动力；拥有大陆、港、台三地资深人才组成的研发技术团队，具备饮料各类包材产品与内容物配方研发能力；伴随公司发展布局与研发资金投入的加大，将为客户、用户提供更高效、更满意的增值服务。

厦门保沣实业有限公司

厦门保沣实业有限公司成立于2012年1月，专业从事铝质易拉盖的研发、生产、加工、销售业务。产品有113#、200#、202#、206#、209#铝质易拉盖，主要应用于国内外啤酒、汽水、凉茶、功能性饮料及食品包装。

经营范围：一般项目有金属包装容器及材料制造；金属表面处理及热处理加工；金属包装容器及材料销售；模具制造；纸和纸板容器制造；货物进出口；金属制品销售；包装材料及制品销售；非居住房地产租赁（依法须经批准的项目除外，凭营业执照依法自主开展经营活动）。许可项目有包装装潢印刷品印刷（依法须经批准的项目，经相关部门批准后方可开展经营活动，具体经营项目以相关部门批准文件或许可证件为准）。

所属地区：福建省厦门市同安区。

所属行业：金属包装容器及材料制造。

所属类型：有限责任公司（自然人投资或控股）。

资质证书				
序号	证书编号	证书类型	发证日期	截止日期
1	165IP193538R1L	企业知识产权管理体系认证	2022-06-02	2025-06-08
2	CN15/31275	所有未列明的其他管理体系认	2022-05-11	2025-05-10
3	CN13/30584	质量管理体系认证（ISO9001）	2022-05-10	2025-05-09
4	00521EN0386R0M /3500	能源管理体系认证	2021-01-26	2024-01-25
5	91350200587858320K001U	排污许可证	2020-07-31	2023-07-30

资质证书				
序号	证书编号	证书类型	发证日期	截止日期
6	CN20/31105	中国职业健康安全管理体系认证	2020-07-15	2023-07-14
7	CN14/30399	环境管理体系认证	2020-03-25	2023-03-24
8	CN16/31223	中国职业健康安全管理体系认证	2020-03-10	2020-09-09
9	165IP193538R0M	企业知识产权管理体系认证	2019-06-09	2022-06-08
10	JY33502120025296	食品经营许可证	2016-11-30	2026-10-25
获奖证书				
序号	证书编号	证书类型	发证日期	截止日期
1	—	制造业企业	2022-10-08	2025-10-08
2	—	科技型企业	2021-12-27	2024-12-27
创新（2020—2021）				

高度智能化生产线：公司目前配备有 29 条铝质易拉盖生产线、4 条卷涂生产线、7 条印涂生产线、2 条纵剪生产线、3 条波剪生产线、13 套激光喷码设备、53 台注胶机，易拉盖年产能达 410 亿片。

塑造数字化工厂新标杆：公司运用 ERP、SRM、MES、OA、SPC 等信息化管理工具，实现经营管理的高效协同，不断提升精细化管理水平，打造现代化、智能化数字工厂新标杆。

公司设置了中心实验室，从德国、日本等引进气相 - 质谱联用仪、3D 数码显微镜、高效离子色谱、Autolab 电化学工作站等高精尖仪器，确保公司在材料、产品性能、食品安全方面高效精准的检测和分析能力。

5.4 玻璃包装行业领先企业

重庆正川医药包装材料股份有限公司

重庆正川医药包装材料股份有限公司（曾用名：重庆市正川玻璃有限公司），成立于1989年，位于重庆市，是一家以从事非金属矿物制品业为主的企业。于2017年完成了IPO上市，交易金额3.87亿人民币。

经营范围：制造、加工、销售锁口瓶、药用玻璃瓶、瓶盖、塑料制品、玻璃仪器及制品，医药包装技术服务；货物进出口。

所属地区：重庆市北碚区。

所属行业：非金属矿物制品业。

所属类型：医药包装。

资质证书				
序号	证书编号	证书类型	发证日期	截止日期
1	165IP202201R0M	企业知识产权管理体系认证	2020-12-29	2023-12-28
2	GR202051101852	高新技术企业	2020-11-25	2023-11-25
3	CN18/21067	所有未列明的其他管理体系认证	2020-11-24	2023-11-23
4	91500109203249834P001U	排污许可证	2020-07-18	2023-07-17
5	GR201751100525	新技术企业	2017-12-28	2020-12-28
获奖证书				
序号	证书编号	证书类型	发证日期	截止日期
1	—（名称："专精特新"中小企业）	科技型企业	2022-05-24	2025-05-24
2	—（名称：企业技术中心）	科技型企业	2021-07-19	2024-07-19
创新（2020—2021）				

2021年，公司持续加强对药用玻璃管制瓶和药用瓶盖的研发投入，建立了较为完善的技术创新体系。报告期内，公司拥有专利技术31项，其中发明专利2项。

2020年，公司持续加强对药用玻璃管制瓶和药用瓶盖的研发投入，建立了较为完善的技术创新体系。报告期内，公司拥有专利技术28项，其中发明专利2项。

公司创新包装产品主要有锁口瓶、药用玻璃瓶、瓶盖、塑料制品、玻璃仪器及制品，其相关材料主要采用进口中硼硅管材生产。由于其良好的理化性能，对药物具有很好的相容性，产品抗热震性、耐冷冻性、耐酸碱性强。除此之外，还包括铝塑组合材料和铝材料为主的瓶盖产品，专利和设备主要有：①全视觉成像自动化全检的自动检测系统，准确可靠实现正品和不合格品的分离，促进人工抽检向机械化全检的转变，更有效地避免规格尺寸偏差、裂纹、可见异物（玻璃屑、黑点、黄斑、白点等）的出现，最大限度降低漏检率，智能分拣技术以及对检出数据的分类统计，为工艺的改进提供数据参考。②从原材料到生产过程中的自检、互检、巡检管理的质量控制，配合后端的全检、批检、出厂检的管理，确保产品质量。③公司设有总面积约2500 m²的中心实验室，打造药包材生产技术研发、检测与研究于一体的工程技术研究中心。

山东省药用玻璃股份有限公司

山东省药用玻璃股份有限公司是国内规模最大、产品质量水平最高的药用玻璃包装企业之一，有着 50 多年的生产历史，雄厚的经济实力，丰富的生产经验，先进的制造技术，精良的技术装备，专为国内外医药生产企业提供模制药用玻璃瓶、药用玻璃管、安瓿、管制药用玻璃瓶、棕色瓶、输液瓶等六大系列 200 多个规格的产品。

经营范围：许可证范围内医疗器械生产、销售；汽车货运；包装装潢印刷品印刷；药品包装材料和容器注册证范围内的药品包装材料和容器的生产、销售（凭注册证书经营）；成品油零售（限分支机构经营）（以上项目有效期限以许可证为准）；日用玻璃制品的生产、销售；纸箱加工、销售；玻璃生产专用设备的制造、销售；玻璃包装容器的生产、加工、销售；备案范围内的进出口业务（依法须经批准的项目，经相关部门批准后方可开展经营活动）。

所属地区：淄博市沂源县。

所属行业：非金属矿物制品业。

所属类型：其他股份有限公司。

资质证书				
序号	证书编号	证书类型	发证日期	截止日期
1	CN15/10580	所有未列明的其他管理体系认证	2021-10-15	2024-10-14
2	CQM18305001000619	其他自愿性工业产品认证	2021-09-02	2024-09-01
3	00221Q24947R4L	质量管理体系认证（ISO9001）	2021-08-06	2024-08-23
4	00221S22607R4L	中国职业健康安全管理体系认证	2021-08-06	2024-08-23
5	00221E32936R4L	环境管理体系认证	2021-08-06	2024-08-23
6	F01FSMS1600288	食品安全管理体系认证	2021-07-22	2023-06-22
7	CN20/10618	所有未列明的其他管理体系认证	2021-07-22	2023-06-22

获奖证书				
序号	证书编号	证书类型	发证日期	截止日期
1	—（名称：制造业单项冠军企业）	制造业企业	2021-11-24	2024-11-24
2	GR202037003398（名称：高新技术企业）	科技型企业	2021-01-17	2023-12-08

创新（2020—2021）

2021 年：①新产品开发方面，公司共评审新产品 414 款，打样后送样 308 款，确认样品 206 款，为市场增量提供了有力保障。管制瓶车间与销售公司积极配合，通过机前操作工艺改进和模具设计，成功开发研制四款螺纹口管制瓶，为提升管制瓶利润空间打下了基础。

②研发、创新平台建设方面，本年度完成了国家级企业技术中心、山东省工业设计中心、山东省单项冠军企业、山东省新材料领军企业的复核；完成了 2 项山东省重点研发计划的验收。本年度新增山东省引进急需紧缺人才计划项目、山东省重大科技创新工程项目、淄博市高价值专利等项目 6 项。

③专利申请方面：2021 年申请专利 33 项，获得国家知识产权专利授权 27 项，同时开展了企业知识产权体系认证工作。

2020 年：① 新产品研发方面，为改变中性硼硅玻璃管全部依赖进口、受制于人的被动局面，公司在拉管二车间着手研制中性硼硅玻璃管；中硼硅玻璃（模制）产品实现了中硼硅棕色玻璃批量供货，突破了中硼硅模抗瓶轻量薄壁技术壁垒。

② 研发、创新平台建设方面，完成了国家级企业技术中心、山东省国家重点人才计划工作站的创建；完成了省级企业中心复审、淄博市企业重点实验室验收、省级工业设计中心复核；完成了山东省技术创新中心申报。新增国家级平台、省级平台各 1 个。

③专利申请方面，申请专利 38 项，获得国家知识产权专利授权 34 项。

湛江圣华玻璃容器有限公司

湛江圣华玻璃容器有限公司于 1998 年 5 月由法国圣戈班集团和原广东湛江玻璃厂共同合资成立，是法国圣戈班集团在中国投资的第一家玻璃包装制造公司。

经营范围：生产和销售玻璃容器产品，非本公司生产的玻璃容器相关产品的批发、进出口、佣金代理（拍卖除外）业务以及相关配套服务（涉及配额许可证管理、专项规定管理的商品按国家有关规定办理）；包装装潢印刷品，其他印刷品印刷（以上项目不涉及外商投资准入特别管理措施）（依法须经批准的项目，经相关部门批准后方可开展经营活动）。

所属地区：广东省湛江市赤坎区。

所属行业：非金属矿物制品业。

所属类型：有限责任公司（外国法人独资）。

资质证书				
序号	证书编号	证书类型	发证日期	截止日期
1	CN038753	环境管理体系认证	2021-12-30	2025-01-27
2	CN16/30201	质量管理体系认证（ISO9001）	2021-09-11	2024-09-10
3	F01FSMS1500100	食品安全管理体系认证	2021-06-21	2024-06-20
4	CN12/31669	所有未列明的其他管理体系认证	2021-03-08	2024-03-07
5	IND.20.11458/SA/S	企业社会责任管理体系认证	2020-09-03	2023-09-02
6	914408006182748042001Q	排污许可证	2020-07-24	2023-07-23
7	CNGZ302394-UK	中国职业健康安全管理体系认证	2020-02-18	2023-02-17
创新（2020—2021）				

SGD Pharma 持续投入大量资源专门进行研究与开发，是洁净生产的先锋，所有工厂均配备洁净室；首家通过 ISO 15378 认证的医药包装公司（符合 GMP 良好生产规范并通过 ISO 9001 认证）。

SGD Pharma 通过完整的验证已推出多种创新型产品：

独特设计的 U-save 鼻喷瓶：U 型瓶底使得药液可被完整利用；使高价值的鼻喷药剂利用率达 100%；已在全球范围内使用并获批用于多种喷药剂（降钙素等）。

EasyLyo：更坚固的注射剂瓶，特殊设计的注射剂瓶，可满足冻干工艺的严苛要求；通过优化设计降低破瓶风险；产品系列规格涵盖 5 毫升至 100 毫升，成功获得众多生物技术及制药实验室的认可。

Clareo：高端二类注射剂瓶；降低破瓶率；降低总拥有成本。

Sterinity：高品质免洗免灭菌去热原即用型一类模制注射剂瓶；灵活且可靠的供应；缩短上市时间；降低总拥有成本。

重庆昊晟玻璃股份有限公司

重庆昊晟玻璃股份有限公司成立于 2001 年，是一家专业从事玻璃瓶、玻璃晶品研发、设计、生产和销售于一体的高新技术企业。公司拥有国内外领先水平的生产技术和生产设备设施，产品质量已达国际先进水平。

经营范围：一般项目有玻璃器皿的制造、销售和包装，货物进出口，房屋租赁，物业管理，普通玻璃容器制造（依法须经批准的项目除外，凭营业执照依法自主开展经营活动）。

所属地区：重庆市南岸区。

所属行业：非金属矿物制品业。

所属类型：股份有限公司。

资质证书				
序号	证书编号	证书类型	发证日期	截止日期
1	021FSMS2100004	食品安全管理体系认证	2021-02-04	2025-01-19
获奖证书				
序号	证书编号	证书类型	发证日期	截止日期
1	—（名称：技术创新示范企业）	科技型企业	2021-12-28	2024-12-28
2	GR202151100048（名称：高新技术企业）	科技型企业	2021-12-15	2024-11-12
3	—（名称：专精特新"小巨人"企业）	科技型企业	2020-11-13	2023-11-13
创新（2020—2021）				

公司生产的产品获得世界广告包装奖——第30届国际"莫比"包装设计奖和成就奖。是全球的洋酒公司、世界500强企业——蒂亚吉欧亚太合格供应商及亚太研发中心，是重庆市玻璃行业协会会长单位，拥有100多项专利，其中2020—2021年有16项专利。同时公司通过了质量、环境、职业健康和食品安全管理体系认证。

亚速旺（上海）商贸有限公司

亚速旺（上海）商贸有限公司（简称ASONE）是一家来自日本大阪的实验室仪器耗材生产经销商。

经营范围：许可项目有货物进出口；技术进出口（依法须经批准的项目，经相关部门批准后方可开展经营活动，具体经营项目以相关部门批准文件或许可证件为准）。一般项目有机械设备销售；机械设备租赁；机械零件、零部件销售；电气机械设备销售；电气设备销售；电力电子元器件销售；仪器仪表销售；仪器仪表修理；光学仪器销售；实验分析仪器销售；电子测量仪器销售；电工器材销售；家用电器销售；电器辅件销售；照明器具销售；五金产品批发；金属制品销售；金属工具销售；非金属矿物制品销售；金属丝绳及其制品销售；绘图、计算及测量仪器销售；汽车零配件批发；汽车装饰用品销售；服装服饰批发；针纺织品销售；皮革制品销售；箱包销售；厨具卫具及日用杂品批发；日用品销售；塑料制品销售；光学玻璃销售；日用玻璃制品销售；玻璃仪器销售；橡胶制品销售；电子产品销售；办公用品销售；办公设备销售；办公设备耗材销售；通信设备销售；劳动保护用品销售；特种劳动防护用品销售；家具销售；计算机软硬件及辅助设备批发；消防器材销售；安防设备销售；化妆品批发；石油制品销售（不含危险化学品）；润滑油销售；专用化学产品销售（不含危险化学品）；化工产品销售（不含许可类化工产品）；第一类医疗器械销售；第二类医疗器械销售；互联网销售（销售需要许可的商品除外）；采购代理服务。

所属地区：上海市黄浦区。

所属行业：五金产品批发。

所属类型：有限责任公司。

资质证书				
序号	证书编号	证书类型	发证日期	截止日期
1	00221S24248R0M	中国职业健康安全管理体系认证	2021-12-10	2024-12-09
2	00221E34789R0M	环境管理体系认证	2021-12-10	2024-12-09
3	00120Q36774R2M/6100	质量管理体系认证（ISO9000）	2014-09-17	2023-09-16
4	00120Q36774R2M/6100	质量管理体系认证（ISO9001）	2014-09-17	2023-09-16
5	GR201961001440	高新技术企业认证	2019-12-02	2022-12-02
6	2019051302032124	安全玻璃CCC认证	2019-11-26	2024-11-25

派罗特克（滁州）新材料有限公司

派罗特克（滁州）新材料有限公司，成立于2013年，位于安徽省滁州市，是一家以从事非金属矿物制品业为主的企业。

经营范围：生产、销售隔音涂料（不含危险化学品）、隔音垫、隔音板、吸音材料及合成降噪产品；有色金属加工的辅助材料；熔剂、耐火材料、陶瓷产品；热电偶组装、铸钢铸铁搪瓷管制造及加工；上述产品的进出口业务（涉及配额、许可证及国家专项规定管理的商品，按国家有关程序办理）；设备维修服务以及提供上述产品的技术服务（依法须经批准的项目，经相关部门批准后方可开展经营活动）。

所属地区：安徽省滁州市。

所属行业：非金属矿物制品业。

所属类型：有限责任公司。

资质证书				
序号	证书编号	证书类型	发证日期	截止日期
1	165IP202201R0M	企业知识产权管理体系认证	2020-12-29	2023-12-28
2	GR202051101852	高新技术企业	2020-11-25	2023-11-25
3	CN18/21067	所有未列明的其他管理体系认证	2020-11-24	2023-11-23
4	91500109203249834P001U	排污许可证	2020-07-18	2023-07-17
5	GR201751100525	新技术企业	2017-12-28	2020-12-28
创新（2020—2021）				

公司创新包装产品主要有：锁口瓶，药用玻璃瓶，瓶盖，塑料制品，玻璃仪器及制品，其相关材料主要采用进口中硼硅管材生产。由于其良好的理化性能，对药物具有很好的相容性，产品抗热震性、耐冷冻性、耐酸碱性强。

除此之外，还包括铝塑组合材料和铝材料为主的瓶盖产品，专利和设备主要有：①全视觉成像自动化全检的自动检测系统，准确可靠地实现正品和不合格品的分离。促进人工抽检向机械化全检的转变，更有效地避免规格尺寸偏差、裂纹、可见异物（玻璃屑、黑点、黄斑、白点等）的出现，最大限度降低漏检率，智能分拣技术以及对检出数据的分类统计，为工艺的改进提供数据参考。②从原材料到生产过程中的自检、互检、巡检管理的质量控制，配合后端的全检、批检、出厂检的管理，确保产品质量。③公司设有总面积约2500 m²的中心实验室，打造药包材生产技术研发、检测与研究于一体的工程技术研究中心。

台玻咸阳玻璃有限公司

台玻咸阳玻璃有限公司隶属于台玻集团。台玻集团由工业家林玉嘉先生于 1964 年在宝岛创立，专业经营玻璃工业，是集各类建筑玻璃、汽车玻璃、容食厨玻璃、玻璃纤维等的产品开发、生产、销售、售后服务于一体的两岸三地的综合玻璃企业。经过 50 多年的不断摸索与自主创新，集团迅猛发展现已成为世界第五大浮法玻璃产销企业前六强，玻璃纤维布的产销量更是排名世界第二。

经营范围：生产优质浮法玻璃、LOW-E 浮法膜玻璃、镜子、特种玻璃等，销售自产产品，相关产品和技术的进出口（依法须经批准的项目，经相关部门批准后方可开展经营活动）。

所属地区：陕西省咸阳市。

所属行业：平板玻璃制造。

所属类型：有限责任公司。

资质证书				
序号	证书编号	证书类型	发证日期	截止日期
1	00221S24248R0M	中国职业健康安全管理体系认证	2021-12-10	2024-12-09
2	00221E34789R0M	环境管理体系认证	2021-12-10	2024-12-09
3	00120Q36774R2M/6100	质量管理体系认证（ISO9000）	2014-09-17	2023-09-16
4	00120Q36774R2M/6100	质量管理体系认证（ISO9001）	2014-09-17	2023-09-16
5	GR201961001440	高新技术企业认证	2019-12-02	2022-12-02
6	2019051302032124	安全玻璃 CCC 认证	2019-11-26	2024-11-25

创新（2020—2021）

目前建筑玻璃的主要产品有：LOW-E 玻璃、反射玻璃、强化玻璃、热浸玻璃、胶合玻璃、漆板玻璃、网印玻璃、弯曲强化玻璃、花板玻璃、超白压花玻璃、优白玻璃、透明浮法玻璃、浮式色板玻璃等，并且已经广泛地应用于国内外大中城市的地标性建筑，充分地体现出安全、采光、节能、环保、装饰等方面的无缺结合。

目前集团拥有世界高新的德国 VON ARDENNE 真空溅射镀膜设备及技术和中国规模非常大的超大板宽镀膜生产线（最大板幅可加工 3300 mm × 6 000 mm 的 LOW-E 玻璃），成为全球前十大工程镀膜玻璃产销基地和国内规模大、技术尖端、品种齐全的玻璃产销集团。

台玻武汉工程玻璃有限公司

台玻武汉工程玻璃有限公司是台玻集团于 2010 年在武汉投资建造的一家玻璃深加工的大型企业，是高品质节能玻璃的专业化生产企业，拥有大批高素质、专业化的技术和管理人才。

经营范围：轻质高强多功能墙体材料、高效保温材料（高档低辐射镀膜玻璃、节能玻璃、安全玻璃、中空玻璃）研制及销售；上述同类商品以及太阳能产品的批发、佣金代理（拍卖除外），进出口业务（不含国家禁止或限制进出口货物及技术）（国家有专项规定的项目须取得有效审批文件或许可证后在有效期内方可经营）。

所属地区：湖北省武汉市。

所属行业：其他玻璃制品制造。

所属类型：有限责任公司（外国法人独资）。

资质证书				
序号	证书编号	证书类型	发证日期	截止日期
1	GR202042001040	高新技术企业	2020-12-01	2023-12-01
2	91420100565561518Q001U	排污许可证	2020-09-22	2023-09-21

续表

		资质证书		
序号	证书编号	证书类型	发证日期	截止日期
3	10920Q21033R2M	质量管理体系认证（ISO9000）	2020-01-06	2022-12-29
4	2012051302013473	中国质量认证中心 CCC 证书	2018-09-18	2022-10-30
5	2013051302013967	中国质量认证中心 CCC 证书	2018-09-18	2023-01-23
6	2013051302013970	中国质量认证中心 CCC 证书	2018-09-18	2023-01-23
7	2013051302013966	中国质量认证中心 CCC 证书	2018-09-18	2023-01-23
8	2012051302013474	中国质量认证中心 CCC 证书	2018-09-18	2022-10-30
9	2013051302013971	中国质量认证中心 CCC 证书	2018-09-18	2023-01-23
10	2012051302013963	中国质量认证中心 CCC 证书	2018-09-18	2022-10-30
11	2013051302013968	中国质量认证中心 CCC 证书	2018-09-18	2023-01-23
12	2013051302013969	中国质量认证中心 CCC 证书	2018-09-18	2023-01-23
13	2013051302013965	中国质量认证中心 CCC 证书	2018-09-18	2023-01-23
14	2013051302013964	中国质量认证中心 CCC 证书	2018-09-18	2023-01-23
15	2012051302013472	中国质量认证中心 CCC 证书	2018-09-18	2022-10-30
16	2012051302013962	中国质量认证中心 CCC 证书	2018-09-18	2022-10-30
		获奖证书		
序号	证书编号	证书类型	发证日期	截止日期
1	—	科技小巨人企业	2020-10-27	—
2	GR202042001040	高新企业	—	2023-12-01

创新（2020—2021）

公司创新包装产品主要有：镀膜玻璃、中空玻璃、夹胶玻璃、钢化玻璃、LOW-E 玻璃、夹层玻璃、建筑玻璃、家具玻璃。

专利和设备主要有：

①镀膜线：引进目前世界上最先进、自动化程度最高、配置最全的德国 VON ARDENNE 第四代（最新）设备，最大尺寸 3300 mm × 6000 mm；

②钢化线：采用先进的双室、双风扇、连续上下强制对流通过式超大型钢化机组，最大尺寸 2400mm × 1500mm，弯钢最大尺寸 3000 mm × 3000 mm；

③中空线：引进的是奥地利 LISEC 全自动中空设备，最大尺寸 3 000 mm × 6 000 mm；

④夹胶线：采用先进的红外线胶合预压设备，大型矩阵式加热自动温控与压控终压设备，最大尺寸 3 000 mm × 8 000 mm，最大厚度 80mm；

⑤彩釉线：采用先进的彩釉设备，色彩丰富，可按客户指定的图案生产，最大尺寸 2 500 mm × 5 100 mm。

沈阳鸿业玻璃容器有限公司

沈阳鸿业玻璃容器有限公司，成立于 2006 年，位于沈阳市于洪区于洪街道洪汇路永旺街（于洪五金工业园），所属行业是玻璃制造，是具有"专业化、精细化、特色化、新颖化"特征的工业中小企业。

经营范围：许可项目有包装装潢印刷品印刷（依法须经批准的项目，经相关部门批准后方可开展经营活动，具体经营项目以审批结果为准）。一般项目有普通玻璃容器制造，国内贸易代理，日用玻璃制品销售，技术服务、技术开发、技术咨询、技术交流、技术转让、技术推广（依法须经批准的项目除外，凭营业执照依法自主开展经营活动）。

所属地区：辽宁省沈阳市。

所属行业：其他玻璃制品制造。

所属类型：有限责任公司（外国法人独资）。

资质证书				
序号	证书编号	证书类型	发证日期	截止日期
1	001FSMS1800539	食品安全管理体系认证	2021-09-23	2024-10-08
2	91210100793150454G001V	排污许可证	2020-08-19	2023-08-18
3	00119Q35926R4L-1/1303	质量管理体系认证（ISO9000）	2019-08-01	2022-06-30
4	GR201921000180	高新技术企业证书	2019-07-22	2022-07-22

获奖证书		
序号	证书类型	发证日期
1	专精特新企业	2022-05-29

创新（2020—2021）
设备技术：引进美国最新型埃姆哈特八组双滴制瓶生产线，设备性能优越，生产迅速稳定，达到了设定的产量和质量要求，可满足不同规模及层次的客户的质量要求。
产品创新及包装：主要产品为高档环保高强度玻璃瓶（马尔斯绿瓶、宝石蓝瓶等系列）等，被广泛用于食品玻璃等有关领域中。

烟台长裕玻璃有限公司

烟台长裕玻璃有限公司（以下简称"长裕玻璃"）成立于1999年1月1日，生产基地位于烟台福山经济开发区。长裕玻璃是"国家级两化融合贯标单位"，先后通过了ISO9000、ISO14000、ISO18001等管理体系认证和FSSC22000食品安全认证，率先在日用玻璃行业获得HACCP认证，是国家安全生产标准化二级企业，山东省安全生产双体系建设标杆企业。长裕玻璃连续多年被中国轻工业联合会授予"卓越绩效奖""中国日用玻璃行业优秀企业""中国日用玻璃行业功勋企业"，是中国日用玻璃协会副理事长单位。

经营范围：玻璃制品的制造、销售，货物及技术的进出口（依法须经批准的项目，经相关部门批准后方可开展经营活动）。

所属地区：山东省烟台市。

所属行业：其他玻璃制品制造。

所属类型：其他有限责任公司。

资质证书				
序号	证书编号	证书类型	发证日期	截止日期
1	00121Q30516R2M/3700	质量管理体系认证（ISO9000）	2021-01-18	2024-01-18
2	00121S30184R3M/3700	中国职业健康安全管理体系认证	2021-01-15	2024-01-29
3	00121E30232R3M/3700	环境管理体系认证	2021-01-15	2024-01-26
4	00118S20167R2M/3700	中国职业健康安全管理体系认证	2018-01-18	2021-01-29
5	00118E30266R2M/3700	环境管理体系认证	2018-01-18	2021-01-26
6	00118Q30681R1M/3700	质量管理体系认证（ISO9000）	2018-01-17	2021-01-18

获奖证书		
序号	证书类型	发证日期
1	企业技术中心	2021-12-31

续表

创新（2020—2021）

产品创新及包装：

①葡萄酒瓶系列：充足的库存，定制化服务，直体与异型瓶，煊底高度高至 55 mm，容量从 100 ml 到 6000 ml，中国主流葡萄酒品牌和北美、澳新酒庄的选择；

②调味品瓶系列：在食品瓶领域，无论是小口的酱油醋瓶，还是大口的酱菜瓶，长裕都具有一流的研发能力和生产能力。在中国市场上，长裕已经成为食品瓶罐领域非常重要的一支力量；

③啤酒饮料瓶系列：长裕是中国葡萄酒瓶主要的生产商，为主要品牌客户提供玻璃瓶产品；多年的出口历史和优秀的产品质量让长裕品牌赢得了北美、澳大利亚、新西兰众多国际市场的认可；在啤酒、烈酒、朗姆酒等领域，长裕也积累了丰富的经验和能力，并正在赢得更多的品牌客户；

④深加工系列。

设备技术：长裕玻璃不仅有自己的专业研发团队，还引进国外专家团队，拥有当今世界先进的装备，主要设备有来自意大利的配料融化设备、成型退火设备、检验包装设备。

5.5　陶瓷包装行业领先企业

广东金意陶陶瓷集团有限公司

广东金意陶陶瓷集团有限公司成立于 2004 年，注册地位于佛山市禅城区南庄镇吉利工业园，始终坚持国际化发展方向，围绕建筑装饰产业，构建"一核两翼"业务布局，已形成工程贸易信息科技等在内的相关产业链集团架构。

经营范围：一般项目有建筑陶瓷制品销售；建筑陶瓷制品加工制造；卫生洁具制造；建筑装饰、水暖管道零件及其他建筑用金属制品制造；卫生洁具销售；以自有资金从事投资活动；卫生洁具研发；新材料技术研发；建筑废弃物再生技术研发；技术服务、技术开发、技术咨询、技术交流、技术转让、技术推广；软件开发；软件销售；互联网销售（销售需要许可的商品除外）；信息技术咨询服务；信息咨询服务（不含许可类信息咨询服务）（依法须经批准的项目除外，凭营业执照依法自主开展经营活动）。许可项目有货物进出口；技术进出口；互联网信息服务；检验检测服务（依法须经批准的项目，经相关部门批准后方可开展经营活动，具体经营项目以相关部门批准文件或许可证件为准）。

所属地区：广东省佛山市。

所属行业：非金属矿物制品业。

所属类型：有限责任公司（自然人投资或控股）。

		资质证书		
序号	证书编号	证书类型	发证日期	截止日期
1	2012112102000503	CCC/ 装饰装修产品	2012-04-10	2027-03-08
2	2019052102005671	CCC/ 装饰装修产品	2019-03-13	2027-01-03
3	2018052102004779	CCC/ 装饰装修产品	2018-01-05	2026-12-20
4	2021052102007944	CCC/ 装饰装修产品	2021-10-19	2025-09-28
5	02521CGP1316009-1	建材	2021-09-13	2026-09-12
6	2021052102007719	CCC/ 装饰装修产品	2021-08-27	2023-09-17
7	2021052102007265	CCC/ 装饰装修产品	2021-01-08	2024-03-06
8	2019052102005673	CCC/ 装饰装修产品	2019-03-13	2024-02-25
9	2017052102004520	CCC/ 装饰装修产品	2017-09-26	2024-05-27
10	2020052102006949	CCC/ 装饰装修产品	2020-09-18	2025-10-07
11	2020052102007192	CCC/ 装饰装修产品	2020-12-08	2024-09-28
12	2020052102007034	CCC/ 装饰装修产品	2020-10-13	2021-09-06
13	2019052102005689	CCC/ 装饰装修产品	2019-03-18	2023-12-04
14	2020052102007119	CCC/ 装饰装修产品	2020-11-12	2025-10-26
15	2021012102407406	CCC/ 装饰装修产品	2021-07-29	2025-01-14
16	18121IP0250R1M	企业知识产权管理体系认证	2018-04-12	2024-04-11
17	02520S30347R1M	中国职业健康安全管理体系认证	2017-03-20	2023-09-17

续表

		资质证书		
序号	证书编号	证书类型	发证日期	截止日期
18	02520Q30438R2M	质量管理体系认证（ISO9000）	2014-04-04	2023-09-17
19	02520E30356R2M	环境管理体系认证	2014-04-04	2023-09-17
20	02520EN20232R1M	能源管理体系认证	2017-03-20	2023-09-17
21	02520Q30438R2M	质量管理体系认证（ISO9001）	2014-04-04	2023-09-17
22	02520CGP0900008-1	陶瓷砖（板）	2020-08-06	2025-08-05
23	2018052102005422	CCC/装饰装修产品	2018-09-19	2020-04-26
24	2017122102107643	CCC/装饰装修产品	2017-10-16	2022-03-24
25	2015052102002861	CCC/装饰装修产品	2015-03-20	2021-08-13
26	18118IP1532R0M	企业知识产权管理体系认证	2018-04-12	2021-04-11
27	2014112102000756	CCC/装饰装修产品	2014-06-18	2022-05-18
28	2012112102000504	CCC/装饰装修产品	2012-04-17	2022-03-28
29	02517EN10024R0M	能源管理体系认证	2017-03-20	2020-09-19
30	02517E20113R1M	环境管理体系认证	2014-04-04	2020-09-19
31	02517Q20135R1M	质量管理体系认证（ISO9000）	2014-04-04	2020-09-19
32	02517S20098R0M	中国职业健康安全管理体系认证	2017-03-20	2020-09-19

创新（2020—2021）

广东金意陶陶瓷集团有限公司，自2004年开始，创立了国际化的金意陶（KITO）高端品牌。目前，在国内外拥有3大生产制造基地，10余条绿色、环保、智能的建筑陶瓷、岩板与环保新材生产线。

金意陶在发展过程中，始终坚持科技创新和领先产品的研发，作为国家高新技术企业，被国家人社部批准设立博士后科研工作站，以400多项创新专利，获得"国家知识产权示范企业""国家知识产权优势企业"称号，成为广东省企业技术中心、广东省工业设计中心、广东省工程技术研究中心等众多科研机构的落户企业。在开创众多行业先河的同时，积极履行社会责任，践行节能环保，是国家"十二五"节能减排先进单位，并率先荣获"中国绿色产品认证"。同时，集团一直致力于社会公益慈善事业，如帮扶地区脱贫、支持教育事业、关注留守儿童等，在佛山公益慈善年度优秀成果评选中，集团董事长何乾被授予"2019年度佛山公益慈善优秀人物"荣誉称号。专利高达336项。

湖南华日瓷业有限公司

湖南华日瓷业有限公司成立于2002年8月9日，注册地位于醴陵市王仙镇双江村。是一家集生产经营为一体，拥有自营进出口权的中型企业，主要生产日用瓷中式餐具、西式餐具、茶具等。产品出口到欧洲、美国、日本等全球各地。产品花色繁多，造型新颖，晶莹润泽，铅、镉溶出量低于国际标准。

经营范围：工业瓷、日用瓷、陶瓷酒瓶制造及销售；酒类包装（依法须经批准的项目，经相关部门批准后方可开展经营活动）。

所属地区：湖南省醴陵市。

所属行业：非金属矿物制品业。

所属类型：有限责任公司（自然人独资）。

		资质证书		
序号	证书编号	证书类型	发证日期	截止日期
1	2012112102000503	CCC/装饰装修产品	2012-04-10	2027-03-08
2	2019052102005671	CCC/装饰装修产品	2019-03-13	2027-01-03
3	2021052102007944	CCC/装饰装修产品	2021-10-19	2025-09-28

资质证书				
序号	证书编号	证书类型	发证日期	截止日期
4	02521CGP1316009-1	建材	2021-09-13	2026-09-12
创新（2020—2021）				
相关专利有：一种用于瓷器窑炉具备除尘结构的助燃风机；一种陶瓷加工用陶瓷球磨机；一种陶瓷加工生产用吸尘装置；一种方便清理内部垃圾的吸尘机；一种 3 吨球磨机；一种方便清理的排烟风机。				

湖南新世纪陶瓷有限公司

湖南新世纪陶瓷有限公司始创于 1982 年，1996 年开始生产陶瓷瓶，系国内陶瓷酒瓶生产知名企业。

经营范围：一般项目有日用陶瓷制品制造；日用陶瓷制品销售；专业设计服务（依法须经批准的项目除外，凭营业执照依法自主开展经营活动）。许可项目有旅游业务（依法须经批准的项目，经相关部门批准后方可开展经营活动，具体经营项目以相关部门批准文件或许可证件为准）。

所属地区：湖南省醴陵市。

所属行业：非金属矿物制品业。

所属类型：有限责任公司（自然人投资或控股）。

资质证书				
序号	证书编号	证书类型	发证日期	截止日期
1	001FSMS1800647	食品安全管理体系认证	2018-12-13	2024-12-12
2	00121S31007R1M/4300	中国职业健康安全管理体系认证	2018-04-20	2024-04-19
3	00121E31300R1M/4300	环境管理体系认证	2018-04-20	2024-04-19
4	CMS 湘 [2019]AAA2772	测量管理体系认证	2019-11-25	2024-11-24
5	GR201843000464	高新技术企业认证	2018-10-17	2021-10-17
6	00118E31283R0M/4300	环境管理体系认证	2018-04-20	2021-04-19
7	00117Q39843R4M/4300	质量管理体系认证（ISO9000）	2006-02-15	2020-05-08
8	00117Q39843R4M/4300	质量管理体系认证（ISO9001）	2006-02-15	2020-05-08
创新（2020—2021）				
公司系湖南省工业设计中心、株洲市企业技术创新中心，拥有强大的研发创新能力与自主知识产权保护体系。先后引进数字建模系统、激光精雕系统等行业先进设备，获得外观、实用新型和发明专利 100 余项，设计方面不断推陈出新，每年新设计开发产品达千款以上。公司还是国家地理标志产品醴陵瓷器授权生产企业，并参与了湖南省地方标准《醴陵釉下五彩瓷器》的起草。				

景德镇市辰天陶瓷有限公司

景德镇市辰天陶瓷有限公司（原辰天瓷厂）以生产经营日用瓷、陈设艺术瓷和景观瓷为主打产品，是一家集陶瓷设计研发、陶瓷加工生产为一体的零售批发综合型企业。

经营范围：陶瓷设计、制造（不含使用梭式窑）、销售，木制底座销售，陶瓷包装服务，经营进出口业务（依法须经批准的项目，经相关部门批准后方可开展经营活动）。

所属地区：江西省景德镇市昌南新区。

所属行业：非金属矿物制品业。

所属类型：有限责任公司（自然人投资或控股）。

创新（2020—2021）
公司注重工艺技术的不断创新，将传统工艺与现代科技成果相结合，定位是集陶瓷定制、研发生产、批发零售于一体，已实现生产规模化、管理现代化、服务配套化。公司自成立以来，先后荣获"诚信单位""守信企业"，并通过 ISO 质量管理体系认证。公司与国内外多家科研机构、大专院校有合作，与国内外多个大中型企业长期保持友好贸易往来，为企业的发展奠定了坚实的基础。

5.6 印刷行业领先企业

爱索尔（广州）包装有限公司

爱索尔（广州）包装有限公司成立于1997年7月，属爱索尔包装集团（ESSEL PROPACK）在华独家投资企业。公司的主要产品包括复合软管和复合片材，广泛应用于口腔护理、化妆品、食品、药品及家居工业品等领域。

经营范围：货物进出口（专营专控商品除外）；技术进出口；塑料薄膜制造；塑料零件制造；医疗卫生用塑料制品制造；塑料包装箱及容器制造；生物分解塑料制品制造；塑料制品批发；佣金代理；印刷技术开发；新材料技术开发服务；新材料技术咨询、交流服务；新材料技术转让服务；销售本公司生产的产品（国家法律法规禁止经营的项目除外；涉及许可经营的产品需取得许可证后方可经营）；商品批发贸易（许可审批类商品除外）；包装装潢印刷品印刷。

所属地区：广东省广州市永和区。

所属行业：医药制造业。

所属类型：有限责任公司（外国法人独资）。

资质证书				
序号	证书编号	证书类型	发证日期	截止日期
1	CN13/30019	质量管理体系认证（ISO9001）	2013-02-02	2025-02-02
2	CN19/30351	环境管理体系认证	2019-02-01	2025-01-31
3	CN13/30019	质量管理体系认证（ISO9000）	2013-02-02	2022-02-02
4	GR201844001124	高新技术企业认证	2018-11-28	2021-11-28
创新（2020—2021）				

爱索尔包装集团是目前全球具有规模效应的复合软管生产商。凭借优秀的成长业绩和稳健的财务表现，爱索尔包装集团多次被《福布斯》杂志评为年度全球200家销售额在10亿美金以下经营最好的公司之一。

爱索尔（广州）包装有限公司贯彻全球统一的HMP（和谐生产方针），指导日常生产活动；通过SAP系统平台规范完善内部流程，整合部门资源，提升运营效率；引入业界领先的TPM、六西格玛、精益生产、CRM等管理思想，提高企业现代化管理水平。

安徽金科印务有限责任公司

安徽金科印务有限责任公司于2003年5月成立，旗下注册有全资子公司"安徽金科药品包装材料有限公司"，位于全国塑料包装印刷基地安徽桐城，是塑料复合软包装产品的专业生产厂家。主要从事食品、药品、日用化工及种子农药等产品外包装袋、膜的研发、生产和销售，开展自营进出口业务。公司拥有多条国内领先的吹膜、彩印生产线和复合、分切、制袋机械设备，建有一座一万级、两座十万级净化车间，药、食品包装实现无菌无尘、恒温恒湿生产，新建有国家重点支持项目"非PVC输液膜生产线"。自行研制的镀铝镂空技术、自立袋、拉链袋制作技术和多种防伪喷码技术，满足了国内外客户对产品材质、规格、袋型的不同需求。

经营范围：许可项目有食品用纸包装、容器制品生产；食品用塑料包装容器工具制品生产；包装装潢印刷品印刷（依法须经批准的项目，经相关部门批准后方可开展经营活动）。

一般项目有食品用塑料包装容器工具制品销售；包装服务；合成材料制造（不含危险化学品）；塑料包装箱及容器制造；塑料制品制造；针织或钩针编织物及其制品制造；金属丝绳及其制品制造；货物进出口；技术进出口；进出口代理（除许可业务外，可自主依法经营法律法规非禁止或限制的项目）。

所属地区：安徽省安庆市。

所属行业：印刷和记录媒介复制业。

所属类型：有限责任公司（自然人投资或控股）。

资质证书				
序号	证书编号	证书类型	发证日期	截止日期
1	913408817489395014001Q	排污许可证	2021-09-12	2026-09-11
2	CN15/21061	所有未列明的其他管理体系认证	2021-08-30	2022-09-12
3	64520E10052R0	环境管理体系认证	2020-11-25	2023-11-24
4	64520S10037R0	中国职业健康安全管理体系认证	2020-10-19	2023-10-18

创新（2020—2021）

安徽金科印务有限责任公司是塑料彩印复合软包装专业供应商，为食品、药品、种子、日化用品等提供包装设计、制作、生产和售后服务，专业从事软包装二十余年，具备万级净化车间和先进的生产、检测设备，取得食品生产许可（QS）、药品GMP认证资格和进出口自营权等证照。

公司主要生产各种食品包装、药品包装、日化用品包装、种子农药包装复合袋和复合膜，材质有BOPP、CPP、PET、PA、PE、铝箔复合、纸塑复合等，袋型分自立袋、拉链袋、自封袋、真空袋、三边封袋、中封袋、侧封袋、四边封袋、折边袋、八边封袋等，防伪技术有镀铝镂空、电脑喷码、激光、刮刮墨、镭射防伪、油墨防伪、激光全息防伪等。

广东天元实业集团股份有限公司

广东天元实业集团股份有限公司（简称"天元股份"）是一家大型综合性包装耗材企业，在东莞、浙江、湖北均有制造基地。营销服务网络覆盖全国，线上线下一体化运营。其商业模式独特、产品品类齐全、行业覆盖面广，为客户提供省心、省力、省成本的一站式服务。

天元股份坚持"创新求发展，实干创实效"的经营方针，以"科技创新"为先导，倡导"绿色包装"的发展理念，成立广东省防伪印刷与绿色包装工程技术研究中心，拥有专业产品检测中心，并参与中国快递行业国家标准起草，与国内多所高校、科研院所紧密合作，长期致力于绿色低碳、科技创新产品的前沿研发。

天元股份实行"自有品牌"与"个性化定制"相结合的产品战略，能够为客户提供全套包装耗材一体化解决方案及其他个性化服务。天元牌标签、电脑打印纸、收银纸、复印纸、缠绕膜、背胶袋、气泡袋等产品深得客户好评。顺应国家绿色低碳发展理念，天元股份推出可降解和纯降解系列产品。

天元股份主要服务于快递、电商、邮政、餐饮、商超连锁等行业客户，是顺丰控股、中国邮政、韵达货运、FedEx、UPS等快递巨头，以及京东、苏宁易购等电商平台的合作伙伴。广东天元实业集团股份有限公司对外投资25家公司，具有2处分支机构。

经营范围：纸制品销售；纸制品制造；塑料制品销售；塑料制品制造；包装材料及制品销售；五金产品制造；五金产品零售；模具制造；

模具销售；办公用品销售；销售代理；非金属矿物制品销售；非金属矿物制品制造；包装专用设备销售；包装专用设备制造；通用设备制造（不含特种设备制造）；技术进出口；货物进出口。

所属地区：广东省东莞市。

所属行业：印刷和记录媒介复制业。

所属类型：股份有限公司（上市，自然人投资或控股）。

资质证书				
序号	证书编号	证书类型	发证日期	截止日期
1	21ISMS10149R0S	信息安全管理体系认证	2021-12-16	2024-12-15
2	CSCA21P1G1050008M	快递包装	2021-06-09	2026-06-08
创新（2020–2021）				

截至 2021 年 12 月 31 日，天元股份及其子公司拥有 195 项专利。天元股份是中国快递协会、中国电子商务协会、中国印刷行业协会等会员单位，先后获得邮政行业绿色包装技术研发中心、国家知识产权优势企业、国家绿色制造系统解决方案供应商、高新技术企业证书、东莞市政府质量奖等 200 余项荣誉。

广东万昌印刷包装股份有限公司

广东万昌印刷包装股份有限公司成立于 1994 年，注册地位于佛山市顺德区乐从镇细海工业区横溪路。广东万昌印刷包装股份有限公司对外投资 7 家公司，具有 1 处分支机构。

经营范围：生产经营铝箔印刷、招纸、商标印刷及各种彩色包装印刷品（经营范围中涉及印刷经营的范围以印刷经营许可证核定的具体项目为准，须凭有效的印刷经营许可证经营）；对金融业、房地产业、工业、商业、服务业进行投资（依法须经批准的项目，经相关部门批准后方可开展经营活动）。

所属地区：广东省佛山市。

所属行业：批发业。

所属类型：股份有限公司（台港澳与境内合资，未上市）。

资质证书				
序号	证书编号	证书类型	发证日期	截止日期
1	CIEC-22E0006R0M	环境管理体系认证	2022-01-11	2025-01-10
2	GR202044002667	高新技术企业认证	2020-12-01	2023-12-01
3	CNBJ313871-UK-001	质量管理体系认证	2011-08-04	2023-08-04
4	CNBJ313871-UK-003	质量管理体系认证	2011-08-04	2023-08-04
5	CNBJ313871-UK	质量管理体系认证（ISO9000）	2011-08-04	2023-08-04
6	TSUD-COC-001465	FSC 森林认证	2019-12-30	2024-12-29
7	18119IP5805R0M	企业知识产权管理体系认证	2019-12-02	2022-12-01
8	GR201744001975	高新技术企业认证	2017-11-09	2020-11-09
9	CN11/30809.00	质量管理体系认证	2011-08-04	2020-08-04
10	Cn11/30809.01	质量管理体系认证	2011-08-04	2020-08-04

创新（2020—2021）
公司拥有世界先进的印刷和配套的印前、印后设备以及高档包装纸材生产设备，以啤酒标签印制为主营业务，产品涵盖酒品与食品类标签、包装箱（盒）以及高档包装纸材等三大系列。 　　万昌是亚洲大型的啤酒标签专业印制企业。目前企业的标签业务市场覆盖全国及东南亚和中亚地区，辐射南美及欧洲部分区域，是百威、青岛、华润、燕京、珠江、重啤、嘉士伯、金龙泉等180多家啤酒企业和海天味业、顺德米酒、天地壹号、劲酒等80多家调味品、白酒、饮料、保健酒等类别企业长期信赖的合作伙伴。

杭州金杭包装印业有限公司

　　杭州金杭包装印业有限公司成立于2002年9月5日，是一家专业生产纸塑、塑塑类包装产品的企业，有淋膜机、吹膜机、高速凹版印刷机、高速干复机、分切机、贴标机、制袋机等生产各类软包装的先进设备，年生产能力达25亿只包装袋（卷膜）。

　　经营范围：许可项目有食品用纸包装、容器制品生产；包装装潢印刷品印刷；文件、资料等其他印刷品印刷；特定印刷品印刷；食品用塑料包装容器工具制品生产；医用口罩生产；医护人员防护用品生产（Ⅱ类医疗器械）；卫生用品和一次性使用医疗用品生产；货物进出口；技术进出口（依法须经批准的项目，经相关部门批准后方可开展经营活动，具体经营项目以审批结果为准）。一般项目：工艺美术品及礼仪用品制造（象牙及其制品除外）；纸和纸板容器制造；劳动保护用品生产；日用口罩（非医用）生产；日用口罩（非医用）销售；卫生用品和一次性使用医疗用品销售；特种劳动防护用品销售；医用口罩批发；塑料制品制造；塑料制品销售；医用口罩零售；软件开发；技术服务、技术开发、技术咨询、技术交流、技术转让、技术推广；劳动保护用品销售；生物基材料技术研发；生物基材料销售；生物基材料制造；生物基材料聚合技术研发（依法须经批准的项目除外，凭营业执照依法自主开展经营活动）。

　　所属地区：浙江省杭州市临平区。

　　所属行业：印刷和记录媒介复制业。

　　所属类型：有限责任公司（自然人投资或控股）。

资质证书				
序号	证书编号	证书类型	发证日期	截止日期
1	00220S23878R1M	中国职业健康安全管理体系认证	2017-12-08	2023-12-07
2	002FSMS2000316	食品安全管理体系认证	2020-12-23	2023-12-22
3	00220E34327R1M	环境管理体系认证	2017-12-08	2023-12-07
4	GR201933004902	高新技术企业认证	2019-12-04	2022-12-04
5	00219Q26395R0M	质量管理体系认证（ISO9000）	2019-11-19	2022-11-18
6	00219Q26395R0M	质量管理体系认证（ISO9001）	2019-11-19	2022-11-18
7	CN17/20931	所有未列明的其他管理体系认证	2017-12-20	2020-12-16
8	00217S12597R0M	中国职业健康安全管理体系认证	2017-12-08	2020-12-07
9	00217E33051R0M	环境管理体系认证	2017-12-08	2020-12-07
10	9133011014330671XL001U	排污许可证	2020-06-26	2023-06-25

5.7　包装设备制造行业领先企业

奥克梅包装设备（嘉兴）有限公司

1954 年成立的奥克梅公司以其不断革新的技术在全球包装设备领域确立了领导地位，为全球啤酒、饮料、食品、石化、洗涤剂及个人护理等行业提供液体灌装和包装设备，并承担整条生产线的交钥匙工程。从灌装机、贴标机、纸箱裹包机、收缩膜包装机、码垛机、卸垛机、机器人到 LGV 导航仓储车，奥克梅可根据用户的具体需要配备不同型号的设备。奥克梅公司在 1994 年就取得了 ISO9001 质量认证，以突出的稳定性和高质量著称，在全球已安装了一万多台设备，拥有众多知名客户，在全球建立起了完善的销售代理和服务队伍。

奥克梅包装设备（嘉兴）有限公司是奥克梅公司在中国设立的独资分厂位于国家历史文化名城嘉兴市，于 2006 年 10 月 26 日在嘉兴市市场监督管理局注册成立。在公司发展壮大的 16 年里，始终为客户提供好的产品和技术支持、健全的售后服务。

经营范围：包装专用设备制造；通用设备制造（不含特种设备制造）；物料搬运装备制造；通用零部件制造；特种设备销售；机械设备销售；物料搬运装备销售；智能物料搬运装备销售；机械零件、零部件销售；软件销售；工业机器人销售；普通机械设备安装服务；通用设备修理；专用设备修理；机械设备研发；技术服务、技术开发、技术咨询、技术交流、技术转让、技术推广；电子、机械设备维护（不含特种设备）；信息系统运行维护服务；信息技术咨询服务；信息系统集成服务（依法须经批准的项目除外，凭营业执照依法自主开展经营活动）。许可项目有特种设备制造；特种设备安装改造修理；货物进出口（依法须经批准的项目，经相关部门批准后方可开展经营活动，具体经营项目以审批结果为准）。

所属地区：浙江省嘉兴市秀洲区。

所属行业：通用设备制造业。

所属类型：有限责任公司（外国法人独资）。

创新（2020—2021）

公司创新包装设备主要有自动热收缩膜包装机、纸箱裹包装箱机、抓放式装箱机和提篮包装机。

广州标际包装设备有限公司

广州标际包装设备有限公司，成立于 2002 年，是一家集研发、生产、销售包装检测仪器、包装设备、气调保鲜设备等产品和提供第三方检测、标准物质能力验证的企业。公司也是软包装检测仪器和检测方案供应商，为全球几十个国家和地区的机构提供完善的包装检测实验室建设方案和检测仪器。范围遍及检验机构、科研院校、食品制药、日化烟包、包装厂、新材料、新能源、薄膜厂等不同领域，让全世界用户可以分享标际的检测技术和检测方案。

广州标际坚持以持续技术创新为客户不断创造价值。公司在广州经济技术开发区设有研发机构，专注于行业技术创新。2010年被授予广东省高新科技企业，并获得国家标准物质证书、CNAS实验室认可证书、广州市企业研究开发机构证书等。广州标际与国内外高等院校及科研机构保持长期合作关系，互利共赢。公司凭借不断增强的创新能力、日趋完善的交付能力赢得全球客户的信任与合作。广州标际在全国多处设立分公司及办事处，如武汉分公司、南京办事处、杭州办事处、西安办事处、成都办事处、郑州办事处等，能够更快速地为客户带来良好的售前及售后服务。

经营范围：电子通信与自动控制技术研究、开发；软件测试服务；电子工程设计服务；信息电子技术服务；软件开发；集成电路设计；包装专用设备制造；实验分析仪器制造；试验机制造；供应用仪表及其他通用仪器制造；运输设备及生产用计数仪表制造；工业自动控制系统装置制造；物业管理；非居住房地产租赁；食品检测服务；医用电子仪器设备的生产（具体生产范围以医疗器械生产企业许可证为准）。

所属地区：广东省广州市黄埔区。

所属行业：专用设备制造业。

所属类型：有限责任公司（自然人投资或控股）。

资质证书				
序号	证书编号	证书类型	发证日期	截止日期
1	—	测量管理体系	有效	2021-09-14
2	—	质量管理体系认证（ISO9001）	有效	2021-10-27
3	—	高新技术企业	有效	2021-12-20
4	—	环境管理体系认证	有效	2022-01-20
5	—	中国职业健康安全管理体系认证	有效	2022-08-24
创新（2020—2021年）				

公司创新包装设备主要有：生物降解技术——GBDA系列智能堆肥降解测定仪。

GBDA系列智能堆肥降解试验仪是公司多年生物降解研发技术和应用经验，采用专利智能算法，秉承以人为本的设计理念，最新自主研发的一款高端智能型堆肥降解测试设备，是目前全球领先的生物降解分析测试仪。在供氧堆肥条件下，试验材料的有机化合物被微生物分解为二氧化碳（CO_2）、水（H_2O）及其所含元素的矿化无机盐及新生物质，通过连续红外分析传感器测量其排放的二氧化碳（CO_2）的量来确定试验材料的最终生物分解能力。

GBDA系列智能堆肥降解试验仪，提供专业数据分析软件，具有一键导出报告功能、审计追踪功能，是生产企业、检验机构、科研院所对可降解材料进行研究分析的最佳设备。

与其相关的专利和设备主要有：从泡面桶、面膜袋，到快递箱、安瓿瓶，再到手机屏幕、锂电池隔膜，通过广州标际包装设备有限公司生产的仪器，可检测的包装可谓"五花八门"。标际成立至今，拥有180多项自主知识产权以及多项核心技术专利，获得国家高新技术企业、国家专精特新"小巨人"企业称号。随着公司科创根基不断夯实，新思维、新技术，正在让这家从事细分领域20年的科技公司焕发新活力。

广州三卓包装设备有限公司

广州市白云区三卓包装设备有限公司是一家集研发、生产、销售的综合企业。公司拥有20年的包装设备研发经验，专业生产立式包装机、多列高速包装机、茶叶包装机、尼龙三角袋茶叶包装机、袋泡茶包装机、食品包装机等包装设备，广泛应用于茶叶、食品、医药、化工行业。公司本着"帮客户解决问题，助员工实现梦想"的经营理念，根据客户的不同需求，提供最便捷的工程方案与最合理的经济预算方案。公司拥有资深高级工程师以及训练有素、技术娴熟的高级技工，从而能够完成从单机到整条生产线的设计、生产、安装、调试、维护工作。公司以高品质的产品、准确的交期、合理的价格、完善的售后，赢得广大用户的信赖。

经营范围：包装专用设备制造；五金配件制造、加工；机械零部件加工；金属密封件制造；紧固件制造；五金产品批发；通用机械设备销售；专用设备安装（电梯、锅炉除外）；专用设备销售；机电设备安装服务；机械配件批发；电子元器件批发；包装材料的销售；货物进出口（专营专控商品除外）；技术进出口。

所属地区：广东省广州市白云区。

所属行业：专用设备制造业。

所属类型：有限责任公司（自然人投资或控股）。

资质证书		
序号	证书类型	发证日期
1	科技型企业	2022 年 9 月 27 日

创新（2020—2021）
公司创新包装产品主要有：三角包包装机、茶叶包装机、食品包装机、袋泡茶包装机、挂耳袋咖啡包装机、多列液体包装机、粉剂包装机、组合称包装机、包装耗材、颗粒包装机、异型袋包装机、新一代自动包装机。 与其相关专利和设备主要有： 内嵌式超声波三角袋茶叶包装机。公司是国内首家自主研发并生产超声波、掌握超声波封口包装机核心技术的企业，是国内最大的立式茶叶包装机、袋泡茶包装机的设备生产商。

杭州中亚机械股份有限公司

杭州中亚机械股份有限公司创立于 1992 年，系深交所上市企业（股票代码：300512），主要专注于智能包装设备和无人零售设备的研发、制造和销售，是中国先进的智能包装装备制造基地。

经营范围：食品加工机械、包装机械、化工设备的生产、销售；自动售货机、智能设备的研发、生产、销售、租赁。

所属地区：浙江省杭州市拱墅区。

所属行业：通用设备制造业。

所属类型：有限责任公司。

资质证书				
序号	证书编号	证书类型	发证日期	截止日期
1	浙 RC-2017-0379	软件产品证书	2022-04-28	2027 年 -04-29
2	18121IP0122R1M	企业知识产权管理体系认证	2021-02-05	2024-02-04
3	GR202033007799	高新技术企业	2020-12-01	2023-12-01
4	15/20Q7824R11	质量管理体系认证（ISO9001）	2020-11-11	2023-07-31
5	15/20S7825R11	中国职业健康安全管理体系认证	2020-11-11	2023-03-21

创新（2020—2021）
杭州中亚机械股份有限公司深刻认识到技术创新是企业的灵魂，每年销售额 5% 以上的研发投入是持续技术创新的基本保证，以"生产一代，开发一代，储备一代"的研发模式为导向，为中亚的长期持续发展提供不竭动能。作为一个以技术创新为核心驱动力的企业，努力打造行业内一流的技术研发中心，同时中国乳品包装机械研究开发中心和中国食品包装机械研发中心落户于中亚，有力推动与世界包装技术发展理念保持同步。既尊重他人的知识产权，也高度维护自身拥有的知识产权，从实用新型专利、发明专利到 PCT 专利申请，每一项都凝结了科研人员的心血，每一个专利成果都代表公司对知识的无比尊重。中亚积极地参与到国家标准的制定活动中，目前已有 19 项国家及行业标准是由中亚作为主要起草人参与起草制定的，为民族产业的发展和规范做出自己应有的贡献。

湖南达嘉智能包装设备有限公司

湖南达嘉智能包装设备有限公司成立于2000年，是一家集研发、生产、代理、服务、销售为一体的综合性公司；地址在湖南株洲渌口开发区；在天津已开设华北分公司，在华东、华南和西南也正在开设分支机构。

经营范围：包装设备、检测技术和检测设备、防伪技术和防伪设备的研发、生产和销售；包装设备的代理销售和服务；房屋租赁；智能机器研发、生产、销售；智能控制柜系统、自动化控制系统的研发、安装、销售及服务；计算机检测控制系统的研究、制造、销售；技术咨询服务；物联网技术研发、咨询、服务；应用软件开发；软件开发系统集成、软件技术服务（依法须经批准的项目，经相关部门批准后方可开展经营活动）。

所属地区：湖南省株洲市渌口区。

所属行业：专用设备制造业。

所属类型：有限责任公司。

资质证书				
序号	证书编号	证书类型	发证日期	截止日期
1	GR202043001069	高新技术企业	2020-09-11	2023-09-11
2	04621Q15438R1M	质量管理体系认证（ISO9001）	2021-08-09	2024-08-08
创新（2020—2021）				

随着人力成本的不断飙升和人员招聘难、管理难等矛盾的日益加剧，越来越多的生产商开始采用自动无人化后道包装生产线。湖南达嘉智能包装设备有限公司顺应市场需求，其自主开发了口服液制剂自洗灌烘工序以后的自动无人化后道包装线、西林瓶自动无人化后道包装生产线、针剂自动无人化后道包装生产线以及其他瓶装、泡罩、颗粒剂等剂型的自动无人化后道包装生产线（可提供非标设计方案，涉及领域有日化、医药、食品饮料等），贴标机、入托机、制托机、激光机、装盒机以及各类输送、灯检和电子监管码自动赋码等流水线均可单机销售和非标设计；所有单机均预留通信接口、软件设计均兼容单机和联动线的需求，升级到无人化自动线时所有单机均可无缝对接。达嘉智能同时拥有独立知识产权的药品电子监管码系统，是目前国内一家同时具有自动包装线非标设计集成和电子监管码赋码系统软件及实施的供应商。

惠州市胜晟包装设备有限公司

惠州市胜晟包装设备有限公司成立于2012年4月17日，法定代表人为刘建明，注册资本为200万元人民币，统一社会信用代码91441300594044624B，企业地址位于惠州仲恺高新区陈江街道曙光大道大欣集团内一区皓钧第12栋（厂房）一楼A区，所属行业为计算机、通信和其他电子设备制造业。惠州市胜晟包装设备有限公司目前的经营状态为在营（开业）企业。

经营范围：生产、销售包装设备、自动化设备；厂房租赁，国内货运代理（依法须经批准的项目，经相关部门批准后方可开展经营活动）。

所属地区：广东省惠州市仲恺高新区。

所属行业：计算机、通信和其他电子设备制造业。

所属类型：有限责任公司（自然人投资或控股）。

资质证书				
序号	证书编号	证书类型	发证日期	截止日期
1	GR202044008997	高新技术企业	2020-12-09	2023-12-09
2	GR201744001149	高新技术企业	2017-11-09	2020-11-09

创新（2020—2021）

惠州市胜晟包装设备有限公司拥有多项发明专利，其销售产品遍及全国，拥有强大的销售网以及创新设备。该公司企业经营理念以产品客户为中心，为客户创造更多的价值。以市场为方向，创造更多的新科技产品。以技术为核心，打造一流技术平台。以社会为责任，以人为本。其企业发展方向为专业研发创造新技术新机械设备，提供智能化一站式包装整体解决方案，打造数字化物流系统和智能数字化合作系统，开创智能数字化生产无人车间系统。

靖江沃德包装设备制造有限公司

靖江沃德包装设备制造有限公司成立于2009年，是专业从事工业计量、包装、控制系统研发、生产及销售的高新技术企业。历经十几年的技术创新和不断发展，公司技术力量雄厚，拥有一支高素质的科研队伍。公司旗下设有三大设计部门及五大生产车间，已形成了机械设计、电子设计、软件研发、机械加工、仪表生产、钣金加工、机械装配、电子装配一条龙服务。

经营范围：包装专用设备、食品加工机械及零件、切削工具、机械零部件、家用电热水器、非家用电热水器制造、销售；自营和代理各类商品及技术的进出口业务（国家限定企业经营或禁止进出口的商品和技术除外）（依法须经批准的项目，经相关部门批准后方可开展经营活动）。

所属地区：江苏省泰州市靖江市。

所属行业：通用设备制造业。

所属类型：有限责任公司（自然人独资）。

资质证书			
序号	证书编号	证书类型	发证日期
1	CN201721387854.5	实用新型	2018-06-05
创新（2020—2021）			

公司创新设备有：变形金刚封口机 LF-95S、果糖定量机 LF-6LS、果糖定量机 LF-6LY、粉料定量机 ATT-502，以及豆浆封口机、珍珠奶茶封口机、榨汁机等。公司致力于食品包装设备，水吧系统的设计研发、生产制造、销售维修。公司有规模化的生产基地、完备的加工体系和强大的生产实力；拥有一批经验丰富的设计开发人员，技术力量雄厚。

青岛包装设备有限公司

青岛包装设备有限公司成立于2008年，是专业的瓦楞纸板生产线设备和系统制造商。公司引进国内外一流的瓦楞机械设计师，吸收边缘工业的先进的设计理念和设计元素，并且通过与国际先进瓦楞机械设备制造商的交流与合作，使自身的设计和制造居于国内领先水平。

经营范围：机电设备及配件的研发、生产、

销售及技术咨询服务；批发、零售；机电产品、机电设备及配件；货物进出口（法律、行政法规禁止的项目除外，法律、行政法规限制的项目取得许可证后方可经营）（以上范围须经许可经营的，凭许可证经营）。

所属地区：山东省青岛市城阳区。

所属行业：通用设备制造业。

所属类型：有限责任公司（自然人独资）。

资质证书				
序号	证书编号	证书类型	发证日期	截止日期
1	165IP190369R0S	企业知识产权管理体系认证	2019-01-30	2022-01-29

创新（2020—2021）

公司专业设计生产高端瓦线干部设备、生产管理系统和企业管理系统。公司设备应用机电一体化的设计理念和模块化、网络化的设计思路，运行稳定，使用方便，大大减少了人工，降低了劳动强度，提高了企业的管理水平和盈利能力。本着诚信为本的市场开发理念，公司正逐步发展壮大；同时公司也配备了优秀的服务团队，完善了公司产品的售后服务体系，保证了公司产品的售后服务质量。以科学的发展观来面对世界包装设备市场，在追踪国外先进技术和理念的同时，公司注重立足于自身的开发和完善。

上海派可瑞包装设备有限公司

上海派可瑞包装设备有限公司是甘肃华圆投资控股有限公司下属的分公司，其依托荷兰CREMER前瞻性的最新三维数粒鉴别技术，德国Binder公司稳定的精确振动技术及国内先进的民用机械制造技术而成立。公司专注于制药包装设备的市场销售、开发、设计、制造、安装调试及售后服务。核心产品为自动数粒包装线中的理瓶机、全自动数粒机、压盖旋盖、封口机、贴标机、装盒机等设备，具有数粒速度快、准确率高、适用性广、稳定性好等特点。

经营范围：包装设备的研发、制造、销售、维修，包装设备零部件的加工，普通机械设备的维修，包装设备、医药科技、食品科技、化工科技专业技术领域内的技术咨询、技术研发、技术转让、技术服务，从事货物及技术的进出口业务（依法须经批准的项目，经相关部门批准后方可开展经营活动）。

所属地区：上海市浦东新区。

所属行业：研究和试验发展。

所属类型：有限责任公司（自然人投资或控股）。

资质证书				
序号	证书编号	证书类型	发证日期	截止日期
1	GR202031002528	高新技术企业	2020-11-12	2023-11-12
2	00920Q11493R1S	质量管理体系认证（ISO9001）	2020-10-12	2023-10-11

创新（2020—2021）

上海派可瑞包装设备有限公司，是一家致力于瓶装产品及后续包装研发、生产、销售的公司，其核心研发团队潜心耕耘制药装备行业多年，创新开发了多个稳定的数粒包装产品，填补了制药包装行业的很多技术空白。公司的产品经行业认可的第三方认证检测机构检测已符合GMP、FDA、CSA、CE等要求，并拿到了CE、FDA、IS9000等认证资质。

上海紫尤包装设备有限公司

上海紫尤包装设备有限公司是一家致力于打包、缠绕、封箱、套膜收缩、贴标、输送线、自动扫码、动态称重（静态称重）、体积测量、自动分拣及自动化整体解决方案的企业。

经营范围：包装设备、包装材料、橡塑制品、电子产品、五金交电、仪器仪表、纸制品、木制品、环保设备及配件、电气设备、音响设备、压缩机及配件、建材、通信设备及相关产品、通信器材、金属制品及材料、机械设备及配件、工业自动化控制设备销售、机械设备设计、机械设备安装维修、计算机软件开发（依法须经批准的项目，经相关部门批准后方可开展经营活动）。

所属地区：上海市金山区。

所属行业：批发业。

所属类型：有限责任公司（自然人投资或控股）。

附　录　1

包装行业大事记（2021 年）

包装行业大事记（2021 年）

2021 年 1 月 26 日

贵州鹏昇（集团）纸业有限责任公司一期工程 60 万吨包装纸项目第二台纸机 PM2 顺利开机并成功上卷。

2021 年 2 月 8 日

交通运输部发布了《邮件快件包装管理办法》，自 2021 年 3 月 12 日起施行。

2021 年 3 月 4—6 日

为期三天的第二十七届中国国际包装工业展览会（Sino-Pack2021）及中国（广州）国际包装制品展览会（PACKINNO2021）在广州的中国进出口商品交易会展馆 A 区举办

2021 年 3 月 26 日

河南省包装技术协会在郑州主办了 2021 年河南省塑料包装行业高质量发展论坛。

2021 年 4 月 1 日

《交通运输部办公厅、国家发展改革委办公厅、工业和信息化部办公厅、农业农村部办公厅、商务部办公厅、市场监管总局办公厅、国家邮政局办公室、中华全国供销合作总社办公厅关于做好标准化物流周转箱推广应用有关工作的通知》发布。

2021 年 4 月 13—16 日

第三十四届中国国际塑料橡胶工业展览会在深圳国际会展中心召开。

2021 年 4 月 15 日

裕同科技两项设计 Magic Box、Living Milk Packaging Box 获德国 iF 产品设计奖。

2021 年 4 月 16 日

中国造纸学会第八次全国会员代表大会暨学会成立 55 周年庆祝会在杭州召开。

2021 年 5 月 1 日

6 项印刷机械行业新标准将正式实施。这 6 项印刷机械标准的名称分别是《印刷机械纸张覆膜机》《印刷机械卷筒料凹版印刷机》《印刷机械纵向分切机》《印刷机械平压模切机第 1 部分：卧式平压模切机》《印刷机械折页机》《特种印刷烫印机》。

2021 年 5 月 20—22 日

2021 年纸包装行业智能制造技术交流会在重庆召开。

2021 年 5 月 25—28 日

2021 年中国金属包装行业大会及展览会在杭州召开。

2021 年 5 月 27 日

中国包装总公司集团与天津市人民政府签署战略合作协议。

2021 年 5 月 27—28 日

2021 年第四届中国（长春）国际包装与印刷产业博览会在吉林省长春市国际会展中心六号馆举办。

2021 年 6 月 1 日

《直接接触药品的包装材料和容器管理办法》（国家食品药品监督管理局 2004 年第 13 号令）废止。

2021 年 6 月 5 日

河北省食品包装行业协会第二届会员（代表）大会在石家庄京州国际酒店召开。

2021 年 6 月 8 日

大同市冠森纸业有限公司首台工业用纸项目（PM1）顺利开机出纸。

2021 年 6 月 8 日

斯道拉恩索中国包装宣布其位于河北迁安的新一代食品级纸浆模塑项目（一期）正式投产。

2021 年 6 月 8 日

中国包装联合会公布了 2021 年度包装行业中小企业公共服务示范平台名单。

2021 年 6 月 9 日

世界认可日。国家市场监督管理总局联合国家邮政局，以"人人使用绿色快递、共享低碳环保生活"为主题，共同举办快递包装绿色产品认证推进活动。

2021 年 6 月 11 日

由华章科技总承包的江苏凡泰纸业有限公司 20 万吨高强瓦楞原纸项目顺利出纸。

2021 年 6 月 23 日

第十届北京国际印刷技术展览会（CHINA PRINT 2021）在北京中国国际展览中心（新馆）开幕。

2021 年 6 月 24 日

包装机械产业供应链联盟第三届峰会在上海国家会展中心举行。

2021 年 6 月 30—7 月 2 日

FBIF2021 食品饮料创新论坛在杭州国际博览中心召开，上海扬盛印务有限公司参加，其产品获得包装设计提名。

2021 年 7 月 1 日

国家发展改革委印发《"十四五"循环经济发展规划》。

2021 年 7 月 13 日

中国包装联合会九届四次常务理事会在上海召开。

2021 年 7 月 13—16 日

2021 中国国际瓦楞展、2021 中国国际彩盒展、2021 中国包装容器展、2021 上海国际软包展、2021 上海国际纸展、2021 上海内部物流及过程管理展览会、2021 上海国际数字印刷设备技术展览会、2021 亚洲冷库建设与运营展览会在上海国际会展中心举办。

2021 年 7 月 14—16 日

由中国包装联合会和励展博览集团联合主办的 2021 中国包装容器展在上海浦东新国际博览中心盛大开幕。

2021 年 7 月 15 日

励展博览集团在上海新国际博览中心 W2 展馆 M9 会议室举办曲水流觞—中国酒类包装创新发展论坛。

2021 年 7 月 15 日

中国包装联合会在上海新国际博览中心展馆会议室 W3 管易贸论坛区举办绿色包装发展论坛。

2021 年 7 月 22 日

国内领先高端品牌包装整体解决方案提供商裕同科技与全球知名的包装设备及整线供应商莫迪维克（MULTIVAC）签订战略合作协议。

2021 年 7 月 27 日

全国包装标准化技术委员会在济南主持召开了《柔性包装材料耐揉搓性能测试方法》国家标准预审会。

2021 年 7 月 30 日

ISTA（国际安全运输协会）中国理事会年度会议在合兴股份旗下合众创亚总部顺利召开。ISTA 中国理事会成员讨论了 ISTA 中国理事会纳新、ISTA 中国三年规划（2022—2024）、2021

年上半年会员发展情况、2021 年下半年计划及 ISTA 全球情况简报等话题。

2021 年 8 月 2 日

中国医药包装协会团体标准《药用玻璃容器分类和应用指南》（T/CNPPA 3018—2021）发布。

2021 年 8 月 10 日

国家市场监督管理总局发布了《限制商品过度包装要求 食品和化妆品》。

2021 年 8 月 17—19 日

2020 包装世界（义乌）博览会暨浙江印刷包装工业技术展览会在义乌举办。

2021 年 8 月 22 日

青海省开始实施《青海省加快推进快递包装绿色转型实施方案》。

2021 年 9 月 7 日

全国包装标准化技术委员会在河南焦作主持召开了《智能打码机用树脂基碳带》行业标准预审会。

2021 年 9 月 8 日

国家发展改革委、生态环境部印发《"十四五"塑料污染治理行动方案》。

2021 年 9 月 13 日

国家药典委员会召开了第一场塑料类药包材标准体系讨论会。

2021 年 9 月 14 日

广东省包装技术协会团体标准评审会团体标准《冲压扣骨罐》及《玩具包装用工艺纸盒通用规范》评审会在广州金天成召开。

2021 年 9 月 15 日

全国包装标准化技术委员会以线上形式主持召开了《包装用镀氧化铝薄膜》行业标准预审会。

2021 年 9 月 15 日

全国包装标准化技术委员会以线上、线下相结合的形式主持召开了《方形纸管》行业标准预审会。

2021 年 9 月 15—17 日

岚霖颠覆包装行业革命，在第十五届广州国际胶粘带薄膜展推出环保可降解牛皮纸类胶带。

2021 年 9 月 26 日

全国塑料制品标准化技术委员会（TC 48）委员会秘书处工作会议在中国塑料加工工业协会会议室召开。

2021 年 9 月 26 日

2021 中国食品包装高质量发展峰会在石家庄市国源朗怡酒店召开。

2021 年 10 月 12—14 日

第 87 届中国国际医药原料药 / 中间体 / 包装 / 设备交易会（API China）举办。

2021 年 10 月 15 日

中国塑料加工工业协会公布了关于首批中华环境保护基金会·美团外卖青山计划专项基金"'易回收易再生'塑料包装容器推荐名录"企业和产品名单公告，共 13 家企业入选。

2021 年 10 月 15 日

第 20 届中国（浙江）塑料交易会开幕式在台州市国际会展中心举行。

2021 年 10 月 20 日

全国包装标准化技术委员会主持召开了《包装材料 无底纸标签》行业标准预审会。

2021 年 10 月 21 日

中国包装联合会公布了 2020 年度中国包装百强企业排名及行业分类排名名单。

2021 年 10 月 28—30 日

第 12 届中国包装创新及可持续发展论坛在合肥举行。玛瑙 ™ 食品级涂布牛卡获得"2021

年中国包装创新及可持续发展大奖"。

2021 年 11 月 3 日

国家工业和信息部公布了第五批国家级工业设计中心名单，裕同科技荣评"国家级工业设计中心"。

2021 年 11 月 3 日

由中国塑料加工工业协会主办的 2021 中国塑料可持续发展展览会开幕式在南京国际博览中心举行。

2022 年 11 月 4 日

上海宝翼制罐通过可口可乐（中国）饮料有限公司的社会责任审核，取得有效期为三年的最高等级绿色（Green）证书。

2021 年 11 月 8 日

工业和信息化部公示了拟认定的第六批制造业单项冠军和拟通过复核的第三批制造业单项冠军名单，共有 12 家塑料加工工业相关企业荣获此荣誉。

2021 年 11 月 10 日

山东省药监局发布进一步加强药用辅料、药包材生产使用质量管理工作的通知。

2022 年 11 月 11 日

工业和信息化部公示了 2022 年新一代信息技术与制造业融合发展试点示范名单，宝钢包装入选两化融合管理体系贯标方向。

2021 年 11 月 22 日

《无塑纸杯（含无塑纸杯纸）》团体标准审查会以视频会议的形式顺利召开。

2021 年 11 月 23 日

东莞洪梅生态环境分局执法人员对辖区范围内印刷包装公司开展"双随机"联动监测执法行动。

2021 年 11 月 26 日

国家药监局药审中心发布《化学药品吸入液体制剂药学研究技术要求》，其中在处方工艺技术要求、原辅包质量控制技术要求、质量研究与控制技术要求、稳定性研究等部分对辅料和药包材提出了具体要求。

2021 年 11 月 23—25 日

SWOP 2021 包装世界（上海）博览会在上海新国际博览中心 N1-N5 馆拉开序幕。

2021 年 12 月 2 日

全国包装标准化技术委员会五届五次年会在北京召开。

2021 年 12 月 8 日

合兴包装携手全瓦通、惠普以"数印万花筒·合聚生态圈"为主题举办了专场直播活动。从印刷产业链的服务商、客户、终端用户的角度探讨数字印刷生态圈的价值。

2021 年 12 月 8 日

贵州省市场监管局同意成立贵州省绿色包装标准化技术委员会。

2021 年 12 月 9 日

2021 亚洲包装联合会（APF）第 71 次理事会暨第 46 次全体大会在线上召开，李华当选亚洲包装联合会主席。

2021 年 12 月 13—15 日

中国包装工业四十年庆祝活动暨 2021 包装行业高峰论坛在湖南省株洲市召开，同期召开了中国包装联合会九届三次理事会。

2021 年 12 月 2 日

由中国包装联合会编辑的《中国包装年鉴（2020 版）》正式出版。

附　录　2

中国包装工业发展规划
（2021—2025 年）

ZHONGGUO　BAOZHUANG　GONGYE

FAZHAN　GUIHUA（2021—2025 NIAN）

中国包装工业发展规划（2021—2025年）

包装工业是现代工业体系的重要组成部分，也是经济社会实现高质量发展的重要支撑力量。随着我国包装产业体系的日臻完善和整体发展水平的逐步提升，"继续厚植世界包装大国优势，在深度转型中加快推进包装强国建设进程"已经成为新时代我国包装工业发展的战略导向。

"十四五"时期是我国开启全面建设社会主义现代化国家新征程、向第二个百年奋斗目标进军的第一个五年，也是我国包装工业调结构、促转型、聚优势、提品质的关键发展期。为进一步谋划好我国包装工业发展的整体战略，加速形成更高质量、更有效率、更可持续、更为安全、更加开放的发展生态，现根据《中华人民共和国国民经济和社会发展第十四个五年规划和2035年远景目标纲要》《关于加快我国包装产业转型发展的指导意见》《关于进一步促进服务型制造发展的指导意见》等文件，制定本规划。本规划的实施期为2021—2025年。

第一部分 发展基础与发展环境

1.1 发展基础

（1）发展成就

"十三五"期间，我国包装工业紧扣"包装强国"建设任务，积极应对复杂多变的国内外环境和各种风险挑战，坚持稳中求进的工作基调，以"绿色、智能、安全"为主攻方向，大力推进转型发展战略实施，总体呈现出健康、快速、可持续发展的良好态势，为"十四五"时期我国包装工业可持续发展奠定了坚实基础。

① 发展根基更加稳固。

"十三五"期间，国家出台或修订了《关于加快快递包装绿色转型的意见》《生产者责任延伸制度实施方案》《清洁生产促进法》《循环经济促进法》《固体废物污染环境防治法》等，进一步奠定了促进包装产业可持续发展的政策法规根基。2016年，工业和信息化部、商务部联合发布了《关于加快我国包装产业转型发展的指导意见》，首次从国家层面明确了包装产业的"服务型制造业"定位，系统提出了发展包装产业和建设"包装强国"的战略遵循，形成了包装产业高质量发展的行动指南。

② 产业规模平稳增长。

尽管受国内外经济大环境和新冠疫情的综合影响，包装工业依然保持"稳中有升"的良好发展势头。2020年，我国包装工业总产值突破2.5万亿元。国家统计局统计数据显示，"十三五"期间，纸和纸板容器、塑料薄膜、金属包装容器、玻璃包装容器制造等细分行业的规上企业总量增加644家，达到8183家；规上企业五年累计实现主营业务收入 5.33 万亿元、利润 3062 亿元、进出口总额 2287 亿美元。从整体上而言，包装产业呈现出健康、稳定、可持续发展局面。

③ 总体格局加速优化。

切实加强产业链建设，在稳固链条的同时积极促进新兴业态生长，涵盖材料、设计、生产、检测、流通、回收循环利用等全生命周期的包装产业体系得到进一步完善，纸包装、塑料包装、玻璃包装、金属包装、包装机械、包装印刷等主要领域协调发展水平得到稳步提升。长江三角洲、珠江三角洲、环渤海湾地区包装产业梯度转移步伐明显加快，中部、西部、东北等区域包装产业链加速布局。龙头企业、优势企业核心竞争力和行业引领力逐步增强，大企业数量持续增加，小微企业转型升级步伐整体加快，长期存在的"散小乱"发展现象逐步得到改观。

④ 创新能力持续增强。

重视创新主体培育，年产值 50 亿元以上企业突破 20 家，其中百亿企业发展到 5 家。推进创新平台建设，新增了一批国家级、省部级技术创新平台和公共服务示范平台，布局的中国包装行业研发中心总量突破 30 个。加强创新项目组织，立项并完成了一批包括国家重点研发计划项目在内的重大创新项目。促进创新成果产出，持续实施"包装行业科学技术奖"评审制度，一批重大创新项目获得奖励，既有效驱动了企业聚焦"卡脖子"技术推动自主创新，又厚植了全行业国家级科技奖励的培育土壤，"十三五"期间，获得国家科技进步奖二等奖 2 项、国家技术发明奖二等奖 1 项。

⑤ 整体质量稳步提升。

绿色发展转型成效喜人，全行业单位工业增加值能源消耗、二氧化碳排放强度、单位工业增加值用水量均下降 20% 以上；主要污染物排放总量减少 10% 以上。包装标准不断完善，组织制修订了一批国家级、行业级标准，参与制定了50 余项国际包装标准，企业对标管理水平和国际标准转化应用能力有效增强。示范工程扎实推进，持续开展包装优秀品牌评价，遴选了 40 余个行业示范品牌，20 余家企业入选国家技术创新示范企业、"专精特新"小巨人企业、制造业单项冠军企业（产品）。国际影响不断扩大，成功举办了"一带一路"包装产业发展峰会、ISTA 运输包装技术会议、中日韩技术交流会等国际性会议和一年一度的"中国包装容器展"等国际性展会。

（2）主要问题

"十三五"期间，我国包装工业尽管取得了突出发展成就，但与建设"包装强国"和实现产业高质量发展的要求相比，目前还存在诸多共性问题和制约瓶颈，主要表现在。

① 产业发展机制有待进一步完善。

加强产业区域布局调整的引导机制不足，区域发展不平衡不充分问题依然比较突出。产业组织比较分散，集约化、集群化发展水平不高，缺乏先进制造业集群的长效培育机制。全产业链合作发展和价值共创模式尚未有效形成，上下游之间缺乏有机衔接，大中小微企业之间缺乏深度融通。低水平、同质化竞争问题难以有效遏制，严重影响落后产能出清。中小微企业经营压力普遍较大，经济效益水平整体偏低，抗风险能力总体不强。

② 自主创新能力有待进一步增强。

全行业科技研发投入严重不足，中小微企业重经营、轻创新的现象普遍存在。行业拥有的高能级科研平台总量不足，平台开放共享与合作创新机制急需加快建立和完善。高端创新人才和创新团队比较缺乏，突破核心技术的能力严重受限。创新链与产业链融合不紧密，科技创新活动"碎片化"、封闭式问题比较突出，诸多创新"孤岛"急需打通。先进材料、重大装备和关键技术进口依赖性依然较强，对转型发展形成制约瓶颈。

③ 要素支撑能级有待进一步提升。

行业级的原材料供应、资源共享、合作对接、金融服务等公共平台建设滞后，公共服务体系亟待完善。资料翔实的工业基础数据库和产业运行统计数据信息平台长期缺失，对企业开展市场研究、投资分析和战略决策形成严重制约。引导和推动传统产业实现先进制造、绿色发展的标准体系不健全，在国际标准制定中的主导能力不足。包装教育发展不充分，专业人才供给能力不足，行业高层次人才比例严重偏低。包装金融服务体系不健全，中小微企业融资难问题亟待破解。

1.2　发展环境

"十四五"时期，我国双循环发展格局将加速形成，经济发展方式将实现有效调整，伴随着内部条件和外部环境的深刻复杂变化，包装工业既迎来了前所未有的重大机遇，也面临着日益严峻的发展挑战。

（1）重大机遇

① 国家战略布局形成的历史机遇。

推动西部大开发形成新格局，推动东北振兴取得新突破，促进中部地区加快崛起，鼓励东部地区加快推进现代化，是"十四五"时期我国区域协调发展布局的战略目标。为此，国家正在深入推进京津冀协同发展、长江经济带发展、粤港澳大湾区建设、长三角一体化发展等重大区域发展战略。这些重大战略将为包装产业结构调整和区域布局优化提供深厚土壤，为发达地区包装产业转移提供巨大空间，为中部、西部、东北地区包装产业链建设和包装产业集聚发展创造有利条件。

② 新发展格局形成的市场机遇。

"十四五"时期，我国将加快构建以国内大循环为主体、国内国际双循环相互促进的新发展格局。这种全新格局一方面有利于释放内需潜力，激发多样需求，驱动消费升级，形成超大规模的国内市场；另一方面，有利于建立更为稳定、安全、畅通、有序的国际市场体系，提升外部循环质量。作为服务国民经济全领域的包装产业，在"双循环"格局中将释放出更大的增长潜力，发展出更多的新兴业态，形成更稳定的市场预期，并在"一带一路"等开放发展战略中拓展更广阔的国际市场空间，构建更安全可靠的供应链和产业链。

③ 制造强国建设形成的创新机遇。

当前我国正在全力推进"制造强国"建设，其战略核心是在新一轮科技革命和产业变革中增强自主创新能力和先进制造水平。国家激发产业技术创新活力的一系列政策措施，将引导包装产业进一步推进"两化融合"，提升数字赋能水平，形成更强大的技术基础支撑；将加速包装产业链条重塑，进一步促进产业基础高级化和产业链现代化；将助推包装行业完善创新组织体系，进一步聚焦绿色发展、先进工艺、系统集成、智能制造等领域的关键核心技术开展自主创新和协同创新，为包装产业迈入全球产业链价值链中高端形成强大创新引擎。

（2）主要挑战

① 国际环境复杂多变，发展形势更为严峻。

当今世界正经历百年未有之大变局，国际环境日趋复杂，尤其是经济逆全球化趋势，导致全球经济深度衰退，产业链、供应链面临巨大冲击，加之以美国为首的西方国家在经济、技术等方面的极限施压，进一步加剧了我国经济发展外部环境的复杂性和驾驭难度。包装产业与国民经济其他产业高度关联、紧密融合，在日趋复杂的国际环境中，供给安全、出口规模、市场拓展、技术引进等都将面临更严峻挑战。

② 全球竞争不断加剧，产业市场挤压严重。

尽管我国多年来一直稳居包装大国地位，但人均包装消费水平远低于美国、日本等发达国家，包装产业整体水平"大而不强"，难以跻身全球产业链价值链中高端。随着世界发达国家深入推动制造业回归和工业化升级，其包装产业的发展水平也将"水涨船高"。与此同时，一批新兴经济体正在迅速崛起，其加速发展的服务型制造业将导致包装产业链全球分工和市场格局发生重大变化。未来，我国包装产业"腹背受敌、两头挤压"的问题将更为突出。

③ 环保要求越来越高，绿色转型任务艰巨。

近年来，国家制定了 2030 碳达峰、2060 碳中和目标，出台了《中共中央　国务院关于完整准确全面贯彻新发展理念做好碳达峰碳中和工作的意见》《国务院关于印发 2030 年前碳达峰行动方案的通知》《关于加快建立健全绿色低碳循环发展经济体系的指导意见》《"十四五"循环经济发展规划》《"十四五"全国清洁生产推行方案》等。这些政策法规，对包装产业绿色发展转型提出了更高要求，也带来了更大挑战。特别是《"十四五"塑料污染治理行动方案》将深刻影响塑料包装行业的发展。

第二部分　发展思路与发展目标

2.1　发展思路

（1）指导思想

坚持以习近平新时代中国特色社会主义思想为指导，深入贯彻党的十九大和十九届历次全会精神，立足新发展阶段，贯彻新发展理念，融入新发展格局，围绕国家重大战略部署和经济发展大局，坚持系统观念，稳中求进，以推动高质量发展为主题，以深化供给侧结构性改革为主线，以服务制造强国建设和满足人民美好生活需求为目标，以促进产业基础高级化和产业链现代化为重点，立足包装产品的应用广泛性和功能综合性，聚焦制造业与服务业深度融合与协同发展，大力实施"可持续包装战略"，健全服务型制造发展生态，有效推动包装工业更高质量、更有效率、更可持续、更为安全、更加开放的发展，持续增强对国民经济和社会发展的支撑力与贡献度，加速形成在国际包装产业舞台的主导力和引领性，跻身世界"包装强国"之列。

（2）引领战略

坚持"问题导向、需求引领、创新驱动、绿色发展"的基本原则，围绕高质量发展主题，着力实施"可持续包装战略"，全面推动包装产业的动力变革、效率变革和质量变革，促进包装产业深度转型和提质发展。

① 推动由适应需求向创造需求转型。

深度融入"双循环"发展格局，通过主动跟踪市场变化、调整产品结构、发展先进制造、催生新兴业态，有效改变包装产业被动适应市场、迎合客户的设计生产与服务模式，提升与上下游共同创造需求、引领需求的能力，实现发展生态可持续。

② 推动由要素驱动向创新驱动转型。

始终将科技创新作为高质量发展的根本动力，引导和促进各类创新要素集聚，切实改变包装产业主要依靠土地、资源、劳动力等各种生产要素获取增长动力的驱动方式，依靠技术创新、模式创新、组织创新、管理创新等提升产业发展的持久动能，实现发展动力可持续。

③ 推动由传统制造向先进制造转型。

强化"传统产业、先进制造"的发展导向，依靠新一代信息技术赋能，大力发展柔性制造、共享制造等先进制造模式，加快数字化转型步伐，大力推行包装整体解决方案和个性化定制服务，通过制造与服务的全方位、宽领域、深层次融合，推动产业基础再造和传统制造模式转型，实现发展能力可持续。

④推动由粗放发展向绿色发展转型。

落实国家绿色低碳循环发展要求，以节能降碳为导向，推动企业有效扭转资源依赖性强、能源消耗量大、环境友好性不高的发展局面，通过建立覆盖材料、设计、生产、流通、回收、利用等环节的包装全周期绿色供应链，实现发展方式可持续。

⑤推动由单链扩张向多链融合转型。

在完善和拓展包装产业链的同时，立足包装工业服务国民经济全部门类的特殊属性，大力促进包装产业与其他产业在产业组织、创新协同、价值共创等方面的深度融合，深入推进供应链、产业链、创新链、服务链之间的资源优化配置，实现发展安全可持续。

2.2 发展目标

（1）总体目标

坚持固链条与育主体相结合、调结构与促转型相结合、重制造与强服务相结合、提质量与保安全相结合，以产业基础高级化、产业链现代化建设为总抓手，通过实施"可持续包装战略"，实现安全可控能力显著增强、产业整体结构持续优化、自主创新能力大幅提升、先进制造模式广泛应用、绿色发展体系加速构建、全球竞争优势有效形成，促使包装产业整体迈入全球产业链价值链中高端，使我国跻身世界包装强国之列，为全面建设社会主义现代化国家持续提供新动能。

（2）分项目标

①产业规模。

坚持稳中求进、稳步增长，"十四五"期间，产业发展增速略高于国民经济平均增速。

至"十四五"末期，年总产值突破3万亿元，占全国GDP2.5%左右；年产值100亿元以上企业发展到8家以上、50亿元以上企业不少于15家；新增上市企业5家以上；新增3—5个大型企业集团。

②创新能力。

全行业研发投入稳步提升，规模以上企业研发投入强度不低于2%；新增国家级重大创新平台不少于10个，力争实现国家产业创新中心零的突破；关键包装装备国产化率较"十三五"末期提高15个百分点；包装企业专业技术人才比例平均达到20%以上；全行业专利授权总量相比"十三五"时期有较大幅度增加；培育一批自主创新能力和国际竞争力突出的领先企业。

③绿色发展。

主要污染物排放总量明显下降，氮氧化物和挥发性有机物排放总量分别下降10%以上；纸、塑料、金属等行业单位工业增加值能源消耗量、二氧化碳排放强度均降低15%以上；单位工业增加值用水量减少20%以上；包装可回收性设计广泛应用；生物降解包装全生命周期绿色发展模式在规上企业普遍形成；全行业碳达峰、碳中和推进进程达到国家总体要求。

④先进制造。

基本建成包装行业基础数据体系和数据应用平台，数字赋能水平大幅提升；两化融合深入推进，已开展两化融合贯标的纸包装和塑料薄膜行业规模以上包装企业两化融合贯标率有较大幅度提高；加快培育先进制造业集群，获批5个以上省级先进制造业集群竞赛培育项目，国家级先进制造业集群力争实现"零"的突破；遴选15个左右先进制造示范企业作为行业标杆。

第三部分　发展重点与发展任务

3.1　增强自主创新能力

突出创新在产业发展中的关键地位，积极培育创新主体，加快建设创新生态，聚焦产业领域的创新重点和关键技术，大力组织自主创新活动，加速激发支撑产业可持续、高质量发展的创新动能。

（1）加强创新主体培育

完善创新投入机制。在示范企业遴选、优秀品牌评价、行业优秀奖评选、包装名镇名城名县名市培育中，适当加大企业和集群创新投入考核指标的权重。支持企业申报国家高新技术企业，鼓励发展科技型中小企业，争取国家和地方政府对企业进行更多的科技创新投入。积极推动企业与高校、科研院所、创投机构建立合作创新机制，拓展多元化科技创新投入渠道。

加快创新载体建设。组织龙头企业联合高校、科研院所和行业上下游企业共建国家产业创新中心，构筑行业创新"高原"。发挥各级行业组织的政策对接和协调沟通作用，帮助企业打造国家级、省部级重点实验室、工程研究中心、技术创新中心等高端平台。大力推动规上企业、中型以上企业组建企业研发机构，实施创新能力提升计划，加强自主知识产权的积累和产业关键技术的攻关，形成持久的创新动能。

强化创新人才支撑。鼓励包装企业搭建创新平台，吸纳海内外创新人才，建设创新领军人才队伍和技术研发团队。支持包装类高校发展高水平学科专业，实施"高端人才汇聚计划"，打造高端创新人才集聚高地。开展"包装行业创新人才"遴选，研究建立相应的评审制度，促进创新人才脱颖而出。打破创新人才建设与使用"孤岛"，推动跨领域、跨企业高端创新人才队伍共建共享共用机制建设。

（2）优化整体创新生态

强化公共创新服务。支持有条件的包装企业联合转制科研院所组建行业研究院，提供产业共性技术服务。推动建设一批集成信息、技术、创业、培训、融资等公共服务的国家中小企业公共服务示范平台。引导各区域产业园区建设一批孵化器，服务中小企业技术创新和成果孵化。催生发展科技服务企业，面向行业开展科技信息、创新技术、专业咨询、科技培训等综合服务。依托行业组织服务体系，加强行业技术市场建设，组织技术创新成果对接活动，打通成果转化应用通道。

深化行业创新协同。建立行业高端创新资源清单，引导包装企业、高等院校、科研院所提升各类平台能级，建立和完善仪器设备等开放共享机制。推动与化工、造纸、印刷、装备等包装关联行业的跨界创新合作，加速形成上下游一体、多主体协同的产业链合作创新机制。加大行业科技资源配置的统筹力度，推动龙头企业与高校、科研院所组建产业技术创新联合体，组织开展关键材料、重大装备、核心技术的自主创新，突破一批"卡脖子"技术。

加大创新创业扶持。积极支持行业内各类人才尤其是高校毕业生开展创新创业，引导产业园区建设创新创业服务载体和示范基地，引导重点企业建设企业孵化器、包装创想空间和创客工作室。引入金融服务机构，面向包装行业发展天使投资、创业投资、风险投资，加快形成多元化、多层次、多渠道的创新投资体系。举办行业创新高峰论坛活动，构筑创新人才经验交流、成果分享、合作发展的大平台。利用行业教育资源，组织开展创新创业培训活动、创新创业大赛活动。

（3）突出产业创新重点

包装产品设计创新。变革现行包装一次性消耗的消费模式，创新"零丢弃"产品包装一体化设计方法，增强包装可移动、可复用、可收藏等新功能的开发，从源头上遏制包装废弃物的产生、缓解包装回收系统的压力。加强新技术、新工艺、新材料在包装设计中的应用，支持面向制造业设计需求和包装整体解决方案，搭建网络化的设计协同平台。

包装数字化应用创新。综合利用5G、物联网、工业互联网、大数据、云计算、区块链、人工智能、虚拟现实和增强现实等新一代信息技术，推进行业数字化转型和智能化升级，大力发展高端包装产品和包装装备个性化定制应用。推动包装企业与互联网企业合作，打造产品与服务有机整合的数据集中平台以及数字化服务平台，实现产品与服务的深度融合。

全生命周期管理创新。引导企业从设计、选材、生产、检测、管理等各环节全面提升包装产品质量，落实包装全生命周期的质量管理、质量自我声明和质量追溯制度。鼓励企业以客户为中心，完善研发设计、生产制造、检测认证、物流仓储、售后服务、回收利用等全链条的专业化服务体系。推动企业大力发展以保障产品质量为导向的远程检测、在线诊断、维护处理等质保服务，以资源节约、环境友好为导向的产品回收、循环利用等绿色环保服务。

3.2　加大结构调整力度

坚持系统思维和协调发展理念，加快调整产业发展格局，大力推动产业集群建设，积极培育包装新兴业态，着力培植包装产业高质量发展土壤。

（1）构建协调发展格局

推动区域布局优化。立足国家重大区域发展战略和双循环发展格局，引导各区域因地制宜布局和发展包装产业，逐步建立梯度发展、错位发展、协调发展的区域产业格局。引导重点是：对接粤港澳大湾区、长三角一体化、京津冀协同发展等区域发展战略，厚植珠三角、长三角、环渤海湾地区包装产业先发优势，打造集群发展、绿色发展示范引领区；对接长江经济带建设，利用沿岸城市的区位优势与资源禀赋，加快完善长江中游沿岸省份的包装产业链，形成产业新兴集聚区；对接西部大开发、东北老工业基地振兴等战略，发展包装产业转移承接区，加快释放沿海地区包装产能转移压力。

加强产业结构调整。引导企业增强市场细分度、发展专业性和上下游协同力，加快形成大中小企业分工协作、共生共长的产业结构，有效缓解行业普遍存在的同质、无序、低效等发展问题。重点是：着力推动龙头企业集约发展，提升其在细分领域中的带动辐射能力、在高端市场中的需求引领能力、在产业链条中的资源整合能力；大力引导中型企业走专业化发展道路，发展主导型产品和专业化市场，增强"专新精特"发展能力，形成一批骨干力量；加快促进小微企业深度融入产业体系，发展个性化配套服务，培育一批"独角兽""小巨人"企业。

增强产业链条韧性。把握"双循环"发展格局和新一轮产业革命蕴含的巨大机遇，充分发挥各专业委员会作用，加快补齐产业链短板、锻造产业链长板，促进各细分行业协调、安全、高质量、可持续发展，提升产业链现代化水平。加强行业组织与政府机构、各类商会、国际包装机构之间的深入合作，推进产业链上下游之间的战略协同、价值共创和利益绑定，建立渠道多元、安全可靠、循环畅通的供应链体系。支持引领度高、根植性强的龙头企业发挥在产业链条建设中的关键作用，加速构建上中下游有机衔接、大中小微企业有机融通的发展体系。引导企业深入推进供给侧结构性改革，以自主品牌、核心技术、高端产品抢占市场先机，通过企业主体培育增强产业链"韧性"与"弹性"。

（2）加强产业集群建设

促进产业集群发展。引导各地以产业链建设为抓手，采取"因地制宜、龙头带动、上下游合作、大中小协同"模式，加快推进产业集群培育，进一步改变包装行业"散小乱"的发展局面。发挥好珠三角、长三角、环渤海湾地区包装产业的引领作用，重点打造一批高质量、创新型、示范性包装产业集群，大力提升在全球价值链中的分工地位。鼓励中西部地区、东北地区立足自身优势产业，建设对接紧密、主业突出、特色鲜明的包装产业集群，有效承接发达地区产业转移，延伸产业链条。支持各地包装产业集群积极参与省级、国家级先进制造业集群竞赛，培育一批包装产业领域的先进制造业集群。

加强产业园区建设。引导各地从产业发展实际出发，采用产业链带动、品牌带动、市场带动等多种模式加强产业园区建设。深化行业组织与地方政府合作关系，推动产业园区围绕主导产业加强设施配套、要素集聚、资源整合、体系优化和管理运营创新，不断提升园区承载力和吸附力。利用大数据、云计算、物联网等技术，大力推进智慧园区建设，构建园区智慧化管理体系和产业生态，赋能产业创新发展。鼓励产业园区采取就近整合、异地联建、管理输出等方式开展紧密协作；开展示范园区遴选活动，发挥其在模式建设、项目引进、管理创新、品牌培育等方面的带动和辐射作用。

创新产业组织模式。以产业规模化、行业引领力、市场占有率、技术先进性为主要考量，按照细分领域选拔并打造一批包装产业链"链主"企业，加快组建以"链主"企业为核心、骨干企业为支撑、中小微企业广泛参与的产业发展联合体。鼓励各地产业集群成立由政府机构、骨干企业、高校、科研院所、行业协会等相关主体共同参与的集群发展促进机构，集成"战略研究、要素配置、创新协同、服务供给"等功能，形成集群自治体系和动力中心。支持大型企业、龙头企业开展产业链资源整合，推动集团化经营，引领供给侧结构性改革，提升新业态衍生与产业裂变能力。

（3）促进新型业态成长

共享包装新业态。顺应电子商务和绿色物流产业发展需求，依托收益共享契约和零售商逆向物流模式，构建产业链供应链有机协同的包装业务资源共享网络平台，推动产业链融合与价值共创。应用基于模型的包装价值流分析和共享包装投入量测算技术，建立包装供应链纵向联盟，发展以模块化、标准化、通用化共享包装容器/器具为纽带的包装共享服务新业态。鼓励开发诸如压敏膨胀/收缩缓冲系统、产品形状记忆/恢复内衬结构和可折叠互换组合式容器等储运共享包装系统，提高共享包装应用便捷性和循环利用率。

虚拟包装新业态。应用 3D 包装造型、有限元仿真和 LCA 等建模技术，开发涵盖设计、优化与评价的虚拟包装设计系统。依托"5G+ 微波 + 物联网"移动通信网络，发展智能手机虚拟包装 APP 生态群，推动适应新零售模式的虚拟包装件、虚拟超市、数字虚拟货架和数字孪生世界入口服务等新型业态发展，构筑虚拟包装产业链。利用现代生物信息感知技术，发展融合听觉、触觉、味觉的多感觉虚拟包装系统，增强线上线下融通的产品包装消费者体验。

智能包装新业态。依托包装大数据平台、区块链、物联网等数字技术支撑，催生"互联网 + 数字智能 + 包装"的产业新业态。开发面向快消品、生鲜食品以及快递物流、电子商务等特定应用场景的智慧包装网络互联系统终端。发展基于导电油墨/纤维、印刷电子、RFID（射频识别技术）等的智能材料与工艺。开发诸如时间—温度指示器（TTI）、新鲜度指示器、完整性指示器、回收分类指示器等信息型智能标签。通过智能元件与包装制品的有机集成，发展具有动态存储、实时追踪、信息反馈等功能的智能包装产品。

3.3　推进绿色转型进程

突出绿色低碳循环转型在产业深度转型和可持续发展中的引领性作用，加快构建覆盖包装全生命周期的绿色发展体系，显著提升绿色发展水平，有效形成包装产业循环经济发展模式。

（1）发展绿色包装材料

纸包装材料。重点研发再生纸包装材料性能提升关键技术，增强其广泛适用性与循环复用性，强化再生纸包装制品品质保障。持续推动环保型多功能纸包装用黏合剂和涂料的技术攻关和产业化应用，提升纸包装制品的耐油、防水、抗菌、保鲜等功能，逐步延伸纸包装材料应用领域。鼓励并支持蜂窝制品、纸浆模塑制品等轻质高强纸质复合材料的设计与工艺革新，促进重型包装以及特殊领域实现以纸代塑、以纸代木。

塑料包装材料。研发推广塑料包装材料可回收、可复用、可堆肥关键技术，协同塑料包装制品生命周期管理的环境、经济与社会效益。淘汰与限制不必要的一次性塑料包装制品。制定易回收、易再生的设计标准，明确塑料包装再生成分含量最低比例标准。重点推进高性能单一材质包装的研发、合成、加工、成型等工艺与技术的创新。针对不易回收包装等应用场景，开发与应用可食用、可生物降解、可堆肥塑料包装材料，从源头杜绝污染与浪费。

金属包装材料。重点支持超薄铝合金、铝箔、马口铁等金属包装材料轻量化应用技术的开发，鼓励开展覆膜金属板成型与制罐工艺创新。加强环保涂层、可降解膜等表面处理技术的应用开发，增强轻量化金属包装制品表面防护性能。加快发展金属包装回收与再生利用技术，推进金属包装可持续性。

玻璃包装材料。重点支持耐冲击、自清洁、柔性化、防辐射、自发光等高性能玻璃基材包装材料的研发、制备与产业化，鼓励发展功能型、智能型玻璃包装新材料。

新型包装材料。优先发展利用废弃竹、木、秸秆等纤维原料和谷壳、豆渣等开展新型生物质、可食用性包装材料研发与规模化产业应用示范，提升商品包装绿色触感。鼓励应用塑料合金研发高性能包装材料，支持其高强度、高阻隔包装制品产业化应用。支持应用有机硅及氟系材料开发高档复合膜化功能性包装材料，提高包装

制品防静电性、耐辐射、耐磨性。鼓励运用石墨烯、纳米、印刷电子等相关颠覆性技术开发新型包装信息记录材料和感知元件，为智能包装的发展提供基础支撑。

（2）抓牢绿色发展关键

推广绿色包装设计。深化"适度包装"理念，推动生态包装设计技术创新，从源头上实现包装减量、节材降耗和绿色引领。鼓励加大单一材料、低克重高强度材料、可分离可复用材料的采用比重，有效提升包装制品回收性能。推行包装容器规格化、模数化、标准化设计规范，实现容器与载具之间的单元化适配。大力发展电商快件原装直发等包装应用系统。

建立绿色供应链条。加强包装云平台建设，构建行业级或区域级的包装原辅材料集中采购平台、物质流数据平台、碳排放数据平台。建立绿色供应标准，推广碳标签、再生成分标签等绿色标识认证制度，强化包装企业在绿色包装材料选用上的源头管控。引导企业加强供应链管理，以包装产品制造为核心，加快建立覆盖采购、设计、生产、营销、物流、回收等环节的绿色供应链，从源头减量、过程控制、末端再生等方面突出环境友好性，全面提升包装全生命周期的绿色度。

实施绿色生产行动。大力推行高效生态循环的生产模式，加快推广产业园区废气、废水、废料的集中处理和资源化应用示范，鼓励清洁能源的大规模化应用，持续降低生产经营过程中的温室气体排放。鼓励探索新型绿色溶剂和绿色助剂在油墨、涂料、胶黏剂中推广应用，从根本上减少有害物质排放。推动企业实施绿色生产改造升级行动，加强绿色工艺、高效装备和减碳降碳技术的研发与应用，形成有利于减少污染和循环发展的生产方式。

（3）强化绿色转型引导

加强绿色发展机制建设。建立健全包装行业绿色生产评价与监管机制及绿色产品追溯系统，引导企业落实产品全生命周期绿色管理。深入推

动绿色包装认证体系建设，组织制定认定机制、管理办法、数据平台和评价指标，开展绿色包装认证区域试点，探索包装产业绿色发展生态建设模式。组织开展绿色发展宣传培训、经验交流、示范推广、社会公益等活动，强化全行业绿色发展意识。

推动循环利用体系建设。加强包装材料、包装产品、包装废弃物回收与再生利用关键技术攻关，突破一批"卡脖子"技术。引导产业园区建立健全资源再生与循环利用公共服务系统，强化废物、废水、废气集中管控和循环利用。推动企业建立废弃物回收处理内在闭环体系和"逆向回收"模式。支持企业深度参与末端治理，培育包装废弃物回收利用新业态。

开展绿色示范项目建设。结合国家开展的绿色制造试点示范，开展包装行业绿色发展示范项目遴选，分类建立评价指标，评选一批绿色产业园区、绿色工厂、绿色车间、绿色产品、绿色企业，强化全行业绿色发展示范引领。通过示范项目建设，精准扶持一批优势突出的产业园区和包装企业，申报国家级、省级绿色制造示范项目。

3.4　夯实智能制造基础

立足包装产业的制造业属性，从数字赋能、装备研发、产品创新、先进制造模式推广等方面，夯实包装产业智能制造基础，强化智能制造支撑，发展智能制造技术，提升智能制造水平。

（1）深入促进数字赋能

夯实数字化支撑。加强行业基础数据体系建设，建成中国包装工业大数据库，为推动行业数字化进程提供基础支撑。加快包装云平台、包装工业互联网建设，完善企业上云、用云标准体系和行为规范，制定包装行业数据开发共享协议，打通产业链上下游企业数据通道，促进供需精准对接。引导优势企业针对工业数据的采集、传输、存储、加工、应用等关键技术节点，加强大数据技术在产品研发和生产制造过程中的集成应用。广泛推动企业提升数字化管理水平，在ERP

（企业资源计划）和MES（制造执行系统）基础上，从前端供应、计划排程、能源能耗、质量控制、产品周期、仓储物流、销售服务、数据统计等全环节开展数字化管理。

加快数字化转型。推动数字孪生、人工智能等先进技术在包装产业领域的广泛应用，激励企业加强数字化车间、数字化工厂建设，促进"设备换芯、机器换人、生产换线"。支持开展包装容器数智元素嵌入机制研究和包装成型工艺革新，推进物联网、虚拟现实、云计算等信息技术的包装软硬件集成应用。实施企业"上云用数赋智"行动，推广工厂设备联网上云、数据集成上云等深度用云模式，探索包装企业与云平台企业、数字化服务商之间的无缝对接机制。提高企业对区块链、分布式账本、分布式数据库、代币化等多方信任技术的应用能力，充分发挥包装作为商品信息多方共享载体的独特作用，构建产业链上下游企业间新型业务对接与价值共创模式。

（2）大力发展智能包装

加强智能装备研发与应用。针对环境感知、过程控制、自主决策、反馈执行等环节的短板弱项，加强产学研用联合创新，在一批"卡脖子"基础零部件和装置关键制造技术上实现突破。加强包装装备与信息技术和智能技术的集成与融合，开发网络化、智能化、柔性化成套智能包装装备；加强包装生产设备网络化、生产数据可视化、生产文档无纸化、生产过程透明化、生产现场无人化等智能生产技术应用，推进智能包装工厂建设。支持软件企业、装备制造商、包装产品用户、科研院所强化协同发展能力，面向包装全生命周期和制造全过程，合力研发嵌入式工业软件及集成开发环境，研发面向典型场景和细分行业的集成化工业软件平台，开展安全可控的工业软件应用示范活动。

支持智慧产品开发与推广。推进人工智能、工业互联网、虚拟现实、数字全息显示等技术与包装的融合，支持发展低价、柔性的嵌入式环境感知型包装智能元件、智能标签和智能油墨等数字化产品。大力开发基于消费者多感觉体验的交互式、个性化、趣味性、沉浸式智慧包装产品。加快研发集商品真伪鉴别、流程追溯管理、品牌数字营销等多功能于一体的数智型包装产品。着力开发基于新型刺激响应型材料的低成本、安全性、可视化的内容物质量监测指示标签。大力发展基于形状记忆、负泊松比、可自愈、自发结构转变等新型材料的智能防护包装技术，助力智慧包装产品发展。

（3）广泛推动先进制造

着力推进虚拟制造。构建以设计、生产、控制为中心的虚拟制造系统，包括以统一制造信息模型为基础，对数字化产品进行结构性能、运动学、动力学、热力学方面的仿真分析与优化，以及可装配性分析；在企业资源的约束条件下，对企业的生产过程进行仿真模拟，对不同的加工过程及其组合进行优化，对产品的"可生产性"进行分析与评价；将仿真技术引入控制模型，提供模拟实际生产过程的虚拟环境，实现企业基于车间控制行为的制造过程优化。

大力发展协同制造。加快新一代信息技术与包装制造全过程、全要素深度融合，引导企业建设数字化、网络化、智能化车间、工厂和配送中心，实现企业内部及企业间的网络协同制造。支持有条件的包装企业面向行业上下游建设供应链协同平台，开展集中采购、供应商管理库存（VMI）、精益供应链服务等，推动供应链标准化、智能化、协同化，推广大规模个性化定制、预测性维护、远程运维服务等"服务+制造"模式，实现供应链协同制造。支持企业聚焦包装制造共性需求，提高资源优化配置和开放共享能力，建设提供分时、计件、按价值计价等灵活服务的共享制造工厂。

3.5 提高整体发展质量

以推进标准化战略为基础，以实施质量提升计划为重点，以行业品牌培育为抓手，大力加强质量建设，促进包装产业整体品质持续提升。

（1）推进标准化战略实施

强化碳达峰标准支撑。全面落实国家碳达峰、碳中和标准和低碳产品标准标识制度，实施包装行业碳达峰、碳中和标准对接工程。以促进绿色转型为抓手，开展绿色包装标准体系顶层设计，推动绿色产品评价标准研制，完善绿色产品标准体系。开展重点产品降碳、工艺过程控碳、碳排放管理等方面标准的需求研究，组织制定重点产品的碳足迹核算标准和温室气体排放量核算标准。

深化标准化管理创新。强化标准与科研协同对接，深化重大科技项目与标准化工作联动机制，推动科技研发、标准研制与产业化同步发展。加强标准制修订管理，进一步完善标准立项评估工作，紧扣行业发展新需求，强化顶层设计和统筹谋划，持续提升标准底线水平，加强对团体标准的引导和规范，加大重点领域团体标准组织创建工作力度。加快标准升级迭代，推进包装标准质量提升，提高产业链供应链标准化水平。

推动国内国际标准协同。推动国际标准转化制度建设，提高采用国际标准的科学性和有效性，提升国内标准与国际标准关键技术指标的一致化程度。深入拓展标准化国际合作，围绕国内、国际标准空白领域，促进国内标准与国际标准同步制定，鼓励更多先进技术和创新成果成为国际标准。加大国家标准外文版制定力度，促进国家标准及其外文版同步立项、同步制定、同步发布。

（2）增强高质量发展能力

深化供给侧结构性改革。推动包装企业有效对接"三品"专项行动，不断深化供给侧结构性改革，增加产品品类，发展产品品种，增强产品多元化、多样性供给能力。引导包装企业主动开展产品创新，以主导产品为"拳头"，强化产品的信息承载、文化传播和价值提升功能，大力发展高端包装制品，与终端客户共同创造需求、引领需求，抢占包装高端市场。鼓励包装企业培育产业裂变能力，积极发展新兴业态，拓展产品领域和服务链条，形成新的经济增长点。

实施产品质量提升计划。开展包装产品质量状况调查，找准质量短板，建立行业或细分领域会商会诊机制。加强与国际优质产品的质量比对，支持企业瞄准先进标杆开展精益化生产，完善质量管理体系。聚焦产品质量问题，组织关键技术攻关，推动企业积极应用新材料、新技术、新工艺促进质量发展。引入第三方质量评价机制，加快建立行业质量监管体系。

建设高质量发展示范区。重点考量产业集聚度和综合发展水平，完善中国包装名镇名城名县名市和集群化、专业化包装产业基地的认证授名机制，建立地方政府申请、行业专家评审、中国包装联合会核准的评价体系。探索地方政府与中国包装联合会"授名共建"模式，加强"授名"管理的后续跟踪、建设指导和周期复评，实施"授名"动态管理，通过"授名共建"机制，打造包装产业高质量发展示范区。

（3）开展系统性品牌培育

强化行业品牌培育。深入对接国家品牌战略，推进行业品牌培育组织工作，在中国包装联合会专门委员会序列中增设品牌建设促进委员会，组织开展行业品牌发展战略研究，系统构建适应行业特征的品牌培育体系。推动地方行业组织实施品牌培育计划，出台特色化的品牌培育引导机制和实施方案，发挥好地方行业组织在行业品牌培育中的主导作用。推进包装优秀品牌评价工作，建立系统性评价指标体系和周期性品牌复核制度，实施品牌示范工程和品牌退出机制。

推动企业品牌建设。引导企业建立品牌发展战略、完善品牌管理体系，推动以产品为核心、以技术为支撑、以服务为特色的企业品牌建设。强化对区域产业集群的建设引导和对领军企业、标杆企业的发展扶持，打造一批先进制造业集群和品牌示范企业。强化企业知识产权创造与保护，提升创新主体知识产权管理能力，鼓励企业综合运用专利、版权、商标等知识产权打造自有品牌。支持品牌企业积极参与国家品牌价值评

价、全国品牌培育试点、中国工业企业品牌竞争力评价等活动，培育一批具有卓越国际影响的名牌企业。

丰富品牌发展项目。建立结构化品牌价值测评系统，开展全行业"百强"和细分领域50/30强等评价活动。维护媒体合作关系，建立包装行业品牌价值传播体系，通过权威媒体讲好"包装品牌故事"。搭建行业品牌培育服务平台，形成基于互联网的品牌评价、展示、传播载体。继续举办好中国包装容器展、中国包装行业高峰论坛、中国包装产业发展战略年会、中国包装产业协同创新年会、"中国之星"设计奖、中国包装创意设计大赛、绿色环保包装与安全设计大赛等重大品牌活动。

3.6　完善合作发展机制

强化利益共同体、价值共同体、发展共同体建设理念，加快推进包装产业链链之间、同链之间、多元主体之间的协同、融合、开放，激发产业发展新动能，培育产业发展新优势。

（1）引导产业协同发展

促进产业跨界协同。鼓励包装企业根据服务面向与其他产业链企业深化合作发展机制，突破单纯提供包装制品、单向创造产品价值的狭隘思维，通过资源整合、渠道共享、业务互补、服务集成等，开展全周期、全链条包装服务，建立价值共创模式。充分发挥包装的综合功能，引导企业实施"包装+"拓展战略，深化与上下游企业特别是包装用户的战略合作伙伴关系，共同引领市场需求，培育新兴业态。推动包装装备制造企业向系统集成和整体解决方案提供商转型，带动配套、专业服务等产业协同发展。

引导行业全域协同。充分发挥各级行业组织作用，引导区域根据现有基础、资源禀赋和区位特征，在实施梯度化、差异化发展布局的同时，探索建立区域之间包装产业资源、技术、信息和人才有效共享机制。以产业链建设为抓手，强化

行业内企业之间的合作，加速构建链上衔接、龙头牵引、骨干支撑、大中小微企业融通的联盟型发展模式。支持包装企业组建跨地区跨行业的供给网络、采购平台、创新载体、研发机构等，强化企业协同发展引领能力。

推动集群内部协同。充分发挥产业集群培育促进机构的主导作用，建立以合作打造"发展共同体"为目标的集群协同发展机制，包括：构筑源头相对集中、质量标准统一、长期稳定保障的采购平台，实行集中采购；组建"发展共同体"，建立以大带小、以强帮弱的发展帮扶机制，构建龙头带动、产能互补、差异发展、资源共享的互助互惠模式；整合企业技术平台力量，组织开展产业领域基础研究和共性关键技术的协同创新，联合申报重大项目和重大成果。

（2）促进深度融合发展

提升两化融合水平。深入推动企业在研发、生产、管理、服务等各个环节加快应用5G、物联网、云计算、区块链等技术，构建内部人、机、物互联的网络结构，提高数据感知、识别、挖掘、分析和管理能力。深化泛在感知、智能融合的信息网络技术在制造流程中的集成应用，推动设备互联、数据集成、智能管控，促进生产过程精准化、柔性化、敏捷化。大力发展以在线监测、远程诊断和云服务为代表的智能服务，推动企业创新服务模式。

构建产城融合生态。助推包装产业园立足所在区域产业体系和乡村振兴计划发展产业链条和主导服务，实现与其他工业园、产业园以及乡村特色经济的发展对接，瞄准区域包装服务需求，建立快速响应机制，实现业务深度融合，强化本土市场占有。引导包装产业园区与周边区域产业集群、园区和基地开展信息共享、业务互补、创新协同，形成"抱团取暖"模式。加快同城化产业配套，大力发展信息服务、检验检测、现代金融、电子商务、人力资源管理及培训、现代物流等生产性服务业，促进包装生产制造和现代服务业融合发展。

加大产教融合力度。促进包装企业与高校、科研院所的深度合作，推动先进材料、重大装备、关键技术等的联合研发和协同创新。鼓励企业与高校共建学科、专业、现代产业学院，推动人才培养、团队建设、项目申报、科技创新和成果产业化应用等方面的校企协同。搭建行业性的重大成果转化平台，打通院校成果与企业需求对接通道，切实推动科技创新成果向产业项目转化。遴选一批企业作为国家级、省级产教融合示范企业进行重点培育，打造产教深度融合的示范标杆。

（3）推动对外合作发展

优化开放发展格局。立足项目驱动、高端集聚，充分利用龙头企业的引领力和行业品牌的影响力，强化产业链招商，从海外引进大公司、大项目。支持龙头企业深度对接"一带一路"倡议和国家开放发展格局，通过直接投资、参股并购等方式在海外设立研发机构、生产基地和服务中心，加快国际化发展进程。重点培植一批具有较强创新能力和国际竞争力的跨国领军企业，推动对外贸易稳定发展。支持有条件的企业开展海外市场布局，推动包装装备、技术、材料、标准和服务走出去。

提高资源配置能力。鼓励企业高效整合产业链知识资本与科技资源，融入全球创新网络，参与创新资源配置，推动跨境创新协同。利用世界贸易组织、二十国集团、自由贸易区等多双边或区域平台，发展集群式对外投资，推动国内包装产业链向海外延伸。助推有条件的企业引进或投资包装产业链优质资源，增强其整合国内外市场、上下游产业的能力。大力发展高端包装制品和高端包装装备，提升产品与服务的国际市场竞争力，引领中国包装迈入全球产业链价值链中高端。

深化对外合作交流。密切与国际包装组织和区域性包装组织的联系与交流，深入开展信息共享、技术创新、规则设计、标准制定、可持续发展、双碳战略等方面的合作。组织包装企业主动走出国门，参加各类国际包装展会活动，加强业务对接和市场拓展。建立包装企业管理骨干海外考察培训常态化机制，拓展国际视野，引进先进经验。积极承办世界包装大会、亚洲包装大会、

"一带一路"中国包装产业发展峰会等国际性会议，增强我国在国际包装产业舞台的主导性与影响力。

第四部分　引导机制与保障措施

4.1　构建政策支持体系

（1）用好国家产业政策

全面盘点国家关于促进先进制造业高质量发展、推动"两化融合"和"两业融合"、加强先进制造业集群培育、开展先进制造与绿色生产等示范、做好碳达峰与碳中和工作、加快快递包装绿色转型、落实标准化发展纲要等方面的政策文件、指导意见和实施方案，组织开展国家产业政策的系统研究，深入分析各项政策支持的重点领域、重点方向，找准包装行业与国家产业支持政策的对接点，有针对性地组织包装行业开展技术研发、装备应用、工艺升级、平台建设、示范工程等方面的项目设计与申报，增强政策对接的紧密度和运用政策的主动性，为行业发展争取更多政策支持。

（2）强化转型发展扶持

组织制定推动我国包装产业高质量发展的相关指导意见，通过国家部委支持，将实施可持续包装战略、促进包装产业高质量发展纳入国家层面的产业规划体系。建立行业组织与国家部委紧密对接机制，加强国家部委对包装产业发展的战略指导，争取组合式扶持政策，切实增强产业发展的持久动能。充分发挥各级行业组织的"桥梁纽带"作用，积极协调地方政府出台扶持包装产业高质量发展的政策措施，从资金、用地、税收、项目、人才、创新等方面进行靶向支持，推动要素优化配置、发展模式转变和产业集群建

设，持续促进包装产业提质增效。

4.2　强化人力资源支撑

（1）促进包装教育发展

有效整合国内外高端智力资源，深入开展包装教育发展战略研究，组织做好包装教育发展的顶层设计，不断完善多层次包装教育体系。加强包装基础理论研究和实践创新，推动包装学科独立设置进程，积极破解制约包装教育发展的长期瓶颈。支持国内骨干包装院校发展高水平学科专业，推动更多高校设置包装类专业，进一步拓展包装教育体系和人才培养领域。

支持上市公司和行业龙头企业举办包装职业教育，鼓励各类企业依法参与现代职业教育体系建设，促进职业教育供给与包装产业发展需求相匹配。

（2）推动包装人才培养

分类引导包装高等教育、职业教育、终身教育的有序发展，完善技术技能型人才—高素质应用型人才—创新型复合型人才的多元化、专门化人才培养体系，更好满足产业高质量发展对各级各类人才的长期需求。鼓励包装企业与高等院校、职业学校建立多种形式的协同育人关系，提升包装人才的定向培养度和对口就业率，不断改善行业整体人才结构。探索举办"中国包装行业创新创业大赛""中国包装行业职业技能大赛"等赛事，促进人才培养质量提升。争取政府相关部门批准，开展"中国包

装行业大国工匠"评选活动，大力推动行业能工巧匠、大国工匠的培养。

4.3　发展行业金融服务

（1）创新金融对接模式

深化银行与企业之间的合作关系，吸纳金融类机构加入各级包装组织，推动行业与金融企业整体对接，针对包装行业特征和企业类型，开发个性化、差异化、定制化金融产品，增加有效金融供给。加强绿色包装、智能包装领域的产融合作，提高金融支持的精准度，加快包装工业绿色转型和智能制造步伐。鼓励探索组建产业链"核心企业＋关键配套企业"优化提升联合授信体，强化联合授信、银团贷款，为产业链提供系统化融资服务。鼓励实力雄厚的包装企业面向包装行业发展投资业务，促进行业投融资内循环体系建设。

（2）提升金融服务能级

鼓励科技型中小包装企业积极利用国家科技成果转化引导基金贷款，促进技术研发和成果孵化。完善中小微企业项目评估与信用评级机制，使获得信贷更加便利和高效，有力缓解中小微企业融资难问题。支持上市公司通过增发、配股、并购重组、破产重整等方式发展壮大，打造一批综合实力优、体量规模大、引领带动作用强、技术优势较为明显的行业龙头上市公司。以推动企业上市作为新动能引育工作的重要抓手，加强跟踪培育和精准服务，依法依规落实支持企业上市扶持政策，将更多优质企业推向资本市场。

4.4　发挥行业组织作用

（1）加强服务能力建设

组建中国包装联合会专家委员会，充分发挥其在行业战略决策、顶层设计、产业升级、技术创新等方面的宏观指导作用。依托骨干包装院校建立"中国包装产业发展战略研究中心"，使其

成为行业开展战略研究、创新组织、信息支持等方面的重要载体。支持建设一批省级包装智库，专注本区域包装产业发展研究和企业创新发展指导，推动区域包装产业特色发展。切实加强各类专业委员会和地方包装组织建设，提高其在各自领域、所在区域的战略引领能力、创新研究能力和发展指导能力。积极承接政府职能，推动政策法规、行业标准、技术规范的不断完善。有效搭建行业服务平台，为企业发展提供顶层设计、市场开拓、品牌培育、技术攻关、项目对接、成果转化等精准服务。

（2）强化产业法治支持

协调国家相关部委，建立包装废弃物回收法律规范，促进包装生产者、使用者、销售者、消费者共同落实包装废弃物回收利用联动管理责任。全面落实国家塑料污染治理政策和行动方案，协同国家部委制定塑料包装行业准入、材料使用、产品安全、绿色监测等方面的平台规则。加强行业自律规范建设和信用体系建设，建立包装企业诚信档案、行业信用数据库和企业信用等级评价制度。建立海外知识产权风险预警机制，支持企业开展知识产权风险防范和维权行动。协同地方政府完善市场治理体系，为包装产业提供公平、法治和安全的发展环境。

4.5　完善规划实施机制

（1）加强规划实施组织

成立"中国包装工业发展规划"实施领导小组，统筹开展规划宣贯工作，组织制定规划实施方案，系统设计规划推进路径，协调解决规划实施难题，提升规划落地的系统性和协同度。组织各专业委员会、地方行业组织、包装企业结合自身情况，依据规划实施方案制定推进工作方案，明确时间表、路线图、任务书，确保规划实施有序、扎实推进。

（2）建立监督落实机制

加强规划实施的社会监督，引导更多社会

公众参与规划的实施和监督。建立健全工作监测评价机制，研究制定科学有效的监测评价体系，实行数据定期采集和追踪，领导小组办公室每年组织对规划实施情况进行评估，发布年度发展报告。完善规划优化调整机制，分析检查规划实施效果，及时发现规划实施中存在的问题，提出解决问题的对策措施。

附 录 3

中国制造 2025

ZHONGGUO ZHIZAO 2025

中国制造 2025

制造业是国民经济的主体，是立国之本、兴国之器、强国之基。世界强国的兴衰史和中华民族的奋斗史一再证明，没有强大的制造业，就没有国家和民族的强盛。打造具有国际竞争力的制造业，是我国提升综合国力、保障国家安全、建设世界强国的必由之路。

新中国成立后，尤其是改革开放以来，我国制造业持续快速发展，建成了门类齐全、独立完整的产业体系，有力推动工业化和现代化进程，显著增强综合国力，支撑我世界大国地位。然而，与世界先进水平相比，我国制造业仍然大而不强，在自主创新能力、资源利用效率、产业结构水平、信息化程度、质量效益等方面差距明显，转型升级和跨越发展的任务紧迫而艰巨。

当前，新一轮科技革命和产业变革与我国加快转变经济发展方式形成历史性交汇，国际产业分工格局正在重塑。我国必须紧紧抓住这一重大历史机遇，按照"四个全面"战略布局要求，实施制造强国战略，加强统筹规划和前瞻部署，力争通过三个十年的努力，到新中国成立一百年时，把我国建设成为引领世界制造业发展的制造强国，为实现中华民族伟大复兴的中国梦打下坚实基础。

《中国制造 2025》，是我国实施制造强国战略第一个十年的行动纲领。

1.1 发展形势和环境

（1）全球制造业格局面临重大调整

新一代信息技术与制造业深度融合，正在引发影响深远的产业变革，形成新的生产方式、产业形态、商业模式和经济增长点。各国都在加大科技创新力度，推动三维（3D）打印、移动互联网、云计算、大数据、生物工程、新能源、新材料等领域取得新突破。智能制造正在引领制造方式变革；网络众包、协同设计、大规模个性化定制、精准供应链管理、全生命周期管理、电子商务等正在重塑产业价值链体系；可穿戴智能产品、智能家电、智能汽车等智能终端产品不断拓展制造业新领域。我国制造业转型升级、创新发展迎来重大机遇。

全球产业竞争格局正在发生重大调整，我国在新一轮发展中面临巨大挑战。国际金融危机发生后，发达国家纷纷实施"再工业化"战略，重塑制造业竞争新优势，加速推进新一轮全球贸易投资新格局。一些发展中国家也在加快谋划和布局，积极参与全球产业再分工，承接产业及资本转移，拓展国际市场空间。我国制造业面临发达国家和其他发展中国家"双向挤压"的严峻挑战，必须放眼全球，加紧战略部署，着眼建设制造强国，固本培元，化挑战为机遇，抢占制造业新一轮竞争制高点。

（2）我国经济发展环境发生重大变化

随着新型工业化、信息化、城镇化、农业现代化同步推进，超大规模内需潜力不断释放，为我国制造业发展提供了广阔空间。各行业新的装备需求、人民群众新的消费需求、社会管理和公共服务新的民生需求、国防建设新的安全需求，都要求制造业在重大技术装备创新、消费品质量和安全、公共服务设施设备供给和国防装备保障等方面迅速提升水平和能力。全面深化改革和进一步扩大开放，将不断激发制造业发展活力和创造力，促进制造业转型升级。

我国经济发展进入新常态，制造业发展面临新挑战。资源和环境约束不断强化，劳动力等生产要素成本不断上升，投资和出口增速明显放缓，主要依靠资源要素投入、规模扩张的粗放发展模式难以为继，调整结构、转型升级、提质增效刻不容缓。要形成经济增长新动力，塑造国际竞争新优势，重点在制造业，难点在制造业，出路也在制造业。

（3）建设制造强国任务艰巨而紧迫

经过几十年的快速发展，我国制造业规模跃居世界第一位，建立起门类齐全、独立完整的制造体系，成为支撑我国经济社会发展的重要基石和促进世界经济发展的重要力量。持续的技术创新，大大提高了我国制造业的综合竞争力。载人航天、载人深潜、大型飞机、北斗卫星导航、超级计算机、高铁装备、百万千瓦级发电装备、万米深海石油钻探设备等一批重大技术装备制造技术取得突破性进展，形成了若干具有国际竞争力的优势产业和骨干企业，我国已具备了建设工业强国的基础和条件。

但我国仍处于工业化进程中，与发达国家相比还有较大差距。制造业大而不强，自主创新能力弱，关键核心技术与高端装备对外依存度高，以企业为主体的制造业创新体系不完善；产品档次不高，缺乏世界知名品牌；资源能源利用效率低，环境污染问题较为突出；产业结构不合理，高端装备制造业和生产性服务业发展滞后；信息化水平不高，与工业化融合深度不够；产业国际化程度不高，企业全球化经营能力不足。推进制造强国建设，必须着力解决上述问题。

建设制造强国，必须紧紧抓住当前难得的战略机遇，积极应对挑战，加强统筹规划，突出创新驱动，制定特殊政策，发挥制度优势，动员全社会力量奋力拼搏，更多依靠中国装备、依托中国品牌，实现中国制造向中国创造的转变，中国速度向中国质量的转变，中国产品向中国品牌的转变，完成中国制造由大变强的战略任务。

1.2 战略方针和目标

（1）指导思想

全面贯彻党的十八大和十八届二中、三中、四中全会精神，坚持走中国特色新型工业化道路，以促进制造业创新发展为主题，以提质增效为中心，以加快新一代信息技术与制造业深度融合为主线，以推进智能制造为主攻方向，以满足经济社会发展和国防建设对重大技术装备的需求为目标，强化工业基础能力，提高综合集成水平，完善多层次多类型人才培养体系，促进产业转型升级，培育有中国特色的制造文化，实现制造业由大变强的历史跨越。基本方针是：

① 创新驱动。

坚持把创新摆在制造业发展全局的核心位置，完善有利于创新的制度环境，推动跨领域跨行业协同创新，突破一批重点领域关键共性技术，促进制造业数字化网络化智能化，走创新驱动的发展道路。

② 质量为先。

坚持把质量作为建设制造强国的生命线，强化企业质量主体责任，加强质量技术攻关、自主品牌培育。建设法规标准体系、质量监管体系、先进质量文化，营造诚信经营的市场环境，走以质取胜的发展道路。

③ 绿色发展。

坚持把可持续发展作为建设制造强国的重要着力点，加强节能环保技术、工艺、装备推广应用，全面推行清洁生产。发展循环经济，提高资源回收利用效率，构建绿色制造体系，走生态文明的发展道路。

④ 结构优化。

坚持把结构调整作为建设制造强国的关键环节，大力发展先进制造业，改造提升传统产业，推动生产型制造向服务型制造转变。优化产业空间布局，培育一批具有核心竞争力的产业集群和企业群体，走提质增效的发展道路。

⑤ 人才为本。

坚持把人才作为建设制造强国的根本，建立健全科学合理的选人、用人、育人机制，加快培养制造业发展急需的专业技术人才、经营管理人才、技能人才。营造大众创业、万众创新的氛围，建设一支素质优良、结构合理的制造业人才队伍，走人才引领的发展道路。

（2）基本原则

市场主导，政府引导。全面深化改革，充分发挥市场在资源配置中的决定性作用，强化企业主体地位，激发企业活力和创造力。积极转变政府职能，加强战略研究和规划引导，完善相关支持政策，为企业发展创造良好环境。

立足当前，着眼长远。针对制约制造业发展的瓶颈和薄弱环节，加快转型升级和提质增效，切实提高制造业的核心竞争力和可持续发展能力。准确把握新一轮科技革命和产业变革趋势，加强战略谋划和前瞻部署，扎扎实实打基础，在未来竞争中占据制高点。

整体推进，重点突破。坚持制造业发展全国一盘棋和分类指导相结合，统筹规划，合理布局，明确创新发展方向，促进军民融合深度发展，加快推动制造业整体水平提升。围绕经济社会发展和国家安全重大需求，整合资源，突出重点，实施若干重大工程，实现率先突破。

自主发展，开放合作。在关系国计民生和产业安全的基础性、战略性、全局性领域，着力掌握关键核心技术，完善产业链条，形成自主发展能力。继续扩大开放，积极利用全球资源和市场，加强产业全球布局和国际交流合作，形成新的比较优势，提升制造业开放发展水平。

（3）战略目标

立足国情，立足现实，力争通过"三步走"实现制造强国的战略目标。

第一步：力争用十年时间，迈入制造强国行列。到 2020 年，基本实现工业化，制造业大国地位进一步巩固，制造业信息化水平大幅提升。掌握一批重点领域关键核心技术，优势领域竞争力进一步增强，产品质量有较大提高。制造业数字化、网络化、智能化取得明显进展。重点行业单位工业增加值能耗、物耗及污染物排放明显下降。

到 2025 年，制造业整体素质大幅提升，创新能力显著增强，全员劳动生产率明显提高，两化（工业化和信息化）融合迈上新台阶。重点行业单位工业增加值能耗、物耗及污染物排放达到世界先进水平。形成一批具有较强国际竞争力的跨国公司和产业集群，在全球产业分工和价值链中的地位明显提升。

第二步：到 2035 年，我国制造业整体达到世界制造强国阵营中等水平。创新能力大幅提升，重点领域发展取得重大突破，整体竞争力明

2020 年和 2025 年制造业主要指标

类别	指标	2013 年	2015 年	2020 年	2025 年
创新能力	规模以上制造业研发经费内部支出占主营业务收入百分比 / %	0.88	0.95	1.26	1.68
	规模以上制造业每亿元主营业务收入有效发明专利数[1] / 件	0.36	0.44	0.70	1.10
质量效益	制造业质量竞争力指数[2]	83.10	83.50	84.50	85.50

类别	指标	2013 年	2015 年	2020 年	2025 年
质量效益	制造业增加值率提高	-	-	比 2015 年提高 2 个百分点	比 2015 年提高 4 个百分点
	制造业全员劳动生产率增速 / %	-	-	7.5 左右（"十三五"期间年均增速）	6.5 左右（"十四五"期间年均增速）
两化融合	宽带普及率 3/ %	37	50	70	82
	数字化研发设计工具普及率 4/ %	52	58	72	84
	关键工序数控化率 5/ %	27	33	50	64
绿色发展	规模以上单位工业增加值能耗下降幅度	—	—	比 2015 年下降 18%	比 2015 年下降 34%
	单位工业增加值二氧化碳排放量下降幅度	—	—	比 2015 年下降 22%	比 2015 年下降 40%
	单位工业增加值用水量下降幅度	—	—	比 2015 年下降 23%	比 2015 年下降 41%
	工业固体废物综合利用率 / %	62	65	73	79

注：

1. 规模以上制造业每亿元主营业务收入有效发明专利数 = 规模以上制造企业有效发明专利数 / 规模以上制造企业主营业务收入

2. 制造业质量竞争力指数是反映我国制造业质量整体水平的经济技术综合指标，由质量水平和发展能力两个方面共计 12 项具体指标计算得出

3. 宽带普及率用固定宽带家庭普及率代表，固定宽带家庭普及率 = 固定宽带家庭用户数 / 家庭户数

4. 数字化研发设计工具普及率 = 应用数字化研发设计工具的规模以上企业数量 / 规模以上企业总数量（相关数据来源于 3 万家样本企业，下同）

5. 关键工序数控化率为规模以上工业企业关键工序数控化率的平均值

显增强，优势行业形成全球创新引领能力，全面实现工业化。

第三步：新中国成立一百年时，制造业大国地位更加巩固，综合实力进入世界制造强国前列。制造业主要领域具有创新引领能力和明显竞争优势，建成全球领先的技术体系和产业体系。

1.3 战略任务和重点

实现制造强国的战略目标，必须坚持问题导向，统筹谋划，突出重点；必须凝聚全社会共识，加快制造业转型升级，全面提高发展质量和核心竞争力。

（1）提高国家制造业创新能力

完善以企业为主体、市场为导向、政产学研

用相结合的制造业创新体系。围绕产业链部署创新链，围绕创新链配置资源链，加强关键核心技术攻关，加速科技成果产业化，提高关键环节和重点领域的创新能力。

加强关键核心技术研发。强化企业技术创新主体地位，支持企业提升创新能力，推进国家技术创新示范企业和企业技术中心建设，充分吸纳企业参与国家科技计划的决策和实施。瞄准国家重大战略需求和未来产业发展制高点，定期研究制定发布制造业重点领域技术创新路线图。继续抓紧实施国家科技重大专项，通过国家科技计划（专项、基金等）支持关键核心技术研发。发挥行业骨干企业的主导作用和高等院校、科研院所的基础作用，建立一批产业创新联盟，开展政产

学研用协同创新，攻克一批对产业竞争力整体提升具有全局性影响、带动性强的关键共性技术，加快成果转化。

提高创新设计能力。在传统制造业、战略性新兴产业、现代服务业等重点领域开展创新设计示范，全面推广应用以绿色、智能、协同为特征的先进设计技术。加强设计领域共性关键技术研发，攻克信息化设计、过程集成设计、复杂过程和系统设计等共性技术，开发一批具有自主知识产权的关键设计工具软件，建设完善创新设计生态系统。建设若干具有世界影响力的创新设计集群，培育一批专业化、开放型的工业设计企业，鼓励代工企业建立研究设计中心，向代设计和出口自主品牌产品转变。发展各类创新设计教育，设立国家工业设计奖，激发全社会创新设计的积极性和主动性。

推进科技成果产业化。完善科技成果转化运行机制，研究制定促进科技成果转化和产业化的指导意见，建立完善科技成果信息发布和共享平台，健全以技术交易市场为核心的技术转移和产业化服务体系。完善科技成果转化激励机制，推动事业单位科技成果使用、处置和收益管理改革，健全科技成果科学评估和市场定价机制。完善科技成果转化协同推进机制，引导政产学研用按照市场规律和创新规律加强合作，鼓励企业和社会资本建立一批从事技术集成、熟化和工程化的中试基地。加快国防科技成果转化和产业化进程，推进军民技术双向转移转化。

完善国家制造业创新体系。加强顶层设计，加快建立以创新中心为核心载体、以公共服务平台和工程数据中心为重要支撑的制造业创新网络，建立市场化的创新方向选择机制和鼓励创新的风险分担、利益共享机制。充分利用现有科技资源，围绕制造业重大共性需求，采取政府与社会合作、政产学研用产业创新战略联盟等新机制新模式，形成一批制造业创新中心（工业技术研究基地），开展关键共性重大技术研究和产业化应用示范。建设一批促进制造业协同创新的公共服务平台，规范服务标准，开展技术研发、检验检测、技术评价、技术交易、质量认证、人才培训等专业化服务，促进科技成果转化和推广应用。建设重点领域制造业工程数据中心，为企业提供创新知识和工程数据的开放共享服务。面向制造业关键共性技术，建设一批重大科学研究和实验设施，提高核心企业系统集成能力，促进向价值链高端延伸。

加强标准体系建设。改革标准体系和标准化管理体制，组织实施制造业标准化提升计划，在智能制造等重点领域开展综合标准化工作。发挥企业在标准制定中的重要作用，支持组建重点领域标准推进联盟，建设标准创新研究基地，协同推进产品研发与标准制定。制定满足市场和创新需要的团体标准，建立企业产品和服务标准自我声明公开和监督制度。鼓励和支持企业、科研院所、行业组织等参与国际标准制定，加快我国标准国际化进程。大力推动国防装备采用先进的民用标准，推动军用技术标准向民用领域的转化和应用。做好标准的宣传贯彻，大力推动标准实施。

强化知识产权运用。加强制造业重点领域关键核心技术知识产权储备，构建产业化导向的专利组合和战略布局。鼓励和支持企业运用知识产权参与市场竞争，培育一批具备知识产权综合实力的优势企业，支持组建知识产权联盟，推动市场主体开展知识产权协同运用。稳妥推进国防知识产权解密和市场化应用。建立健全知识产权评

专栏1 制造业创新中心（工业技术研究基地）建设工程

围绕重点行业转型升级和新一代信息技术、智能制造、增材制造、新材料、生物医药等领域创新发展的重大共性需求，形成一批制造业创新中心（工业技术研究基地），重点开展行业基础和共性关键技术研发、成果产业化、人才培训等工作。制定完善制造业创新中心遴选、考核、管理的标准和程序。

到2020年，重点形成15家左右制造业创新中心（工业技术研究基地），力争到2025年形成40家左右制造业创新中心（工业技术研究基地）。

议机制，鼓励和支持行业骨干企业与专业机构在重点领域合作开展专利评估、收购、运营、风险预警与应对。构建知识产权综合运用公共服务平台。鼓励开展跨国知识产权许可。研究制定降低中小企业知识产权申请、保护及维权成本的政策措施。

（2）推进信息化与工业化深度融合

加快推动新一代信息技术与制造技术融合发展，把智能制造作为两化深度融合的主攻方向；着力发展智能装备和智能产品，推进生产过程智能化，培育新型生产方式，全面提升企业研发、生产、管理和服务的智能化水平。

研究制定智能制造发展战略。编制智能制造发展规划，明确发展目标、重点任务和重大布局。加快制定智能制造技术标准，建立完善智能制造和两化融合管理标准体系。强化应用牵引，建立智能制造产业联盟，协同推动智能装备和产品研发、系统集成创新与产业化。促进工业互联网、云计算、大数据在企业研发设计、生产制造、经营管理、销售服务等全流程和全产业链的综合集成应用。加强智能制造工业控制系统网络安全保障能力建设，健全综合保障体系。

加快发展智能制造装备和产品。组织研发具有深度感知、智慧决策、自动执行功能的高档数控机床、工业机器人、增材制造装备等智能制造装备以及智能化生产线，突破新型传感器、智能测量仪表、工业控制系统、伺服电机及驱动器和减速器等智能核心装置，推进工程化和产业化。加快机械、航空、船舶、汽车、轻工、纺织、食品、电子等行业生产设备的智能化改造，提高精

准制造、敏捷制造能力。统筹布局和推动智能交通工具、智能工程机械、服务机器人、智能家电、智能照明电器、可穿戴设备等产品研发和产业化。

推进制造过程智能化。在重点领域试点建设智能工厂 / 数字化车间，加快人机智能交互、工业机器人、智能物流管理、增材制造等技术和装备在生产过程中的应用，促进制造工艺的仿真优化、数字化控制、状态信息实时监测和自适应控制。加快产品全生命周期管理、客户关系管理、供应链管理系统的推广应用，促进集团管控、设计与制造、产供销一体、业务和财务衔接等关键环节集成，实现智能管控。加快民用爆炸物品、危险化学品、食品、印染、稀土、农药等重点行业智能检测监管体系建设，提高智能化水平。

深化互联网在制造领域的应用。制定互联网与制造业融合发展的路线图，明确发展方向、目标和路径。发展基于互联网的个性化定制、众包设计、云制造等新型制造模式，推动形成基于消费需求动态感知的研发、制造和产业组织方式。建立优势互补、合作共赢的开放型产业生态体系。加快开展物联网技术研发和应用示范，培育智能监测、远程诊断管理、全产业链追溯等工业互联网新应用。实施工业云及工业大数据创新应用试点，建设一批高质量的工业云服务和工业大数据平台，推动软件与服务、设计与制造资源、关键技术与标准的开放共享。

加强互联网基础设施建设。加强工业互联网基础设施建设规划与布局，建设低时延、高可靠、广覆盖的工业互联网。加快制造业集聚区光纤网、移动通信网和无线局域网的部署和建设，

专栏 2　智能制造工程

紧密围绕重点制造领域关键环节，开展新一代信息技术与制造装备融合的集成创新和工程应用。支持政产学研用联合攻关，开发智能产品和自主可控的智能装置并实现产业化。依托优势企业，紧扣关键工序智能化、关键岗位机器人替代、生产过程智能优化控制、供应链优化，建设重点领域智能工厂 / 数字化车间。在基础条件好、需求迫切的重点地区、行业和企业中，分类实施流程制造、离散制造、智能装备和产品、新业态新模式、智能化管理、智能化服务等试点示范及应用推广。建立智能制造标准体系和信息安全保障系统，搭建智能制造网络系统平台。

到 2020 年，制造业重点领域智能化水平显著提升，试点示范项目运营成本降低 30%，产品生产周期缩短 30%，不良品率降低 30%。到 2025 年，制造业重点领域全面实现智能化，试点示范项目运营成本降低 50%，产品生产周期缩短 50%，不良品率降低 50%。

专栏3　工业强基工程

开展示范应用，建立奖励和风险补偿机制，支持核心基础零部件(元器件)、先进基础工艺、关键基础材料的首批次或跨领域应用。组织重点突破，针对重大工程和重点装备的关键技术和产品急需，支持优势企业开展政产学研用联合攻关，突破关键基础材料、核心基础零部件的工程化、产业化瓶颈。强化平台支撑，布局和组建一批"四基"研究中心，创建一批公共服务平台，完善重点产业技术基础体系。

到2020年，40%的核心基础零部件、关键基础材料实现自主保障，受制于人的局面逐步缓解，航天装备、通信装备、发电与输变电设备、工程机械、轨道交通装备、家用电器等产业急需的核心基础零部件（元器件）和关键基础材料的先进制造工艺得到推广应用。到2025年，70%的核心基础零部件、关键基础材料实现自主保障，80种标志性先进工艺得到推广应用，部分达到国际领先水平，建成较为完善的产业技术基础服务体系，逐步形成整机牵引和基础支撑协调互动的产业创新发展格局。

实现信息网络宽带升级，提高企业宽带接入能力。针对信息物理系统网络研发及应用需求，组织开发智能控制系统、工业应用软件、故障诊断软件和相关工具、传感和通信系统协议，实现人、设备与产品的实时联通、精确识别、有效交互与智能控制。

（3）强化工业基础能力

核心基础零部件（元器件）、先进基础工艺、关键基础材料和产业技术基础（以下统称"四基"）等工业基础能力薄弱，是制约我国制造业创新发展和质量提升的症结所在。要坚持问题导向、产需结合、协同创新、重点突破的原则，着力破解制约重点产业发展的瓶颈。

统筹推进"四基"发展。制定工业强基实施方案，明确重点方向、主要目标和实施路径。制定工业"四基"发展指导目录，发布工业强基发展报告，组织实施工业强基工程。统筹军民两方面资源，开展军民两用技术联合攻关，支持军民技术相互有效利用，促进基础领域融合发展。强化基础领域标准、计量体系建设，加快实施对标达标，提升基础产品的质量、可靠性和寿命。建立多部门协调推进机制，引导各类要素向基础领域集聚。

加强"四基"创新能力建设。强化前瞻性基础研究，着力解决影响核心基础零部件（元器件）产品性能和稳定性的关键共性技术。建立基础工艺创新体系，利用现有资源建立关键共性基础工艺研究机构，开展先进成型、加工等关键制造工艺联合攻关；支持企业开展工艺创新，培养工艺专业人才。加大基础专用材料

研发力度，提高专用材料自给保障能力和制备技术水平。建立国家工业基础数据库，加强企业试验检测数据和计量数据的采集、管理、应用和积累。加大对"四基"领域技术研发的支持力度，引导产业投资基金和创业投资基金投向"四基"领域重点项目。

推动整机企业和"四基"企业协同发展。注重需求侧激励，产用结合，协同攻关。依托国家科技计划（专项、基金等）和相关工程等，在数控机床、轨道交通装备、航空航天、发电设备等重点领域，引导整机企业和"四基"企业、高校、科研院所产需对接，建立产业联盟，形成协同创新、产用结合、以市场促基础产业发展的新模式，提升重大装备自主可控水平。开展工业强基示范应用，完善首台（套）、首批次政策，支持核心基础零部件（元器件）、先进基础工艺、关键基础材料推广应用。

（4）加强质量品牌建设

提升质量控制技术，完善质量管理机制，夯实质量发展基础，优化质量发展环境，努力实现制造业质量大幅提升。鼓励企业追求卓越品质，形成具有自主知识产权的名牌产品，不断提升企业品牌价值和中国制造整体形象。

推广先进质量管理技术和方法。建设重点产品标准符合性认定平台，推动重点产品技术、安全标准全面达到国际先进水平。开展质量标杆和领先企业示范活动，普及卓越绩效、六西格玛、精益生产、质量诊断、质量持续改进等先进生产管理模式和方法。支持企业提高质量在线监测、在线控制和产品全生命周期质量追溯能力。组织

开展重点行业工艺优化行动，提升关键工艺过程控制水平。开展质量管理小组、现场改进等群众性质量管理活动示范推广。加强中小企业质量管理，开展质量安全培训、诊断和辅导活动。

加快提升产品质量。实施工业产品质量提升行动计划，针对汽车、高档数控机床、轨道交通装备、大型成套技术装备、工程机械、特种设备、关键原材料、基础零部件、电子元器件等重点行业，组织攻克一批长期困扰产品质量提升的关键共性质量技术，加强可靠性设计、试验与验证技术开发应用，推广采用先进成型和加工方法、在线检测装置、智能化生产和物流系统及检测设备等，使重点实物产品的性能稳定性、质量可靠性、环境适应性、使用寿命等指标达到国际同类产品先进水平。在食品、药品、婴童用品、家电等领域实施覆盖产品全生命周期的质量管理、质量自我声明和质量追溯制度，保障重点消费品质量安全。大力提高国防装备质量可靠性，增强国防装备实战能力。

完善质量监管体系。健全产品质量标准体系、政策规划体系和质量管理法律法规。加强关系民生和安全等重点领域的行业准入与市场退出管理。建立消费品生产经营企业产品事故强制报告制度，健全质量信用信息收集和发布制度，强化企业质量主体责任。将质量违法违规记录作为企业诚信评级的重要内容，建立质量黑名单制度，加大对质量违法和假冒品牌行为的打击和惩处力度。建立区域和行业质量安全预警制度，防范化解产品质量安全风险。严格实施产品"三包"、产品召回等制度。强化监管检查和责任追究，切实保护消费者权益。

夯实质量发展基础。制定和实施与国际先进水平接轨的制造业质量、安全、卫生、环保及节能标准。加强计量科技基础及前沿技术研究，建立一批制造业发展急需的高准确度、高稳定性计量基标准，提升与制造业相关的国家量传溯源能力。加强国家产业计量测试中心建设，构建国家计量科技创新体系。完善检验检测技术保障体系，建设一批高水平的工业产品质量控制和技术评价实验室、产品质量监督检验中心，鼓励建立专业检测技术联盟。完善认证认可管理模式，提高强制性产品认证的有效性，推动自愿性产品认证健康发展，提升管理体系认证水平，稳步推进国际互认。支持行业组织发布自律规范或公约，开展质量信誉承诺活动。

推进制造业品牌建设。引导企业制定品牌管理体系，围绕研发创新、生产制造、质量管理和营销服务全过程，提升内在素质，夯实品牌发展基础。扶持一批品牌培育和运营专业服务机构，开展品牌管理咨询、市场推广等服务。健全集体商标、证明商标注册管理制度。打造一批特色鲜明、竞争力强、市场信誉好的产业集群区域品牌。建设品牌文化，引导企业增强以质量和信誉为核心的品牌意识，树立品牌消费理念，提升品牌附加值和软实力。加速我国品牌价值评价国际化进程，充分发挥各类媒体作用，加大中国品牌宣传推广力度，树立中国制造品牌良好形象。

（5）全面推行绿色制造

加大先进节能环保技术、工艺和装备的研发力度，加快制造业绿色改造升级；积极推行低碳化、循环化和集约化，提高制造业资源利用效率；强化产品全生命周期绿色管理，努力构建高效、清洁、低碳、循环的绿色制造体系。

加快制造业绿色改造升级。全面推进钢铁、有色、化工、建材、轻工、印染等传统制造业绿色改造，大力研发推广余热余压回收、水循环利用、重金属污染减量化、有毒有害原料替代、废渣资源化、脱硫脱硝除尘等绿色工艺技术装备，加快应用清洁高效铸造、锻压、焊接、表面处理、切削等加工工艺，实现绿色生产。加强绿色产品研发应用，推广轻量化、低功耗、易回收等技术工艺，持续提升电机、锅炉、内燃机及电器等终端用能产品能效水平，加快淘汰落后机电产品和技术。积极引领新兴产业高起点绿色发展，大幅降低电子信息产品生产、使用能耗及限用物质含量，建设绿色数据中心和绿色基站，大力促进新材料、新能源、高端装备、生物产业绿色低碳发展。

专栏4 绿色制造工程

组织实施传统制造业能效提升、清洁生产、节水治污、循环利用等专项技术改造。开展重大节能环保、资源综合利用、再制造、低碳技术产业化示范。实施重点区域、流域、行业清洁生产水平提升计划，扎实推进大气、水、土壤污染源头防治专项。制定绿色产品、绿色工厂、绿色园区、绿色企业标准体系，开展绿色评价。

到2020年，建成千家绿色示范工厂和百家绿色示范园区，部分重化工行业能源资源消耗出现拐点，重点行业主要污染物排放强度下降20%。到2025年，制造业绿色发展和主要产品单耗达到世界先进水平，绿色制造体系基本建立。

推进资源高效循环利用。支持企业强化技术创新和管理，增强绿色精益制造能力，大幅降低能耗、物耗和水耗水平。持续提高绿色低碳能源使用比率，开展工业园区和企业分布式绿色智能微电网建设，控制和削减化石能源消费量。全面推行循环生产方式，促进企业、园区、行业间链接共生、原料互供、资源共享。推进资源再生利用产业规范化、规模化发展，强化技术装备支撑，提高大宗工业固体废弃物、废旧金属、废弃电器电子产品等综合利用水平。大力发展再制造产业，实施高端再制造、智能再制造、在役再制造，推进产品认定，促进再制造产业持续健康发展。

积极构建绿色制造体系。支持企业开发绿色产品，推行生态设计，显著提升产品节能环保低碳水平，引导绿色生产和绿色消费。建设绿色工厂，实现厂房集约化、原料无害化、生产洁净化、废物资源化、能源低碳化。发展绿色园区，推进工业园区产业耦合，实现近零排放。打造绿色供应链，加快建立以资源节约、环境友好为导向的采购、生产、营销、回收及物流体系，落实生产者责任延伸制度。壮大绿色企业，支持企业实施绿色战略、绿色标准、绿色管理和绿色生产。强化绿色监管，健全节能环保法规、标准体系，加强节能环保监察，推行企业社会责任报告制度，开展绿色评价。

（6）大力推动重点领域突破发展

瞄准新一代信息技术、高端装备、新材料、生物医药等战略重点，引导社会各类资源集聚，推动优势和战略产业快速发展。

① 新一代信息技术产业。

集成电路及专用装备。着力提升集成电路设计水平，不断丰富知识产权（IP）核和设计工具，突破关系国家信息与网络安全及电子整机产业发展的核心通用芯片，提升国产芯片的应用适配能力。掌握高密度封装及三维（3D）微组装技术，提升封装产业和测试的自主发展能力。形成关键制造装备供货能力。

信息通信设备。掌握新型计算、高速互联、先进存储、体系化安全保障等核心技术，全面突破第五代移动通信（5G）技术、核心路由交换技术、超高速大容量智能光传输技术、"未来网络"核心技术和体系架构，积极推动量子计算、神经网络等发展。研发高端服务器、大容量存储、新型路由交换、新型智能终端、新一代基站、网络安全等设备，推动核心信息通信设备体系化发展与规模化应用。

操作系统及工业软件。开发安全领域操作系统等工业基础软件。突破智能设计与仿真及其工具、制造物联与服务、工业大数据处理等高端工业软件核心技术，开发自主可控的高端工业平台软件和重点领域应用软件，建立完善工业软件集成标准与安全测评体系。推进自主工业软件体系化发展和产业化应用。

② 高档数控机床和机器人。

高档数控机床。开发一批精密、高速、高效、柔性数控机床与基础制造装备及集成制造系统。加快高档数控机床、增材制造等前沿技术和装备的研发。以提升可靠性、精度保持性为重点，开发高档数控系统、伺服电机、轴承、光栅等主要功能部件及关键应用软件，加快实现产业化。加强用户工艺验证能力建设。

机器人。围绕汽车、机械、电子、危险品制造、国防军工、化工、轻工等工业机器人、特种机器人，以及医疗健康、家庭服务、教育娱乐等服务机器人应用需求，积极研发新产品，促进机器人标准化、模块化发展，扩大市场应用。突破机器人本体、减速器、伺服电机、控制器、传感器与驱动器等关键零部件及系统集成设计制造等技术瓶颈。

③航空航天装备。

航空装备。加快大型飞机研制，适时启动宽体客机研制，鼓励国际合作研制重型直升机；推进干支线飞机、直升机、无人机和通用飞机产业化。突破高推重比、先进涡桨（轴）发动机及大涵道比涡扇发动机技术，建立发动机自主发展工业体系。开发先进机载设备及系统，形成自主完整的航空产业链。

航天装备。发展新一代运载火箭、重型运载器，提升进入空间能力。加快推进国家民用空间基础设施建设，发展新型卫星等空间平台与有效载荷、空天地宽带互联网系统，形成长期持续稳定的卫星遥感、通信、导航等空间信息服务能力。推动载人航天、月球探测工程，适度发展深空探测。推进航天技术转化与空间技术应用。

④海洋工程装备及高技术船舶。

大力发展深海探测、资源开发利用、海上作业保障装备及其关键系统和专用设备。推动深海空间站、大型浮式结构物的开发和工程化。形成海洋工程装备综合试验、检测与鉴定能力，提高海洋开发利用水平。突破豪华邮轮设计建造技术，全面提升液化天然气船等高技术船舶国际竞争力，掌握重点配套设备集成化、智能化、模块化设计制造核心技术。

⑤先进轨道交通装备。

加快新材料、新技术和新工艺的应用，重点突破体系化安全保障、节能环保、数字化智能化网络化技术，研制先进可靠适用的产品和轻量化、模块化、谱系化产品。研发新一代绿色智能、高速重载轨道交通装备系统，围绕系统全寿命周期，向用户提供整体解决方案，建立世界领先的现代轨道交通产业体系。

⑥节能与新能源汽车。

继续支持电动汽车、燃料电池汽车发展，掌握汽车低碳化、信息化、智能化核心技术，提升动力电池、驱动电机、高效内燃机、先进变速器、轻量化材料、智能控制等核心技术的工程化和产业化能力，形成从关键零部件到整车的完整工业体系和创新体系，推动自主品牌节能与新能源汽车同国际先进水平接轨。

⑦电力装备。

推动大型高效超净排放煤电机组产业化和示范应用，进一步提高超大容量水电机组、核电机组、重型燃气轮机制造水平。推进新能源和可再生能源装备、先进储能装置、智能电网用输变电及用户端设备发展。突破大功率电力电子器件、高温超导材料等关键元器件和材料的制造及应用技术，形成产业化能力。

⑧农机装备。

重点发展粮、棉、油、糖等大宗粮食和战略性经济作物育、耕、种、管、收、运、贮等主要生产过程使用的先进农机装备，加快发展大型拖拉机及其复式作业机具、大型高效联合收割机等高端农业装备及关键核心零部件。提高农机装备信息收集、智能决策和精准作业能力，推进形成面向农业生产的信息化整体解决方案。

⑨新材料。

以特种金属功能材料、高性能结构材料、功能性高分子材料、特种无机非金属材料和先进复合材料为发展重点，加快研发先进熔炼、凝固成型、气相沉积、型材加工、高效合成等新材料制备关键技术和装备，加强基础研究和体系建设，突破产业化制备瓶颈。积极发展军民共用特种新材料，加快技术双向转移转化，促进新材料产业军民融合发展。高度关注颠覆性新材料对传统材料的影响，做好超导材料、纳米材料、石墨烯、生物基材料等战略前沿材料提前布局和研制。加快基础材料升级换代。

⑩生物医药及高性能医疗器械。

发展针对重大疾病的化学药、中药、生物技术

专栏5　高端装备创新工程

组织实施大型飞机、航空发动机及燃气轮机、民用航天、智能绿色列车、节能与新能源汽车、海洋工程装备及高技术船舶、智能电网成套装备、高档数控机床、核电装备、高端诊疗设备等一批创新和产业化专项、重大工程。开发一批标志性、带动性强的重点产品和重大装备，提升自主设计水平和系统集成能力，突破共性关键技术与工程化、产业化瓶颈，组织开展应用试点和示范，提高创新发展能力和国际竞争力，抢占竞争制高点。

到2020年，上述领域实现自主研制及应用。到2025年，自主知识产权高端装备市场占有率大幅提升，核心技术对外依存度明显下降，基础配套能力显著增强，重要领域装备达到国际领先水平。

药物新产品，重点包括新机制和新靶点化学药、抗体药物、抗体偶联药物、全新结构蛋白及多肽药物、新型疫苗、临床优势突出的创新中药及个性化治疗药物。提高医疗器械的创新能力和产业化水平，重点发展影像设备、医用机器人等高性能诊疗设备，全降解血管支架等高值医用耗材，可穿戴、远程诊疗等移动医疗产品。实现生物3D打印、诱导多能干细胞等新技术的突破和应用。

（7）深入推进制造业结构调整

推动传统产业向中高端迈进，逐步化解过剩产能，促进大企业与中小企业协调发展，进一步优化制造业布局。

持续推进企业技术改造。明确支持战略性重大项目和高端装备实施技术改造的政策方向，稳定中央技术改造引导资金规模，通过贴息等方式，建立支持企业技术改造的长效机制。推动技术改造相关立法，强化激励约束机制，完善促进企业技术改造的政策体系。支持重点行业、高端产品、关键环节进行技术改造，引导企业采用先进适用技术，优化产品结构，全面提升设计、制造、工艺、管理水平，促进钢铁、石化、工程机械、轻工、纺织等产业向价值链高端发展。研究制定重点产业技术改造投资指南和重点项目导向计划，吸引社会资金参与，优化工业投资结构。围绕两化融合、节能降耗、质量提升、安全生产等传统领域改造，推广应用新技术、新工艺、新装备、新材料，提高企业生产技术水平和效益。

稳步化解产能过剩矛盾。加强和改善宏观调控，按照"消化一批、转移一批、整合一批、淘汰一批"的原则，分业分类施策，有效化解产能过剩矛盾。加强行业规范和准入管理，推动企业提升技术装备水平，优化存量产能。加强对产能严重过剩行业的动态监测分析，建立完善预警机制，引导企业主动退出过剩行业。切实发挥市场机制作用，综合运用法律、经济、技术及必要的行政手段，加快淘汰落后产能。

促进大中小企业协调发展。强化企业市场主体地位，支持企业间战略合作和跨行业、跨区域兼并重组，提高规模化、集约化经营水平，培育一批核心竞争力强的企业集团。激发中小企业创业创新活力，发展一批主营业务突出、竞争力强、成长性好、专注于细分市场的专业化"小巨人"企业。发挥中外中小企业合作园区示范作用，利用双边、多边中小企业合作机制，支持中小企业走出去和引进来。引导大企业与中小企业通过专业分工、服务外包、订单生产等多种方式，建立协同创新、合作共赢的协作关系。推动建设一批高水平的中小企业集群。

优化制造业发展布局。落实国家区域发展总体战略和主体功能区规划，综合考虑资源能源、环境容量、市场空间等因素，制定和实施重点行业布局规划，调整优化重大生产力布局。完善产业转移指导目录，建设国家产业转移信息服务平台，创建一批承接产业转移示范园区，引导产业合理有序转移，推动东中西部制造业协调发展。积极推动京津冀和长江经济带产业协同发展。按照新型工业化的要求，改造提升现有制造业集聚区，推动产业集聚向产业集群转型升级。建设一批特色和优势突出、产业链协同高效、核心竞争力强、公共服务体系健全的新型工业化示范基地。

（8）积极发展服务型制造和生产性服务业

加快制造与服务的协同发展，推动商业模式创新和业态创新，促进生产型制造向服务型制造转变。大力发展与制造业紧密相关的生产性服务业，推动服务功能区和服务平台建设。

推动发展服务型制造。研究制定促进服务型制造发展的指导意见，实施服务型制造行动计划。开展试点示范，引导和支持制造业企业延伸服务链条，从主要提供产品制造向提供产品和服务转变。鼓励制造业企业增加服务环节投入，发展个性化定制服务、全生命周期管理、网络精准营销和在线支持服务等。支持有条件的企业由提供设备向提供系统集成总承包服务转变，由提供产品向提供整体解决方案转变。鼓励优势制造业企业"裂变"专业优势，通过业务流程再造，面向行业提供社会化、专业化服务。支持符合条件的制造业企业建立企业财务公司、金融租赁公司等金融机构，推广大型制造设备、生产线等融资租赁服务。

加快生产性服务业发展。大力发展面向制造业的信息技术服务，提高重点行业信息应用系统的方案设计、开发、综合集成能力。鼓励互联网等企业发展移动电子商务、在线定制、线上到线下等创新模式，积极发展对产品、市场的动态监控和预测预警等业务，实现与制造业企业的无缝对接，创新业务协作流程和价值创造模式。加快发展研发设计、技术转移、创业孵化、知识产权、科技咨询等科技服务业，发展壮大第三方物流、节能环保、检验检测认证、电子商务、服务外包、融资租赁、人力资源服务、售后服务、品牌建设等生产性服务业，提高对制造业转型升级的支撑能力。

强化服务功能区和公共服务平台建设。建设和提升生产性服务业功能区，重点发展研发设计、信息、物流、商务、金融等现代服务业，增强辐射能力。依托制造业集聚区，建设一批生产性服务业公共服务平台。鼓励东部地区企业加快制造业服务化转型，建立生产服务基地。支持中西部地区发展具有特色和竞争力的生产性服务业，加快产业转移承接地服务配套设施和能力建设，实现制造业和服务业协同发展。

（9）提高制造业国际化发展水平

统筹利用两种资源、两个市场，实行更加积极的开放战略，将引进来与走出去更好结合，拓展新的开放领域和空间，提升国际合作的水平和层次，推动重点产业国际化布局，引导企业提高国际竞争力。

提高利用外资与国际合作水平。进一步放开一般制造业，优化开放结构，提高开放水平。引导外资投向新一代信息技术、高端装备、新材料、生物医药等高端制造领域，鼓励境外企业和科研机构在我国设立全球研发机构。支持符合条件的企业在境外发行股票、债券，鼓励与境外企业开展多种形式的技术合作。

提升跨国经营能力和国际竞争力。支持发展一批跨国公司，通过全球资源利用、业务流程再造、产业链整合、资本市场运作等方式，加快提升核心竞争力。支持企业在境外开展并购和股权投资、创业投资，建立研发中心、实验基地和全球营销及服务体系；依托互联网开展网络协同设计、精准营销、增值服务创新、媒体品牌推广等，建立全球产业链体系，提高国际化经营能力和服务水平。鼓励优势企业加快发展国际总承包、总集成。引导企业融入当地文化，增强社会责任意识，加强投资和经营风险管理，提高企业境外本土化能力。

深化产业国际合作，加快企业走出去。加强顶层设计，制定制造业走出去发展总体战略，建立完善统筹协调机制。积极参与和推动国际产业合作，贯彻落实丝绸之路经济带和 21 世纪海上丝绸之路等重大战略部署，加快推进与周边国家互联互通基础设施建设，深化产业合作。发挥沿边开放优势，在有条件的国家和地区建设一批境外制造业合作园区。坚持政府推动、企业主导，创新商业模式，鼓励高端装备、先进技术、优势产能向境外转移。加强政策引导，推动产业合作由加工制造环节为主向合作研发、联合设计、市场营销、品牌培育等高端环节延伸，提高国际合作水平。创新加工贸易模式，延长加工贸易国内增值链条，推动加工贸易转型升级。

1.4 战略支撑与保障

建设制造强国，必须发挥制度优势，动员各方面力量，进一步深化改革，完善政策措施，建立灵活高效的实施机制，营造良好环境；必须培育创新文化和中国特色制造文化，推动制造业由大变强。

（1）深化体制机制改革

全面推进依法行政，加快转变政府职能，创新政府管理方式，加强制造业发展战略、规划、政策、标准等制定和实施，强化行业自律和公共服务能力建设，提高产业治理水平。简政放权，深化行政审批制度改革，规范审批事项，简化程序，明确时限；适时修订政府核准的投资项目目录，落实企业投资主体地位。完善政产学研用协同创新机制，改革技术创新管理体制机制和项目经费分配、成果评价和转化机制，促进科技成果资本化、产业化，激发制造业创新活力。加快生产要素价格市场化改革，完善主要由市场决定价格的机制，合理配置公共资源；推行节能量、碳排放权、排污权、水权交易制度改革，加快资源税从价计征，推动环境保护费改税。深化国有企业改革，完善公司治理结构，有序发展混合所有制经济，进一步破除各种形式的行业垄断，取消对非公有制经济的不合理限制。稳步推进国防科技工业改革，推动军民融合深度发展。健全产业安全审查机制和法规体系，加强关系国民经济命脉和国家安全的制造业重要领域投融资、并购重组、招标采购等方面的安全审查。

（2）营造公平竞争市场环境

深化市场准入制度改革，实施负面清单管理，加强事中事后监管，全面清理和废止不利于全国统一市场建设的政策措施。实施科学规范的行业准入制度，制定和完善制造业节能节地节水、环保、技术、安全等准入标准，加强对国家强制性标准实施的监督检查，统一执法，以市场化手段引导企业进行结构调整和转型升级。切实加强监管，打击制售假冒伪劣行为，严厉惩处市场垄断和不正当竞争行为，为企业创造良好生产经营环境。加快发展技术市场，健全知识产权创造、运用、管理、保护机制。完善淘汰落后产能工作涉及的职工安置、债务清偿、企业转产等政策措施，健全市场退出机制。进一步减轻企业负担，实施涉企收费清单制度，建立全国涉企收费项目库，取缔各种不合理收费和摊派，加强监督检查和问责。推进制造业企业信用体系建设，建设中国制造信用数据库，建立健全企业信用动态评价、守信激励和失信惩戒机制。强化企业社会责任建设，推行企业产品标准、质量、安全自我声明和监督制度。

（3）完善金融扶持政策

深化金融领域改革，拓宽制造业融资渠道，降低融资成本。积极发挥政策性金融、开发性金融和商业金融的优势，加大对新一代信息技术、高端装备、新材料等重点领域的支持力度。支持中国进出口银行在业务范围内加大对制造业走出去的服务力度，鼓励国家开发银行增加对制造业企业的贷款投放，引导金融机构创新符合制造业企业特点的产品和业务。健全多层次资本市场，推动区域性股权市场规范发展，支持符合条件的制造业企业在境内外上市融资、发行各类债务融资工具。引导风险投资、私募股权投资等支持制造业企业创新发展。鼓励符合条件的制造业贷款和租赁资产开展证券化试点。支持重点领域大型制造业企业集团开展产融结合试点，通过融资租赁方式促进制造业转型升级。探索开发适合制造业发展的保险产品和服务，鼓励发展贷款保证保险和信用保险业务。在风险可控和商业可持续的前提下，通过内保外贷、外汇及人民币贷款、债权融资、股权融资等方式，加大对制造业企业在境外开展资源勘探开发、设立研发中心和高技术企业以及收购兼并等的支持力度。

（4）加大财税政策支持力度

充分利用现有渠道，加强财政资金对制造业的支持，重点投向智能制造、"四基"发展、高端装备等制造业转型升级的关键领域，为制造业发展创造良好政策环境。运用政府和社会资本合作（PPP）模式，引导社会资本参与制造业重大项目建设、企业技术改造和关键基础设施建设。创新财政资金支持方式，逐步从"补建设"向"补运营"转变，提高财政资金使用效益。深化科技计划（专项、基金等）管理改革，支持制造业重点领域科技研发和示范应用，促进制造业技术创新、转型升级和结构布局调整。完善和落实支持创新的政府采购政策，推动制造业创新产品的研发和规模化应用。落实和完善使用首台（套）重大技术装备等鼓励政策，健全研制、使用单位在产品创新、增值服务和示范应用等环节的激励约束机制。实施有利于制造业转型升级的税收政策，推进增值税改革，完善企业研发费用计核方法，切实减轻制造业企业税收负担。

（5）健全多层次人才培养体系

加强制造业人才发展统筹规划和分类指导，组织实施制造业人才培养计划，加大专业技术人才、经营管理人才和技能人才的培养力度，完善从研发、转化、生产到管理的人才培养体系。以提高现代经营管理水平和企业竞争力为核心，实施企业经营管理人才素质提升工程和国家中小企业银河培训工程，培养造就一批优秀企业家和高水平经营管理人才。以高层次、急需紧缺专业技术人才和创新型人才为重点，实施专业技术人才知识更新工程和先进制造卓越工程师培养计划，在高等学校建设一批工程创新训练中心，打造高素质专业技术人才队伍。强化职业教育和技能培训，引导一批普通本科高等学校向应用技术类高等学校转型，建立一批实训基地，开展现代学徒制试点示范，形成一支门类齐全、技艺精湛的技术技能人才队伍。鼓励企业与学校合作，培养制造业急需的科研人员、技术技能人才与复合型人才，深化相关领域工程博士、硕士专业学位研究生招生和培养模式改革，积极推进产学研结合。加强产业人才需求预测，完善各类人才信息库，构建产业人才水平评价制度和信息发布平台。建立人才激励机制，加大对优秀人才的表彰和奖励

力度。建立完善制造业人才服务机构，健全人才流动和使用的体制机制。采取多种形式选拔各类优秀人才重点是专业技术人才到国外学习培训，探索建立国际培训基地。加大制造业引智力度，引进领军人才和紧缺人才。

（6）完善中小微企业政策

落实和完善支持小微企业发展的财税优惠政策，优化中小企业发展专项资金使用重点和方式。发挥财政资金杠杆撬动作用，吸引社会资本，加快设立国家中小企业发展基金。支持符合条件的民营资本依法设立中小型银行等金融机构，鼓励商业银行加大小微企业金融服务专营机构建设力度，建立完善小微企业融资担保体系，创新产品和服务。加快构建中小微企业征信体系，积极发展面向小微企业的融资租赁、知识产权质押贷款、信用保险保单质押贷款等。建设完善中小企业创业基地，引导各类创业投资基金投资小微企业。鼓励大学、科研院所、工程中心等对中小企业开放共享各种实（试）验设施。加强中小微企业综合服务体系建设，完善中小微企业公共服务平台网络，建立信息互联互通机制，为中小微企业提供创业、创新、融资、咨询、培训、人才等专业化服务。

（7）进一步扩大制造业对外开放

深化外商投资管理体制改革，建立外商投资准入前国民待遇加负面清单管理机制，落实备案为主、核准为辅的管理模式，营造稳定、透明、可预期的营商环境。全面深化外汇管理、海关监管、检验检疫管理改革，提高贸易投资便利化水平。进一步放宽市场准入，修订钢铁、化工、船舶等产业政策，支持制造业企业通过委托开发、专利授权、众包众创等方式引进先进技术和高端人才，推动利用外资由重点引进技术、资金、设备向合资合作开发、对外并购及引进领军人才转变。加强对外投资立法，强化制造业企业走出去法律保障，规范企业境外经营行为，维护企业合法权益。探索利用产业基金、国有资本收益等渠道支持高铁、电力装备、汽车、工程施工等装备

和优势产能走出去，实施海外投资并购。加快制造业走出去支撑服务机构建设和水平提升，建立制造业对外投资公共服务平台和出口产品技术性贸易服务平台，完善应对贸易摩擦和境外投资重大事项预警协调机制。

（8）健全组织实施机制

成立国家制造强国建设领导小组，由国务院领导同志担任组长，成员由国务院相关部门和单位负责同志担任。领导小组主要职责是：统筹协调制造强国建设全局性工作，审议重大规划、重大政策、重大工程专项、重大问题和重要工作安排，加强战略谋划，指导部门、地方开展工作。领导小组办公室设在工业和信息化部，承担领导小组日常工作。设立制造强国建设战略咨询委员会，研究制造业发展的前瞻性、战略性重大问题，对制造业重大决策提供咨询评估。支持包括社会智库、企业智库在内的多层次、多领域、多形态的中国特色新型智库建设，为制造强国建设提供强大智力支持。建立《中国制造2025》任务落实情况督促检查和第三方评价机制，完善统计监测、绩效评估、动态调整和监督考核机制。建立《中国制造2025》中期评估机制，适时对目标任务进行必要调整。

各地区、各部门要充分认识建设制造强国的重大意义，加强组织领导，健全工作机制，强化部门协同和上下联动。各地区要结合当地实际，研究制定具体实施方案，细化政策措施，确保各项任务落实到位。工业和信息化部要会同相关部门加强跟踪分析和督促指导，重大事项及时向国务院报告。